TRATADO DE
Direito Civil

V

PARTE GERAL

ANTÓNIO MENEZES CORDEIRO
CATEDRÁTICO DA CLÁSSICA DE LISBOA

TRATADO DE
DIREITO CIVIL

V

PARTE GERAL

EXERCÍCIO JURÍDICO

(inclui a legitimidade, a representação, a repercussão do tempo
nas situações jurídicas, o abuso do direito, a colisão de direitos,
a tutela privada e as provas)

3.ª edição
(revista e atualizada)

ALMEDINA
2018

TRATADO DE DIREITO CIVIL

AUTOR
ANTÓNIO MENEZES CORDEIRO

EDITOR
EDIÇÕES ALMEDINA, SA
Rua Fernandes Tomás n.os 76-80
3000-167 Coimbra
Tel.: 239 851 904
Fax: 239 851 901
www.almedina.net
editora@almedina.net

DESIGN DE CAPA
FBA

PRÉ-IMPRESSÃO
EDIÇÕES ALMEDINA, SA

IMPRESSÃO E ACABAMENTO

Dezembro, 2017

DEPÓSITO LEGAL
/17

Os dados e as opiniões inseridos na presente publicação
são da exclusiva responsabilidade do(s) seu(s) autor(es).

Toda a reprodução desta obra, por fotocópia ou outro qualquer processo,
sem prévia autorização escrita do Editor,
é ilícita e passível de procedimento judicial contra o infrator.

Biblioteca Nacional de Portugal – Catalogação na Publicação

CORDEIRO, António Meneses, 1953-

Tratado de direito civil – 3.ª ed. rev. e actualizada
5.º v.: Parte geral, exercício jurídico. – p.

ISBN 978-972-40-7218-0

CDU 347

ADVERTÊNCIAS

O presente V volume do *Tratado de Direito civil*, em terceira edição, revista e atualizada, tem em conta elementos publicados até outubro de 2017 e, nalguns casos, até novembro desse mesmo ano.

Foi posto o maior cuidado na sua revisão. Todavia, nem o Autor nem a Editora se responsabilizam pelas fontes indicadas. Os práticos são convidados a, em cada caso, confirmarem os precisos textos em vigor.

Lisboa, novembro de 2017.

ÍNDICE DO QUINTO VOLUME

Advertências 5
Índice geral do quinto volume 7

PARTE V – EXERCÍCIO JURÍDICO

CAPÍTULO I – SISTEMA GERAL E LEGITIMIDADE

§ 1.º Exercício jurídico

1. Noção 21
2. Modalidades e delimitações 22
3. O critério do Código Civil 24
4. A ordenação subsequente 26

§ 2.º A legitimidade

5. Noção prévia, origens e aplicações legais 27
6. Figuras afins e modalidades 30
7. Factos legitimadores; autorizações e figuras similares 32
8. Regime 33
9. Papel e construção dogmática 34

§ 3.º A legitimação: evolução geral

10. A *ratihabitio* 37
11. A dogmática da *ratihabitio* 42
12. O Direito intermédio 43
13. O Código Napoleão 46
14. A primeira pandectística 48
15. O BGB e a evolução subsequente 51

§ 4.º As modalidades de legitimação

16. A autorização 56
17. Ratificação e aprovação 59

Tratado de Direito civil

18. Validação, *reductio*, confirmação, convalescença e perdão 61
19. Caducidade, prescrição e renúncia ao direito de invocar a ilegitimidade.... 62

§ 5.º A natureza da legitimação

20. Aspetos gerais e natureza.. 63

CAPÍTULO II – A REPRESENTAÇÃO

SECÇÃO I – GENERALIDADES E EVOLUÇÃO

§ 6.º Ideia geral e Direito romano

21. A atuação em prol de outrem 65
22. Direito romano 67
23. O Direito comum 69

§ 7.º Os grandes sistemas: napoleónico e germânico

24. O sistema do Código Napoleão.. 71
25. Von Jhering e Laband: a distinção entre mandato e procuração 74
26. A receção do dualismo na segunda codificação; outras soluções 75

§ 8.º Natureza e construção gerais

27. As teorias da representação... 78
28. A "representação" orgânica... 81
29. A "representação legal".. 83
30. O problema da abstração... 84
31. A natureza 86

SECÇÃO II – O SISTEMA LUSÓFONO DA REPRESENTAÇÃO

§ 9.º A evolução do sistema lusófono

32. A pré-codificação 88
33. O Código de Seabra 89
34. A receção do pandectismo... 90
35. O Código Vaz Serra.. 93

§ 10.º O mandato

36. Justificação e antecedentes.. 95
37. Aspetos gerais 99

Índice do quinto volume

38. A posição do mandatário 104
39. A posição do mandante 108
40. A cessação do mandato 109
41. O mandato com representação 111
42. O mandato sem representação 112
43. Caracterização do mandato 113

§ 11.º Requisitos, modalidades e figuras semelhantes

44. Requisitos 115
45. Modalidades 118
46. Figuras semelhantes 119

SECÇÃO III – O REGIME DA REPRESENTAÇÃO

§ 12.º Princípios gerais

47. As reservas; a primazia da representação voluntária 122
48. Os efeitos da representação 122
49. Elementos subjetivos 123
50. Justificação dos poderes do representante; outros conflitos de "interesses" 124
51. Negócio consigo mesmo 125
52. Relações internacionais 127

§ 13.º A procuração e o negócio-base

53. A procuração; regras gerais e forma 128
54. Poderes gerais e poderes especiais 130
55. O negócio-base; relevância na procuração 131
56. Regras quanto ao procurador e à substituição 132
57. A cessação da procuração 134

§ 14.º A tutela de terceiros

58. Aspetos gerais 138
59. A proteção perante as modificações e a extinção da procuração 139
60. A procuração tolerada e a procuração aparente 141
61. Segue; o Direito português; a procuração institucional 143
62. A procuração *post mortem* 148

§ 15.º Representação sem poderes e abuso de representação

63. Aspetos gerais 150
64. A representação sem poderes 150
65. O abuso de representação 153

CAPÍTULO III – A REPERCUSSÃO DO TEMPO NAS SITUAÇÕES JURÍDICAS

SECÇÃO I – DISPOSIÇÕES GERAIS

§ 16.º Quadro geral

66. O tempo e o Direito 155
67. Condicionalismos histórico-culturais 157
68. Particularidades do Código Civil 158
69. A enumeração de institutos; a primazia da prescrição e outras formas 159

§ 17.º A contagem dos prazos

70. Os prazos: prazos civis e prazos processuais 161
71. O âmbito dos prazos civis 163
72. O cômputo dos prazos 165
73. Regras transitórias 170

SECÇÃO II – A PRESCRIÇÃO

§ 18.º A evolução histórica da prescrição

74. O *usus* 173
75. A *longi temporis praescriptio* 174
76. As codificações 176

§ 19.º Excurso: a reforma da prescrição (BGB 2001/2002)

77. A reforma do BGB de 2001/2002; o seu interesse 180
78. Aspetos gerais do novo regime da prescrição 182
79. O novo prazo geral e os prazos especiais 184
80. O início e o termo da prescrição 185
81. A suspensão e o recomeço 187
82. O papel da autonomia privada 189
83. Consequências e âmbito 190

§ 20.º A experiência portuguesa: nota histórica

84. As Ordenações e a pré-codificação 191
85. O Código de Seabra 193
86. A preparação do Código Vaz Serra 195

Índice do quinto volume

SECÇÃO III – A PRESCRIÇÃO: REGIME VIGENTE

§ 21.º Regras gerais da prescrição

87. Natureza imperativa e fundamento	197
88. Natureza das normas sobre prescrição; a rigidez dos prazos	200
89. A renúncia à invocação da prescrição	201
90. Beneficiários e invocação	202
91. Início do prazo	204
92. *Accessio temporis*	207
93. Os efeitos	209

§ 22.º Prazos da prescrição

94. Prescrição ordinária	212
95. Prescrição de cinco anos	213
96. Outros prazos	216

§ 23.º Prescrições presuntivas

97. Origem	217
98. Fundamento, regime e natureza	219
99. Casos; natureza aberta	221

§ 24.º Suspensão da prescrição

100. Generalidades e causas bilaterais	224
101. Causas subjetivas e objetivas	226
102. Delimitação dogmática e regime	229

§ 25.º Interrupção da prescrição

103. Generalidades: natureza	231
104. Interrupção promovida pelo titular	232
105. O reconhecimento	234
106. O reinício	235

§ 26.º Prescrições especiais

107. Prescrição de três anos: restituição do enriquecimento e indemnização ...	236
108. Prescrição de seis meses: serviços públicos essenciais	237

SECÇÃO IV – A CADUCIDADE E O NÃO-USO

§ 27.º Ideia e evolução da caducidade

109. Noções ampla e restrita; casos de caducidade ampla 242
110. Casos de caducidade estrita 244
111. Origem e desenvolvimento 246
112. A evolução em Portugal 250

§ 28.º O regime da caducidade

113. A determinação da natureza do prazo 254
114. Tipos de caducidade 256
115. Início e suspensão 257
116. Decurso do prazo e causas impeditivas 259
117. O conhecimento oficioso 261

§ 29.º A natureza e a eficácia da caducidade

118. Caducidade e prescrição 263
119. Efeitos e natureza 264

§ 30.º O não-uso

120. Perfil 266

SECÇÃO V – A *SUPPRESSIO EX BONA FIDE*

§ 31.º A *suppressio ex bona fide*

121. A taxatividade das formas de repercussão do tempo 268
122. A *suppressio ex bona fide* 269

CAPÍTULO IV – O ABUSO DO DIREITO

SECÇÃO I – COORDENADAS GERAIS E EVOLUÇÃO

§ 32.º O abuso do Direito na ordem jurídica

123. A previsão legal; insuficiências 271
124. O predomínio da Ciência do Direito 274
125. As fases da implantação jurisprudencial 275
126. Posturas mental e metodológica 279

Índice do quinto volume 13

§ 33.º Evolução histórica

127. Os atos emulativos, a *exceptio doli* e a *temeritas* processual 281
128. A tradição francesa 282
129. A tradição alemã 286
130. A receção em Portugal 289

SECÇÃO II – TIPOS DE ATOS ABUSIVOS

§ 34.º A *exceptio doli*

131. Das origens ao século XX 297
132. As suas insuficiências 301
133. Os inconvenientes perante o Direito português 304

§ 35.º *Venire contra factum proprium*

134. Sentido básico e origem 307
135. Configuração geral e modalidades 311
136. Fundamentação dogmática; as doutrinas 315
137. Segue; a tutela da confiança 323
138. A jurisprudência portuguesa 327

§ 36.º Inalegabilidades formais

139. O problema e as suas especificidades; evolução 333
140. As inalegabilidades na base da confiança 339
141. As dificuldades jurídico-científicas; as doutrinas 341
142. A jurisprudência; posição adotada 343

§ 37.º A *suppressio* e a *surrectio*

143. A *suppressio*; origem e evolução 349
144. As doutrinas tradicionais 354
145. O regime clássico; insuficiências 358
146. Insuficiências; repercussão do tempo ou confiança? A *surrectio* 359
147. A jurisprudência portuguesa 361

§ 38.º *Tu quoque*

148. Ideia e consagrações pontuais 365
149. Doutrinas explicativas 368
150. Posição adotada: a materialidade subjacente 373
151. A jurisprudência portuguesa; perspetivas 376

14 *Tratado de Direito civil*

§ 39.º O desequilíbrio no exercício

152. Generalidades; do exercício danoso inútil ao exercício censurável 379
153. *Dolo agit* 382
154. A desproporção no exercício e suas evoluções 384

SECÇÃO III – O EXERCÍCIO INADMISSÍVEL
DE POSIÇÕES JURÍDICAS

§ 40.º As doutrinas do abuso do direito

155. Generalidades: as teorias 390
156. As teorias internas; a) Doutrinas emulativas e funcionais 391
157. Segue; b) Doutrinas interpretativas e axiologismo formal 395
158. Segue; c) Conclusão 403
159. As teorias externas 404
160. Posição adotada; a disfuncionalidade intrassubjetiva e o papel do sistema 406

§ 41.º Aspetos do regime e tendências

161. O abuso como concretização da boa-fé 410
162. Âmbito, conhecimento oficioso, objetividade e consequências 411
163. Balanço e tendências recentes 413

§ 42.º A literatura lusófona do abuso do direito

164. Aspetos gerais 417
165. Doutrina brasileira do abuso e da boa-fé 418
166. Desenvolvimentos luso-brasileiros 420

CAPÍTULO V – A COLISÃO DE DIREITOS

§ 43.º Evolução e regime geral

167. Evolução 423
168. A experiência lusófona 426
169. O Código Civil: colisão e figuras afins 428

§ 44.º Os critérios de decisão

170. Ponto prévio: génese da colisão e sindicância do sistema 432
171. Direitos diferentes; critérios 433
172. Direitos iguais 436

Índice do quinto volume   15

173. A jurisprudência 437
174. Tendências gerais 442

CAPÍTULO VI – A TUTELA PRIVADA

SECÇÃO I – A SISTEMÁTICA CIVIL

§ 45.º Aspetos gerais e razão de ordem

175. A sistemática do Código Vaz Serra 445
176. A tutela dos direitos... 447
177. A tutela privada 448
178. Cautelas jurídico-científicas; o papel da legítima defesa 450

SECÇÃO II – A LEGÍTIMA DEFESA

§ 46.º A justificação da legítima defesa

179. Ideia geral e evolução 452
180. O dilema: eficácia ou proporcionalidade 456
181. O atual momento histórico.. 457

§ 47.º Os pressupostos da legítima defesa

182. A agressão 459
183. A defesa necessária 463
184. A (pretensa) proporcionalidade... 466

§ 48.º O regime da legítima defesa

185. A boa-fé... 471
186. O excesso e a legítima defesa putativa... 473
187. As armas de fogo.. 477
188. As consequências; a natureza.. 480

SECÇÃO III – O ESTADO DE NECESSIDADE E A AÇÃO DIRETA

§ 49.º O estado de necessidade

189. Ideia e evolução geral 481
190. Os pressupostos.. 485
191. O regime; situações de excesso e ocorrências putativas 487

Tratado de Direito civil

192. Fundamento e natureza 488
193. Jurisprudência 489

§ 50.º A ação direta

194. Ideia geral; evolução 491
195. Os pressupostos; o concurso; outras causas justificativas 493
196. O regime; concretizações; excesso e situações putativas 495
197. Fundamento e natureza 498

§ 51.º O consentimento do lesado

198. Aspetos gerais; pressupostos 500
199. Justificação e natureza 502

CAPÍTULO VII – AS PROVAS

§ 52.º Noções básicas

200. A prova civil e a prova em processo 505
201. O ónus da prova 511
202. Inversão do ónus, convenções sobre provas e contraprovas 515
203. A prova do Direito consuetudinário, local ou estrangeiro 516
204. Tipos de provas 519
205. Meios de prova e princípios de produção da prova 520

§ 53.º Presunções

206. Noção geral; presunções *iuris* e *hominis* 522
207. As presunções civis 525
208. Natureza 529

§ 54.º Confissão

209. Noção e pressupostos 531
210. Modalidades e processamento 531
211. Eficácia, fundamentos e natureza 533

§ 55.º Documentos

212. Aspetos gerais; modalidades; função 535
213. Documentos autênticos 537
214. Documentos particulares 540
215. Disposições especiais 542

§ 56.º Prova pericial, judicial e testemunhal

216. Prova pericial 544
217. Inspeção judicial 544
218. Prova testemunhal 545

Índice de jurisprudência 547
Índice onomástico 561
Índice bibliográfico 575
Índice ideográfico 603

PARTE V

EXERCÍCIO JURÍDICO

CAPÍTULO I

SISTEMA GERAL E LEGITIMIDADE

§ 1.º EXERCÍCIO JURÍDICO

1. Noção

I. Em sentido amplo, o exercício jurídico corresponde a uma atuação humana relevante para o Direito. Ficam abrangidos os atos jurídicos, lícitos e ilícitos, incluindo todas as práticas negociais.

Em sentido estrito, o exercício traduz a concretização, por uma pessoa, de uma situação, ativa ou passiva, que lhe tenha sido conferida pelo Direito. O exercício está moldado, em termos paradigmáticos, sobre a atuação que se desenvolva no âmbito de um direito subjetivo. Pode, todavia, abarcar atividades enquadradas por qualquer outra posição específica.

II. O exercício jurídico implica uma decisão do agente. Este, de modo mais ou menos consciente, mas sempre eficaz, procede a uma concreta aplicação jurídico-normativa, dando azo, pela síntese facto-valor que opera, a uma nova situação jurídica. Essa situação resulta:

– da posição exercida e, daí, dos factos e das regras que haviam presidido ao seu surgimento;
– do tipo de exercício concretamente decidido e posto em prática.

III. Os tipos de exercício em causa podem cobrir todo o espaço jurídico. São inumeráveis e muito diversificados. Apenas num plano muito elevado de abstração – que é, aliás, o comum na teoria geral do Direito civil – se torna possível referir, em abstrato, um "exercício". Mas mesmo então vamos encontrar os condicionamentos histórico-culturais próprios do Direito: no exercício, recortamos matérias que, por força de fenómenos de atração institucional, dispõem de sedes próprias de estudo. Tal o

22 *Sistema geral e legitimidade*

caso, desde logo, da contratação e de outros moldes de atuação que, pragmaticamente, apenas poderiam ser tratados no campo da noção ampla de exercício.

2. Modalidades e delimitações

I. A ideia de exercício, até pelo nível elevado de abstração em que se coloca, pode ser precisada com recurso a diversas classificações. Impõem-se, ainda, delimitações em função de fatores culturais e sistemáticos.

Atendendo à posição ativa em causa, podemos distinguir:

– o exercício de direitos e o cumprimento de obrigações;
– o exercício de liberdades gerais;
– o exercício de outras posições.

O exercício de direitos, como resulta da expressão, corresponde a atuações possibilitadas pela permissão específica de aproveitamento do bem em causa. Temos, como exemplos, situações tão diversas como o consumo de uma vitualha, a venda de uma coisa ou a cobrança de um crédito. O cumprimento de obrigações traduz a concretização da conduta a que o agente estava adstrito.

No exercício de liberdades, o sujeito move-se ao abrigo de permissões genéricas. Pense-se na celebração de um contrato, na realização de uma viagem ou numa prática profissional.

Outras posições podem ser chamadas à colação: a atuação de um poder ou de uma faculdade, independentemente da sua jurídico-subjetivação; um ato de posse; a invocação de uma exceção material.

II. De acordo com o tipo de atividade envolvida no exercício, temos:

– o exercício puramente jurídico;
– o exercício material.

O exercício puramente jurídico traduz-se, simplesmente, em condutas significativas para o campo do Direito. Assim: a aceitação de uma proposta, a invocação de um prazo, a ratificação de um negócio ou a execução de um contrato-promessa. É evidente que, por muito abstrato que um exercício se apresente, há sempre um mínimo de materialidade subjacente: uma declaração ou qualquer outro tipo de manifestação da opção do agente.

§ *1.º Exercício jurídico* 23

De outro modo, faltaria a conduta humana, base de toda a envolvência subsequente.

O exercício material implica imediatas modificações de tipo físico: um ato de consumo alimentar ou uma edificação, como exemplos.

III. Em consonância com a efetivação dos atos envolvidos, podemos distinguir:

– o exercício direto;
– o exercício indireto.

Na primeira hipótese, o exercício é levado a cabo pelo próprio agente interessado. No segundo, ele opera através da colaboração de uma outra pessoa: representante, mandatário ou gestor, consoante as situações em jogo.

IV. O exercício processa-se ao abrigo de situações preexistentes. Trata-se de posições ativas ou passivas, que podem comandar distinções, acima apontadas. Se atentarmos na natureza da juridicidade dessas situações, obtemos:

– exercícios legais;
– exercícios contratuais,

em função da natureza da posição que propicie a atuação em jogo. Podem estar em causa regimes claramente diversificados, sendo todavia certo que os exercícios contratuais também dependem de numerosas "leis".

V. Um estudo sobre o exercício acabaria por duplicar as várias disciplinas civis – e, mais longe: toda a matéria jurídica. Intervém, aqui, a necessidade de uma delimitação. Em função de elementos histórico-culturais e dogmáticos, iremos desinserir, do universo amplo do exercício, campos atraídos para institutos dotados de especial coesão e autonomia dogmáticas. Recorde-se o já referido exemplo da conclusão dos negócios. Acontece ainda que o Direito, na impossibilidade de prever e regular todas as possíveis situações jurídicas, opta por tratar situações típicas mais evidentes. Cabe ao intérprete-aplicador, com esses elementos, compor, depois, as diversas soluções. A situação mais imediata, em termos de exercício, é a atuação de posições ativas, particularmente do direito subjetivo. A execução de obrigações obedece a regras específicas. De todo o modo, no que

24 *Sistema geral e legitimidade*

o sistema exija, recorre-se, também no tocante a este domínio, às regras gerais do exercício. Fica a prevenção: por facilidade linguística falar-se-á, em princípio, no exercício de direitos; porém, está sempre em jogo todo e qualquer exercício.

O exercício jurídico acaba por surgir como uma rubrica residual: fórmula cómoda e necessária para agrupar diversas rubricas incluídas na parte geral, mas que escapam à tradicional repartição em negócio, coisas e pessoas.

Finalmente: o exercício a considerar é, tendencialmente, o que não se ligue, de modo formal e direto, a alguma das partes "especiais" do Direito civil. Como veremos, esta delimitação não é sempre efetiva. Mas ela corresponde à tendencial ordenação germânica, recebida pelo Código Civil de 1966 e pelos códigos brasileiros de 1916 e de 2002.

3. O critério do Código Civil

I. O núcleo de matéria atinente ao exercício surge, na parte geral, título II (*das relações jurídicas*), subtítulo IV, precisamente intitulado do *exercício e tutela dos direitos*. Deparamos, aí, com dois capítulos:

Capítulo I – Disposições gerais (334.º a 340.º), onde são regidas figuras como o abuso do direito (334.º), a colisão de direitos (335.º), a ação direta (336.º), a legítima defesa (337.º e 338.º), o estado de necessidade (339.º) e o consentimento do lesado (340.º).

Capítulo II – Provas (341.º a 396.º), regulando, em sete sucessivas secções, *disposições gerais* (341.º a 348.º), *presunções* (349.º a 351.º), *confissão* (352.º a 361.º), *prova documental* (362.º a 389.º), *prova por inspeção* (390.º e 391.º) e *prova testemunhal* (392.º a 396.º).

II. Cabe, ainda, contar com outra matéria. Assim, sempre na parte geral, título II (*das relações jurídicas*), temos o importante subtítulo III (*factos jurídicos*) cujo capítulo I (*negócio jurídico*), secção I (*declaração negocial*), engloba uma subsecção VI, consagrada à *representação*: artigos 258.º a 269.º. Apesar desta inserção sistemática, a representação não se reporta – ou não se reporta apenas – a declarações negociais. Antes tem a ver com todo o exercício jurídico em geral, constituindo uma das mais impressivas formas de atuação indireta. Faz todo o sentido aproximá-la do exercício ora em causa.

§ 1.º Exercício jurídico 25

O mesmo subtítulo III (*factos jurídicos*) apresenta um capítulo III intitulado *o tempo e a repercussão nas relações jurídicas* – artigos 296.º a 333.º. Esta matéria interfere, de modo direto, nos exercícios jurídicos: haverá que aproximá-la.

III. A sistematização apontada não tem um fio condutor claro. Particularmente perturbante é a inserção, lado a lado, de figuras como o abuso do direito e a legítima defesa. Há distribuições alternativas. De todo o modo, as incompleições sistemáticas podem ser compensadas através de um adequado jogo de remissões.

IV. O Código Civil brasileiro de 2002 intentou resolver algumas das incongruências sistemáticas apontadas. Assim, no livro III da parte geral, relativo aos *factos jurídicos*, inclui um título III – *Dos atos jurídicos* onde, em três artigos (186.º a 188.º): define ato ilícito; considera ilícito o exercício que exceda manifestamente os limites impostos pelo fim económico ou social dos direitos, pela boa-fé ou pelos bons costumes; isenta de ilicitude as situações de legítima defesa e de estado de necessidade. A prescrição, a decadência (caducidade) e a prova são objeto de títulos autónomos: o IV (189.º a 211.º) e o V (212.º a 232.º). Já a representação ocorre como capítulo II do título I (*negócio jurídico*) do livro III (*factos jurídicos*): 115.º a 120.º.

O BGB alemão, numa das sete secções por que se divide a parte geral – a 6.ª – trata do exercício, da autodefesa e da autoajuda (§§ 226 a 231). Os prazos e a prescrição são objeto das secções 4.ª (§§ 186 a 193) e 5.ª (§§ 194 a 225), enquanto a representação (§§ 164 a 181) e as autorização e ratificação (§§ 182 a 185) surgem como títulos da secção dedicada aos negócios. As provas não constam do BGB.

O Código Civil italiano, que não tem parte geral, dispõe, no livro VI – *Da tutela dos direitos*, de títulos sobre as provas (2697.º a 2739.º) e a prescrição e a caducidade (2934.º a 2969.º): isso em conjunto com títulos relativos ao registo à responsabilidade patrimonial e à tutela jurisdicional dos direitos. A representação aparece no título relativo aos contratos em geral (1387.º a 1400.º), inserido no livro relativo às obrigações, livro esse que também mantém um título sobre factos ilícitos, onde surgem a legítima defesa e o estado de necessidade (2044.º e 2045.º).

Em suma: podemos concluir que o Código Vaz Serra assume, em primeira linha, a influência sistemática do BGB alemão, recuperando todavia a temática das provas do Código italiano. Tudo isso se refletiria no Código Civil brasileiro.

Quanto ao Código de Seabra, cuja tradição é significativa: a prescrição surgia a propósito da aquisição de direitos, enquanto a "prova dos direitos" ocorria na parte IV: *da offensa dos direitos, e da sua reparação*.

4. A ordenação subsequente

I. Na ordenação subsequente iremos, no fundamental, considerar as diversas rubricas atinentes ao exercício, pela ordem por que resultam do Código Civil. Elas serão antecedidas por uma rubrica relativa à legitimidade: figura que não tem genérica consagração legal no Código Vaz Serra nem em nenhum dos códigos que lhe estão próximos, mas que corresponde a uma tradição lusófona, sendo ainda útil a título de enquadramento.

II. Pelo que foi dito, seguir-se-ão:
– a legitimidade;
– a representação;
– a repercussão do tempo;
– o abuso do direito;
– a colisão de direitos;
– a tutela privada;
– as provas.

§ 2.º A LEGITIMIDADE

5. Noção prévia, origens e aplicações legais

I. Diz-se legitimidade a qualidade de um sujeito que o habilite a agir no âmbito de uma situação jurídica considerada.

As pessoas dispõem de liberdades gerais de agir. Além disso, elas podem beneficiar de certas situações jurídicas, *maxime* de direitos subjetivos. Enquanto, em abstrato, as liberdades podem ser exercidas por todos, as situações jurídicas só são, em princípio, atuáveis pelos sujeitos a que respeitem ou que, para tanto, disponham de especial habilitação jurídica: apenas esses sujeitos detêm a necessária legitimidade.

II. A legitimidade não vem expressamente referida no Código Civil, em termos gerais. Trata-se de uma elaboração doutrinária italiana, atribuída a Carnelutti[1] e retomada por Betti[2], que nunca chegaria, na sua terra de origem, a concitar formulações claras[3], ao ponto de se questionar a sua utilidade[4]. A legitimidade ficaria entre a capacidade e a titularidade, habilitando o sujeito a exercer posições substantivas.

---

[1] Francesco Carnelutti, *Teoria generale del diritto*, 3.ª ed. (1951), 182-188. De Carnelutti *vide* ainda: *Legittimazione a comprare*, RDComm 1935, I, 502-504 e *Legittimazione al contratto di lavoro*, FI 1938, IV, 73-78. Carnelutti escreveu sobre a legitimidade nos princípios do século XX.
Apesar da origem diretamente italiana e da sua base processual, abaixo referida – *vide* o percurso doutrinário de Isabel de Magalhães Collaço, *Da legitimidade no acto jurídico*, BMJ 10 (1949), 20-112 (21 ss.) – encontramos antecedentes alemães mais antigos, particularmente no âmbito da doutrina dos títulos de crédito.

[2] Emilio Betti, *Teoria generale del negozio giuridico*, 2.ª ed. (1950, reimp. por Giuliano Grifò, intr. Giovanni B. Ferri, 1994), 221 ss. e *passim*.

[3] *Vide* Adolfo di Majo, *Legittimazione negli atti giuridici*, ED XXIV (1974), 52-65 (60/II).

[4] Pietro Rescigno, *Legittimazione (diritto sostanziale)*, NssDI IX (1963), 716-721 (717/II e 720/II).

28 *Sistema geral e legitimidade*

Na origem, temos a ideia de capacidade para a ação ou capacidade judiciária – Carnelutti era, antes de mais, um processualista – e que encontra hoje assento no artigo 30.º do Código de Processo Civil[5]. Traduz, aí, o posicionamento, perante o pedido, das partes no processo, de tal modo que uma se possa apresentar como autora e a outra como ré[6].

Entre nós e no Direito civil, a noção foi acolhida por Isabel de Magalhães Collaço, nos meados do século XX, na base de princípios gerais, dado o silêncio do Código de Seabra[7]. Já neste século, a matéria foi investigada por Pedro Leitão Pais de Vasconcelos.

III. A legitimidade não chega a ser definida no Código Civil de 1966. Mas ela é, nele, referida algumas dezenas de vezes, seja enquanto legitimidade processual seja, mesmo, como legitimidade substantiva.

Recordemos as referências à legitimidade processual; assim:

– *artigo 71.º/2 e 3*: refere a legitimidade processual para agir perante a ofensa a pessoas já falecidas;
– *artigo 73.º*: *idem*, quanto à ofensa do nome;
– *artigo 91.º*: para requerer providências cautelares e curadoria provisória, no âmbito de ausência;
– *artigo 100.º*: *idem*, quanto à justificação da ausência;
– *artigo 141.º*: para requerer a interdição;
– *artigo 242.º*: para arguir a simulação;
– *artigo 287.º/1*: para arguir a anulabilidade;
– *artigo 605.º/1*: dos credores, para invocar a nulidade dos atos praticados pelo devedor;
– *artigo 706.º/2*: legitimidade para requerer o registo de hipotecas legais;
– *artigo 976.º*: *idem*, para a ação de revogação das doações por ingratidão;
– *artigo 1281.º*: *idem*, para as ações de restituição e de manutenção da posse;
– *artigo 1379.º/2*: *idem*, para a ação de anulação de atos de fracionamento contrários a certas disposições legais;
– *artigo 1416.º/2*: *idem*, para arguir a nulidade do título constitutivo da propriedade horizontal;
– *artigo 1437.º*: legitimidade do administrador da propriedade horizontal;

---

[5] Ex-artigo 26.º do Código de Processo Civil de 1961, hoje revogado.

[6] A matéria foi objeto de célebre polémica entre dois grandes processualistas portugueses: José Alberto dos Reis e José Barbosa de Magalhães. *Vide* José Lebre de Freitas/ João Redinha/Rui Pinto, *Código de Processo Civil Anotado* 1, 2.ª ed. (2008), 53 e, em geral, Miguel Teixeira de Sousa, *Sobre a legitimidade processual*, BMJ 331 (1983), 37-59.

[7] Isabel de Magalhães Collaço, *Da legitimidade no acto jurídico* cit., 105 ss..

§2.º A legitimidade   29

– *artigo 603.º/2*: legitimidade para requerer a anulação ou a declaração de nulidade do casamento;
– *artigos 1639.º a 1642.º*: *idem*, quanto à sua anulação;
– *artigo 1769.º*: *idem*, quanto à ação de separação judicial de bens;
– *artigo 1819.º*: legitimidade passiva quanto a ações de reconhecimento de maternidade[8];
– *artigo 1839.º*: legitimidade para a ação de impugnação de paternidade[9];
– *artigo 1846.º*: legitimidade passiva, na mesma ação;
– *artigo 1870.º*: legitimidade da mãe menor para intentar a ação de investigação de paternidade;
– *artigo 1891.º*: legitimidade para requerer a nomeação de curador especial;
– *artigo 1893.º/3*: *idem*, para a ação de anulação de atos praticados pelos pais sem a necessária autorização[10];
– *artigo 2078.º/1*: legitimidade para a ação de petição de herança;
– *artigo 2086.º/2*: legitimidade para pedir a remoção do cabeça-de-casal.

Muitas destas normas, conferindo embora e em primeira linha uma legitimidade processual, envolvem a concessão de legitimidade substantiva: um aspeto a delucidar caso a caso.

IV. Encontramos, depois, referências à legitimidade substantiva. A saber:

– *artigo 302.º/3*: legitimidade para renunciar à prescrição;
– *artigo 657.º/1*: *idem*, para constituir a consignação;
– *artigo 685.º/3*: *idem*, para cobrar os créditos empenhados;

---

[8] Os artigos 1807.º e 1814.º dispõem sobre a legitimidade para as ações de impugnação e de investigação de maternidade, respetivamente, sem referir o termo em causa; o mesmo sucede com os artigos 1818.º e 1822.º a 1824.º, no domínio de várias ações de estado, numa situação confirmada pela epígrafe do artigo 1825.º, que a todos se refere como tratando-se de "legitimidade"; o artigo 1869.º dispõe quanto à ação de investigação de paternidade, remetendo o artigo 1873.º para diversos preceitos relativos à investigação de maternidade.

[9] O artigo 1841.º refere a legitimidade, nesse domínio, do Ministério Público, sem referir o termo; o artigo 1859.º reporta-se à legitimidade para impugnar a perfilhação, sem mencionar o termo.

[10] Esse preceito reporta as pessoas com "legitimidade para requerer a inibição do poder paternal"; tais pessoas vêm referidas no artigo 1915.º que, todavia, não usa o termo "legitimidade"; o artigo 1916.º/2 pressupõe a legitimidade para requerer o levantamento da inibição.

30 *Sistema geral e legitimidade*

– *artigo 715.º: idem*, para hipotecar;
– *artigo 892.º: idem*, para vender (bens alheios);
– *artigo 903.º/1:* declaração contratual de que o vendedor não garante a sua legitimidade;
– *artigo 965.º:* legitimidade para exigir do donatário o cumprimento dos seus encargos;
– *artigo 1678.º/3:* legitimidade quanto à prática de atos de administração ordinária relativamente aos bens comuns do casal[11];
– *artigo 1682.º/2: idem*, para alienar ou onerar bens próprios;
– *artigo 1690.º/1: idem*, para contrair dívidas sem o consentimento do outro cônjuge.

O Código Civil conhece a legitimidade substantiva, dela fazendo um uso explícito, em várias zonas. Trata-se, com clareza, de uma noção específica, distinta da titularidade e da capacidade. O moderno Direito civil português não deve ignorá-la.

6. Figuras afins e modalidades

I. A ideia de legitimidade fica mais precisa operando a sua distinção de figuras afins[12]. Com efeito, ela não se confunde:

– com a titularidade: esta dá-nos a qualidade do sujeito enquanto beneficiário de uma situação jurídica ativa, designadamente de um direito; mas o sujeito pode, em concreto, carecer da possibilidade de agir no âmbito dessa situação, por menoridade (123.º, do Código Civil) ou por insolvência (81.º/1, do CIRE), como exemplos;
– com a adstrição: trata-se do equivalente passivo da titularidade; o sujeito vinculado a uma obrigação pode, concretamente, não ter a liberdade de a cumprir: como hipótese, por menoridade;
– com a capacidade (de gozo ou de exercício): a legitimidade equivale a uma realidade específica, enquanto a capacidade de gozo é genérica: uma pessoa pode ser plenamente capaz mas não ter, em

---

[11] Nos preceitos subsequentes surgem várias disposições expressas que envolvem a legitimidade, embora sem a nominar.

[12] Alguns elementos constam de Luís A. Carvalho Fernandes, *Teoria geral do Direito civil*, 1 – *Introdução/Pressupostos da relação jurídica*, 6.ª ed. (2012), 142 ss.. *Vide*, ainda, João de Castro Mendes, *Direito civil (teoria geral)* 2 (1979, revist. 1985), 39-41.

§ 2.º A legitimidade 31

concreto, habilitação para exercer uma certa situação jurídica: por falta de titularidade, por exemplo.

II. A consideração das diversas modalidades de legitimidade permite esclarecimentos suplementares. Podemos, com efeito, distinguir:

– legitimidade direta e legitimidade indireta: a primeira assiste, de modo automático, ao titular ou ao destinatário da situação considerada; a segunda exige um ato suplementar de legitimação: uma procuração, por exemplo[13];
– legitimidade ativa e legitimidade passiva: dependem esses dois termos de estar em causa, respetivamente, o desencadear de uma conduta (p. ex.: o exercício de um direito ou o cumprimento de uma obrigação) ou o beneficiar dessa conduta (p. ex., a posição do proponente perante a aceitação ou a do credor em face de um cumprimento);
– legitimidade jurídica e legitimidade material (no sentido de física): exprimem, respetivamente, a possibilidade de desencadear exercícios jurídicos (p. ex.: vender) ou materiais (p. ex.: consumir ou construir);
– legitimidade inicial e legitimidade superveniente: inicial quando o agente esteja, no momento em que começa o exercício, habilitado para ele; superveniente quando, na falta de habilitação, o exercício decorra a descoberto, só subsequentemente se verificando a legitimação;
– legitimidade processual e legitimidade civil: traduzem a aptidão para, perante certa ação, estar em juízo (a primeira) e a suscetibilidade de concretizar exercícios extrajudiciais de posições civis (a segunda);
– legitimidade negocial, obrigacional, real, familiar ou sucessória: joga o âmbito em que a qualidade em jogo se ponha ou seja solicitada; podemos, nesta base, estabelecer "legitimidades" fora do campo civil (comercial, laboral ou ambiental) ou, até, do Direito privado (administrativa, fiscal ou penal).

---

[13] A "legitimidade indireta" é verdadeira legitimidade, como se infere do artigo 892.º do Código Civil.

32   *Sistema geral e legitimidade*

III. A legitimidade opera como uma noção civil central. As especializações a que possa dar azo não coartam essa sua filiação. Ela poderia ser funcionalizada, falando-se em "competência civil"[14]: perante cada situação jurídica, haveria que perguntar quem tem competência para agir no seu interior. Isso equivaleria, porém, a partir da situação para a pessoa e não o inverso. Abdicaríamos de dois pontos importantes:

– o Direito civil assenta nas pessoas e desenvolve-se a partir delas;
– o próprio ordenamento, apesar de não tratar a legitimidade, de modo genericamente autónomo, comporta diversas regras que lhe dão corpo; ora, essas regras visam a pessoa e não as várias situações.

7. Factos legitimadores; autorizações e figuras similares

I. A legitimidade, enquanto qualidade do sujeito reportada a determinada situação jurídica, deriva de uma ou mais ocorrências ou conjunções: os factos legitimadores. Num prisma da parte geral, algo deve ser adiantado quanto a esta matéria.

Em abstrato, podemos operar uma distinção entre factos positivos e factos negativos ou, se se quiser: factos atributivos de legitimidade e factos privativos da mesma legitimidade. Os factos positivos conferem legitimidade a certos beneficiários (p. ex., a titularidade); os negativos retiram a legitimidade a quem, de outro modo, a teria (p. ex., uma sentença de interdição).

II. O facto legitimador por excelência é a titularidade, nas situações ativas. O titular de uma posição – particularmente: de um direito subjetivo – tem legitimidade para desencadear os diversos exercícios que ela faculte. Temos de, caso a caso, verificar, de entre os poderes e faculdades inscritos no conteúdo do direito subjetivo considerado, quais os suscetíveis de atuação, pelo titular. Por exemplo: em regra, o proprietário só pode construir no seu terreno depois de obtida a necessária autorização camarária: ele tem legitimidade para diversas atuações, mas não para todas.

---

[14] A doutrina alemã utiliza o termo *Zuständigkeit* (competência) para exprimir o equivalente à nossa legitimidade; trata-se de uma noção que não ocorre na lei e que os Autores nem sempre usam; *vide* Wolfgang Thiele, *Die Zustimmung in der Lehre vom Rechtsgeschäft* (1966), 14 ss. (17) e Dieter Medicus/Jens Petersen, *Allgemeiner Teil des BGB*, 11.ª ed. (2016), Nr. 998 (433).

§ 2.º A legitimidade

III. Havendo titularidade, pode faltar a legitimidade, mercê da intervenção de um facto negativo. Exige-se, então, novo facto legitimador, a que chamaremos autorização.

A autorização pode ser necessária[15]:

– para a proteção do próprio agente;
– para a proteção da contraparte ou de terceiros;
– perante a pluralidade de interessados.

Encontramos hipóteses de autorização necessária para a proteção do próprio em situações de incapacidade de exercício. Assim sucede com a autorização, pelo curador, dos atos de disposição a praticar pelo inabilitado (153.º/1) ou com a autorização, pelo Ministério Público, de certos atos a praticar pelos pais como representantes do filho (1889.º) ou pelo tutor (1938.º)[16].

Para a proteção da contraparte ou de terceiros, podemos apontar as hipóteses de autorização do locador para a cessão do locado (1038.º, f) ou do proprietário para a acessão (1340.º/4).

Perante a pluralidade de interessados, temos o "consentimento" dos restantes consortes requerido para a disposição ou oneração de parte especificada de coisa comum (1408.º/1, todos do Código Civil).

8. Regime

I. A legitimidade não surge, em termos gerais, no Código Civil. Os meandros do seu regime implicam o levantamento das regras aplicáveis aos âmbitos onde se ponham os problemas que ela suscite. De todo o modo, será possível apontar alguns aspetos mais genéricos.

A regra básica relativa à legitimidade resulta do artigo 892.º, quanto à venda de bens alheios. Dispõe a 1.ª parte desse preceito:

> É nula a venda de bens alheios sempre que o vendedor careça de legitimidade para a realizar; (...)

---

[15] Karl Larenz/Manfred Wolf, *Allgemeiner Teil des Bürgerlichen Rechts*, 9.ª ed. (2004), § 51, Nr. 1-9 (931-932) e Manfred Wolf/Jörg Neuner, *idem*, 11.ª ed. (2016), § 54 (676-685); procedemos às devidas adaptações, perante o Direito português. *Vide infra*, 56 ss.

[16] Visto o Decreto-Lei n.º 272/2001, de 13 de outubro, artigo 2.º/1; *Tratado* IV, 4.ª ed., 482.

34 *Sistema geral e legitimidade*

Esta regra é tendencialmente aplicável aos diversos contratos onerosos, segundo o artigo 939.º. E ela ocorre, igualmente, na doação (956.º/1), paradigma de negócio gratuito.

II. A falta de legitimidade conduz à nulidade, quando esteja em causa a transmissão de bens. Nos outros casos, particularmente no tocante ao cumprimento de obrigações (767.º e seguintes), há regras mais complexas a ponderar[17].

A falta de legitimidade pode ser suprida, prévia ou subsequentemente. Apesar de nos faltarem as regras potenciadas pelos §§ 182 a 185 do BGB alemão, podemos isolar figuras como a autorização [71.º/2, 94.º, 127.º/1, c), 877.º e outros, no campo da família], a procuração (262.º e seguintes), a ratificação (268.º/1), a confirmação (288.º), o consentimento (340.º), a gestão representativa ou não-representativa (471.º), a convalidação (895.º) e a retransmissão dos direitos obtidos no exercício de mandato sem representação (1181.º). Tudo isso visa modelar a legitimidade, ampliando-a a concretizações indiretas. Os diversos institutos relevantes estão dispersos. Todavia, eles ocupam evidentes lugares de proximidade sistemática, pelo que só há a ganhar com a sua ponderação conjunta.

9. Papel e construção dogmática

I. A legitimidade complementa, no plano do exercício, as esferas de liberdade representadas pelas situações jurídicas e, em especial, pelo Direito subjetivo. No fundo, ela exprime a delimitação de âmbitos de autodeterminação privada[18] permitindo, em cada caso concreto, apurar a idoneidade dos desempenhos normativos. A legitimidade prolonga a ideia de permissão específica, contribuindo para a jurídica-subjetivação do espaço do Direito, mesmo nas áreas de adstrição. Afirmar, por exemplo, a legitimidade do devedor para o cumprimento equivale a atribuir-lhe o desempenho obrigacional como uma prerrogativa que ele poderá – ou não – usar. Fica reservado um campo para a atuação do agente.

A base da legitimidade reside na autonomização das esferas jurídicas. Os vínculos de legitimidade dão consistência, para além das diversas situa-

---

[17] *Tratado* IX, 3.ª ed., 120 ss..

[18] Em especial: Wolfgang Thiele, *Die Zustimmung in der Lehre vom Rechtsgeschäft* cit., 15 e 17.

§ 2.º A legitimidade 35

ções jurídicas estáticas, à dinâmica da atuação das pessoas. Temos mais uma concretização, no terreno, do espírito próprio do Direito civil.

II. Num prisma técnico, a legitimidade constitui uma instância de compatibilização entre as diversas posições subjetivas. As meras titularidade e adstrição facultam-nos uma dimensão isolada das pessoas e das respetivas situações jurídicas. No espaço normativo, todavia, elas vão ter de se harmonizar, mormente na ocasião crucial do seu exercício. Através do jogo de autorizações e retificações e da inclusão, na altura do exercício, dos mais diversos constrangimentos, a legitimidade permite uma síntese de momentos normativos distintos que, à aplicação, dão uma unidade.

III. Resta proceder à sua construção dogmática.

Carvalho Fernandes[19], seguindo um tanto Castro Mendes[20], apresenta a legitimidade como a "susceptibilidade de uma pessoa exercer um direito ou cumprir uma vinculação resultante de uma relação existente entre essa pessoa ou a vinculação em causa". A legitimidade seria uma qualidade da pessoa, em virtude de uma relação entre ela e o direito (ou outra situação) e não a própria relação em causa, como queria Isabel Magalhães Collaço[21].
Pondo a questão nestes termos, o nosso voto vai para Carvalho Fernandes. A legitimidade mostra-se ligada ao sujeito e corresponde a uma prerrogativa de pessoas. Podemos, todavia, ir ainda mais longe.

A legitimidade do titular resulta do próprio facto da titularidade. Seria pensável, por aí, estabelecer uma relação entre ele e a coisa ou direito que lhe pertençam, descobrindo nela a fonte de legitimidade. O Direito português, todavia, não faz decorrer a legitimidade (apenas) da tal relação – e isso dando de barato que se possa construir uma relação pessoa/coisa. O artigo 892.º é muito claro:

---

[19] Carvalho Fernandes, *Teoria geral* cit., 1, 6.ª ed., 144-145.
[20] Castro Mendes, *Direito civil (Teoria geral)*, 3 (1968), 416. Manuel de Andrade, *Teoria geral da relação jurídica*, II – *Facto jurídico, em especial negócio jurídico* (1960, reimp., 1972), 116-119, chamando-lhe "legitimação", mas optando por legitimidade, aproxima-se de Carnelutti; a legitimidade seria uma qualidade da pessoa (118).
[21] Isabel Magalhães Collaço, *Da legitimidade no acto jurídico* cit., 63; também Carlos Mota Pinto, *Teoria geral da relação jurídica*, 4.ª ed. por António Pinto Monteiro e Paulo Mota Pinto (2005), 411-412, opta pela legitimidade como "relação", ainda que sem referir Isabel de Magalhães Collaço.

36   *Sistema geral e legitimidade*

É nula a venda de bens alheios *sempre que o vendedor careça de legitimidade para a realizar*; (...)

Ou seja: pode o vendedor não ser titular da coisa (e faltando pois, a relação pessoa/coisa) mas, todavia, ter legitimidade para a venda. Nessa eventualidade, a legitimidade em causa poderia decorrer de uma procuração, de uma autorização *ad hoc* ou atípica mas com efeitos representativos ou de subsequente ratificação. Ou seja: de relações entre o próprio sujeito e o titular e não entre ele e a coisa. Além disso, a legitimidade poderia resultar diretamente de uma função cometida pelo Estado: pense-se na legitimidade da venda executiva.

IV. A legitimidade deve ser construída através da interação do sistema com o sujeito. Este, por hipótese, já será titular de um direito subjetivo e, portanto: destinatário de uma permissão normativa específica de aproveitamento de um bem[22]. Terá legitimidade para a venda quando essa permissão específica coincida com uma permissão genérica de contratar.

Noutro ângulo: o juízo de legitimidade requer, para além do momento jurídico-subjetivo próprio da titularidade, uma valoração global de ordem sistemática que permita, *in casu*, assegurar a ausência de delimitações negativas ao exercício pretendido. E é ainda a nível de sistema que apuraremos eventuais legitimidades indiretas: situações nas quais, mau grado a falta de um juízo de titularidade, o sistema habilite o sujeito, mercê da interação de outros institutos, à prática do exercício pretendido.

Os níveis técnico e significativo-ideológico da jurídica-subjetivação prolongam-se e complementam-se na ideia de legitimidade civil.

---

[22] *Tratado* I, 4.ª ed., 892 ss. (893).

§ 3.º A LEGITIMAÇÃO: EVOLUÇÃO GERAL

10. A *ratihabitio*

I. O exercício jurídico e, nessa dimensão, a própria legitimidade, podem ser facultados a diversos sujeitos, para além daquilo que resultaria da titularidade da situação considerada: usaremos, para designar globalmente as figuras envolvidas, o termo legitimação. Para tanto, apresentam-se diversas figuras, já referidas: a autorização, a procuração, a ratificação, a confirmação, o consentimento, a gestão de negócios, a convalidação e o dever de retransmissão. Apesar de alguns esforços, nos últimos dois séculos, tais conceitos mantêm uma certa brumosidade, fruto, particularmente, da imprecisão terminológica e das flutuações da lei. O esclarecimento da matéria não pode dispensar uma referência histórica[23].

II. No Direito romano, o conceito de base de onde derivam as atuais autorização e demais figuras acima elencadas é a *ratihabitio*. De *ratum habere*[24]: *ratus*, grego ῥητός, significa reto, determinado, correto ou preciso[25]. A *ratihabitio* não tinha lugar no velho Direito romano, dominado

---

[23] Intentámos proceder a uma primeira indagação sobre o tema no nosso *Da confirmação no Direito civil* (2008), inserido nos Estudos em Memória do Prof. Paulo Cunha. Retomamos e completamos os elementos então obtidos. Quanto à evolução histórica: mau grado o material disponível, há muito para esclarecer. Max Kaser, *Das römische Privatrecht* I – *Das altrömische, das vorklassische und klassische Recht*, 2.ª ed. (1971), 265, nota 42, explica que seria desejável uma nova investigação sobre a autorização e a ratificação, no Direito romano.

[24] Ulpiano, D. 46.8.12.1 = Theodor Mommsen, *Corpus iuris civilis* 1, 8.ª ed. (1891), 762/I: rem habere ratam hoc est, comprobare agnoscereque, quod actum est a falso procuratore.

[25] Joannes Godofredus Meier, *De iure ratihabitionis* (1720), 2 (unde & ratum habere, ratum facere, idem est, quod confirmare vel ratificare (...), Henr. Christian Mahn, *Commentatio de iure ratihabitionis gestorum, vom Genehmhaftungsrecht* (1741), 2 (vocabulum ratihabitiones a ratum & habeo ortum trahere quod dominus, nesciente vel absente

38   *Sistema geral e legitimidade*

pelo formalismo[26]. Ela foi-se impondo mais tarde, muitas vezes sob a indicação, reconhecidamente tardia, da *aequitas*[27]. Beseler defende, de resto, a natureza interpolada das referências feitas, nos digesta, à *ratihabitio*[28], incluindo D. 46.8.12[29].

No Direito romano, a *ratihabitio* ou *ratum habendi* era explicada com recurso às palavras *consensus, testimonii, consentire, probare, firmare, confirmare* ou *agnoscere*[30]. *Rati habeo* corresponde a *adprobo* ou *confirmo*[31].

Perante tal envergadura, compreende-se que ela apareça nos mais diversos locais. Como exemplo: Barassi estuda a *ratifica*, no Direito romano, a propósito das diversas *exceptiones: metus, doli, veleiana, macedoniana, cincia* e outras[32]; além disso, ela surgia na *restitutio in integrum*, na rescisão, na inoficiosidade da doação e do dote, nas ações pauliana e redibitória e nas diversas invalidades[33]. A esta multiplicidade de *loci* corresponde uma multiplicação de sentidos, nas fontes consideradas clássicas[34].

III. A *ratihabitio* surge, antes de mais, na gestão de negócios[35]. Aí apresenta um alcance que abrange as atuais aprovação da gestão e ratificação dos atos praticados no seu âmbito. Scaevola, num fragmento inserido

---

eo, gesta ratum habeat), Adrianus Fredericus Ludovicus Gregory, *Specimen iuris civilis de ratihabitione* (1864), 1-2, A. Sigerist, *Die Lehre von der Ratihabition der Rechtsgeschäfte/ Civilistischer Versuch* (1887), 1 e R. Scheller, *Bedeutung und Wirkung der Ratihabition* (1887), 5.

[26] Julius Griesinger, *Zur Lehre von der Ratihabition der Rechtsgeschäfte* (1862), 5.

[27] *Da boa fé no Direito civil*, 113 ss. e 1197 ss., com indicações.

[28] Gerhard Beseler, *Romanistischen Studien*, SZRom 46 (1926), 83-144 (140-141) e *Beiträge zur Kritik der römische Rechtsquellen*, SZRom 66 (1948), 265-393 (351); este último escrito é póstumo.

[29] Gerhard Beseler, *Confestim – Continuo*, SZRom 51 (1931), 188-202 (196).

[30] Alfredus Agricola, *De ratihabitione* (1848), 7.

[31] Gisbertus Reitz, *De ratihabitione et retractatione* (1755), 2; prossegue este Autor: ratihabitio est adprobatio, qua quis confirmat ea, quae a semet vel ab alio gesta sunt (...) est adprobatio superveniens, qua vel lex vel homo factum aliquod invalidum confirmat eo cum effectu, ut ab initio illud validum cenceatur (*idem*, 4).

[32] Ludovico Barassi, *Teoria della ratifica del contratto annulabile* (1898), 48-61.

[33] Ludovico Barassi, *Teoria della ratifica* cit., 61-78.

[34] Hans Hermann Seiler, *Der Tatbestand der negotiorum gestio im römischen Recht* (1968), 61.

[35] *Vide* o escrito citado na nota anterior: a obra de referência.

§3.º A legitimação: evolução geral

precisamente na secção V do Livro III dos *digesta*, *de negotiis gestis*, depois de diversas explicações, vem rematar[36] [37]:

> quid fiet, si a debitore meo exigerit et probaverim? quemad modum recipiam? item si vendiderit? ipse denique si quid impendit, queadmodum recipiet? mam utique mandatum non est erit igitur et post ratihabitionem negotiorum gestorum actio.

A gestão de negócios tem origem pretoriana[38], constando do *edictum perpetuum*[39]. Com características *bonae fidei*, embora fora dos correspondentes *iudicia*[40], a gestão de negócios representa um conjunto de soluções flexíveis, modeladas pelo pretor, assente na *jurisprudentia*. A *ratihabitio* tem, ela própria, um emprego comum no Direito honorário.

Resulta daí – tal como sucedeu com a própria *bona fides* – uma natureza técnica da *ratihabitio*[41]: essa expressão equivale a uma criação jurídica.

No plano da gestão representativa, a *ratihabitio* apresenta-se como o ato do *dominus* que aceita a gestão, abrindo as portas às subsequentes *actiones negotiorum gestorum*[42]. A *ratihabitio* vive dominada pela dogmática da gestão[43].

---

[36] D. 3.5.8, *in fine* = 16.ª ed. Paulus Krüger/Theodor Mommsen 1 (1954), 74/II. Em português, fixado com auxílio da edição bilingue latim/alemão de Okko Behrends e outros, *Corpus Iuris Civilis/Text und Übersetzung* II – *Digesten* 1-10 (1995), 317:

> o que sucederá se [o gestor] exigir [dinheiro] ao meu devedor e eu aprovar? De que modo posso eu receber? E se ele vender? E se ele próprio pagar alguma coisa, de que modo a pode receber? Pois, de facto, não há qualquer mandato. Nesses casos, só depois da *ratihabitio* surge a *actio negotiorum gestorum*.

Note-se que *ratihabitio* é, em alemão, vertida para *Genehmigung*.

[37] Quanto a este texto, *vide* Giovani Finazzi, *Richerche in tema di negotiorum gestio*, II/1, *Requisiti delle actiones negotiorum gestorum* (2003), 584-585: esta obra, em 656 pp., em conjunto com o 1.º volume, subintitulado *Azione pretorie ed azione civile* (1999), de 443 pp., constitui também um escrito de referência sobre o tema.

[38] Moriz Wlassak, *Zur Geschichte der negotiorum gestio/Eine rechtshistorische Untersuchung* (1879), 13 ss..

[39] Otto Lenel, *Das Edictum Perpetuum*, 3.ª ed. (1927, reimp.), 86 ss. (Tit. VIII, *De cognitoribus et procuratoribus et defensonibus*).

[40] *Da boa fé*, 74.

[41] R. Scheller, *Bedeutung und Wirkung der Ratihabition* cit., 5.

[42] Hans Hermann Seiler, *Der Tatbestand der negotiorum gestio* cit., 62. Quanto à gestão representativa e à necessidade, daí decorrente, da *ratihabitio*, ainda hoje é clássico: Ernst Zimmermann, *Die Lehre von der stellvertrenden negotiorum gestio* (1876), 138 ss..

[43] *Vide* os competentes elementos em Sigarist, *Die Lehre von der Ratihabition* cit., 4 ss..

40   *Sistema geral e legitimidade*

IV. A natureza da *ratihabitio* era debatida pelos próprios jurisprudentes. A questão era ultrapassada, aproximando-a de um mandato. Ulpiano, em fragmentos epigrafados *de vi et de vi armata*, retém[44-45]:

> Sede et si quod alius deiecit, ratum habuero, sunt qui putent secundum Sabinum et Iassium, qui ratihabitionem mandato comparant, me videri deiecisse interdictioque isto tenerit, et hoc verum est: rectius enim dicitur in malefício ratihabitionem mandato comparari.

De facto, no mandato, poderia um devedor pagar ao mandatário: com isso ficaria liberto das suas obrigações. Mas não havendo (o que hoje chamaríamos) poderes de representação? Aí operaria a *ratihabitio*: segundo Ulpiano[46]:

> (...) et ait Iulianus, cum dominus ratum habuerit, tunc liberari.

Ela constituiria uma aceitação posterior ao mandato[47].

A ponte entre o mandato "representativo" e a gestão, também representativa, é clara, servindo a *ratihabitio* de eixo comum[48]. Todavia, insiste a doutrina em que o papel deste instituto, escasso na época clássica, se veio a intensificar apenas com Justiniano[49].

V. Outro *quid* necessário para integrar a ideia ampla de *ratihabitio* e, daí, os conceitos que dele descendem é o das invalidades. No Direito romano, as fontes reportam situações de *negotium nullum* e de *negotium non existens*[50]. Não havia uma doutrina coerente (pelas nossas bitolas) de

---

[44] D. 43.16.1.14 = 16.ª ed. Krüger/Mommsen cit., 736/I. *Vide*, ainda, D. 46.3.12.4, *idem*, 797/I; na 8.ª ed. cit., 688/I e 747/II, respetivamente.

[45] Quanto à exegese dos textos: Aldo Cenderelli, *La negotiorum gestio/Corso esegetico di diritto romano* I – *Struttura, origini, azioni* (1997), 118 ss. e 170 ss..

[46] Ulpiano, D. 46.3.58 = 8.ª ed. Mommsen cit., 751/I.

[47] Max Kaser, *Das römische Privatrecht* cit., 1, 2.ª ed., 579.

[48] Com outros elementos, Hans Hermann Seiler, *Der Tatbestand der negotiorum gestio* cit., 62, 64, 66, 67 ss. e 69 ss.; *vide* Mario Morelli, *Die Geschäftsführung im klassischen Recht* (1935), 5 ss. e 39 ss., bem como Moritz Wlassak, *Zur Geschichte der negotiorum gestio* cit., 62 ss..

[49] Hans Hermann Seiler, *Der Tatbestand der negotiorum gestio* cit., 71 e 72.

[50] Kurt Kubaschewski, *Die Anfechtbarkeit des nichtigen Rechtsgeschäfts* (1911), 13.

§ 3.º A legitimação: evolução geral 41

invalidade: esta teria de aguardar o século XIX e Savigny[51]. O negócio *nullum* não produziria efeitos. Haveria remédios? A tarefa de, perante a "nulidade", encontrar uma via para a convalescença não se apresentava fácil. Na origem da dificuldade podemos situar a fórmula de Paulo, no seu livro oitavo *ad Sabinum*[52]:

> Quod initio vitiosum est, non potest tractu temporis convalescere.

Todavia, foram surgindo exceções. Na hipótese de casamentos irregulares, de novo Paulo, agora no *liber septimus responsorum*[53]:

> Eos, qui in patria sua militant, non videri contra mandata ex eadem provincia uxorem ducere idque etiam quibusdam mandatis continueri. Idem eodem. Respondit nihi placere, etsi contra mandata contractum sit matrimonium in provincia, tamen post depositum officium, si in eadem voluntate preseverat, instas nupticias effici: et ideo postea liberus natos ex iusto matrimonio legitimos esse.

No período de Justiniano, foram tomadas medidas tendentes a sanar negócios jurídicos inicialmente inválidos, quando, supervenientemente, o vício fosse corrigido. Assim sucedeu com hipóteses de inobservância do *senatus consultum macedonianum*, que invalidava a celebração de negócios por *filii familias* não autorizados, quando sobreviesse a *ratihabitio*[54]. Trata-se de uma situação que tem vindo a merecer a atenção dos estudiosos, ao longo dos anos[55]. Elementos anteriores, embora menos explíci-

[51] *Tratado* II, 916 ss..

[52] D. 50.17.29 = 16.ª ed. Krüger/Mommsen cit., 921/I.

[53] D. 23.2.65 = 16.ª ed. Krüger/Mommsen cit., 334/II. Em português, fixado com o auxílio de Okko Behrends e outros, *Corpus Iuris Civilis*, IV (2005), 161:

> Aquele que na sua província natal preste serviço militar não é considerado agir contra as ordens de serviço se casar com uma mulher da mesma província, mesmo quando esta estiver também sob instruções. O mesmo (Paulo) respondeu considerar justo que um casamento, mesmo quando celebrado na província contra indicações de serviço, seja considerado, depois do termo do cargo, como um casamento legítimo, desde que se mantenha a vontade matrimonial; e os filhos dele nascidos sejam considerados legítimos de justo matrimónio.

[54] C. 4.18.7 = 6.ª ed. Paul Krüger (1895), II, 167/I e II.

[55] *Vide* Franciscus Ignatius Weis, *De cessatione Scti Macedoniani* (1737), 4 ss. e 31 ss..

42 *Sistema geral e legitimidade*

tos, apontavam já para soluções paralelas[56]. A figura é muito interessante. Desta feita, a *ratihabitio* não exprime – ou não exprime apenas – a como que renúncia, pelo titular, de um poder de impugnação, do direito de suprimir o negócio. Ela vai mais longe, marcando o alinhar, do negócio questionado, com a ordem jurídica.

11. A dogmática da *ratihabitio*

I. A reconstrução dogmática da legitimação romana, feita com base em instrumentos atuais, permite apontar os grandes vetores em presença. Assim, tratar-se-ia[57]:

– de um ato de vontade;
– unilateral;
– informal;
– consolidativo;
– com efeitos retroativos.

Nas fontes, a *ratihabitio* surge como reportada à opção de um sujeito: donde a sua natureza voluntária unilateral. Quanto à forma: os estudiosos sublinham que ela aparece em situações muito diversas sem que, jamais, para ela se exija alguma forma[58]. Bastariam mesmo, nalguns casos, *acta concludentia*[59].

II. No tocante aos efeitos: é referida a leitura de Beckhaus, segundo a qual haveria, aqui, a renúncia à anulação de um negócio[60]. Em rigor, teríamos de distinguir entre a *ratihabitio* na *negotiorum gestio*, no mandato e nos negócios inválidos. Abstratamente será uma *adprobatio super-*

---

[56] Ludovico Barassi, *Teoria della ratifica* cit., 54-58.

[57] Ludovico Barassi, *Teoria della ratifica* cit., 78 ss.. Outras enumerações ou leituras podem ser confrontadas em Griesinger, *Zur Lehre von der Ratihabition der Rechtsgeschäfte* cit., 38 ss. e em Seuffert, *Die Lehre von der Ratihabition* cit., 12 ss. (quanto à *ratihabitio* na área da gestão de negócios; adiante veremos a "*ratihabitio*-confirmação"). Curiosas distinções escolásticas constam de Reitz, *De ratihabitione* cit., 5 ss..

[58] Ludovico Barassi, *Teoria della ratifica* cit., 82.

[59] *Idem, loc. cit.*.

[60] A referência é de Barassi, *Teoria della ratifica* cit., 82. Feita a verificação e quanto à fonte direta, *vide* F. W. Beckhaus, *Über die Ratihabition der Rechtsgeschäfte* (1859), 23.

§ 3.º A legitimação: evolução geral

veniens[61]: tira dúvidas nos negócios inválidos, abre as portas à eficácia da gestão e dá consistência aos negócios celebrados pelo mandatário[62].

III. A eficácia retroativa da *ratihabitio* é referida como uma constante[63]. Os meios técnico-jurídicos hoje disponíveis permitem isolar a retroatividade como um *plus*: algo que opera como um complemento, alargando a eficácia "normal" de um ato que, pela natureza das coisas, operaria *ad futurum*. Adiante veremos que este aspeto deverá ser repensado.

No Direito romano, a autónoma afirmação da retroatividade da *ratihabitio* só foi sublinhada com Justiniano[64]. Anteriormente: ela era uma decorrência normal do próprio ato *ratihabitionis*.

12. O Direito intermédio

I. Por "Direito intermédio" designa-se, de modo seguramente arbitrário, o segmento histórico-jurídico que decorre entre o Direito romano e as codificações. Esse lapso de tempo, de quase treze séculos, é rico em experiências e evoluções: não pode ser compartimentado em tão curto epíteto. Mas para a *ratihabitio*, pragmaticamente, chega: o pandectismo recuperou o Direito romano, colocando-o em pleno século XIX. O *intermezzo* de treze séculos, não sendo despiciendo, foi secundarizado por esta injustiça histórica.

Na impossibilidade de reconstruir todos os elementos relevantes – os quais, quanto sabemos, não estão estudados nem, sequer, referenciados – iremos prender a nossa atenção em quatro autores decisivos: Cuiacius, Donnellus, Domat e Pothier.

Fazemos, contudo, uma referência prévia a Alciatus (1492-1550), apontado como o primeiro humanista.

---

[61] Reitz, *De ratihabitione* cit., 39 ss. e 41 ss..

[62] Agricola, *De ratihabitione* cit., 45 ss., 52 ss. e 59 ss..

[63] Weis, *De cessatione Scti Macedoniani* cit., 32, Mahn, *Commentatio de iure ratihabitionis* cit., 2-3 (retrotractationis venit), Reitz, *De ratihabitione* cit., 47 ss. (especialmente quanto à *ratihabitio nuptiarum*, perante os filhos), Beckhaus, *Über die Ratihabition* cit., 6 e Lothar Seuffert, *Die Lehre von der Ratihabition* cit., 69 ss. (no campo da *gestio*).

[64] Ludovico Barassi, *Teoria della ratifica* cit., 94 ss., com as fontes.

44 *Sistema geral e legitimidade*

Nas diversas menções à *ratihabitio*, emerge a da sua equiparação ao mandato[65], "por regra de Direito antigo". Estamos perante uma generalização já bastante abstrata, embora nem sempre aplicável[66].

II. Em Cuiacius (Jacob Cujas, 1522-1590), a matéria relativa à *ratihabitio* aparece dispersa. Surgem referências à sua equiparação ao mandato[67], à sua natureza retroativa[68] e à sua similitude com o consenso[69]. A *ratihabitio* está ainda na origem das ações derivadas da gestão de negócios[70]. Ocorrem diversas outras menções[71]. A equiparação ao consenso ocorria na hipótese de venda ou de penhor de coisa alheia: *ratihabitio domini sufficit, quia retrotrabitur, & consensui comparatur*[72]. A propósito da confirmação, pelo Bispo, de vendas de bens eclesiásticos, de novo se equipara a ratificação ao consenso, explicando que a mesma pode ser tácita[73]. A *confirmatio* é incidentalmente referida, por exemplo, a propósito de doações nulas, a filhos-famílias: mas sanáveis, retroativamente, pela *ratihabitio*[74].

Somos levados a concluir que a lógica da sistemática humanista, periférica e empírica[75], não foi usada, de modo percetível, com a *ratihabitio*.

III. As considerações de Cuiacius careciam de melhor sistematização. Aqui intervém Donellus (Hugues Donneaux, 1527-1591), em troço que cabe reter[76]:

---

[65] D. Andreae Alciati, *Mediolanensis, iurisconsulti clariss, comentariorũ in aliquot Iuris civilis & Pontificii titulos, cõmuni Interpretum more praelectorum*, Tomus quartus, ed. Basileia, s/data, 432, 40-50.

[66] *Idem*, 62, 40-50.

[67] Iacobi Cuacii ic. *Tolosatis Opera, ad parisiensem fabrotianam editionem diligentissime exacta in tomos XI – distributa*, tomo 4 (ed. 1677), 310/A e tomo 8 (ed. 1860), 259/A.

[68] Cuacii, *Opera* cit., tomo 2 (ed. 1658), 292/E-293/A e tomo 9 (ed. 1681), 637/C.

[69] Cuacii, *Opera* cit., tomo 5 (ed. 1677), 413/E e tomo 6 (ed. 1678), 987/C e D.

[70] Cuacii, *Opera* cit., tomo 9 (ed. 1681), 288/E: *ratihabitio eriam parit actionem negotiorum gestorum* (...).

[71] Cuacii, *Opera* cit., tomo 11 (ed. 1683), 533, onde pode ser confrontado todo um conjunto de referências.

[72] Cuacii, *Opera* cit., 5, 413/E.

[73] Cuacii, *Opera* cit., 6, 987/D.

[74] Cuacii, Opera cit., 9, 637/C.

[75] *Tratado* I, 127-128.

[76] Hugonis Donelli, *Jurisconsulti et antecessoris opera omnia/Commentatorium de jure civili*, tomo III (ed. Macerata, 1829), 699.

§ 3.º A legitimação: evolução geral   45

(...) quod initio non valuit, tractu temporis convalescere non posse (...) Huia objectioni non dubito, quin occurrere valuerint Sabinus et Cassius, dum regulam ita concipiunt, ut dicerent ratihabitionem mandato comparari. (...) sed hoc amplius etiam retroversue perinde haberi, quasi jam ab initio res utiliter gesta est.

A matéria era recorrente, no tocante à gestão de negócios[77]:

Alioqui ea magis res convalescere dicendo esset, quo longius confirmatio retro ex eventur progrederetur.

Donellus retomava o tema a propósito do *senatus consultum macedonicum*[78].

Afigura-se-nos perceptível a tendência para, na base de vizinhanças linguísticas, ir aproximando tópicos problemáticos. Estamos perante um esforço que, ao longo dos séculos, iria permitir a construção de conceitos abstratos.

IV. Em Jean Domat (1625-1696), a "ratificação" surge a propósito da ação de rescisão: a antecedente da ação de anulação.

Vamos reter o texto-base[79]:

Se a causa da restituição cessar, aquele que poderia ser relevado tiver ratificado o ato de que poderia queixar-se, não mais será recebido; pois a aprovação produz um novo ato que confirma o primeiro. Assim, por exemplo, se um menor que se tornou maior ratificar uma obrigação de que poderia ser relevado; ele não mais poderá ser. Assim, aquele que estando em plena liberdade ratifica um ato que ele pretendia ter consentido pela força, não mais se poderá queixar dele.

Temos, aqui, uma aproximação às figuras modernas, particularmente à confirmação. Ela está reportada a atos impugnáveis ("rescindíveis"), pondo termo a esse seu estado. Em Domat encontramos muitas das sólidas raízes do *Code Civil*.

---

[77] *Idem*, 700.
[78] *Idem*, 701.
[79] Jean Domat, *Les loix civiles dans leur ordre naturel: le droit public, et legum delectus*, 1 (1756), 297, IX.

46 *Sistema geral e legitimidade*

V. Robert-Joseph Pothier (1699-1772) ocupa-se das invalidades apenas a propósito do processo. No seu *Tratado de processo civil*[80], Pothier vem distinguir os meios de nulidade, correspondentes às nulidades de pleno direito e às cartas de rescisão. Versa, depois, os casos em que elas são aplicáveis[81]. A matéria é tratada pelo prisma processual, como uma via, entre outras, de realizar o Direito. A não-substancialização da matéria das invalidades, em Pothier, teria consequências subsequentes. Ainda hoje, o tema surge, na doutrina francesa, pejado de locuções processuais. Os reflexos deste modo de pensar as ineficácias, são patentes no Código Napoleão.

13. O Código Napoleão

I. Na sequência da evolução anterior, o Código Civil francês (1804) ou Código Napoleão apresentou uma sequência ordenada onde surgiam quer a ratificação, quer a confirmação.

A matéria ocorria no livro III, título III, capítulo VI: *Da prova das obrigações e do pagamento*. Mais precisamente:

Secção I – Da prova literal:
§ I   Do título autêntico (1317.º a 1321.º);
§ II   Do ato com assinatura particular (1322.º a 1332.º);
§ III Das amostras (1333.º);
§ IV   Das cópias das cartas (1334.º a 1336.º);
§ V   Dos atos de reconhecimento e confirmativos (1337.º a 1340.º).
Secção II – Da prova testemunhal (1341.º a 1348.º);
Secção III – Das presunções (1349 a 1352.º);
Secção IV – Da confissão da parte (1353.º a 1356.º);
Secção V – Do juramento (1357.º a 1369.º).

II. O artigo 1338.º, relativo a atos confirmativos, veio dispor, de modo expresso, o seguinte:

O ato de confirmação ou ratificação de uma obrigação, contra a qual a lei admita a ação de nulidade ou de rescisão, só é válido quando nele se

---

[80] R.-J. Pothier, *Traité de la procedure civile*, em *Oeuvres*, por Dupin Ainé, 6.º vol. (1832), 171 ss..
[81] *Idem*, 172-178.

§ 3.º A legitimação: evolução geral 47

encontrem a substância dessa obrigação, a referência ao motivo da ação de rescisão e a intenção de reparar o vício no qual essa ação se baseie.

Na falta de ato de confirmação ou de ratificação, basta que a obrigação seja executada voluntariamente depois do momento em que ela podia ser validamente confirmada ou ratificada.

A confirmação, ratificação ou execução voluntária nas formas e no momento determinados pela lei, implicam renúncia aos meios e às exceções que se poderiam opor contra esse ato, sem prejuízo, contudo, dos direitos de terceiros.

O artigo 1339.º vedava a confirmação de doações entre vivos, designadamente quando nulas por vício de forma. A confirmação, a ratificação ou a execução voluntárias de uma doação pelos herdeiros ou adquirentes do doador, após a morte deste, implicam a sua renúncia a opor seja o vício de forma, seja qualquer outra exceção.

III. A doutrina da época comentava estes preceitos com profusão[82]. Como se vê, há uma justaposição de situações diversas: confirmação, ratificação e renúncia a posições várias. Subjacente deveria estar toda uma doutrina relativa a invalidades, que tardaria, em França, ao longo do século XIX. Adiantamos que, sob derivas linguísticas e conceituais, a confirmação acabaria por ser confinada a atos nulos, quando a nulidade não adviesse da ordem pública[83]. Alguma doutrina, mesmo atual, sublinha que a confirmação se reporta a atos feridos de mera nulidade relativa[84], traduzindo a renúncia a intentar a *action en nullité*[85]. A matéria obedece aos quadros franceses da ineficácia.

Quanto à autorização: ela é aproximada da permissão requerida para a prática de certos atos, consistindo, designadamente, num controlo judicial prévio[86].

---

[82] *Vide* Marcel Planiol, *Traité Élémentaire de Droit Civil*, 2, 3.ª ed. (1904), 435 ss., como exemplo.

[83] René Japiot, *Des nullités en matère d'actes juridiques/Essai d'une théorie nouvelle* (1909), 711 ss.. Na literatura atual: François Terré/Philippe Simler/Yves Lequette, *Droit civil/Les obligations*, 11.ª ed. (2013), 446-447.

[84] Henri e Léon Mazeaud/Jean Mazeaud/François Chabas, *Leçons de Droit Civil*, II/1, *Obligations/Théorie générale*, 9.ª ed. (1998), 307-308 (n.º 309).

[85] Jean Carbonnier, *Droit Civil/Les obligations*, ed. completa de 2004, 2097 (n.º 1020).

[86] Alain Bénabent, *Droit civil/Les obligations*, 15.ª ed. (2016), n.º 149 (123).

48　　Sistema geral e legitimidade

14. A primeira pandectística

I. Na pandectística anterior a Lothar Seuffert (1868), surgem referências à *ratihabitio* ou *Genehmigung*: breves e, em geral, próximas da atual ratificação. Assim, ela vem reportada a situações nas quais o interessado não tenha dado inicialmente o seu consentimento, vindo mais tarde a manifestá-lo[87]. Mas também ocorre como modo de validar alienações sem poder[88], de conferir poderes após a prática do ato[89] e de provocar a aceitação e a vigência de um negócio anterior[90]. Parece claro que o drama subjacente residia na indefinição de elementos fundamentais, tal como a teoria da representação, que apenas se foi firmando ao longo do século XIX.

Lado a lado com as relatadas aplicações, próximas da ratificação, surgem menções à *ratihabitio* como via de convalescença dos negócios[91]. Desta feita, imperava uma indefinição conceitual. A referência era constituída pelos velhos textos latinos, quando a linguagem científica surgia em alemão. Uma efetiva sedimentação conceitual exigiria o recurso a códigos formais.

Não obstante, parece hoje claro que o desenvolvimento subsequente já se apercebia, sob os textos, um tanto confusos, da pandectística da primeira metade do século XIX.

III. Dentro da cristalização e do aperfeiçoamento analítico de conceitos, a pandectística veio a distinguir, dentro do universo da velha *ratihabitio*, distintas realidades. Savigny, reportando-se a negócios em si inválidos, refere a figura da convalescência como modo de os recuperar[92]. Jhering, considerando a situação do proprietário a onerar com encargos, admite, da parte deste, as hipóteses de "aceitação" (*Genehmigung*) ou de autorização

---

[87] Ferdinand Mackeldey, *Lehrbuch des heutigen Römischen Rechts*, 12.ª ed. (1842), § 163 (232).

[88] G. F. Puchta, *Pandekten*, 8.ª ed. (1856, póstuma), por A. Rudorff (1856), § 51 (78).

[89] Alois Brinz, *Lehrbuch der Pandekten*, 2 (1860), § 373 (1621 ss.).

[90] Johann Adam Seuffert, *Praktisches Pandektenrecht* 1, 4.ª ed. (1860), § 89 (112); Karl Adolph von Vangerow, *Lehrbuch der Pandekten*, 1, 7.ª ed. (1875), § 88 (128).

[91] J. A. Seuffert, *Praktisches Pandektenrecht*, 2, 4.ª ed. (1867), § 345 (266), Karl Adolph von Vangerow, *Lehrbuch der Pandekten*, 3, 7.ª ed. (1869), § 664 (508 ss.).

[92] Friedrich Carl von Savigny, *System des heutigen römischen Rechts* 4 (1841), § 203 (555-557).

§ 3.º A legitimação: evolução geral 49

(*Ermächtigung*)[93], chegando a prometer um estudo futuro sobre a doutrina da autorização[94], o qual, infelizmente, não chegou a vir à luz. Uma pesquisa pelas diversas *Pandekten* permitiria discernir outras precisões terminológicas.

IV. O passo seguinte ficou a dever-se a Lothar Ritter von Seuffert (1843-1920)[95], numa pesquisa de juventude sobre a *ratihabitio*[96]. A tese fundamental deste Autor foi a seguinte: não existe uma doutrina geral da *ratihabitio*. Esta comporta, na realidade, três institutos distintos:

– a aprovação na gestão de negócios;
– a autorização perante negócios alheios;
– a confirmação de negócios anuláveis.

A *ratihabitio* em geral (*Genehmigung*, "aceitação" ou "concordância") traduziria um negócio jurídico situado numa "conexão conservativa orgânica" perante um negócio cronologicamente anterior[97]. Sob esta descrição ficariam, porém, incluídas as três distintas ocorrências acima referidas.

Na gestão de negócios, a *ratihabitio* (*Genehmigung*) corresponde a um direito de escolha do *dominus*[98]. Em princípio, não pode ser parcial[99]: estaremos, assim, na área da atual aprovação da gestão, desencadeando efeitos perante o *dominus* e perante terceiros, tendencialmente retroativos[100].

A autorização ou consentimento (*Einwilligung*) perante negócios alheios retrata a situação da pessoa que pretenda acolher como seu um negócio concluído por outrem em seu nome[101].

---

[93] Rudolf von Jhering, *Mitwirkung für fremde Rechtsgeschäfte*, JhJb 1 (1857), 273-350 e 2 (1858), 67-180 (2, 131).

[94] *Idem*, 131, nota 68.

[95] *Vide*, para mais indicações sobre este Autor, o nosso *Da confirmação no Direito civil*, n.º 16.

[96] Lothar Seuffert, *Die Lehre von der Ratihabition der Rechtsgeschäfte/civilistische Abhandlung* (1868), VI + 159 pp..

[97] Lothar Seuffert, *Die Lehre von der Ratihabition* cit., 2.

[98] *Idem*, 36 ss..

[99] *Idem*, 83.

[100] *Idem*, 43 ss., 62 ss. e 69 ss..

[101] *Idem*, 95 ss..

50   *Sistema geral e legitimidade*

Finalmente, temos a confirmação propriamente dita (*Bestätigung*): manifesta-se como o acolhimento, pelo próprio, de um negócio que não seja plenamente válido[102].

V. A clarificação linguística e conceitual levada a cabo por Seuffert teve especiais reflexos nas monografias subsequentes, designadamente na de Scheller[103] e na de Sigerist[104]. Estes Autores deixam clara a trilogia de conceitos que se abrigam à velha *ratihabitio*.

O tema, com uma focagem na autorização, foi, de seguida, retomado pelos estudiosos de gestão de negócios[105] e da representação[106]. O consentimento do ofendido também foi sendo isolado, enquanto causa de justificação da ilicitude[107]. Também a confirmação se afirmou, perante negócios inválidos, como via de convalescença[108]. Wächter explica já, embora usando *ratihabitio/Genehmigung*, que esta só é possível perante negócios anuláveis: não quanto a negócios nulos[109].

A adoção de um termo próprio para a confirmação de negócios – em alemão: a *Bestätigung* – preconizada por Lothar Seuffert, foi acolhida por Regelsberger[110]: um passo importante na evolução ulterior da matéria. Regelsberger delimita o perfil da figura à anulabilidade, onde a confirmação equivaleria à renúncia ao direito de a invocar; quanto a negócios nulos: eles não poderiam ser ressuscitados[111].

---

[102] *Idem*, 117.

[103] R. Scheller, *Bedeutung und Wirkung der Ratihabition* (1887, já citado), logo 5-6.

[104] A. Sigerist, *Die Lehre von der Ratihabition der Rechtsgeschäfte* (1887, já citado), 4 ss., 73 ss. e 88 ss..

[105] Ernst Zimmermann, *Die Lehre von der Stellvertretenden negotiorum gestio* (1876, já referido), 326 pp., 88 e nota 105a.

[106] Siegmund Schlossmann, *Die Lehre von der Stellvertretung, insbesondere bei obligatorischen Vertragen: Kritik und wissenschaftliche Grundlegung/1: Kritik der herrschenden Lehren* (1900), XIV + 362 pp., § 32 (298).

[107] Ernst Zitelmann, *Ausschluss der Widerrechtlichkeit*, AcP 99 (1906), 1-130 (47 ss.).

[108] Otto Wendt, *Lehrbuch der Pandekten* (1888), § 60 (162-163), ainda incipiente, embora citando L. Seuffert – § 48 (124) – a propósito da representação.

[109] Carl Georg von Wächter, *Pandekten I – Allgemeiner Teil* (1880), § 84 (428); *vide* o *Beilage* I (428-432).

[110] Ferdinand Regelsberger, *Pandekten* 1 (1893), § 176 (639).

[111] *Idem*, loc. cit..

§ 3.º A legitimação: evolução geral

O tema é consagrado em grandes clássicos: Dernburg fala, ainda, em *Genehmigung*: um negócio autónomo e retroativo[112]; Windscheid adota a *Bestätigung*, inaplicável a negócios nulos e de eficácia retroativa[113].

15. O BGB e a evolução subsequente

I. O BGB deu um tratamento disperso às diversas figuras que resultam do labor analítico dado à velha *ratihabitio*, pelo pandectismo. Os §§ 164 a 181 versam a procuração e a representação[114]. A esse propósito, alguns autores inserem a análise da autorização (*Ermächtigung*)[115]. Por seu turno, os §§ 182 a 185 ocupam-se do consentimento (*Einwilligung*) e da ratificação (*Genehmigung*), ambos reconduzíveis a um conceito amplo de concordância (*Zustimmung*)[116]. Estamos perante uma área dominada por sortilégios linguísticos: há que dar provas de uma grande precisão terminológica.

II. Aquando da entrada em vigor do BGB, a primeira questão dogmática suscitada teve a ver com a natureza negocial ou não-negocial da *Einwil-*

---

[112] Heinrich Dernburg/Johannes Biermann, *Pandekten I – Allgemeiner Teil und Sachenrecht*, 7.ª ed. (1902), § 122 (285); esta obra refere Seuffert e a *Bestätigung* (*idem*, nota 5).

[113] Bernard Windscheid/Theodor Kipp, *Lehrbuch des Pandektenrechts*, 9.ª ed. (1906), § 83,2 (1, 440).

[114] *Vide*, entre os comentários (neste momento) mais recentes: Stefan Habermeier, no Heinz Georg Bamberger/Herbert Roth, *Kommentar zum BGB*, 1, 2.ª ed. (2007), 612-690; Eberhard Schilken, no *Staudingers Kommentar zum BGB*, I, §§ 164-240 (*Allgemeiner Teil*, 5) (2009), 1-291; Othmar Jauernig, *Bürgerliches Gesetzbuch/Kommentar*, 14.ª ed. (2011), 122-137; Georg Maier-Reimer, no Ermann, *Bürgerliches Gesetzbuch/ Handkommentar* 1, 13.ª ed. (2011), 491-548; Markus Stoffels, no *NomosKommentar/BGB*, 1, 2.ª ed. (2012), 1083-1215; Karl-Heinz Schramm, no *Münchener Kommentar zum BGB*, 1, 6.ª ed. (2012), 1740-1948 e Claudia Schubert, *idem*, 7.ª ed. (2015), 1822-2092; Heinrich Dörner, no *Handkommentar/BGB*, 7.ª ed. (2012), 165-186; Jürgen Ellenberger, no Palandt/ BGB, 76.ª ed. (2017), 185-207.

[115] Eberhard Schilken, no Staudinger cit., I, Vorbem zu §§ 164 ff, Nr. 62-72 (34-39); *vide* Paul Krückmann, *Ermächtigung*, AcP 137 (1933), 167-193.

[116] Karl Larenz/Manfred Wolf, *Allgemeiner Teil* cit., 9.ª ed., § 51, Nr. 10 (932-933); mais desenvolvidamente, Manfred Wolf/Jörg Neuner, *Allgemeiner Teil* cit., 11.ª ed. (§ 54, Nr. 10-18 (679-680).

52 *Sistema geral e legitimidade*

ligung (consentimento)[117]. Ernst Zitelamnn, em escrito influente, concluiu pela sua natureza negocial: uma vez que ela não está regulada na lei, haveria que ancorá-la em princípios gerais; cair-se-ia na autonomia privada, fonte dos negócios[118]. Tal metodologia, com suas consequências, poder-se-ia alargar às demais descendentes da *ratihabitio*.

O tema da autorização (*Ermächtigung*) obteve múltiplas monografias entre as duas guerras: estava em causa uma primeira reelaboração do BGB, que permitia centrar a atenção sobre conceitos não expressamente consagrados na lei. Assim, anotamos os estudos de Seitz (1927)[119], de Kotthaus (1933)[120], de Rehme (1934)[121] e de Stoll (1935)[122].

Seguiram-se outros estudos, como o de Raich (1961)[123], o de Stathopoulos (1968)[124] e o de Doris (1974)[125]. No seu conjunto, estas monografias, acompanhadas por numerosos artigos e por incontornáveis comentários, constituem matéria indeclinável para futuros estudos monográficos aprofundados: objetivo que escapa ao presente *Tratado*.

III. A dogmática da legitimação veio a desenvolver-se[126], em torno dos §§ 182 a 185 do BGB, os quais, como referido, preveem as figuras do consentimento e da ratificação[127]. Ambos os conceitos abrem na ideia

---

[117] Ansgar Ohky, *"Volenti non fit iniuria"/Die Einwilligung im Privatrecht* (2002), § 9, III (201).

[118] Ernst Zitelmann, *Ausschluss der Widerrechtlichkeit* cit., 66.

[119] Walter Seitz, *Die Ermächtigung nach ihrem rechtsgeschichtlichen Entstehungsgrunde und ihrem Inhalt, sowie ihren vornehmsten Anwendungsfällen* (1927), V + 67 pp..

[120] Adolf Kotthaus, *Die Ermächtigung* (1933), VIII + 42 pp..

[121] Otto Rehme, *Die rechtsgeschäfteliche Ermächtigung: unterbesonderer Berücksichtigung der Prozessermächtigung* (1934), 61 pp..

[122] Walter Stoll, *Die Ermächtigung als selbständiger Rechtsbegriff* (1935), 64 pp..

[123] Fritz Raich, *Die dogmatische Stellung der Ermächtigung* (1962), VII + 85 pp..

[124] Michael P. Stathopoulos, *Die Einziehungsermächtigung* (1968), XV + 180 pp., especialmente 71 ss..

[125] Philippos Doris, *Die rechtsgeschäftliche Ermächtigung bei Vornahme von Verfügungs-, Verpflichtungs- und Erwerbsgeschäften* (1974), XII + 198 pp., especialmente 35 ss..

[126] Quanto à evolução: Thomas Finkenauer, no *Historisch-kritischer Kommentar zum BGB* (cit. HKK/BGB), I – *Allgemeiner Teil*, §§ 1-240 (2007), 1121 pp., §§ 182-185 (957-975).

[127] Recordamos alguns grandes comentários, quanto ao Direito vigente: Karl-Heinz Gursky, no Staudinger cit., 1, §§ 182-185 (293-451), que pode ser tomado como a obra atual de referência; Peter Bub, no Bamberger/Roth cit., §§ 182-185 (690-708); Othmar Jaueinig, BGB cit., 14.ª ed., §§ 182-185 (137-141); Georg Maier-Reimer, no Erman cit.,

§ *3.º A legitimação: evolução geral*

geral de concordância. O regime comum, extensivo, de resto, a outras formas de legitimação, como a autorização, assenta nos pontos seguintes[128]:

– pressupõem declarações de vontade recipiendas, sujeitas às regras gerais sobre a capacidade, sobre a interpretação e sobre a formação e exteriorização da vontade;
– não estão, em regra, sujeitas a forma especial (§ 182/2)[129];
– o consentimento é revogável, até à aceitação (§ 183);
– a ratificação é retroativa (§ 184/1).

As demais figuras, como a autorização para negócios de disposição (§ 185/1)[130], a "confirmação" de alienações nulas (§ 185/2)[131] e a "convalescença" por aquisição ulterior do alienante (§ 185/2, 2.ª parte)[132], são desenvolvidas na base dos competentes preceitos.

IV. De especial interesse comparatístico é a figura da *Verfügung* (disposição), que não comporta tradução técnica correta nas línguas latinas[133].

1, 13.ª ed., §§ 182-185 (549-565); Andreas Staffhorst, no *NomosKommentar* cit., 1, 2.ª ed., §§ 182-185 (1216-1246); Frank Bayreuther, no *Münchener Kommentar* cit., 1, 7.ª ed., §§ 182-185 (2092-2143); Heinrich Dörner, no *Handkommentar* cit., 7.ª ed., §§ 182-185 (186-193); Jürgem Ellenberger, no Palandt cit., 76.ª ed., §§ 182-185 (206-210).

No domínio das obras gerais, para além do já referido de Wolf/Neuner: Dieter Medicus/Jens Petersen, *Allgemeiner Teil* cit., 11.ª ed., 433 443; Reinhard Bork, *Allgemeiner Teil des Bürgerlichen Gesetzbuchs*, 4.ª ed. (2016), §§ 36 e 37 (661 681); Hans Brox/Wolf-Dietrich, *Allgemeiner Teil des BGB*, 41.ª ed. (2017), 224-227; Johannes Wertenbruch, *BGB Allgemeiner Teil*, 4.ª ed. (2017), § 24 (291 307); Helmut Köhler, *BGB Allgemeiner Teil*, 41.ª ed. (2017), 213-217.

[128] Manfred Wolf/Jörg Neuner, *Allgemeiner Teil* cit., 11.ª ed., § 54, Nr. 22-23 (681-682).

[129] Já se tem preconizado uma interpretação restritiva desta regra, de modo a exigir em certos casos, uma forma solene: *vide* Andreas Staffhorst, no *NomosKommentar* cit., § 182, Nr. 57-61 (1229-1230), bem como Karl-Heinz Gursky, no Staudinger cit., §§ 182, Nr. 27 (341-342), com indicações; no Direito português, o problema está equacionado (*infra*, 60).

[130] Karl-Heinz Gursky, no Staudinger cit., I, § 185, Nr. 23-45 (410-417).

[131] *Idem*, § 185, Nr. 46-58 (417-422); trata-se, na realidade, de sanação; quanto à "confirmação" de negócios nulos, prevista no § 141 do BGB, recordamos que não se trata de verdadeira confirmação; *vide* o *Tratado* II, 968-971.

[132] Karl-Heinz Gursky, no Staudinger cit., I, § 185, Nr. 59-85 (422-436).

[133] Murad Ferid/Hans Jürgen Sonnenberger, *Das französische Zivilrecht*, 1/1: *Einführung und Allgemeiner Teil*, 2.ª ed. (1994), 1 F 78 (409); neste ponto, o Direito português

54 *Sistema geral e legitimidade*

Eis o ponto: no Direito alemão, a compra e venda (e os contratos similares) não transfere a propriedade: apenas obriga o vendedor a transmiti-la (§ 433/I). E essa transmissão faz-se por um negócio subsequente: a *Verfügung*. Já nos países latinos, a propriedade (e os direitos reais) transmite-se por mero efeito do contrato (408.°/1). Esta situação permite, no Direito alemão, uma forte distinção entre negócios causais e abstratos: a transmissão dependerá, em princípio, da obrigação de a fazer, sendo causal; quando isso não suceda, surge a abstração, numa contraposição difícil de seguir, nos países do Sul.

A essa luz, entende-se o referido § 185, o qual se ocupa da *Verfügung* levada a cabo por quem não tenha legitimidade para o fazer (*Nichtberechtigter*)[134]. De facto, ela pressupõe essa legitimidade, sendo eficaz apenas quando autorizada pelo dono (§ 185/1)[135]. Além disso, ela é eficaz quando o dono a confirme, quando o disponente adquira a coisa ou quando este, sem restrições, a herde (§ 185/2). Este preceito permite, como "conceito complementar" isolar a ideia do "legitimado" (*Berechtigter*), portanto o que pode dispor do direito considerado[136]. Ele faculta, ainda, o conceito de *Ermächtigung*[137] (autorização, "facultação"), que corresponderá a um ato de concessão de poderes e que, no Direito português, poderia ser expresso pela locução "legitimação"[138]. Será uma espécie de *Einwillung*, mas com uma especial eficácia dispositiva, uma vez que permite agir na esfera alheia[139]. A *Verfügung* e a *Ermächtigung* mereceram uma atenção doutrinária especial[140]; esta última, separada de conceitos afins[141],

---

é semelhante ao francês. Quanto à *Verfügung*, refira-se o clássico Andreas von Tuhr, *Zum Begriff der Verfügung nach BGB*, AcP 117 (1919), 193-206 (193 ss.).

[134] Frank Bayreuther no *Münchener Kommentar* cit. 1, 7.ª ed., § 185 (2127 ss.)

[135] Manfred Wolf/Jörg Neuner, *Allgemeiner Teil* cit., 11.ª ed., § 54, Nr. 36-40 (685) (936).

[136] Karl-Heinz Gursky, no Staudinger cit., I, § 185, Nr. 15 (407-408).

[137] Manfred Wolf/Jörg Neuner, *Allgemeiner Teil* cit., 11.ª ed., § 54, Nr. 24-34 (682-684).

[138] Philippos Doris, *Die rechtsgeschäftliche Ermächtigung bei Vornahme von Verfügungs-, Verpflichtungs- und Erwerbsgeschäften* (1974), 7, fala em *Formallegitimation* (*vide*, também, 31): termo pouco habitual, em alemão e que também ocorre em Werner Flume, *Allgemeiner Teil des Bürgerlichen Rechts*, II – *Das Rechtsgeschäft*, 4.ª ed. (1992), § 57, 1, c (905), na forma de *Legitimation*.

[139] Wilhelm Ludewig, *Die Ermächtigung nach bürgerlichem Recht* (1922), 1.

[140] Recorde-se a polémica Raape e Isay: Leo Raape, *Zustimmung und Verfügung*, AcP 121 (1923), 257-296, Hermann Isay, *Vollmacht und Verfügung*, AcP 122 (1924), 195-202 e Leo Raape, *Verfügungsvollmacht*, AcP 123 (1925), 194-202.

[141] Ludewig, *Die Ermächtigung* cit., 55 ss..

§ 3.º A legitimação: evolução geral   55

é apresentada como um conceito unitário e autónomo[142]. A *Ermächtigung*
oculta não é reconhecida, por razões dogmáticas e de ponderação de interesses[143]. Uma vez levada a cabo, ela seria abstrata: não depende dos negócios
subjacentes[144].

O § 185/2 prevê, depois, situações de convalescença[145]: recordam a
nossa convalidação (895.º).

Este pequeno excurso visa demonstrar as potencialidades dogmáticas
e sistemáticas da nossa legitimidade: ponto de encontro de diversas noções
dispersas pelo Código Civil e que, após conveniente fixação terminológica,
poderiam contribuir para a sedimentação de vários institutos civis.

[142] Philippos Doris, *Die rechtsgeschäftliche Ermächtigung* cit., 155; este Autor
apresenta-a como uma "... concessão de legitimidade (*Zuständigkeit*) para a adoção de
determinadas atuações jurídicas que primariamente pertenceriam ao âmbito de competência de outrem".

[143] Frank Peters, *Die Verpflichtungsermächtigung*, AcP 171 (1971), 234-249 (248).

[144] Wilhelm Ludewig, *Die Ermächtigung* cit., 3.

[145] Karl-Heinz Gursky, no Staudinger cit., I, § 185, Nr. 59 (422) e Horst Hagen, *Zur
Rechtsgrundabhängigkeit der Konvaleszenz*, AcP 167 (1967), 481-503.

§ 4.º AS MODALIDADES DE LEGITIMAÇÃO

16. A autorização

I. A autorização, enquanto conceito jurídico-civil preciso, dotado de um papel no que, aqui, referimos como legitimação, foi introduzida na literatura lusófona pelo Prof. Pessoa Jorge[146]. Por via italiana, foram recebidos alguns elementos próprios da doutrina alemã.

Na receção lusófona, jogaram, em geral, os estudiosos das invalidades do negócio e da sua ultrapassagem, com relevo para Barassi (1873-1961)[147] e da procuração, particularmente na sua contraposição à representação, com exemplo em Nattini[148], Decisivo foi, todavia, deste último Autor, um pequeno artigo sobre o "negócio autorizativo" no qual, além de algumas referências bibliográficas alemãs seriam retomadas pelos nossos doutrinadores, se traçaram os perfis dogmáticos da figura.

Influentes foram, ainda, escritos inseridos em revistas e em enciclopédias[149].

II. A autorização pode ser usada em dois sentidos:

– *lato sensu*: abrange os atos que facultam, a um sujeito, uma legitimidade que, de outro modo, lhe faltaria;

---

[146] Fernando Pessoa Jorge, *O mandato sem representação* (1961), 434 pp., 387-404; *vide* Pedro Leitão Pais de Vasconcelos, *A autorização* cit., 140 ss..

[147] Ludovico Barassi, *Teoria della ratifica del contratto annullabile* (1898), XIV + 437 pp., já referido, especialmente 197 ss., sobre a delimitação de "ratificação".

[148] Angelo Nattini, *La teoria generale della procura/La rapresentanza* (1910), XV + 305 pp., especialmente 34 ss., com muitas indicações alemãs.

[149] Assim: Luigi Carraro, *Contributo alla dottrina dell'autorizzazione*, RTDPC 1 (1947), 282-314 e *Autorizzazione (diritto civile)*, NssDI I/2 (1958), 1577-1580; Alberto Auricchio, *Autorizzazione (diritto privato)*, ED IV (1959), 502-509.

§4.º As modalidades de legitimação

– *stricto sensu*: traduz o ato necessário para que o beneficiário possa concretizar uma atuação que, à partida, não lhe cabia ou que, por lei ou por negócio, ficou dependente do ato em causa.

III. *Lato sensu*, a autorização abrange:

– atos de mera tolerância;
– o consentimento do ofendido;
– a autorização constitutiva;
– a legitimidade *stricto sensu*.

Os atos de mera tolerância surgem previstos, no artigo 1253.º/1, *b*), a propósito da detenção. O titular de um direito real que permita, a título precário, a um terceiro, o agir sobre a coisa-objeto, legitima essa atuação, sem, todavia, conduzir à posse[150]. Os atos de mera tolerância surgem, também, no Direito das obrigações: tal sucede, por exemplo, quando o credor, podendo fazê-lo, não interpele o devedor ou quando o banqueiro consinta um descoberto em conta[151]: também aqui se confere, a uma pessoa (ao devedor e ao cliente do banqueiro) legitimidade para agir num campo que, sem isso, lhe estaria vedado. A tolerância equivale a uma atitude permissiva do titular: a haver uma declaração, caímos na autorização constitutiva.

O consentimento do ofendido, genericamente previsto no artigo 340.º, e com consagrações específicas no tocante aos direitos de personalidade (76.º, 77.º, 79.º e 81.º/1), legitima uma atuação que, de outro modo, seria fonte de responsabilidade aquiliana. Ela insere-se no campo das causas de justificação, como tal sendo tratada[152].

IV. A autorização constitutiva será uma declaração recipienda que permite ao destinatário agir, no âmbito da esfera jurídica do concedente, aí praticando atos materiais ou jurídicos[153]. Não se confunde com um contrato, típico (como o mandato) ou atípico (como os contratos de gestão ou de administração), que tenha esse mesmo conteúdo: é, por essência, unilateral.

---

[150] *Vide* o nosso *A posse: perspectivas dogmáticas actuais*, 3.ª ed. (2000), 59 ss..

[151] O nosso *Direito bancário*, 6.ª ed. (2016), 698-699.

[152] *Infra*, 500 ss..

[153] Fernando Pessoa Jorge, *O mandato sem representação* cit., 393; *vide* Pedro Leitão Pais de Vasconcelos, *A autorização* cit., 152 ss..

58   *Sistema geral e legitimidade*

O Direito lusófono não permite uma renúncia antecipada aos direitos do credor (809.º), numa regra que pode ser alargada a uma proibição de disposição de bens ou de valores futuros[154]. A própria doação é contratual. Nestes termos, a autorização constitutiva, quando não prevista em lei, apenas constitui posições precárias, revogáveis a todo o tempo[155]. Enquanto perdura, ela é fonte de legitimação.

V. A autorização *stricto sensu*, também dita autorização integrativa[156], corresponde a um ato necessário para levantar uma limitação imposta à livre atuação (à legitimidade) do próprio titular da posição em causa. Assim, o Código prevê[157]:

– 94.º/3 e 4: autorização judicial[158] para o curador provisório vender bens do ausente;
– 127.º/1, *c*): autorização, ao menor, para exercício de uma profissão;
– 153.º/1: autorização do curador, para a prática de certos atos pelo inabilitado;
– 671.º, *b*): autorização (a lei diz "consentimento") para o credor pignoratício usar a coisa empenhada;
– 674.º/1: autorização do tribunal para venda antecipada da coisa empenhada;
– 877.º/1: autorização (a lei diz "consentimento", mas é de autorização que se trata) para a venda a filhos ou netos;
– 1038.º, *f*): autorização do senhorio para o locatário proporcionar a outrem o gozo total ou parcial da coisa;
– 1074.º/2: autorização do senhorio para o locatário realizar obras[159];
– 1189.º: autorização do depositante para o uso da coisa depositada, pelo depositário;

---

[154] *Tratado* VI, 69 ss..
[155] Pedro Leitão Pais de Vasconcelos, *A autorização* cit., 206 ss..
[156] Fernando Pessoa Jorge, *O mandato sem representação* cit., 390 ss.; Pedro Leitão Pais de Vasconcelos, *A autorização* cit., 228 ss..
[157] Pedro Leitão Pais de Vasconcelos, *A autorização* cit., 389 ss.; o Autor agrupa, aí, situações que consideramos de consentimento (do ofendido).
[158] Hoje: do Ministério Público, segundo o já referido Decreto-Lei n.º 272/2001, de 13 de outubro (2.º/1).
[159] *Vide*, ainda, o ar 1111.º/2, pelo qual o arrendatário comercial fica autorizado a realizar as obras exigidas por lei ou requeridas pelo fim do contrato.

§ *4.° As modalidades de legitimação* 59

– 1344.°/2, *a contrario*: o proprietário pode autorizar atos de terceiros, em altura e em profundidade, que pudesse ter interesse em impedir;
– 1408.°/2: autorização (a lei diz "consentimento") para a alienação de parte especificada de coisa comum;
– 1612.°/1: autorização para o casamento de menor, a dar pelos pais ou pelo tutor;
– 1649.°: consequências da falta de autorização;
– 1677.°-B/1: autorização para o uso do nome do ex-cônjuge;
– 1678.°: autorização no tocante à administração dos bens do casal;
– 1682.°, 1682.°-A e 1682.°-B: autorizações conjugais para a prática de certos atos;
– 1683.°/2: autorização conjugal para o repúdio de herança ou de legado;
– 1684.°: suprimento de autorização ("consentimento") conjugal;
– 1685.°/3, *b*): autorização conjugal para dispor, *mortis causa* de coisa específica de meação;
– 1691.°/1, *a*): autorização ("consentimento") conjugal para contrair dívidas.

Nuns casos, exige-se a autorização do tribunal; noutros casos, da pessoa cuja posição está em jogo e que se visa proteger, ou do seu representante (ou curador). Na ausência de autorização, há falta de legitimidade, pelo que o ato envolvido é nulo, salvo diversa solução legal.

17. Ratificação e aprovação

I. Historicamente, a ratificação deriva da *ratihabitio* a qual, até Seuffert, incluía diversas outras figuras. Hoje, não há confusão possível.

A ratificação (268.°) é um ato jurídico unilateral que estabelece, *a posteriori*, um vínculo de representação. Esta, como veremos, exige[160]:

– uma atuação *nomine alieno*;
– por conta dele;
– com poderes.

---

[160] *Infra*, 114 ss..

60 *Sistema geral e legitimidade*

Pois bem: a ratificação vem, supervenientemente ou após a conclusão do negócio, conferir os poderes em causa.

II. Estruturalmente, a ratificação configura-se como um ato que vem conferir eficácia a um negócio que, de outra forma, dela careceria. Materialmente, porém, ela inscreve-se no poder genérico que todos os sujeitos do Direito têm de constituir representantes voluntários. Assim, a ratificação[161]:

– está sujeita à forma da procuração (268.º/2), a qual equivale à forma exigida para o negócio a realizar (262.º/2);
– tem eficácia retroativa (268.º/2, *in medio*), uma vez que obriga a tratar o negócio ratificado como se, *ab initio*, houvesse poderes de representação[162];
– mas respeitando os direitos de terceiros (268.º/2, *in fine*) justamente porque aqui – e ao contrário da confirmação – há verdadeira eficácia retroativa.

III. A aprovação (469.º) é um ato próprio do dono do negócio, perante a gestão. Por essa via, o *dominus*:

– renuncia a quaisquer direitos que pudesse ter contra o gestor;
– reconhece o direito do gestor a reembolsos e a indemnizações.

Trata-se do exercício de um direito potestativo, com efeitos complexos. Não se prende, de modo específico, com qualquer ato, isoladamente tomado.

---

[161] Entre as múltiplas questões envolvidas: Karl Münzel, *Nachträgliche Erteilung einer verweigerten Genehmigung?*, NJW 1959, 601-604; *idem*, *Die Rückwirkung der privatrechtlichen und öffentlich-rechtlichen Genehmigung unter Einschluss des Kartellrechts*, NJW 1959, 1657-1663; Hansjoachim Wussow, *Genehmigungsfähigkeit von Handlungen, die der Wahrung gesetzlicher Fristen dienen*, NJW 1963, 1756-1761; Karsten Schmidt, *Beseitigung der schwebenden Unwirksamkeit durch Verweigerung einer Genehmigung*, AcP 189 (1989), 1-18; *idem*, *Vertragsnichtigkeit durch Genemigungsverweigerung*, JuS 1995, 102-105.

[162] Thomas Finkenhauer, *Rückwirkung der Genehmigung, Verfügungsmacht und Gutglaubensschutz*, AcP 203 (2003), 282-314 (282 ss.).

§4.º As modalidades de legitimação

18. Validação, *reductio*, confirmação, convalidação, convalescença e perdão

I. A legitimação pode envolver um sexteto constituído pela validação, pela *reductio ad aequitatem*, pela confirmação, pela convalidação, pela convalescença e pelo perdão. Comecemos por recordar o perfil destas figuras.

A validação, prevista no artigo 248.º, é o ato pelo qual, perante um negócio anulável por erro, o interessado evita a anulação aceitando o negócio tal como o declarante incurso no erro o pretendia. Tecnicamente, a validação surge como uma aceitação de proposta equivalente à (má) representação real do declarante errado.

A *reductio ad aequitatem* (283.º) é uma validação especialmente adaptada aos negócios usurários. Desta feita, o negócio usurário é validado, desde que reconvertido a proporções justas. Subjacentes estão as inerentes propostas, que os interessados irão aceitar.

A confirmação é o ato pelo qual o titular do direito à anulação de um negócio remove a invalidade em causa (288.º).

A convalidação equivale à sanação automática de um negócio inválido (quiçá: nulo!) pelo desaparecimento superveniente dos vícios que o afetavam. Só é possível *ope legis*: tal sucede na convalidação da venda de bens alheios, nula, por, supervenientemente, o vendedor adquirir a propriedade da coisa ou a titularidade do direito (895.º). A convalidação *ope legis* é excecional: depende sempre de um preceito legal, devidamente apoiado na lógica do sistema (sob pena de inconstitucionalidade), que a prescreva.

A convalescença é uma modalidade de convalidação, aplicável a certas vendas anuláveis (906.º/1). Como especialidade: constitui objeto de um dever do vendedor (907.º/1), o qual deve fazer cessar os ónus ou limitações relativos à coisa vendida e que provocavam a anulabilidade. Trata-se do produto de um dever legal acessório.

O perdão traduz um ato unilateral pelo qual o doador releva o donatário ingrato da sua falta; com isso, põe-se termo à revogabilidade da doação por ingratidão – 975.º, c). Trata-se de uma figura própria das doações, que equivale a um direito potestativo mais vasto.

II. Todas estas figuras têm em comum o repescar um negócio ferido de invalidade ou de revogabilidade, legitimando a sua celebração. Não traduz, sempre, um ato voluntário que sana, simplesmente, um negócio inválido. Com efeito, elas:

62 Sistema geral e legitimidade

– ora conduzem a um negócio diferente do inicial: validação e
reductio;
– ora concretizam uma intervenção legislativa empenhada em fazer
cessar certas invalidades: convalidação e convalescença;
– ora traduzem o relevar de certas faltas: perdão.

Estas noções devem ser procuradas, localizadas, interpretadas e cons-
truídas nos mais diversos locais normativos. Uma clivagem importante
separa as voluntárias (validação, *reductio* e perdão) das legais ou obrigató-
rias (convalidação e convalescença). Há que ter um especial cuidado com
as flutuações terminológicas, devendo evitar-se apriorismos na fixação dos
regimes respetivos.

19. Caducidade, prescrição e renúncia ao direito de invocar a ilegi-
timidade

I. O direito de fazer valer uma ilegitimidade pode, tecnicamente, ser
potestativo. Mas é um direito: uma posição jurídica activa, assente numa
permissão normativa de desencadear certos efeitos de direito. Esse direito
é prejudicável pela legitimação, nalguma das apontadas formas. Mas ele
pode, também, cessar por outras vias.

II. Desde logo, pela sobreveniência de um facto a que a lei associe a sua
extinção: a caducidade. Esta ocorre, designadamente, pelo decurso do prazo
de um ano após o conhecimento do vício que baseia a anulabilidade (287.º/1).
A caducidade não envolve nenhum ato voluntário embora, *summo rigore*,
dependa da vontade do titular do direito à anulação. O seu regime segue os
artigos 328.º e seguintes.

Independentemente de se iniciar o prazo de caducidade, o direito a
invocar a ilegitimidade sujeita-se à prescrição (298.º/1): nenhuma disposição legal proclama, aqui, uma posição imprescritível. Os regimes são
próprios, embora os efeitos práticos desemboquem, todos, na sanação do
negócio.

III. Mais complicada parece ser a figura da renúncia ao direito de
invocar a ilegitimidade. Tal renúncia não pode ser antecipada. Além disso,
há que verificar, em cada situação, se ela é possível e com que efeitos.

§ 5.º A NATUREZA DA LEGITIMAÇÃO

20. Aspetos gerais e natureza

I. A legitimação surge como uma noção-quadro que pode envolver distintas figuras, unificadas pela sua dimensão teleológica: conferir legitimidade a pessoas ou situações que, de outro modo, dela não disporiam. A legitimação evoluiu de uma grande figura inicial – a *ratihabitio* – vindo a desembocar em distintas figuras, todas assentes em atos unilaterais. Em comum têm o facto de habilitarem o beneficiário a agir em nome próprio: ou já estaremos na área da representação.

II. Os atos legitimadores podem agrupar-se em:

– atos que limitam a própria esfera, a favor do legitimado;
– atos que corrigem invalidades ou ineficácias;
– atos que sindicam o respeito por determinados interesses.

As designações que assumem e os regimes em que assentam dependem de coordenadas dogmáticas e histórico-culturais. Os diversos atos devem ser ponderados em cada situação típica, embora a sua consideração conjunta permite ponderações mais aprofundadas.

III. Os atos legitimadores são, em regra, meros atos jurídicos *stricto sensu*. Há liberdade de celebração: mas não de estipulação. Com efeito:

– nos casos de legitimação – em regra: autorização prevista por lei – ou há ato ou este é recusado: não se pode associar-lhe um regime diverso do previsto na lei; essa dimensão atinge um ponto alto quando se exija uma autorização judicial;
– nas hipóteses de correção de invalidades (desde a ratificação à sanação, passando pela confirmação) temos, também, atos *stricto sensu*: o ato pode ou não surgir: não pode é estipular algo de "criativo",

non previsto na lei; a assim não ser, iríamos modificar o negócio de base, o que já exigiria um contrato;

– nas situações de legitimação constitutiva, envolvendo autorizações revogáveis e consentimentos para a interferência na esfera própria, o teor da autorização ou ato equiparado pode ser modelado pelo seu autor; embora precários, temos, aqui, negócios unilaterais; tais negócios não são vedados pelo artigo 457.º, justamente por não representarem uma vinculação para o próprio.

IV. Em todos os atos de legitimação, cumpre ter presente a aplicação do princípio da boa-fé e a concretização, daí decorrente, de deveres acessórios: de segurança, de lealdade e de informação. Particularmente significativa é a regra da tutela da confiança legítima que possam ocasionar, sempre que se verifiquem os devidos requisitos.

CAPÍTULO II

A REPRESENTAÇÃO

SECÇÃO I

GENERALIDADES E EVOLUÇÃO

§ 6.º IDEIA GERAL E DIREITO ROMANO

21. A atuação em prol de outrem

I. Numa sociedade teórica muito simples, as diversas posições jurídicas são exercidas pelo seu titular. Ocorrendo, porém, algum desenvolvimento, isso já não é possível. Desde logo, certas pessoas dotadas de um *minimum* de posicionamento jurídico, estão impedidas, pela natureza das coisas, de se autodeterminarem pessoal e livremente: tal a situação dos menores de tenra idade e a dos dementes. De seguida, casos houve de pessoas que, embora naturalmente capazes, foram desconsideradas pelo Direito, em certas épocas históricas, ao ponto de não se lhes reconhecer o exercício pessoal e livre: o escravo, o *filius familias* e a própria mulher, especialmente quando casada. Além disso, o cidadão *sui iuris* pode, concretamente, estar impedido de agir ou, simplesmente: pode não lhe ser conveniente surgir em pessoa. Finalmente: admitida a personalização de entidades não humanas – e, designadamente, as hoje chamadas pessoas coletivas –, havia que providenciar para o exercício dos seus direitos[163].

---

[163] Eberhard Schilken, no *Staudinger* cit., I, Vorbem zu §§ 164 ff., Nr. 1 (6); Peter Schwerdtner, *Rechtsgeschäftlicher Handel in Vertretung eines anderen (Vertretungsrecht)*, Jura 1979, 51-52, 107-108, 163-164 e 219-220 (51/I); Raimund Waltermann, *Zur Wissenszurechnung – am Beispiel der juristischen Personen des privaten und öffentlichen Rechts*, AcP 192 (1992), 181-226.

66 *A representação*

II. Os casos relatados têm essências diversas. Torna-se natural que os institutos jurídicos encontrados para proporcionar os respetivos exercícios jurídicos não coincidam. Hoje, encontraríamos, para eles, esquemas de representação legal, de tutela ou de curatela, de representação voluntária ou de representação orgânica, dogmaticamente distintos entre si, com regras próprias e diferenciadas.

De todo o modo, há uma ideia unitária subjacente: a de um exercício, por parte duma pessoa, em prol de outrem. Esse exercício, quando a capacidade de abstração do Direito e da sua Ciência o permita, vai repercutir-se na esfera jurídica do beneficiário. É a ideia geral de representação.

Não há nenhuma justificação para limitar a ideia de representação à celebração de negócios e à emissão de declarações de vontade. Qualquer situação jurídica exercitável pode cair na representação: aproveitamento de direitos, cumprimento de deveres ou iniciativas possessórias, a título de meros exemplos.

III. A representação traduz uma forma de cooperação entre os seres humanos, ocorrendo nas mais distintas sociedades[164]. Ela progride à medida que se desenvolvam a diferenciação de funções e as articulações daí decorrentes.

Por isso, os vários Direitos conhecem, nas múltiplas fases das suas evoluções históricas, fenómenos de representação ou equiparáveis. Estamos, consequentemente, numa área muito rica, em termos históricos e comparatísticos. Por via dos contactos comerciais e universitários que existem entre os diversos sistemas, abundam as situações de contágio e de receção, mais ou menos cabal[165].

[164] Klaus Adomeit, *Heteronome Gestaltungen im Zivilrecht? (Stellvertretung, Weisungsbefugnis, Verbandsgewalt)*, FS Kelsen 90. (1971), 9-21 (19).

[165] Quanto a elementos comparatísticos, referimos: Wolfram Müller-Freienfelds, *Stellvertretungsregelungen in Einheit und Vielfalt/Rechtsvergleichende Studien zur Stellvertretung* (1982), com uma especial atenção aos sistemas anglo-saxónicos, Konrad Zweigert/Hein Kötz, *Einführung in die Rechtsvergleichung auf dem Gebiete des Privatrechts*, 3.ª ed. (1996), 427 ss., Maria Helena Brito, *A representação em Direito internacional privado* (1999), 83 ss., com síntese comparativa, 262 ss. e Irmgard Heinrich, *Rechtsgeschäftliche Vetretung – Representación voluntaria/Vergleichender Überblick zum deutschen und spanischen Recht*, FS Ulmer (2003), 1109-1133, quanto aos sistemas alemão e espanhol.

§6.º Ideia geral e Direito romano

22. Direito romano

I. No Direito romano, de acordo com uma opinião largamente partilhada[166], a representação era desconhecida[167]. Dominava o brocardo *per liberam personam nihil nobis adquiri potest*[168]. Como causa, aponta-se o facto de então prevalecer uma noção estritamente pessoal de *vinculum iuris* que não se coadunava com os esquemas substitutivos, sempre pressupostos pela representação[169].

Não obstante, alguns efeitos práticos da moderna representação eram conseguidos através de outros institutos, como as *actiones adjecticiae qualitatis*[170], o *exercitor*[171], a gestão de negócios[172], o *institor*[173],

[166] Sobre o tema, com muitas indicações, Pedro de Albuquerque, *A representação voluntária em Direito civil (Ensaio de reconstrução dogmática)* (2004), 43 ss.; abaixo faremos uso das pesquisas históricas levadas a cabo por este Autor, dando conta dos aspetos aproveitados. *Vide*, ainda, Mathias Schmoeckel, HKK/BGB cit., I, §§ 164-181, Nr. 3 (919-920).

[167] Josef Hupka, *Die Vollmacht/Eine civilistische Untersuchung mit besonderer Berücksichtigung des Deutschen Bürgerlichen Gesetzbuchs* (1900), 7 e Riccardo Orestano, *Rappresentanza (diritto romano)*, NDI X (1939), 1902-1906; *idem*, NssDI XIV (1967), 795-800 (796).

[168] I.2.9.5 = Okko Behrends/Rolf Knütel/Berthold Kupisch/Hans Hermann Seiler, *Corpus Iuris Civilis/Die Institutionen*, ed. bilingue (1993), 74. *Vide* Siegmund Schlossmann, *Die Lehre von der Stellvertretung insbesondere bei obligatorichen Verträgen*, II – *Versuch einer wissenschaftlichen Grundlegung* (1902), 153 ss. (188 ss.).

[169] Hermann Buchka, *Die Lehre von der Stellvertretung bei Eingehung von Verträgen/Historisch und dogmatisch dargestellt* (1852), 1 ss. e 8 ss.; Renato Quadrato, *Rappresentanza (diritto romano)*, ED XXXVIII (1987), 417-437 (417 ss.).

[170] Antonio Guarino, "*Actiones adiecticiae qualitatis*", NssDI I/1 (1957), 270-272; no Direito romano mais antigo, apenas o *pater* se podia obrigar ou adquirir; as pessoas que lhe estivessem submetidas praticariam atos nulos; tais atos poderiam, todavia, ser aproveitados pelo *pater* respetivo, através de diversos esquemas depois fixados no *edictum perpetuum* e a que os glosadores dariam a designação de *actiones adiecticiae qualitatis*, comummente apontadas como uma das origens da representação. *Vide* ainda Helmut Coing, *Europäisches Privatrecht 1500 bis 1800*, Band I – *Älteres Gemeines Recht* (1985), 423.

[171] Francesco de Martino, "*Exercitor*", NssDI VI (1960), 1088-1092; o *exercitor* era o armador duma nave; muitas vezes, ele não dirigia, depois, pessoalmente, a sua gestão, antes incumbindo o *magister navis* de o fazer; inicialmente, este estava submetido à *potestas* do *exercitor*, ficando numa situação similar à do *filius familias* ou do *servus*; mais tarde, essa situação foi ultrapassada, podendo tratar-se de um homem *sui iuris*; os atos praticados pelo *magister navis* repercutir-se-iam na esfera do *exercitor* o qual, para tanto, poderia dispor da *actio exercitoria*; como se vê, há um esquema prático similar à representação.

[172] Biondi Biondo, *Gestione di affari altrui*, NssDI VII (1961), 810-813; na base de

68   *A representação*

o mandato[174], a representação em juízo e a tutela e curatela[175]. A esta liga-se a figura do *procurator*[176]. Não se trataria, todavia, de uma verdadeira e própria representação, uma vez que a atividade do representante não se projetava de modo automático, na esfera do representado. Em compensação, os vínculos representativos apenas eram negados entre homens livres: a atividade praticada pelos filhos-famílias ou pelos escravos repercutia-se, de imediato, na esfera do *pater*[177].

II. Estudos ulteriores apontam para a presença, já no Direito romano, de diversos esquemas próximos da representação direta ou a ela assimiláveis. Tal a opinião de Riccobono[178], compartilhada por outros autores. O domínio militar apresentava exemplos de representação, o mesmo sucedendo no campo que hoje diríamos administrativo[179]. No Direito civil, são

esquemas particularísticos, depois generalizados, o *edictum* reconhecia ações ao *dominus* e ao gestor na hipótese de este, no interesse e por conta do primeiro, levar a cabo certos negócios; havendo ratificação, os efeitos práticos da representação eram alcançados; havendo prévia autorização para o gestor agir, este dizia-se *procurator*.

[173] Giuliano Cervenca, *Institore (diritto romano)*, NssDI VIII (1962), 756-757; o *institor* era o proposto designado pelo proprietário dum estabelecimento comercial para que lhe gerisse o negócio ou praticasse determinados atos; operava, pois, como um "agente comercial", numa clara prefiguração da representação.

[174] Giannetto Longo, *Mandato (diritto romano)*, NssDI X (1964), 105-108; o mandato era, no Direito romano, um contrato derivado dos *bonae fidei iudicia* pelo qual se assumia o encargo de conseguir algo para o mandante; o mandato originava ações próprias, podendo associar-se à *gestio negotiorum* a qual, previamente autorizada, dava azo ao *procurator*; mais tarde, foi na base do mandato que se sistematizou a concessão de poderes de representação.

[175] Siro Solazzi, *Tutela (diritto romano)*, NssDI XIX (1973), 912-918 e Francisco Sitzia, *Curatela (diritto romano)*, idem, 918-919; a tutela era o instituto a que se encontravam submetidos os impúberes (*pupilli*) e as mulheres; o *tutor* detinha a função da *auctoritatis interpositio* e da *negotiorum gestio* que implicava a administração do património e a gestão dos negócios do tutelado, pelo menos em certa medida; o *curator* tinha poderes diversos de vigilância patrimonial, no tocante a entes públicos ou a particulares, designadamente do demente (*furiosus*); todas estas figuras foram surgindo para resolver problemas concretos, tendo conhecido uma generalização nas fases subsequentes da sua evolução; elas estão na origem da representação legal.

[176] Cabe referir o desenvolvido escrito de Okko Behrends, *Die Prokurator des klassischen römischen Zivilrechts*, SZRom 88 (1971), 215-299.

[177] Ricardo Orestano, *Rappresentanza (diritto romano)* cit., 796-797.

[178] Referido em Pedro de Albuquerque, *A representação voluntária* cit., 62.

[179] Pedro de Albuquerque, *A representação voluntária* cit., 66.

§ 6.º *Ideia geral e Direito romano* 69

enfocadas as representações dos incapazes: impúberes, *furiosi* e *prodigi*[180], num todo rematado pelo próprio campo contratual[181]. Finalmente, também o desenvolvimento do mandato daria azo a um instrumento importante de gestão por conta de outrem[182]. Tudo isto foi acolhido nas compilações justinianeias, em termos que, sob a aparente proibição de representação direta, facultavam, na prática, o seu funcionamento.

23. O Direito comum

I. Na Idade Média, as necessidades do comércio à distância e a insegurança de algumas deslocações levaram a um desenvolvimento de esquemas de representação[183]. A *interpretatio* criativa medieval veio a alargar algumas das figuras conhecidas pelos romanos[184]. Particularmente importante foi, depois, a ação dos canonistas e dos jusracionalistas a que deverá somar-se uma aptidão sempre crescente da Ciência do Direito para lidar com vínculos abstratos[185].

II. O desenvolvimento não foi, todavia, fácil. Glosadores e comentadores mantiveram o princípio da proibição da representação direta, negando que, em consequência de um ato voluntário, se pudessem produzir efeitos jurídicos em esfera alheia[186]. Não obstante, aproveitaram diversas aberturas presentes no Direito romano para conseguir, na prática, contornar o brocardo *alteri stipulari nemo potest*[187].

[180] Pedro de Albuquerque, *A representação voluntária* cit., 73 ss..
[181] Pedro de Albuquerque, *A representação voluntária* cit., 87 ss..
[182] Pedro de Albuquerque, *A representação voluntária* cit., 100 ss..
[183] Helmut Coing, *Europäisches Privatrecht* cit., 1, 424; cf. Hupka, *Die Vollmacht* cit., 9 e, numa interessante perspetiva, Valeria de Lorenzi, *Rappresentanza diretta voluntaria nella conclusione dei contratti e analisi economica del diritto* (2002), 1 ss..
[184] Em especial e com múltiplas indicações, Paolo Cappelini, *Rappresentanza (diritto intermedio)*, ED XXXVIII (1987), 435-463 (442 ss.) e Mathias Schmoeckel, HKK/ /BGB cit., 1, §§ 164-181, Nr. 3 (920-921).
[185] Stanislaus Dniestrzanski, *Die Aufträge zugunsten Dritter/Ein civilistische Untersuchung mit besonderer Berücksichtigung der österreichischen und deutschen bürgerlichen Gesetzbücher*, I (1904), 16 ss. e Hermann Buchka, *Die Lehre von der Stellvertretung* cit., 145 ss..
[186] Pedro de Albuquerque, *A representação voluntária* cit., 181 ss..
[187] Pedro de Albuquerque, *A representação voluntária* cit., 185 ss..

70   *A representação*

III. O passo decisivo para a representação como figura geral foi dado nos séculos XVII e XVIII[188]. Em Hugo Grotius nota-se, ainda, uma não-aceitação dessa figura; competiria a Christian Wolf[189], a propósito da sua teoria geral dos contratos, estabelecer que estes poderiam ser concluídos por um *minister*, que caracteriza como *procurator* ou *mandatarius*. Trata-se de uma orientação subscrita por Boehmer e que reaparece nos clássicos da pré-codificação francesa: Domat e Pothier[190].

Este último Autor explica que, concluído um negócio por mandatário, é o mandante que fica obrigado[191]. Consignou-se, assim, o recurso ao mandato, para consubstanciar os poderes de representação, numa situação que teria, mais tarde, larga difusão.

Finalmente: a ideia geral e abstrata de representação só foi alcançada no século XIX[192].

---

[188] Pedro de Albuquerque, *A representação voluntária* cit., 248 ss., com outros elementos.

[189] Christian Wolf, *Institutiones iuris naturae et gentium* (1761), §§ 380-381 (426 e 551), *apud* Coing, *Europäisches Privatrecht* cit., 1, 429.

[190] As competentes referências podem ser confrontadas em Helmut Coing, *Europäisches Privatrecht* cit., 1, 430.

[191] Joseph-Raymond Pothier, *Traité du contrat de mandat* em *Oeuvres*, publ. Siffrein, VI (1821; o original data de meados do séc. XVIII), n.º 87 (140). Quanto à utilização do mandato, para cobrir a representação – embora sem referir Pothier – Helmut Coing, *Europäisches Privatrecht* cit., 2, 455-456. Um desenvolvimento mais alargado pode ser confrontado em Wolfram Müller-Freienfels, *Die Abstraktion der Vollmachtserteilung im 19. Jahrhundert* e em Helmut Coing/Walter Wilhelm, *Wissenschaft und Kodifikation des Privatrechts im 19. Jahrhundert*, II (1977), 144-212 (150 ss.). Entre nós, diversos elementos podem ser consultados em Pedro de Albuquerque, *A representação voluntária* cit., 285 ss..

[192] Mathias Schmoeckel, HKK/BGB cit., 1, §§ 164-181, Nr. 2 (918), com indicações.

§ 7.º OS GRANDES SISTEMAS: NAPOLEÓNICO E GERMÂNICO

24. O sistema do Código Napoleão

I. A elaboração rematada por Pothier foi acolhida no Código Napoleão[193]. A representação, quando voluntária, surge interligada com o mandato, ao ponto de o artigo 1984.º daquele diploma dispor:

> O mandato ou procuração é um ato pelo qual uma pessoa dá a outra o poder de fazer qualquer coisa para o mandante e em seu nome.
> O contrato só se forma pela aceitação do mandatário.

Pelo mandato são, pois, conferidos poderes de representação[194]. A própria lei distingue o mandato geral do especial: o primeiro permite tratar de todos os negócios do mandante, mas só abrange poderes de administração; o segundo versa, apenas, os específicos negócios que nele sejam reportados[195].

Muitos séculos de evolução histórica ficaram reunidos nestes breves preceitos[196].

II. O Código Napoleão não define a representação nem consagra, a esse instituto, um espaço próprio. Todavia, por via doutrinária, a Ciência jurídica francesa obtém uma noção comparável à dos Direitos de inspiração

---

[193] Josef Hupka, *Die Vollmacht* cit., 11.

[194] François Terré/Philippe Simler/Yves Lequette, *Droit civil/Les obligations* cit., 11.ª ed. 195 e Jean Carbonnier, *Droit civil* I (ed. 2004), n.º 169 (326). O estudo do Direito napoleónico pode ser confrontado ainda, com proveito, em Valeria de Lorenzi, *Rappresentanza diretta volontaria* cit., 63 ss..

[195] Artigos 1987 e 1988.

[196] Raymond-Théodore Troplong/A. Delebecque, *Commentaire du mandat* (1847), 18 ss. e Marcel Planiol, *Traité Élémentaire de Droit Civil*, tomo I, 3.ª ed. (1904), 114-116.

72　　　　　　　　　　　　　　　*A representação*

germânica: ocorre representação quando a conduta negocial de uma pessoa assuma efeitos imediatos para uma outra em cujo nome se tenha agido[197].

Isto posto, reconhece a doutrina francesa uma multiplicidade de fontes de representação, com regimes distintos; a representação legal, a representação orgânica, a representação judiciária e a representação convencional[198]. Podemos considerar que a matéria se apresenta descritiva, com uma elaboração dogmática aquém da alemã.

Como especialidade comparativamente interessante temos a manutenção do mandato como fonte da representação voluntária, com a consequente atribuição de natureza contratual ao instituto aqui em estudo. Como veremos, o Código de Seabra, mau grado a inspiração napoleónica, já havia transcendido este estádio, admitindo um mandato "unilateral".

III. Apesar de partir de bases dogmáticas algo indiferenciadas, a doutrina francesa da representação logrou um desenvolvimento prático que lhe permite enquadrar a generalidade das questões aqui suscetíveis de ocorrer.

Na verdade, o mandato é um contrato, tendo a representação dele decorrente natureza contratual. Assim, o mandatário só fica eficazmente obrigado, perante o mandato, se for capaz; mas o mandatário incapaz pode contratar válida e eficazmente, em nome e por conta do mandante[199]. Isto posto requer-se, para haver representação[200]:

– o poder de representação, seja ele de origem legal, seja de origem convencional;

– a vontade de representar: o representante deve agir com essa vontade, manifestando-a: tal como na Alemanha, a representação deve ser aberta ou pública[201];

---

[197] Ferid/Sonnenberger, *Das französische Zivilrecht* cit., 1/1, 1 F 1007 (615), indicando diversa bibliografia.

[198] *Idem*, 616-618, sempre com indicações.

[199] CssFr 14-fev.-1937, GP 1937, 1, 906: a incapacidade do representante não constitui obstáculo à validade do contrato que ele tenha concluído em nome do representado, *apud* Henri e Léon Mazeaud/Jean Mazeaud/François Chabas, *Leçons de Droit civil*, II/1, *Obligations/Théorie générale*, 9.ª ed. (1998), n.º 154, nota 3 (146).

[200] Henri e Léon Mazeaud/Jean Mazeaud/François Chabas, *Leçons de Droit civil* cit., II/1, n.º 150-156 (143-147).

[201] Ferid/Sonnenberger, *Das französische Zivilrecht* cit., 1/1, 1 F 1023 (621).

§ 7.º Os grandes sistemas: napoleónico e germânico 73

– a vontade de contratar por parte do representante: este não opera como um simples núncio; antes deve ter uma volição própria, fazendo opções e não devendo incorrer em erro ou falhas similares; esta exigência não contunde, pelo que vimos, com a eventual incapacidade do representante.

IV. A doutrina francesa conhece a figura do mandato aparente[202]. Permite esta figura que o mandatário que ultrapasse os seus poderes ou, até e de todo, não tenha quaisquer poderes, possa vincular o "representado". Na base desta figura, de realização jurisprudencial, é em primeiro lugar necessário que o terceiro – portanto: a pessoa que tenha contratado com o falso mandatário ou mandatário aparente – esteja de boa-fé[203-204]. Isto posto, terá ainda de ocorrer uma de duas situações:

– ou o "representado" aparente cometeu uma *faute*, seja por escolher um mandatário inidóneo, seja criando uma situação de aparência que inculque a presença de um mandato[205];
– ou a situação era de tal modo pública e pacífica que a crença na procuração seja inevitável[206].

[202] Jacques Léauté, *Le mandat apparent dans ses rapports avec la théorie générale de l'apparence*, RTDC 1947, 288-307 (*maxime*, 306), explicando o fenómeno com recurso aos princípios da responsabilidade delitual. Com outros elementos, Henri e Léon Mazeaud/ /Jean Mazeaud/François Chabas, *Leçons de Droit civil* cit., II/1, n.º 151, nota 3 (144).

[203] A jurisprudência pode ser confrontada na ob. ult. cit., 144-145 e, ainda, no *Code Civil* da Dalloz, org. Xavier Henri e outros, 104.ª ed. (2005), artigo 595.º, nota 20 (619); esta obra existe em CDRom, onde podem ser vistos os textos integrais das espécies judiciais citadas; nas edições ulteriores, há que recorrer à Net, *on line*.

[204] CssFr 5-abr.-1995, n.º 93-16.963, Dalloz *Code Civil*/CDRom: não há lugar à doutrina do mandato aparente quando o terceiro (aqui: locatário) soubesse que havia outros proprietários, para além de aparente; CssFr 9-mar.-1999, n.º 96-13.782, Dalloz *Code Civil*/ CDRom: o banqueiro detentor de um cheque deve verificar se tem razões para pensar que o signatário é mandatário da sociedade sacadora.

[205] CssFr 5-dez.-1989, n.º 88-14.193, Dalloz *Code Civil*/CDRom: um "representado" permitiu a criação de aparência de mandato, numa questão sobre fretes de transportes aéreos.

[206] CssFr 21-jan.-1981, n.º 79-13.854, Dalloz *Code Civil*/CDRom: um arrendamento dado pelo proprietário aparente (aqui: mero usufrutuário) ao locatário de boa-fé, sob o domínio do erro comum.

74 *A representação*

25. Von Jhering e Laband: a distinção entre mandato e procuração

I. A doutrina alemã dos princípios do século XIX manteve a conexão entre o mandato e a representação[207]. Uma análise mais cuidadosa dos fenómenos em jogo levou, contudo, a uma distinção da maior importância.

Na origem, como bem sublinha Pedro de Albuquerque[208], podemos colocar o próprio Savigny. Este Autor conferiu, à representação, um tratamento de ordem geral, retirando-a do sector do contrato de mandato. Assim no *System*, a representação é tratada a propósito da constituição das "relações jurídicas" e, mais precisamente, como forma de prolongar os exercícios livres dos sujeitos[209]. No *Obligationenrecht* ela surge também em geral e após referência às pessoas[210]. Savigny progride através do aproveitamento das aberturas facultadas pelo Direito romano.

As dificuldades do Direito alemão, privado do apoio de uma codificação como a francesa, explicarão, depois, o progresso conseguido, na base do Direito romano atual.

II. O passo seguinte foi dado por Rudolf von Jhering[211]. Este Autor veio sublinhar que o contrato de mandato se aplicava, antes do mais, às relações entre o mandante e o mandatário e portanto: às relações internas. Pelo contrário, a procuração ficava melhor às relações entre o mandante e terceiros: às relações externas[212]. Laband aprofundou a ideia[213]: na base da exegese do ADHGB[214], ele veio propor uma distinção entre procuração e mandato: a primeira asseguraria os poderes de representação, enquanto

---

[207] Anton Friedrich Justus Thibaut, *System des Pandektenrechts*, II (1828), §§ 865 ss..

[208] Pedro de Albuquerque, *A representação voluntária* cit., 313 ss..

[209] Friedrich Carl von Savigny, *System des heutigen römischen Rechts*, 3 (1840), § 113 (90 ss.).

[210] Friedrich Carl von Savigny, *Das Obligationenrecht als Theil des heutigen Römischen Rechts*, 2 (1853), § 54 (22 ss.).

[211] Com outras indicações, Pedro de Albuquerque, *A representação voluntária* cit., 335 ss..

[212] Rudolf von Jhering, *Mitwirkung für fremde Rechtsgeschäfte*, JhJb 1 (1857), 273-350 e 2 (1858), 67-180 (2, 131 ss.).

[213] Paul Laband, *Die Stellvertretung bei dem Abschluss von Rechtsgeschäften nach dem allgem. Deutsch. Handelsgesetzbuch*, ZHR 10 (1866), 193-241 (193 ss.).

[214] Ou *Das allgemeine deutsche Handelsgesetzbuch*: o primeiro código comercial alemão, de 1864.

§ 7.º Os grandes sistemas: napoleónico e germânico 75

o segundo daria corpo a uma prestação de serviço. Ou, noutros termos: cinde-se o poder de representar outrem, nos seus negócios, do de atuar no âmbito dos seus negócios[215].

III. Esta distinção, assim formulada, obteve a adesão dos estudiosos e da pandectística tardia[216]. Entre os primeiros avultam os nomes de Ladenburg[217], de von Canstein[218], de Otto Lenel[219], de Hermann Isay[220] e outros[221]; entre os segundos, foi decisiva a opção de Windscheid[222], dada a sua conhecida influência na feitura do Código alemão de 1896.

Não se tratava, apenas, de uma questão de terminologia e de um evidente aperfeiçoamento na análise de situações complexas em presença. A distinção cedo permitiu uma diferenciação de regimes.

26. A receção do dualismo na segunda codificação; outras soluções

I. A distinção entre a procuração e o mandato, inicialmente indiciada por Jhering e aprofundada por Laband, ficaria consignada no BGB: este

---

[215] Helmut Coing, *Europäisches Privatrecht* cit., 2, 457-458.

[216] Com elementos: Pedro de Albuquerque, *A representação voluntária* cit., 378 ss..

[217] Ladenburg, *Die Vollmacht als Verkehrsmittel*, ZHR 11 (1868), 72-100 (72).

[218] Von Canstein, *Vollmacht und Auftrag mit Stellvertretungsbefugnis, unter besonderer Berücksichtigung des a. d. Handelsgesetzbuches*, GrünhutsZ 3 (1876), 670-694 (670 ss.).

[219] Otto Lenel, *Stellvertretung und Vollmacht*, JhJb 36 (1896), 1-130.

[220] Hermann Isay, *Die Geschäftsführung nach dem Bürgerlichen Gesetzbuche für das Deutsche Reich* (1900), 196.

[221] Assim: Josef Hupka, *Die Vollmacht* cit., VI, 11 ss., 85 ss. e 375 ss., Schlossmann, *Die Lehre von der Stellvertretung* cit., 2, 435 e Stanislaus Dniestrzanski, *Die Aufträge zugunsten Dritter/Eine civilistische Untersuchung mit besonderer Berücksichtigung der österreichischen und deutschen bürgerlichen Gesetzbücher I, Grundlagen* (1904), 29 e *Zur Lehre von der Geschäftsführung*, JhJb 77 (1927), 48-74 (71) e Rudolf Müller-Erzbach, *Die Grundsätze der mittelbaren Stellvertretung aus der Interessenlage entwickelt* (1905), 6 ss.. Vide Müller-Freienfels, *Die Abstraktion der Vollmachtserteilung im 19. Jahrhundert* cit., 158 ss..

[222] Bernhard Windscheid/Theodor Kipp, *Lehrbuch des Pandektenrechts*, 9.ª ed. (1906, reimp., 1984), § 74, nota 1a (1, 357-358), com diversas indicações.

76 *A representação*

versa, nos seus §§ 164 e seguintes, a representação e a procuração[223], surgindo o mandato, entre os contratos em especial, nos §§ 662 e seguintes[224].

A procuração é um negócio unilateral revogável, enquanto o mandato é um contrato de prestação de serviço, que deve observar o que tenha sido acordado entre as partes.

Esta situação leva os estudiosos a entender a presença, no domínio da representação voluntária e no círculo dos Direitos germânicos, de um princípio de abstração[225]. O negócio fonte da representação não se confunde com o que exija a relação básica nos termos da qual ela deva ser exercida. A representação não é, assim, afetada por ocorrências que possam atingir a relação subjacente. Decorre, deste sistema, um suplemento de tutela da confiança.

II. A construção pandectística originariamente devida a Jhering e a Laband foi recebida em Itália, na passagem do século XIX para o século XX[226]. Mau grado o estilo napoleónico do Código Civil italiano de 1865,

[223] Günter Hager, *Die Prinzipien der mittelbaren Stellvertretung*, AcP 180 (1980), 239-262; Eberhard Schwark, *Rechtsprobleme der mittelbaren Stellvertretung*, JuS 1980, 777-782; Hans-Martin Pawlowski, *Die gewillkürte Stellvertretung*, JZ 1996, 125-132; Karl Larenz/Manfred Wolf, *Allgemeiner Teil* cit., 9.ª ed., § 46 (840 ss., 863-864); Manfred Wolf/Jörg Neuner, *Allgemeiner Teil* cit., 11.ª ed., § 49 (598 ss.); ; Sebastian Mock, *Grundfälle zum Stellvertretungsrecht*, JuS 2008, 309-313, 391-395 e 486-490; Dieter Medicus/ /Jens Petersen, *Allgemeiner Teil* cit., 11.ª ed., 383 ss.; Reinhard Bork, *Allgemeiner Teil des Bürgerlichen Gesetzbuchs* cit., 4.ª ed., 511 ss.; Hans Brox/Wolf-Dietrich Walker, *Allgemeiner Teil des BGB* cit., 41.ª ed. (227 ss.); Johannes Wertenbruch, *BGB Allgemeiner Teil* cit., 4.ª ed., 325 ss.; Helmut Köhler, *BGB Allgemeiner Teil* cit., 41.ª ed., § 11 (152 ss.). Quanto aos comentários, *vide*, em especial: Claudia Schubert, no *Münchener Kommentar* cit., 1, 7.ª ed., §§ 164 ss. (1822 ss.); Brigitte Frensch, no PWW/BGB, 11.ª ed. (2016), §§ 164 ss. (231 ss.); Jürgen Ellenberger, no Palandt cit., 76.ª ed., §§ 164 ss. (185 ss.)

[224] Karl Larenz, *Lehrbuch des Schuldrechts*, Band II – Halbband 1, *Besonderer Teil*, 13.ª ed. (1986), § 56 (408 ss., 413) e Klaus Peter Berger, no Erman cit., 1, 13.ª ed., § 662 (2949 ss.).

[225] Helmut Coing, *Europäisches Privatrecht* cit., § 91, III (457-458). *Vide* Wolfram Müller-Freienfels, *Die Vertretung beim Rechtsgeschäft* (1955) e *Die Abstraktion der Vollmachtserteilung im 19. Jahrhundert*, em *Wischenschaft und Kodifikation* II (1977), 144 ss., bem como Eberhard Schilken, no Staudinger cit., Vorbem zu §§ 164 ff., Nr. 33 (18).

[226] Recordamos que as *Pandekten* mais significativas haviam sido traduzidas para italiano; *vide*, ainda, as monografias citadas em Nicola Coviello, *Manuale di diritto civile italiano/Parte generale*, 3.ª ed. (1924), 397, nota 1. A nível monográfico, o já citado Angelo Nattini, *La dottrina generale della procura/La rappresentanza* (1910), 305 pp., com um perfeito conhecimento da literatura alemã pertinente.

§ 7.º Os grandes sistemas: napoleónico e germânico 77

a doutrina passou a explicar que a representação voluntária não se devia confundir com o mandato: pode haver representantes não mandatários e mandatários sem poder de representação[227]. Apesar de ter mera base doutrinária, esta orientação implantou-se na civilística italiana.

III. Na primeira metade do século XX, a construção doutrinária da procuração distinta do mandato podia considerar-se madura, também em Itália. Desta forma, ela foi expressamente acolhida no Código italiano de 1942. O título constitutivo da representação voluntária é a procuração (*procura*), prevista no artigo 1392.º[228]. Tem a natureza de um negócio jurídico, sendo independente do contrato que adstrinja o procurador a agir – normalmente: um mandato. Nessa base, ambas as figuras – quando existam – podem seguir um regime diferente.

IV. A evolução representada pela segunda codificação não traduz a fase final da evolução da ideia de representação. Como abaixo melhor veremos, tem havido, na própria doutrina alemã, um certo recuo em relação à abstração da procuração: afinal, manter-se-á uma ligação entre esta e o negócio de base.

Por seu turno, o Código Civil brasileiro de 2002 optou por referir a representação, como instituto comum na parte geral (115.º a 120.º), mantendo, porém, o mandato como fonte dos poderes de representação voluntária (653.º a 692.º). Segundo o seu artigo 653.º:

> Opera-se o mandato quando alguém recebe de outrem poderes para, em seu nome, praticar atos ou administrar interesses. A procuração é o instrumento do mandato.

É evidente que os jurisperitos brasileiros que intervieram na preparação do Código Civil de 2002 conheciam perfeitamente as doutrinas alemã, italiana e portuguesa, relativas ao mandato e à procuração. Todavia, optaram pela solução brasileira tradicional, que boa conta dava de si: prova interessante da sua vitalidade.

---

[227] Angelo Nattini, *La dottrina generale della procura* cit., 8 ss., 34 ss. e *passim*; Nicola Coviello, *Manuale di diritto civile*, cit., 3.ª ed. 401; Giancarlo Frè, *Rappresentanza (diritto privato)*, NDI X (1939), 1096-1100 (1097).

[228] Walter d'Avanzo, *Rappresentanza (diritto civile)*, NssDI XIV (1967), 800-832 (805); Valeria de Lorenzi, *Rappresentanza diretta voluntaria* cit., 280 ss. (286-287).

§ 8.º NATUREZA E CONSTRUÇÃO GERAIS

27. As teorias da representação

I. A representação opera como um instituto muito condicionado por pressupostos dogmáticos e vocabulares. Particularmente na doutrina alemã, que teria um peso decisivo no Código Vaz Serra, pode considerar-se a representação como um fruto da parte geral e da sua aptidão para, sobre o Direito civil tradicional, erguer um conjunto de abstrações. Tem sentido, antes de estudar o Direito lusófono legislado, fazer o ponto da situação quanto à doutrina geral. Os resultados obtidos serão úteis, quer na exegese dos nossos textos, quer na sua aplicação.

II. Na representação, uma pessoa atua, manifestando uma vontade que, depois, se vai repercutir direta e imediatamente na esfera jurídica de outrem. Trata-se de uma decorrência fácil de enunciar, em termos linguísticos, mas que desafia um tanto as faculdades de discorrer em abstrato. Havia que encontrar explicações justificativas para o fenómeno. Surgiram várias, tendo-se travado um debate aceso, particularmente na pandectística alemã[229].

Uma primeira teoria – a teoria do dono do negócio ou da vontade – deve-se a Savigny[230]: o representante seria apenas o porta-voz do representado: este seria o detentor da vontade relevante, fazendo todas as opções. Explica Savigny que o representado:

---

[229] *Vide* Helmut Coing, *Europäisches Privatrecht* cit., 2, 456-457, Flume, *Allgemeiner Teil* cit., 2, 4.ª ed., 750 ss. e Eberhard Schilken, no *Staudinger* cit., Vorbem zu §§ 164 ff., Nr. 10 ss. (9 ss.). Entre nós, cumpre referir Luiz da Cunha Gonçalves, *Tratado de Direito civil*, 4 (1931), 190 ss. e Pedro de Albuquerque, *A representação voluntária* cit., 313 ss. e *passim*.

[230] Savigny, *System* cit., § 113 (3, 90 ss.) e *Obligationenrecht* cit., §§ 53 ss. (2, 16 ss.).

§ 8.º Natureza e construção gerais   79

(...) que pode exteriorizar a sua declaração de vontade através da fala ou de uma carta, pode usar, para esse efeito, um terceiro como instrumento, de tal maneira que esse terceiro só opere como um órgão do verdadeiro contratante (...)[231].

A teoria da vontade era intrinsecamente coerente[232]. Além disso, ela articulava-se perfeitamente com as conceções gerais de Savigny, patentes no campo do direito subjetivo[233] ou da personalidade coletiva[234].

III. Já antes de Savigny se haviam desenhado parâmetros que apontavam para um diverso entendimento. Na verdade, em muitas situações o representado não tinha – nem poderia ter – qualquer vontade. A representação assume um papel importante precisamente nas circunstâncias em que o representado ou principal não tenha informações claras sobre as possibilidades contratuais: caberá então ao representante, presente no terreno, eleger as melhores hipóteses.

Daí, a segunda teoria – a teoria da representação: a vontade estaria presente, apenas, no próprio representante[235]. Mas como explicar, então, que os efeitos do negócio por ele concluído venham, afinal, a operar na esfera do representado? Três explicações:

– a teoria da ficção: embora a vontade relevante surja no representante, tudo se passaria como se o representado agisse[236];
– a teoria da separação entre a causa e os efeitos: a primeira processar-se-ia na esfera do representante; os segundos, porém, mercê de um mecanismo jurídico, ocorreriam na esfera do representado[237];

---

[231] Savigny, *Obligationenrecht* cit., 2, 19.

[232] *Vide*, sobre a *Geschäftsherrentheorie*, Heinz Mohnhaupt, *Savignys Lehre von der Stellvertretung*, IC 8 (1979), 60 ss. e Pedro de Albuquerque, *A representação voluntária* cit., 319-321.

[233] Savigny, *System* cit., § 4 (1, 7).

[234] Savigny, *System* cit., § 85 (2, 235-236).

[235] Surge uma primeira formulação da *Repräsentationstheorie* em Hermann Buchka, *Die Lehre von der Stellvertretung* cit., 206; ela tornar-se-ia particularmente conhecida mercê do seu acolhimento em Bernhard Windscheid/Theodor Kipp, *Lehrbuch des Pandektenrechts* cit., 9.ª ed., § 73 (1, 344 ss., 349).

[236] Rudolf von Jhering, *Geist des römischen Rechts*, 5.ª ed. (1906, reimp., 1993) 3, 320; cf., aí, a nota 420.

[237] Ferdinand Regelsberger, *Pandekten* 1 (1893), 581; outras indicações podem ser confrontadas em Pedro de Albuquerque, *A representação voluntária* cit., 327-331.

80　　　　　　　　　　　*A representação*

– a teoria da mediação[238]: a condução de um negócio através de representante pressupõe uma colaboração entre ele e o principal: a atuação de ambos é necessária para permitir o resultado final: o dos efeitos negociais na esfera do representado[239].

A teoria da representação – independentemente das leituras que, dela, se queiram fazer – mercê, designadamente, do peso de Windscheid, foi recebida pelo BGB[240] e por códigos da sua influência. Ela aparece muito clara no artigo 259.º/1 do Código Vaz Serra, na modalidade da teoria da mediação.

IV. Não se ignora que a teoria da representação pode ficar na órbita do dogma da vontade, dado o persistente apelo que lhe fazem os seus seguidores. Haverá, na representação como noutros institutos, que recorrer ao contexto sistemático: apenas em sistema – e no ordenamento por ele figurado – se poderá assentar em que os efeitos (voluntários) de um negócio se irão repercutir numa esfera de quem, dele, possa nem ter a mínima das consciências.

Isso dito: tenha-se presente que o Direito civil não se desenvolve como um complexo lógico, apto, *ab initio*, a cobrir todas as hipóteses que lhe possam ser submetidas. A doutrina da representação veio à luz na sua vertente voluntária e mais característica: um representante, por ter recebido os necessários poderes de uma outra pessoa – o *dominus*, principal ou representado – celebra um negócio esclarecendo, na altura, que o faz em nome e por conta do representado: é a *contemplatio domini*[241]. Quando o representante não manifestasse, de todo, a *contemplatio*, o negócio celebrar-se-ia na sua própria esfera. Ou seja: a situação mais típica, que prendeu os legisladores, é a de uma situação triplamente voluntária:

> – a vontade do *dominus* ou representado, ao conceder os poderes de representação (e, normalmente, ao explicitar como devem ser exercidos);

---

[238] Ou *Vermittlungstheorie*.

[239] Ludwig Mitteis, *Die Lehren von der Stellvertretung/nach römischem Recht mit Berücksichtigung des österreichischen Rechts* (1885, reimp., 1962), §§ 10-13 (109 ss.).

[240] Eberhard Schilken, no Staudinger cit., Vorbem zu §§ 164 ff., Nr. 15 (10). Quanto à sua receção em Itália: Stefano delle Monache, *La "contemplatio domini"/Contributo alla teoria della rappesentanza* (2001), 107-110.

[241] Stefano delle Monache, *La "contemplatio domini"* cit., 2 ss..

§ 8.º Natureza e construção gerais   81

– a vontade do representante, de celebrar o negócio;
– a vontade do representante de pretender fazê-lo não para si, mas
para o dono, dizendo-o (*contemplatio domini*).

A lei dirige-se para esta grande situação típica, assente na vontade:
estamos no Direito civil. Depois, seja por necessidade conceitual, seja para
tutela da confiança, ela vem a estender o esquema apontado a realidades
que, com ele, podem já ter pouco a ver. Uma construção que tudo abarque
terá de operar num tal nível de abstração, que tenderá a perder capacidade
comunicativa.

28. A "representação" orgânica

I. Um dos problemas postos à teoria da representação é constituído pela chamada representação orgânica ou representação das pessoas
coletivas.

Admitida a ideia de pessoa coletiva, pergunta-se como se irá processar
o exercício dos respetivos direitos. Frente a frente, temos duas teorias[242]:

– a teoria da representação;
– a teoria orgânica.

A teoria da representação deve-se a Savigny. Na leitura por ele propugnada, a pessoa coletiva seria incapaz de agir, ficando numa situação
similar à dos menores[243]. E como eles, careceria de ser representada[244].

A teoria orgânica responde não haver, aqui, qualquer incapacidade de
exercício: a pessoa coletiva traduz uma realidade autónoma, tendo vias próprias de atuação. Assim, ela agiria através de órgãos próprios, não cabendo
falar de suprimentos de incapacidade: tal a leitura de Otto von Gierke[245].

Os códigos civis têm evitado tomar posição quanto ao diferendo.
Preparam, todavia, regras legais adequadas, num esquema que a doutrina

---

[242] Volker Beuthien, *Zur Theorie der Stellvertretung im Gesellschaftsrecht*, FS
Zöllner, 1 (1998), 87-109 (89 ss.).

[243] Friedrich Carl von Savigny, *System des heutigen römischen Rechts*, 2 (1840),
§ 90 (282).

[244] *Idem*, 283.

[245] Otto von Gierke, *Deutsches Privatrecht*, I – *Allgemeiner Teil und Personenrecht*
(1895), § 67, I (518 ss.).

82 *A representação*

tende a aproximar da teoria orgânica[246]. Fala-se, então, em "representação orgânica".

II. Na verdade, não há qualquer *representação* orgânica[247]. A atuação das pessoas coletivas resulta de preceitos legais especificamente dirigidos ao problema[248]. As pessoas coletivas dispõem de órgãos, com certas fórmulas de preenchimento. A atuação dos órgãos é a da pessoa coletiva, numa lógica própria do modo coletivo de funcionamento do Direito.

A pessoa coletiva pode – sim – como qualquer pessoa singular, constituir representantes voluntários: procuradores aos quais se aplicará a doutrina comum da representação[249]. A referência a uma "representação" orgânica deve-se, apenas, a uma emergência conceitual (*Begriffsnot*)[250]: não havendo uma locução sintética capaz de designar o esquema pelo qual a pessoa coletiva age através dos seus órgãos, usa-se a aparentemente próxima "representação". Só que esta não explica o regime coletivo em presença[251].

III. As regras sobre representação não são excecionais. Nada impede, por isso, que elas possam ser úteis no tocante à integração dos esquemas coletivos, quando lacunosos. Haverá, todavia, que proceder a uma adequada sindicância, de modo a assegurar que a analogia não se queda pelas similitudes vocabulares.

Retenha-se, todavia, que a "representação" orgânica não é, em termos jurídico-científicos, verdadeira representação. Cabe ao intérprete-aplicador prevenir alargamentos dos esquemas de representação propriamente dita, em nome de uma abrangência que, pela diversidade de situações, ele não pode ter.

---

[246] Volker Beuthien, *Gibt es eines organschaftliche Stellvertretung?*, NJW 1999, 1142-1146 (1142/II) e *Zur Theorie der Stellvertretung* cit., 92 ss..

[247] *Vide Tratado* IV, 681.

[248] Já Hans Merz, *Vertretungsrecht und ihre Beschränkungen im Recht der juristischen Person, der Kaufmännischen und der allgemeinen Stellvertretung*, FS Westermann (1974), 399-426 (403).

[249] Volker Beuthien, *Gibt es eine organschaftliche Stellvertretung?* cit., 1146/I.

[250] *Idem*, 1142/II.

[251] Volker Beuthien, *Zur Theorie der Stellvertretung* cit., 108. A mesma emergência contratual levou a que, no espaço francês, os administradores das sociedades fossem apresentados como os seus "mandatários". *Vide* o nosso *Da responsabilidade civil dos administradores das sociedades comerciais* (1997), 335 ss..

§ 8.º Natureza e construção gerais

29. A "representação legal"

I. O passo seguinte consiste em eliminar do núcleo da representação a chamada representação legal. O próprio artigo 124.º que refere o "suprimento da incapacidade dos menores", remete para o poder paternal, sem falar em qualquer representação. Esta surge nos artigos 1878.º e 1881.º/1, como um dos elementos incluídos no referido poder paternal[252].

II. Tanto basta para podermos afastar o tema da "representação" legal do universo da representação propriamente dita. Os pais, enquanto "representantes" legais dos filhos, não os representam no sentido comum de se autodeterminarem com *contemplatio domini*, de tal forma que os atos praticados se consubstanciem na esfera dos "principais". Eles estão, sim, abrangidos por um feixe de poderes funcionais. Cabe-lhes – é um imperioso dever ético e, depois, jurídico – agir em defesa dos filhos, praticando os atos para tanto necessários.

As regras a observar são próprias e muito diferentes das da representação voluntária. Os valores em jogo tornam-se inconfundíveis: a representação voluntária visa ampliar a vontade e o raio de ação do principal, enquanto a "representação" legal pretende a proteção patrimonial e pessoal dos jovens seres humanos ou de certos deficientes[253].

III. A "representação" legal, ditada pela natureza das coisas, foi surgindo mercê das restrições impostas à atuação do *pater* e do *tutor*[254]: no período inicial estes eram havidos como os verdadeiros (e livres) donos dos bens em jogo. Estamos num universo histórico e dogmático muito diferente do da verdadeira representação.

Também aqui poderemos apontar um fenómeno de colonização linguística, motivada por carências conceituais. Caso a caso será necessário apurar se alguma analogia justifica a transposição, para o poder paternal ou seus sucedâneos, das regras próprias da representação voluntária.

---

[252] *Tratado* IV, 475-476.

[253] Quanto às especificidades da "representação legal": Walther J. Habscheid, *Zur Problematik der "gesetzlichen Vertretung"*, FamRZ 1957, 109-113; já se chegou a questionar se o "representante" não seria o verdadeiro titular das posições em jogo (ob. cit., 110/III).

[254] Pedro de Albuquerque, *A representação voluntária* cit., 47 ss., 73 ss. e *passim*.

84 *A representação*

Tal como vimos para a "representação" orgânica, também quanto à legal haverá que prevenir a tentação de acolhimento a uma noção ampla de representação. O nível de abstração, para tanto necessário, iria esvaziar a representação de qualquer conteúdo dogmático útil.

IV. As asserções anteriores podem ser confirmadas por um breve exercício de exegese do Código Civil. Aparentemente, os "princípios gerais" incluídos nos artigos 258.º a 261.º diriam respeito não apenas à representação voluntária, mas ainda às "restantes" e, naturalmente, à "legal". Todavia: o artigo 258.º traduz um lugar comum às atuações *nomine alieno*; o artigo 259.º é obviamente inaplicável às representações legais típicas: o *infans* ou o *furiosus* não têm vontade relevante; o artigo 260.º só joga na representação voluntária: mal será equiparar uma certidão de nascimento ou uma sentença judicial a uma justificação de poderes de representação, embora faça sentido produzir a competente prova; o artigo 261.º prefigura a representação voluntária.

Não negamos que os artigos 258.º a 261.º possam ser úteis nas "representações" legal e orgânica: trata-se, porém, de matéria virada para a representação voluntária.

30. O problema da abstração

I. Ainda em termos de construção preliminar – e, portanto: sem prejuízo para o que resulte do estudo do Direito lusófono vigente – cumpre ponderar o problema da abstração. Ele não é indiferente para a determinação prévia da essência da representação.

Acima verificámos como, na sequência dos estudos de Jhering e de Laband, se procedeu a uma distinção entre a procuração e o mandato: a primeira como fonte da própria representação e o segundo na base dos deveres de agir em prol do mandante. Daí decorreria a natureza abstrata da própria representação: independente do negócio (da "causa") que lhe tivesse dado origem, ela sobreviveria, por si, fossem quais fossem as vicissitudes ocorridas, entre representante e representado[255]. Esta construção

---

[255] Eberhard Schilken, no Staudinger cit., I, Vorbem zu §§ 164 ff., Nr. 12 (9-10).

§8.º Natureza e construção gerais

teria ainda a vantagem de proteger a confiança de terceiros e a da própria sociedade, sempre que se lhes deparasse um procurador[256].

II. O Direito português separa, com clareza, mandato e procuração. Todavia, como adiante melhor veremos, o regime do Código Civil não se coaduna com o de uma verdadeira abstração[257]. Anotemos, porém, que perante o próprio Direito alemão, o tema da abstração da representação não é unívoco, num ponto que reputamos importante para a fixação do conceito.

Beuthien vem chamar a atenção para o facto de a procuração ser, em regra, apenas parte de um contrato mais vasto[258]. Ora a unidade entre ela e o negócio em causa – normalmente: um mandato – não deveria ser posta em crise, sob pena de distração[259]. A abstração seria, pois, duvidosa, não sendo, de todo o modo, absoluta[260].

A posição de Beuthien – que não está isolado – é contraditada, em nome da letra do BGB[261]. Não obstante, os seus argumentos são ponderosos.

III. Temos como válida e operacional a asserção de que apenas na concreta solução dos problemas surge o Direito[262]. Perante isso, uma relação de representação só por si (*ad nutum*) de nada serviria: o procurador apenas o será em função de um qualquer programa que deva pôr em jogo, a favor do representado. Poderemos construir a relação na horizontal (representação e relação básica em paralelo) ou na vertical (representação como primeira parte de um processo que só se completará com a relação básica): em qualquer das hipóteses a procuração/representação postula, em termos ontológicos, uma situação mais vasta que lhe dê um sentido funcional.

A esta luz a abstração, a existir, será imperfeita.

---

[256] Volker Beuthien, *Gilt im Stellvertretungsrecht ein Abstraktionsprinzip?/Zum Verhältnis von Antrag, Amt und Vollmacht*, FG (Wissenschaft) 50. Jahre BGH 1 (2000), 8.

[257] *Infra*, 131-132.

[258] Beuthien, *Gilt im Stellvertretungsrecht ein Abstraktionsprinzip?* cit., 88 ss..

[259] *Idem*, 93 ss..

[260] *Idem*, 95.

[261] Eberhard Schilken, no Staudinger cit., I, Vorbem zu §§ 164 ff., Nr. 34 (19).

[262] A construção subsequente não depende da adesão a este postulado. A apresentação do Direito como uma "ordem da sociedade", destinada a "prevenir ou a resolver conflitos", graduando e harmonizando "valores" e "interesses" ou esquemas similares, permitiria idêntica argumentação.

86   *A representação*

31. A natureza

I. Tudo visto: a representação equivale, tecnicamente, a um direito potestativo do representante, direito esse que lhe permite, em certas circunstâncias e invocando a *contemplatio domini*, produzir efeitos jurídicos na esfera do representado[263].

Segundo Wolf/Neuner[264], a representação, sendo um poder, não poderia considerar-se como um direito: porque não dependeria da vontade do representante, tendo apenas uma função auxiliar[265]. Esta "secundarização" do poder de representação não joga com a pretendida abstração do mesmo[266].

De todo o modo, a razão profunda que nos leva a considerar o "poder" do representante como um direito (potestativo) surge, de seguida, no texto: prende-se com a complexidade do seu conteúdo.

II. Dependendo da natureza da situação considerada, já se antevê que a posição jurídica do representante comporta um conteúdo complexo. Para além do poder básico de provocar efeitos jurídicos na esfera do principal, ele vai dispor de múltiplas posições instrumentais, ficando ainda adstrito a diversos deveres. Deparamos, deste modo, com uma realidade compreen-

---

[263] Nessa linha e salvo o que se dirá na nota subsequente, a atual doutrina alemã reconduz a representação a um poder jurídico próprio do representante: Karl-Heinz Schramm, no *Münchener Kommentar* cit., 1, 6.ª ed., § 164, Nr. 67-69 (1780), negando, embora, que se trate de um verdadeiro direito subjetivo; na mesma linha, Claudia Schubert, no *Münchener Kommentar* cit., 1, 7.ª ed., §§ 164, Nr. 180 (1877), bem como Reinhard Bork, *Allgemeiner Teil* cit., 4.ª ed., Nr. 1426 (562); ManfredWolf/Jörg Neuner, *Allgemeiner Teil* cit., 11.ª ed., § 49, Nr. 27-43 (604-608); Jürgen Ellenberger, no Palandt cit., 76.ª ed., Einf § 164, Nr. 5 (184). Também Pedro de Albuquerque, *A representação voluntária* cit., 1196-1197, depois de uma excelente demonstração, vem definir o "poder de representação" como um "poder potestativo de pôr em prática ações ou comportamentos jurídicos que são automaticamente imputados na esfera jurídica do representado". Estamos muito próximos. Apenas acrescentaríamos o nível funcional, consentâneo com a síntese procuração/negócio de base (bem) defendida por Pedro de Albuquerque.

[264] Manfred Wolf/Jörg Neuner, *Allgemeiner Teil* cit., 11.ª ed., § 49, Nr. 33-34 (606).

[265] Larenz/Wolf, *Allgemeiner Teil* cit., 9.ª ed., § 46, Nr. 12 (832).

[266] Mais cuidadoso, Pedro de Albuquerque, *A representação voluntária* cit., 1196, defende que não se trata de um direito subjetivo por não estar em causa uma permissão normativa de aproveitamento de um bem. Permitimo-nos contrapor: o "bem" (como sucede com os direitos potestativos) é a própria possibilidade de desencadear o efeito potestativo.

§8.° Natureza e construção gerais

siva à qual, de acordo com as categorias fixadas[267], bem quadra a noção de direito subjetivo. E nesta categoria, não oferecerá dúvidas considerá-lo como um direito potestativo[268]: dado o seu núcleo essencial.

III. Sendo um direito potestativo, a situação do representante enquanto tal é, ainda, um direito funcional[269]. O representante não é livre – ou não é inteiramente livre – dentro da permissão básica que lhe assiste. Ele antes se enquadra numa função, devendo prosseguir o interesse e as instruções do *dominus*:
- seja por força do negócio jurídico subjacente, *maxime* um mandato;
- seja por via dos preceitos legais aplicáveis;
- seja por exigência do sistema, expressa na necessidade de acatar o princípio da boa-fé[270].

Em suma: a representação decorre da presença, na esfera do representante, de um direito potestativo funcional de agir em nome e por conta do *dominus* ou representado, fazendo surgir, na esfera deste, o produto dos negócios celebrados.

---

[267] *Tratado* I, 4.ª ed., 869 ss..

[268] Elaborado o presente texto, verificámos que essa posição já fora defendida por Ludwig Enneccerus/Hans Carl Nipperdey, *Allgemeiner Teil des Bürgerlichen Rechts*, 1, 15.ª ed. (1959), § 184, I (1129).

[269] *Tratado* I, 4.ª ed., 910.

[270] Antecipando: será o caso na hipótese de abuso do poder de representação; *vide* Julia Schäfer, *Teilweiser Vertretungsmangel/Haftung des Vertretenen und des Vertreters unter Einschluss der Missbrauchsfälle* (1997), 79.

SECÇÃO II

O SISTEMA LUSÓFONO DA REPRESENTAÇÃO

§ 9.º A EVOLUÇÃO DO SISTEMA LUSÓFONO

32. A pré-codificação

I. O Direito das Ordenações não continha regras específicas sobre a representação. Regulava, com algum pormenor, o tema dos "advogados e procuradores"[271], sendo ainda de referenciar leis extravagantes, sobre esse mesmo assunto[272]. Não fazia, porém, uso da ideia de representação.

Quanto ao mandato, dizia Pascoal de Mello:

> Por fim, chama-se mandato, outra convenção benéfica, ao contrato pelo qual uma pessoa comete a outra a administração graciosa de um negócio seu. Ora, nós não possuímos título nenhum especial acerca do mandato e dos mandatários, isto é, dos procuradores extrajudiciais; todavia, recebemos em nossas leis e costumes quase todas as disposições que se acham estabelecidas no direito romano, pois foram tiradas do direito das gentes[273].

II. Na literatura clássica anterior ao Código de Seabra, encontramos referências muito escassas à representação. Em Corrêa Telles e em Coelho da Rocha, o próprio termo "representação" era reportado, apenas, à representação sucessória.

---

[271] *Ord. Fil.*, Liv. I, tit. XLVIII = ed. Gulbenkian I, 85-91.

[272] Duarte Nunes do Lião, *Leis extravagantes*, 1.ª Parte, tit. XXI, ed. 1569, 51-52 = ed. Gulbenkian, 51-52.

[273] Pascoal de Mello, *Instituições de Direito civil português* (trad. Miguel Pinto de Meneses), Liv. 4, tit. 3, § 10 = BMJ 168 (1967), 59.

§ 9.º A evolução do sistema lusófono 89

A concessão de esquemas de representação era, todavia, bem conhecida. Efetiva-se através do mandato. Este conferiria poderes ao "procurador" ou "feitor"[274]. Segundo Coelho da Rocha[275],

> *Mandato* é o contracto, pelo qual uma pessoa se encarrega de praticar em nome de outra certo acto, ou de administrar um ou mais negocios alheios. Aquelle, que encarrega o negocio, chama-se *constituinte*, ou *mandante*: e aquelle que o acceita chama-se *procurador*, ou *mandatario*: e o titulo que o mandante entrega para este effeito, chama-se procuração.

III. A ideia de representação foi desenvolvida pelos jusnaturalistas, tendo sido divulgada, entre nós, por Heineccius[276]. De facto, ela estava presente no Direito comum, sendo frequentemente usada através do mandato. Apenas se impunha um especial esforço de abstração. Aí residia o papel fundamental das codificações subsequentes.

33. O Código de Seabra

I. O Código de Seabra, beneficiando da elaboração napoleónica e das reflexões anteriores, foi mais longe. Nos artigos 645.º e 646.º, a propósito da capacidade dos contraentes, veio dispor, respetivamente:

> Os contractos podem ser feitos pelos outorgantes pessoalmente, ou por interposta pessoa devidamente auctorisada

e

> Os contractos feitos em nome de outrem, sem a devida auctorisação, produzem o seu effeito, sendo ratificados antes que a outra parte se retracte.

---

[274] J. H. Corrêa Telles, *Digesto Portuguez*, tomo III (1909, correspondente à ed. de 1845), 86 ss. (artigos 599 ss.).

[275] M. A. Coelho da Rocha, *Instituições de Direito Civil Portuguez*, 8.ª ed. (1917, correspondente à 2.ª ed., 1848), § 792 (540); o Autor dá, aí, conta da escassez de elementos existentes quanto ao mandato o que, todavia, não era totalmente exato; *vide* os elementos reportados por Fernando Pessoa Jorge, *O mandato sem representação* cit., 75 ss..

[276] Heineccius, *Institutiones Iuris Civilis*, ed. João Pedro Waldeck (1814), especialmente § 816 (385), onde afirma que é possível a administração de negócios alheios através de procurador; *vide* também Pessoa Jorge, *O mandato sem representação* cit., 80-81.

90   *A representação*

Há, subjacente, uma ideia de representação, ainda que não referida.

II. A representação voluntária surgia, de modo direto, a propósito do contrato de mandato ou procuradoria. Dispunha o artigo 1318.º,

> Dá-se contracto de mandato ou procuradoria, quando alguma pessoa se encarrega de prestar, ou fazer alguma cousa, por mandado e em nome de outrem. O mandato póde ser verbal ou escripto.

As relações entre o mandato e a procuração resultavam do artigo 1319.º, que passamos a recordar:

> Diz-se procuração o documento, em que o mandante ou constituinte exprime o seu mandato. A procuração póde ser publica ou particular.

A matéria vinha regulada em pormenor, nos artigos subsequentes.

34. A receção do pandectismo

I. A penetração do pensamento pandectista a propósito da representação foi, entre nós, relativamente lenta. Num primeiro momento, apenas podemos sublinhar a passagem de certos desenvolvimentos exegéticos da área do mandato para a dos artigos 645.º e 646.º[277].

II. Guilherme Moreira divulgou, na nossa linguagem jurídica, o termo "representação", definindo os seus grandes parâmetros[278]. Por influência manifesta da lei, mantém a representação voluntária como tendo a sua principal origem no mandato ou procuração[279]; todavia, ele logo chama a atenção para o facto de nem sempre o mandato envolver representação:

---

[277] Como exemplo, José Dias Ferreira, *Código Civil Portuguez Annotado*, vol. II, 2.ª ed. (1895), 8 (sem desenvolvimento) e III, 2.ª ed. (1898), 5 ss. e Cunha Gonçalves, *Tratado* cit., 4, 189 ss..

[278] Guilherme Moreira, *Instituições de Direito civil*, 1 (1907), § 38 (449 ss.).

[279] *Idem*, 451. Tem ainda interesse, nesta fase, confrontar o desenvolvimento de José Tavares, *Os princípios fundamentais do Direito civil*, II (1928), 439 ss..

§9.º A evolução do sistema lusófono 91

o mandatário poderia encarregar-se de celebrar o negócio jurídico no seu próprio nome[280].

O próprio Manuel de Andrade pouco mais avançou e isso já em plena preparação do Código Civil[281].

III. Entretanto, cumpre reportar o Código Comercial ou Código Veiga Beirão, de 1888. De acordo com os conhecimentos da época, o mandato comercial, aí regulado, envolvia representação[282].

Assim, o artigo 231.º do Código Comercial, a propósito da noção de mandato comercial, dá-nos elementos próprios da representação[283]. Segundo o seu teor,

> Dá-se mandato comercial quando alguma pessoa se encarrega de praticar um ou mais actos de comércio por mandato de outrem.

Prosseguindo o § único:

> O mandato comercial, embora contenha poderes gerais, só pode autorizar actos não mercantis por declaração expressa.

Encontramos, pois, uma distinção entre poderes gerais e especiais, relevante para a representação, mas que o próprio Código Vaz Serra, numa cedência ao passado napoleónico, manteve, como vimos, a propósito do mandato – artigo 1159.º.

A associação entre o mandato comercial e a representação aflora ainda no artigo 233.º do Código Comercial:

> O mandato comercial, que contiver instruções especiais para certas particularidades de negócio, presume-se amplo para as outras; e aquele, que só tiver poderes para um negócio determinado, compreende todos os actos necessários à sua execução, posto que não expressamente indicados.

---

[280] Referindo autores anteriores, Fernando Pessoa Jorge, *O mandato sem representação* cit., 73, nota 96, chama a atenção para uma tradição, radicada em França e, até, entre nós, e anterior a Jhering, de distinguir o mandato da procuração e da representação.

[281] Manuel de Andrade, *Teoria geral da relação jurídica* cit., 2, 285 ss. (293).

[282] Tal já ocorria, ainda que sob uma linguagem arcaica, com o Código Comercial de Ferreira Borges (1833): artigo 768.º.

[283] *Direito comercial*, 4.ª ed. (2016), 681 ss..

92 *A representação*

Trata-se de um aspeto básico do mandato mercantil[284]. No Direito comercial, o mandato sem representação diz-se comissão ou contrato de comissão – artigos 266.º e seguintes do Código Comercial.

Inferimos daqui que, ao contrário do que se passa no Direito civil, o mandato comercial envolve sempre poderes de representação.

IV. Apenas em meados do século XX, Inocêncio Galvão Telles, ensinando a matéria dos contratos[285] e, pouco depois, Ferrer Correia, estudando o tema da procuração, procederam a uma clara contraposição entre esta e o mandato[286]. O pensamento de Jhering, completado com o de Laband, foram expostos, bem como os esquemas adotados pelo Código Civil alemão e pelo italiano.

Nessa sequência, Galvão Telles, no âmbito da preparação do Código Civil, propôs uma clara distinção entre a procuração, fonte de poderes de representação e o mandato[287]. A proposta foi acolhida também no anteprojeto de Rui de Alarcão[288].

O período concluir-se-ia da melhor forma com o estudo de Pessoa Jorge sobre o mandato sem representação[289].

---

[284] Na falta de representação, a pessoa que se obrigue a providenciar contratos poderá ter celebrado um contrato (atípico) dito "mediação"; *vide* STJ 7-mar.-1967 (Carvalho Júnior), BMJ 165 (1967), 318-322 (321-322).

[285] Inocêncio Galvão Telles, *Dos contratos em geral/Lições proferidas no ano lectivo de 1945-1946* (1947), especialmente 262-263; *vide* deste Autor, a 3.ª ed. dessa obra, sob o título *Manual dos contratos em geral* (1965), 311. Na 4.ª ed., refundida e atualizada, de 2002, *vide* 422-423.

[286] A. Ferrer Correia, *A procuração na teoria da representação voluntária*, BFD XXIV (1948), 253-293 (258 ss.); trata-se da "lição" proferida pelo seu Autor no concurso para professor extraordinário da Faculdade de Direito de Coimbra. E assim – infelizmente – ele não contém as precisas fontes bibliográficas usadas por Ferrer, na sua preparação. No entanto, parece patente o uso de diversos autores italianos, numa asserção confirmada pelas indicações de obras feitas no final.

[287] Inocêncio Galvão Telles, *Contratos civis*, RFDUL X (1954), 161-245 (232-233) = BMJ 83 (1959), 114-283 (174-175).

[288] Rui de Alarcão, *Erro, dolo e coacção – representação – objecto negocial – negócios usurários – condição/Anteprojectos para o novo Código Civil*, BMJ 102 (1961), 167-180 (171 ss.) e *Breve motivação do anteprojecto sobre o negócio jurídico na parte relativa ao erro, dolo, coacção, representação, condição e objecto social*, BMJ 138 (1964), 71-122 (103).

[289] *Supra*, 56.

§ 9.º A evolução do sistema lusófono

35. O Código Vaz Serra

I. O Código Civil de 1966, no termo de toda esta evolução, acolheu o sistema germânico da distinção entre procuração, fonte da representação – artigos 262.º e seguintes – e o mandato, modalidade de contrato de prestação de serviço – artigos 1157.º e seguintes – o qual pode ser com ou sem representação – artigos 1178.º e seguintes e 1180.º e seguintes, respetivamente, num ponto hoje pacífico[290]. De todo o modo, a passagem de um modelo de tipo napoleónico para o germânico não implicou sobressaltos nem operou passivamente.

Já no âmbito do Código de Seabra, a doutrina sublinhara que o "mandato" era "... um dos raros contratos em que a aceitação da outra parte, neste caso a do mandatário, não figura, em regra, no título em que pelo mandante foram conferidos os poderes, nem tem de ser expressa"[291]. Tudo se predispunha para o surgimento da procuração como um negócio unilateral, a distinguir do mandato[292].

II. Após a entrada em vigor do Código de 1966, mantiveram-se algumas situações de confusão entre mandatários e procuradores: o chamado mandato judicial envolve sempre poderes de representação enquanto, por exemplo, os "mandatários" referidos no artigo 1253.º, c), são, necessariamente, os que atuem no âmbito dum mandato com representação.

Se é certo que estas particularidades, oriundas do regime anterior, permitem dar uma identidade ao Direito português, não é menos seguro que, na falta de claros indícios, prevalecerá a metodologia legal imposta pelo Código Civil e há meio século celebrada pela doutrina.

III. Podemos de todo o modo afirmar, perante a globalidade do sistema jurídico português vigente, que a receção do esquema pandectístico assente na contraposição entre o mandato e a representação operou, apenas, em termos parciais. O Código Civil, no seu núcleo, faz a distinção. Em

---

[290] P. ex., RLx 20-jun.-2013 (Fátima Galante), Proc. 1986/06 (n.º 3), STJ 2-dez.-2013 (Helder Roque), Proc. 686/09 (II) e STJ 26-jun.-2014 (Granja da Fonseca), Proc. 2889/08 (II).

[291] Luiz da Cunha Gonçalves, *Tratado de Direito Civil*, 12 (1933), 388.

[292] Na jurisprudência, a contraposição entre a procuração e o mandato consta, por exemplo, de STJ 5-mar.-1996 (Torres Paulo), CJ/Supremo IV (1996) 1, 111-115 (112/II), de STJ 17-jun.-2003 (Moreira Camilo), CJ/Supremo XI (2003) 2, 109-112 (112/I) e de STJ 22-jun.-2004 (Azevedo Ramos), CJ/Supremo XII (2004) 2, 106-108.

94　　*A representação*

áreas mais periféricas, como a do artigo 1253.º, *c*), a referência ao mandato envolve a representação, como vimos. O mandato judiciário, por natureza, comporta representação. E o mesmo sucede com o mandato comercial, datado ainda de 1888.

Inferimos, daqui, que o sistema português vigente é híbrido: exprime, da melhor forma, uma junção criativa entre os dois grandes estilos do Continente: napoleónico e alemão.

§ 10.º O MANDATO

36. Justificação e antecedentes

I. No Direito lusófono, a representação voluntária resulta da procuração versada nos artigos 262.º a 269.º. Todavia, como já referimos e adiante melhor será verificado, a procuração não é, perante o Código Vaz Serra, um verdadeiro negócio abstrato. Para surtir os seus efeitos, a procuração postula um negócio subjacente, que a complete e lhe dê um sentido. Acontece ainda, por razões histórico-culturais, sistemáticas e dogmáticas, que o negócio tipicamente subjacente à procuração é o contrato de mandato. Encontramos, quer no regime da procuração, quer no do mandato, diversos elementos que documentam a existência de um contágio entre ambas as figuras.

Cumpre ainda recordar que a receção do esquema pandectístico da procuração operou apenas parcialmente. O mandato comercial implica representação, outro tanto sucedendo com o mandato judicial. Por tudo isto, justifica-se que o estudo do regime da representação voluntária seja precedido por uma análise prévia do mandato.

II. O contrato de mandato remonta ao Direito romano. A competente ação – a *actio mandati* – surgiu no século II a. C., no âmbito dos *bonae fidei iudicia*[293]. Tinha, pois e desde o início, características especiais de adaptação e de flexibilidade. Mas o *praetor* terá aproveitado elementos anteriores. Tem-se ensaiado basear a figura do *procurator* no Direito da família; a do mandato caberia nos negócios de *ius gentium*, implicando

---

[293] Segundo a informação de Cícero, *De officiis* 3.17.70 = *M. Tulli Ciceronis libri tres*, publ. H. A. Holden (1899, reimp. 1966), 120. Outros elementos podem ser confrontados em *Da boa fé no Direito civil*, 73-74.

96   *A representação*

cives e *peregrini*[294]. O contrato de mandato assentava na amizade, sendo, por isso, essencialmente gratuito: dominado, na sua conceção e na sua execução, pela *fides*, depois *bona fides*[295-296].

III. O mandato teve lugar no Código Napoleão – artigos 1984.º a 2010.º.

Em síntese, o regime aí acolhido foi o seguinte. Segundo a definição do artigo 1984.º, "o mandato ou procuração é um ato pelo qual uma pessoa dá a uma outra o poder de fazer alguma coisa pelo mandante e em seu nome". O segundo parágrafo desse preceito conferia, todavia, natureza contratual ao mandato. A matéria estava agrupada em quatro capítulos: I – Da natureza e da forma do mandato; II – Das obrigações do mandatário; III – Das obrigações do mandante; IV – Das diferentes maneiras por que termina o mandato.

Do regime napoleónico, salientemos alguns pontos. O mandato é gratuito, salvo cláusula em contrário (1986.º). Ele é especial, para determinado negócio ou negócios ou geral, para todos os negócios do mandante (1987.º). Neste último caso, só abrange os atos de administração (1988.º).

O mandatário deve cumprir o mandato (1991.º), sendo responsável pelas *fautes* de gestão (1992.º). Deve prestar contas (1993.º). O mandante deve reembolsar as despesas do mandatário (1999.º) e compensá-lo das perdas que tenha sofrido por via da gestão (2000.º).

O mandato termina pela destituição do mandatário, por renúncia deste ou pela morte ou interdição do mandante ou do mandatário (2003.º). A destituição é livre (2004.º), não produzindo, todavia, efeitos perante os terceiros que a ignorem (2005.º). Os atos praticados pelo mandatário que desconheça

---

[294] Guido Donatuti, *Mandato (diritto romano)*, NDI VIII (1939), 51-53; Vincenzo Arangio-Ruiz, *Il mandato in diritto romano* (1949), 44 ss.; Giuseppe Provera, *Mandato (storia)*, ED XXV (1975)), 310- 321 (311-312); entre nós: Fernando Pessoa Jorge, *O mandato sem representação* cit., 33 ss. e Januário Gomes, *Contrato de mandato*, em *Direito das obrigações* III (1991), 263-408 (267 ss.).

[295] A própria expressão mandato (*mandatum*) provirá de *manu datum* (dado à mão), prefigurando o aperto de mão ritual, símbolo da confiança mútua. *Vide* Troplong/Delebecque, *Commentaire du mandat* cit., 19/I.

[296] Cumpre citar Paulo, D. 17.1.1.4 = *Corpus Iuris Civilis*, ed. bilingue Okko Behrends e outros (1999), 355:

O mandato não gratuito é nulo; pois trairia a sua origem no sentido do dever e na amizade, pois o pagamento é contrário a eles; estando presente o dinheiro, será mais adequada ao caso a locação-condução.

§ 10.º O mandato 97

a cessação do mandato são válidos (2008.º), podendo ser executados perante terceiros de boa-fé (2009.º).

A leitura do Código Napoleão é sempre um exercício instrutivo: os seus autores lograram, em fórmulas elegantes e sintéticas, juntar muitos séculos de elaboração científico-cultural.

O esquema do Código Napoleão permitiu, a Corrêa Telles, ordenar uma série de proposições do Direito romano comum, relativas ao mandato[297]. Trabalho moderno que ficaria à disposição do Visconde de Seabra, aquando da preparação da primeira codificação portuguesa.

IV. Efetivamente, o Código de Seabra ocupou-se do *contracto de mandato ou procuradoria*, associando mandato e representação, nos termos acima apontados[298].

Para os propósitos da presente rubrica, cumpre referir a regulação do mandato no seu todo, à luz do Código de Seabra. A matéria alargava-se por sete secções:

Secção I   – Disposições gerais (1318.º a 1331.º);
Secção II   – Do objecto do mandato e das pessoas que podem conferir e aceitar procuração (1332.º a 1334.º);
Secção III – Das obrigações do mandatário em relação ao constituinte (1335.º a 1343.º);
Secção IV   – Das obrigações do constituinte em relação ao mandatário (1344.º a 1349.º);
Secção V   – Dos direitos e das obrigações do constituinte e do mandatário em relação a terceiro (1350.º a 1353.º);
Secção VI   – Do mandato judicial (1354.º a 1362.º);
Secção VII – Do termo do mandato (1363.º a 1369.º).

Temos uma regulação claramente mais extensa e envolvente do que a do Código Napoleão. Sob a linguagem do tempo, o Código exprime um regime comum, com as especificidades que passamos a referenciar.

Como foi dito, o mandato envolvia o que, hoje, chamamos representação (1318.º). A procuração é definida (1319.º) como *o documento em que o mandante ou constituinte exprime o seu mandato*, podendo ser pública ou

---

[297] J. H. Corrêa Telles, *Digesto portuguez* cit., 3, 86 ss. (599 ss.). O Autor vai apoiando o seu articulado nos *Digesta*, acrescentando ainda algumas regras próprias das Ordenações, no domínio do mandato judiciário.
[298] *Supra*, 89-90.

98 A representação

particular e, ainda (1323.º) geral ou especial: geral para todos e quaisquer atos, mas de mera administração (1324.º e 1325.º) e especial para certos e determinados negócios (1324.º). O mandato presume-se gratuito, salvo estando em causa objeto que *o mandatário tracta por officio ou profissão lucrativa* (1334.º)[299].

No domínio das obrigações do mandatário, salientamos o artigo 1336.º; ele deve dedicar *á gerencia de que é encarregado a diligencia e cuidado, de que é capaz, para o bom desempenho do mandato; se assim o não fizer, responderá pelas perdas e damnos a que der causa.* O mandatário responde, ainda, perante o constituinte e o terceiro, quando exceda os seus poderes e cause danos (1338.º). Segundo o artigo 1351.º, *os actos que o mandatario pratica em nome do seu constituinte, mas fóra dos limites expressos do mandato, são nullos em relação ao mesmo constituinte, se este os não ratificar tacita ou expressamente.* Como se vê, não havia margem especial para a tutela da confiança.

O mandato judicial constituía um especial corpo de regras (1354.º a 1362.º)[300], numa tradição que remonta às Ordenações.

No tocante à cessação do mandato: este era entendido como vincadamente *intuitu personae.* Por isso cessava, por exemplo, pela morte do constituinte ou do mandatário (1363.º, 3.º)[301], sendo ainda revogável, pelo constituinte, (...) *quando e como lhe aprouver (...) sem prejuízo de qualquer condição ou convenção em contrario* (1364.º), entendendo-se: não obstante tais condição ou convenção.

Sublinhe-se, por fim, uma aberta para a tutela da confiança: expirando o mandato, ainda haveria margem para obrigar o constituinte quando o mandatário ignorasse a cessação ou quando, sendo o mandato específico, o terceiro dela não tivesse conhecimento (1369.º).

V. Tem oportunidade fazer uma breve referência ao mandato (*Auftrag*), no influente BGB alemão[302]. O mandato surge, aí, num subtítulo I (§§ 662-674), integrado num título 12, relativo a contratos de mandato, de

---

[299] A tal propósito recorda José Dias Ferreira, *Codigo Civil Portuguez Annotado*, 3, 2.ª ed. (1898), 12, que, no Direito romano, era da essência do mandato a sua gratuitidade. Todavia, de acordo com o próprio Direito romano e a evolução subsequente, já assim não seria perante o profissional, como o advogado ou o solicitador; tão-pouco haveria gratuitidade no mandato comercial, visto o artigo 232.º do Código Comercial.

[300] Dias Ferreira, *Codigo Civil Portuguez Annotado* cit., 3, 2.ª ed., 23-35.

[301] (...) *porque a amizade e a confiança não se transmittem, como os direitos*, na explicação de José Dias Ferreira, *Codigo Civil Portuguez Annotado* cit., 3, 2.ª ed., 37.

[302] Para uma descrição evolutiva do mandato no BGB, dispomos, neste momento, de Siegbert Lammel, no HKK/BGB, III/2 (2013), §§ 652-675b (1572-1613), com indicações.

§ *10.º O mandato*   99

obtenção de negócios e (hoje) de serviço de pagamentos: tudo isso na secção das relações obrigacionais em especial. Antes do mandato, o BGB versou a prestação de serviço (§§ 611-630), a empreitada (§§ 631-651), hoje acompanhada pelo contrato de viagem (§§ 651a-651m), a mediação (§§ 652-658) e a angariação pública com recompensa (§§ 659-661a). E após o mandato (com a obtenção de negócios e o serviço de pagamentos), o BGB vem ocupar-se da gestão de negócios, dita "condução de negócios sem mandato" (§§ 677-687) e do depósito (§§ 688-700)[303].

Como se vê, o mandato não tem, no sistema do BGB, a posição nuclear q ue ocupa nos códigos latinos, onde funciona como a grande matriz da prestação de serviço. Por outro lado, o BGB procedeu a um tratamento analítico avançado das várias hipóteses de prestação de serviço, discernindo tipos legais ausentes dos códigos do Sul, embora, aí, sejam conhecidos e praticados.

37. Aspetos gerais

I. Na preparação do Código Civil de 1966, a matéria dos contratos foi confiada ao cuidado de Inocêncio Galvão Telles, a quem se deve um primeiro anteprojeto[304]. Como foi referido, data dessa altura a opção pelo esquema pandectístico, com separação entre o mandato e a procuração e a consequente possibilidade de admitir um mandato com representação e um mandato sem ela[305]. Os textos foram muito alterados nas denominadas revisões ministeriais[306], tendo-se, então, registado um forte influxo de normas italianas.

A admissão expressa de um tipo de mandato que não envolva representação constitui um progresso claro. Mas o mandato com representação

---

[303] Para o reconhecimento rápido de toda esta matéria, servida por milhares de títulos, *vide* Heinz-Peter Mansel, no Jauernig cit., 14.ª ed., §§ 611-675b (809-988), Christian Berger, *idem*, §§ 675c-676c (988-1015) e de novo Heinz-Peter Mansel, *idem*, §§ 677-700 (1016-1034).

[304] Inocêncio Galvão Telles, *Contratos civis* cit., publ. na RFDUL X (1954), 161-245 = BMJ 83 (1959), 114-283; quanto ao articulado, BMJ 83, 258-269, onde surgiam claramente os traços do regime atual.

[305] *Vide* Fernando Pessoa Jorge, *O mandato sem representação* cit., 149 ss. e Galvão Telles, *Contratos civis* cit., 173 (na ed. BMJ).

[306] Jacinto Rodrigues Bastos, *Das relações jurídicas/Segundo o Código Civil de 1966*, IV (1969), 78-79: o decisivo artigo 298.º só surgiu na 2.ª revisão ministerial; quanto aos artigos 328.º ss. *vide*, aí, 198 ss..

100   *A representação*

constitui uma óbvia unidade, enquanto uma procuração *ad nutum* é algo de incompleto. Por isso, a separação entre as regras do mandato e as da representação acabou por constituir um fator de complexidade dispensável.

II. Em termos sistemáticos gerais, o tratamento dado pelo Código ao mandato apresenta uma configuração em seis secções, nos termos seguintes:

Secção I   – Disposições gerais (1157.° a 1160.°);
Secção II   – Direitos e obrigações do mandatário (1161.° a 1166.°);
Secção III – Obrigações do mandante (1167.° a 1169.°);
Secção IV   – Revogação e caducidade do mandato:
              Subsecção I – Revogação (1170.° a 1173.°);
              Subsecção II – Caducidade (1174.° a 1177.°);
Secção V   – Mandato com representação (1178.° e 1179.°);
Secção VI   – Mandato sem representação (1180.° a 1184.°).

Perante o Direito anterior, podemos apontar as seguintes novidades, de ordem geral:

– a matéria foi condensada: dos 51 artigos do Código de Seabra, passámos, agora, para 27;
– foi retirado o mandato judicial, em parte já tratado pelo Estatuto Judiciário[307];

---

[307] O primeiro Estatuto Judiciário foi aprovado pelo Decreto n.° 13:809, de 22 de junho de 1927: seguiu-se-lhe um segundo, adotado pelo Decreto n.° 15:344, de 10 de abril de 1928; o mandato judicial era aí regulado nos artigos 699.° a 703.° – cf. *Estatuto Judiciário*, ed. RLJ 1928, 237-239 –, fundamentalmente pelo prisma de o reservar para os advogados e de moralizar os honorários; foi alterado pelo Decreto n.° 22:779, de 12 de fevereiro de 1930. Novo Estatuto Judiciário foi aprovado pelo Decreto-Lei n.° 44 278, de 14 de abril de 1962: fundamentalmente para corresponder à reforma processual civil de 1961. O mandato judicial era aí versado nos artigos 535.° a 537.°. A parte relativa à Ordem dos Advogados foi retirada do Estatuto Judiciário pelo Decreto-Lei n.° 84/84, de 16 de março, que aprovou o Estatuto da Ordem dos Advogados. Este último Estatuto continha, nos seus artigos 53.° e seguintes, diversas regras sobre o mandato judicial, com alterações introduzidas pela Lei n.° 80/2001, de 20 de julho; ficavam envolvidas importantes regras deontológicas – artigos 76.° e seguintes. Seguiu-se a Lei n.° 49/2004, de 24 de agosto, que veio definir o sentido e o alcance dos atos próprios dos advogados e dos solicitadores, alterando os artigos 53.° e 56.° do Estatuto da Ordem. Seguiu-se a Lei n.° 15/2005, de 26 de janeiro, que aprovou um novo Estatuto da Ordem dos Advogados, revogando o Decreto-Lei n.° 84/84, mas mantendo a Lei n.° 49/2004. Foi alterado pela Lei n.° 12/2010, de 25 de junho. Um novo Estatuto da

§ *10.º O mandato*

– procedeu-se à separação entre o mandato e a procuração, ficando esta acantonada na parte geral, reservada para a representação;
– acolheram-se fórmulas provenientes do Código italiano de 1942 cujas soluções, mesmo quando contraditadas, estiveram sempre presentes[308];
– a linguagem foi atualizada;
– o mandato ganhou, em geral, um sentido mais objetivo ou, se se quiser, mais profissionalizante.

III. Este último aspeto radica numa certa comercialização do Código Vaz Serra, para que cabe chamar a atenção: tem consequências interpretativas de ordem geral, designadamente no campo da representação, como adiante melhor será referido[309].

Na origem temos a tendência para a unificação do Direito privado, com a consequente absorção, pelo civil, do Direito comercial. Essa tendência mais se fortaleceu com o exemplo italiano, de 1942[310]. Encontramos, no nosso Código Civil, influências comerciais no domínio das pessoas coletivas[311] e de alguns contratos, como o mútuo[312]. Uma análise mais atenta revelaria outros vetores de comercialização, num movimento geral que corresponde a necessidades do sistema, que cumpre acompanhar e incentivar.

IV. Passando às disposições gerais que o Código Civil dedica ao mandato, deparamos logo com a noção do artigo 1157.º, retirada do artigo 1703.º do Código italiano[313]. Resulta que o mandato implica, para o mandatário, uma prestação de facto ou *de facere* e mais precisamente:

Ordem dos Advogados resultou da Lei n.º 145/2015, de 9 de setembro. O chamado mandato forense surge no artigo 67.º.

[308] Podemos estabelecer as seguintes aproximações: o artigo 1457.º do Código Civil corresponde ao artigo 1703.º do Código italiano; o 1159.º/2, ao 1708.º; o 1161.º, *c*) e *e*), aos 1712.º/1 e 1713.º/1 respetivamente; o 1162.º, ao 1711.º/2; o 1163.º, ao 1712.º; o 1164.º, ao 1714.º; o 1165.º, ao 1717.º; o 1166.º, ao 1716.º; o 1167.º, *a*) e *c*) aos 1719.º e 1720.º, respetivamente; o 1170.º, ao 1723.º/1; o 1171.º, ao 1724.º; o 1176.º, ao 1728.º; o 1177.º, ao 1730.º; o 1178.º/1, ao 1704.º; o 1180.º, ao 1705.º; o 1183.º, ao 1715.º.

[309] *Infra*, 142 ss..

[310] *Tratado* I, 4.ª ed., 147-148 e 281 ss..

[311] *Tratado* IV, 4.ª ed., 646 ss..

[312] *Direito bancário*, 6.ª ed., 672 ss..

[313] *Vide* a confissão de Antunes Varela: Pires de Lima/Antunes Varela, *Código Civil Anotado*, 2, 4.ª ed. (1997), 1157.º, anot. 1 (786).

102　　　　　　　　　　　　　*A representação*

– a prática de um ou mais atos jurídicos;
– por conta de outra.

Perante o Código de Seabra, a definição vigente operou uma certa restrição: apenas quedam, para o mandato, atividades jurídicas; as restantes caem, em geral, na prestação de serviço (1154.º) à qual, na falta de leis específicas, são aplicáveis, com as necessárias adaptações, as disposições sobre o mandato (1156.º).

"Por conta de outra" significa que os atos a praticar pelo mandatário se destinam à esfera do mandante[314]. Trata-se de uma dimensão finalista ou funcional que pode dar alma a qualquer conduta humana.

Já se defendeu, a propósito da representação, mas em asserção aqui aplicável, que *por conta de* significa no *interesse de alguém*[315]; aqui: do mandante. Não nos parece, salvo o devido respeito, a melhor solução. Desde logo, a noção de "interesse" levanta uma série de dúvidas dogmáticas, não havendo vantagem em introduzi-las no coração do mandato. De facto, este poderá ser maliciosamente exercido, indo calamitosamente contra os interesses do mandante: não deixará de ser mandato, por isso. De seguida: temos o importante lugar paralelo do artigo 464.º que, a propósito da gestão de negócios, distingue o interesse do dono (*utiliter coeptum*)[316] e a atuação por conta dele: são, pois, realidades distintas.

Uma contraprova: um mandatário pode celebrar um negócio que até sirva os interesses do mandante, mas fazendo-o para si mesmo, isto é: por conta própria, de tal modo que o seu destino último não seja a esfera do mandante. Não há execução do mandato[317].

---

[314] Recorde-se a noção do § 662 do BGB alemão: *Pela aceitação de um mandato, o mandatário obriga-se a proporcionar ao mandante, gratuitamente, um negócio por este incumbido*. Em bom vernáculo – *vide* Januário Gomes, *Contrato de mandato* cit., 278 – atuar *por conta de* significa *à custa de*: justamente por a atividade do mandatário visar a esfera do mandante, ela operará "à custa" dele.

[315] Carvalho Fernandes, *Teoria geral do Direito civil* – II – *Fontes, conteúdo e garantia da relação jurídica*, 5.ª ed. (2010), 257 (n.º 487); em nota, aproxima-se *por conta de* da *contemplatio domini*; mas de acordo com o habitual, guardaremos a *contemplatio domini* para o exercício em nome do mandante e não para a atuação por conta dele. Por todos: Roberto Triola, *Codice Civile Annotato*, 3.ª ed. (2003), art. 1704 (1608).

[316] *Direito das obrigações*, 2, 16 e *Tratado* VIII, 95.

[317] Pela mesma razão não pode haver um mandato cujo teor seja, *ad nutum*, "instruções para depois da morte" – STJ 4-mai.-1999 (Ferreira Ramos), CJ/Supremo VII (1999) 2, 79-82 (80-81), que, para o efeito, exigiu um testamento: a morte envolve o termo da

§ 10.º O mandato

V. O mandato presume-se gratuito ou oneroso, consoante esteja fora ou dentro do exercício da profissão do mandatário. Trata-se de solução que vinha já, de certo modo, do artigo 1331.º do Código de Seabra. Traduz um equilíbrio entre o § 662 do BGB alemão[318], que estatui a gratuitidade e o artigo 1709.º do Código italiano, que prevê a regra oposta.

Tratando-se de mandato oneroso, a retribuição é remetida, sucessivamente – artigo 1158.º/2 – para:

- o acordo das partes;
- as tarifas profissionais;
- os usos;
- os juízos de equidade.

Recomenda-se vivamente, em especial no exercício da advocacia e na consulta jurídica, o recurso à primeira hipótese.

VI. A extensão do mandato consta do artigo 1159.º: um preceito que releva, no essencial, para efeitos de representação, como veremos. Distingue-se, aí[319]:

- o mandato geral, que abrange uma generalidade não especificada de atos[320], compreendendo apenas atos de administração ordinária (1159.º/1); esta delimitação é puramente supletiva: admite-se, pois, que as partes possam concluir um mandato geral com poderes de disposição[321], numa linha que satisfaz, por um lado, a feição geral do Direito civil e, por outro, o esbater da separação entre administração e disposição;

---

personalidade do falecido, pelo que já não pode haver atuações por conta dele. Esta situação não se confunde com o mandato *post mortem*, abaixo examinado.

[318] Klaus Peter Berger, no Erman cit., 1, 13.ª ed., § 662, Nr. 2 (2950); Siegfried Lammel, HKK/BGB cit., III/2, §§ 662-675b ff, Nr. 13 (1583); Hartwig Sprau, no *Palandt Kommentar* cit., 76.ª ed., § 662, Nr. 8 (1152).

[319] Januário Gomes, *Contrato de mandato* cit., 319 ss..

[320] O artigo 1324.º do Código de Seabra fixava a "procuração geral" como a que "... representa o mandato para todos e quaesquer actos, sem os especificar". Parece-nos que, dentro desta tradição, também existirá, hoje, uma "procuração geral", mau grado o silêncio do Código.

[321] Nesse sentido: Pires de Lima/Antunes Varela, *Código Anotado* cit., 2, 4.ª ed., 791, apoiados no Código italiano – cuja fórmula foi recebida – e na evolução perante o Código de Seabra.

104 A representação

– o mandato especial, que se reporta a concretos atos nele referidos, abrangendo ainda os necessários à sua execução (1159.º/2).

Pelas regras gerais, qualquer dos dois mandatos sempre abrangeria, além do dever de prestar principal, a execução de todas as tarefas acessórias necessárias (762.º/2). Mais esclarecido ficou pois esse ponto, quanto ao mandato especial, acrescendo que podem estar aqui em jogo pontos delicados: obtenção de registos, pagamentos de impostos, notificações para preferência e outros. Também nos parece que, pela sua letra como pelo seu espírito, esta norma permite ao mandatário "especial" celebrar todos os atos preparatórios, incluindo o contrato-promessa correspondente ao instrumento visado[322].

VII. A pluralidade de mandatários dá lugar a tantos mandatos quantas as pessoas designadas (1160.º, 1.ª parte). Assim não será quando o contrato exare que eles devam agir conjuntamente (1160.º, 2.ª parte): teremos, então, uma situação de comandato. Trata-se da regra que provém do artigo 1716.º do Código italiano[323] e que assume um sabor comercial. Recordamos que, no Direito civil português, a regra geral é a da conjunção: artigo 513.º *a contrario*.

38. A posição do mandatário

I. O artigo 1161.º enumera as obrigações do mandatário. Podemos agrupá-las do modo seguinte:

– deveres de atuação – *a*);
– deveres de informação – *b*) – e de comunicação – *c*);
– deveres de prestação de contas – *d*);
– deveres de entrega – *e*).

---

[322] RLx 7-mai.-1992 (Martins Ramires), CJ XVII (1992) 3, 175-177 (176/I); exprimem dúvidas: Pires de Lima/Antunes Varela, *Código Anotado* cit., 2, 4.ª ed., 792; mas não: quem pode o mais pode o menos; além disso, o contrato-promessa pode ser uma via normal e consequente para executar o mandato, devendo considerar-se nele incluído; de todo o modo, impor-se-á sempre uma interpretação *in concreto*.

[323] Triola, *Codice Civile Annotato* cit., 3.ª ed., 1620.

§ 10.º O mandato

105

Os deveres de atuação constituem o núcleo do mandato: visa-se a prática dos atos previstos no contrato. Nuclearmente, trata-se de atos jurídicos, dada a própria definição do mandato (1157.º). Todavia, devem-se considerar abrangidos todos os atos materiais instrumentais necessários. A alínea *a*) especifica que devem ser observadas as instruções do mandante. Mais precisamente: instruções relativas aos negócios visados; de outro modo, cairíamos numa situação de subordinação jurídica, assumindo o mandato a natureza de um contrato de trabalho. Por outro lado, tais instruções devem estar inseridas no próprio contrato ou implícitas nos seus termos: ou não vemos como possa (fora de uma situação laboral) um contratante dar instruções que vinculem outro, sem um prévio acordo entre ambos.

O Código Civil, desviando-se do Código de Seabra, que impunha ao mandatário "... a diligência e cuidado de que é capaz ..." (1336.º) e do Código italiano, que remete para a diligência do *bonus pater familias* (1710.º/1) – portanto e respetivamente: uma bitola subjetiva e uma bitola objetiva –, não fixa uma medida para o esforço do mandatário. Remeteria para os critérios gerais[324]. Era preferível a solução de Seabra: o mandato é concluído *intuitu personae*: o mandante espera, em regra, que o mandatário faça uso da destreza de que ele sabe ser este capaz. De todo o modo, através das regras da interpretação (236.º/1) e da consideração na natureza pessoal do mandato, poderemos chegar a essa mesma orientação.

II. Ainda quanto aos deveres de atuação principais: o artigo 1162.º atribui, ao mandatário, um *ius variandi*: permite-lhe não executar o mandato ou afastar-se das instruções recebidas,

> (...) quando seja razoável supor que o mandante aprovaria a sua conduta, se conhecesse certas circunstâncias que não foi possível comunicar-lhe em tempo útil.

Essa regra que, através do artigo 1711.º/2 do Código italiano, remonta ao § 665 do BGB[325]. Ela dá corpo, no subsistema do mandato, ao tema da integração (239.º) e ao da alteração das circunstâncias (437.º/1). Efetiva-

---

[324] Pires de Lima/Antunes Varela, *Código Anotado* cit., 2, 4.ª ed., 794, que parecem ir desaguar no bom pai de família, através dos artigos 798.º, 799.º/1 e 487.º/2.

[325] Karl Larenz, *Schuldrecht* cit., II/1, 13.ª ed., 415-416 e Klaus Peter Berger, no Erman cit., 1, 13.ª ed., § 665 (2962-2965).

106   *A representação*

mente, o surgimento de circunstâncias novas, que não se possam equacionar perante a matéria contratual existente, ou manifesta uma lacuna contratual, ou dá corpo a uma alteração de circunstâncias. Em qualquer dos casos, caberá ao mandatário, mesmo sem lhe ser feito o correspondente pedido, dar as informações relevantes: todas.

O dever de comunicação parece cingir-se – 1161.º, *c*):

– à execução do mandato;
– à sua (eventual) não-execução;
– às razões desta última.

Deve ser executado "com prontidão" e cabalmente. Ao elenco da matéria a comunicar, é possível acrescentar, por via do artigo 1162.º, as circunstâncias que surjam e que possam interferir com a execução ou com as instruções recebidas: quando possam ser comunicadas em tempo útil.

IV. A prestação de contas, findo o mandato ou quando o mandante o exigir – 1161.º, *d*) – postula negócios patrimoniais, com movimentos recíprocos[326] e, possivelmente, uma conta-corrente. É esse o sentido português do termo. Não se confunde com o *rendre compte* do artigo 193.º do Código Napoleão e que equivale ao dever de fazer um relatório sobre tudo o que tenha sucedido. Tal dever está ínsito na alínea *a*), não havendo que burocratizar o mandato.

V. A obrigação final de entrega – 1161.º, *e*) – abrange, pela letra da lei, uma atividade material de entrega de dinheiro: do que recebeu em execução do mandato ou no exercício deste, *se o não despendeu* normalmente no cumprimento do contrato. A fórmula não é feliz: além do dinheiro, haverá que restituir documentos e objetos envolvidos. Além disso, o mandatário (sem representação) deve (re)transmitir para o mandante os direitos adquiridos em execução do mandato: uma obrigação autonomizada no artigo 1181.º, mas que fez sentido referenciar agora.

Havendo entregas em dinheiro, vencem juros, nos termos do artigo 1164.º.

VI. O artigo 1163.º fixa os termos da aprovação tácita do mandato, haja ou não execução deste: vale como aprovação o silêncio do mandante

---

[326] Pires de Lima/Antunes Varela, *Código Anotado* cit., 2, 4.ª ed., 795-796, bem.

§ 10.º O mandato 107

por tempo superior àquele em que teria de pronunciar-se, segundo os usos ou, na falta destes, de acordo com a natureza do assunto.

Só que o Código omitiu explicar qual o papel da aprovação. Descortinamos três efeitos:

- o da constatação do bom cumprimento, numa situação similar à da quitação (787.º);
- o da concordância com a execução ou não-execução, nos termos preconizados e explicados pelo mandatário;
- o da renúncia a qualquer indemnização;
- além disso e em qualquer caso: o sancionamento das contas e o reconhecimento das importâncias devidas ao mandatário, segundo a invocação deste.

Valem os princípios gerais e, se necessário, a aplicação analógica do artigo 469.º.

VII. O mandatário pode, na execução do mandato, fazer-se substituir por outro ou servir-se de auxiliares, nos termos em que o procurador o possa fazer – 1165.º. Ou seja – 264.º/1 e 4:

- pode fazer-se substituir apenas se o mandante o permitir ou se essa faculdade resultar do mandato: óbvio, dado o papel do *intuitus personae*;
- pode recorrer a auxiliares se o contrato não o excluir ou se o tipo de mandato em causa não implicar o contrário.

O artigo 1165.º surge como *überraschender Artikel* ou artigo-surpresa: do seu teor imediato resulta precisamente o contrário da solução final. Vale como chamada de atenção para se atentar sempre no Direito, como um todo.

VIII. Finalmente, o artigo 1166.º dispõe quanto à pluralidade de mandatários: quando tenham o dever de agir conjuntamente, responde cada um pelos seus atos, salvo cláusula em contrário. O preceito vai ao encontro do regime geral (513.º). Deixa em aberto *a contrario sensu* o saber se, no mandato disjunto, haverá responsabilidade solidária. A resposta, sempre pelos princípios gerais, é negativa.

Podem, todavia, as partes acordar qualquer outro regime.

108   *A representação*

39. A posição do mandante

I. A posição do mandante é, de certo modo, simétrica da do mandatário. Alcança-se do artigo 1167.º que, no fundamental, ele fica adstrito a dois pontos:

– fornecer ao mandatário os meios necessários à execução do mandato;
– efetuar pagamentos a vários títulos.

Os meios necessários referidos na alínea *a*) reportam-se: a adiantamentos em dinheiro, quando pressupostos ou previstos no contrato (provisões ou preparos, como exemplo), ou a coisas móveis; podem estar ainda em jogo documentos, autorizações e informações, por interpretação extensiva. O contrato poderá exarar outras soluções; por exemplo: incumbindo o próprio mandatário de localizar os meios necessários.

De todo o modo, o legislador entendeu reforçar esta obrigação, permitindo ao mandatário abster-se de executar o mandato, enquanto o mandante se encontrar em mora quanto ao seu cumprimento – 1168.º. Este artigo vai precisar, aqui, a *exceptio non adimpleti contractus* (artigo 428.º). E fá-lo com oportunidade, uma vez que o mandato (gratuito) não é um contrato "bilateral" nem estão aqui em causa prestações recíprocas. Além disso, a mora do artigo 1168.º é-o *ex re*: dispensa interpelações[327].

II. Os pagamentos previstos no artigo 1167.º, a realizar pelo mandante, são os seguintes:

– a retribuição que ao caso caiba com eventual provisão por conta dela, segundo os usos – *b*);
– o reembolso das despesas fundadamente consideradas indispensáveis pelo mandatário, com juros legais desde que efetuadas[328] – *c*);
– a indemnização pelo prejuízo sofrido em consequência do mandato, mesmo na ausência de culpa do mandante – *d*): este assume, pois, o peso dos eventuais riscos.

---

[327] Nesse sentido: Pires de Lima/Antunes Varela, *Código Anotado* cit., 2, 4.ª ed., 806.

[328] Este preceito destoa do artigo 1164.º, que prevê juros a pagar pelo mandatário apenas a partir do momento em que devia entregar o capital, remetê-lo ou aplicá-lo; deve, por isso, ser aplicado em termos prudentes: o mandatário que tenha a haver juros (para mais: legais) deve comunicar quanto antes, ao mandante, a existência da dívida de capital, para que este a possa pagar com rapidez.

§ *10.º O mandato* 109

III. O artigo 1169.º fixa uma regra de solidariedade entre mandantes, perante o mandato conferido "... para assunto de interesse comum". Invoca-se, nesta solidariedade civil, a tradição dos artigos 1348.º do Código de Seabra e 2002.º do Código Napoleão[329].

40. A cessação do mandato

I. O Código Civil desenvolve duas formas de cessação do mandato: a revogação e a caducidade[330]: matéria própria de Direito das obrigações. Limitaremos a análise aos propósitos da presente rubrica: enquadrar a representação.

O artigo 1170.º/1 proclama o princípio tradicional da livre revogabilidade do mandato por qualquer das partes e isso mesmo quando haja convenção em contrário ou renúncia ao direito de revogação[331]. Trata-se de uma exceção à regra geral, que só permite revogações por comum acordo[332]. A livre revogabilidade deriva da especial natureza pessoal (*intuitu personae*) do mandato.

Todavia, o artigo 1170.º/2 logo fixa uma exceção importante:

> Se, porém, o mandato tiver sido conferido também no interesse do mandatário ou de terceiro, não pode ser revogado pelo mandante sem acordo do interessado, salvo ocorrendo justa causa.

O transcrito preceito é decalcado do artigo 265.º/3, relativo à procuração: deve, assim, ser interpretado em conjunto com ele. Adiantamos já que o "interesse" não é, aqui, a retribuição; tão-pouco poderá ser um interesse ideal ou de tipo estético. Antes traduzirá o facto bem objetivo[333] de,

---

[329] Pires de Lima/Antunes Varela, *Código Anotado* cit., 2, 4.ª ed., 807.

[330] Em especial, Januário Gomes, *Em tema de revogação do mandato civil* (1989) e Pedro Romano Martinez, *Da cessação do contrato* (2005), 531 ss..

[331] *Vide* o artigo 1723.º do Código italiano. Sobre o tema, Massimo Nuzzo, *Il mandato conferito nell'interesse altrui* (2003), 15 ss..

[332] A revogação não se confunde com a resolução: não exige um especial fundamento e não tem eficácia retroativa, ao contrário desta (432.º/1 e 434.º/1).

[333] Esta objetividade está assente na nossa jurisprudência: STJ 3-jun.-1997 (Lopes Pinto), BMJ 468 (1997), 361-369 (369) e RCb 20-nov.-2001 (Manuel Silva Freitas), CJ XXVI (2001) 5, 24-30 (29).

110 *A representação*

na sua execução, o mandato produzir efeitos não apenas na esfera jurídica do mandante mas, também, na do mandatário[334].

O artigo 1171.º considera revogação tácita a que resulta da designação, pelo mandante, de outra pessoa para a prática dos mesmos atos: a sua eficácia opera depois de conhecida pelo mandatário.

II. A livre revogabilidade do mandato – apenas excluída quando o mandato tenha sido conferido também no interesse do mandatário ou de terceiro, como vimos – pode todavia, quando exercida, dar azo a um dever de indemnizar a outra parte do prejuízo que ela sofrer – 1172.º. Assim sucede, segundo as quatro alíneas desse preceito:

– se se tiver convencionado o direito à sua indemnização;
– se tiver sido estipulada a irrevogabilidade ou se tiver havido renúncia ao direito de revogação: essas cláusulas, apesar de não impedirem a revogação (salvo se se verificar o referido interesse comum), são válidas; quando inobservadas, obrigam à indemnização[335];
– se a revogação provier do mandante e se reportar a mandato oneroso conferido por certo tempo ou para certo assunto ou no caso de não ter havido a conveniente antecedência;
– se a revogação provier do mandatário e não tiver havido a referida antecedência conveniente.

Havendo justa causa, não se justifica qualquer indemnização[336].

Repare-se que em todos estes casos está em jogo a tutela da confiança que a parte lesada não poderá ter deixado de depositar na subsistência do vínculo do mandato.

III. Havendo pluralidade de mandantes e tendo o mandato sido conferido "para assunto de interesse comum", a revogação só opera se realizada por todos (1173.º). Tal como no artigo 1170.º/2, também aqui o "interesse

---

[334] A construção italiana, perante preceitos similares, vai na mesma linha: Massimo Nuzzo, *Il mandato conferito nell'interesse altrui* cit., com conclusões, 260-261.

[335] STJ 19-jun.-2017 (António Silva Gonçalves), Proc. 613/15: um jogador desportivo rescinde sem justa causa um acordo com um agente, dotado de cláusula penal: esta funciona; registe-se que a 1.ª Instância absolveu o jogador; a Relação condenou-o em € 150.000,00; o Supremo, em € 500.000,00.

[336] Quanto ao conceito de "justa causa": Raquel Rei, *A justa causa para a revogação do mandato* (1994, inédito).

§ 10.º O mandato   111

comum" deve ser entendido em termos objetivos, exprimindo direitos subjetivos nas esferas dos mandantes envolvidos.

IV. O artigo 1174.º refere casos de caducidade: morte ou interdição do mandante ou do mandatário e inabilitação do mandante, se o mandato tiver por objeto atos que não possam ser praticados sem intervenção do curador. O elenco não é taxativo[337]: o mandato caduca ainda, pelo menos, pelo decurso do prazo a que esteja sujeito, pela obtenção do resultado que vise e pela ocorrência de condição resolutiva.

O artigo 1175.º tem uma delimitação da maior importância prática, paralela aos artigos 265.º/3 e 1170.º/2: o mandato não caduca pela morte, interdição ou inabilitação do mandante, quando tenha sido conferido também no interesse do mandatário ou de terceiro; nos outros casos, só caduca quando conhecida pelo mandatário ou quando, da caducidade, não possam resultar prejuízos para o mandante ou para os seus herdeiros. Evidentemente e no caso de morte: se o mandato não caduca, deverá entender-se que se transmitiu aos sucessores, nos termos gerais dos artigos 2024.º e 2025.º.

Por seu lado, a morte, interdição ou incapacidade natural do mandatário determinam, na esfera de herdeiros ou conviventes, a obrigação de prevenir o mandante e de tomar as medidas adequadas, até que ele próprio esteja em condições de providenciar – 1176.º.

V. Havendo pluralidade de mandatários com obrigação de agir conjuntamente, o mandato caduca em relação a todos, salvo convenção em contrário – 1177.º. Trata-se de uma solução inspirada no artigo 1730.º do Código italiano[338].

41. O mandato com representação

I. Ao mandato com representação dedica o Código Vaz Serra dois preceitos: os artigos 1178.º e 1179.º. As normas deles resultantes são de fácil equação. Assim:

---

[337] Januário Gomes, *Contrato de mandato* cit., 390 ss..
[338] Pires de Lima/Antunes Varela, *Código Anotado* cit., 2, 4.ª ed., 821.

112 A representação

– sendo o mandatário também representante, é aplicável, cumulativamente com as regras do mandato, o disposto nos artigos 258.º e seguintes; pode falar-se num negócio misto de mandato com procuração[339];

– o mandatário representante deve agir não só por conta do mandante mas, também, em seu nome (*contemplatio domini*);

– a revogação e a renúncia da procuração implicam revogação do mandato.

II. Este dispositivo permite considerar que, em geral, no mandato com representação, prevalece o regime da procuração sobre o do mandato. Ambos estão, porém, decalcados um do outro.

42. O mandato sem representação

I. O mandato sem representação é o exercido em nome do mandatário e, portanto: sem *contemplatio domini* – 1180.º. Quer isso dizer que o mandatário poderá, porventura, ter poderes de representação: se não os exercer declarando, na contratação, que age em nome do mandante, os direitos adquiridos e as obrigações assumidas operam na esfera do próprio mandatário[340].

Não deixa de haver mandato. E assim, o mandatário fica obrigado a transferir para o mandante os direitos adquiridos em execução do mandato (1181.º/1)[341] [342]. Quanto aos créditos: o mandante pode substituir-se ao mandatário no exercício dos respetivos direitos (1181.º/2).

[339] RCb 10-fev.-2015 (Isabel Silva), Proc. 160/04.7.

[340] Sobre esta matéria: A. Barreto Menezes Cordeiro, *Do* Trust *no Direito civil* (2013), 1003 ss..

[341] STJ 12-dez.-1995 (Torres Paulo), BMJ 452 (1995), 432-436, RPt 20-fev.-1997 (Custódio Montes), RLJ 131 (1998), 20-26 (26/I), anot. Henrique Mesquita, *idem*, 26-32, concordante e RLx 23-mar.-2000 (Salvador da Costa), CJ XXV (2000) 2, 110-115 (112/II). *Vide* Regina Constança Pacheco, *Da transferência do mandatário para o mandante dos direitos adquiridos em execução do mandato sem representação para adquirir* (2001), 108 pp..

[342] A jurisprudência está dividida quanto à possibilidade de recorrer à execução específica desta obrigação; p. ex., a favor: RCb 28-mai.-1996 (Herculano Namora), BMJ 457 (1996), 457 (o sumário), RLx 2-nov.-1999 (Roque Nogueira), CJ XXIV (1999) 5, 74-76 (76/II), RLx 30-mar.-2000 (Cordeiro Dias), CJ XXV (2000) 2, 124-125 e RLx 5-jul.-2000 (Torres Veiga), CJ XXV (2000) 4, 82-85 (85); contra: STJ 11-mai.-2000 (Abílio Vasconcelos), CJ/Supremo VIII (2000) 2, 58-61 (61), escudando-se na letra da lei e na

§ 10.º O mandato 113

II. Pelas mesmas coordenadas deve o mandante assumir as obrigações contraídas pelo mandatário, por alguma das formas legalmente previstas (1182.º, 1.ª parte). Se não o puder fazer – pois a assunção de dívidas exige, em princípio, o acordo do terceiro credor, que poderá não o dar – deve o mandante entregar ao mandatário os meios necessários para o cumprimento ou reembolsá-lo do que, com esse fito, ele tenha dispendido (1182.º, 2.ª parte).

O risco do incumprimento pelos terceiros não corre, supletivamente, pelo mandatário, salvo se, aquando da contratação, ele conhecesse ou devesse conhecer a insolvência deles – 1183.º.

Os bens adquiridos pelo mandatário e que devam ser transferidos para o mandante não respondem pelas obrigações deste, desde que o mandato conste de documento anterior à data da penhora desses bens e não tenha sido feito a inscrição da aquisição, quando sujeita a registo. Trata-se de uma norma inspirada no artigo 1707.º do Código italiano.

43. Caracterização do mandato

I. Rematando a breve análise geral feita ao mandato, vamos seriar as suas características gerais[343]. Assim:

- é um contrato consensual: a lei não o sujeita a nenhuma forma solene;
- é um contrato sinalagmático imperfeito, pelo menos quando gratuito: as prestações a que o mandante se encontre adstrito não equivalem às adstrições do mandatário;
- é um contrato supletivamente gratuito; presumir-se-á oneroso quando exercido no âmbito da profissão do mandatário.

II. Tem o maior relevo salientar que o mandato se apresenta como o contrato típico, por excelência, da prestação de serviço. Inferimos daqui que a relação básica subjacente a qualquer situação de representação está sempre mais ou menos próxima do mandato. Sob a representação terá de haver condutas humanas (logo: serviços) e, mais precisamente: condutas

opinião de P. Lima/A. Varela; salvo se alguma concreta particularidade o impedir, desde que se demonstre que a aquisição foi operada em execução do mandato, nenhum obstáculo se perfila perante a hipótese de execução específica. Esta é, de resto, a posição jurisprudencial dominante, mais recente: RPt 26-set.-2011 (Soares de Oliveira), Proc. 424/2001.

[343] Por todos: Januário Gomes, *Contrato de mandato* cit., 283 ss..

114   *A representação*

que redundem numa prestação de serviços jurídicos. Ou seja: caímos no núcleo duro do mandato.

A separação, levada a cabo por Jhering e Laband, entre a procuração e o mandato, deverá ser superada por nova síntese entre essas duas realidades.

§ 11.º REQUISITOS, MODALIDADES E FIGURAS SEMELHANTES

44. Requisitos

I. O funcionamento da representação depende, em cada caso concreto, da presença de um negócio jurídico ou de um ato a ele assimilável.

A representação implica uma atividade jurídica. O representante poderá praticar atos materiais em nome e por conta do representado, de tal modo que os efeitos dessa atuação ocorram na esfera deste último: vale, no que toca ao instituto agora em causa, a dimensão jurídica dessa atividade. Trata-se, além disso, de uma atividade humana, logo livre: requer autonomia e margens de decisão por parte do representante. Se este tiver apenas, como margem, o transmitir pela própria boca a vontade do representado, já não haverá representação: apenas um mero núncio ou "representante de declaração". Um autómato faria melhor: mas sem necessidade nem de procuração nem dos artigos 258.º e seguintes.

Contra o que resulta da sistematização do Código Civil[344], a representação não ocorre (apenas) a propósito de uma declaração de vontade. O representante não se limita a fazer tal declaração, por forma a que seja imputada ao representado: ele desenvolve os necessários preliminares, conclui, sendo o caso, negócios preparatórios e, depois, declara e recebe declarações. Todo o negócio está aqui em causa. O perfil do mandato está bem presente.

II. Isto posto, a representação funciona perante três requisitos:

– uma atuação jurídica em nome de outrem;
– por conta dessa mesma pessoa;
– e dispondo o representante de poderes para o fazer.

---

[344] E de exposições correntes, como a de Karl Larenz/Manfred Wolf, *Allgemeiner Teil* cit., 9.ª ed., 831.

116 A representação

A atuação jurídica em nome de outrem – também dita *nomine alieno* ou havendo *contemplatio domini* – significa que o representante, para o ser, deve agir esclarecendo a contraparte e todos os demais interessados de que age nessa qualidade[345]. Isto é: declarará que atua para que os efeitos da sua ação surjam na esfera jurídica do representado. Se ele não invocar expressamente – isto é: de modo que seja entendido – essa sua qualidade, já não haverá representação. Também se pode falar, a tal propósito, no princípio da notoriedade[346]. As razões da atuação *nomine alieno* são claras:

– a representação é um direito, ainda que funcional: o representante poderá ou não exercê-lo, consoante queira, uma vez que nada o impedirá, em princípio, de negociar para si próprio; ora o exercício em causa, para o ser, tem de ser exteriorizado, no momento próprio;
– o terceiro com quem se contrate tem todo o direito de conhecer a outra parte: disso, inclusive, poderá depender a sua decisão; logo, ele terá de ser esclarecido no momento da conclusão do negócio.

A esta luz podemos considerar que, na dúvida, a declaração deve ser havida como *nomine proprio* e não *nomine alieno*[347]. Com a consequência prática de, nessa eventualidade, não haver representação.

III. O representante deve atuar por conta do representado. Trata-se de uma ideia retirada do mandato[348] e que se traduz na dimensão final da ação representativa: ela visa a esfera jurídica do representado. Noutra

---

[345] De modo desenvolvido: Stefano delle Monache, *La "contemplatio domini"* cit., 79 ss.; Valeria de Lorenzi, *Rappresentanza diretta voluntaria* cit., 284 ss..

[346] Rolf Hoffmann, *Grundfälle zum Rechte der Stellvertretung*, JuS 1970, 179-181, 234-237, Bodo Börner, *Offene und verdekte Stellvertretung und Verfügung*, FS Hübner (1984), 409-419 (418), Karsten Schmidt, *Offene Stellvertretung – Der "Offenkundigkeitsgrundsatz" als Teil der allgemeinen Rechtsgeschäftslehre*, JuS 1987, 425-433 (426 ss.), Dorothee Einsele, *Inhalt, Schranken und Bedeutung des Offenkundigkeitsprinzips*, JZ 1990, 1005-1014, Dieter Giessen/Philipp Hegermann, *Die Stellvertretung*, Jura 1991, 357-373 (360/I) e Klaus Schreiber, *Vertretungsrecht: Offenkundigkeit und Vertretungsmacht*, Jura 1998, 606-609 (606 ss.).

[347] Karl Larenz/Manfred Wolf, *Allgemeiner Teil* cit., 9.ª ed., § 46, Nr. 21 (834).

[348] *Supra*, 101-102. Tal como vimos suceder a propósito do mandato, não há qualquer vantagem dogmática em introduzir aqui a noção de interesse – *supra*, 102. O representante poderá agir contra o interesse objetivo ou subjetivo do representado: estando presentes os requisitos da representação, os seus efeitos não deixam, por isso, de atuar.

§ *11.º Requisitos, modalidades e figuras semelhantes* 117

formulação que já ensaiámos: o representante age no âmbito da autonomia privada do representado.

Aparentemente, este requisito tende a perder a sua autonomia, na representação. Havendo *contemplatio domini*, isto é, invocando o representante que está a agir em nome do representado, fica implícito que o faz por conta deste[349]. Podemos, todavia, ir mais longe. Ninguém pode *ad nutum* agir por conta (à custa) de outrem. Isso é possível no mandato ... justamente porque existe uma relação de mandato. Introduzir este requisito na representação implicará a existência de uma relação subjacente, nos termos da qual atue o processo representativo. Temos aqui um elemento que traduz já um superar da abstração atribuída à procuração e às suas consequências.

A autonomia deste requisito comprova-se, de certa forma, com recurso a uma conjunção muito pensada pela própria doutrina alemã: não há representação quando alguém cura dos próprios negócios usando falsamente outro nome[350]. E no entanto, teoricamente, teríamos uma *contemplatio domini* ... só que por conta própria.

IV. O representante deve, por fim, ter poderes para atuar eficazmente em nome do *dominus*, também dito principal ou representado: os poderes de representação. No domínio da representação voluntária, tais poderes provêm de um negócio a tanto dirigido: a procuração ou um negócio misto que, no seu seio, tenha elementos da procuração.

Se os poderes de representação tiverem origem legal, estamos já fora da autonomia privada. O regime será diverso e o instituto, em rigor, outro[351].

---

[349] Por isso, bons autores referem apenas a atuação *nomine alieno*; p. ex., Karl August Bettermann, *Vom stellvertrenden Handbuch* (1937, reimp., 1964), 1 e, entre nós, Carlos Mota Pinto, *Teoria geral* cit., 4.ª ed., 539 ss..

[350] Caso a caso será necessário verificar as consequências deste procedimento: poderá ser inóquo, poderá dar lugar a anulação por erro sobre a pessoa ou poderá ser recebido, por via do artigo 280.º/1.

[351] *Supra*, 83 ss..

118 *A representação*

45. Modalidades

I. O termo "representação" conhece diversos usos, em Direito, alguns dos quais menos precisos ou, até, impróprios. A matéria pode ser esclarecida através de algumas distinções[352]. Assim, temos:

– a representação legal: trata-se do conjunto de esquemas destinados a suprir a incapacidade dos menores; ela compete aos pais – artigos 1878.°/1 e 1881.°/1 – ou ao tutor – artigo 1935.° – e deve ser atuada em certos moldes; tais esquemas também funcionam, com determinadas adaptações, perante interditos – artigos 139.° e 144.°; trata-se de um instituto autónomo[353];

– a representação orgânica: as pessoas coletivas são representadas, em princípio, pela administração – artigo 163.°[354]; em rigor não há, aqui, "representação", uma vez que os "representantes" integram órgãos da "representada"; todavia, há antes um esquema de imputação de efeitos às pessoas coletivas[355];

– a representação voluntária, em sentido próprio ou direta: a que tenha na sua base a concessão, pelo representado e ao representante, de poderes de representação.

II. A representação voluntária traduz a matriz tendencialmente aplicável às outras formas de "representação", passando pelo prévio crivo da analogia. Na verdade, lembramos que a antiga tutela romana pressupunha atos praticados em nome do próprio *tutor*, equiparado ao *pater*; este, por seu turno, agia sempre em nome próprio. Foi, pois, conquista do moderno pensamento liberal a generalização da ideia duma atuação *nomine alieno*.

Trata-se dum estado de coisas sancionado, em última análise, pelo Código Civil: o dispositivo dos artigos 258.° e seguintes, está fundamentalmente moldado sobre a representação voluntária, como vimos. Poder-se-á

---

[352] Gerhard Frotz, *Verkehrsschutz im Vertretungsrecht/Zugleich ein Beitrag zur sozialen Verantwortung als Korrelat privatautonome Gestaltungsfreiheit* (1972), 33 ss..

[353] *Supra*, 83-84.

[354] *Vide* os artigos 192.°/1 (sociedades em nome coletivo), 252.°/1 (por quotas), 405.°/1 e 2 (anónimas de tipo latino), 431.°/1 e 2 (anónimas de tipo germânico), e 474.° e 479.° (em comandita), todos do Código das Sociedades Comerciais; *vide* o nosso *Da responsabilidade civil dos administradores das sociedades comerciais* cit., 367 ss..

[355] *Supra*, 81-82.

§ 11.º Requisitos, modalidades e figuras semelhantes 119

aplicar, em moldes tendenciais, a todas as "representações"[356]: mas sempre a título analógico e precedendo prévia sindicância dogmática.

III. Dentro da representação voluntária é ainda possível abrir subdistinções, em função de vários critérios. Assim será possível referir uma representação comercial, com particularidades várias, no campo do exercício do comércio[357]. No domínio do Direito dos seguros surgem especialidades, designadamente quanto à indicação dos beneficiários de certos atos[358]. Também nos campos laborais, bancários e do comércio internacional ocorrem especificidades podendo, descritivamente, falar-se noutras tantas representações.

46. Figuras semelhantes

I. A representação distingue-se de diversas figuras próximas ou afins, que implicam, igualmente, atuações por conta de outrem. Assim[359]:

- da chamada representação mediata ou imprópria: aí, uma pessoa, normalmente por via de um mandato, age por conta de outra mas em nome próprio[360]; as pessoas que, com ela, contratem desconhecem a existência de um mandato; concluído o negócio, o mandatário deverá, através de novas atuações jurídicas, proporcionar a aquisição pretendida pelo próprio mandante[361]; cf. o artigo 1182.º; a autorização para agir por conta própria mas em nome alheio não se confunde, também, com a representação[362];

---

[356] Pires de Lima/Antunes Varela, *Código Civil Anotado* cit., 1, 4.ª ed., 240 ss..

[357] *Manual de Direito comercial*, 479 ss. e 483 ss.; *vide* Josef Drexl/Tobias Mentzel, *Handelsrechtliche Besonderheiten der Stellvertretung*, Jura 2002, 289-298 e 375-381.

[358] Markus Gehrlein, *Wirksame Vertretung trotz Unkenntnis über die Person des Vertretenen*, VersR 1995, 268-272.

[359] Manfred Wolf/Jörg Neuner, *Allgemeiner Teil* cit., 11.ª ed., § 49, Nr. 13-26 (601--604); Eberhard Schilken, no *Staudinger* cit., I, Vorbem zu §§ 164 ff., Nr. 42-95 (24-50); entre nós, em especial, Manuel de Andrade, *Teoria geral* cit., 2, 291 ss..

[360] Jens Petersen, *Unmittelbare und mittelbare Stellvertretung*, Jura 2003, 744-748 (744/II e 746/I).

[361] Esta atuação poderá ter por fito o escamotear a presença do mandante em determinado negócio; fala-se, então, em "testa-de-ferro".

[362] W. von Blume, *Zustimmung kraft Rechtsbeteiligung und Zustimmung kraft Aufsichtsrechts*, JhJb 48 (1904), 417-452.

120 *A representação*

- da gestão de negócios representativa: o agente – o gestor – atua em nome do dono, mas sem dispor – e sem invocar – poderes de representação; os negócios que pratique inscrevem-se na esfera do *dominus*, se houver ratificação – artigo 471.°;
- do contrato para pessoa a nomear: uma parte, aquando da celebração de um contrato, reserva-se o direito de nomear um terceiro que adquira os direitos e assuma as obrigações provenientes desse contrato – artigo 452.°/1; os efeitos não se repercutem automaticamente na esfera do nomeado: antes se exige uma declaração de nomeação e, ainda, um instrumento de ratificação ou de procuração anterior ao contrato – artigo 453.°;
- do recurso a núncio: o núncio limita-se a transmitir uma mensagem – eventualmente com uma declaração negocial[363] por conteúdo; ao contrário do representante, o núncio não tem margem de decisão: limita-se a comunicar o que tenha recebido; finalmente, o erro do núncio na transmissão conduz ao regime específico do artigo 250.°, do Código Civil;
- da ratificação: o ato é praticado por conta do visado mas sem poderes de representação; a ratificação – que não se confunde com a concessão de poderes de representação – permite a eficácia do ato em causa na esfera da pessoa por conta da qual foi praticado;
- da aprovação: o ato é praticado por conta duma pessoa que recusa a ratificação; todavia, valoriza, globalmente, em moldes positivos, a conduta do agente, ilibando-o de responsabilidades;
- do consentimento: o agente é autorizado a agir em nome próprio na esfera alheia[364]: a procuração visa a pessoa, enquanto o consentimento visa o bem[365].

---

[363] Leo Rosenberg, *Stellvertretung im Prozess auf der Grundlage und unter eingehender, vergleichender Darstellung der Stellvertretungslehre des bürgerlichen Rechts nebst einer Geschichte der prozessualischen Stellvertretung* (1908), 175 ss., Götz Hueck, *Bote – Stellvertreter im Willen – Stellvertreter in der Erklärung*, AcP 152 (1952/53), 432-444 (432) e Hoffmann, *Grundfälle* cit., 181/I.

[364] Wilhelm Ludewig, *Die Ermächtigung nach bürgerlichem Recht* cit., 2 e Philippos Doris, *Die rechtsgeschäftliche Ermächtigung bei Vornahme von Verfügungs –, Verpflichtungs – und Erwerbsgeschäften* cit., 155, 156 e *passim*.

[365] Wolfram Müller-Freienfels, *Die Vertretung beim Rechtsgeschäft* (1955), 98 ss..

§ 11.º Requisitos, modalidades e figuras semelhantes   121

II. No fundo, estas figuras afins da representação permitem redocumentar os requisitos acima apontados. Nelas ora falta a *contemplatio domini*, ora a atuação por conta, ora o poder de representação. Na hipótese do núncio falta mesmo a autonomia, por parte do representante.

SECÇÃO III

O REGIME DA REPRESENTAÇÃO

§ 12.º PRINCÍPIOS GERAIS

47. As reservas; a primazia da representação voluntária

I. O Código Civil regula a matéria da representação enunciando, como vimos, "princípios gerais" – artigos 258.º a 261.º. A ideia subjetiva do legislador seria a de reunir, nestes preceitos, algumas regras atinentes às diversas "representações": voluntária, legal e, possivelmente, até orgânica. Como resultado da análise prévia, haverá aqui um exacerbar do pendor abstracionista e redutor da parte geral.

II. Sustentámos que os "princípios gerais" da representação se reportam, na realidade, à representação voluntária. A sua transposição para as demais "representações" requer, sempre, a constatação da analogia. A utilização histórica da representação voluntária como grande matriz para as demais "representações" traduz um fenómeno habitual, no Direito civil. Mas não deve levar ao nivelamento de realidades diversas.

Com estas reservas e mantendo a distribuição do Código Civil, vamos considerá-las.

48. Os efeitos da representação

I. O negócio jurídico celebrado pelo representante em nome do representado, nos limites dos poderes que lhe competem, produz os seus efeitos na esfera jurídica do representado – artigo 258.º[366]. É o aspeto básico da representação. Como se vê, a lei autonomiza a atuação *nomine alieno*.

---

[366] Trata-se da regra universal presente, como exemplo, no § 164/I do BGB; *vide* Eberhard Schilken, no *Staudinger* cit., I, § 164, Nr. 9 (61-62).

§ 12.º Princípios gerais 123

A repercussão dos negócios na esfera do representado tem duas características:

– é imediata: independentemente de quaisquer circunstâncias, ela opera no preciso momento em que o negócio ocorra;
– é automática: não se exige qualquer outro evento para que ela ocorra.

II. O poder de disposição mantém-se na esfera de origem, sob pena de ilegitimidade: simplesmente, ele vai ser atuado pelo representante[367]. Cumpre ter presente que, associada à representação, existirá uma situação subjacente: em regra, um mandato. E por essa via, a representação, quando atuada, traduzirá o acatamento de uma situação complexa, com outras consequências.

49. Elementos subjetivos

I. Frente a frente – ainda que do mesmo lado do negócio – aparecem-nos dois intervenientes: o representado e o representante. Pergunta-se em qual das duas e respetivas vontades se devem verificar os competentes requisitos. Pela teoria do dono do negócio, apenas a vontade do representado teria relevância; pela da representação, contaria tão-só a vontade do representante[368]. O Código Civil deu corpo a uma combinação de ambas, no seu artigo 259.º:

1. À exceção dos elementos em que tenha sido decisiva a vontade do representado, é na pessoa do representante que deve verificar-se, para efeitos de nulidade ou anulabilidade da declaração, a falta ou vício da vontade, bem como o conhecimento ou ignorância dos factos que podem influir nos efeitos do negócio.

---

[367] *Vide* a querela, já acima referida, entre Raape e Isay: Leo Raape, *Zustimmung und Verfügung*, AcP 121 (1923), 257-296 e *Verfügungsvollmacht*, AcP 123 (1925), 194-202 e Hermann Isay, *Vollmacht und Verfügung*, AcP 121 (1923), 257-296.

[368] Maria de Lurdes Pereira, *Os estados de espírito na representação voluntária em especial o conhecimento ou desconhecimento juridicamente relevante*, RFDUL 1998, 135-192 (136 ss. e 154 ss.).

124   *A representação*

Parte-se, pois, da teoria da representação; todavia, admitindo-se que a vontade do representado possa ter contribuído para o resultado final – e, designadamente, quando o representado haja dado instruções ao representante, instruções essas que tenham tido efetiva relevância no ato praticado – também neste terão de operar os requisitos negociais.

II. A colocação do centro de gravidade da vontade jurígena na pessoa do representante poderia contundir com o artigo 263.º: o procurador não necessita de mais do que a capacidade de entender e querer exigida pela natureza do negócio que deva efetuar[369]. Este preceito surge um tanto enfeudado à ideia de que o representante é um mero porta-voz do representado, deixando para um segundo plano a autonomia privada que lhe é exigida. A harmonização consegue-se em dois planos:

- o menor (pois em regra é de menoridade que se trata) não é um verdadeiro "incapaz"[370];
- a representação por incapazes só é viável quando a autonomia requerida pela situação concreta o consinta.

III. A má-fé do representado – artigo 259.º/2 – prejudica sempre, mesmo que o representante esteja de boa-fé. De igual modo, a má-fé deste prejudica, também, sempre. "Má-fé" está, aqui, aplicada em termos muito amplos, de modo a exprimir o conhecimento, o desconhecimento culposo e, em geral, a prática de quaisquer ilícitos.

50. Justificação dos poderes do representante; outros conflitos de "interesses"

I. Numa situação de representação, o representante age, de modo expresso e assumido, em nome do representado: dá a conhecer, aos interessados o facto de representação. O destinatário da conduta tem, então, o direito, nos termos do artigo 260.º/1, de exigir que o representante, dentro de prazo razoável, faça prova dos seus poderes: doutro modo, a declaração

---

[369] Assim resulta do § 165 do BGB; *vide* Rolf Ostheim, *Probleme bei Vertretung durch Geschäftsunfähige*, AcP 169 (1969), 193-231; Karl Larenz/Manfred Wolf, *Allgemeiner Teil* cit., 9.ª ed., § 46, Nr. 24 (835); Manfred Wolf/Jörg Neuner, *Allgemeiner Teil* cit., 11.ª ed., § 49, Nr. 10 (601); Eberhard Schilken, no *Staudinger* cit., I, § 165 (70-73).

[370] *Tratado* IV, 4.ª ed., 473 ss..

§ 12.º Princípios gerais   125

não produzirá efeitos. Trata-se de um esquema destinado, por um lado, a dar credibilidade à representação e, por outro, a evitar situações de incerteza quanto ao futuro do negócio, sempre que tarde a surgir a prova dos poderes invocados pelo representante. Este preceito deixa ainda clara a necessidade da existência de tais poderes.

II. Constando os poderes de representação de um documento, pode o terceiro exigir uma cópia dele assinada pelo representante – artigo 260.º/2. Reforça-se a confiança do terceiro e encontra-se um esquema destinado a melhor responsabilizar o representante.

51. Negócio consigo mesmo

I. Finalmente, o Código contempla a hipótese clássica do negócio consigo mesmo[371] – artigo 261.º. Dispondo de poderes de representação, o representante poderia ser levado a usá-los num contrato em que, ele próprio, fosse a outra parte. Nessa eventualidade surge claro um conflito de interesses, que explica a restritividade da lei.

II. Procurando resolver o problema, o artigo 261.º vem distinguir três hipóteses[372]:

– o negócio celebrado pelo representante consigo mesmo e em nome próprio: o representante usa os seus poderes para contratar mas fá-lo com ele próprio, comprando, por exemplo, o que tinha poderes para vender;
– o negócio celebrado pelo representante consigo mesmo mas em representação de um terceiro: o representante usa os seus poderes para contratar mas fá-lo com ele próprio, em representação de outro terceiro de quem detinha poderes bastantes; por exemplo ele compra o que tinha poderes para vender, fazendo-o com poderes de outro terceiro que tinha para comprar – ambos no artigo 261.º/1;
– o negócio celebrado por pessoa a quem o representante tivesse subestabelecido os seus poderes de representação, com o próprio representante – artigo 261.º/2.

---

[371] Gustav Boehmer, *Grundlagen der bürgerlichen Rechtsordnung*, II/2 – *Praxis der richterlichen Rechtsschöpfung* (1952), 44 ss..

[372] Luís Carvalho Fernandes, *Teoria geral* cit., 2, 5.ª ed., 263-264.

126 *A representação*

Em qualquer destas hipóteses, o representante pode sacrificar os interesses que lhe foram confiados; pode, ainda, parecer que tais poderes não foram devidamente acautelados – ainda que o tenham sido – com um consequente alarme social. Visando prevenir tudo isso, o legislador considera o negócio celebrado consigo mesmo como anulável, independentemente de ser ou não prejudicial[373]. Ficam ressalvadas as hipóteses de o representado ter dado o seu assentimento ao negócio em causa ou de, por natureza, não poder haver conflito de interesses[374]. Além disso, dado o regime da anulabilidade, o representado decidirá, em última instância, se o negócio lhe convém ou se, pelo contrário, pretende impugná-lo.

III. Todavia, estamos no domínio da autonomia privada. O representado poderá, assim, declarar especificadamente que concorda com a celebração do negócio pelo representante e com ele próprio. Pode ainda suceder que, dadas as circunstâncias, fique *a priori* excluída a possibilidade de conflitos de interesses, altura em que a norma restritiva do artigo 261.º/1 não tenha já razão de ser.

IV. Além do tema subjacente ao "negócio consigo mesmo", cumpre referir outras hipóteses de conflitos de interesses. E designadamente: *quid iuris* quando uma mesma pessoa surja como representante, em simultâneo, de duas pessoas que tenham interesses opostos? A ideia de oposição de interesses traduzir-se-á, em última análise, na incompatibilidade de procuração paralela das relações subjacentes respetivas. A boa-fé que acompanha as relações em causa (762.º/2) obrigará, de imediato, o procurador a dar conta, ao representado, do conflito existente. Nada podendo fazer por essa via, o duplo procurador coloca-se no âmbito do artigo 335.º: conflito de direitos (ou de deveres)[375]. Terá de ponderar a situação, procurando harmonizar as posições em presença. Sacrificará uma delas (ou ambas), de acordo com a natureza da situação. Evidentemente: à partida e com conhecimento de causa, ele não pode aceitar procurações incompatíveis, sob pena de responder pelos prejuízos.

---

[373] STJ 21-mar.-1995 (Ramiro Vidigal), CJ III (1995) 1, 130-132 (131/II) e RPt 16-nov.-2000 (Pinto de Almeida), CJ XXV (2000) 5, 190-193.

[374] STJ 26-jun.-2003 (Lucas Ferreira de Almeida), CJ/Supremo XI (2003) 2, 122-124 (124/II).

[375] *Infra*, 423 ss..

§ 12.º Princípios gerais   127

No campo da advocacia, o conflito de representações tem tratamento deontológico[376]. Essas regras podem impor-se fora do campo do patrocínio judiciário[377].

52. Relações internacionais

I. Nas relações internacionais (privadas), cumpre chamar a atenção para a Convenção de Haia sobre a Lei Aplicável aos Contratos de Mediação e à Representação, de 14-mai.-1978, a qual foi aprovada, para ratificação, pelo Decreto n.º 101/79, de 18 de setembro[378].

II. Tem ainda um especial interesse a *Convenção de Genebra sobre a representação na venda internacional de mercadorias*, de 1983[379]. Visa esta Convenção complementar a Convenção das Nações Unidas, de Viena, sobre os contratos de compra e venda internacionais[380]. Fortemente influenciada pelas conceções anglo-saxónicas da representação, a Convenção de Genebra de 1983 não obteve, ainda, ratificações suficientes para entrar em vigor[381]. Portugal participou na Conferência que preparou a Convenção, mas não a subscreveu nem a ratificou.

[376] *Estatuto da Ordem dos Advogados*, artigo 94.º.

[377] Oliver L. Knöfel, *Gilt das Verbot der Vertretung widerstreitender Interessen auch für Tätigkeiten ausserhalb des Anwaltsberufs?*, NJW 2005, 6-10.

[378] DR I Série, n.º 216, de 18-set.-1979, 2381-2388. O texto pode ainda ser confrontado em António Marques dos Santos, *Direito internacional privado/Colectânea de textos legislativos de fonte interna e internacional* (1999), 875-881.

[379] Helena Brito, *A representação nos contratos internacionais* cit., 286-300.

[380] *Vide* o *Direito Comercial*, 4.ª ed., 183.

[381] Sobre a Convenção em causa: Helena Mota, *Do abuso de representação/Uma análise da problemática subjacente ao artigo 269.º do Código Civil de 1966* (2001), 127-134.

§ 13.º A PROCURAÇÃO E O NEGÓCIO-BASE

53. A procuração; regras gerais e forma

I. Temos, depois e na ordem do Código Civil, a representação voluntária. A representação voluntária é dominada pela procuração.

A procuração tem um duplo sentido, na linguagem jurídica corrente e que logo emerge do próprio artigo 262.º: traduz o ato pelo qual se confiram, a alguém, poderes de representação e exprime o documento onde esse negócio tenha sido exarado.

II. A procuração, enquanto ato, é um negócio jurídico unilateral: implica liberdade de celebração e de estipulação e surge perfeita apenas com uma declaração de vontade. Designadamente, não é necessária qualquer aceitação para que ela produza os seus efeitos. O beneficiário que não queira ser procurador terá de se limitar a renunciar a ela, assim a extinguindo – artigo 265.º/1. A renúncia pode ser tácita: resultando, nos termos gerais[382], de elementos que, com toda a probabilidade a revelem. Tal sucederá, designadamente, quando a procuração se integre numa proposta de contrato (*maxime*: de mandato) que não seja aceite. A procuração não subsiste.

Em princípio, a procuração pode ter por objeto a prática de quaisquer atos, salvo disposição legal em contrário. É o que sucede no caso do testamento – artigo 2182.º/1[383]. Mais restritivo, o Código de Seabra admitia a procuração apenas para os atos que não fossem meramente pessoais.

---

[382] *Tratado* II, 4.ª ed., 132 ss..

[383] Quanto ao casamento: um dos nubentes – artigo 1616.º, *a*) – pode fazer-se substituir por procurador; a procuração deve, todavia, conter poderes especiais para o ato, a designação do outro nubente e a indicação da modalidade do casamento – 1620.º/2.

§ 13.° A procuração e o negócio-base

III. Devemos ainda ter em conta que a procuração, enquanto negócio jurídico[384], deve submeter-se aos preceitos gerais, com relevo para as regras sobre interpretação e para os artigos 280.° e seguintes, do Código Civil. A procuração poderá ser nula quando o seu objeto seja indeterminável. Podemos, à luz dos conhecimentos gerais, considerar suficientemente determinada uma procuração geral para administrar; já uma procuração para alienar o que o procurador entenda cairia na indeterminação.

IV. O artigo 262.°/2 contém a regra básica de que a procuração deve revestir a forma exigida para o negócio que o procurador possa realizar. À luz desta regra, a procuração poderá ser verbal quando vise negócios consensuais, devendo ser passada por escrito sempre que essa seja a forma requerida para o negócio a concluir. Nos casos em que o negócio a celebrar exija escritura pública, a procuração deverá assumir uma das três formas referidas no artigo 116.°/1 do CNot, com a redação dada pelo Decreto-Lei n.° 250/96, de 24 de dezembro, e portanto[385-386]:

– instrumento público;
– documento escrito e assinado pelo representado com reconhecimento presencial de letra e de assinatura;
– documento autenticado.

[384] STJ 7-jul.-2009 (Serra Baptista), Proc. 63/2001.

[385] A versão original do Código do Notariado, aprovado pelo Decreto-Lei n.° 207/95, de 14 de agosto, previa ainda uma quarta forma de procuração com intervenção notarial: a de documento assinado pelo representado com reconhecimento da assinatura. Trata-se de uma figura sabidamente abolida pelo Decreto-Lei n.° 250/96, de 24 de dezembro. Este preceito revogou também o antigo n.° 2 do artigo 116.° do CNot, que dispunha:

As procurações com poderes gerais de administração civil ou de gerência comercial, para contrair obrigações cambiárias, para fins que envolvam confissão, desistência ou transação em pleitos judiciais, ou a representação em atos que devam realizar-se por escritura pública, ou outro modo autêntico ou para cuja prova seja exigido documento autêntico, devem ser conferidas por uma das três primeiras formas previstas no número anterior, sem prejuízo do disposto no número seguinte.

A supressão deste preceito pelo aludido Decreto-Lei n.° 250/96, de 24 de dezembro, vem levantar dúvidas: deixou de haver norma expressa relacionada com vários dos atos nele referidos. O Código do Notariado foi, por último e neste momento, alterado pela Lei n.° 89/2017, de 21 de agosto.

[386] Quanto à aplicação desse preceito e aos reflexos sobre a interpretação da procuração: STJ 8-fev.-2011 (Moreira Alves), Proc. 842/04.

130 *A representação*

V. Encontramos regras especiais relativas a certos tipos de procurações. Assim, segundo o Decreto-Lei n.º 267/92, de 28 de novembro, no seu artigo único:

> 1 – As procurações passadas a advogados para a prática de actos que envolvam o exercício do patrocínio judiciário, ainda que com poderes especiais, não carecem de intervenção notarial, devendo o mandatário certificar-se da existência, por parte do ou dos mandantes, dos necessários poderes para o acto.
> 2 – As procurações com poderes especiais devem especificar o tipo de actos, qualquer que seja a sua natureza, para os quais são conferidos esses poderes.

O Decreto-Lei n.º 168/95, de 15 de julho, veio alargar este esquema aos solicitadores. Num curioso retorno histórico, reaparecem os antigos privilégios de "fazer procuração por sua mão" que os liberais, através do Código de Seabra, haviam abolido. Dissera, a esse propósito e nos finais do século XIX, Dias Ferreira[387]:

> Hoje nem o rei póde fazer procuração fóra das regras prescriptas nos artigos 1320.º a 1322.º.

54. Poderes gerais e poderes especiais

I. A propósito da procuração, distingue-se a que conceda poderes gerais da que confira poderes especiais: a primeira permite ao representante a prática de uma atividade genérica, em nome e por conta do representado; a segunda destina-se à prática de atos específicos. O Código de Seabra, no seu artigo 1323.º, distinguia expressamente a procuração geral da especial. A distinção era importante porque, segundo o artigo 1325.º daquele Código, a procuração geral só pode autorizar atos de mera administração.

II. No Código Civil vigente, vamos encontrar essa contraposição a propósito do mandato. Segundo o seu artigo 1159.º,

> 1. O mandato geral só compreende os atos de administração ordinária.
> 2. O mandato especial abrange, além dos atos nele referidos, todos os demais necessários à sua execução.

---

[387] José Dias Ferreira, *Codigo Annotado* cit., 3, 2.ª ed., 7.

§ *13.º A procuração e o negócio-base*   131

Esta distinção é aplicável à procuração[388], na base de um argumento histórico, de um argumento sistemático e de um argumento lógico *a fortiori*. Historicamente, recordamos os acima citados artigos 1323.º e 1325.º do Código de Seabra e o facto de toda esta matéria se ter vindo a desenvolver a partir do mandato. O argumento sistemático aponta a unidade natural que deve acompanhar o mandato com representação: o mandatário irá receber os poderes necessários para executar cada ponto do mandato. Finalmente, o argumento lógico explica que não faz sentido ter uma lei mais exigente para um mero serviço – o mandato – do que para os poderes de representação, que podem bulir com razões profundas de interesse público e privado.

55. O negócio-base; relevância na procuração

I. O Código Civil, na linha da evolução pandectística iniciada por Jhering, veio cindir a procuração do mandato: a primeira promove a concessão de poderes de representação; o segundo dá azo a uma prestação de serviço. Como também já referimos, esta evolução não foi total. A lei pressupõe que, sob a procuração, exista uma relação entre o representante e o representado, em cujos termos os poderes devam ser exercidos: veja-se, a tal propósito, o artigo 265.º/1. Teoricamente, poderíamos assitir a uma atribuição puramente abstrata de poderes de representação; todavia, tal "procuração pura" não daria, ao procurador, qualquer título para se imiscuir nos negócios do representado.

A efetiva concretização dos poderes implicados por uma procuração pressupõe, pois, um negócio nos termos do qual eles sejam exercidos: o negócio-base.

II. Normalmente, o negócio-base será um contrato de mandato[389]. A procuração e o mandato ficarão, nesse momento, numa específica situação de união. De resto, a própria lei – artigos 1178.º e 1179.º – manda aplicar ao mandato regras próprias da procuração; as vicissitudes desta vêm

---

[388] Parece ser esse, também, o entendimento de Castro Mendes, *Direito civil (Teoria Geral)*, III (1968), 405, embora sem apresentar, aí, as suas razões.
[389] STJ 27-mar.-2008 (Salvador da Costa), Proc. 08B503.

132   *A representação*

bulir com o mandato[390]. Podemos ir mais longe: a extensão da procuração, as suas vicissitudes[391], a natureza geral ou especial dos poderes que ela implique e o modo por que eles devam ser exercidos dependerão, também, do contrato-base.

III. Além do mandato, outras relações básicas vêm referidas na doutrina, com relevo para o contrato de trabalho e para as situações jurídicas da administração das sociedades. Aí, a prática distingue: tratando-se de poderes gerais, com relevo apenas para a denominada "administração ordinária", a representação resultará da própria situação considerada. Os "poderes especiais", designadamente para a prática de atos de alienação, exigirão pelo contrário, um ato explícito do representado.

56. Regras quanto ao procurador e à substituição

I. Segundo o artigo 263.º, o procurador não necessita de ter mais do que a capacidade de entender e querer exigida pela natureza do negócio que haja de efetuar. Trata-se, como vimos, de uma regra específica de capacidade. Ela permite que uma pessoa, incapaz para praticar pessoal e livremente um determinado ato de sua conta, possa praticá-lo validamente, como representante de outrem.

Esta regra deriva da utilização do "procurador" como mero núncio; o controlo da sua aplicação derivará, justamente da "natureza do negócio que haja de efetuar". Além disso, o procurador deverá ter outorgado validamente no negócio-base: de outro modo, a invalidade deste implica a da procuração, por aplicação, direta ou analógica, do artigo 265.º/1.

A regra em causa tem, finalmente, um alcance prático bastante significativo. Assim, na vida de família, é frequente os pais incumbirem os filhos da condução de pequenos e médios negócios, que apenas requeiram uma (implícita) procuração verbal. Podem desempenhar-se. Será, provavelmente, a mais frequente manifestação da representação voluntária.

---

[390] De salientar, também, o artigo 1165.º: o mandatário pode, na execução do mandato, fazer-se substituir por outrem ou servir-se de auxiliares, nos mesmos termos em que o procurador o pode fazer.

[391] Assim, STJ 16-abr.-1996 (Matos Canas), CJ/Supremo V (1996) 2, 19-23 (22/I): suspenso o mandato, suspensa fica a procuração.

§ 13.º A procuração e o negócio-base   133

Deve ainda entender-se que uma pessoa coletiva pode ser designada procuradora, ficando dotada de poderes de representação. Estes serão exercidos pelos titulares dos órgãos competentes, nos termos da lei e dos estatutos respetivos.

II. O artigo 264.º/1 admite a substituição do procurador em três hipóteses:

– se o representado o permitir;
– se a faculdade de substituição resultar do conteúdo da procuração;
– se essa mesma faculdade resultar da relação jurídica que a determina.

As duas primeiras hipóteses são naturais: elas derivam da natureza disponível que tem a concessão de poderes de representação. A terceira hipótese emerge da osmose que sempre existe entre a procuração e o negócio-base ou situação equivalente.

III. Quando haja substituição, esta pode operar *com* ou *sem reserva*[392]: no primeiro caso, o procurador não é excluído: ele mantém os poderes que lhe foram conferidos[393]; no segundo, verifica-se a exclusão[394]. De acordo com o artigo 264.º/2, o regime supletivo é o da substituição com reserva: o procurador primitivo não é excluído.

Autorizada a substituição, pergunta-se em que medida o procurador primitivo é responsável, perante o representado, pelos atos praticados pelo novo procurador. O artigo 264.º/3, afastando-se do regime geral da responsabilidade do comitente – artigos 500.º/1 e 800.º/1 – fixa uma regra de mera responsabilidade por culpa *in eligendo* ou *in instruendo*: o procurador só responde se tiver agido com culpa na escolha do substituto ou nas instruções que lhe deu. Esta regra é discutível, justamente por contrariar as regras gerais dos artigos 500.º/1 e 800.º/1. Subjaz-lhe a ideia de que sendo a procuração (o mandato ...) gratuita, o procurador já faz, daí, um favor ao representado: nenhuma razão haveria para o responsabilizar objetivamente

---

[392] Com reserva de iguais poderes para o substituído ou sem essa reserva.

[393] Poder-se-á falar, então, em subprocuração; *vide* Hermann Siebenhaar, *Vertreter des Vertreters?*, AcP 162 (1963), 354-383.

[394] STJ 19-fev.-1974 (Arala Chaves), BMJ 234 (1974), 217-219 (218), STJ 3-mar.-1974 (Ludovico da Costa), BMJ 235 (1974), 250-251 (251), STJ 12-jan.-1994 (Figueiredo de Sousa), CJ/Supremo II (1994) 1, 39-40 (40/I) e STJ 6-jul.-1994 (Chichorro Rodrigues), CJ/Supremo II (1994) 3, 267-268 (268).

134 *A representação*

por atos do substituto. Mas esta *ratio* dá a medida dos limites do preceito: quando o negócio-base implique o regime comum do artigo 800.º/1, o procurador primitivo responde, nos termos gerais.

IV. Finalmente, o artigo 264.º/4 admite que o procurador se sirva de auxiliares na execução da procuração; a tanto poderá opôr-se o "negócio" – leia-se: o negócio-base – ou a natureza do ato a praticar. Por maioria de razão, esta possibilidade poderá ser afastada por cláusula em contrário.

57. A cessação da procuração

I. O artigo 265.º/1 e 2 prevê três fórmulas para a extinção da procuração:

- a renúncia do procurador;
- a cessação do negócio-base;
- a revogação pelo representado.

O procurador pode sempre renunciar à procuração. O Direito trata a relação de representação como fundamentalmente pessoal e, nessa medida, assente numa confiança mútua. Corolário desse estado de coisas seria, justamente, a possibilidade de qualquer das partes, a todo o tempo, lhe poder pôr cobro. Todavia, na prática, as coisas não se processam deste modo. As procurações são, muitas vezes, passadas a profissionais, especialistas nos atos de cuja prática se trate e, como tal, remunerados. A renúncia súbita a uma procuração pode prejudicar o representado. Assim, teremos de entender que, sem prejuízo para a regra da livre renunciabilidade aos poderes, por parte do procurador, este poderá ter de indemnizar se causar danos e a sua responsabilidade emergir da relação-base. Estando em causa um mandato com representação, por exemplo, a renúncia à procuração implica a sua revogação – artigo 1179.º – aplicando-se, consequentemente, o artigo 1172.º, quanto à obrigação de indemnização.

II. A cessação do negócio-base acarreta o termo da procuração que, em princípio, não se mantém sem aquele. A lei admite, todavia, que a procuração subsista "se outra for a vontade do representado". Nessa altura, os poderes mantêm-se, aguardando o consubstanciar de outra situação de base que dê sentido ao seu exercício.

§ 13.º A procuração e o negócio-base   135

O quadro das fórmulas da cessação da procuração e dos poderes de representação que ela envolve devem completar-se com recurso às causas extintivas dos negócios subjacentes. Tratando-se do mandato – a hipótese mais frequente – recordamos que, nos termos do artigo 1174.º, ele caduca por morte ou interdição do mandante ou do mandatário ou pela inabilitação do mandante, se o mandato tiver por objeto atos que não possam ser praticados sem intervenção do curador. Todavia, o artigo 1175.º contém uma importante exceção: a morte, interdição ou inabilitação do mandante não faz caducar o mandato quando este tenha sido conferido também no interesse do mandatário ou de terceiro; nos outros casos, a caducidade só opera quando o mandatário tenha conhecimento do evento ou quando da caducidade não possam resultar prejuízos para o mandante ou seus herdeiros.

Estas regras aplicam-se à procuração, no caso de morte, interdição ou inabilitação do representado[395]: seja diretamente, quando, subjacente, haja mandato, seja por analogia, nos outros casos[396].

A morte, interdição ou incapacidade natural do representante, por aplicação também direta ou analógica do artigo 1176.º/1, obriga os herdeiros deste a prevenir o representado e a tomar as providências adequadas até que ele próprio esteja em condições de providenciar; o n.º 2 do preceito citado faz recair, sobre as pessoas que convivam com o mandatário, uma obrigação idêntica, no caso de incapacidade natural deste.

E na pluralidade de representantes, funcionará o artigo 1177.º[397]: a procuração caduca em relação a todos, ainda que a causa de caducidade respeite apenas a um deles, salvo se outra for a vontade do representado.

III. A revogação da procuração pelo representado é o contraponto da livre renunciabilidade, acima referida: também ela se explica pela natureza de confiança mútua postulada pela representação voluntária. O artigo 265.º/2 não deixou margem para dúvidas: a revogação é livre "... não obstante convenção em contrário ou renúncia ao direito de revogação". Trata-se, aliás, dos mesmos termos usados pelo artigo 1170.º/1 do Código

[395] Assim: STJ 7-mar.-1995 (César Marques), CJ/Supremo III (1995) 1, 113-116 (115/II).

[396] A doutrina e a jurisprudência alemãs, mau grado a carência de bases legais, chegam a conclusões similares: Karl Larenz/Manfred Wolf, *Allgemeiner Teil* cit., 9.ª ed., § 47, Nr. 74-77 (886-887), com indicações, bem como Manfred Wolf/Jörg Neuner, *Allgemeiner Teil* cit., 11.ª ed., § 50, Nr. 48-60 (638-641).

[397] Com as necessárias adaptações.

136 *A representação*

Civil, a propósito da livre revogabilidade do mandato. Nessa ocasião, haverá que observar, quanto a eventuais indemnizações, o regime aplicável ao negócio-base. Havendo um mandato, os artigos 1179.º e 1172.º determinam um dever de indemnizar.

IV. A propósito da revogação da procuração, o artigo 265.º/3 prevê a hipótese de uma procuração conferida também no interesse do procurador ou de terceiro: será, então, irrevogável[398]. Torna-se, assim, um ato delicado, razão por que deve ser lavrada por instrumento público, ficando o original arquivado no cartório notarial – artigo 116.º/2 CNot. E de novo encontramos um preceito que só faz sentido por, segundo o legislador, existir, subjacente à procuração, um contrato-base ou situação a ele equiparável[399]. Nos termos desse contrato-base, podem surgir poderes de representação concedidos a uma pessoa como uma parcela de um todo mais vasto[400]. O exercício da representação e os moldes em que, pelo contrato-base, ele se possa efetivar, podem representar uma vantagem tutelada para o próprio representante ou para um terceiro. Nessa altura, a revogação só pode operar havendo justa causa, isto é: surgindo um fundamento, objetivo ou subjetivo, que torne inexigível a manutenção dos poderes conferidos. O paralelo com o disposto para o mandato, no artigo 1170.º/2, é claro.

V. A revogação tal como a renúncia pode ser expressa ou tácita. O artigo 1171.º, a propósito do mandato, consigna uma modalidade de revogação que considera "tácita"[401]: a de ser designada outra pessoa para a prática dos mesmos atos. Pensamos que esta norma tem aplicação à procuração: o representado que designe outro procurador para a prática dos mesmos atos está, implicitamente, a revogar a procuração primeiro passada. Por aplicação analógica daquele mesmo preceito, a revogação só produz efeitos depois de ser conhecida pelo mandatário.

---

[398] RCb 20-nov.-2001 (Manuel da Silva Freitas), CJ XXVI (2001) 5, 24-30 (27/II e 29/II) e RGm 4-dez.-2002 (Bernardo Domingos), CJ XXVIII (2002) 5, 279-282 (281/II); *vide* o excelente escrito de Pedro Leitão Pais de Vasconcelos, *A procuração irrevogável* (2002), 94 ss., 111 ss. e *passim* e 2.ª ed., (2016), 106 ss., 122 ss. e *passim*.

[399] RLx 9-jul.-2003 (Tibério Silva), CJ XXVIII (2003) 4, 82-86 (84), STJ 2-mar.-2004 (Alves Velho), CJ/Supremo XII (2004) 1, 90-93 (92/II) e RLx 29-abr.-2004 (Carlos Valverde), CJ XXIX (2004) 2, 110-113 (112/I).

[400] A irrevogabilidade deve exprimir uma regulação de interesses que justifiquem tal vinculação, nas palavras de STJ 30-set.-2010 (Gonçalo Silvano), Proc. 4477/2000.

[401] *Supra*, 109 ss..

§ 13.º A procuração e o negócio-base   137

VI. Em qualquer caso, sobrevindo a cessação da procuração, o representante deve restituir, ao representado, o documento de onde constem os seus poderes. Trata-se de uma norma resultante do artigo 267.º, destinada a evitar que terceiros possam ser enganados quanto à manutenção de poderes de representação.

O artigo 267.º/1 refere, apenas, a hipótese da procuração ter "caducado". Subjacente temos a ideia de que a extinção atinge o negócio subjacente, arrastando, com isso, a caducidade da procuração. Não há dificuldades em alargar esse dispositivo às diversas formas de extinção de uma procuração.

§ 14.º A TUTELA DE TERCEIROS

58. Aspetos gerais

I. A representação voluntária serve, em primeira linha, os interesses próprios do representado. Recorrendo aos esquemas abstratos construídos pela Ciência do Direito, o representado pode multiplicar, de modo indefinido, as suas possibilidades de agir em termos juridicamente eficazes. Mas a representação traduz ainda uma especial forma de cooperação entre os seres humanos, permitindo a divisão de tarefas e, desse modo, o incremento geral da riqueza. A solidez e a seriedade dos vínculos de representação não relevam, assim, apenas para o representado.

II. Através da representação, o representante contrata com terceiros. Estes têm, no negócio celebrado, tanto interesse (em abstrato) quanto o do próprio representado. A procuração não pode, pois, ser tratada como uma relação exclusiva entre o representante e o representado. Os terceiros ficam envolvidos.

O passo seguinte: a sociedade, nas suas diversas dimensões, dá valor às procurações e aos vínculos representativos que elas originem. Todo o comércio assenta, hoje, em redes de fenómenos representativos.

III. Embora implicado na procuração, o terceiro contratante não intervém: nem na sua constituição, nem nas suas modificações e extinção. Tão-pouco pode interferir na relação subjacente à procuração, relação essa que tem um papel na configuração final da situação representativa e no modo por que ela se irá concretizar.

O Direito dispensa, por tudo isto, uma tutela aos terceiros. Não o faz diretamente através das regras da representação: isso equivaleria a, da procuração, fazer um negócio a três, numa complexidade que destruiria toda a funcionalidade do instituto. Antes decidiu recorrer a um novo corpo de regras que, relacionadas com os terceiros e, por vezes, contra a corrente da própria procuração, visam dispensar a necessária tutela.

§14.º A tutela de terceiros 139

59. A proteção perante as modificações e a extinção da procuração

I. Um primeiro momento de proteção ocorre a propósito das modificações e da extinção da procuração. Surgem como eventualidades que modificam os poderes do representante, mas nas quais o terceiro não intervém.

Procurando contemplar os interesses e a confiança desses terceiros, mas sem descurar a posição do representado, o Código Civil, no seu artigo 266.º[402], estabeleceu as seguintes regras:

– tratando-se de modificações ou de revogação da procuração – portanto: de atuações que dependam da iniciativa do representante – devem elas ser levadas ao conhecimento de terceiros por meios idóneos; esta regra deve ser entendida como um encargo em sentido técnico[403], uma vez que, da sua inobservância, apenas deriva uma inoponibilidade das modificações ou da revogação: "... sob pena de lhes não serem oponíveis senão quando se mostre que delas tinham conhecimento no momento da conclusão do negócio"[404] – n.º 1;

– nos restantes casos de extinção da procuração, não se refere um expresso dever de dar a conhecer aos terceiros; não obstante, elas não podem ser opostas ao terceiro que "... sem culpa, as tenha ignorado" – n.º 2[405].

Aparentemente, a diferença reside no regime do ónus da prova; na hipótese do n.º 1, o representado terá de provar que os terceiros conheciam a revogação; no segundo, a invocação da boa-fé caberá aos terceiros.

II. Temos, aqui, uma norma especial de tutela da confiança, na base da aparência jurídica, que vai bastante mais longe do que o permitido, em geral, pelo Direito português.

---

[402] Recorde-se que o Código de Seabra (1369.º) já continha um núcleo de tutela, perante a "expiração do mandato". *Vide* José Dias Ferreira, *Codigo civil annotado* cit., 3, 2.ª ed., 39-40.

[403] *Tratado* I, 4.ª ed., 918 ss..

[404] STJ 21-jun.-2007 (Custódio Montes), Proc. 07B1826.

[405] A jurisprudência entende que não há, aqui, qualquer presunção de ignorância; o terceiro que queira beneficiar deste esquema terá de invocar e de provar o seu desconhecimento, nos termos gerais: STJ 7-mar.-1995 (César Marques), CJ/Supremo III (1995) 1, 113-116 (116/II).

140   *A representação*

O Código Civil alemão, muitas vezes considerado como especialmente dirigido para a tutela da aparência, consigna, nos seus §§ 170 a 173, um esquema de tutela dos terceiros mais parcimonioso[406].

Como ponto de partida, o § 167 do BGB admite que o poder de representação seja conferido através de uma declaração dirigida ao terceiro, perante o qual a representação deva intervir. Assim sendo e pelo § 170, a procuração produzirá efeitos perante este terceiro, até que a sua cessação lhe seja comunicada.

O § 171 prevê a hipótese do representado, por notificação especial dirigida a um terceiro ou por anúncio público, ter feito saber que conferiu o poder de o representar a outra pessoa; o poder de representação subsiste enquanto não for revogado de forma idêntica. O § 172 assimila a uma notificação especial o facto de o representado ter entregue ao representante um título de procuração e de este o ter exibido ao terceiro: a representação subsiste até que o título seja restituído ou declarado sem efeito.

Finalmente, o § 173 esclarece que as regras apontadas não funcionam quando o terceiro tivesse ou devesse ter conhecimento da cessação da procuração.

As figuras da procuração aparente e da procuração tolerada não se reconduzem diretamente a estes preceitos; elas serão, depois, examinadas.

O artigo 266.º do Código Civil derivou, antes, do artigo 1396.º do Código Civil italiano[407], que reproduz quase à letra[408]. Procurando explicá-lo[409], a doutrina de Itália apela seja para o facto de a procuração ser, normalmente, comunicada ao terceiro interessado, seja mesmo para a tese de que a declaração de extinção tem o terceiro como destinatário. Os autores abandonam, hoje, a ideia de abstração da procuração, acolhendo-se, antes, à ideia da tutela da aparência[410].

III. Para tentar explicar a produção de efeitos da procuração cuja extinção, por não ter sido comunicada aos terceiros interessados, mantém eficácia, surgiram duas teorias:

---

[406] Com múltiplas indicações, Eberhard Schilken, no *Staudinger* cit., I, § 170, Nr. 1 ss. (185 ss.).

[407] Triola, *Codice civile annotato* cit., 3.ª ed., 1255 ss..

[408] Rui de Alarcão, *Breve motivação* cit., 111.

[409] Valeria de Lorenzi, *Rappresentanza diretta* cit., 294 ss..

[410] Valeria de Lorenzi, *Rappresentanza diretta* cit., 297, com indicações.

§ 14.º A tutela de terceiros 141

– a teoria da aparência jurídica;
– a teoria do negócio jurídico.

A teoria da aparência jurídica foi inicialmente defendida por Wells-pacher[411], sendo hoje considerada dominante[412]. No essencial, ela entende que a procuração se extinguiu efetivamente; todavia, mercê da aparência e para tutela de terceiros, ela mantém alguma eficácia.

A teoria do negócio jurídico, presente em Flume, subscreve, pelo contrário, que a procuração só se extingue, pelo menos em vários casos, quando a sua cessação seja conhecida pelos terceiros a proteger[413]. Trata-se de uma orientação que pode invocar determinados apoios legais, perante o BGB: este diploma admite, como vimos, a procuração por comunicação direta feita ao terceiro que irá contratar com o representante.

No Direito português, que não discrimina tal tipo de procuração, a teoria do negócio jurídico não terá quaisquer fundamentos nas fontes. Queda optar pela teoria da aparência: o artigo 266.º, nas precisas condições nele enunciadas, dispensa, aos terceiros aí referidos, uma determinada proteção.

60. A procuração tolerada e a procuração aparente

I. O artigo 266.º protege os terceiros ou certos terceiros perante modificações ou perante a revogação da procuração, de que não tivessem, de uma ou de outra, sem culpa, conhecimento. No Direito alemão, em face dos §§ 170 a 172 do BGB, de teor comparável, a doutrina e a jurisprudência determinaram um princípio de tutela da confiança de terceiros, par-

---

[411] Moritz Wellspacher, *Das Vertrauen auf äussere Tatbestände im bürgerlichen Rechte* (1906), 79 ss. e 83 ss.. *Vide* Heinrich Demelius, *M. Wellspachers Vollmachtslehre/ /Zur 30. Wiederkehr seines Todestages (21.2.1923)*, AcP 153 (1954), 4-40.

[412] Assim, Enneccerus/Nipperdey, *Allgemeiner Teil* cit., 15.ª ed., § 184, II, 3 (1132 ss.); Karl Larenz/Manfred Wolf, *Allgemeiner Teil* cit., 9.ª ed., § 48 (887 ss.); Manfred Wolf/Jörg Neuner, *Allgemeiner Teil* cit., 11.ª ed., § 50, Nr. 61 ss. (641 ss.); Karl-Heinz Schramm, no *Münchener Kommentar* cit., 1, 6.ª ed., § 167, Nr. 46 ss. (1832 ss.); Claudia Schubert, no *Münchener Kommentar* cit., 1, 7.ª ed., § 167, Nr. 89 ss. (1955 ss.), bem como Reinhard Bork, *Allgemeiner Teil* cit., 4.ª ed., Nr. 1548 ss. (606 ss.).

[413] Werner Flume, *Allgemeiner Teil* cit., 2, 4.ª ed., 825.

142   *A representação*

ticularmente útil no domínio comercial. Na base desse princípio, foram autonomizados dois institutos, destinados a essa tutela[414-415]:

– a procuração tolerada;
– a procuração aparente.

II. Na procuração tolerada (*Duldungsvollmacht*), verifica-se que alguém admite, repetidamente, que um terceiro se arrogue seu representante. Quando isso suceda, reconhecem-se, ao "representante" aparente, autênticos poderes de representação[416]. Não se aceita que, por esta via, surja uma verdadeira procuração[417]: apenas um esquema de tutela, por força da confiança, imputada ao "representado", suscitada pela conduta do "representante". Todavia, alguma doutrina defende a presença, neste caso, de uma verdadeira procuração negocialmente consubstanciada[418].

[414] Quanto à origem e à evolução destas figuras, com elementos: Eberhard Schilken, no *Staudinger* cit., I, § 167, Nr. 28 ss. (118 ss.); *vide*, ainda, entre muitos: Josef Hupka, *Die Haftung des Vertreters ohne Vertretungsmacht* (1903), 83 ss. e *passim*; W. von Seeler, *Vollmacht und Scheinvollmacht*, AbürglR 28 (1906), 1-52 (13 ss.); Theodor Kipp, *Zur Lehre von der Vertretung ohne Vertretungsmacht*, FS RG II (1929), 273-292; Alfred Manigk, *Stillschweigend bewirkte Vollmachten im Handelsrecht/Ein Beitrag zur Methodik des Vertrauensschutzes* em *Beiträge zum Wirtschaftsrecht*, org. F. Klausing/H. C. Nipperdey/A. Nussbaum (1931), 590-671.

[415] Entre a nova literatura, cumpre salientar: Wolfgang Fikentscher, *Scheinvollmacht und Vertreterbegriff*, AcP 154 (1955), 1-21; Jürgen Prölss, *Vertretung ohne Vertretungsmacht*, JuS 1985, 577-586 e *Haftung bei der Vertretung ohne Vertretungsmacht (falsus procurator) beim Vertragsabschluss*, JuS 1988, L-17–L-20; Giessen/Hegermann, *Die Stellvertretung* cit., 367; Karsten Schmidt, *Falsus-procurator-Haftung und Anscheinvollmacht*, FS Gernhuber (1993), 435-460; Claus-Wilhelm Canaris, *Die Vertrauenshaftung im Lichte der Rechtsprechung des Bundesgerichtshofs*, FG (Wissenschaft) 50 Jahre BGH, 1 (2000), 129-197 (154 ss.); Jochen Hoffmann, *Rechtsscheinhaftung beim Widerruf notarieller Vollmachten*, NJW 2001, 421-422; Tiziana J. Chiusi, *Zur Verzichtbarkeit von Rechtsscheinswirkungen*, AcP 202 (2002), 494-516; Alexander Bornemann, *Rechtsscheinsvollmachten in ein- mehrstufigen Innenverhältnissen*, AcP 207 (2007), 102-153; Alexander Stöhr, *Rechtsscheinhaftung nach § 172 I BGB*, JuS 2009, 106-109. Entre nós, *vide* Rui Ataíde, *A responsabilidade do "representado" na representação tolerada/Um problema de representação sem poderes* (2008), 332 pp..

[416] BGH 16-nov.-1987, NJW 1988, 1199-1200 (1200); anteriormente, cf. BGH 21-abr.-1955, NJW 1955, 985.

[417] Claus-Wilhelm Canaris, *Die Vertrauenshaftung im deutschen Privatrecht* (1983, reimp.), 40 ss., bem como Larenz/Wolf, *Allgemeiner Teil*, 9.ª ed. cit., 894.

[418] Assim, H.-M. Pawlowski, *Allgemeiner Teil des BGB*, cit., 6.ª ed., 336 e Flume, *Allgemeiner Teil* cit., 2, 4.ª ed., 828 ss..

§ 14.º A tutela de terceiros   143

III. Na procuração aparente (*Anscheinsvollmacht*), algumas jurisprudência e doutrina vão ainda mais longe[419]: alguém arroga-se representante de outrem, sem conhecimento do "representado" (e por isso não cabendo falar em procuração tolerada). Porém, o "representado", se tivesse usado do cuidado exigível, designadamente na vigilância dos seus subordinados, poderia (e deveria) prevenir a situação. Teríamos, assim, como elemento objetivo, a aparência da representação e, como elemento subjetivo, a negligência do "representado": na presença de ambos, os poderes de representação teriam lugar[420]. O representado, a usar de um comportamento cuidadoso, deveria reconhecer a situação, podendo intervir[421]. Alguma doutrina é, aqui, especialmente cautelosa: para Canaris, este esquema operaria, apenas, no Direito comercial facultando, nos outros sectores, uma mera responsabilidade por danos de confiança[422].

Em qualquer dos casos teria de se exigir a boa-fé por parte do terceiro protegido: a tutela não opera quando ele conhecesse ou devesse conhecer a falta da procuração[423].

61. Segue; o Direito português; a procuração institucional

I. Pergunta-se, perante o Direito português, se são utilizáveis os esquemas da procuração tolerada e os da procuração aparente[424].

---

[419] BGH 12-mar.-1981, NJW 1981, 1727-1279 e BGH 24-jan.-1991, NJW 1991, 1225-1226.

[420] Assim, Karl Larenz/Manfred Wolf, *Allgemeiner Teil* cit., 9.ª ed., § 48, Nr. 28 (896); estes autores explicam que nos casos dos §§ 170-172 se assiste, também, a uma omissão negligente do representado, que não comunicou, de imediato, ao terceiro, a cessação da representação. Manfred Wolf/Jörg Neuner, *Allgemeiner Teil* cit., 11.ª ed., § 50, Nr. 95 (647), sublinham, todavia, que o critério da negligência não é, por si, suficiente para distinguir a procuração tolerada da aparente.

[421] BGH 11-mai.-2011, NJW 2011, 2421-2423 (2422/II), com muitas indicações; entre nós, STJ 26-jan.-2017 (Tavares de Paiva), Proc. 656/11.

[422] Claus-Wilhelm Canaris, *Vertrauenshaftung* cit., 48 ss. e 191 ss. e Anot. a BGH 30-mai.-1975, JZ 1976, 132-134 (133).

[423] BGH 15-fev.-1982 NJW 1982, 1513-1514 (1514): uma caixa económica não verificou, como devia, que o signatário dum cheque ultrapassara os seus poderes.

[424] Henrich Ewald Hörster, *A parte geral do Código Civil português/Teoria geral do Direito civil* (1992), 484, nota 36, responde pela negativa, invocando o artigo 457.º do Código Civil.

144 *A representação*

À partida, não parece possível alargar o artigo 266.º a casos nos quais falte, pura e simplesmente, uma procuração. Na verdade, a previsão protetora assenta num instrumento de representação efetivamente existente, cuja cessação não foi comunicada ao terceiro que, nele, acredite: temos uma razão muito forte para a tutela da aparência. Na falta de procuração e mesmo em situações de tolerância ou de aparência, nada há que, objetivamente, faculte a aplicação do referido artigo 266.º.

II. Fora de qualquer previsão específica, a confiança só é protegida, no Direito português, através da boa-fé e do abuso do direito[425]. Assim, não admitimos a "procuração tolerada" nem a "procuração aparente" a não ser como figuras de estilo para designar a proteção abaixo referida. Todavia, o terceiro que seja colocado numa situação de acreditar, justificadamente, na existência de uma procuração, poderá ser protegido: sempre que, do conjunto da situação, resulte que a invocação, pelo "representado", da falta de procuração constitua abuso do direito, seja na modalidade do *venire contra factum proprium*, seja na da *surrectio*[426].

Em qualquer dos casos exigir-se-á cautela e parcimónia na concessão de tal tutela: ela poderá pôr em causa interesses legítimos do *dominus* e, até, de outros terceiros.

Uma fonte de dificuldades poderá advir do artigo 269.º. Este preceito, quebrando a lógica do artigo 268.º e, em geral, de todo o sistema português da representação voluntária, veio aparentemente admitir que, havendo abuso da representação, não se siga imediatamente o regime da representação sem poderes, salvo se "... a outra parte conhecia ou devia conhecer o abuso".

Não retiramos, todavia e deste preceito, qualquer hipótese autónoma de tutela da confiança, na procuração. Este preceito apenas fez correr contra o representado o risco de os termos da procuração transcenderem a função para que ela foi concedida, como adiante melhor será explicado[427].

---

[425] *Infra*, 271 ss..

[426] *Vide* RPt 18-nov.-1993 (Carlos Matias), O Direito 126 (1994), anot. Menezes Cordeiro/Carneiro da Frada, *idem*, 686-715 (702 ss.), favorável.

[427] Diferente foi o caso decidido por RLx 8-jun.-2017 (Jorge Leal), Proc. 637/12.5: um procurador declarou falsamente numa escritura, com conhecimento do comprador, que o preço já tinha sido integralmente pago; esta situação não afeta a validade do negócio; o vendedor apenas pode compelir o comprador ao pagamento em falta.

§ 14.º A tutela de terceiros

III. O Direito português vigente comporta um dispositivo em torno do qual se afigura possível construir uma ideia de procuração institucional, destinada a assegurar o tráfego jurídico e a proteger terceiros.

Na origem temos o artigo 23.º/1 do Decreto-Lei n.º 178/86, de 3 de julho, relativo ao contrato de agência[428]. Esse preceito, precisamente epigrafado *representação aparente*, dispõe:

> O negócio celebrado por um agente sem poderes de representação é eficaz perante o principal se tiverem existido razões ponderosas, objetivamente apreciadas, tendo em conta as circunstâncias do caso, que justifiquem a confiança do terceiro de boa-fé na legitimidade do agente, desde que o principal tenha igualmente contribuído para fundar a confiança do terceiro.

Podemos desfibrar os seguintes requisitos:

– uma atuação em nome alheio;
– um terceiro de boa-fé;
– com uma confiança justificada;
– para a qual tenha contribuído o principal.

Todavia, se bem atentarmos, os primeiro, terceiro e quarto requisitos fundem-se num só, de tipo global: uma situação de agência aparentemente completa, para a qual contribuam o agente e o principal e da qual seja razoável esperar a decorrência de poderes de representação. A boa-fé do terceiro resulta – se nada obstar – da aparência global da agência com representação. A própria lei – o citado artigo 23.º/1 – determina uma representação na base da aparência.

IV. Este preceito pode ser usado para alargar a tutela de terceiros perante falhas de representação[429].

No nosso ensino oral de Direito comercial, já procurámos inferir do artigo 23.º/1 do Decreto-Lei n.º 178/86 uma porta aberta para a figura da

---

[428] *Direito comercial*, 4.ª ed., 786 ss., com indicações e, em especial, as obras de António Pinto Monteiro.

[429] Paulo Mota Pinto, *Aparência de poderes de representação e tutela de terceiros/ /Reflexão a propósito do artigo 23.º do Decreto-Lei n.º 178/86, de 3 de Julho*, BFD 69 (1993), 587-645, louvando o preceito; *vide*, ainda, Pedro de Albuquerque, *A representação voluntária* cit., 999 ss., com importantes indicações.

146 *A representação*

procuração aparente, mas apenas no Direito comercial. O particular que contactasse com uma organização comercial em termos que lhe permitissem esperar, com razoabilidade, a presença de poderes de representação, numa situação também imputável ao principal, seria protegido. E a proteção natural residiria no surgimento, *ex bona fide* e com apoio no artigo 23.º/1 em causa, de uma "procuração aparente". Ficariam ainda abrangidas situações como as dos trabalhadores putativos que, sem contrato de trabalho, representariam as respetivas "entidades patronais".

Abandonámos, todavia, essa leitura a favor do esquema mais alargado, que consta abaixo, do texto. Não é possível, em termos substantivos, autonomizar soluções comerciais, no Direito português[430].

Perante situações puramente individuais, a pessoa que contrate com um alegado representante tem um mínimo de cautelas a observar. O artigo 260.º permite-lhe exigir, do representante, a prova dos seus poderes, prova essa que, se não for feita num prazo razoável, deixa a declaração sem efeitos – e isso mesmo quando exista uma procuração inatacável. Compreende-se que a tutela da aparência exija uma prévia procuração, manifestando-se, apenas, quando sobrevenham modificações ou a extinção (266.º).

Mas se a situação for institucional – no sentido de surgir enquadrada numa organização permanente, com trabalhadores ou agentes e serviços diferenciados – a realidade sócio-cultural é diversa[431]. Ninguém vai, num supermercado, invocar perante o empregado da caixa o artigo 266.º, exigindo-lhe a justificação dos seus poderes e isso para evitar a hipótese de uma "representação" sem poderes e não seguida de ratificação (268.º/1). A confiança é imediata, total e geral. Compete ao empregador/empresário manter a disciplina na empresa, assegurando-se da legitimidade dos seus colaboradores. Quando não: *sibi imputet*.

Falaremos, então, numa procuração institucional. Esta surge sempre que uma pessoa, de boa-fé, contrate com uma organização em cujo nome atue um "agente" em termos tais que, de acordo com os dados sócio-culturais vigentes e visto a sua inserção orgânica, seja tranquila a existência de poderes de representação[432]. Trata-se de um prudente alargamento do

---

[430] *Tratado* I, 288 ss..

[431] A situação ficaria reforçada na hipótese de atuação por comportamentos típicos – *vide* Horst-Heinrich Hitzemann, *Stellvertretung beim sozialtypischen Vorhalten* (1966), 31 ss.; mas não é esse aspeto que nos prende ou que nos guia.

[432] Assim o caso decidido pelo STJ 10-dez.-2015 (Gonçalves Rocha), Proc. 2876/12: à pessoa que contrata com o vice-provedor de uma misericórdia convencida de

§ 14.º A tutela de terceiros

artigo 23.º/1 do Decreto-Lei n.º 178/86 o qual, amparado na boa-fé, nada tem de excecional.

V. O problema da representação institucional foi enquadrado por Leitão Pais de Vasconcelos através do que considera um negócio tipicamente tácito: a preposição[433]. Através dele, uma pessoa coloca outra, publicamente, à frente do seu comércio, atividade ou assunto, de modo estável, para tratar deles por sua conta. Os atos do preposto praticados por conta do preponente produzem efeitos jurídicos diretos na esfera deste, mesmo que realizados em nome próprio[434].

A especial novidade desta construção reside na dispensa da *contemplatio domini*: para além, naturalmente, da generalização da figura a situações normalmente tratadas de modo isolado[435]. Todavia, no Direito privado, a *contemplatio* é indispensável: a doutrina, em especial a alemã, afigura-se unânime. A hipótese da "representação anónima" – portanto aquela em que o agente não afirme atuar em nome de ninguém – a não ser ultrapassável através da ponderação das circunstâncias, a qual pode conduzir à representação institucional, não permite a transposição automática e instantânea dos atos do agente para a esfera do *dominus*. No tráfego de massas, fundamentalmente comercial mas, também, civil, a ideia de preposição – ou o seu reanimar – afigura-se uma via para explorar e estudar a nossa representação institucional. Dado o primeiro passo, há que aprofundar o tema à luz da jurisprudência e do Direito comparado, sem esquecer autores incontornáveis como Canaris[436] e Karsten Schmidt[437], nos quais pode ser confrontada uma bibliografia elementar sobre o tema.

Assinalamos ainda, com relevo neste campo, a pequena mas importante monografia de José Ferreira Gomes e de Diogo Costa Gonçalves, sobre a imputação de conhecimento às sociedades comerciais[438].

---

que este tinha poderes de representação não lhe pode ser oposta a invocação de falta de poderes.

[433] Pedro Leitão Pais de Vasconcelos, *A preposição/Representação comercial* (2017), 589 pp..

[434] *Idem*, 16.

[435] *Idem*, 553 ss., com exemplos de prepostos.

[436] Claus-Wilhelm Canaris, *Handelsrecht*, 24.ª ed. (2006), § 13 (231 ss.).

[437] Karsten Schmidt, *Handelsrecht/Unternehmensrecht* 1, 6.ª ed. (2014), § 16, IV (592 ss.).

[438] José Ferreira Gomes/Diogo Costa Gonçalves, *A imputação de conhecimento às sociedades comerciais* (2017), 169 pp., bem documentada.

148 *A representação*

62. A procuração *post mortem*

I. Um esquema particularmente eficaz para a tutela de terceiros, no domínio da representação voluntária, é constituído pela chamada procuração *post mortem*[439]. Comecemos por atentar na articulação aplicável de preceitos legais. O artigo 265.º reporta-se à extinção da procuração: ela ocorre por renúncia do procurador, por revogação do representado ou pela cessação da relação subjacente. Será irrevogável, salvo justa causa, se tiver sido concedida também no interesse do procurador ou de terceiro. Infere-se, daqui, que a morte do representado não implica, necessariamente, a caducidade da procuração. Em certos casos, é mesmo evidente a não-caducidade: por exemplo, ocorrendo a morte do comerciante, prosseguem os negócios concluídos pelos trabalhadores e agentes, agora com efeitos na esfera dos sucessores.

II. Nas situações individualizadas, a procuração tende, porém, a caducar pela morte do representado, em virtude da cessação da relação subjacente[440]. Tal o caso paradigmático do mandato, que caduca com a morte do mandante – 1174.º, *a*) – envolvendo o termo da procuração que o acompanhe – 265.º/1. Aqui intervém o artigo 1175.º, cuja 1.ª parte dispõe:

> A morte, interdição ou inabilitação do mandante não faz caducar o mandato, quando este tenha sido conferido também no interesse do mandatário ou de terceiro;

Aproveitando estes preceitos e, ainda, o artigo 1170.º/2, é frequente, na prática jurídica, passarem-se procurações relativas a negócios concretos, no interesse também do representante, irrevogáveis e eficazes *post mortem*[441].

---

[439] Entre nós, em especial, Pedro Leitão Pais de Vasconcelos, *A procuração irrevogável* cit., 180 ss.. Em geral, Karl Haegele, *Möglichkeit und Grenzen der postmortalen Vollmacht*, Rpfleger 1968, 345-349 e Eberhard Schilken, no *Staudinger* cit., I, § 168, Nr. 28 ss. (177 ss.), com numerosas indicações.

[440] STJ 14-jul.-2016 (Abrantes Geraldes), Proc. 111/13.

[441] STJ 13-jul.-2010 (Fonseca Ramos), Proc. 67/1999; STJ 18-fev.-2014 (Fonseca Ramos), Proc. 3083/11; STJ 28-mai.-2015 (Fernanda Isabel Pereira), Proc. 123/06; STJ 13-set.-2016 (Garcia Calejo), Proc. 986/12.

§ 14.º A tutela de terceiros 149

Por exemplo: um interessado negoceia determinada compra, mas não é possível elaborar logo a escritura, por questões burocráticas; paga de imediato o preço por inteiro, em troca de uma procuração irrevogável e eficaz *post mortem* a seu favor (com cláusula de negócio consigo mesmo) ou a favor de um terceiro de sua confiança.

Ocorrem, também, procurações deste tipo a favor de banqueiros, para poderem hipotecar determinado imóvel, como garantia de certo crédito. E muitas outras hipóteses são documentadas. Havendo uma procuração irrevogável, haverá que fazer um juízo de licitude sobre o conjunto negocial em que ela se insere. Caberá a nulidade quando esse conjunto assuma, por exemplo, natureza comissória[442].

III. O terceiro, perante uma procuração irrevogável e eficaz *post mortem*, fica latamente protegido. Em rigor, há duas situações possíveis: a da procuração *trans mortem*, quando produza efeitos em vida do representante e se prolongue depois do seu falecimento e a da procuração *post mortem stricto sensu*, nos casos em que ela apenas produza efeitos após esse falecimento[443]. Esta última situação deve ser compaginada com as regras sucessórias.

Pergunta-se, porém, o que entender por "... também no interesse do mandatário ou de terceiro". Tal como vimos a propósito do mandato[444], o "interesse" reporta-se, aqui, a um direito subjetivo (ou posição similarmente protegida), do representante ou de terceiro. Esse direito subjetivo resulta não da procuração (que não tem, por definição, qualquer aptidão para tal), mas da relação subjacente: por exemplo, do mandato ou de qualquer outro negócio que, com ele, esteja conectado[445]. Trata-se de um ponto jurisprudencialmente assente.

---

[442] Tal o caso decidido em RPt 7-jun.-2004 (Fernandes do Vale), CJ XXIX (2004) 3, 186-190 (189/I).
[443] Manfred Wolf/Jörg Neuner, *Allgemeiner Teil* cit., 11.ª ed., § 50, Nr. 46 (638); Reinhard Bork, *Allgemeiner Teil* cit., 4.ª ed., Nr. 1502 (586).
[444] *Supra*, 109-110.
[445] Leitão Pais de Vasconcelos, *A procuração irrevogável* cit., 111 ss.; *vide* STJ 13-set.-2016 cit., ponto II do sumário.

§ 15.º REPRESENTAÇÃO SEM PODERES E ABUSO DE REPRESENTAÇÃO

63. Aspetos gerais

I. As figuras da representação sem poderes e do abuso de representação inscrevem-se ainda, funcionalmente, no domínio da tutela – ou do regime – dos terceiros, dentro do fenómeno representativo.

Constituem, porém, institutos de certo modo autonomizados, seja pela prática, seja pela concessão, nos códigos civis, de expressos e adaptados regimes.

II. Apesar da denotada autonomia, ambos os institutos devem computar uma interpretação e uma aplicação integradas. Assim, eles articulam-se com as regras atinentes às modificações e à cessação da procuração, bem como com os regimes preconizados para a procuração aparente e para a procuração institucional.

64. A representação sem poderes

I. O artigo 268.º ocupa-se da representação sem poderes, isto é, do ato praticado em nome e por conta de outra pessoa sem que, para tanto, existam os necessários poderes de representação.

À partida, semelhante negócio deveria ser nulo: coloca-se fora do âmbito da autonomia do seu autor, faltando-lhe, por isso, a legitimidade. Todavia, o negócio poderá ser favorável ao *dominus*: todo o instituto da gestão representativa do negócio assenta nessa eventualidade – artigo 471.º. Donde o dispositivo do artigo 268.º/1: o negócio é ineficaz em relação ao *dominus* se não for, por ele, ratificado. A lei protege o representado[446].

---

[446] REv 3-nov.-2016 (Paulo Amaral), Proc. 611/14: a tutela cessa, todavia, caso o representado cometa *venire contra factum proprium*.

§ 15.º Representação sem poderes e abuso de representação

II. A ratificação surge, deste modo, como um ato jurídico em sentido restrito pelo qual o "representando" acolhe o negócio em causa na sua esfera jurídica.

A ratificação do ato não se confunde com a aprovação da sua prática, ou, se se quiser, com a da gestão onde ele se inclua – artigo 469.º[447]. A aprovação apenas implica que o *dominus* renuncie a eventuais indemnizações que lhe poderiam caber por danos causados com a atuação sem poderes do "representante" e que está disposto a compensar o representante pelas despesas e danos que ele tenha sofrido com a sua atuação.

A aprovação traduz, ainda, a vontade do "representado" de não invocar os mecanismos do incumprimento eventualmente perpetrado pelo *falsus procurator*. É o que sucede sempre que, rompendo um mandato, o mandatário pratique atos não cobertos pelos poderes de representação que lhe tivessem sido conferidos. Nessa eventualidade, o ato praticado sem poderes traduz uma violação contratual. Pois bem: pode haver ratificação, mas não aprovação, de tal modo que se mantenha, incólume, a responsabilidade contratual do mandatário.

III. Esclarecemos ainda que não há qualquer contradição na hipótese de uma ratificação sem aprovação. O negócio celebrado sem poderes, mesmo quando represente uma violação de direitos do *dominus* ou traduza o incumprimento de um contrato celebrado entre ele e o gestor, pode vir a ser aproveitável, seja intrinsecamente, seja através de outras vantagens que o *dominus* consiga negociar. A ratificação coloca-se nesse plano específico, não prejudicando o carácter jurídico e eticamente reprovável da conduta do agente.

Como se impunha, a ratificação está sujeita à forma requerida para a própria procuração – artigo 268.º/2 – e tem eficácia retroativa, sem prejuízo dos direitos de terceiros – *idem*. Se for negada, o negócio ficará sem quaisquer efeitos, salvo se outra coisa se inferir do seu próprio teor[448].

---

[447] *Direito das obrigações* cit., 2, 23 ss.; *Tratado* VIII, 113 ss. e 116 ss..

[448] Quanto à ratificação, podemos registar os seguintes acórdãos do Supremo: STJ 2-dez.-1993 (Miranda Gusmão), CJ I (1993) 3, 155-156 (156/II): a ratificação pode ser verbal se verbal for o arrendamento a ratificar; STJ 17-fev.-1994 (Carlos da Silva Caldas), CJ/ /Supremo II (1994) 1, 107-109 (108/I): o negócio celebrado em representação sem poderes pode ser ratificado; STJ 17-jan.-1995 (Martins da Costa), CJ/Supremo III (1995) 1, 25-28 (28/I): a ratificação só está sujeita à forma exigida pelo negócio; STJ 16-abr.-1996 (Matos Canas), CJ/Supremo V (1996) 2, 19-23 (22/II), num caso em que, concretamente, não

152 *A representação*

IV. Não havendo ratificação, o negócio mantém-se; todavia, é ineficaz em relação ao "representado". Ora, como foi praticado em nome e por conta deste, enquanto se mantiver essa ineficácia, ele poucos efeitos práticos irá surtir. De todo o modo, o próprio terceiro fica vinculado a ele. Para não protelar esta situação, a lei distingue duas hipóteses:

– a de o terceiro ter conhecimento da falta de poderes do representante, no momento da conclusão;
– a de ele não ter tal conhecimento.

No primeiro caso, o terceiro pode fixar um prazo para que sobrevenha a ratificação: se o prazo for ultrapassado, considera-se negada a ratificação – artigo 268.º/3 – ficando o negócio sem efeito. Se tal prazo não for fixado, o terceiro sujeita-se a que o "representado" protele, indefinidamente, a situação. Admitimos, todavia, que por via de um princípio patente no artigo 411.º, o terceiro possa pedir ao tribunal que fixe ao "representado" um prazo razoável para que ratifique (ou rejeite) o negócio, sem o que este caducará. No segundo caso, o terceiro pode, a todo o tempo, revogar ou rejeitar o negócio em causa.

Sendo recusada a ratificação, o negócio cair.

V. Podemos esclarecer o alcance das regras atinentes à representação sem poderes com algumas decisões (neste momento) recentes:

TCAN 11-fev.-2015: a falta de uma procuração num processo de contratação pública implica com uma formalidade *ad probationem*: pode ser sanada[449];
RPt 12-nov.-2015: os poderes de representação não incluem os de realizar atos ilícitos; logo, não se repercutem em termos de responsabilidade contratual, quedando a ideia de risco[450];
RLx 29-jun.-2016: quando alguém venda uma coisa que não é só sua, invocando ter poderes, há representação sem poderes e não venda de coisa alheia[451].

---

houvera ratificação; STJ 17-fev.-1998 (Machado Soares), CJ/Supremo VI (1998) 1, 68-70 (69/II), onde, num acervo de negócios, se admitiu uma ratificação de apenas um deles; STJ 2-jun.-2015 (Hélder Roque), Proc. 505/07, na hipótese de o ato não ser praticado na esfera dos poderes do representante; STJ 10-dez.-2015 (Gonçalo Roque), Proc. 2876/12, num caso colmatado pela representação institucional.
[449] TCAN 11-fev.-2015 (Esperança Mealha), Proc. 00496/14.
[450] RPt 12-nov.-2015 (Fernando Baptista), Proc. 85/14.
[451] RLx 29-jun.-2016 (Pedro Martins), Proc. 5003/14.

§ 15.º Representação sem poderes e abuso de representação 153

65. O abuso de representação

I. O artigo 269.º reporta-se ao abuso da representação[452]. Determina, nessa eventualidade, a aplicação do regime da representação sem poderes, "... se a outra parte conhecia ou devia conhecer o abuso". A uma primeira leitura, estaríamos aqui perante uma nova hipótese de tutela da aparência: o abuso de representação seria inoponível ao terceiro de boa-fé. Essa hipótese iria duplamente contra a corrente: quer pela sua inserção sistemática, quer pelo desvio que representa perante a regra mais geral da representação sem poderes.

II. Se atentarmos na origem do preceito, mais se acentuaria a dissonância: o artigo 268.º segue à letra o artigo 1399.º do Código italiano; este, todavia, visto o seu artigo 1398.º, equipara a representação sem poderes ao abuso de representação.

Todavia, não há quebra. O abuso de representação, na terminologia italiana[453], traduz a situação na qual os poderes efetivamente existentes sejam superados pelo ato praticado. Ele é equiparado à representação sem poderes da que, no fundo, é apenas uma modalidade. O Código Civil bebeu o "abuso de representação" noutra fonte, onde tem um sentido diverso: na doutrina[454]. Dizem Enneccerus/Nipperdey, a tal propósito:

> Quando não se ultrapasse o poder de representação (em especial a procuração) mas, antes, se abuse dele, isto é, se use dele de modo a contrariar o seu escopo ou as indicações do representado e a contraparte conheça ou devesse conhecer o abuso, o negócio não fica coberto pelo poder de representação. Também haverá, então, representação sem poder[455].

III. Em termos mais gerais, o abuso de representação vem a ser o exercício dos inerentes poderes em oposição com a relação subjacente[456]:

---

[452] Sobre esse preceito, Helena Mota, *Do abuso de representação* cit., 135 ss..

[453] Chiara Srubek Tomassy, em Pietro Rescigno, *Codice Civile*, 7.ª ed. (2008), art. 1398 (2590-2594); *vide* d'Avanzo, *Rappresentanza* cit., 827.

[454] O artigo 269.º adveio do artigo 11.º/1, 2.ª parte, do anteprojeto de Rui de Alarcão – desse Autor, cf. a *Breve motivação* cit., 79 – o qual – *idem*, 113 – se inspirou, diretamente, na fórmula de Enneccerus/Nipperdey, abaixo citada.

[455] Enneccerus/Nipperdey, *Allgemeiner Teil* cit., § 183, I, 5 (2, 1125).

[456] Eberhard Schilken, no *Staudinger* cit., I, § 167, Nr. 91 ss. (156 ss.), com indicações. Helena Mota, *Do abuso de representação* cit., *maxime*, 175-176, que mantém uma

154   *A representação*

com o que dela resulte, de modo direto[457] ou por violação dos deveres de lealdade que ela postula[458]. Efetivamente, o terceiro não pode ser confrontado com tal relação, que não tenha expressão direta nos próprios poderes: salvo se a conhecesse ou devesse conhecer.

Perante tal interpretação[459], o artigo 269.º joga, de modo harmonioso, com o conjunto das regras relativas à procuração.

IV. A jurisprudência tem feito aplicação deste preceito, por exemplo, nos casos de venda por um preço inferior ao do valor de mercado[460] – o que envolve o correspondente contrato-promessa[461] – ou do exercício dos poderes de representação em sentido contrário ao seu fim ou às indicações do representante[462] ou sem o seu conhecimento[463]. Efetivamente, aí, não só se mostra defraudada a função em que o representante havia sido investido como também se gera uma situação objetiva que o terceiro adquirente conhecia ou devia conhecer.

---

posição de princípio favorável à abstração da procuração, afirma o abuso de representação "... como exceção (confirmadora da regra) ao princípio da abstração, e como afirmação da defesa (relativa) do interesse e vontade do representado e do fim por ele perseguido com a outorga dos poderes de representação".

[457] Jens Petersen, *Bestand und Umfang der Vertretungsmacht*, Jura 2003, 310-315 (314-315).

[458] Julia Schäfer, *Teilweiser Vertretungsmangel* cit., 79.

[459] *Vide*, no mesmo sentido, Pires de Lima/Antunes Varela, *Código Civil anotado* cit., 1, 4.ª ed., 249.

[460] STJ 16-nov.-1988 (Lima Cluny), BMJ 381 (1988), 640-650 (647); STJ 5-mar.-1996 (Torres Paulo), CJ/Supremo IV (1996) 1, 111-115 (114/I e II); RCb 20-abr.-2004 (Emídio Rodrigues), CJ XXIX (2004) 2, 26-28 (28/II) que refere, ainda, o abuso do direito, com uma sanção simples: a nulidade; RCb 14-dez.-2010 (Artur Dias), Proc. 346/08; RLx 17-mai.-2016 (Rosa Ribeiro Coelho), Proc. 8472/03.

[461] STJ 3-dez.-2015 (Tavares de Paiva), Proc. 8210/04.

[462] STJ 9-set.-2010 (Pereira da Silva), Proc. 220/2002.

[463] RPt 26-jun.-2016 (José Igrejas Matos), Proc. 50702/14: um administrador de condomínio contrata a manutenção dos elevadores por cinco anos e com uma cláusula penal, sem informar os condóminos e sem conhecimento da assembleia.

CAPÍTULO III

A REPERCUSSÃO DO TEMPO
NAS SITUAÇÕES JURÍDICAS

SECÇÃO I

DISPOSIÇÕES GERAIS

§ 16.º QUADRO GERAL

66. O tempo e o Direito

I. O ser humano, pelo menos no tocante à vida terrena, é transitório. Condenado desde o nascimento, ele tem procurado, por diferentes vias, responder à consciência da mortalidade: desde as pirâmides até às mais diversas regras de vida.

O Direito civil adotou uma visão atemporal do problema. Embora regulando a vida e a morte e a sua repercussão sobre os direitos e as obrigações, o Direito civil ocupa-se da estabilidade das situações jurídicas. Estas, através do fenómeno da sucessão *mortis causa* e sempre que tenham relevância económica, são virtualmente imortais.

O tempo não terá, assim e à partida, influência no campo das realidades jurídicas. A própria precariedade da vida humana é transcendida: as situações pessoais cessam; as patrimoniais transmitem-se, *ad aeternum*.

II. Sob um pano de fundo de insensibilidade ao tempo, o Direito tem, todavia, de atentar nalgumas das suas consequências mais visíveis.

Desde logo, o ser humano adquire diversas características, com a passagem do tempo. E assim encontramos regras sobre a menoridade e sobre a cessação do contrato de trabalho pela reforma do trabalhador ou sobre o fim do serviço ativo dos funcionários públicos, pela aposentação.

156 A repercussão do tempo nas situações jurídicas

Os valores económicos atribuídos pelo Direito devem concretizar-se. Teremos, por essa via, regras sobre os prazos para o cumprimento das obrigações. Noutros casos, a distribuição desses valores é efetuada de acordo com coordenadas temporárias: pense-se no usufruto.

Poderemos, aqui, falar de uma função distributiva do tempo. Todos se lhe sujeitam, em sequências nas quais o tempo vale pela alteração que provoca na realidade subjacente.

III. Numa segunda área de repercussão, o tempo age sobre as fontes do Direito. Desta feita impõe-se o fenómeno da sua sucessão: a lei nova substitui a velha, obrigando a estabelecer normas de conflito, para enquadrar situações que, com ambas, convivam.

Em rigor, não é o tempo que age: antes se verificam modificações sucessivas nas fontes, mas que apelam à ideia de transitoriedade e de sequência.

Ainda na mesma linha poderemos situar as modificações normativas independentes da sucessão de leis. Desta feita, trata-se do normal progresso da Ciência do Direito que permite, perante fontes aparentemente inalteradas, proceder a uma diversa realização do Direito[464]. No fundo, assistir-se-á aqui a uma manifestação particularmente clara da evolução da própria Ciência do Direito.

IV. Todas estas ocorrências traduzem como que uma resistência, do Direito, ao tempo. Ontologicamente, o Direito implicará sempre o vetor humano que consiste em segurar – ou tentar segurar –, em função de determinadas coordenadas e de acordo com uma ideia de Justiça, uma realidade em permanente mutação. O proprietário conserva-se como tal porque, em determinada ocasião, logrou reunir as condições necessárias para uma aquisição. O contrato deve ser cumprido porque, num certo momento temporalmente limitado, se assistiu a uma contratação. Digamos que o Direito "segura" o que, de outro modo, seria transitório e efémero.

Todavia, em certas circunstâncias, o Direito reconhece um papel ao tempo: as situações jurídicas são atingidas, independentemente da realidade subjacente, pelo decurso do tempo. Surgem, neste ponto, os institutos que vamos considerar.

---

[464] Procurámos ilustrar estas ocorrências em *Evolução juscientífica e direitos reais*, ROA 1985, 712-112.

§ 16.º Quadro geral

67. Condicionalismos histórico-culturais

I. O quadro relativo aos institutos que facultam uma repercussão seletiva do tempo nas situações jurídicas não corresponde a um todo sistematizado.

Ao longo da História, de acordo com problemas surgidos e sempre em obediência a incontornável complexidade causal, foram acolhidos institutos diversificados, relativos ao tema em estudo. A evolução da usucapião e da prescrição, abaixo referida, documenta-o desde o Direito romano. Com alguma dificuldade, as sucessivas sistemáticas e, depois, as próprias codificações, intentaram reduzir o tema, harmonizando soluções. Foram feitos progressos: mas nunca se obteve um quadro final claro. Ainda hoje se articulam diversos institutos, de contornos menos coincidentes, em séries que continuam a progredir.

II. A recente inclusão, no Direito civil, de toda uma problemática atinente à defesa do consumidor redundou em novas incursões do tempo. Tudo isso vem aditar-se a regras preexistentes, obrigando a conciliar vetores nem sempre harmónicos.

A propósito da repercussão do tempo nas situações jurídicas, podemos acompanhar e confirmar as grandes fases da evolução do Direito civil e os problemas que, hoje em dia, animam todo o sector.

O cenário é, de resto, complementado com as vicissitudes próprias da receção de elementos comunitários, particularmente ativos na já referida área do Direito do consumidor.

III. O tema da repercussão do tempo nas situações jurídicas tem merecido um escasso interesse doutrinário[465].

Todavia, a sua importância prática é considerável. E tende a aumentar, à medida que diversas disciplinas procedem a substanciais encurta-

---

[465] Por exemplo, a propósito da prescrição, Karl Larenz/Manfred Wolf, *Allgemeiner Teil* cit., 8.ª ed., 335, citavam preliminarmente duas obras quando, a propósito de cada rubrica, chegam, em regra, às dezenas; na 9.ª ed., 297, a cifra sobe já para seis ... mas pela necessidade de incluir bibliografia referente à reforma de 2001/2002; ainda na sequência do interesse suscitado por essa reforma, Manfred Wolf/Jörg Neuner, na 10.ª ed., referem já um panorama mais alargado, em termos mantidos na 11.ª ed.; *vide*, aí, o § 22 (277). *Vide* Reinhard Zimmermann, *Die Verjährung*, JuS 1984, 409-422 (410/I), Caroline Neller-Hannich, *Die Einrede der Verjährung*, JZ 2005, 656-665 e Frank Peters, *Die Verjährung im Familien- und Erbrecht*, AcP 208 (2008), 37-68 (42 ss.).

158   *A repercussão do tempo nas situações jurídicas*

mentos de prazos. Nenhuma razão se vislumbra para manter o tema como parente pobre das exposições civis.

Em 2001, foi aprovada uma profunda reforma do BGB. Entre outros aspetos, procedeu-se a uma completa remodelação do instituto da prescrição, em termos a que abaixo aludiremos e que não deixarão de ter repercussões nas nossas próprias fontes, seja diretamente, seja por via comunitária. Essa reforma foi precedida e acompanhada por múltiplas reflexões que vinham enriquecer em substância o instituto da prescrição. Tudo isto deve ser tido em conta.

68. Particularidades do Código Civil

I. O Código Vaz Serra apresenta algumas especificidades sobre esta matéria. Desde logo, ele abandonou a tradição napoleónica[466], ainda hoje mantida pelo Código italiano[467], de tratar a prescrição num título final. Optou, antes, pela técnica do BGB[468], de inserir a matéria na parte geral, de modo a atingir, pelo menos aparentemente, as diversas situações jurídicas[469].

---

[466] Artigos 2219.º e seguintes, do Código Napoleão.

[467] Artigos 2934.º e seguintes, do Código italiano.

[468] §§ 194 e seguintes; trata-se de uma matéria totalmente remodelada em 2001, como se disse; *vide*, da Beck, *BGB 2002/Sonderausgabe Schuldrechtsreform*, 2.ª ed. (2002), intr. Stephan Lorenz, 37 ss..

[469] O problema da localização da prescrição foi expressamente ponderado pela Comissão de Revisão do Código Civil, logo no início. E a Comissão deu a seguinte resposta:

> Sendo evidente que a usucapião deve ser tratada na parte dos direitos reais, resolveu-se que a prescrição o seja na parte geral, embora se reconheça ser duvidosa a aplicação deste instituto a direitos diferentes dos de crédito: é que, pelas suas afinidades com o instituto da caducidade, que deve pertencer à parte geral, só nesta deverá ficar a prescrição.

Vide Adriano Vaz Serra, *A revisão geral do Código Civil/Alguns factos e comentários*, BMJ 2 (1947), 24-76 (35-36) e, ainda, em *Prescrição extintiva e caducidade*, sep. do BMJ (1961), 601-602 (n.º 136). Torna-se surpreendente pretender que a prescrição se encontre na parte geral ... por arrastamento perante a caducidade. A verdadeira razão será a osmose com o BGB e a doutrina dele derivada, com especial relevo para Guilherme Moreira, *Instituições* cit., 1, 755 ss., que a incluía na parte geral.

§ 16.º Quadro geral 159

II. O Código Civil contém quatro artigos – 296.º, 297.º, 298.º e 299.º – ditos "disposições gerais" e, portanto: tendencialmente aplicáveis aos diversos institutos que, em concreto, exprimam a repercussão do tempo nas situações jurídicas. Com isso distingue-se dos Códigos alemão, francês e italiano, que não fizeram tal tentativa[470].

No anteprojeto de Vaz Serra, as regras relativas aos prazos surgiam a propósito, apenas, da prescrição. Previa-se, contudo, que o cômputo dos prazos e termos passasse para uma divisão específica, da parte geral[471]: era a origem do atual artigo 296.º.

Ainda nesse anteprojeto, Vaz Serra previa, num capítulo autónomo, um artigo com disposições de Direito transitório[472]: trata-se de um preceito que está na base dos atuais artigos 297.º e 299.º.

O artigo 298.º/2 vem-nos da caducidade, tal como resultava do anteprojeto[473], cabendo os seus dois outros números a direitos reais.

69. A enumeração de institutos; a primazia da prescrição e outras formas

I. Um tanto surpreendentemente, o Código Civil entrou na matéria da repercussão do tempo nas "relações jurídicas" com uma remissão sobre prazos (296.º). O tratamento racional da matéria exigiria que se principiasse pelo enunciado das figuras e, mais precisamente, pelo artigo 298.º/1, do Código Civil.

Com este senão, verifica-se que o artigo 298.º menciona três distintas figuras:

– a prescrição;
– a caducidade;
– o não-uso.

Quanto à prescrição, dispôs-se, simplesmente, que lhe estavam sujeitos, pelo não-exercício durante o lapso de tempo previsto na lei, os direitos

---

[470] Poderemos estudar esta orientação no ensino de Manuel de Andrade, *Teoria geral da relação jurídica* cit., 2, 439 ss. = ed. Ricardo da Velha (1953), 457 ss..

[471] Vaz Serra, *Prescrição extintiva e caducidade* cit., 613.

[472] Artigo 37.º do anteprojeto: Vaz Serra, ob. cit., 624.

[473] Artigo 29.º/1: Vaz Serra, ob. cit., 620.

160   *A repercussão do tempo nas situações jurídicas*

disponíveis ou que não fossem, por lei, declarados isentos da prescrição – 298.º/1.

II. A caducidade é enunciada no artigo 298.º/2: as suas regras são aplicáveis quando, por força da lei ou da vontade das partes, um direito deva ser exercido dentro de certo prazo.

O legislador evitou definir caducidade: opção delicada, designadamente quando contraposta à prescrição[474]. Temos, pois, aqui, toda uma grande margem de intervenção doutrinal.

III. Finalmente, o não-uso vem referido no artigo 298.º/3. A lei começa por isentar certos direitos reais de gozo da prescrição, submetendo-os, depois, ao não-uso, "... nos casos especialmente previstos na lei ...". As regras de caducidade teriam, ainda, então, lugar de aplicação, quando a lei não dispusesse de outra forma.

IV. A lei distingue assim três institutos concretizadores da relevância do tempo nas situações jurídicas. Todavia, em termos histórico-culturais e jurídico-científicos, há uma clara primazia da prescrição. Com raízes romanas, ela constituiu, ao longo da História, um local privilegiado para a discussão do problema. Além disso, ela assume-se, hoje, como a área mais permeável a reflexões e reformas. O próprio Código Civil, ao consagrar-lhe 28 artigos (300.º a 327.º), contra apenas 6 à caducidade (328.º a 333.º), dá bem a ideia do papel assumido pela prescrição.

V. Pergunta-se se, além das três figuras seriadas no artigo 298.º, haverá outras.

A doutrina alemã (que não refere o não-uso) insere, por norma, junto da prescrição e da caducidade, a *suppressio*. Uma vez que o Direito português também conhece esta figura, procederemos, no local adequado, a uma breve reflexão sobre a matéria.

---

[474] Também Vaz Serra, *Prescrição aquisitiva e caducidade* cit., 620-621, toma semelhante atitude. Segundo o artigo 28.º/1 do anteprojeto:

> Quando da lei respectiva se concluiu claramente que um direito deve ser exercido dentro de certo prazo sob pena, não de prescrição, mas de caducidade, não são aplicáveis as regras legais sobre suspensão e interrupção da prescrição, a não ser que o contrário resulte da mesma lei.

§ 17.º A CONTAGEM DOS PRAZOS

70. Os prazos: prazos civis e prazos processuais

I. No campo da repercussão do tempo nas situações jurídicas, torna-se fundamental o tema dos prazos e da sua contagem.

"Prazo" designa sempre um período de tempo. O tempo é contado de acordo com as unidades próprias, derivadas de constantes cósmicas: o ano (translação terrestre), o dia (rotação terrestre), o mês (translação lunar) ou a semana (fase lunar)[475]. A necessidade de conciliar essas constantes entre si conduz a distorções; por exemplo: o mês não pode equivaler rigorosamente à translação lunar (um pouco mais de 28 dias), para ser conciliável com o ano. O dia conhece subdivisões, designadamente em horas.

O prazo corre entre dois extremos: entre o ponto que marca o início da sua contagem e o que traduz o seu termo, a sua conclusão ou a sua expiração. Perante um prazo em dias, fala-se em *dies a quo* para o início e *dies ad quem*, para a sua expiração.

II. Distinguem-se, em Direito, dois tipos de prazos: os prazos civis ou substantivos e os prazos processuais ou adjetivos. Trata-se de uma contraposição que se vem mantendo, embora o seu conteúdo tenha vindo a variar, com sucessivas alterações legislativas.

Na origem temos o problema de saber se o tempo se conta momento a momento ou por anos, meses, ou dias. No primeiro caso, por exemplo, a pessoa que tivesse nascido às 12 h. atingiria a maioridade precisamente ao meio-dia do dia em que completasse os 18 anos; no segundo, abstrair-se-ia

---

[475] A semana permite, ainda, agrupar o Sol, a Lua e os cinco planetas visíveis a olho nu e, como tal, conhecidos desde a Antiguidade: Mercúrio, Vénus, Marte, Júpiter e Saturno. A designação dos dias da semana nos diversos idiomas europeus (salvo no português) testemunha-o, com eloquência.

162   *A repercussão do tempo nas situações jurídicas*

das horas e a maioridade completar-se-ia às 0 horas do dia dos anos em causa. O esquema *a momento ad momentum* ou *dies mobilis*, também dito cômputo natural, seria o mais justo; todavia, levantaria infindáveis discussões, contribuindo para a insegurança. Por isso se optou pelo cômputo civil ou *dies civilis*: dia a dia (ano a ano ou mês a mês) e não momento a momento.

No Código de Seabra, começou por se fixar essa mesma regra: segundo o artigo 560.º, o tempo (da prescrição) conta-se por anos, meses e dias e não de momento a momento, exceto nos casos em que a lei expressamente o determinar[476]. O artigo 562.º precisava o "dia a dia":

> O dia em que começa a correr a prescrição conta-se por inteiro, ainda que não seja completo, mas o dia em que a prescrição finda deve ser completo.

O Código de Processo Civil de 1939 continha regras diferentes: segundo o seu artigo 148.º,

> Não se conta no prazo, ainda que seja de horas, o dia em que começar, mas conta-se aquele em que findar.

Outra diferença resultava, na época, do seguinte: pelo artigo 563.º do Código de Seabra[477], quando o último dia da prescrição caísse em feriado, o prazo só se concluiria no primeiro dia seguinte não-feriado; pelo artigo 146.º do Código de Processo Civil de 1939, § 1.º, o prazo que terminasse em férias, domingo ou feriado, transferir-se-ia para o primeiro dia útil seguinte[478].

Quando uma lei – ou qualquer outra fonte – apontasse para um prazo, era fundamental saber se o mesmo era civil ou processual: as regras de contagem divergiam[479].

No Código de Processo Civil de 1961, a diferença aprofunda-se. De facto, segundo o seu artigo 144.º, o prazo judicial suspende-se durante as férias, sábados e domingos e dias feriados. Destinou-se esta reforma a evitar os inconvenientes, derivados da lei anterior de, no mesmo dia – por exemplo: o primeiro após as férias judiciais – se vencerem numerosos prazos, tudo em simultâneo, com grande confusão nos serviços.

O Código Civil de 1966 veio abandonar a regra da contagem do dia em que o prazo começasse a correr. Segundo o artigo 279.º, *b*), na contagem

---

[476] Luiz da Cunha Gonçalves, *Tratado* 3 (1930), 787 ss..

[477] O Código de Seabra não tinha regras gerais quanto a prazos; a matéria destes surgia a propósito da prescrição.

[478] Alberto dos Reis, *Código de Processo Civil Anotado* 1, 3.ª ed. (1948), 274-275.

[479] Alberto dos Reis, *Comentário ao Código de Processo Civil* 2 (1945), 52 ss..

§ 17.º A contagem dos prazos   163

de qualquer prazo, não se inclui o dia, nem a hora, se o prazo for de horas, em que ocorrer o momento a partir do qual o prazo começa a correr, numa certa aproximação à lei processual. Esta, todavia e como vimos, ainda se distanciara mais da civil.

III. Atualmente, o prazo substantivo ou civil conta-se de acordo com as regras do artigo 279.º do Código Civil, enquanto o prazo adjetivo ou processual segue o prescrito no artigo 144.º/1, do Código de Processo Civil:

> 1. O prazo processual estabelecido por lei ou fixado por despacho do juiz, é contínuo, suspendendo-se, no entanto, durante as férias judiciais, salvo se a sua duração for igual ou superior a seis meses ou se se tratar de atos a praticar em processos que a lei considere urgentes.

Pois bem: a regra mais geral resulta do artigo 296.º: as regras do artigo 279.º – as do prazo civil – são aplicáveis, na falta de disposição especial em contrário, aos prazos e termos fixados por lei, pelos tribunais ou por qualquer outra entidade.

71. O âmbito dos prazos civis

I. A existência de duas técnicas distintas de contagem de prazos – a dos prazos substantivos e a dos adjetivos – representa um fator de permanente sobressalto, no campo processual. A reforma processual de 1995/1996, que provocou uma notável aproximação entre os dois sistemas é, por isso e neste ponto, de aplaudir.

II. Temos agora presente a já citada regra geral do artigo 296.º: salvo norma em contrário, os diversos prazos são civis, aplicando-se as regras do artigo 279.º.

Encontramos, entre outras, as seguintes concretizações:

– a contagem de uma pena de prisão obedece às regras do artigo 279.º, c), do Código Civil[480];

---

[480] Assento do STJ(P) 5-dez.-1973 (Daniel Ferreira), BMJ 332 (1974), 37-40 (39) = DG I Série de 5-jan.-1974.

164   *A repercussão do tempo nas situações jurídicas*

– o prazo para a interposição de recurso contencioso é substantivo, aplicando-se o artigo 279.°, *e*), do Código Civil[481];

– o prazo de 90 dias para a regularização do cheque sem provisão, dado pela Lei n.° 16/86, para efeitos de amnistia, não é judicial; segue o artigo 279.°[482];

– o prazo dos contratos de trabalho a termo segue o cômputo do artigo 279.°, *b*) e *c*)[483];

– o prazo para propor a suspensão de um despedimento é substantivo e não judicial[484];

– ao prazo para a prescrição dos créditos provenientes do contrato de trabalho – artigo 38.° da LCT – aplica-se por via do artigo 296.°, o artigo 279.°, *c*)[485] e o artigo 279.°, *e*)[486];

– para efeitos de entrada em vigor do RAU, os 30 dias de *vacatio* observam o referido artigo 279.°[487];

– o prazo de 30 dias fixado pelo artigo 772.°/3 do CPC[488] (versão anterior à reforma de 95/96) é substantivo[489];

– o prazo para comunicar ao senhorio a ocorrência de um trespasse é substantivo[490];

– o prazo para a propositura da ação de fundo correspondente a um arrolamento tem natureza substantiva, expirando no primeiro dia útil após as férias judiciais[491];

– à contagem do período experimental, em contrato de trabalho aplica-se o artigo 279.°, *b*), do Código Civil[492];

---

[481] STA 2-fev.-1984 (Leitão Cardoso), AcD XXIII (1984), 272-273, 960-970.

[482] STJ 19-nov.-1986 (Almeida Simões), BMJ 361 (1986), 269-277 (271).

[483] RLx 5-abr.-1989 (Nuno Alvim), CJ XIV (1989) 2, 181-182.

[484] RLx 7-mar.-1990 (Rodrigues da Silva), CJ XV (1990) 2, 186-187 (187/II): estava-se, ainda, no âmbito do Decreto-Lei n.° 372-A/75, de 16 de julho, mais precisamente do seu artigo 11.°/5.

[485] STJ 4-nov.-1992 (Dias Simão), BMJ 421 (1992), 262-266 (264).

[486] STJ 18-jan.-1995 (Dias Simão) CJ/Supremo III (1995) 1, 250-252 (252/I).

[487] RLx 5-nov.-1992 (Silva Paixão), CJ XVII (1992) 5, 117-118 (118/II).

[488] Trata-se de um prazo para interpor recurso de revisão.

[489] RLx 3-jun.-1993 (Cruz Broco), CJ XVIII (1993) 3, 119-120 (120/I).

[490] STJ 9-nov.-1994 (Pereira Cardigos), CJ/Supremo II (1994) 3, 116-118 (118/I).

[491] REv 7-mar.-1996 (Manuel Pereira), BMJ 455 (1996), 589.

[492] RLx 1-abr.-1998 (Garcia Reis), CJ XXIII (1998) 2, 178-179 (179/I).

§ *17.° A contagem dos prazos*   165

– o prazo de reflexão para a revogação de um contrato de mútuo é substantivo[493].

III. Também as próprias leis processuais administrativas fazem apelo ao artigo 279.° do Código Civil[494]: uma opção que sempre resolve dúvidas potenciais, mas que se imporia por força do artigo 296.°, vindo a ser aplicada, sem dificuldades, pela jurisprudência[495].

IV. A remissão do artigo 296.° para o 279.° tem, todavia, alguma delimitação.

Na verdade, as regras do artigo 279.° são de natureza interpretativa[496]: elas funcionam "em caso de dúvida" e inserem-se, em pleno, na autonomia privada. Não admira, uma vez que elas surgem a propósito do termo, o qual se insere em pleno na autonomia privada[497]. Quando, porém, tais regras sejam aplicáveis por via da remissão do artigo 296.°, haverá que ponderar caso a caso, se se mantém a margem para a autonomia privada.

Perante a prescrição, tal margem não existe, dado o âmbito do artigo 300.° do Código Civil.

72. O cômputo dos prazos

I. O artigo 296.° remete o cômputo dos prazos para o artigo 279.°. Estes preceitos, no seu conjunto, correspondem à recomendação de Vaz Serra, de que seria preferível encontrar regras gerais para todos os prazos[498].

---

[493] STJ 6-nov.-2007 (Mário Cruz), CJ/Supremo XV (2007) 3, 127-129 (128).

[494] Assim o artigo 28.°/1 da LPTA.

[495] STA(P) 3-out.-1996 (Cruz Rodrigues), BMJ 460 (1996), 771-773 (772) e STA 6-mai.-1997 (Padrão Gonçalves), BMJ 467 (1997), 607.

[496] Assim sucede com o correspondente § 189/I do BGB; Manfred Wolf/Jörg Neuner, *Allgemeiner Teil* cit., 10.ª ed., § 23, Nr. 17 (277).

[497] Assim, segundo RCb 13-mai.-1993 (Victor Devesa), CJ XVIII (1993) 3, 86-88 (87/II), as regras do artigo 279.°, *a*) e *c*), só se aplicam se as partes não estabelecerem outras.

[498] Vaz Serra, *Prescrição e caducidade* cit., 244. Parece-nos clara uma especial influência dos §§ 186 a 193 do BGB e do artigo 2963.° do Código italiano.

166　　　*A repercussão do tempo nas situações jurídicas*

A matéria tem tradição nas nossas fontes. Segundo o título XIII do Livro III das Ordenações[499],

> Em todo termo, que por qualquer maneira fôr assinado, não se entenderá nelle o dia, em que tal termo fôr assinado. E sendo assinado termo de mez, ou de anno, o mês se entenderá de trinta dias e o anno se entenderá do dia seguinte depois do dia, em que for assinado, até outros tantos dias daquelle mez do anno seguinte[500].

O Código Comercial de Ferreira Borges (1833) alterou um pouco esta matéria; assim, segundo o seu artigo 265.º,

> No computo de dias, mezes e annos, se entenderá nos contractos por dia o espaço de vinte e quatro horas; por mez, qual se acha designado no calendario gregoriano; e por anno, o decurso de trezentos e sessenta e cinco dias.

Continuava o artigo 266.º:

> Em todas as obrigações mercantis a termo fixo, constante de numero determinado de dias, não se conta em caso algum o dia da data do contracto, senão o seguinte immediato; salva convenção expressa: conta-se porém o dia da expiração do termo, que se chama *dia do vencimento*.

As especificidades dos prazos processuais remontam ao Direito romano: nos dias nefastos, não era possível aplicar a justiça. Mais tarde, têm a ver com as férias dos juízes. Segundo o artigo 66.º do Código de Processo Civil de 1874, artigo 66.º[501],

> Os actos judiciaes não podem ser praticados em dias santificados, ou feriados, nem durante as ferias.

---

[499] *Ord. Fil.*, Liv. III, Tit. XIII = ed. Gulbenkian cit., 576/II.

[500] Prosseguia o § 1 (e único) do título em causa:

(...) o dia derradeiro, em que se acabar o termo, será comprehendido nelle: salvo se fôr dia feriado, em que tal acto se não possa fazer (...) será obrigado a fazer (...) no primeiro dia logo seguinte não feriado (..)

Nas *Ordenações Afonsinas* – Liv. III, tit. XVIII = ed. Gulbenkian, 72 – o dia em que o termo *he assignado* contar-se-ia, ou não, consoante os casos.

[501] Nos tribunais comerciais de 1.ª instância, "... não há férias senão em honra divina ..."; *vide* José Dias Ferreira, *Codigo de Processo Civil Annotado* 1 (1887), 132.

§ 17.º A contagem dos prazos

167

Quanto ao cômputo, o mesmo Código dispunha, no seu artigo 68.º:

§ 3.º Não se conta no praso o dia em que elle começar, mas conta-se aquelle em que findar.

§ 4.º O praso corre durante as ferias e em dias feriados ou sanctificados, mas quando fôr feriado ou sanctificado ou estiver comprehendido nas ferias o ultimo dia, e o acto de que se tratar não poder, por sua natureza, praticar-se n'esses dias, o praso só terminará no seguinte primeiro dia util.

§ 5.º O praso de anno corre desde o dia em que teve começo até egual dia do mesmo mez no anno em que deve terminar (...) O praso de mez é sempre de trinta dias.

Cumpre ainda assinalar o artigo 311.º, do Código Comercial de Veiga Beirão (1888), relativo a letras:

Entender-se-á por dia o espaço de vinte e quatro horas, começando-se a contar da primeira hora depois da meia noite; os ano serão os que se acham fixados pelo calendário gregoriano, e os meses serão computados em trinta dias.

Vimos, acima, a evolução conhecida pelos prazos adjetivos[502].

II. No Código de Seabra estabeleceu-se um esquema completo que cumpre recordar: foi dele que partiu o legislador de 1966. Assim, segundo o seu artigo 560.º,

O tempo da prescrição conta-se por anos, meses e dias, e não de momento a momento, excepto nos casos em que a lei expressamente o determine.

§ 1.º O ano regula-se pelo calendário Gregoriano.
§ 2.º O mês é sempre computado em trinta dias.

O calendário Gregoriano veio, no essencial, fixar o início do ano civil no primeiro dia de janeiro; procedeu, ainda, a alguns ajustes nos anos bissextos. Nos comentários, a referência a esse calendário era interpretada ora como compreendendo os anos bissextos[503], ora como tendo sempre (apenas) anos de 365 dias[504].

---

[502] *Supra*, 161 ss..

[503] José Dias Ferreira, *Codigo Civil Annotado* cit., 1, 398.

[504] Luiz da Cunha Gonçalves, *Tratado* cit., 3, 788; desconhecemos a base desta asserção. O autor apenas explica que uma pescrição de 30 anos, a não ter em conta os anos bissextos, seria, na realidade, uma prescrição de 30 anos, mais 7 ou 8 dias.

168   *A repercussão do tempo nas situações jurídicas*

O calendário gregoriano foi fixado em 24-fev.-1582, pela *Bula Inter Gravissimas* do Papa Gregório XIII (1502-1585), tendo sido oficialmente adotado em Portugal em 4-out.-1582[505]. Hoje, é praticamente o calendário mundial.

Na origem, encontramos o chamado calendário lunar, que previa 12 meses de 29,5 dias, correspondentes à translação da Lua: o ano teria 354,3 dias, ficando desconectado do ano solar, o que acabaria por provocar a inversão das estações. Em 46 a. C., Júlio César, orientado pelo astrónomo Sosígenes, estabeleceu o calendário juliano: este adotou o ano solar e, para o conciliar com os movimentos da Lua, introduziu variações na duração dos meses e, de quatro em quatro anos, o ano bissexto. Todavia, subsistiram pequenas diferenças (3 dias em cada 400 anos) que, com o andar dos séculos, deram um "atraso" de semana e meia, no séc. XVI, num aspeto corrigido pelo calendário gregoriano.

Finalmente, recorde-se que os anos são contados a partir do ano do nascimento de Jesus Cristo, correspondente ao ano I[506]: a era de Cristo. Em Portugal vigorava a era de César, 38 anos anterior ao nascimento de Cristo. A era de Cristo foi adotada por Decreto de D. João I, de 22-ago.-1422: 1460 passou, então, a ser 1422.

A prescrição de trinta dias era reportada a dias de vinte e quatro horas, começando a contar a primeira depois da meia noite – 561.º. O dia em que começa a correr a prescrição conta-se por inteiro, ainda que não seja completo, mas o dia em que a prescrição finda deve ser completo – 562.º. Finalmente, quando o último dia da prescrição fosse feriado, esta só se consideraria finda no primeiro dia seguinte não-feriado – 563.º, todos do Código de Seabra. Estas regras, reportadas apenas à prescrição, colidiam com outras, civis, comerciais e processuais. O Código Vaz Serra procurou fixar um quadro geral[507], ainda que inserindo-o, porventura, discutivelmente, a propósito do termo.

III. O artigo 279.º fixou, no essencial, dois tipos de regras:

---

[505] Com diversas indicações, *vide* o P. Avelino de Jesus da Costa, *Calendário*, DHP 1 (1979), 435-438.

[506] Sabe-se, hoje, que o cálculo não foi exato, tendo o Nascimento de Belém ocorrido ... provavelmente a 3 a. C.; por outro lado, a era de Cristo principia logo pelo ano 1 (e não, como se impunha, pelo ano 0): aquando da fixação das eras, o zero, vindo do Oriente, ainda não fora adotado.

[507] Adriano Vaz Serra, *Prescrição e caducidade* cit., 240 ss..

§ 17.° A contagem dos prazos

– regras destinadas a interpretar as declarações de vontade feitas pelas partes, a propósito da estipulação de termo;
– regras mais gerais sobre o cômputo dos prazos.

Evidentemente, as regras sobre a interpretação das declarações poder-se-ão aplicar a quaisquer outras fontes, quando estas assumissem a configuração prevista. Assim:

– quando o termo se reporte ao princípio, meio ou fim do mês, entende-se, como tal, o primeiro dia, o dia 15 e o último dia do mês – artigo 279.°, *a*), 1.ª parte;
– quando se fixe o princípio, meio ou fim do ano entende-se, respetivamente, o primeiro dia do ano, o dia 30 de junho e o dia 31 de dezembro – *idem*, 2.ª parte;
– é havido, respetivamente, como prazo de uma ou duas semanas o designado por oito ou quinze dias – artigo 279.°, *d*), 1.ª parte;
– é havido, respetivamente, como prazo de um ou dois dias o designado por 24 ou 48 horas – *idem*, 2.ª parte.

Estas proposições procuram adaptar a linguagem corrente das pessoas à realidade jurídica, mais precisa.

IV. O mesmo artigo 279.° contém, depois, regras gerais sobre a contagem dos prazos. São elas:

– na contagem de qualquer prazo não se inclui o dia (nem a hora, se o prazo for de horas) em que ocorreu o evento a partir do qual o prazo começa a correr – 279.°, *b*); trata-se de uma solução oposta à do artigo 562.° do Código de Seabra, mas que vai ao encontro da do artigo 148.° CPC, em vigor aquando da preparação do Código Civil[508];
– o prazo fixado em semanas[509], meses ou anos, a contar de certa data, termina às 24 horas do dia que corresponda, dentro da última semana, mês ou ano, a essa data – artigo 279.°, *c*), 1.ª parte; como dizia o Código de Seabra – artigo 562.°, 2.ª parte – o último dia deve ser completo.

---

[508] *Vide*, ainda, Manuel de Andrade, *Teoria geral da relação jurídica* cit., 2, 442.
[509] Incluindo, pois, o de oito ou de quinze dias, por via do artigo 279.°, *d*).

170   *A repercussão do tempo nas situações jurídicas*

Estas duas regras equivalem à adoção do cômputo civil, por oposição ao cômputo natural: a contagem não se faz momento a momento mas por "blocos de tempo", nos termos indicados. A lei civil já não refere o calendário gregoriano[510]: este, quando se trate de calendário, está, todavia e automaticamente, em vigor, desde o século XVI, no País. Como exemplo:

– o prazo de duas semanas, fixado numa 5.ª feira, acabará às 24 horas da segunda 5.ª feira subsequente;

– o prazo de dois anos, fixado em 26 de março de 2005, terminará às 24 horas do dia 26 de março de 2007.

O final do artigo 279.º, *c*), contém uma regra para que cumpre estar atento: se no último mês não existir dia correspondente, o prazo finda no último dia desse mês. Assim, se no dia 31 de julho se fixa um prazo de 2 meses, estes ter-se-ão por concluídos no 30 de setembro. Uma especial atenção deve ser sempre dada ao mês de fevereiro.

V. Finalmente e de acordo com a solução tradicional, o prazo que termine num domingo ou num feriado transfere-se para o primeiro dia útil – artigo 279.º, *e*), 1.ª parte.

A 2.ª parte desse preceito, num esforço para aproximar os prazos substantivos dos adjetivos, veio equiparar as férias judiciais aos domingos e feriados, quando o ato sujeito a prazo tenha de ser praticado em juízo. Todavia, o CPC manda, hoje, suspender os prazos nas férias judiciais, com determinadas exceções: artigo 144.º. Conserva-se, pois e também aí, a diferença.

73. Regras transitórias

I. O Código Civil alterou bastante, como vimos, as regras relativas à contagem dos prazos. Além disso, modificou também diversos prazos concretos atinentes à prescrição e à usucapião. Põe-se, com isso, um problema de Direito transitório: *quid iuris* se a lei nova qualificar como prescrição uma situação antes tida como caducidade e inversamente?

---

[510] O calendário gregoriano vinha ainda referido nos artigos 1090.º e 1091.º, relativos ao vencimento e à antecipação de rendas; as correspondentes referências transitaram para os artigos 20.º e 21.º do R.A.U., onde se mantêm.

§ 17.º A contagem dos prazos 171

O problema da transição de regimes, fora já enfrentado pelo Código de Seabra, no domínio da prescrição: artigos 564.º e 566.º. Adotou-se, aí, uma filosofia simples: prescrição iniciada pela lei velha seguiria até ao fim sempre de acordo com a lei velha; todavia, quando iniciada pela lei velha, se o prazo ainda em falta, segundo esta, fosse maior do que o da totalidade da lei nova, esta teria aplicação, com o limite mínimo de três meses após a publicação do Código[511].

O Código Civil introduziu disposições transitórias nos seus artigos 297.º e 299.º. A sua colocação é discutível: poderiam ter ficado junto ao artigo 12.º, relativo à aplicação das leis no tempo ou figurar no diploma preambular que aprovou o Código Civil.

II. Quanto à alteração dos prazos, as soluções do Código são as seguintes:

– se o prazo se tiver iniciado pela lei velha e a lei nova o encurtar: reinicia-se a contagem, à luz da lei nova e à data da vigência desta; posto isso, aplica-se o da lei velha ou o da lei nova, consoante o que primeiro expirar – 297.º/1[512];
– na mesma situação e se a lei nova alongar o prazo: este tem aplicação, mas computa-se, nele, o tempo decorrido desde o início – 297.º/2.

Tudo isto tem aplicação aos prazos fixados pelos tribunais ou por outras entidades – 297.º/3.

III. No tocante a alterações de qualificação de prescrição para caducidade ou vice-versa:

– a nova qualificação, com todas as consequências, aplica-se às situações já em curso;
– todavia, a lei nova não atinge as suspensão ou interrupção da prescrição, ocorridas pela lei velha.

---

[511] José Dias Ferreira, *Codigo Civil Anotado* cit., 1, 2.ª ed.., 400 ss..

[512] Deve entender-se que a lei nova fixa um "prazo mais curto" quando a lei velha não estabelecesse qualquer prazo, aplicando-se, então, o artigo 297.º/1: RPt 21-jul.-1971 (sem indicação de relator), BMJ 211 (1971), 328 (o sumário) e RLx 2-mai.-1973 (*idem*), BMJ 227 (1973), 202 (o sumário); em abono: Pires de Lima/Antunes Varela, *Código Civil Anotado* cit., 1, 4.ª ed., 271.

172   *A repercussão do tempo nas situações jurídicas*

É o que retiramos do artigo 299.º, do Código Civil[513].

IV. O Código Civil, na fixação das apontadas regras transitórias, focou, apenas, alterações na duração dos prazos e a hipótese mais concreta de modificação de qualificações caducidade/prescrição. Todavia, verificámos que houve alterações noutros pontos e, designadamente, na técnica de contagem.

Estas modificações resolvem-se pela aplicação do artigo 297.º. No fundo, todas elas redundarão (ou não), em modificações nos prazos. Se os prazos forem idênticos, tanto dá: se não forem, seguem-se os vetores do artigo 297.º, acima examinado, conforme haja encurtamento ou alargamento.

---

[513] O Código fala em alterações de "prazos": "prazo de caducidade" para "prazo de prescrição" e inversamente. Na verdade, não se trata, apenas, de "prazos"; antes da aplicação de institutos globais diversos.

SECÇÃO II
A PRESCRIÇÃO

§ 18.º A EVOLUÇÃO HISTÓRICA DA PRESCRIÇÃO

74. O *usus*

I. No Direito romano antigo e no clássico, não encontramos uma figura que se identifique com a prescrição ou, mais genericamente: com um princípio de sensibilidade dos direitos ao decurso do tempo. Adiantam os autores que os problemas da certeza e da segurança eram quase indiferentes aos cidadãos romanos: acreditavam na justiça e na idoneidade do Direito e das suas instituições[514]. As diversas situações jurídicas tenderiam para a perpetuidade, não sendo prejudicadas pelo mero decurso do tempo.

II. Podemos, nas XII Tábuas, encontrar manifestações de eficácia do tempo, mas pela positiva: como fator de constituição ou de consolidação de posições jurídicas. Assim sucedia com o *usus*.

O *usus* traduzia o controlo material de uma coisa, em termos que mais tarde vieram a ser aproximados da *possessio*[515] e que, hoje, desembocam na posse. Pois bem: no antigo Direito romano, a transmissão da propriedade de uma coisa não operava, automaticamente, através de um contrato. O "contrato" apenas permitia investir o adquirente no *usus* da coisa.

---

[514] Mario Amelotti, *Prescrizione (diritto romano)*, ED XXXV (1986), 36-46 (36/II).

[515] A *possessio* era, por seu turno, o controlo material (a posse) do *ager publicus*. Sobre esta matéria *vide* o nosso *A posse/perspectivas dogmáticas actuais*, 3.ª ed. (2000), 15 ss..

174   *A repercussão do tempo nas situações jurídicas*

Quando esse *usus* se prolongasse por dois anos, no caso dos fundos e por um, nos restantes casos, operava a aquisição do domínio, por *usucapio*[516].

III. Como se referiu, o *usus* veio a aproximar-se da *possessio* e isso ao ponto de, verbalmente, ter sido substituído por esta última expressão. Temos, então, a *possessio ad usucapionem* ou *possessio civilis*, cujo decurso facultava a aquisição do *mancipium*.

Tratava-se de um prazo curto e, de todo o modo, assente numa forma legítima de adquirir, devidamente validada[517]. A mensagem de uma repercussão do tempo era ténue: mas existia.

75. A *longi temporis praescriptio*

I. A *usucapio* tinha manifestas insuficiências, mormente quando não fosse possível exibir o título de transferência da coisa. O sistema das *legis actiones* pouco permitia fazer. Além disso, a *usucapio* apenas funcionava na área de Roma: ficavam excluídos todos os *fundi* das províncias.

Aproveitou-se, para enfrentar as lacunas daí derivadas, um instituto oriundo da Grécia: a *longi temporis praescriptio*. Esta foi inicialmente acolhida através de um rescrito de Septimo Severo e de Antonino Caracala do ano 199[518], depois de ter conhecido diversos antecedentes parcelares no campo da *extraordinaria cognitio*[519].

II. A *longi temporis praescriptio* não permitia, por si, a aquisição do domínio – que, de resto, nem era possível, inicialmente, nas províncias.

---

[516] Daí a Tábua VI da Lei das XII Tábuas:

    Usus auctoritas fundibiennium costerarum rerum annus est.

Quanto ao *usus* e à *possessio*: Raúl Ventura, *História do Direito romano*, II – *Direito das coisas* (1968, polic.), 123 ss. e Max Kaser, *Das römische Privatrecht*, I – *Das altrömische, das vorklassische und klassische Recht*, 2.ª ed. (1971), §§ 36 e 94 e ss..

[517] Os requisitos da *usucapio* podem ser confrontados em A. Santos Justo, *Direito privado romano* – III (*Direitos reais*) (1997), 73 ss..

[518] Pietro Bonfante, *Corso di diritto romano*, II, 1 (1926), 212. Sobre esta matéria cumpre citar o clássico de Dieter Nörr, *Die Entstehung der 'longi temporis praescriptio'. Studien zum Einfluss der Zeit im Recht und zur Rechtspolitik in der Kaiserzeit* (1969).

[519] Mario Amelotti, *Prescrizione (diritto romano)* cit., 40 ss. e Pietro Bonfante, *Corso di diritto romano* cit., II, 1, 214; esta matéria pode ser seguida, entre nós, em Santos Justo, *Direito privado romano* cit., 3, 81 ss..

§ 18.º A evolução histórica da prescrição 175

Apenas permitia deter a *actio* de quem viesse invocar ser o proprietário, através de uma *exceptio*. Para tanto, era necessário que um possuidor detivesse o imóvel, com *iusta causa* e sem oposição de terceiros, durante 10 ou 20 anos, consoante o interessado vivesse ou não na mesma cidade.

Justiniano, no ano 531, veio fundir a *usucapio* e a *longi temporis praescriptio*, como fórmula de aquisição de direitos reais, através da posse. Esta tinha de ser *bonae fidei*[520] e exigia: três anos para os móveis e 10 ou 20 anos para os imóveis, consoante opusesse pessoas da mesma cidade ou de cidades diversas.

Entretanto, no ano de 365, uma *constitutio* de Constantino[521] viera permitir ao possuidor da coisa por, pelo menos, 40 anos, a possibilidade de deter a reivindicação, através da competente *exceptio*: dispensava-se, então, a *bona fides* e o justo título. Era a *praescriptio quadraginta annorum* ou *longissimi temporis praescriptio*[522]. Estavam lançadas as bases do que seria a usucapião com boa-fé e justo título e a usucapião sem esses requisitos.

III. Foi assim conquistada, para o Direito romano pós-clássico, a ideia de que o decurso do tempo podia ter repercussões nas situações jurídicas.

No ano de 424, Teodósio II, imperador do Oriente, instituiu uma *praescriptio* de 30 anos de base geral[523]: ela permitia paralisar todas as ações, quer reais quer pessoais que, durante 30 anos, não tivessem sido exercidas. Esta reforma acudiu numa época em que as preocupações de certeza e de segurança no Direito e na sua aplicação se tornaram dominantes. A prescrição teodosiana não era, ainda, uma figura de ordem geral[524]. No Ocidente, coube a Valentiniano III aprontar, em 449, uma novela *de triginta annorum praescriptione omnibus causis opponenda*, nem sempre coincidente com a solução de Teodósio II. De novo no Oriente, Anastásio veio fixar uma prescrição de 40 anos aplicável subsidiariamente a todas as ações ainda imunes a esse instituto[525].

---

[520] Santos Justo, *Direito privado romano* cit., 3, 81 ss..

[521] C. 7.39.2 = ed. Paul Krüger (1900), 311/I.

[522] C. 7.37.39 = ed. Paul Krüger cit., 309-310.

[523] C. 7.39.3 = ed. Paul Krüger cit., 311; Mario Amelotti, *Prescrizione* (*diritto romano*) cit., 36-37 e 43 ss..

[524] No *Codex* de Justiniano, o texto de Teodósio II seria interpolado. No original, a *praescriptio* atingia: as *rei vindicationes*, as *hereditates petitiones* e as ações pessoais.

[525] Mario Amelotti, *Prescrizione* (*diritto romano*) cit., 44/I.

176 *A repercussão do tempo nas situações jurídicas*

Justiniano unificaria todas estas fontes, dando-lhes harmonia e generalidade, em torno dos 30 anos[526].

No chamado período intermédio, o problema da repercussão do tempo nas situações jurídicas assumiu uma importância acrescida. Verificaram-se largas perturbações com um enfraquecimento geral da legalidade estrita e dos serviços destinados a autenticar e a publicitar os atos. A nova ordem dominial exigia uma legitimação que só o tempo podia dar[527].

A prescrição – então dita "aquisitiva" – tornou-se particularmente apta para a aquisição originária dos direitos reais. Em paralelo, a prescrição extintiva complicava-se, com novos requisitos, quando operasse contra a Igreja[528]. Fontes nacionais vieram ocupar-se dela, em termos que atingiriam acentuada complexidade.

A prescrição acabaria por surgir nas diversas disciplinas jurídicas.

76. As codificações

I. Na pré-codificação francesa assistiu-se a uma simplificação geral do tema da prescrição. Foram reduzidos certos prazos e suprimidas algumas modalidades. Finalmente, consumou-se uma contraposição entre a prescrição aquisitiva, assente na posse, própria dos direitos reais e ainda variável em função de alguns requisitos e a prescrição extintiva, obrigacional, mais uniforme[529].

II. No Código Napoleão, a prescrição surge como título XX do Livro III: o último título do Código. A organização desse título dá-nos, logo, uma primeira ideia do seu conteúdo:

Capítulo I – Disposições gerais – 2219.º a 2227.º;
Capítulo II – Da posse – 2228.º a 2235.º;
Capítulo III – Das causas que impedem a prescrição – 2236.º a 2241.º;

---

[526] *Idem*, 44-45.

[527] *Vide* Adriana Campiteli, *Prescrizione (diritto intermedio)*, ED XXXV (1986), 46-56.

[528] Adriana Campiteli, *Prescrizione (diritto intermedio)* cit., 50; Piero Antonio Bonnet, *Prescrizione (diritto canonico)*, ED XXXV (1986), 89-124.

[529] *Vide* alguns elementos em Pothier, *Tratado das obrigações pessoaes e reciprocas*, trad. port. Corrêa Telles, tomo II (1835), 162 ss..

§ 18.º A evolução histórica da prescrição   177

Capítulo IV – Das causas que interrompem ou que suspendem o decurso da
     prescrição :
     Secção I – Das causas que interrompem a prescrição – 2242.º a
          2250.º;
     Secção II – Das causas que suspendem o decurso da prescrição –
          2251.º a 2259.º;
Capítulo V – Do tempo requerido para prescrever:
     Secção I – Disposições gerais – 2260.º e 2261.º;
     Secção II – Da prescrição trintenal – 2262.º a 2264.º;
     Secção III – Da prescrição por dez e vinte anos – 2265.º a 2270.º;
     Secção IV – De algumas prescrições particulares – 2271.º a 2281.º.

Na prática francesa e até aos nossos dias, sobrevive uma certa ideia
de proximidade entre a prescrição aquisitiva, própria dos "bens"[530] e a
prescrição extintiva, das obrigações[531]. Trata-se de uma orientação que
instrumentaliza a posse.

Uma orientação paralela constava do Código Civil italiano, de 1865.
A prescrição surgia, também aí, no final do Código – título XXVIII, artigos
2105.º a 2147.º – com uma ordenação claramente napoleónica[532].

II. Na pandectística impôs-se, desde cedo, o hábito de colocar historicamente o tema do influxo do tempo nas relações jurídicas e o da prescrição[533]. A prescrição é situada na parte geral, apontando-se a "abstração
arbitrária" que permitiu aproximar a prescrição (extintiva) da usucapião,
na base de uma ideia ampla de prescrição[534]. Na pandectística tardia, a
prescrição surge na parte geral, reportando-se, fundamentalmente, à cessação de pretensões creditícias[535].

Em consequência, a prescrição figuraria efetivamente no BGB na
parte geral. Já a usucapião, apenas marginalmente admitida, ficaria no livro
III, relativo ao Direito das coisas.

---

[530] P. ex., Jean Carbonnier, *Droit civil* (ed. 2004), 1815 ss., quanto a imóveis.

[531] P. ex., Jean Carbonnier, *Droit civil* cit., 2512 ss., quanto às obrigações.

[532] *Codice Civile del Regno d'Italia*, 6.ª ed. publ. T. Bruno (1901), 582 ss.; Eurico
Gropallo, *Precrizione civile*, no NDI X (1939), 207-242.

[533] Friedrich Carl von Savigny, desde logo, no *System des heutigen römischen
Rechts* 4 (1841, reimp. Aalen, 1981), §§ 177 ss. (297 ss.).

[534] Savigny, *System* cit., 4, 309 ss..

[535] Bernhard Windscheid/Theodor Kipp, *Lehrbuch des Pandektenrechts*, 9.ª ed.
(1906), §§ 106 ss. (1, 547 ss.), com indicações.

178   *A repercussão do tempo nas situações jurídicas*

A prescrição sofreu, no BGB, como foi dito, uma profunda reforma, em 2001/2002. Vamos deixar um apanhado sobre o tratamento da matéria, à luz do BGB "inicial".

A prescrição consta, no BGB alemão, de uma secção V da Parte geral. Todavia e em termos dogmáticos, a sua inclusão no Direito das obrigações é dado adquirido. A prescrição alargava-se do § 194 ao § 225[536]: uma extensão considerável, dada a feição sintética do BGB.

O princípio geral da prescrição dos direitos consta do § 194. O prazo geral era fixado em 30 anos – § 195 – com exceções de biénio – § 196 – e de quadriénio – § 197. A prescrição inicia-se com o direito de agir ou com a oposição ao dever de abstenção – § 198. O § 199 precisa a necessidade de se poder exercer o direito, para o início do decurso do prazo. Os §§ 200 e 201 trazem novas precisões, nesse domínio.

A suspensão da prescrição ocorre quando a prestação seja diferida ou quando o obrigado possa recusar a sua efetivação, por qualquer outra causa – § 202. Também se suspende, nos últimos 6 meses do prazo, quando o obrigado esteja impedido de exercer os seus direitos – § 203. Temos, depois, outros casos de suspensão: entre cônjuges e enquanto durar o casamento – § 204; contra o incapaz e nos últimos 6 meses – § 206; e contra a herança, em certos parâmetros. A suspensão da prescrição implica a exclusão do tempo pelo qual a mesma se mantenha – § 205.

Segue-se o regime da interrupção da prescrição. Esta ocorre, desde logo, quando o obrigado reconheça o direito visado – § 208[537]. Além disso, ela é interrompida pelo exercício judicial do direito, em moldes minuciosamente precisados – §§ 209 e 210[538]. A interrupção judicial subsiste até ao termo definitivo do processo – § 211. Ela tem-se por não ocorrida quando a ação seja retirada ou quando ela conclua sem decisão de fundo – § 212. Os §§ 214 a 216 acrescentam novas regras, de tipo processual[539]. A interrupção da prescrição inutiliza o tempo já decorrido – § 217.

A prescrição de trinta anos funciona mesmo para direitos submetidos a uma prescrição mais curta – § 218. Havendo sucessão na posse, o tempo do

---

[536] Uma exposição "atualizada" (a última) sobre o "velho" regime de prescrição pode ser vista em Helmut Grothe, no *Münchener Kommentar zum Bürgerlichen Gesetzbuch* 1, 4.ª ed. (2001), 1881-2040, com inúmeras indicações.

[537] Este preceito complementa: reconheça pagando juros, constituindo garantias ou de qualquer outra forma.

[538] O § 213 acrescenta um esquema semelhante à notificação judicial.

[539] Outro tanto sucedendo com o § 219, enquanto o § 220 torna aplicáveis os diversos preceitos à jurisdição arbitral.

§ *18.° A evolução histórica da prescrição*

antecessor pode aproveitar ao do sucessor – § 221. Decorrida a prescrição, o obrigado pode recusar a prestação; mas não pode exigir a restituição do que tenha pago, mesmo na ignorância da prescrição – § 222. A prescrição de um direito garantido por hipoteca ou por penhor não impede o interessado de tentar fazer-se pagar através do objeto onerado pela garantia – § 223. A prescrição de um direito principal atinge o direito a prestações acessórias, mesmo quando este último não se encontre prescrito – § 224. Finalmente: a prescrição não pode ser negocialmente excluída ou agravada; todavia, podem as partes facilitá-la, encurtando, designadamente, os seus prazos – § 225.

III. No Código italiano vigente, a colocação da prescrição foi muito discutida[540]. Acabaria por se manter no final do Código Civil, segundo a tradição napoleónica. Mas com duas particularidades da maior importância:
– aparece em conjunto com a caducidade, num título próprio – artigos 2934.° a 2969.°;
– surge radicalmente separada da usucapião, inserida, a propósito da posse, no livro sobre a propriedade – artigos 1158.° a 1167.°.

A prescrição e a caducidade (*decadenza*) situam-se num título V do livro VI, relativo à tutela dos direitos. A sistematização desse título é a seguinte:

Capítulo I – Da prescrição:
Secção I – Disposições gerais – 2934.° a 2940.°;
Secção II – Da suspensão da prescrição – 2941.° e 2942.°;
Secção III – Da interrupção da pescrição – 2943.° a 2945.°;
Secção IV – Dos prazos da prescrição – 2946.° a 2963.°
Capítulo II – Da caducidade – 2964.° a 2969.°.

---

[540] Paulo Vitucci, *La prescrizione* 1 (1990), 3 ss..

§ 19.º EXCURSO: A REFORMA DA PRESCRIÇÃO (BGB 2001/2002)

66. A reforma do BGB de 2001/2002; o seu interesse

I. Antes de analisar a prescrição perante o Direito positivo português, afigura-se do maior interesse referir, como excurso, a reforma da prescrição no BGB alemão.

Com efeito, essa reforma é duplamente relevante, para o Direito português:

– permite apontar certos aspetos sensíveis que, nos Direitos de tipo continental, requerem reforma;
– faculta o levantamento de algumas tensões comunitárias que, de modo inevitável, acabarão por se repercutir no Direito nacional.

II. No dia 11-out.-2001, depois de um processo legislativo complexo, foi aprovado, na Alemanha, um diploma denominado "Lei para a modernização do Direito das obrigações" ou *Gesetz zur Modernisierung des Schuldrechts*[541].

Veio essa lei alterar algumas dezenas de parágrafos do BGB ou Código Civil alemão e isso na sua área mais nobre: o coração do Direito das obrigações. Recordamos que se trata da maior reforma, nesse sector, desde a própria publicação do BGB, em 1896[542].

III. A reforma do BGB de 2001 não adveio de súbita inspiração. Fruto do novo pensamento sistemático que irrompeu nos anos 80 do século XX, ela foi precedida por reformas importantes como a do Código de Comércio,

---

[541] Publicado no *Bundesgesetzblatt* I, Nr. 61, de 29-nov.-2001, 3138-3218. Temos vindo a fazer referência à reforma do BGB alemão, neste *Tratado*, a propósito de algumas das rubricas onde ela é especialmente relevante.

[542] Martin Henssler, *Einführung in das Schuldrechtsmodernisierung*, em Henssler/ Graf von Westphalen, *Praxis der Schuldrechtsreform* (2002), 1.

§ 19.º Excurso: a reforma da prescrição (BGB 2001/2002)   181

de 1998[543] e a do próprio BGB, de 2000[544]. Mau grado estes antecedentes promissores, ela foi bem mais longe do que se poderia prever. Na verdade, tocou nos pontos seguintes[545]:

– o regime da prescrição;
– o Direito da perturbação das prestações[546];
– o Direito da compra e venda;
– o contrato de empreitada;
– o contrato de mútuo.

Além disso, transitaram para o BGB diversas leis de tutela dos consumidores, com relevo para a das cláusulas contratuais gerais, para a das vendas a domicílio e para a das vendas à distância, complementadas com regras sobre comércio eletrónico.

IV. O elenco geográfico da reforma é impressionante. Mas o seu significado dogmático e científico surge ainda mais profundo. Foram mexidos – e em profundidade – institutos intocáveis como a prescrição e a impossibilidade, enquanto se procedeu à codificação da *culpa in contrahendo* e da alteração das circunstâncias.

Apenas o tempo permitirá apurar o relevo jurídico-científico e prático da reforma: tudo indica, porém, que seja muito considerável[547-548]. Desde já podemos confirmar que ela tem sido aplicada sem problemas.

[543] Com indicações, *Direito Comercial*, 4.ª ed., 262 ss.; trata-se da Lei de 22-jun.-1998, que veio alterar, designadamente: o conceito de comerciante, o regime da firma, o Direito das sociedades de pessoas, o registo comercial, a tutela das marcas e a concorrência pós-eficaz.

[544] Também com indicações: *Tratado* I, 4.ª ed., 156 ss., onde podem ser confrontados outros elementos relativos à reforma de 2001/2002; a Lei de 27-jun.-2000, que transpôs a Diretriz 97/7/CE, sobre negociação à distância e introduziu, no próprio BGB, o conceito de "consumidor".

[545] Uma análise completa mas sintética da reforma pode ser confrontada em Alpmann Schmidt, *Express: Reform des Schuldrechts/Das neue BGB*, 2.ª ed. (2002). Refira-se, ainda, Wolfgang Däubler, *Neues Schuldrecht – ein erster Überlick*, NJW 2001, 3729-3734.

[546] Fórmula literal para *Recht der Leistungsstörungen*, que propusemos – vide, por último e neste momento o *Tratado* IX, 3.ª ed. (2017), 225 ss. – e que foi acolhida na nossa doutrina.

[547] *Vide*, entre muitos, Peter Krebs, *Die grosse Schuldrechtsreform*, DB 2000, Beilage 14, Eberhard Wieser, *Eine Revolution des Schuldrechts*, NJW 2001, 121-124, Thomas Wetzel, *Das Schuldrechtsmodernisierungsgesetz – der grosse Wurf zum 0.01.2002?*, ZRP 2001, 117-126 e Barbara Dauner-Lieb, *Die Schuldrechtsreform – Das grosse juristische Abenteuer*, DStR 2001, 1572-1576.

[548] Na reconstituição precisa dos antecedentes da reforma, cumpre citar Claus-

182 *A repercussão do tempo nas situações jurídicas*

78. Aspetos gerais do novo regime da prescrição

I. A lei nova atingiu largamente a referida secção V da Parte geral do BGB[549]. Apenas o § 194 – o parágrafo introdutório – ficou incólume. Posto isso, os §§ 195 a 218 conheceram novas redações, tendo ficado livres os §§ 219 a 225: a regulação foi, significativamente, encurtada.

A uma primeira leitura, o sistema de prescrição foi alterado em profundidade, quer quanto às soluções, quer quanto à conceitualização[550]. Mas sempre dentro da linguagem do BGB[551] e, naturalmente: de acordo com parâmetros jurídico-científicos estabelecidos.

As consequências da reforma projetaram-se em áreas civis, como as da família e das sucessões[552] e em disciplinas privadas distintas, como a dos valores mobiliários[553].

II. À partida, as preocupações de transposição de diretrizes comunitárias pouco tinham a ver com a prescrição: apenas a Diretriz n.º 99/44/CE, nos seus artigos 7.º/I e 3.º/5, I, previa um prazo de prescrição de dois anos, no tocante às pretensões por vício de coisa fornecida a consumidores, prazo esse que poderia ser encurtado para um ano, por acordo entre as partes[554].

-Wilhelm Canaris, *Zur Entstehungsgeschichte des Gesetzes*, em C.-W. Canaris, *Schuldrechtsreform 2002*, publ. e intr. (2002), IX-LIII; *vide*, também, os nossos artigos *A modernização do Direito das obrigações*, na ROA, bem como *Da modernização do Direito civil*, I – *Aspectos gerais* (2004), 67 ss..

[549] Quanto a comentários de referência, subsequentes à reforma: Frank Peters/ /Florian Jacoby, no *Staudinger* I, §§ 164-240 (ed. 2009), 511-879; Helmut Grothe, no *Münchener Kommentar* cit., 1, 7.ª ed., 2162-2376, onde podem ser confrontadas centenas de títulos sobre o tema.

[550] Carl-Heinz Witt, *Schuldrechtsmodernisierung 2001/2002 – Das neue Verjährungsrecht*, JuS 2002, 105-113 (105) e Hans-Peter Mansel, *Die Neuregelung des Verjährungsrechts*, NJW 2002, 89-99; a preparação da reforma no que tange, especificamente, à prescrição, pode ser vista neste último local, 89-90.

[551] Tanto quanto seja acessível ao público cuja língua-mãe não seja a alemã, os novos preceitos, inquestionavelmente mais claros, surgem de maior elegância do que os originais.

[552] Frank Peters, *Die Verjährung im Familien- und Erbrecht/Eine exemplarische Fragestellung*, AcP 208 (2008), 37-68.

[553] Kai-Oliver Knops, *Verjährungsbeginn durch Anspruchsentstehung bei Schadensersatzansprüchen/insbesondere nach den § 37a und d WpHG*, AcP 205 (2005), 821-857.

[554] Carl-Heinz Witt, *Das neue Verjährungsrecht* cit., 105/II, bem como Peter Bydlinski, *Die geplannte Modernisierung des Verjährungsrechts*, em Reiner Schulze e

§ 19.º Excurso: a reforma da prescrição (BGB 2001/2002)   183

As opções feitas foram, em geral, criticadas, com relevo para Zimmermann[555], para Leenen[556] e, mesmo, para Eidenmüller[557], conhecido pelos seus estudos de teoria económica do Direito. Todavia, assentes na justificação do Governo[558], elas acabariam por singrar, estando hoje em vigor.

III. Além das alterações introduzidas na secção V da Parte geral, a reforma conduziu, como não podia deixar de ser, à reformulação de diversos outros parágrafos do BGB, atinentes à prescrição.

Assim, o § 438, relativo à prescrição das pretensões por vício da coisa, na compra e venda; o § 479, referente à prescrição de pretensões contra o fornecedor; o § 604, quanto à prescrição da pretensão da restituição da coisa comodada; o § 634a, reportado às pretensões por vícios na empreitada; o § 651g, sobre a prescrição das pretensões dos passageiros; o § 161/I, que rege a prescrição das obrigações de alimentos.

Houve, ainda, modificações em diplomas extravagantes[559], algumas das quais se prendem com a prescrição[560].

IV. A alteração das regras da prescrição levantou naturais problemas de Direito transitório. O artigo 229, § 6, da EGBGB[561] regula a matéria com alguma minúcia.

Resta acrescentar que, no seu conjunto, a reforma do instituto da prescrição surge como avançada, harmoniosa e equilibrada[562]. Será, segu-

---

Hans Schulte-Nölke, *Die Schuldrechtsreform vor dem Hintergrund des Gemeinschaftsrechts* (2001), 382-403 (382).

[555] Reinhard Zimmermann/Detlef Leenen/Heinz-Peter Mansel/Wolfgang Ernst, *Finis Litium? Zum Verjährungsrecht nach dem Regierungsentwurf eines Schuldrechtsmodernisierungsgesetzes*, JZ 2001, 684-699 (684 ss.).

[556] Detlef Leenen, *Die Neuregelung der Verjährung*, JZ 2001, 552-560.

[557] Horst Eidenmüller, *Zur Effizienz der Verjährungsregeln im geplanten Schuldrechtsmodernisierungsgesetz*, JZ 2001, 283-287 e *Ökonomik und Verjährungsregeln*, em Schulte-Nölke, *Die Schuldrechtsreform* (2001) cit., 405-415 (414-415).

[558] *Begründung der Bundesregierung* em Canaris, *Schuldrechtsreform 2002* cit., 607-652, com uma massa significativa de informações.

[559] Christian Bereska, em Henssler/Graf von Westphalen, *Praxis der Schuldrechtsreform* (2002), 110-111.

[560] O artigo 5.º da Lei – cf. *Bundesgesetzblatt* I, Nr. 61, 3179 ss. – contém 35 alterações de diplomas extravagantes.

[561] A Lei de Introdução ao BGB, também alterada.

[562] *Vide* a apreciação final de Mansel, *Die Neuregelung des Verjährungsrechts* cit., 99.

184 *A repercussão do tempo nas situações jurídicas*

ramente, tido em conta em futuras reformas que ocorram nos ordenamentos de tipo continental.

79. O novo prazo geral e os prazos especiais

I. Segundo o novo § 195, o prazo ordinário da prescrição é de 3 anos. A alteração é radical: o antigo § 196 fixava um prazo ordinário de 30 anos. Este prazo era irrealmente longo e tinha sido já reduzido, numa série de preceitos especiais[563].

Todavia, é muito importante ter presente que a enorme redução do prazo ordinário da prescrição teve um especial contrapeso: foram introduzidos pressupostos subjetivos na própria prescrição[564]. Adiantando: pela lei anterior, o início da prescrição dependia da simples existência da obrigação – § 198 velho –, numa regra temperada embora pela exigência da possibilidade do seu exercício – § 199 velho; pela reforma, a prescrição inicia-se com o surgimento da obrigação em jogo e pelo conhecimento, por parte do credor, das circunstâncias originadoras da obrigação visada, salvo desconhecimento gravemente negligente – § 199/1, novo. Abandonou-se o sistema anterior, objetivo, a favor de um sistema subjetivo[565].

Em suma: houve uma alteração efetiva na Filosofia da prescrição[566], mostrando que é possível um Direito civil personalizado, mesmo quando haja que enfrentar problemas postos pela massificação atual.

II. A redução muito substancial do prazo da prescrição ordinária era uma velha aspiração dos civilistas. A necessidade, para o seu início, do conhecimento dos fatores constituintes do Direito constava já do § 852/I do BGB[567], relativo à prescrição do dever de indemnizar e *grosso modo* semelhante ao artigo 498.º/1 do nosso Código Civil. A reforma não foi, absolutamente, uma novidade.

---

[563] *Begründung der Bundesregierung* cit., 607 ss. e 613 ss..

[564] Frank Peters/Florian Jacoby, no *Staudinger* cit., I, § 195, Nr. 3 (554-555).

[565] Detlef Leenen, *Die Neuregelung der Verjährung* cit., 552/II e Mansel, *Die Neuregelung des Verjährungsrechts* cit., 90/II. Quanto ao delicado § 199: Frank Peters/Florian Jacoby, no *Staudinger* cit., I, § 199 (606 ss.).

[566] Claus-Wilhelm Canaris, *Das Verjährungsrecht* em *Schuldrechtsmodernisierung 2002* (2002), XLIX.

[567] Reinhard Zimmermann e outros, *Finis Litium* cit., 686 ss. e Detlef Leenen, *Die Neuregelung der Verjährung* cit., 552 ss..

§ 19.º Excurso: a reforma da prescrição (BGB 2001/2002) 185

De todo o modo, a generalização da prescrição trienal, associada a fatores subjetivos e com um recorte ético, conduz a um instituto diverso: mais centrado na justiça, ainda que em detrimento da segurança.

III. A segurança mantém-se, todavia, como o valor fundamental da prescrição. Assim, o § 199/2a, novo, fixa prazos objetivos de prescrição, isto é, prazos nos quais a prescrição opera, independentemente do conhecimento (ou da grave negligência no desconhecimento) dos fatores constitutivos do direito de cuja prescrição se trate. Tal sucede com as seguintes hipóteses todas sem ligação ao conhecimento que haja dos seus fatores constitutivos e sem prejuízo da prescrição ordinária em três anos[568]:

– as diversas pretensões, prescrevem em 10 anos;
– pretensões de indemnização por atentado à vida, ao corpo, à saúde ou à liberdade prescrevem em 30 anos;
– as restantes pretensões de indemnização, em 10 anos após o seu surgimento ou em 30 anos após o facto que as originou.

IV. Temos, depois, diversos prazos especiais. Assim:

– os direitos relativos a prédios[569] prescrevem em 10 anos – § 196, novo;
– as pretensões de restituição da propriedade ou de outros direitos reais, as pretensões de família e sucessórias, as pretensões derivadas de decisões ou títulos executivos e as pretensões executivas de falências prescrevem em 30 anos.

Cessou a imprescritibilidade do domínio. O próprio ladrão de uma obra de arte poderá, passados os 30 anos, valer-se da prescrição[570]. Quanto aos demais prazos: eles respeitam as regras gerais porventura estabelecidas nos livros IV e V[571].

80. O início e o termo da prescrição

I. O início da prescrição ocorre no fim do ano no qual a pretensão tenha surgido e o credor tenha tido conhecimento dos seus fatores constitu-

---

[568] Alterámos a ordenação do "novo" BGB, por forma a torná-lo mais compreensível; *vide* Carl-Heinz Witt, *Das neue Verjährungsrecht*, JuS 2002, 105-113.
[569] Entenda-se: com exclusão da própria propriedade.
[570] Kurt Siehr, *Verjährung der Vindikationsklage?*, ZRP 2001, 346-347 (347).
[571] Christian Bereska, *Verjährung* cit., 39-40.

186   *A repercussão do tempo nas situações jurídicas*

tivos e da pessoa do devedor ou devesse tê-lo tido, sem grave negligência – § 199/1, novo. Como vimos, trata-se de um novo conceito estruturante da prescrição ordinária[572], sendo de notar a remissão para o fim do ano: ela inicia-se no termo do ano no qual ambas as condições se mostrem reunidas[573]. A consequência prática tem o maior interesse: todas as prescrições ficarão consumadas no dia 31 de dezembro.

II. Pelo jogo do prazo ordinário dos 3 anos e dos prazos alongados – normalmente: o de 10 anos – mas independentes do conhecimento que haja da verificação dos seus pressupostos, temos sempre dois prazos a correr em paralelo[574]. Cabe, agora, verificar qual deles decorre primeiro, assim se consumando a prescrição.

III. A lei nova – referimo-lo já – veio generalizar o chamado sistema subjetivo, antes integrado no Direito da responsabilidade civil[575]. O conhecimento das circunstâncias constitutivas marca o início da prescrição ordinária: não o seu significado jurídico, de acordo com jurisprudência firmada no domínio da responsabilidade civil[576]. Tão-pouco se exigirá que o credor conheça todas as circunstâncias: apenas as necessárias para estabelecer a pretensão[577]. Todavia, as conclusões e os desenvolvimentos jurisprudenciais obtidos no domínio da responsabilidade civil não podem ser, sem menos, transpostas para o novo regime geral, no tocante a situações menos claras: não há identidade completa[578].

A exigência do conhecimento da pessoa do credor[579] deu azo a uma jurisprudência no âmbito do § 852 que poderá, agora, ser generalizada.

---

[572] A solução fora já preconizada por Frank Peters/Reinhard Zimmermann, *Verjährungsfristen/Der Einfluss von Fristen auf Schuldverhältnisse: Möglichkeiten der Vereinheitlichung von Verjährungsfristen*, nos *Gutachten und Vorschläge zur Überarbeitung des Schuldrechts*, publicados pelo Ministro Federal da Justiça 1 (1981), 77-373 (315-316), ainda que recorrendo à técnica da suspensão (§§ 195/I e 199 do anteprojeto respetivo).

[573] Martin Schwab, *Das neue Schuldrecht im Überblick*, JuS 2002, 1-8 (2/I).

[574] Christian Bereska, *Verjährung* cit., 52; *vide* a justificação de motivos do Governo, em Canaris, *Schuldrechtsmodernisierung 2002* cit., 621.

[575] Helmut Heinrichs, *Entwurf eines Schuldrechtsmodernisierungsgesetzes*, BB 2001, 1417-1423 (1418) e Reinhard Zimmermann e outros, *Finis Litium?* cit., 684.

[576] BGH 17-out.-1996, NJW 1996, 117-119 (118).

[577] BGH 16-nov.-1987, BGHZ 102 (1988), 246-252 e BGH 17-fev.-2000, NJW 2000, 1498-1500 (1499).

[578] Christian Bereska, *Verjährung* cit., 46.

[579] O artigo 498.º/1 do nosso Código Civil é, neste ponto, diferente quer do § 852(1) do BGB, quer do generalizante § 199/1, novo.

§ 19.º Excurso: a reforma da prescrição (BGB 2001/2002)

Designadamente, a que exige, para um efetivo conhecimento, a posse da identidade e da direção do responsável[580].

O desconhecimento gravemente negligente é equiparado ao conhecimento. A justificação do Governo aponta: tal desconhecimento ocorre quando se atente, de modo extraordinariamente elevado, contra o cuidado exigível no tráfego[581].

IV. No tocante aos prazos não ordinários da prescrição – isto é: fora da situação dos três anos, agora generalizada – a prescrição inicia-se com o surgimento da pretensão – § 200, novo.

Quanto às pretensões derivadas de sentenças transitadas, de título executivo e de outras decorrências previstas no § 197/I, novo, n.ºs 3 a 5: a prescrição inicia-se na data do trânsito, do título ou de outra fonte determinante, nos termos do § 201, novo.

V. Iniciada a prescrição, ela irá decorrer durante o prazo que esteja em causa, concluindo-se, inevitavelmente, se não se verificar, seja a sua suspensão, seja alguma circunstância que determine o reinício da sua contagem.

81. A suspensão e o recomeço

I. As tradicionais suspensão (*Hemmung*) e interrupção (*Unterbrechung*) da prescrição foram bastante alteradas pela reforma. Desde logo desaparece o conceito de interrupção, substituído pelo reinício ou recomeço (*Neubeginn*) da prescrição[582]. De seguida, diversos fatores de interrupção surgem, agora, como de suspensão[583]. Recordemos os conceitos básicos, à luz da reforma.

A suspensão, de acordo com o § 209, novo, impede a contagem do tempo que decorra enquanto ela se verifique[584]. Trata-se, de resto, de um dispositivo que corresponde ao § 205, velho, permitindo o acolhimento da jurisprudência e da doutrina processadas ao abrigo desta última norma[585].

---

[580] BGH 16-dez.-1997, NJW 1998, 988-989 (988).

[581] *Begründung der Bundesregierung* cit., 622; *vide* Mansel, *Die Neuregelung des Verjährungsrechts* cit., 91.

[582] Hans-Peter Mansel, *Die Neuregelung des Verjährungsrechts* cit., 97/II.

[583] Martin Schwab, *Das neue Schuldrecht* cit., 2/I.

[584] Frank Peters/Florian Jacoby, no *Staudinger* cit., I, § 209, Nr. 7 ss. (796).

[585] Christian Bereska, *Verjährung* cit., 85.

188   *A repercussão do tempo nas situações jurídicas*

O recomeço, segundo a inovação terminológica do § 212, novo, substitui a velha interrupção[586]: inutiliza todo o prazo já decorrido, obrigando a nova contagem, a partir do zero[587].

II. Comecemos pela suspensão. O novo BGB vem distinguir, neste domínio, a suspensão por negociações e a suspensão por lei. A suspensão por negociações ocorre, nos termos do § 203, novo, quando se verifiquem conversações entre o devedor e o credor, relativas à pretensão ou a circunstâncias dela constitutivas. A suspensão durará até que alguma das partes recuse a prossecução das negociações, ocorrendo a prescrição, o mais cedo, três meses após o termo da suspensão.

A figura da suspensão por negociações corresponde a uma generalização do § 852/II, velho, relativo à indemnização. A jurisprudência do BGH já havia alargado esta regra à responsabilidade contratual conexa[588]: seria contrário à lealdade e à boa-fé iniciar negociações prolongadas para, no seu decurso, invocar a prescrição. A reforma foi mais longe, generalizando a afirmação do próprio BGH de que se estaria aí perante um princípio geral.

III. A suspensão por lei consta, em primeiro lugar, do § 204, novo. Este preceito alinha 14 fundamentos de suspensão, todos relacionados com pedidos judiciais. Como especial novidade: o fundamento clássico da interrupção – § 209, velho – e mais precisamente: a interposição de ação judicial, deixou de ser interruptiva, passando a (meramente) suspensiva. Na origem, o estudo de Peters/Zimmermann, que já nos anos oitenta vieram explicar que a interrupção da prescrição por simples pedido judicial era contrária ao sistema[589]: basta ver que a ação pode não ter cabimento. Quando muito, justificar-se-ia a suspensão.

A ideia foi, nessa base, acolhida e generalizada pelo legislador[590]. De seguida, este procurou solucionar as diversas dúvidas que a prática veio a revelar[591].

---

[586] Christian Bereska, *Verjährung* cit., 87.

[587] Com indicações: Frank Peters/Florian Jacoby, no *Staudinger* cit., I, § 212 (803 ss.).

[588] BGH 28-nov.1984, BGHZ 93 (1985), 64-70 (67-68), com apelo ao princípio da boa-fé.

[589] Peters/Zimmermann, *Verjährungsfristen* cit., 308.

[590] *Vide* a *Begründung der Bundesregierung* cit., 630.

[591] Christian Bereska, *Verjährung* cit., 64-80; o elenco dos 14 fundamentos assenta em várias especificidades das leis processuais alemãs; a sua explanação transcende este estudo.

§ *19.º Excurso: a reforma da prescrição (BGB 2001/2002)*   189

IV. Nos novos §§ 205 a 208 surgem outros fundamentos legais de suspensão:

– um acordo que permita recusar a prestação;
– a força maior que, nos últimos seis meses do prazo, impeça o exercício;
– a existência de relações de família ou similares[592];
– a violação da autodeterminação sexual, até aos 21 anos ou enquanto existir comunidade doméstica.

Apenas este último fundamento é verdadeiramente novo. Visa uma proteção mais alargada dos ofendidos, em moldes que merecem consenso[593].

Os §§ 210 e 211 contemplam, ainda, suspensões nos últimos seis meses do prazo a favor de incapazes e no âmbito das heranças.

V. Quanto à velha interrupção – agora: recomeço – da prescrição, a reforma conservou apenas dois fundamentos – § 212, novo:

– o reconhecimento, pelo devedor, através do pagamento de prestações ou de juros, da prestação de garantias ou de outro meio;
– o surgimento ou a solicitação de uma execução judicial ou administrativa.

82. O papel da autonomia privada

I. O § 225, velho, proibia negócios jurídicos que excluíssem ou dificultassem a prescrição[594]: uma orientação substancialmente modificada pelo § 202, novo[595].

Em primeiro lugar, a prescrição pode ser facilitada, exceto tratando-se de responsabilidade por dolo, mediante negócio prévio.

II. No tocante ao dificultar da prescrição, a novidade é mais profunda. O § 202,2, novo, veio permiti-la, desde que não ultrapasse os 30 anos con-

---

[592] São abrangidas as uniões de facto: § 207/1, 1, novo.

[593] *Begründung der Bundesregierung* cit., 642.

[594] O artigo 300.º do nosso Código Civil contém uma norma aparentemente ainda mais severa: de tal modo que pertence à civilística tradicional portuguesa a ideia de que a prescrição é rígida, por oposição à caducidade, que admitiria determinadas estipulações, segundo o artigo 330.º do Código Civil.

[595] Frank Peters/Florian Jacoby, no Staudinger cit., I, § 202 (657 ss.).

190   *A repercussão do tempo nas situações jurídicas*

tados desde o início legal do seu decurso: uma perspetiva possibilitada pelo teor geral da reforma. Todavia, alguns juristas mais liberais, particularmente os afetos à teoria económica do Direito, haviam reclamado uma margem ainda maior de autonomia privada[596].

83. Consequências e âmbito

I. As consequências da prescrição resultam do § 214 novo, similar ao § 222, velho[597]. No fundamental, o devedor pode recusar a prestação, quando a correspondente obrigação se encontre prescrita.

Além disso, a prestação efetuada em cumprimento de uma obrigação prescrita não pode ser repetida, mesmo quando efetuada na ignorância da prescrição. A mesma regra funciona perante o reconhecimento contratual ou em face da prestação de quantias pelo devedor.

II. A prescrição não impede a compensação ou o direito de retenção quando a pretensão não estivesse prescrita no momento da verificação dos respetivos pressupostos.

Quanto à compensação: trata-se da regra antes colocada no § 380, 2, velho. Quanto à retenção: a jurisprudência do BGH fizera a aproximação à compensação[598]. A reforma acolheu esta última evolução, inserindo-a, com a regra da compensação, no capítulo próprio da prescrição.

III. A prescrição não prejudica as pretensões derivadas da hipoteca ou do penhor – § 216, novo. Já as prestações acessórias são atingidas pela prescrição da principal – § 217, novo, equivalente ao § 224, velho.

---

[596] Assim, Hörst Eidenmüller, *Okönomik und Verjährungsregeln* cit., 415.
[597] Martin Schwab, *Das neue Schuldrecht* cit., 2/1.
[598] BGH 15-dez.-1969, BGHZ 53 (1970), 122-128 (125).

§ 20.º A EXPERIÊNCIA PORTUGUESA: NOTA HISTÓRICA

84. As Ordenações e a pré-codificação

I. A experiência portuguesa da prescrição foi, desde o início, marcada pelo Direito romano da receção e pelo Direito canónico. A sua permanente relevância prática levou os nossos primeiros Reis, desde muito cedo, a intervir fixando e precisando diversos aspetos do seu regime.

As *Ordenações Afonsinas* dão conta de um costume, registado por D. Afonso III, segundo o qual a prescrição não poderia correr entre irmãos[599]. D. Dinis, a 6-jan.-1339, fez uma lei fixando em 10 anos o prazo de prescrição[600].

A solução terá sido prematura: D. Afonso V optou pelo prazo geral da prescrição em 30 anos, nos termos seguintes[601]:

> E VISTO per nós o dito custume, e a dita Ley, declarando acerca della dizemos, que se alguum homem for devedor a outro homem em certa cousa, ou quantidade, per razom d'alguum contrauto, ou casy contrauto, bem poderá seer demandado por essa divida ataa trinta annos, contados do dia que essa cousa ou quantidade ouvera de seer pagada: com tanto que nom seja introrrumpida essa prescripçom per citaçom, que seja feita a esse devedor sobre essa divida, ou per qualquer outro modo, per que segundo direito deva seer introrrumpida; ca entom começará outra vez de novo de correr ataá outros trinta annos. Pero se for introrrumpida per citaçom e contesta-

---

[599] *Custume he em Casa d'ElRey, que Irmaaõ contra Irmaaõ nom possa prescrever*: *Ord. Af.*, Liv. IV, Tit. CVIII, § 1 = ed. Gulbenkian 4, 395.

[600] (...) *ElRey Dom Diniz estabeleceo pera sempre, que todo homem, a que fosse alguma divida devuda, que se a nom demandasse do dia que ouvesse de seer pagada ataa dez annos, que passados os ditos dez annos, nunca elles, nem seus herdeiros a podessem mais demandar.*

[601] *Ord. Af.*, Liv. IV, Tit. CVIII, § 4 = ed. Gulbenkian 4, 395-396.

192   *A repercussão do tempo nas situações jurídicas*

çom, durará entom ataa quarenta annos, contados do dia que assy for intror-
rumpida em diante.

Surgiam, depois, determinados fundamentos de suspensão.

II. A matéria transitaria para as *Ordenações Manuelinas*, onde apa-
rentaria uma forma de expressão mais técnica e menos espontânea[602].
A fórmula definitiva constaria das *Ordenações Filipinas*[603]. Retemos o
texto original:

> Se alguma pessoa fôr obrigada á outra em alguma certa cousa, ou
> quantidade, per razão de algum contracto, ou quasi-contracto, poderá ser
> demandado até trinta annos, contados do dia, que essa cousa, ou quantidade
> haja de ser paga, em diante.
>
> E passados os ditos trinta annos, não podera ser mais demandado por
> essa cousa, ou quantidade; per quanto por a negligencia, que a parte teve de
> não demandar em tanto tempo sua cousa, ou divida, havemos por bem, que
> seja prescripta a acção, que tinha para demandar. Porem esta Lei não havera
> lugar nos devedores, que tiverem má-fé, porque estes taes não poderão pres-
> crever per tempo algum, por se não dar occasião de pecar, tendo o alheo
> indevidamente.
>
> 1 Porém, se a dita prescripção fôr interrompida per citação, feita ao
> devedor sobre essa divida, ou per outro qualquer modo, por que per Direito
> deva ser interrompida, começara outra vez de novo correr o dito tempo.
> 2 E se aquelle a que fôr a cousa ou quantidade devida, fôr menor de
> quatorze annos, não correra contra elle o dito tempo, ate que tenha idade de
> quatorze annos cumpridos.
>
> E tanto que chegar a ella, correra contra elle. E pôstoque o dito tempo
> corra contra o maior de quatorze annos, e menor de vinte e cinco, poderá elle
> pedir restituição contra sua negligencia, que teve em não demandar dentro
> do dito tempo, até chegar a idade de vinte e cinco annos; com tanto que do
> tempo, que elle chegar a idade de vinte e cinco annos, até quatro annos cum-
> pridos, em que fará vinte e nove annos, a peça e impetre. E pedida e impetrada
> a restituição, podera haver e cobrar toda sua divida, como se nunca o dito
> tempo de trinta annos corresse contra elle.
> (...)

---

[602] *Ord. Man.*, Liv. IV, Tit. LXXX = ed. Gulbenkian, 4, 224-226.
[603] *Ord. Fil.*, Liv. IV, Tit. LXXIX = ed. Gulbenkian, 4, 896-899, com copiosas
anotações.

§ 20.º A experiência portuguesa: nota histórica 193

III. A influência do Direito canónico, mormente na associação da boa-fé à ausência de pecado, parece-nos patente. De notar, todavia, que ao longo da vigência prolongada das *Ordenações Filipinas*, essa referência foi sendo superada.

Na pré-codificação portuguesa, a prescrição veio a aperfeiçoar-se, sendo patente a influência do *usus modernus*[604], da pré-codificação francesa e do já então disponível Código Napoleão[605].

A aproximação entre a prescrição e a usucapião surge consumada em Pascoal de Mello[606]. Os diversos outros aspetos desse instituto estavam consignados, de tal modo que não ofereceria dúvidas a sua adoção por Seabra.

85. O Código de Seabra

I. No Código de Seabra a prescrição constava de um Título IV do Livro II da Parte II, intitulado, precisamente: *Dos direitos que se adquirem por mera posse e prescrição*. O capítulo I desse título reportava-se à posse, cabendo o II à prescrição. Eis o seu conteúdo:

Secção I – Da prescrição em geral – 505.º a 516.º;

Secção II – Da prescrição positiva:

 Sub-secção I – Da prescrição das coisas imóveis e dos direitos imobiliários – 517.º a 531.º;

 Sub-secção II – Da prescrição das coisas móveis – 532.º a 534.º.

Secção III – Da prescrição negativa – 535.º a 547.º;

Secção IV – Disposições relativas a ambas as prescrições:

 Sub-secção I – Da suspensão da prescrição – 548.º a 551.º;

 Sub-secção II – Da interrupção da prescrição – 552.º a 559.º;

 Sub-secção III – Da contagem do tempo para o efeito da prescrição – 560.º a 563.º;

 Sub-secção IV – Disposições transitórias – 564.º a 566.º.

---

[604] Temos presente, designadamente, os muito citados Waldeck/Heineccius, *Institutiones Juris Civilis*, Coimbra, 1814, ed. 1887, tit. VI – *De usucapionibus et longi temporis praescriptionibus*, 144 ss..

[605] J. H. Corrêa Telles, *Digesto Portuguez* cit., 1, 166 ss. e M. A. Coelho da Rocha, *Instituições de Direito Civil Portuguez* cit., §§ 454 ss. (315 ss.).

[606] Paschalis Josephi Mellis Freirii, *Institutiones Juris Civilis Lusitani*, Liber III, 4.ª ed. (1815, ed. 1845), 29 ss..

194 *A repercussão do tempo nas situações jurídicas*

Do ponto de vista sistemático, é de sublinhar a emancipação do modelo napoleónico: a prescrição não surge no final; antes se integra, no seio do Código, num livro sobre direitos originários e direitos que se adquirem por facto e vontade própria, independentemente da cooperação de outrem.

II. O artigo 505.º do Código de Seabra arriscou uma definição unitária de prescrição:

> Pelo facto da posse adquirem-se coisa e direitos, assim como se extinguem obrigações pelo facto de não ser exigido o seu cumprimento. A lei determina as condições e o lapso de tempo, que são necessários, tanto para uma como para outra coisa. Chama-se a isto prescrição.

A aquisição de coisas ou direitos era a prescrição positiva; a desoneração de obrigações, a negativa[607].

A junção entre as duas prescrições – no fundo: entre a usucapião e a prescrição propriamente dita – comum na época e bem alicerçada na História, teria consequências jurídico-científicas que, de certo modo, se mantêm. Desde logo, a prescrição (extintiva) passaria para um segundo plano científico: a problemática posta pela usucapião era bem mais animadora e visível. De seguida, perdeu-se uma conexão possível com outras fórmulas de relevância do tempo nas situações jurídicas, com natural enlevo para a caducidade. Finalmente: a prescrição ficaria com nítidas dificuldades de integração sistemática, perdida numa terra de ninguém. O advento da classificação germânica provocaria evidentes tensões, tendendo a arrastar a posse e a usucapião para direitos reais. A prescrição ficaria perdida, entre as obrigações e a parte geral.

III. Na tradição canónica inserida nas Ordenações, o Código de Seabra associava ainda a prescrição (negativa) à boa-fé. Segundo o artigo 535.º, a prescrição seria de 20 anos se o devedor se achasse de boa-fé, isto é, segundo o § único: ignorasse a obrigação, o que não se presumiria se ele

---

[607] Trata-se de uma designação inovatória, já que pelo Direito antigo a prescrição era dita aquisitiva ou extintiva; o tema foi discutido na Comissão Revisora, a 23-jan.-1861, tendo a nova designação sido aprovada por maioria; *vide Actas das Sessões da Comissão Revisora do Projecto de Codigo Civil Portuguez* (1869), 111.

§ 20.º A experiência portuguesa: nota histórica

a houvesse contraído. Sem distinção de boa ou de má-fé, a prescrição seria de 30 anos.

A contagem iniciar-se-ia assim que a obrigação fosse exigível – artigo 536.º. Os artigos 538.º a 543.º previam, depois, múltiplas formas específicas de prescrição, com prazos que iam de 6 meses a um ano.

A suspensão e a interrupção da prescrição eram objeto de regras adequadas: artigos 548.º e seguintes e 552.º e seguintes, respetivamente.

IV. Resta acrescentar que boa parte da doutrina surgida no âmbito do Código de Seabra é, ainda hoje, utilizável com proveito.

Além dos comentários ao Código Civil, com relevo para o de José Dias Ferreira[608] e o de Luiz da Cunha Gonçalves[609], cumpre citar a monografia de Dias Marques, quanto à prescrição extintiva[610]. No tocante à usucapião, são ainda inevitáveis as referências a Manuel Rodrigues[611] e, de novo, a Dias Marques[612].

86. A preparação do Código Vaz Serra

I. Na preparação do Código Vaz Serra, foram tomadas várias opções bastante diversas das de Seabra. E isso sucedeu logo no início dos trabalhos de revisão.

Assim, e como já foi referido, discutiu-se qual a colocação da prescrição. Dominaria a ideia de que a prescrição deveria constar da parte geral ... fundamentalmente pela sua proximidade em relação à figura da caducidade[613]. A "prescrição" ficaria, ainda, restringida à sua versão "negativa", uma vez que a "positiva", na tradição romana mais pura retomada pelo BGB e pelo Código italiano, seria colocada em direitos reais[614]. Deve aliás adiantar-se que já Guilherme Moreira havia formulado diversas prevenções contra o tratamento conjunto das "prescrições" positiva e negativa,

---

[608] José Dias Ferreira, *Codigo Civil Portuguez Annotado* 2, 1.ª ed. (1871), 58-114 e 1, 2.ª ed. (1894), 359-402.

[609] Luiz da Cunha Gonçalves, *Tratado de Direito Civil português* cit., 3, 627-790.

[610] José Dias Marques, *Prescrição extintiva* (1953), 232 pp..

[611] Manuel Rodrigues, *A posse*, 1.ª ed. (1924), 309-330.

[612] José Dias Marques, *Prescrição aquisitiva*, 2 volumes (1960).

[613] Adriano Vaz Serra, *A revisão geral do Código Civil* cit., 59-60.

[614] *Idem*, 35-36.

196 *A repercussão do tempo nas situações jurídicas*

chamando a atenção para as confusões que provocara na jurisprudência da época: esta chegara a admitir a usucapião ... de créditos[615].

II. A parte geral foi confiada, inicialmente, a Manuel de Andrade. Dado o seu prematuro desaparecimento, caberia a Vaz Serra a preparação do anteprojeto. Desta incumbência resultaria um escrito de política legislativa que, ainda hoje, representa o mais extenso trabalho, na nossa literatura jurídica, sobre a prescrição e a caducidade[616].

---

[615] Guilherme Moreira, *Instituições* cit., 1, 757-758.
[616] Adriano Vaz Serra, *Prescrição e caducidade*, sep. BMJ 1961, 630 pp..

SECÇÃO III

A PRESCRIÇÃO: REGIME VIGENTE

§ 21.º REGRAS GERAIS DA PRESCRIÇÃO

87. Natureza imperativa e fundamento

I. O Código Civil entra na matéria da prescrição estabelecendo a inderrogabilidade do seu regime. Segundo o artigo 300.º, são nulos os negócios jurídicos destinados a modificar os prazos legais da prescrição ou a facilitar ou a dificultar por outro modo as condições em que ela opere os seus efeitos. Paralelamente, é proibida a renúncia antecipada à prescrição – artigo 302.º/1. Depois de ela se completar, essa renúncia é possível, de modo expresso ou tácito, desde que operada por quem tenha legitimidade para dispor do benefício que a prescrição tenha criado – 302.º/2 e 3.

A prescrição seria, assim, um instituto integralmente imperativo, o que se justificaria na base das razões de interesse e ordem pública que dão corpo a este instituto[617]. As partes poderiam fixar prazos: mas apenas de caducidade – artigo 330.º/1.

II. A imperatividade da prescrição – ou das diversas normas que a estruturem – não é um dado nem evidente, nem pacífico.

O Código de Seabra não era totalmente conclusivo. O seu artigo 508.º proibia a renúncia à prescrição: daí podia-se extrair que ela não podia ser excluída ou agravada por negócio; poderia, todavia e eventualmente, ser faci-

---

[617] Pires de Lima/Antunes Varela, *Código Civil Anotado* cit., 1, 4.ª ed., 274.

198   *A repercussão do tempo nas situações jurídicas*

litada[618]. Contra, manifestou-se Dias Marques[619], apoiado em Pugliese[620] e em D'Avanzo[621]: a prescrição visaria a segurança das relações jurídicas, pelo que o próprio encurtamento dos prazos estaria vedado às partes.

O BGB admitia o encurtamento dos prazos – § 225/II; não o alargamento – § 225/I. Todavia, após a reforma de 2001/2002, esta orientação foi alterada: são genericamente possíveis negócios sobre a prescrição, com determinados limites: § 202 novo, do BGB.

De todo o modo, aquando da preparação do Código Civil, Vaz Serra acabou por concluir no sentido da total imperatividade da prescrição[622]. E foi essa a solução que levaria para o Código Civil[623].

O artigo 300.º parece claro. Não obstante, a determinação dos seus fundamentos é importante: eles poderiam estar na base de interpretações restritivas ou, até, de reduções teleológicas.

III. Os fundamentos da prescrição surgem como capítulo obrigatório em todos os estudos dedicados ao tema[624]. Poderemos sistematizar as diversas proposições apresentadas, nos termos seguintes[625]:

– fundamentos atinentes ao devedor;
– fundamentos de ordem geral.

Quanto a fundamentos atinentes ao devedor, a prescrição visa, essencialmente, relevá-lo de prova. À medida que o tempo passe, o devedor irá ter uma crescente dificuldade em fazer prova do pagamento que tenha efetuado. Ninguém vai conservar recibos, quitações ou outros comprovativos

---

[618] Parece ser o entendimento de Vaz Serra, *Prescrição e caducidade* cit., 123. Também Dias Marques, *Teoria geral da caducidade*, O Direito 84 (1952), 93-123 (96-98); este Autor mudaria, depois, de opinião.

[619] José Dias Marques, *Prescrição extintiva* cit., 208-209. Aparentemente no mesmo sentido, Cunha Gonçalves, *Tratado* cit., 3, 668.

[620] Giuseppe Pugliese, *La prescrizione nel diritto civile* 2, 3.ª ed. (1914), 175.

[621] Walter D'Avanzo, *La prescrizione in materia civile e commerciale* (1940), 96.

[622] Adriano Vaz Serra, *Prescrição e caducidade* cit., 125.

[623] Adriano Vaz Serra, *Prescrição e caducidade* cit., 603 (artigo 3.º).

[624] Por ex., Giuseppe Pugliese, *La prescrizione* cit., 21 ss. e Dias Marques, *Prescrição extintiva* cit., 11 ss..

[625] Frank Peters, no *Staudingers Kommentar*, 13.ª ed. (1995), pren. §§ 194 ss., Nr. 5 ss. (325 ss.; na ed. 2004, 426 ss.) e Helmut Grothe, *Münchener Kommentar*, 4.ª ed. cit., § 194, Nr. 6 (1885 ss.): comentários anteriores à reforma.

§ 21.º Regras gerais da prescrição

anos e anos a fio. A não haver prescrição, qualquer pessoa poderia, a todo o tempo, ser demandada novamente por quase tudo o que pagou ao longo da vida.

Além disso, sem prescrição, o devedor veria comprometer as suas hipóteses de regresso, sempre que estivessem em causa situações subjetivamente complexas. Teria de precaver-se com novas garantias ou, quiçá, de constituir reservas.

Em suma: o devedor nunca ficaria seguro de ter deixado de o ser, ficando numa posição permanentemente fragilizada.

IV. A prescrição serviria ainda escopos de ordem geral, atinentes à paz jurídica e à segurança. Esta função só parcialmente é aproveitável: os credores do devedor têm interesse em que este beneficie da prescrição. A lei dá-lhes, de resto, a possibilidade de a invocarem – artigo 305.º.

Já a ideia, por vezes divulgada, de uma "paz jurídica" ou de um "desagravamento dos tribunais", não colhe: o tribunal não pode, de ofício, constatar a prescrição[626], como resulta, de modo expresso, do artigo 303.º.

Tão-pouco parece razoável a ideia de que a prescrição serviria, em simultâneo, o interesse do credor, incitando-o, por hipótese, a exigir o cumprimento das obrigações[627]. No campo do Direito privado, o interesse do credor será, sempre, o de dispor de um máximo de pretensões, podendo ordenar no tempo, de acordo com conveniências suas, o exercício dos seus direitos.

V. Temos, pois, de assumir que a prescrição visa, no essencial, tutelar o interesse do devedor: uma orientação que se comprova, em termos históricos, desde Teodósio II. Além disso, ela é ainda confortada pela aproximação histórica à usucapião. A usucapião protege a pessoa que poderia estar na iminência de entregar a coisa, isto é: o seu "devedor": nunca a pessoa a quem uma usucapião seja oposta.

As recentes reformas relativas à prescrição, com o fito assumido de proteger o consumidor, mais confirmam todas estas asserções.

VI. A ser assim, a imperatividade da prescrição terá de assentar noutras latitudes dogmáticas. Remetê-la para um "interesse público" não

---

[626] Frank Peters/Florian Jacoby, no *Staudinger* cit., Vorbem §§ 194-225, Nr. 7 (516).

[627] De igual modo, não é verosímil afirmar que a prescrição serve os credores: poderá beneficiá-los ou prejudicá-los, conforme os casos.

200 A repercussão do tempo nas situações jurídicas

releva: tudo o que o Direito predisponha é-o no interesse público. Na pureza do Direito civil, nada impediria que as partes pudessem fazer estipulações sobre a prescrição, pelo menos dentro de limites máximos, quanto à sua dificultação.

A lei portuguesa valora o problema diferentemente. Alterar as regras da prescrição equivaleria a abdicar de posições do credor – quando se facilitasse o seu funcionamento – ou do devedor – quando se optasse pela sua dificultação. O Direito português proíbe a renúncia antecipada aos direitos do credor[628]: artigo 809.º. Proíbe, ainda, a doação de bens futuros – artigo 942.º/1 – enquanto a doação de móveis não acompanhada pela tradição da coisa deve ser feita por escrito – 947.º/2. A doação e a remissão têm natureza contratual – 949.º/1 e 863.º/1, respetivamente.

Em suma: o Direito civil português sabe quão fácil é, por vezes, dar-se o que não se tem[629]. Por isso, defende as pessoas limitando a autonomia privada: ora vedando-a em abstrato, ora sujeitando-a a diversos formalismos.

88. Natureza das normas sobre prescrição; a rigidez dos prazos

Conquistados os pontos acima referidos, queda acrescentar que a prescrição nada tem de excecional. Assim, as suas normas podem ser interpretadas, extensiva ou restritivamente, de acordo com as regras gerais do Direito.

Apenas com uma ressalva: a das normas relativas a prazos. Quando fixe um prazo, a norma torna-se autossuficiente: vale por si, esgotando-se na missão de fixar um prazo predeterminado. Não é lícito, ao intérprete aplicador, alongar ou restringir prazos (pré-) fixados por lei, a coberto de diretrizes jurídico-científicas.

Por exemplo: considerando os fins das normas e a índole dos institutos em presença, admitimos que uma hipótese de prescrição possa ser considerada extintiva ou presuntiva; mas já não será viável encurtar (ou alongar), pelos valores em presença, prazos prescricionais claramente fixados na lei.

---

[628] Sem sequer distinguir entre hipóteses de dolo e de negligência.

[629] Admitimos que a situação sócio-cultural possa, neste ponto, ser diversa nos países do centro da Europa, particularmente no caso alemão. Cada Direito civil está especialmente adaptado às características culturais do povo que o tenha criado.

§21.º Regras gerais da prescrição

Quanto às partes: perante o artigo 300.º do Código Civil, elas terão de deixar incólumes os dispositivos legais: não podem facilitar[630] nem dificultar a prescrição.

89. A renúncia à invocação da prescrição

I. A prescrição não pode, como vimos, ser dificultada ou excluída, nem mesmo por acordo das partes. Depois de ter decorrido o seu prazo[631] e de – portanto – se ter constituído o direito potestativo de a invocar, o artigo 302.º/1 admite a renúncia.

A renúncia será, assim, uma declaração unilateral[632] recipienda, visando a extinção do direito potestativo de invocar a prescrição. Já se tem exigido, para a eficácia da renúncia, que o devedor tivesse conhecimento de que a dívida se encontrava prescrita[633]. Neste ponto, teremos de assumir algum pragmatismo, sob pena de paralisar o dispositivo em jogo. O devedor que, de todo em todo, não tivesse nem pudesse ter conhecimento do seu direito de invocar a prescrição, não pode renunciar a ele. Todavia[634], também não é possível demonstrar, designadamente nos casos de renúncia tácita, que o devedor conhecia o expirar da prescrição. Ficamo-nos, por isso, pela seguinte ideia reitora: a renúncia à prescrição é operativa quando o devedor conhecesse ou devesse conhecer o decurso do seu prazo.

II. Especifica o artigo 302.º/2 que a renúncia pode ser tácita. O preceito, embora decorrente já do artigo 217.º/1, tem a sua utilidade. A jurisprudência esclarece alguns pontos:

---

[630] A jurisprudência tem registado tentativas de facilitação, designadamente por encurtamento de prazos: têm sido rejeitadas. Assim, STJ 26-jun.-1970 (Oliveira Carvalho), BMJ 198 (1970), 127-130 (127), RLx 13-mai.-1993 (Nascimento Gomes), CJ XVIII (1993) 3, 97-99 /98/I) e STJ 29-abr.-1999 (Abranches Martins), CJ/Supremo VII (1999) 2, 203-204 (203/II).

[631] E não antes: RLx 15-jun.-1989 (Herlander Martins), CJ XIV (1989) 3, 147-150 (149).

[632] Dispensando, por isso, qualquer aceitação ou concordância do destinatário; cf. REv 26-mar.-1987 (Araújo Santos), CJ XII (1987) 2, 294-295 (294/II).

[633] RLx 19-mai.-1994 (Silva Paixão), CJ XIX (1994) 3, 98-99 (99/I), com outras indicações.

[634] E a menos que haja uma declaração expressa de conhecimento do direito de invocar a prescrição, o que é anómalo.

202 *A repercussão do tempo nas situações jurídicas*

– renuncia tacitamente à prescrição quem, depois de decorrido o prazo prescricional, reconheça a dívida exequenda, obrigando-se a pagá-la[635];
– há renúncia tácita quando se admita que a dívida de capital e juros subsiste, apesar de decorrido o prazo[636];
– há também renúncia tácita quando o devedor de uma obrigação prescrita proponha ao credor formas de pagamento[637];
– há igualmente renúncia tácita quando o devedor declare, após a prescrição, que pagará quando receber determinadas indemnizações[638].

III. Foi muito discutida, nos nossos tribunais, a questão de saber se, havendo renúncia à prescrição, se iniciaria, daí para o futuro, nova contagem de prazo.

A lei é clara: não pode haver negócios que dificultem, para o futuro, a prescrição – artigo 300.º. A renúncia é possível mas apenas após o decurso do respetivo prazo – 302.º/1: nela, o devedor despoja-se do direito de invocar uma certa prescrição, já consumada: não de futuras prescrições. Verificada a renúncia, pode iniciar-se nova prescrição, se o direito continuar a não ser exercido.

Nessa linha, o Supremo tirou assento[639]:

A renúncia à prescrição permitida pelo artigo 302.º do Código Civil só produz efeitos em relação ao prazo prescricional decorrido até ao ato de renúncia, não podendo impedir os efeitos de ulterior decurso de novo prazo.

90. Beneficiários e invocação

I. O artigo 301.º determina que a invocação aproveite a todos os que dela possam tirar benefício, sem exceção dos incapazes. Trata-se de uma

---

[635] RLx 27-jan.-1983 (Ianquel Milhano), BMJ 329 (1983), 614 = CJ VIII (1983) 1, 112-113 (113/I), com indicações.

[636] REv 19-dez.-1989 (Araújo dos Anjos), CJ XIV (1989) 5, 275-276 (276).

[637] RLx 6-nov.-1990 (David Faria), BMJ 401 (1990), 630.

[638] REv 26-mar.-1987 cit., CJ XII, 2, 294/II.

[639] STJ(P) 5-mai.-1994 (Mário de Magalhães Araújo Ribeiro), BMJ 437 (1994), 29-34; no mesmo sentido e com diversos elementos, o parecer do MP, Proc. 83 149 (Pereira da Costa), BMJ 437 (1994), 5-12.

§ 21.º Regras gerais da prescrição 203

norma que proveio do artigo 507.º do Código de Seabra, o qual deu ainda lugar ao artigo 1289.º, relativo à usucapião.

O preceito parece evidente, dado o princípio da igualdade perante a lei. Todavia, apresenta alguma utilidade: a prescrição tem na origem a inatividade (também) do devedor, que poderá não pagar conscientemente. Se for incapaz, desaparece essa dimensão pretendida e calculada. Pois bem: a lei explica que o incapaz não é prejudicado.

II. A prescrição é uma posição privada, concedida, como vimos, no interesse do devedor. Este usá-la-á, ou não. A hipótese de um devedor, beneficiado pela prescrição, não a querer usar, nada tem de anormal: poderão prevalecer aspetos morais ou, até, patrimoniais e pragmáticos: o comerciante preferirá pagar o que deve do que fazer constar, na praça, que recorreu à prescrição, com prejuízo para o seu credor legítimo.

Recorrer à prescrição é, em suma, uma opção que exige um claro ato de autodeterminação e isso no seio de uma posição privada. O artigo 303.º é claro: o tribunal não pode suprir, de ofício, a prescrição: esta, para ser eficaz, deve ser invocada, judicial ou extrajudicialmente[640]. Nos termos gerais: pelo próprio, pelo seu representante ou pelo MP, em representação de incapaz.

Em rigor, o simples decurso do prazo dá lugar ao aparecimento de um direito potestativo: o de invocar a prescrição.

III. A prescrição pode ser invocada por terceiros: pelos credores do devedor e por outras pessoas que tenham interesse legítimo na sua declaração – artigo 305.º/1[641]. Trata-se de uma manifestação de legitimidade que é dada aos credores para exercer certos direitos relativos ao devedor e que tem a sua sede mais geral nos artigos 605.º e seguintes.

Havendo renúncia já consumada, os credores não podem invocar a prescrição como se nada tivesse ocorrido: terão de impugnar essa "renúncia" ou, pelo menos, de invocar a prescrição dentro do condicionalismo requerido para a impugnação em causa: o da ação pauliana – artigos 305.º/2

[640] STJ 29-abr.-1999 (Abranches Martins), CJ/Supremo VII (1999) 2, 203-204 (203/II).

[641] Este preceito opera como norma extensora da legitimidade para o exercício de um direito do devedor, e não de uma regra que atribua, a cada credor, um direito subjetivo autónomo.

204 *A repercussão do tempo nas situações jurídicas*

e 610.º. Deve notar-se que tudo isto sempre resultaria dos princípios gerais, sendo, todavia, útil a sua retoma, a propósito da prescrição.

IV. A inoponibilidade do caso julgado aos credores do devedor, predisposta no artigo 305.º/3, é novo afloramento de uma regra geral. O caso julgado, em si, só é eficaz entre quem tenha sido parte no processo que o originou.

91. Início do prazo

I. O início do prazo da prescrição é um fator estruturante do próprio instituto: dele, depende, depois, todo o desenvolvimento subsequente. O Direito comparado[642] documenta, a tal propósito, dois grandes sistemas:

– o sistema objetivo;
– o sistema subjetivo.

Pelo sistema objetivo, o prazo começa a correr assim que o direito possa ser exercido e independentemente do conhecimento que, disso, tenha ou possa ter o respetivo credor. Pelo subjetivo, tal início só se dá quando o credor tenha conhecimento dos elementos essenciais relativos ao seu direito. O sistema objetivo é tradicional[643], sendo compatível com prazos longos; o subjetivo joga com prazos curtos[644] e costuma ser dobrado por uma pescrição mais longa, objetiva[645].

Como vimos, o sistema objetivo dá primazia à segurança e o subjetivo à justiça; a junção dos dois será a melhor solução *de iure condendo*.

II. O artigo 306.º/1, 1.ª parte, adotou o esquema objetivo: dispensa qualquer conhecimento, por parte do credor[646]. A locução "... começa a

---

[642] Designadamente os elementos ponderados em torno da reforma da prescrição, na Alemanha; *supra*, 180 ss..

[643] Assim o artigo 2935.º do Código italiano; *vide*, sobre este preceito, Paolo Vitucci, *La prescrizione* cit., 1, 78 ss..

[644] Trata-se, como vimos, da solução alemã, após a reforma de 2001/2002 do BGB: § 199/I, 2.

[645] Ao estilo dos artigos 482.º e 498.º/1.

[646] Se ele estiver impedido de ter tal conhecimento, deve entender-se que, reunidos os demais requisitos, ele está impedido de exercer o próprio direito: verifica-se o fundamento de suspensão previsto no artigo 321.º/1.

§21.º Regras gerais da prescrição 205

correr quando o direito puder ser exercido ..." deve ser corrigida em função dos artigos 296.º e 279.º, *b*): o próprio dia não se conta.

A injustiça a que tal sistema possa dar lugar é temperada pelas regras atinentes à suspensão da prescrição.

De notar que, para o Direito atual, é indiferente a boa ou má-fé do credor.

III. O artigo 306.º contém desenvolvimentos da regra central: a prescrição só se conta depois de o direito poder ser exercido. Assim:

– se couber ao credor interpelar o devedor e não o fizer, inicia-se a prescrição; havendo interpelação, inicia-se novo prazo;
– se, após a interpelação, houver ainda uma dilação, a prescrição só se inicia depois de "... findo esse tempo ..." – artigo 306.º/1, 2.ª parte;
– havendo condição suspensiva, a prescrição inicia-se depois da sua verificação – 306.º/2;
– havendo termo inicial, ela inicia-se após o seu vencimento – *idem*;
– nas obrigações *cum potuerit* ou *cum voluerit* (cumpre quando puder ou quando quiser)[647], a prescrição corre apenas após a morte do devedor – 306.º/3; trata-se de uma solução desarmónica, uma vez que a obrigação *cum potuerit* (quando puder) se vence com a efetiva possibilidade do devedor, ficando, não obstante, imprescritível, até à sua morte, o que é disfuncional; impõe-se, assim, uma interpretação restritiva do artigo 306.º/3 em causa, no tocante às obrigações "quando puder": estas prescrevem desde o momento em que a "possibilidade" esteja estabelecida;
– nas obrigações ilíquidas, a prescrição inicia-se quando o credor possa promover a sua liquidação; fazendo-o, a obrigação líquida daí resultante inicia nova contagem.

IV. Numa situação de prestações periódicas, cumpre distinguir:

– o direito unitário ao surgimento das diversas prestações;
– o direito singular de crédito a cada uma delas.

O direito singular tem autonomia: prescreve no prazo que lhe compita – normalmente em 5 anos, nos termos do artigo 310.º. O direito unitário é

---

[647] Artigo 778.º; *vide Direito das obrigações* cit., 2, 191 e *Tratado* IX, 3.ª ed., 86 ss..

206   A repercussão do tempo nas situações jurídicas

regulado no artigo 307.°, pelo menos nalguns casos. Assim, tratando-se de renda perpétua[648] ou de renda vitalícia[649], a prescrição do direito unitário inicia-se desde a exigibilidade da primeira prestação que não for paga. A especialidade desta situação reside no facto de haver um título único e não, propriamente, uma prestação (ou direito de aproveitamento) nuclear, de que as prestações periódicas decorram, como acessórios.

V. Fala o artigo 307.° em "... outras prestações análogas ...". Como exemplos, Pires de Lima e Antunes Varela dão[650]:

– a renda fixada como indemnização (artigo 567.°);
– o legado de prestações periódicas (artigo 2273.°);
– os juros (artigo 561.°).

Os dois primeiros procedem: há analogia de situações, não sendo as prestações jurídicas meros acessórios. O terceiro não: a autonomia do crédito de juros reporta-se a cada concreta prestação de juros. Enquanto existir – e, logo, não prescrever – o crédito principal, sempre ocorreriam novos juros, sob pena de se admitir um capital improdutivo. Repare-se que o crédito principal é sensível à prescrição, precisamente ao contrário do que poderia suceder com as rendas perpétua, vitalícia ou análogas, que apenas se manifestam pelas diversas prestações periódicas a que deem lugar.

VI. No tocante à prescrição de situações que envolvam prestações periódicas, seria possível distinguir três situações distintas[651]:

– aquelas em que as prestações representem o correspetivo de direitos de gozo de coisas alheias;
– aquelas em que traduzam o correspetivo do aproveitamento de coisas fungíveis a restituir em *tantundem* (mútuo);

---

[648] Segundo o artigo 1231.°, "... contrato de renda perpétua é aquele em que uma pessoa aliena em favor de outra certa soma de dinheiro, ou qualquer outra coisa móvel ou imóvel, ou um direito, e a segunda se obriga, sem limite de tempo, a pagar, como renda, determinada quantia em dinheiro ou outra coisa fungível". O contrato em causa vem regulado nos artigos 1231.° a 1237.°.

[649] A renda vitalícia comporta uma noção semelhante, segundo o artigo 1238.°, mas com uma diferença; o pagamento não ocorrerá "... sem limite de tempo ...", mas "... durante a vida do alienante ou de terceiro".

[650] Pires de Lima/Antunes Varela, *Código Civil Anotado* cit., 1, 4.ª ed., 278.

[651] Biagio Grasso, *Prescrizione (diritto privato)*, ED XXXV (1986), 56-88 (67/I); este esquema pode, todavia, ser ilustrado pelo Direito português.

§21.° Regras gerais da prescrição

– aquelas em que as prestações, por dependerem de um título único, não tenham natureza de acessoriedade em relação a um direito principal (renda vitalícia).

Pois bem: na primeira situação, cada prestação prescreveria por si, enquanto o direito próprio teria de seguir o regime típico dos direitos reais; na segunda, as prestações e o direito ao capital têm prescrições diferenciadas; na terceira, a prescrição do conjunto aferir-se-ia pela primeira prestação não paga, como manda o artigo 307.°.

VII. A jurisprudência permite explicitar alguns aspetos relativos ao início da prescrição. Ei-los:

– em STJ 30-abr.-1997, decidiu-se que a prescrição de créditos laborais começa a correr no dia seguinte àquele em que os intervenientes tiveram conhecimento da reforma do trabalhador[652]; assim é: a prescrição não corre, por lei[653], na pendência do contrato de trabalho; este caduca pela reforma mas apenas quando esta seja conhecida pelas partes; não há, pois, qualquer cedência à teoria subjetiva;
– na presença de dois contratos distintos, a prescrição dos débitos deles resultantes inicia-se e corre em separado[654].

VIII. Cumpre ainda sublinhar que, nalguns casos de prescrição, a lei portuguesa já estabelece sistemas subjetivos. É o que sucede no enriquecimento sem causa e na responsabilidade civil – artigos 482.° e 498.°/1 – casos em que se prevê uma prescrição de três anos cujo início depende do conhecimento que o credor tenha dos seus direitos[655].

92. *Accessio temporis*

I. A prescrição reporta-se a situações jurídicas – a obrigações – independentemente de quem as encabece. Deste modo, iniciada a prescrição de determinado direito, ela prossegue independentemente de:

---

[652] STJ 30-abr.-1997 (Matos Canas), CJ/Supremo V (1997) 2, 270-274 (274/II).
[653] Dispõe, hoje, o artigo 381.° do CT.
[654] RPt 3-abr.-2000 (Sousa Peixoto), CJ XXV (2000) 2, 253-255 (255).
[655] *Vide* uma aplicação em RLx 28-abr.-1998 (Amaral Barata), BMJ 476 (1998), 473-474.

208   *A repercussão do tempo nas situações jurídicas*

– o crédito de transmitir para um credor diverso do inicial;
– o débito se transmitir para um novo devedor.

A primeira hipótese é, nos termos gerais, possível por cessão de crédito ou por sub-rogação – artigos 577.º e seguintes e 589.º e seguintes; a segunda, por assunção – artigos 595.º e seguintes. Ambas podem ocorrer por cessão de posição contratual – artigos 424.º e seguintes – por sub-rogação legal ou por transmissão de títulos de crédito.

Noutros termos: o novo credor pode ver invocado, contra ele, o tempo de prescrição já decorrido contra o seu antecessor; o novo devedor pode somar ao seu o tempo processado a favor do seu antecessor. Trata-se da *accessio temporis*[656].

II. A *accessio temporis* torna-se uma evidência, justamente se se considerar a situação em si e não a pessoa: é indiferente que ocorra uma cessão singular ou universal e *a parte creditoris* ou *debitoris*[657].

No domínio da usucapião – e, portanto, da posse – as regras são mais complicadas, uma vez que o efeito depende de certas características que têm a ver com a pessoa ou com a legitimidade do beneficiário[658]. O artigo 1256.º dá, por isso, à "acessão na posse", uma estrutura potestativa: esta pode nem sempre convir, ao beneficiário. Na prescrição, o problema não se põe, dada a sua insensibilidade a esses fatores.

III. O artigo 308.º refere a *accessio temporis* como "transmissão". Prevê-a pelo lado do credor – n.º 1 – e pelo do devedor – n.º 2. Neste último caso, a transmissão exige, em regra, o consentimento do credor; tal consentimento, a ser solicitado pelo devedor, envolveria o reconhecimento, por este, da existência do direito e, por aí, a interrupção da prescrição – artigo 325.º: donde a ressalva, talvez dispensável, do artigo 308.º/2, 2.ª parte.

O preceito é generalizável: pode ocorrer que a própria transmissão de crédito envolva reconhecimento da dívida pelo devedor – por exemplo: na cessão da posição contratual – e, daí, interrupção. Por seu turno, há trans-

---

[656] José Dias Marques, *Prescrição extintiva* cit., 206 ss. e Pugliese, *La prescrizione estintiva* cit., 127 ss..

[657] Frank Peters, *Staudingers Kommentar* cit., 13.ª ed., § 221, Nr. 1 (619); na ed. 2004, § 198, Nr. 1 (508).

[658] Portanto: boa ou má-fé ou posse titulada ou não titulada, designadamente.

§21.º Regras gerais da prescrição

missão de dívidas sem intervenção das partes – por exemplo: na sucessão ou em certas sub-rogações legais.

A interrupção constitui um centro normativo próprio, a examinar separadamente.

93. Os efeitos

I. Na determinação dos efeitos da prescrição, cumpre distinguir a prescrição em si e a sua invocação.

Expirado o prazo, o devedor tem o direito de invocar a prescrição – 303.º. De resto: só assim ela produzirá efeitos. Essa invocação pode ser feita judicial ou extrajudicialmente e de modo expresso ou de modo tácito. É o que se retira do artigo 304.º/1, o qual deve ser interpretado e aplicado em conjunto com o artigo 303.º.

Invocada a prestação, o beneficiário tem:

(...) a faculdade de recusar o cumprimento da prestação ou de se opor, por qualquer meio, ao exercício do direito prescrito.

Temos a paralisação do direito do credor.

II. A doutrina assimilava, por vezes, a prescrição a uma forma de extinção do direito do credor. Todavia, dispõe o artigo 304.º/2:

Não pode, contudo, ser repetida a prestação realizada espontanea-mente em cumprimento de uma obrigação prescrita, ainda quando feita com ignorância da prescrição; (...)

Temos, aqui, várias situações, que importa discernir.

A prestação "prescrita" mas cuja prescrição não tenha sido invocada é uma prestação comum. Sendo cumprida, não há que falar em prescrição, uma vez que o tribunal não a pode aplicar de ofício. Há duas sub-hipóteses:

– ou não foi invocada porque o devedor não a quis invocar: o direito é disponível: a escolha é sua;
– ou não foi invocada porque o devedor não sabia da prescrição: nessa altura, a lei não permite invalidar o cumprimento, repetindo a prestação.

210   *A repercussão do tempo nas situações jurídicas*

Em qualquer destes casos, a prescrição não surtiu quaisquer efeitos por não ter sido invocada. A ignorância não permite uma invocação posterior ao cumprimento.

A lei exige que a prestação tenha sido realizada "espontaneamente". O lugar paralelo do artigo 403.º/2 diz-nos que "espontânea" significa, aqui, "livre de toda a coação".

III. De seguida, põe-se a hipótese de ter sido invocada a prescrição e, depois e não obstante, o devedor vir a pagar a prestação em jogo. Também não a poderá repetir, dada a dimensão do artigo 304.º/2.

Só que aqui temos uma situação diversa: enquanto a prestação "prescrita" – mas cuja prescrição não tenha sido invocada – pode ser judicialmente exigida, com a inelutável condenação do devedor, havendo tal invocação, já não há exigência judicial possível. Todavia, sendo espontaneamente paga, não há repetição.

A invocação da prescrição tem a consequência de fazer passar o débito prescrito à categoria de obrigação natural – 403.º/1[659].

Nada disto se confunde com a renúncia, que traduz um ato autónomo de disposição do poder de invocar a prescrição.

IV. Temos, então, o seguinte quadro de efeitos: decorrido o prazo prescricional:

- o devedor pode invocar a prescrição, pode renunciar a ela ou pode nada fazer;
- se invocar a prescrição, a obrigação passa a natural; se, não obstante, for cumprida, não pode ser repetida;
- se renunciar à prescrição, a obrigação mantém-se civil, devendo ser cumprida, nos termos comuns;
- se nada fizer, a obrigação mantém-se, também, civil; aí, uma de duas:
- ou o devedor cumpre e a prestação não pode ser repetida, por ser civil;
- ou não cumpre (mas sem a invocar, consciente ou inconscientemente) e irá ser condenado no seu cumprimento, por a obrigação ser civil.

---

[659] Quanto à contraposição entre obrigações naturais e obrigações civis, *vide Direito das obrigações*, 1, 311 ss. e *Tratado* VI, 2.ª ed., 611 ss..

§21.º Regras gerais da prescrição

Podemos corrigir duas afirmações que por vezes ocorrem, na doutrina como na jurisprudência: a da eficácia extintiva da prescrição[660] e da sua potencialidade para transformar obrigações civis em naturais[661].

A prescrição dá azo, apenas, ao direito de a invocar; se este direito não for exercido, a obrigação mantém-se civil, não havendo quaisquer efeitos. Se a prescrição for invocada, aí sim: teremos uma obrigação natural. Inexigível, mas com *soluti retentio*.

---

[660] José Dias Marques, *Prescrição extintiva* cit., 27 e Joaquim de Sousa Ribeiro, *Prescrições presuntivas: sua compatibilidade com a não impugnação dos factos articulados pelo autor*, RDE V, 2 (1979), 390-411 (393).

[661] STJ 6-jul.-2000 (Torres Paulo), CJ/Supremo VIII (2000) 2, 155-158 (156/II). Trata-se de uma opção que já defendemos no *Direito das obrigações*, 2, 155 ss..

§ 22.º PRAZOS DA PRESCRIÇÃO

94. Prescrição ordinária

I. Segundo o artigo 309.º, o prazo ordinário da prescrição é de vinte anos. Trata-se de um prazo único, sempre aplicável quando a lei não fixe hipóteses especiais e independentemente da boa ou da má-fé do devedor.

O Código de Seabra estabelecia, no seu artigo 535.º, um regime diverso e mais diferenciado. A prescrição ocorria se a obrigação não tivesse sido exigida pelo período de vinte anos "... e o devedor se achar em boa-fé quando findar o tempo da prescrição ..." ou por trinta anos, sem distinção de boa ou de má-fé. Definia o § único:

> A boa fé, na prescrição negativa, consiste na ignorância da obrigação. Esta ignorância não se presume nos que originariamente contrariam a obrigação.

Uma prescrição de vinte anos é, hoje, irrealista. Trata-se de um período muito longo, que retira sentido ao instituto. Basta ver que, na prática judicial, o apelo ao prazo geral se faz ... para explicitar a inaplicabilidade de outros prazos mais curtos e, daí, a inexistência da prescrição[662].

---

[662] Assim e como exemplos: RLx 18-jun.-1996 (André dos Santos), BMJ 458 (1996), 383: a dívida resultante de um serviço postal avençado prescreve em 20 anos e não nos 5 do artigo 310.º; STJ 26-fev.-1997 (Carvalho Pinheiro), CJ/Supremo V (1997) 1, 282-286 (286/I): o prazo de prescrição dos créditos laborais previstos no artigo 38.º/1 da LCT, havendo sentença que os reconheça, passa a ser o ordinário do artigo 309.º; STJ 4-nov.-1999 (Abílio Vasconcelos), CJ/Supremo VII (1999) 3, 77-78 (78/I): a sub-rogação é distinta do regresso, não caindo no prazo do artigo 498.º/1; RPt 12-jan.-2000 (Pinto Monteiro), CJ XXV (2000) 1, 231 (231/II): à caução de boa conduta aplica-se o prazo ordinário e não o prazo especial de 6 meses previsto no artigo 14.º, § 1.º, do Decreto-Lei n.º 12:487, de 14-out.-1926, relativo aos objetos e às quantias apreendidos em processo penal e não reclamados pelos donos.

§22.º Prazos da prescrição

II. O prazo ordinário da prescrição é em Itália, de 10 anos: artigo 2946.º do Código Civil. Esse prazo foi adotado com o Código, em 1942, resultando da comercialização do Direito civil[663]. Na verdade, o Código Civil de 1865, no seu artigo 2135.º, fixava um prazo ordinário de 30 anos, à semelhança dos códigos da época. Já o Código de Comércio, de 1882, ponderando o especial dinamismo da vida mercantil, optava por um prazo ordinário de 10 anos.

De entre as codificações recentes, o Código Civil do Québec optou pelos 10 anos – artigo 2922.º – enquanto o holandês manteve 20 – artigo 3306.º – ainda que com numerosas exceções. O novo Código Civil brasileiro – artigo 206.º – escolheu, igualmente, a cifra dos 10 anos[664].

Finalmente, o BGB, após a reforma de 2001/2002, baixou de 30 anos para 3 o prazo ordinário da prescrição, ainda que com uma diversa filosofia, como vimos.

De iure condendo, o prazo ordinário do artigo 309.º deveria ser reduzido.

III. A lei tempera a largueza do prazo ordinário da prescrição com numerosos prazos especiais mais reduzidos.

Havendo um prazo mais reduzido e sobrevindo uma condenação transitada ou outro título executivo, o prazo ordinário passa a ter aplicação – artigo 311.º/1. É o que se passa com a condenação em indemnização a liquidar em execução de sentença, em que o prazo passa dos 3 (artigo 498.º/1) para os 20 anos (artigos 309.º e 311.º/1)[665], com a sentença que reconheça a existência de um crédito já vencido[666], ou com a relativa a direitos cambiários[667] ou com a obrigação de juros, cujo prazo passará dos 5 para os 20 anos, perante um título executivo[668].

95. Prescrição de cinco anos

I. Tendo fixado o prazo ordinário de 20 anos, o Código Civil articula, depois, todo um sistema de prazos mais curtos, com exceções. Nas

---

[663] Attilio Iannaccone, em *La prescrizione*, org. Paolo Vitucci, tomo II (1999), art. 2946, 105 ss..

[664] Outros elementos comparatísticos constam de Attilio Iannaccone, *La prescrizione* cit., 106-107, nota 6.

[665] RLx 2-nov.-1979 (Victor Coelho), BMJ 296 (1980), 328.

[666] RCb 9-abr.-1991 (Augusto Vieira), BMJ 406 (1991), 732.

[667] STJ 2-fev.-1993 (Martins da Costa), CJ/Supremo I (1993) 1, 112-113 (113/I).

[668] STJ 12-nov.-1996 (Cardona Ferreira), CJ/Supremo IV (1996) 3, 97-98 (98/II).

214 *A repercussão do tempo nas situações jurídicas*

palavras do Supremo, os artigos 310.º e 311.º do Código Civil fixam um regime de degrau em degrau, de regra, exceção, exceção a exceção, nova exceção[669].

O primeiro bloco que nos aparece é o da prescrição de 5 anos, prevista no artigo 310.º, em sete alíneas.

II. Passemos a considerá-las:

a) *As anuidades de rendas perpétuas ou vitalícias*: trata-se das figuras previstas nos artigos 1231.º e 1238.º, já referidas[670]; o Código regulou o início da contagem da prescrição do direito unitário – artigo 307.º; as diversas anuidades são agora submetidas à prescrição quinquenal;

b) *As rendas e alugueres devidos pelo locatário, ainda que pagos por uma só vez*: a matéria consta dos artigos 1038.º, *a*) e 1039.º e seguintes; há regras especiais para o arrendamento urbano – artigos 19.º e seguintes do RAU – e para o arrendamento rural – artigos 7.º e seguintes do Decreto-Lei n.º 385/88, de 25 de outubro; em todos os casos funciona, todavia, a prescrição de cinco anos;

c) *Os foros*: tratava-se de prestações anuais devidas pelo enfiteuta ao senhorio direto, por força do revogado artigo 1499.º, *a*), do Código Civil; essa figura está hoje extinta[671];

d) *Os juros convencionais ou legais, ainda que ilíquidos e os dividendos das sociedades*: a obrigação de juros resulta dos artigos 559.º e seguintes; quanto aos dividendos, fala-se, hoje, em "direito aos lucros" da sociedade[672], sendo de notar a inclusão, no Código Civil, de temáticas materialmente comerciais;

e) *As quotas de amortização do capital pagáveis com os juros*: opera nos casos em que se tenha convencionado que o próprio capital iria sendo pago em prestações, com os juros; numa ocasião pode suceder que, por força do contrato, o não pagamento de uma prestação provoque o vencimento das restantes; pois bem: a prescrição quinquenal apenas se irá aplicando escalonadamente, na medida do plano de pagamento inicial, pois é este o combinado e que as

---

[669] STJ 12-nov.-1996 cit., CJ/Supremo IV, 3, 98/II.

[670] *Supra*, 205-206.

[671] *Tratado* I, 4.ª ed., 378-379.

[672] *Vide* os artigos 183.º, 217.º e 294.º do Código das Sociedades Comerciais e 991.º e seguintes do Código Civil.

§22.º Prazos da prescrição   215

partes têm como referência[673]; podemos acrescentar que na eventualidade do vencimento antecipado, já não se trata de ... quotas de
amortização;

f) *As pensões alimentícias vencidas*: a figura vem tratada nos artigos
2203.º, do Código Civil;

g) *Quaisquer outras prestações periodicamente renováveis*: a jurisprudência referia, em especial, as dívidas por fornecimento de
energia elétrica[674] e as correspondentes aos prémios de seguros[675]; no tocante a fornecimentos de água, energia elétrica, gás e
telefone temos, hoje, o regime especial da Lei n.º 23/96, de 26 de
julho, abaixo examinada.

III. A prescrição de cinco anos constava do artigo 543.º do Código de
Seabra o qual, por seu turno, adveio do artigo 2277.º do Código Napoleão.
A influência deste preceito mantém-se, ainda hoje, em Itália[676]. A evolução
legislativa tem-se cifrado numa atualização do elenco das situações que lhe
estão sujeitas.

Mais recentemente, a tutela do consumidor tem levado a retirar da lista
algumas hipóteses, sujeitando-as a prazos prescricionais ainda mais curtos.

IV. A prescrição quinquenal do artigo 311.º reporta-se a situações que
têm em comum:

– um direito de base dotado de certo porte;
– prestações periódicas que dele se desprendem.

O legislador entende que a não cobrança, durante cinco anos, de uma
dessas prestações deve ser sancionada. Normalmente, de resto, torna-se
difícil, para o devedor, fazer prova do seu pagamento, após um período já
tão dilatado.

A cláusula geral da alínea *g*) mostra que a situação nada tem de excecional. Quaisquer prestações periodicamente renováveis – quando outra
regra não exista – devem, pois, ser-lhe reconduzidas.

---

[673] STJ 4-mai.-1993 (Santos Monteiro), CJ/Supremo I (1993) 2, 82-84 (84).
[674] RLx 24-nov.-1976 (Sequeira de Carvalho), BMJ 263 (1977), 291, RCb
15-nov.-1994 (Cardoso de Albuquerque), CJ XIX (1994) 5, 43-45 (44/I), incluindo juros
de mora e RCb 6-jan.-1996 (Nuno Cameira), CJ XXI (1996) 1, 5-7 (7/I).
[675] STJ 9-jan.-1979 (Rui Corte-Real), BMJ 283 (1979), 230-232 (231-232).
[676] Federico Rogeli, em *La prescrizione*, org. Paolo Vitucci, cit., art. 2948, 183 ss..

216 A repercussão do tempo nas situações jurídicas

96. Outros prazos

I. O próprio Código Civil comporta outros prazos de prescrição. Desde logo os prazos curtos, de seis meses e de dois anos, previstos nos artigos 316.º e 317.º. Todavia, como as prescrições relativas a esses prazos têm regimes diferenciados, estudá-las-emos em separado: trata-se das chamadas prescrições presuntivas.

II. Temos, depois, o prazo de três anos, próprio da restituição do enriquecimento e da responsabilidade civil – artigos 482.º e 498.º/1. Também aí o regime da prescrição é diversificado, pelo que a matéria terá de ser ponderada mais circunstanciadamente.

III. Em legislação complementar avulta a prescrição de um ano prevista no artigo 337.º do Código do Trabalho.

§ 23.º **PRESCRIÇÕES PRESUNTIVAS**

97. Origem

I. Seguem-se as denominadas prescrições presuntivas: trata-se, no nosso Direito, de prescrições cujo prazo é inferior a cinco anos e que se sujeitam a um regime diferenciado.

As prescrições presuntivas tiveram a sua origem no Código Napoleão. Prevê este diploma prescrições de 6 meses (professores, albergueiros e trabalhadores), de um ano (médicos, oficiais de diligências, mercadores, hospedeiros de estudantes e domésticas) e de dois ou cinco anos (louvados, conforme os casos): artigos 2271.º a 2273.º, versão original. Posto o que, determinou o artigo 2275.º:

> Todavia, aqueles aos quais essas prescrições serão oponíveis, podem requerer o juramento àqueles que as oponham, sobre a questão de saber se a coisa foi realmente paga.

Resultou, daqui, a ideia de prescrição presuntiva: dada a natureza específica das dívidas aí em causa, a lei parte do princípio de que, se não forem rapidamente exigidas, é porque estão pagas. Apenas pelo juramento se poderia provar que assim não foi, juramento esse depois convolado para confissão. E caso houvesse reconhecimento escrito, seguir-se-ia a prescrição ordinária[677].

II. A prescrição presuntiva foi acolhida nos códigos italianos[678] e no nosso Código de Seabra. Em compensação, era desconhecida dos códigos

---

[677] Philippe Le Tourneau/Loïc Cadiet, *Droit de la responsabilité* (1996), n.º 1130 (316) e Jean Carbonnier, *Droit civil* cit., 2517-2518.

[678] Enrico Minervini, em *Le prescrizione*, org. Paolo Vitucci, cit., 2, art. 2954-2956 (311 ss.).

218   *A repercussão do tempo nas situações jurídicas*

germânicos e, em particular: do BGB e do Código Suíço. Trata-se de um ponto a reter e que, abaixo, será posto em relevo.

O Código de Seabra previa prescrições de 6 meses (dívidas de estalagens, hospedarias, casas de pasto, açougues ou quaisquer lojas de mercearias ou de bebidas, vencimentos de trabalhadores e soldadas de criados ao mês), de um ano (retribuição de professores, médicos, funcionários, soldadas de criados ao ano e diversas indemnizações), de dois anos (retribuição de advogados), de três anos (professores, com ajuste anual e outros casos) – artigos 538.º a 541.º.

Posto isso, dispunha:

> Aquele, a quem fôr oposta alguma das prescrições mencionadas nestes artigos, poderá requerer, que a pessoa que a não opõe declare sob juramento se a dívida foi ou não paga, e neste caso se julgue conforme o juramento, sem que este possa ser referido.

Presumia-se, pois, que havia cumprimento, numa presunção a ilidir pelo referido juramento.

Todavia, o artigo 580.º do Código de Processo Civil de 1939 veio abolir o juramento como meio de prova. Resultaram, daí, várias teorias e, designadamente:

– a de que as presunções presuntivas teriam sido abolidas, reconduzindo-se às civis[679];

– a de que elas se mantinham, podendo ser ilididas por confissão[680] ou por qualquer outro meio[681].

III. Na preparação do Código Civil, o problema foi cuidadosamente ponderado por Vaz Serra. Haveria que manter – ou, dada a situação existente, reanimar – as prescrições presuntivas ou, pelo contrário, que suprimi-las, reconduzindo-as ao regime geral[682]? Em particular, valorou-se que as prescrições de muito curto prazo só poderiam manter-se como pre-

---

[679] José Dias Marques, *Prescrição extintiva* cit., 51.

[680] Manuel de Andrade, *Teoria geral da relação jurídica* cit., 2, 453.

[681] Tal a orientação da jurisprudência: STJ 14-dez.-1954 (Almeida Ribeiro), BMJ 46 (1955), 428-432 (431), STJ 1-jul.-1955 (Lencastre da Veiga), BMJ 50 (1955), 309-311 (311), STJ 7-jun.-1960 (S. Figueirinhas), BMJ 98 (1960), 486-488 (487) e STJ 26-nov.-1965 (Gonçalves Pereira), BMJ 151 (1965), 265-266 (266).

[682] Adriano Vaz Serra, *Prescrição e caducidade* cit., 254 ss..

§23.º *Prescrições presuntivas* 219

suntivas: a abolir a figura, elas teriam de ver o prazo ampliado, com inconvenientes práticos.

98. Fundamento, regime e natureza

I. As prescrições presuntivas baseiam-se numa presunção de que as dívidas visadas foram pagas[683]. De um modo geral, elas reportam-se a débitos marcados pela oralidade ou próprios do dia-a-dia. Qualquer discussão a seu respeito ou ocorre imediatamente, ou é impossível de dirimir com consciência.

Todavia, remetê-las para a prescrição extintiva (com um prazo muito curto) poderia ter um efeito duplamento nocivo:

– contribuiria para um ambiente de laxismo e de desatenção: as pessoas não curariam de pagar o que devem, refugiando-se numa fácil prescrição;
– conduziria a um aumento da litigiosidade: os credores desencadeariam, à mínima demora, os procedimentos jurisdicionais, para não serem surpreendidos por prescrições muito curtas.

A salvaguarda das prescrições extintivas apresenta-se, assim, como uma útil diferenciação de regimes, adequada para os países da Europa do Sul e conforme com as suas tradições jurídico-científicas.

II. O artigo 312.º do Código Civil começou, na linha proposta por Vaz Serra, por estabelecer o princípio: as prescrições subsequentes fundam-se na presunção de cumprimento. Ficam abrangidas as prescrições de 6 meses e de dois anos, dos artigos 316.º e 317.º.

Tal presunção é, todavia, muito forte. O credor, contra o que resultaria das regras gerais das presunções *iuris tantum* – artigo 350.º/2 – não pode ilidir a presunção provando que, afinal, o devedor nada pagou. Apenas o próprio devedor, caindo em si, o poderá fazer: por confissão: artigo 313.º.

---

[683] Quanto às prescrições presuntivas no Direito português vigente: Maria Raquel Rei, *As prescrições presuntivas*, em Francisco Salgado Zenha/*Liber amicorum* (2003), 611-633.

220 *A repercussão do tempo nas situações jurídicas*

III. A confissão, segundo o artigo 352.º, é o reconhecimento que a parte faz da realidade de um facto que lhe é desfavorável e favorece a parte contrária. No caso da ilisão da prescrição presuntiva, a confissão consistirá no reconhecimento de que, afinal, a dívida não foi paga. A confissão terá ainda de ser feita pelo devedor originário ou por aquele a quem a dívida tenha sido transferida por sucessão – 313.º/1.

Posto isto, há que observar o seguinte:

– a confissão, a ser extrajudicial, exige forma escrita: 313.º/2;
– a confissão pode ser tácita, mas com o especial sentido do artigo 314.º: o devedor recusar-se a depor ou a prestar juramento em tribunal ou, ainda, praticar em juízo atos incompatíveis com a presunção de cumprimento.

O Código Civil estabeleceu um esquema mais firme e mais exigente em benefício do devedor, do que a prática jurisprudencial do âmbito do Código de Seabra. De todo o modo, ele tinha certas virtualidades, que a jurisprudência pôs em relevo.

IV. Na base do afinamento jurisprudencial temos a ideia de confissão tácita, assente, segundo o artigo 314.º, em o devedor praticar em juízo atos incompatíveis com a presunção de cumprimento. Assim:

– os opositores a uma ação de honorários de um advogado que se põem a discutir o seu montante ilidem, obviamente, a presunção de que pagaram[684];
– o opositor ao pedido de condenação no preço de serviços, que nega a dívida, ilide a presunção de que o pagou[685];
– o próprio devedor que, em contestação, reconheça não ter efetuado o pagamento, ilide a presunção[686];
– o réu que queira fazer valer a prescrição presuntiva terá de alegar claramente que pagou[687];

---

[684] STJ 24-mai.-1974 (João Moura), BMJ 237 (1974), 182-184 (184) e STJ 24-mai.-1974 (Manuel Fernandes Costa), BMJ 237 (1974), 186-189 (189).

[685] STJ 8-nov.-1974 (João Moura), BMJ 241 (1974), 270-272 (271).

[686] STJ 19-jun.-1979 (Hernani de Lencastre), BMJ 288 (1979), 364-368 (367) = RDE V, 2 (1979), 385-390, anot. contra, Sousa Ribeiro e STJ 6-dez.-1990 (Joaquim de Carvalho), BMJ 402 (1991), 532-536 (536).

[687] RLx 21-out.-1986 (Farinha Ribeiras), BMJ 364 (1987), 934; num sentido menos afirmativo: STJ 12-jun.-1986 (Solano Viana), BMJ 358 (1986), 558-563 (562).

§ 23.º Prescrições presuntivas 221

– na falta de impugnação especificada dos factos invocados pela autora, o réu confessa tacitamente, ilidindo a presunção da prescrição[688].

Este acervo pode-se considerar adquirido, ilustrando a receção, pelos tribunais, do esquema da prescrição presuntiva, adotada pelo Código Civil. O decurso dos prazos não seria, assim e só por si, extintivo[689], cabendo ao credor a prova (ainda que limitadamente exequível) de que a dívida se mantém[690]. A jurisprudência subsequente veio reafirmar as especificidades da prescrição presuntiva, precisando as circunstâncias de uma ilisão por confissão[691].

V. Para além destes aspetos ligados ao seu fundamento, a prescrição presuntiva rege-se pelas regras gerais: artigo 315.º. Têm aplicação as normas sobre a indisponibilidade, a invocação, o decurso do prazo, a suspensão e a interrupção[692]. Nalguns casos, normas específicas introduzem diferenciações: tal a hipótese do artigo 430.º.

Este estado de coisas permite à doutrina considerar a prescrição presuntiva como um dos mais característicos institutos do Direito civil[693]. Ela opera como híbrido, misto de presunção e de prescrição. Em termos históricos, culturais e jurídico-científicos, a pescrição presuntiva situa-se, contudo, no núcleo da prescrição, cujo regime modela. Trata-se de um aspeto característico dos Direitos do Sul, que, no Direito português, assume uma posição específica. Há que preservá-lo, tanto mais que representa uma opção pensada, que vai ao encontro de valores sócio-culturais efetivos.

99. Casos; natureza aberta

I. Passando aos casos de prescrição presuntiva seriados na lei temos, em primeiro lugar, a previsão de uma prescrição de seis meses: artigo 316.º.

---

[688] RPt 13-dez.-1993 (Azevedo Ramos), CJ XVIII (1993) 5, 240-242 (241-242).
[689] RPt 15-mai.-1995 (Abílio Vasconcelos), BMJ 447 (1995), 573 (o sumário).
[690] RPt 28-jun.-1999 (Fonseca Ramos), BMJ 488 (1999), 414/II.
[691] STJ 19-jun.-1997 (Nascimento Costa), BMJ 468 (1997), 356-360 e STJ 14-out.-1999 (Ferreira de Almeida), BMJ 490 (1999), 223-226 (225).
[692] STJ 12-mar.-1998 (Costa Marques), CJ/Supremo VI (1998) 1, 127-129 (128/II).
[693] Enrico Minervini, La prescrizione cit., II, 815.

222 A repercussão do tempo nas situações jurídicas

Ele abrange os créditos de estabelecimentos de alojamento, comidas ou bebidas, pelo alojamento, comidas ou bebidas que forneçam. Este preceito é herdeiro do artigo 538.º do Código de Seabra, que referia estalagens, hospedarias, casas de pasto, açougues e outras lojas e, ainda, vencimentos de trabalhadores e soldadas de criados. Estes dois últimos aspetos foram, todavia, retirados da lei civil, uma vez que esta remeteu o contrato de trabalho para legislação especial – artigo 1153.º [694].

II. Por seu turno, o artigo 317.º prevê prescrições de dois anos. E mais concretamente:

– quanto a créditos dos estabelecimentos que forneçam alojamento ou alojamento e alimentação a estudantes, bem como os créditos de estabelecimentos de ensino, assistência ou tratamento, relativamente aos serviços prestados – a);
– quanto a créditos de comerciantes pelas vendas a não comerciantes ou não destinadas ao comércio e créditos dos que exerçam profissionalmente uma indústria, pelo fornecimento de mercadorias ou produtos, execução de trabalhos ou gestão de negócios alheios, incluindo despesas, a menos que a prestação se destine ao exercício industrial do devedor – b);
– quanto a créditos pelos serviços prestados no exercício de profissões liberais e pelo reembolso das despesas correspondentes – c).

III. Pergunta-se se o elenco de situações de prescrição presuntiva incluídas nos artigos 316.º e 317.º, do Código Civil, é fechado ou taxativo.

O problema não se põe quando uma lei avulsa venha prever novas hipóteses de prescrição de prazo curto, explicitando que se trata de "prescrições presuntivas". Ocorre, todavia, quando tais "prescrições breves" sejam adotadas por lei que não especifique a sua natureza presuntiva.

Quid iuris? Uma prescrição de prazo curto, quando nada se diga, é uma prescrição extintiva ou presuntiva?

---

[694] A prescrição dos créditos provenientes do contrato de trabalho resulta do artigo 337.º do CT, que prevê, no seu n.º 1, uma prescrição extintiva de um ano ... contado a partir do dia seguinte àquele em que cessou o contrato de trabalho. O n.º 2, embora sem se reportar a uma prescrição, determina, contudo, algo que tem a ver com presunções: os créditos resultantes de indemnizações por falta de férias, pela aplicação de sanções abusivas ou pela realização de trabalho suplementar, vencidos há mais de cinco anos, só podem, todavia, ser provados por documento idóneo.

§23.º Prescrições presuntivas

IV. O problema tem-se posto a propósito de créditos de consumidores, por força de serviços essenciais. Abaixo examinaremos os competentes institutos. Todavia, alguns princípios podem ser adiantados em abstrato. A ideia de que a regra é a da prescrição extintiva, sendo a presuntiva "exceção", é puramente conceptual e vocabular. Esquece os valores em causa.

A regra é a da subsistência dos créditos, até ao seu pagamento. A prescrição ordinária rema já contra essa regra: justifica-se por conhecidas razões histórico-culturais acima expostas, sob pena de ser mesmo inconstitucional, por violação da propriedade privada. A partir daí, as exceções vêm-se somando e são cada vez mais gravosas: a prescrição quinquenal é exceção à ordinária; as prescrições bienal e de seis meses, presuntivas, são exceção à quinquenal; as (hipotéticas) prescrições bienal e de seis meses extintivas, exceção à presuntiva. A medida da excecionalidade é dada pela distância ao padrão-base. Esse padrão não poderá deixar de ser constituído pela defesa dos direitos legitimamente adquiridos, com uma moderada sujeição ao decurso do tempo. A essa luz, é seguramente mais excecional uma hipotética prescrição extintiva de curto prazo do que uma prescrição presuntiva nesse mesmo prazo: a primeira sacrifica mais os direitos do credor do que a segunda.

Uma prescrição de curto prazo, quando nada se diga, poderá, no Direito português, muito bem ser presuntiva: é a solução mais próxima do padrão-base. A pretender um desvio maior, o legislador terá de o assumir, dizendo-o.

§ 24.º SUSPENSÃO DA PRESCRIÇÃO

100. Generalidades e causas bilaterais

I. A prescrição é, no fundamental, um instituto conectado à certeza e à segurança do Direito. Basta ver que ela está ontologicamente ligada ao decurso de prazos os quais, por definição, são impessoais: ignoram, de modo absoluto, quaisquer particularidades do caso concreto.

Todavia, desde há longo tempo, a prescrição é temperada com algumas regras que permitem, *in concreto*, respeitar valores e ocorrências que o Direito civil não pode ignorar. Aqui se inscreve a figura da interrupção da prescrição[695].

II. Antes de proceder a uma ordenação global da suspensão e à sua redução dogmática, vamos seriar as diversas manifestações por que ela ocorre. Podemos distinguir:

– causas bilaterais;
– causas subjetivas;
– causas objetivas.

As causas bilaterais implicam uma suspensão da prescrição entre duas pessoas particularmente relacionadas: entre cônjuges, por exemplo. As causas subjetivas relacionam-se com a suspensão favorável a pessoas que se encontrem em situações que o Direito tutela: militares na guerra, por exemplo. As causas objetivas derivam de situações jurídicas sensíveis: um caso de força maior, por exemplo.

---

[695] Sobre o tema, José Dias Marques, *Prescrição extintiva* cit., 94 ss..

§ 24.º Suspensão da prescrição 225

III. As causas bilaterais da prescrição constam do artigo 318.º, que prevê seis distintas ocorrências[696]. Assim:

- entre cônjuges, ainda que separados judicialmente de pessoas e bens – *a*);
- entre quem exerça o poder paternal e as pessoas a ele sujeitas, entre o tutor e o tutelado ou entre o curador e o curatelado – *b*);
- entre as pessoas cujos bens estejam sujeitos, por lei ou por determinação judicial ou de terceiro, à administração de outrem e aquelas que exercem a administração, até serem aprovadas as contas finais – *c*);
- entre as pessoas coletivas e os respetivos administradores, relativamente à responsabilidade destes pelo exercício dos seus cargos, enquanto neles se encontrarem – *d*);
- entre quem presta o trabalho doméstico e o respetivo patrão, enquanto o contrato durar – *e*);
- entre o credor e o seu devedor, enquanto este for usufrutuário do crédito ou tiver penhor sobre ele – *f*).

Temos, nas duas primeiras hipóteses, relações de família. A suspensão da prescrição visa, aí, obviar por um lado a que, com receio da prescrição, se instale uma litigiosidade desnecessária e, por outro, que os intervenientes possam prescindir dos seus direitos, para salvaguarda da harmonia ou por temor reverencial.

IV. Nos casos das alíneas *c*) e *d*) do artigo 318.º, o problema seria de conflito de interesses. Havendo administração de bens de terceiro, caberia ao administrador invocar a prescrição (dele) contra a entidade administrada ou invocar a prescrição (desta) contra ele próprio. Poderá não o fazer ou fazê-lo em termos que não seriam os normais. A suspensão tudo resolve.

A causa de suspensão do artigo 318.º, *d*) – responsabilidade dos administradores – não se aplica, hoje, às sociedades comerciais. O artigo 174.º do CSC fixa regras de prescrição incompatíveis com essa suspensão – assim o n.º 1, *b*) – que prevalecem.

---

[696] Trata-se de matéria proveniente dos artigos 549.º a 551.º do Código de Seabra e que recebe, agora, uma melhor arrumação.

226   *A repercussão do tempo nas situações jurídicas*

V. A alínea *e*) do artigo 318.º corresponde a um resquício, no Código Civil, do tempo em que o serviço doméstico constava do Código de Seabra – artigos 1370.º a 1390.º[697]. No fundo, ele dá corpo à necessidade de tutela do trabalhador que, na pendência do contrato e mercê da subordinação em que se encontra, poderá não exercer devidamente os seus direitos. Mas também contempla a necessidade de paz nas relações, na medida em que não "obriga" a entidade empregadora a exercer precipitadamente os seus direitos.

O trabalho doméstico foi regulado pelo Decreto-Lei n.º 508/80, de 21 de outubro, depois substituído pelo Decreto-Lei n.º 235/92, de 24 de outubro. O artigo 318.º, *e*), mantém-se em vigor.

A suspensão da prescrição entre as partes numa relação jurídica de trabalho resulta da lei geral do trabalho: artigo 381.º do CT. Mas sob uma diferente linguagem: a de fazer contar a prescrição após o termo do contrato de trabalho.

VI. A alínea *f*), por fim, tem a ver com conflitos de interesses. Havendo concurso de direitos sobre a mesma prestação, em que diversas posições deveriam ser exercidas por pessoas afetadas pela prescrição, entendeu o legislador recorrer à suspensão. O sistema distende-se, prevenindo-se impugnações e outras litigiosidades.

101. Causas subjetivas e objetivas

I. Segundo o artigo 319.º, a prescrição não começa nem corre contra militares em serviço, durante o tempo de guerra ou de mobilização, dentro ou fora do País, ou contra as pessoas que estejam, por motivo de serviço, adstritas às forças armadas.

O problema reside, aqui, em definir "tempo de guerra": vale a guerra declarada? a repressão militar de motins? a expedição militar humanitária no estrangeiro?

A prescrição só faz sentido enquanto instituto ao serviço da segurança. O artigo 319.º terá, assim, aplicação apenas nos casos de guerra

---

[697] Embora esta concreta suspensão não constasse do Código de Seabra.

§ 24.º Suspensão da prescrição

constitucionalmente declarada ou por todos reconhecida[698] [699]. Para as outras situações que possam atingir militares (ou civis) ao serviço das forças militares, queda-nos o recurso ao artigo 321.º: suspensão por força maior.

II. O artigo 320.º contempla nova causa subjetiva de suspensão: a relativa a menores, interditos ou inabilitados.

No tocante a menores, o 320.º compreende várias regras:

– a prescrição não começa nem corre enquanto não tiverem quem os represente ou administre os seus bens, salvo se respeitar a atos para os quais o menor tenha capacidade – 320.º/1, 1.ª parte;
– mesmo então, a prescrição não se completa sem ter decorrido um ano sobre o termo da incapacidade – 320.º/1, 2.ª parte[700];
– a prescrição presuntiva prossegue mas não se completa sem ter decorrido um ano sobre a obtenção do representante ou administrador ou sobre a aquisição da plena capacidade – 320.º/2.

Tudo isto é aplicável a interditos e inabilitados – 320.º/3; mas com uma especificidade: a suspensão dura um máximo de três anos, ideia que a lei exprime através da perífrase supreendente "a incapacidade considera-se finda...". De facto, podendo a interdição ou a inabilitação conservar-se para sempre, a prescrição ficaria, sem essa limitação, definitivamente bloqueada.

Poderíamos ainda incluir nesta área das causas de suspensão subjetivas a previsão do artigo 322.º: a prescrição de direito da herança ou contra ela não se completa antes de decorridos seis meses depois de haver pessoa por quem ou contra quem os direitos possam ser invocados.

---

[698] Luiz da Cunha Gonçalves, *Tratado* cit., 3, 761-762, considerava tempo de guerra o decorrido entre a abertura das hostilidades e a celebração da paz. Por seu turno, Dias Marques, *Prescrição extintiva* cit., 114, alargava a ideia de guerra à "civil". Ambas as precisões mantêm atualidade, desde que se possa mesmo falar em "guerra".

Adriano Vaz Serra, *Prescrição e caducidade* cit., 374-375, já com a experiência da II Guerra Mundial bem presente, afirma que, na guerra moderna, todos podem ser afetados no exercício dos seus direitos, pelo que haveria que fazer apelo a normas especiais; de toda a forma e por tradição, conservou-se o preceito, no texto do Código Civil.

[699] STJ 26-jul.-1977 (Ferreira da Costa), BMJ 269 (1977), 160-163 (162), admitiu a relevância, para efeitos do artigo 319.º, da chamada "Guerra Colonial", em Angola, Moçambique e Guiné, de 1961 a 1974: embora não declarada, ela foi reconhecida como tal, inclusive por diplomas legais.

[700] RPt 9-out.-1995 (Azevedo Ramos), CJ XX (1995) 4, 208-211 (210/II).

228   *A repercussão do tempo nas situações jurídicas*

III. O artigo 321.º contém, por fim, as causas objetivas de suspensão. São duas:

– a suspensão nos últimos três meses do prazo, enquanto o titular estiver impedido de fazer valer o seu direito, por motivo de força maior;
– *idem*, na hipótese de dolo do obrigado, que o impeça de tal exercício.

"Motivo de força maior" era uma expressão, própria do Código de Seabra[701], para designar a impossibilidade. Segundo o artigo 705.º daquele Código, o contraente que faltasse ao cumprimento não era responsável pelos prejuízos que causasse,

> (...) salvo tendo sido impedido por facto do mesmo contraente, por força maior, ou por caso fortuito, para o qual de nenhum modo haja contribuído.

Vaz Serra, nos estudos preparatórios do atual Código Civil, abandonou o esquema do "caso fortuito" "ou de força maior"[702] a favor da construção romano-germânica da impossibilidade[703]. E de facto, essa instrução foi acolhida, constando hoje dos artigos 790.º e seguintes e 801.º e seguintes. Residualmente (e por lapsos de revisão), "força maior" surge, ainda, no Código Civil.

De todo o modo, não oferece dúvidas a aproximação entre o artigo 321.º/1 e o artigo 790.º: há suspensão, nos últimos três meses do prazo, quando o titular estiver impossibilitado, por causa que lhe não seja imputável, de fazer valer o seu direito. Releva, naturalmente, a impossibilidade efetiva, temporária e absoluta, nos termos gerais[704].

---

[701] Luiz da Cunha Gonçalves, *Tratado de Direito civil* cit., 4, 527 ss., com múltiplas indicações.

[702] Alguma doutrina tentara distinguir essas duas noções: "caso fortuito" seria imprevisível; a "força maior" irresistível.

[703] Adriano Vaz Serra, *Impossibilidade superveniente por causa não imputável ao devedor e desaparecimento do interesse do credor*, BMJ 46 (1955) 5-152 (5 ss.).

[704] *Tratado* III, 555 ss.. Nem toda e qualquer causa que impeça o exercício do direito provoca a suspensão (*contra non valentem agere non currit praescriptio*): Vaz Serra, *Prescrição e caducidade* cit., 346. José Dias Marques, *Prescrição extintiva* cit., 122, admitia um alargamento com recurso ao justo impedimento do Código de Processo Civil – hoje, artigo 140.º – de modo a aplicá-lo como fundamento de suspensão. Tal só será possível por via da "força maior" do artigo 321.º/1.

§ 24.º Suspensão da prescrição 229

IV. A hipótese de dolo do obrigado – 321.º/2 – destina-se a evitar que este possa tirar partido do ilícito próprio, invocando a prescrição que provocou.

Em rigor, a hipótese de dolo do obrigado poderia ser reconduzida ao n.º 1 do mesmo preceito. Trata-se, todavia, do afloramento de um princípio importante, que fica sempre bem em qualquer lei.

102. Delimitação dogmática e regime

I. A suspensão da prescrição distingue-se, em rigor, de figuras limítrofes:

- a imprescritibilidade: a situação suspensa está sujeita a prescrição; esta, todavia, não prossegue durante certo período;
- o não-início: normalmente por não poder ser exercido, certo direito não vê, contra ele, correr a prescrição: artigo 306.º;
- a impossibilidade: trata-se de uma figura jurisprudencialmente referida para retratar casos em que, fora do artigo 306.º, a prescrição não podia iniciar-se, por ausência de direito atuável; por exemplo, por ter havido compensação que (só) depois foi anulada[705];
- a interrupção: marca o fim de certo processo prescricional incompleto, sem qualquer eficácia.

II. De acordo com a doutrina habitual, a suspensão da prescrição faz deter o prazo em curso (*praescriptio dormiens*), mas não inutiliza o prazo já decorrido; cessando a suspensão, o prazo anteriormente decorrido aproveita-se, somando-se ao que decorra depois.

Em rigor, cumpre distinguir:

- a suspensão inicial ("a prescrição não começa ...", artigos 318.º, 319.º e 320.º/1, todos no início): verificada a causa de suspensão antes ou aquando da consubstanciação dos requisitos que marcam o início da prescrição, esta não começa; a figura distingue-se do não-início porque, ao contrário deste, pressupõe os diversos requisitos, mas com um *plus*: a causa suspensiva;
- a suspensão intercalar ("a prescrição não ... corre ...", citados artigos): a prescrição já se tinha iniciado quando ocorre a causa sus-

---

[705] STJ 6-jul.-2000 (Torres Paulo), CJ/Supremo VIII (2000) 2, 155-158 (158/I).

230 · A repercussão do tempo nas situações jurídicas

pensiva; o prazo pára, aproveitando-se, contudo, quando recomece a correr;

– a suspensão final[706] ("a prescrição não se completa sem ter decorrido um ano ..." – 320.º/1, *in fine*; "a prescrição suspende-se (...) no decurso dos últimos três meses do prazo" – 321.º/1; "... não se completa antes de decorridos seis meses ..." – 322.º): desta feita, o facto suspensivo, além de paralisar o decurso do tempo, garante um mínimo de tempo final para o exercício do direito.

III. Põe-se, depois, o problema do funcionamento e da natureza da suspensão. Não se trata de um elemento de conhecimento oficioso: nos termos gerais, ela terá de ser invocada (e demonstrada) pela pessoa a quem aproveite.

Por outro lado, a suspensão não é uma mera delimitação no conteúdo da prescrição: antes funciona como objeto de um direito potestativo de deter o funcionamento da prescrição, em certas circunstâncias, suspendendo o conteúdo do respetivo prazo. Uma vez invocada, a suspensão tem eficácia retroativa: os seus efeitos operam desde o momento em que se mostrem reunidos os competentes requisitos.

---

[706] A suspensão da "consumação" da prescrição do Direito alemão, anterior à reforma.

§ 25.º INTERRUPÇÃO DA PRESCRIÇÃO

103. Generalidades: natureza

I. Teoricamente, todos os direitos disponíveis não reais, que não sejam de exercício instantâneo, estão permanentemente incursos na prescrição. No entanto, só muito raramente esta chegará ao fim, em termos de poder paralisar a exigência do cumprimento.

Na normalidade dos casos, a prescrição não segue o seu curso: é interrompida pela execução ou pelo acatamento da obrigação em jogo. Poderemos, assim, definir a interrupção da prescrição como o ato ou o efeito de pôr termo ao processo prescricional. A interrupção, quando ocorra, inutiliza todo o prazo porventura já decorrido. Verificados os requisitos poderá apenas, depois, haver um reinício.

II. A interrupção da prescrição corresponde a uma evidência lógica: de tal forma que, quando não estivesse prevista na lei, ela sempre se imporia. Basta ver que, se estão sujeitos a prescrição *pelo seu não exercício durante o lapso de tempo estabelecido na lei*, determinados direitos – artigo 298.º/1 –, o processo cessa logo que eles sejam exercidos[707].

A interrupção ganha autonomia dogmática, mercê da sua designação linguística colocada, ainda para mais, em contraposição com a suspensão. E de facto, confrontada com esta, ela poderia ordenar-se como uma realidade do mesmo tipo, apenas com uma diferença de eficácia:

- a suspensão permite o aproveitamento do prazo que tenha decorrido antes dela;
- a interrupção inutiliza todo o prazo anterior, obrigando a nova contagem a partir do zero.

---

[707] José Dias Marques, *Prescrição extintiva* cit., 135-136.

232 *A repercussão do tempo nas situações jurídicas*

III. Na verdade, a interrupção é algo de estruturalmente diferente da suspensão. Ela não exprime qualquer posição jurídico-subjetiva capaz de, potestivamente, interferir no processo prescricional: apenas corresponde a uma projeção linguística da comum eficácia do direito subjetivo de cuja prescrição se trate.

A especificidade da interrupção advém da natureza das obrigações: vínculos abstratos, sem existência percetível pelos sentidos. Deste modo, o seu exercício, em moldes de deter validades prescricionais, terá de assumir uma fórmula clara e impressiva.

IV. Dogmaticamente, a interrupção mais não será do que a ausência súbita do processo de prescrição. Como facto positivo marcante, apenas haveria que apontar o reinício do processo – artigo 326.º.

104. Interrupção promovida pelo titular

I. Segundo o artigo 323.º/1, a prescrição interrompe-se:
- pela citação ou notificação judicial de qualquer ato que exprima a intenção de exercer o direito;
- podendo essa intenção ser expressa direta ou indiretamente;
- seja qual for o processo a que o ato pertence;
- ainda que o tribunal seja incompetente.

Aparentemente, o interessado tem de lançar mão de meios jurisdicionais para interromper a prescrição. Vários esquemas têm sido apurados para facilitar a situação: ela é complexa e onerosa, particularmente quando se trate de prescrições de curto prazo. Veremos como se torna possível estabelecer o equilíbrio pretendido pela Ciência do Direito e pelo sistema, no seu todo.

II. O artigo 323.º/1 refere a "citação ou notificação judicial de qualquer ato". Pergunta-se se é necessária a instauração de um processo – ou o decurso de um processo que possa ser aproveitado – ou se bastará uma notificação judicial avulsa, prevista no artigo 261.º do CPC e independente de qualquer processo. A jurisprudência dividiu-se, contra[708] e a

---

[708] STJ 12-mar.-1996 (José Martins da Costa), BMJ 455 (1996), 441-448.

§ 25.º *Interrupção da prescrição* 233

favor[709]. Finalmente, foi tirado assento no sentido da admissibilidade da notificação judicial avulsa, como forma de interromper a prescrição[710]: um significativo progresso judicial para aligeirar o pesado esquema previsto na lei. Como base legal, vale o artigo 323.º/4, latamente interpretado.

III. A referência à intenção, direta ou indireta, traduz a regra de que bastará uma diligência judicial que seja incompatível com o desinteresse pelo direito de cuja prescrição se trate. Este vetor é complementado com a ideia de que não releva o processo onde o problema se ponha. A própria incompetência do tribunal não prejudica[711].

A falta de procuração forense não impede a citação e, daí, a interrupção[712]: um ponto importante uma vez que permite, perante qualquer emergência, a um advogado, atuar em gestão e interromper qualquer prescrição próxima do seu termo.

Finalmente: a interrupção mantém-se mesmo quando haja anulação da citação ou da notificação – artigo 323.º/3: prova de que não se trata de praticar atos judiciais, mas de levar ao conhecimento do devedor, de modo particularmente solene, a intenção de exercer um direito.

IV. Pode suceder que as citações ou notificações demorem muitos dias ou semanas a efetivar: por sobrecarga dos tribunais ou por razões atinentes ao próprio devedor. Nessa altura, depois de requeridas as citações ou notificações, o processo escaparia das mãos do credor. No limite, este poderia ter de assistir ao expirar do prazo, mercê de demoras às quais seria estranho.

O legislador resolveu o problema no artigo 323.º/2: se a citação ou notificação se não fizer dentro de cinco dias depois de ter sido requerida por causa não imputável ao requerente, tem-se a prescrição por interrompida logo que decorram os cinco dias. A jurisprudência esclarece alguns pontos:

---

[709] STJ 3-jun.-1997 (Fernandes Magalhães), CJ/Supremo V (1997) 2, 114-115 (115/ /II).

[710] STJ(P) n.º 3/98 de 26-mar.-1998 (Miranda Gusmão; vencidos: Martins da Costa e outros), BMJ 475 (1998), 21-34 = DR I Série-A, de 12-mai.-1998.

[711] STJ 17-jun.-1998 (Machado Soares), BMJ 478 (1998), 321-323 (322-323) e RPt 19-mar.-2001 (Sousa Peixoto), CJ XXVI (2001) 2, 238-240 (240).

[712] RCb 30-nov.-1995 (Daniel Almada), CJ XX (1995) 5, 92-93 (93/II).

234   *A repercussão do tempo nas situações jurídicas*

– no âmbito do artigo 323.°/2, a prescrição é interrompida independentemente da citação, mesmo quando esta não seja levada a cabo por férias judiciais[713];

– quando os autores ajam com a diligência devida, requerendo a citação dos réus com cinco dias de antecedência, beneficiam da ficção legal do artigo 323.°/2[714];

– a citação prévia também deve ser requerida até cinco dias de antecedência, para efeitos do artigo 323.°/2[715];

– de todo o modo, pelas regras gerais, se o prazo prescricional terminar durante as férias judiciais e a citação ocorrer no primeiro dia útil subsequente, há interrupção, por via do artigo 279.°[716].

V. A interrupção da prescrição por iniciativa do titular do direito pode ainda ser provocada pelos meios descritos, junto de um tribunal arbitral – artigo 324.°/2.

O simples compromisso arbitral interrompe a prescrição relativamente ao direito que se pretenda tornar efetivo.

105. O reconhecimento

I. A prescrição é interrompida pelo reconhecimento do direito, efetuado perante o respetivo titular, por aquele contra quem o direito pode ser exercido – 325.°/1. Nos termos gerais, admite-se o reconhecimento tácito: explica o n.° 2 que, nessa hipótese, ele só é relevante quando resulte de factos que inequivocamente o exprimam[717].

---

[713] STJ 17-jun.-1998 (Ferreira Ramos), BMJ 478 (1998), 324-331 (324-325), o qual cita, em abono dezoito acórdãos anteriores, e RLx 24-fev.-1999 (Ferreira Marques), CJ XXIV (1999) 1, 173-176 (173-174).

[714] REv 4-mar.-1999 (Verdasca Garcia), BMJ 485 (1999), 496/II.

[715] STJ 24-mar.-1999 (Victor Devesa), CJ/Supremo VIII (1999) 2, 251-253.

[716] STJ 25-mai.-1999 (Silva Graça), CJ/Supremo VIII (1999) 2, 109-110.

[717] REv 28-jan.-1999 (Fernando Bento), BMJ 488 (1999), 287/I, explica que o reconhecimento tácito, para ser interruptivo, deve emergir de factos inequívocos e, no caso concreto aí em jogo,

(...) devendo ser sempre claro, inequívoco e concludente, ou seja, não deixar quaisquer dúvidas quanto à aceitação da existência da dívida, do direito do credor e da obrigação de indemnizar.

§ 25.º Interrupção da prescrição   235

II. A jurisprudência permite apreciar melhor os modos de concretização passíveis de reconhecimento. Assim:

– o pagamento de alguns juros traduz o reconhecimento da dívida de capital que os gerou, mas não dos juros anteriormente vencidos[718];
– a embargante que sempre se mostrou disponível junto da embargada para proceder ao pagamento de letras, fazendo pedidos de prazo para a sua liquidação ou alegando impossibilidade momentânea para o fazer, reconhece o direito do credor e interrompe a prescrição[719];
– se uma seguradora põe à disposição do interessado uma quantia ainda que inferior à pretendida, tem-se a prescrição por interrompida[720].

106. O reinício

I. Como vimos, a interrupção inutiliza todo o tempo anteriormente decorrido. A partir dela, começará a contar-se nova prescrição, sujeita ao prazo primitivo – artigo 326.º – salvo a hipótese de prescrições de curta duração: estas passam ao prazo ordinário, quando os respetivos direitos sejam reconhecidos por sentença transitada ou caso sobrevenha um título executivo – artigo 311.º.

II. Quando a interrupção resulte de citação, notificação ou ato equiparado ou de compromisso arbitral, o novo prazo não começa a correr antes do trânsito em julgado da decisão que ponha termo ao processo – 327.º/1. Sobrevindo desistência, absolvição ou deserção da instância, ou ficando sem efeito o compromisso arbitral, o novo prazo começa a contar logo após o ato interruptivo – 327.º/2 – havendo ainda que observar o disposto no n.º 3 do mesmo preceito[721].

---

[718] REv 10-jan.-1985 (Varela Pinto), CJ X (1985) 1, 299-300 (300).
[719] STJ 28-abr.-1994 (Zeferino Faria), CJ/Supremo II (1994) 2, 69-71 (70-71).
[720] RCb 5-nov.-1996 (Coelho de Matos), BMJ 461 (1996), 529.
[721] Quanto à sua aplicação: STJ 21-out.-1993 (Mário Cancela), CJ/Supremo I (1993) 3, 79-81 (81).

§ 26.º PRESCRIÇÕES ESPECIAIS

107. Prescrição de três anos: restituição do enriquecimento e indemnização

I. Os artigos 482.º e 498.º/1, relativos, respetivamente, ao direito à restituição por enriquecimento e ao direito à indemnização, estabelecem um regime de prescrição diferenciado:

- uma prescrição de três anos a contar da data em que o credor teve conhecimento do direito que lhe compete e da pessoa do responsável (no enriquecimento) ou do direito que lhe compete, embora com desconhecimento da pessoa do responsável e da extensão integral dos danos;
- mantendo-se, em ambos os casos, a prescrição ordinária, a partir, respetivamente, do enriquecimento e do facto danoso.

Na sequência do Prof. Gomes da Silva, podemos aqui distinguir entre o direito potestativo de desencadear os maquinismos da restituição do enriquecimento e da responsabilidade civil, que prescreve em três anos, e os direitos à restituição e à indemnização, que prescrevem em vinte, se antes não tiverem sido prejudicados pela prescrição trienal.

II. A especialidade das prescrições trienais aqui referidas[722] reside na adoção do esquema subjetivo: elas só começam a correr com o conhecimento, pelo credor, do seu direito ou, pelo menos, de certos elementos essenciais do seu direito.

---

[722] À imagem do § 852/II do BGB, hoje generalizado, como vimos, a todo o sistema de prescrição alemã.

§26.º Prescrições especiais

III. O direito de regresso entre os responsáveis prescreve, também, no prazo de três anos – artigo 498.º/2. Tem, assim, especial relevo a distinção entre o direito de regresso e a sub-rogação.

O prazo de três anos é alongado quando o facto ilícito constitua crime para o qual a lei estabeleça prescrição mais longa: nessa altura, é aplicável o prazo desta última.

Finalmente: a prescrição do direito à indemnização é analítica: deixa incólume (naturalmente!) a ação de reivindicação e a ação de restituição de enriquecimento, uma e outra se forem aplicáveis – 498.º/4.

108. Prescrição de seis meses: serviços públicos essenciais

I. A Lei n.º 23/96, de 26 de julho, veio criar "no ordenamento jurídico alguns mecanismos destinados a proteger o utente de serviços públicos essenciais". Os serviços públicos abrangidos são os fornecimentos de água, energia elétrica e gás e o telefone – artigo 1.º/2. Utente é a pessoa singular ou coletiva a quem o prestador de serviço se tenha obrigado a efetivá-lo – n.º 3.

O diploma determina, a cargo do prestador, deveres de boa-fé (3.º), de informação (4.º) e de elevados padrões de qualidade (7.º). Além disso, proíbe suspensões de fornecimento sem pré-aviso adequado e salvo "caso fortuito ou de força maior" (5.º), recusas de pagamentos parciais (6.º) e imposições de consumos mínimos (8.º).

Os utentes têm ainda um direito de participação: de serem consultados, através de certas organizações (2.º)[723].

II. Neste contexto, surge o artigo 10.º, epigrafado "prescrição e caducidade", que dispõe:

1. O direito de exigir o pagamento do preço do serviço prestado prescreve no prazo de seis meses após a sua prestação.
2. Se, por erro do prestador do serviço, foi paga importância inferior à que corresponde ao consumo efetuado, o direito ao recebimento da diferença de preço caduca dentro dos seis meses após aquele pagamento.

---

[723] Quanto à aplicação no tempo da Lei n.º 23/96, de 26 de julho, que não tem natureza interpretativa, STJ 27-out.-1998 (Francisco Lourenço), CJ/Supremo VI (1998) 2, 87-89 (89/I).

238 *A repercussão do tempo nas situações jurídicas*

3. O disposto no presente artigo não se aplica ao fornecimento de energia elétrica em alta tensão.

Não se contesta a generosidade do legislador: visou-se proteger *à outrance* o consumidor. E como a Lei n.º 23/96 multiplicava as fórmulas de intenção e as diretrizes programáticas, encontrou-se, na referência à prescrição e à caducidade, um arrimo para medidas concretas de proteção. Tais medidas vieram, todavia, contundir em diversos aspetos com dados pré-vigentes do sistema. E assim, a jurisprudência iniciou de imediato a sua laboriosa tarefa de, pela interpretação, reconduzir o novo diploma aos princípios e valores do ordenamento. Fê-lo por duas vias:

– RLx 9-jul.-1998: entende que a Lei n.º 23/96 só é aplicável a operadores telefónicos públicos; não aos privados[724];
– RPt 28-jun.-1999: decide que a prescrição prevista no artigo 10.º da Lei n.º 23/96 é presuntiva; consequentemente, o beneficiário teria de invocar o pagamento[725].

Contra tais orientações, apoiado nos trabalhos preparatórios, no texto do diploma e no objetivo da proteção dos utentes e consumidores, depõe Calvão da Silva[726]. A jurisprudência subsequente denota uma inflexão mais favorável à letra da lei: RPt 20-mar.-2000[727] e REv 15-mar.-2001[728]. Esta discussão poderá ter algum relevo: a manter-se o prazo irrealista de vinte anos, para a prescrição ordinária, é natural que se venham a multiplicar as normas especiais com prescrições de curto prazo, assim agudizando as dúvidas de integração sistemáticas.

---

[724] E, para o caso, à TMN: RLx 9-jul.-1998 (Pais do Amaral), CJ XXIII (1998) 4, 100-101 = RLJ 132 (1999), 133-135 (134 e 135/I).

[725] RPt 28-jun.-1999 (Fonseca Ramos), RLJ 132 (1999), 135-138 (137/I e II).

[726] João Calvão da Silva, *Anotação a RLx 9-Jul.-1998 e a RPt 28-Jun.-1999*, RLJ 132 (1999), 138-160.

[727] RPt 20-mar.-2000 (Paiva Gonçalves), CJ XXV (2000) 2, 207-209 (208/II) = = BMJ 495 (2000), 364/II (o sumário); todavia, este acórdão acabou por decidir pela interrupção da prescrição, por a citação ter sido requerida antes dos cinco dias anteriores ao expirar do prazo; a referência à natureza extintiva da prescrição dos 6 meses do artigo 10.º/1 da Lei n.º 23/96 é apenas um *obiter dictum*: não deu corpo a qualquer decisão.

[728] REv 15-mar.-2001 (Fernando Neves), CJ XXVI (2001) 2, 250-252 (251).

§ 26.º Prescrições especiais   239

III. No tocante ao âmbito do diploma, cumpre esclarecer que, desde 1996, a situação se tem vindo a modificar[729]. Na época, seria possível distinguir entre operadores públicos e privados, particularmente no campo dos telefones. Hoje, todos os operadores são privados, de tal modo que a Lei n.º 23/96 ficaria esvaziada de conteúdo.

Somos por isso levados a pensar que ela contempla os serviços "públicos" nela enumerados, independentemente da pessoa do prestador.

Pelo outro extremo da relação: a Lei n.º 23/96 não pode ser apelidada "de defesa do consumidor". Ela visa "utentes": pessoas singulares ou coletivas perante quem o prestador se obrigue – artigo 1.º/3 – e isso independentemente do seu porte. Poderá ser uma grande empresa, mais poderosa, porventura, do que o prestador. A lei terá de ser interpretada objetivamente, sem chavões nem lugares-comuns de tipo político.

IV. Uma prescrição de seis meses, pela lógica do Direito português, é uma prescrição presuntiva. Seis meses é, em termos jurídicos, um tempo muito breve. Recordamos que são a "curto prazo" todos os empréstimos cuja duração não exceda um ano. E se pensarmos em moldes judiciários, mais radical ainda é a sua brevidade: seis meses, mesmo numa comarca com o serviço em dia, não permite a marcação de uma audiência preliminar. Ameaçar, por suposto desinteresse, uma pessoa, por não efetivar judicialmente um direito num prazo de seis meses, não parece credível.

A hipótese de prescrição presuntiva, além de ir ao encontro do artigo 316.º do Código Civil – a mais curta prescrição admitida no nosso Direito[730] – sempre atenuaria a excessiva estreiteza do prazo em causa.

As Diretrizes comunitárias não lidam com prazos tão curtos. A Diretriz n.º 99/44/CE, relativa à compra de bens de consumo prevê uma prescrição de dois anos, do direito à reparação por vício da coisa, encurtável até um ano – artigos 7.º/I e 3.º/5, I[731].

De facto, não é possível invocar Direito comunitário para dar credibilidade a semelhante prazo.

---

[729] Provavelmente, a orientação de RLx 9-jul.-1998 cit., RLJ 132, 134, estaria correta com referência ao período em que foi adotada; hoje, porém, dada a nova realidade, teria de ser revista.

[730] Recordamos que a própria prescrição bienal do artigo 317.º é, também, presuntiva.

[731] Hoje transposta para o § 479 do BGB, pela reforma de 2001/2002; em Portugal, aguarda transposição.

240 *A repercussão do tempo nas situações jurídicas*

Quanto à substância: poderíamos admitir que o utente dos serviços já não detivesse, ao fim de seis meses, os comprovativos de que pagara. A prescrição presuntiva seria, então, uma medida adequada: o utente ficaria vinculado à atitude correta de quem não pretende pagar segunda vez o mesmo projeto.

Extinguir, sumariamente, o Direito do prestador seria, no fundo, fazer repercutir nos utentes cumpridores o laxismo ou a esperteza dos relapsos. O Direito não deve legitimar tal estado de coisas. Recordamos ainda que a prescrição presuntiva é uma especialidade dos Direitos do Sul, adaptada aos seus *mores*. Não se entende por que razão seria, agora, ignorada, em nome de um germanismo que nada justifica. Digamos que estão reunidos todos os condimentos que habilitam a estender, a estas áreas, a ideia de presunção de cumprimento.

V. Finalmente, há que atentar no início da prescrição e no que, de facto, está figurado no artigo 10.º/1, cujo teor recordamos:

O direito de exigir o pagamento do preço do serviço prestado prescreve no prazo de seis meses após a sua prestação.

Em boa técnica jurídica, prescrevem "direitos", normalmente "direitos de crédito". Se estivesse em causa o crédito correspondente ao preço do serviço, o legislador – cujo acerto e, daí, o domínio do português jurídico se presume – teria dito: "o direito ao preço do serviço prestado prescreve". O direito de exigir o pagamento é, simplesmente, o direito de enviar uma fatura.

Perante um serviço público de fornecimento de eletricidade, de água, de gás ou de telefone, passa-se o seguinte:

– é feito o fornecimento (a "prestação");
– o "prestador" procede às leituras dos contadores ou equivalente eletrónico;
– o "prestador" remete uma fatura;
– o utente recebe a fatura;
– o utente paga a fatura.

O legislador pretendeu (objetivamente!) que o prestador não demorasse indefinidamente o envio das faturas. Se o não fizesse no prazo de seis meses após a prestação, presume-se que a remessa teve lugar. Nada mais

§ 26.º *Prescrições especiais*   241

havendo, o prestador já não poderá provar que mandou uma fatura determinada e que ela foi paga.

VI. Enviada a fatura no prazo de seis meses: o direito de exigir o pagamento foi tempestivamente exercido. A partir daí, caímos na prestação – essa sim, extintiva – do artigo 310.º, *g)*, do Código Civil: cinco anos.

SECÇÃO IV

A CADUCIDADE E O NÃO-USO

§ 27.º IDEIA E EVOLUÇÃO DA CADUCIDADE

109. Noções ampla e restrita; casos de caducidade ampla

I. Caducidade deriva de caduco, latim *caducus* (de *cado*, cair): o que cai, o fraco, o transitório e o caduco. A expressão foi introduzida na linguagem jurídica portuguesa apenas no início do século XX, para designar a supressão de determinadas situações. Assumiu, todavia, nas leis e na prática dos autores, dois sentidos diferentes: lato e restrito.

Em sentido lato, a caducidade corresponde a um esquema geral de cessação de situações jurídicas, mercê da superveniência de um facto a que a lei ou outras fontes atribuam esse efeito. Ou, se se quiser: ela traduz a extinção de uma posição jurídica pela verificação de um facto *stricto sensu* dotado de eficácia extintiva.

Em sentido estrito, a caducidade é uma forma de repercussão do tempo nas situações jurídicas que, por lei ou por contrato, devam ser exercidas dentro de certo termo. Expirado o respetivo prazo sem que se verifique o exercício, há extinção.

II. A caducidade em sentido amplo é multifacetada. Mantendo-nos no campo do Direito civil, temos a considerar[732]:

no contrato de locação (1051.º/1):

a) Findo o prazo estipulado ou estabelecido por lei;

---

[732] José Dias Marques, *Teoria geral do Direito civil* (1959) 2, 274, Fernando Cunha de Sá, *Caducidade do contrato de arrendamento* (1968) 1, 53 ss. e Pedro Romano Martinez, *Da cessação do contrato* cit., 39 ss. e *passim*.

§ 27.º Ideia e evolução da caducidade   243

b) Verificando-se a condição a que as partes o subordinaram, ou tornando-se certo que não pode verificar-se, conforme a condição seja resolutiva ou suspensiva;

c) Quando cesse o direito ou findem os poderes legais de administração com base nos quais o contrato foi celebrado;

d) Por morte do locatário ou, tratando-se de pessoa coletiva, pela extinção desta, salvo convenção escrita em contrário;

e) Pela perda da coisa locada;

f) No caso de expropriação por utilidade pública, a não ser que a expropriação se compadeça com a subsistência do contrato.

no contrato de parceria pecuária (1123.º):

A parceria caduca pela morte do parceiro pensador ou pela perda dos animais, e também quando cesse o direito ou findem os poderes legais de administração com base nos quais o contrato foi celebrado, ou quando se verifique a condição resolutiva a que as partes o subordinaram.

no contrato de comodato (1141.º):

O contrato caduca pela morte do comodatário.

no contrato de mandato (1174.º):

O mandato caduca:

a) Por morte ou interdição do mandante ou do mandatário;

b) Por inabilitação do mandante, se o mandato tiver por objeto atos que não possam ser praticados sem intervenção do curador.

Tem ainda interesse considerar os casos de caducidade do contrato de trabalho. São eles (387.º do CT):

a) Verificando-se o seu termo;

b) Em caso de impossibilidade superveniente, absoluta e definitiva de o trabalhador prestar o seu trabalho ou de o empregador o receber;

c) Com a reforma do trabalhador, por velhice ou invalidez.

III. As flutuações são manifestas. De todo o modo, parece claro que a caducidade se reporta a situações jurídicas duradouras. Aparentemente, obrigacionais: no domínio dos direitos reais, o Código evita referir a caducidade, mesmo em casos manifestamente paralelos. Veja-se a extinção do usufruto (1476.º/1), da superfície (1536.º/1) e das servidões (1569.º/1). Não

244 *A repercussão do tempo nas situações jurídicas*

podemos, daí, inferir regras absolutas, uma vez que a caducidade surge em numerosos diplomas não-civis.

IV. Procurando sistematizar as hipóteses de caducidade em sentido amplo, verificamos que elas se ligam:
– à verificação de um termo;
– à impossibilidade superveniente das prestações, seja por razões subjetivas (morte ou incapacitação do devedor) ou objetivas (perda da coisa ou expropriação);
– à ilegitimidade superveniente (cessação dos poderes que presidiram à celebração do contrato).

O seu enunciado implica que se esteja perante situações que se prolonguem no tempo.

110. Casos de caducidade estrita

I. Em sentido estrito, como vimos, a caducidade exprime a cessação de situações jurídicas pelo decurso de um prazo a que estejam sujeitas. O Código Civil consigna dezenas de prazos de caducidade, nas mais diversas situações. Podemos proceder a uma distribuição dos vários casos por dois grandes grupos:
– o da caducidade simples;
– o da caducidade punitiva.

Na caducidade simples, a lei limita-se a prever ou a referir a cessação de uma situação jurídica pelo decurso de certo prazo. Como exemplos:
– prevê-se um prazo de um ano para pedir a anulação dos negócios (287.º/1), numa efetiva previsão de caducidade (*vide* 359.º/1);
– o direito de repetição do cumprimento de obrigação alheia julgada própria não ocorre se o credor tiver deixado prescrever ou caducar o seu direito (477.º/1);
– o direito de impugnação (pauliana) caduca ao fim de cinco anos (618.º);
– se o arresto for considerado injustificado ou caducar, o requerente é responsável pelos danos causados ao arrestado (621.º).

§ 27.º *Ideia e evolução da caducidade* 245

Digamos que, nestas hipóteses, a lei surge como predominantemente neutra.

II. Na caducidade punitiva, o Direito impõe a cessação de uma posição jurídica como reação ao seu não-exercício, no prazo fixado. Por vezes usa mesmo a expressão "sob pena de caducidade". Como exemplos:

- não havendo um prazo fixado para a resolução, pode a outra parte "... fixar ao titular do direito de resolução um prazo razoável para que o exerça, *sob pena de caducidade*" (436.º/2);
- o fiador com benefício da excussão pode exigir, vencida a obrigação "... que o credor proceda contra o devedor dentro de dois meses a contar do vencimento, *sob pena de a fiança caducar* (652.º/2);
- na empreitada, "o dono da obra deve, *sob pena de caducidade* dos direitos conferidos nos artigos seguintes, denunciar ao empreiteiro os defeitos da obra dentro dos trinta dias seguintes ao do seu descobrimento" (1220.º/1).

Há preceitos manifestamente paralelos onde, todavia, não se usa a locução "sob pena de": tal o caso dos prazos fixados para a denúncia de vícios na coisa vendida (890.º).

Na caducidade punitiva, a previsão da caducidade estrita tem a ver com a instituição de um encargo na esfera do titular da posição sujeita a termo: deve exercê-lo com prontidão, se quiser beneficiar do que ela represente.

III. A contraposição entre preceitos de caducidade simples e de caducidade prescritiva (ou compulsória) não é firme. Dá-nos, contudo, uma ideia integrada do universo em presença e dos valores subjacentes às previsões de caducidade estrita.

Verifica-se, ainda, que a generalidade das situações de caducidade, particularmente da punitiva, tem a ver com direitos potestativos. A ordem jurídica pretende que os direitos em causa, potencialmente desestabilizadores, sejam exercidos com prontidão ou cessem. Donde o sujeitá-los a prazos.

IV. O desenvolvimento subsequente vai ocupar-se, apenas, da caducidade estrita. Ela tem a ver, de modo direto, com o presente capítulo referente à repercussão do tempo nas situações jurídicas.

246 *A repercussão do tempo nas situações jurídicas*

111. Origem e desenvolvimento

I. Um apanhado, mesmo breve, de hipóteses de caducidade revela uma grande multiplicidade de situações. Podemos adiantar que a fixação de prazos para o exercício de certas posições jurídicas veio surgindo ao longo da História, motivada pelas mais diversas razões. Não houve qualquer plano de conjunto. Foi pois necessária toda uma evolução para se atingir uma noção de conjunto.

No Direito romano não se verificava qualquer autonomização da caducidade[733]: a própria prescrição só em época tardia veio a ser estruturada[734]. Na verdade, certos direitos tinham já horizontes temporários para serem exercidos: mas sem, daí, se poder extrapolar qualquer instituto geral[735]. Posteriormente, a prescrição conheceu uma evolução aglutinante: absorveu a usucapião e, ainda, as diversas manifestações de prazos singulares.

II. A distinção entre a prescrição e outras manifestações de eficácia do tempo nas situações jurídicas ficou a dever-se aos grandes sistematizadores sensíveis ao Direito como dano pré-elaborado pela cultura e pela História e, em especial: os da primeira e os da terceira sistemática[736]. Temos em mente Donellus e Savigny.

Donellus, justamente pela consideração conjunta, conquanto que periférica, das situações nas quais existe um influxo do tempo nas situações jurídicas, veio distinguir *actiones temporales* de *actiones perpetuae*[737]; as primeiras – ao contrário das segundas – estariam dotadas de termos específicos, o que não se confundiria com o instituto geral da prescrição[738]. Poste-

---

[733] Michel Vasseur, *Délais préfix, délais de prescription, délais de procédure*, RTDC 1950, 439-472 (440).

[734] *Supra*, 174 ss..

[735] A obra de referência sobre a evolução histórica da caducidade e sobre a sua autonomização é, ainda hoje, a de Isidoro Modica, *Teoria della decadenza nel diritto civile italiano* I, *Parte generale* (1906), II, *Parte speciale* (1909) e III, *Parte speciale* (1915), num total de 1293 pp.; *vide*, aí, quanto à origem histórica, 1, 87 ss..

[736] *Tratado* I, 4.ª ed., 126 ss..

[737] Hugonis Donellus, *Commentariorum iuris civilis libri vingintiocto*, ed. 1612, Lib. XVI, cap. VIII, n.º 14 (*apud* Modica). *Vide*, ainda, *Opera omnia* (ed. 1840) 1, 979-980.

[738] Isidoro Modica, *Teoria della decadenza* cit., 1, 154 ss.. Vasseur, *Délais préfix* cit., 441, fala numa "prescrição muito lata", que predominaria no séc. XVIII.

§ 27.º Ideia e evolução da caducidade

riormente, porém, o racionalismo dominante veio generalizar a prescrição a todas essas ocorrências.

Savigny, retomando o contacto com o "espírito do povo" (o Direito romano), mas agora já com as potencialidades da sistemática integrada, veio distinguir, no tocante às manifestações do tempo como facto jurídico[739]: 1) a usucapião; 2) a prescrição de ações; 3) "um conjunto de casos inteiramente singulares, que não se deixam agrupar sob uma designação comum"[740].

III. O primeiro problema que se punha era o de denominar a nova manifestação de repercussão do tempo nas situações jurídicas. Em França, uma Lei de 16 e 24-ago.-1790 veio fixar um prazo de *déchéance* para a interposição de recursos[741]. A *déchéance* passaria a ser usada para abranger os "prazos" irredutíveis à prescrição[742].

Seguiram-se muitas dúvidas. Enquanto, por exemplo, Troplong diferenciava prescrição e *déchéance*, sublinhando, designadamente, que esta não estava na disponibilidade dos interessados e operava de pleno direito[743], autores como Baudry-Lacantinerie e Tissier, já nos princípios do século XX, consideravam irremediavelmente obscura tal distinção, afirmando ainda que não tinha interesse prático[744].

A doutrina acabaria por reconhecer a diferença entre as duas noções. A caducidade (*déchéance*; à letra: decadência) veio a obter uma leitura punitiva. Assim, Marnierre defendeu a autonomia da noção[745], explicando-a como uma sanção[746] e apresentando a sua noção como a "extinção, por vontade da lei, de um direito cujo titular é *fautif* por ação ou omissão"[747]. Escaparia, assim, à autonomia privada, numa orientação retomada, pelo referido

---

[739] Savigny, *System* cit., § 177 (4, 297 ss.).

[740] *Idem*, 299; Savigny faz, depois, uma longa enumeração (ob. cit., 4, 300-308).

[741] Michel Vasseur, *Délais préfix* cit., 441.

[742] Sallé de la Marnierre, *La déchéance comme mode d'extinction d'un droit (essai de terminologie juridique)*, RTDC 1933, 1037-1113 (1037), menciona a sua presença já em Pothier.

[743] Raymond-Théodore Troplong, *Le Droit civil expliqué suivant l'ordre des articles du Code depuis et y compris le titre de la vente/De la prescription ou commentaire du titre XX du livre III du Code Civil*, 3.ª ed. (1838), n.º 27 (28-31, especialmente 29).

[744] G. Baudry-Lacantinerie/Albert Tissier, *Traité théorique et pratique de Droit civil*, tomo XXVIII, *De la prescription*, 3.ª ed. (1905), 32-33.

[745] Sallé de la Marnierre, *La déchéance* cit., 1041.

[746] Ob. cit., 1043.

[747] Ob. cit., 1052; recordamos que *fautif* (o que comete uma *faute*) não tem tradução rigorosa em português; andará próximo do que incorre num misto de culpa e de ilicitude.

248 *A repercussão do tempo nas situações jurídicas*

entendimento sancionatório da figura[748]. Manter-se-ia, com essa feição, até aos nossos dias[749].

IV. Em Itália, a orientação dos comentadores ao Código Napoleão foi retomada, mau grado o silêncio do Código Civil de 1865. Com um especial apoio histórico e largas investigações dogmáticas, a *decadenza* impôs-se, distinta da prescrição: um relevo especial cabe a Modica[750]. A partir daí, os diversos autores adotaram a contraposição, ainda que sob explicações variáveis[751]. Todo este labor permitiria a consagração, no Código Civil de 1942, artigos 2964.º a 2969.º[752], de um regime genérico para a *decadenza*, distinta da prescrição. Ao Código sucederam-se os escritos de bom nível, explicando a contraposição[753].

V. Na Alemanha, o século XIX iniciou-se, no tocante à distinção entre prescrição e caducidade, da melhor forma, pela pena de Savigny[754], tendo sido aprofundada ao longo de todo esse mesmo século[755]. Presente na pandectística tardia, com exemplos em Bekker[756] e em Windscheid[757]. Curiosa-

---

[748] André Rouast, *Déchéances protectrices et déchéances répressives dans le droit des successions*, RTDC 1952, 1-16 (8 ss.).

[749] François Terré/Philippe Simler/Yves Lequette, *Droit civil/Les obligations* cit., 11.ª ed., n.º 1313 (1366). Em francês jurídico, *caducité* aproxima-se da nossa caducidade em sentido amplo, mas expurgada da *déchéance*. Assim, Yvaine Buffelan-Landre, *Essai sur la notion de caducité des actes juridiques en Droit civil* (1960), 161, vem afirmar que o "ato jurídico é caduco quando, antes de produzir os seus efeitos jurídicos, é privado de um elemento essencial à sua validade pela superveniência de um acontecimento posterior à sua formação e independente da vontade do seu autor".

[750] Isidoro Modica, *Teoria della decadenza* cit. *supra*, nota 735.

[751] *Vide*, p. ex., Enrico Giusiana, *Decadenza e prescrizione* (1943), 14-17 e 63; cf. a rec. de Walter Bigiavi, na RTDPC 1947, 126-127.

[752] Com indicações atuais, Pietro Rescigno e outros, *Codice Civile*, 2, 5.ª ed. (2003), 3755.

[753] P. ex., Santi Romano, *Frammenti di un dizionario giuridico* (1948), 46-51, Vittorio Tedeschi, *Lineamenti della distinzione tra prescrizione estintiva e decadenza* (1948), 18 e *passim* e *Decadenza (diritto e procedura civile)*, ED XI (1962), 770-792 e Andrea Magazzù, *Decadenza (diritto civile)*, NssDI V (1960), 231-240.

[754] *Supra*, 246.

[755] Isidoro Modica, *Teoria della decadenza* cit., 1, 156 ss..

[756] Ernst Immanuel Bekker, *System des heutigen Pandektenrechts* I (1886, reimp. 1979), § 38 (123) e Bl. III (125); Bekker fala em *Legalbefristung* (colocação legal de um prazo) ou em *Rechtstemporalität* (temporariedade jurídica).

[757] Bernhard Windscheid/Theodor Kipp, *Lehrbuch der Pandekten*, § 102 (1, 529-531), mencionando a *gesetzliche Befristung* (colocação legal de prazo).

§ 27.º Ideia e evolução da caducidade   249

mente, a ausência de uma expressão clara para agrupar as manifestações de "prazos legais" prejudicou um tanto o desenvolvimento do instituto. Não foi genericamente consagrado no BGB, antes emergindo em diversas referências. De todo o modo, a doutrina subsequente não teve dificuldade em fixar a diferença entre a prescrição e a caducidade[758].

A distinção entre prescrição e caducidade é ponto adquirido, na doutrina atual[759], apesar de se manter alguma infixidez terminológica[760].

VI. A evolução da caducidade nos diversos espaços continentais tem o maior interesse. Ela documenta a dupla preocupação do Direito civil dos nossos dias de preencher requisitos de normalização e de diferenciação. A normalização exige um tratamento em sistema, com generalizações, parificações e conciliações. Ela atingiu um ponto alto no Código Civil italiano, que logrou dispensar à outrora disseminada caducidade um tratamento centralizado. A diferenciação requer a liberdade do legislador de, perante situações dotadas de características específicas, dispensar regimes adequados e distintos.

VII. O Código Civil brasileiro de 2002, um tanto à semelhança do italiano e do português, veio consagrar, em geral, a caducidade (*decadência*). Fê-lo, porém, em moldes muito simples e elegantes, que passamos a consignar:

> *Artigo 207.º* Salvo disposição legal em contrário, não se aplicam à decadência as normas que impedem, suspendem ou interrompem a prescrição.

> *Artigo 208.º* Aplicam-se à decadência o disposto nos artigos 195.º e 198.º, I.

> *Artigo 209.º* É nula a renúncia à decadência fixada na lei.

---

[758] Assim, Reinhard Rosenberg, *Verjährung und gesetzliche Befristung nach dem bürgerlichen Recht des deutschen Reichs* (1904), 5, 117 ss. e 125 ss. e Ottmar Rutz, *Die Wesenverschiedenheit von Verjährung und gesetzlicher Befristung*, AcP 101 (1907), 435-457 (438, 436 e 439).

[759] Karl A. Langer, *Gesetzliche und vereinbarte Ausschlussfristen im Arbeitsrecht* (1993), 5, Oliver Moufang, *Das Verhältnis der Ausschlussfristen zur Verjährung/ Eine augewähltes Rechtsproblem aus der Inhaltskontrolle vertraglicher Ausschlussfristen* (1996), 28 ss. e *passim* e Roderich Dohse, *Die Verjährung*, 9.ª ed. (2002), 13-14; a nível geral: Larenz/Wolf, *Allgemeiner Teil*, 9.ª ed. cit., 292-293.

[760] Na Alemanha, a terminologia fixa-se em torno de *Ausschlussfristen* (prazos de exclusão); na Suíça, encontramos *Fatalfristen* (prazos fatais); *vide* Karl Spiro, *Die Begrenzung privater Rechte durch Verjährungs- Verwirkungs- und Fatalfristen*, 2 (1975), 1147 ss..

250   *A repercussão do tempo nas situações jurídicas*

O artigo 195.º permite aos representados mover ação contra os representantes que não invoquem a prescrição; o artigo 198.º/1 não permite que a prescrição corra contra os incapazes. A aplicação desta regra à caducidade é justa: em Portugal, é necessário recorrer ao abuso do direito para solucionar o problema.

Resta acrescentar que a autonomização da decadência repousa num importante esforço doutrinário brasileiro, processado após o Código de 1916.

112. A evolução em Portugal

I. Na tradição jurídica portuguesa, "prazo" equivalia à enfiteuse. Esta podia ser perpétua (prazo fateusim perpétuo) ou temporária (prazos por uma ou mais vidas ou prazos de nomeação)[761]. O emprazamento temporário equivalia à situação mais frequente, de tal modo que "prazo" veio a identificar-se, semanticamente, com a duração limitada e, depois, com o próprio lapso de tempo a ela correspondente.

A coerência terminológica subjacente explica a utilização alargada conhecida pela prescrição. A submissão de um direito em posição equivalente a um termo temporal cujo decurso implicasse a sua extinção era reconduzido à prescrição.

II. A doutrina nacional do início do século XX apercebeu-se, todavia, que estava perante fenómenos distintos: a prescrição e a existência de prazos para o exercício de certas posições.

Guilherme Moreira, pioneiro, chama a atenção para o facto de a própria lei chamar prescrição quer à "... adquisição dum direito pela posse e a desoneração duma obrigação pelo facto de se não exigir o seu cumprimento, como o facto de não se poder exercer um direito quando haja decorrido o prazo para esse effeito fixado na lei"[762]. Este Autor isola o que chama *termo prefixado para o exercício de direitos*, explicando que, ao contrário da prescrição, ele não atinge os direitos subjetivos mas, apenas, os "poderes" de os constituir, isto é, os direitos potestativos. O tempo seria, aqui, um elemento essencial; as causas que interrompem ou suspendem a prescrição não são, aqui, aplicáveis; não há distinção entre a boa e a má-fé e não é admitida a

---

[761] J. H. Corrêa Telles, *Digesto Portuguez*, 3 (ed. 1909, equivalente à de 1846), 129.
[762] Guilherme Alves Moreira, *Instituições de Direito civil português* cit., 1, 759.

§27.º Ideia e evolução da caducidade 251

renúncia. Em suma: o regime do *termo prefixado* é mais enérgico do que o da prescrição[763].

Cabral de Moncada, por seu turno, separa claramente, da prescrição, a *caducidade* ou *perempção*[764]. A prescrição implicaria a extinção pelo não-exercício, enquanto a perempção traduziria o "... termo natural da eficácia dos direitos em virtude de ter chegado o seu limite máximo de duração"[765]. O Autor explica que a perempção se dirige, em primeira linha, aos direitos potestativos[766].

Esta orientação veio a ser sufragada por Alberto dos Reis[767], por Manuel de Andrade[768] e por Barbosa de Magalhães[769].

Tínhamos, deste modo, uma orientação bem amparada que reservava a prescrição para os direitos subjetivos em sentido próprio, ficando a caducidade para os direitos potestativos. Mas ela não era unívoca: Dias Marques, profundo estudioso da matéria da prescrição e da caducidade[770], vem reservar a primeira para os direitos de crédito[771].

III. Na falta de leis claras, a jurisprudência tinha a maior das dificuldades em acompanhar a contraposição[772].

As noções de prescrição e de caducidade eram confundidas, na produção jurisdicional. Assim, em RPt 21-mai.-1925, entendeu-se que o prazo

[763] *Idem*, 760.
[764] Luís Cabral de Moncada, *Lições de Direito civil/Parte geral*, 3.ª ed., 2 (1959), 429 ss. e 442 ss.. O texto remonta à edição de 1932-1933.
[765] *Idem*, 2, 442.
[766] *Idem*, 2, 446-447 e nota 1, nesta última página.
[767] José Alberto dos Reis, *Caducidade e caso julgado na acção de investigação de paternidade ilegítima*, RLJ 76 (1943), 49-54 (50/I), defendendo a caducidade do assento de 18-abr.-1933, perante o novo Código de Processo Civil.
[768] Manuel de Andrade, *Teoria geral da relação jurídica*, vol. II – *Facto jurídico, em especial negócio jurídico* (1960, 3.ª reimp., 1972), 463 ss.; na ed. de Ricardo da Velha (1953), 487 ss..
[769] José Barbosa de Magalhães, *Prazos de caducidade, de prescrição e de propositura de acções* (1950), 25 ss. e *passim*.
[770] Recordem-se, todas de José Dias Marques, *Teoria geral da caducidade*, O Direito LXXXIV (1952), 11-49 e, depois, em livro com o mesmo título, 1953, *A prescrição extintiva* (1953) e *A prescrição aquisitiva* (2 volumes, 1960).
[771] Em especial: *A prescrição extintiva* cit., 71 ss..
[772] Aníbal de Castro, *A caducidade/na doutrina, na lei e na jurisprudência (caducidade resolutiva)*, 1962, especialmente 17 ss..

252 *A repercussão do tempo nas situações jurídicas*

de 6 meses, fixado pelo artigo 5.º, § 8.º, da Lei n.º 1.662, e contando desde o conhecimento, pelo senhorio, das "infrações" do inquilino, para mover a ação de despejo, era de prescrição[773]. E em STJ 19-fev.-1926, julgou-se como sendo de prescrição o prazo de um ano dado ao então menor e a contar da sua maioridade, para exercer determinada opção[774].

Em STJ 6-jan.-1928 entendeu-se, porém, que o processo para a concessão de assistência judiciária não pode interromper nem prorrogar o prazo legal para a propositura da ação de investigação de paternidade ilegítima: não haveria, aqui, prescrição[775]. STJ 18-jan.-1929 inverte o entendimento: considerou de prescrição o prazo de 6 meses para se intentar uma ação de preferência[776].

O importante acórdão do STJ 4-mai.-1929, a propósito do prazo para intentar certa ação, afirma que não é de prescrição, mas antes de *déchéance* ou de *decadenza*: introduz o tema "caducidade", para o designar[777]. Mas logo em STJ 20-mai.-1930 volta a surgir uma indiferenciação[778]. Por pouco tempo: STJ 6-jun.-1930, vem decidir:

> É, por assim dizer-se, a extinção dum mero poder legal, por não ser exercido dentro de determinado lapso de tempo; e o decurso de tal espaço de tempo não pode ser tido como prescrição, a que se refere o Cód. Civ. no seu art. 505.º e § ún.
> É uma situação jurídica que entre nós se intitula *caducidade*, e que os franceses chamam *déchéance*[779].

A controvérsia acabaria por ser solucionada por assento do STJ de 18-abr.-1933, assim tirado[780]:

---

[773] RPt 21-mai.-1925 (Eduardo Carvalho), GRLx 39 (1925), 212-213.

[774] STJ 19-fev.-1926 (A. Osório de Castro), GRLx 40 (1926) 29-30.

[775] STJ 6-jan.-1928 (Castro e Sola), GRLx 42 (1928), 95-96 (95/II) = RLJ 61 (1928), 150-151; não se chegou a falar em caducidade.

[776] STJ 18-jan.-1929 (Castro e Sola), RLJ 62 (1929), 396-398 (398/II). Em Anot., a RLJ cit., 398/400 (400/I) explica que o prazo em causa não é de prescrição, mas antes o que os franceses chamam *déchéance* e os italianos *decadenza*.

[777] STJ 4-mai.-1929 (J. Cipriano), RLJ 62 (1929), 168-169 (169/I).

[778] STJ 20-mai.-1930 (A. Campos), RLJ 63 (1930), 138-140.

[779] STJ 6-jun.-1930 (Arez), GRLx 44 (1930), 171-172 (172/II); cf. também GRLx cit., 316-317.

[780] STJ(P) 18-abr.-1933 (Vieira Ribeiro), DG I, n.º 97, 706-707, de 4-mai.-1933; houve seis votos de vencido. A justificação do Supremo foi radical:

Quanto a ser de caducidade ou de prescrição o prazo para a propositura de acções, não se encontra nos nossos códigos o instituto da caducidade, antes em diversos artigos se

§ 27.º Ideia e evolução da caducidade   253

É de prescrição e não de caducidade o prazo marcado nas leis para propositura de ações.

Por pouco tempo: o Código de Processo Civil de 1939 restabeleceu a caducidade, no domínio dos prazos para as ações.

IV. A Ciência Jurídica nacional estava madura para uma clarificação legislativa: tal o papel do Código Civil de 1966.

No seu estudo preparatório, Vaz Serra faz o ponto da situação nas doutrinas nacional e estrangeira[781]. Aprova a expressão "caducidade", já corrente[782] e opta pela sua distinção da prescrição[783].

Na base da escolha de Vaz Serra está a ideia de que, na caducidade operam "razões objetivas de segurança jurídica, sem atenção à negligência ou inércia do titular, mas apenas com o propósito de garantir que, dentro do prazo nela estabelecido, a situação se defina". Essas mesmas razões surgiriam, também, na prescrição: mas temperadas pela "ideia de negligência do titular e pela de disponibilidade da outra parte quanto a valer-se da prescrição" [784]. Assim se justificaria o essencial da diferença de regime entre as duas figuras[785].

No anteprojeto proposto por Vaz Serra, a caducidade constava de 9 artigos (28.º a 36.º) surgindo ainda no artigo 37.º, com uma disposição transitória[786].

Nas revisões ministeriais a matéria foi condensada, sendo então patente uma certa influência do Código Civil italiano[787].

menciona sempre a expressão prescrição para designar o prazo findo o qual o sujeito de um direito o perde por o não ter exercido dentro de certo prazo.

Dos votos de vencido, retemos o seguinte troço do Conselheiro A. Brandão:

O assento é contra a generalidade dos doutrinários, professores e jurisconsultos nacionais e estrangeiros que, sem prejuízo da consciência e autonomia própria dos julgadores, bem contribuem para a formação da sua mentalidade profissional.

[781] Adriano Vaz Serra, *Prescrição extintiva e caducidade* cit., n.ºs 101 ss. (486 ss.).
[782] *Idem*, 511.
[783] *Idem*, 514.
[784] *Idem, ibidem*.
[785] *Idem*, 516-602.
[786] *Idem*, 620-625.
[787] Jacinto Rodrigues Bastos, *Das relações jurídicas* cit., 4, 198 ss..

§ 28.º O REGIME DA CADUCIDADE

113. A determinação da natureza do prazo

I. A aplicação do regime da caducidade depende de, perante um prazo, se poder determinar a sua natureza: prazo de prescrição ou prazo de caducidade?

Antes da consagração expressa da caducidade, o problema era complexo: exigia uma ponderação, norma a norma dos objetivos do legislador. E a ponderação em causa ficava dependente dos fins que se pretendessem imputar a uma ou à outra das duas figuras em presença. Hoje, o artigo 298.º/2 contém uma solução clara.

> Quando, por força da lei ou da vontade das partes, um direito deva ser exercido dentro de certo prazo, são aplicáveis as regras da caducidade, a menos que a lei se refira expressamente à prescrição.

Na hipótese de um "prazo" por vontade das partes, dificilmente se poderia cair na prescrição: fosse esse o caso e a inerente cláusula seria nula, dado o artigo 300.º. Perante um prazo legal: ou a disposição relevante contém a palavra "prescrição", associando-a à prescrição ou caímos na caducidade[788]. Trata-se de normas estritas e plenas: apenas admitem uma interpretação literal e são imunes, seja à analogia, seja à redução teleológica. De outro modo, perder-se-ia o objetivo último do Direito, quando fixa prazos: a segurança jurídica[789].

---

[788] Pires de Lima/Antunes Varela, *Código Civil Anotado* cit., 1, 4.ª ed., 272; RLx 15-mar.-1974 (s/ind. relator), BMJ 325 (1974), 337 (o sumário).

[789] STJ 31-jan.-1980 (João Moura), BMJ 293 (1980), 252-255 (255): "... as disposições legais que estabelecem prazos de caducidade não podem aplicar-se a situações que nas mesmas não estejam clara e taxativamente definidas e concretizadas".

§ 28.º O regime da caducidade   255

II. Apesar da natureza estrita e plena da norma que refira (ou que omita) a prescrição, há sempre um mínimo de controlo que o sistema deve exercer sobre cada uma das suas decisões. Assim, poderíamos admitir a hipótese de, num preceito, se referir a "prescrição" mas, em simultâneo: estabelecendo normas tais que seja evidente tratar-se de caducidade. E inversamente: poderia faltar a menção expressa à "prescrição" (ou, até: referenciar-se, de forma expressa, a caducidade), sendo todavia óbvio, pelo conjunto do comando, que é mesmo de prescrição que se trata. Nessa altura, o legislador incorreria em *protestatio facta contraria*, prevalecendo o sentido (expresso) do conjunto do preceito. A partir daí, só é de admitir um controlo através da boa-fé e da modelação das consequências da decisão imposta pela prescrição/ caducidade.

Resta acrescentar que o Direito português vigente é particularmente claro e seguro, nesta contraposição[790].

III. Dado o artigo 298.º/2, poderia parecer que, no Direito português, a regra geral é a da caducidade: cair-se-ia, por defeito e perante um suplemento de normatividade, na prescrição. Não é assim.

O princípio mais básico é o da prescrição. A ela estão sujeitos todos os direitos disponíveis que a lei não declare isentos de prescrição – 298.º/1. No silêncio da lei, essa regra tem aplicação. A presença de uma norma que imponha um prazo é – ela sim – um *plus* regulativo que apela à caducidade. De outro modo, estaríamos em face de um regime *ad hoc* de prescrição. Compreende-se, a essa luz, que apenas havendo uma menção expressa à prescrição, será possível reconduzir-lhe o prazo em causa.

Noutros termos: salvo a prescrição, as posições jurídicas ativas não estão sujeitas, por regra, a nenhum prazo; os seus titulares exercê-las-ão quando entenderem.

---

[790] Designadamente: mais seguro do que o Código Civil italiano que, no artigo 2964.º, se limita a dispor:

Quando um direito deva ser exercido dentro de determinado prazo sob pena de caducidade, não se aplicam as regras relativas à interrupção da prescrição. Igualmente não se aplicam as regras relativas à interrupção da prescrição. Igualmente não se aplicam as regras relativas à suspensão, salvo se se dispuser diferentemente.

De facto, as normas consideradas como de caducidade nada referem. Também o Código Civil brasileiro não dispõe, de modo expresso, quando se aplica a prescrição ou a decadência (189.º ss. e 207.º ss.): caberá ao intérprete aplicador fazê-lo.

256   *A repercussão do tempo nas situações jurídicas*

IV. Determinado o estar-se diante de um prazo de caducidade, cumpre ainda averiguar se tal prazo é substantivo ou judicial.

Em princípio, é substantivo, com a consequente aplicação do regime do artigo 279.º[791] e, designadamente: terminando a um Sábado, ele é transferido para o primeiro dia útil seguinte[792]. A sua natureza substantiva impõe-se pelo tipo de situação atingida[793]. Mas o direito de requerer a suspensão das deliberações sociais, ainda que beneficiando do regime dos prazos judiciais, visto o artigo 144.º/4 do CPC[794], é igualmente substantivo: atente-se nas suas projeções, que não são puramente processuais.

114. Tipos de caducidade

I. A caducidade é suscetível de algumas classificações. Porventura melhor: de ordenações em função de certas características diferenciadoras que possa assumir.

Em primeiro lugar, a caducidade pode ser legal ou convencional, consoante seja predisposta diretamente pela lei ou por convenção das partes (330.º/1). A caducidade convencional tem um regime diferenciado, que encontraremos adiante: artigos 330.º/2 e 331.º/2, por exemplo e em parte.

II. De seguida, podemos distinguir a caducidade relativa a matéria disponível e a matéria indisponível. No primeiro caso, as partes podem alterar o regime legal, ao contrário do que sucede no segundo (330.º/1). De igual modo, perante direitos disponíveis, surge o reconhecimento do direito como facto impeditivo (331.º/2), enquanto a sua apreciação não é oficiosa (333.º).

Grosso modo são indisponíveis as situações jurídicas de natureza não-patrimonial, nas áreas dos direitos de personalidade e da família. São ainda indisponíveis as posições de tipo público, que tenham a ver com o funcionamento dos tribunais ou da Administração.

---

[791] *Supra*, 122 ss. e 129 ss..

[792] RLx 12-fev.-1982 (Ricardo da Velha), CJ VII (1982) 1, 182-184 (184/I).

[793] RPt 31-out.-1991 (Cesário de Matos), BMJ 410 (1991), 876 (o sumário), no tocante a um direito de preferência.

[794] RCb 2-mar.-1999 (Araújo Ferreira), CJ XXIV (1999) 2, 13-14 (14); *vide* RPt 14-dez.-2000 (Sousa Leite), CJ XXV (2000) 5, 215-216 (216), quanto à restituição de posse.

§ 28.° O regime da caducidade   257

III. Em terceiro lugar, encontramos caducidades relativas a atos substantivos e a ações judiciais: as primeiras precludem direitos extrajudiciais, enquanto as segundas se reportam ao direito de propor certa ação em juízo. Estas últimas têm regras especiais: artigo 332.°.

IV. A caducidade pode, finalmente, ser classificada em função do sector jurídico-normativo em que se ponha. Teremos, como exemplos, as caducidades obrigacional, real, de Direito da família e sucessória. Os termos classificativos alargam-se, para lá do Direito civil, a todo o ordenamento. Deve notar-se que as áreas mais densas no tocante a manifestações de prazos de caducidade são, precisamente, aquelas em que se verifica um maior intervencionismo do Estado, em termos de cercear a livre autonomia das partes: o Direito do trabalho, particularmente nas áreas disciplinares e dos acidentes e o Direito do arrendamento.

115. Início e suspensão

I. O prazo de caducidade, salvo se a lei fixar outra data, começa a correr no momento em que o direito puder legalmente ser exercido – 329.°[795]. A norma distingue-se, em dois pontos, da da equivalente, quanto à prescrição (306.°):

[795] A determinação do momento em que o direito possa ser exercido exige uma cuidadosa ponderação caso a caso. Assim, o início depende, muitas vezes, do conhecimento do facto que habilite agir – STJ 21-mai.-2002 (Pais de Sousa), CJ/Supremo X (2002) 2, 83-85 (84/II), quanto a obras como fundamento de despejo, STJ 4-dez.-2002 (Vítor Mesquita), AcD XLII (2003), 500-501, 1395-1412 (1409), quanto ao conhecimento da infração disciplinar laboral, para efeitos de intentar o competente processo, RLx 18-dez.-2002 (Guilherme Pires), CJ XXVII (2002) 5, 160-161 (160/II) e RCb 3-jun.-2003 (Helder Roque), CJ XXVIII (2003) 3, 27-29 (29/II), quanto ao conhecimento da razão invocada pelo testador, para contagem do prazo para impugnar a deserdação.

No início do prazo pode estar associado à estrutura normativa do tema em jogo – p. ex.; a caducidade do processo disciplinar instaurado com fundamento em faltas injustificadas durante um ano civil só se inicia no primeiro dia do ano civil seguinte – RLx 18-dez.-2002 cit., CJ XXVII, 5, 160/II; o prazo de caducidade de ação de acidente de trabalho só começa a correr com a efetiva entrega ao sinistrado do boletim de alta e não com o mero conhecimento dessa alta – RLx 18-dez.-2002 (Maria João Romba), CJ XXVII (2002) 5, 161-162 (162/I); o prazo para pedir a anulação de uma procuração irrevogável por coação moral conta-se a partir da data em que prescreveu o correspondente procedimento criminal – RLx 25-fev.-2003 (Rosa Ribeiro Coelho), CJ XXVIII (2003) 1, 116-118

258 *A repercussão do tempo nas situações jurídicas*

– prevê que a lei possa fixar outra data;
– não associa o início do decurso do prazo à exigibilidade.

O primeiro ponto pareceria pouco relevante: a lei poderá sempre determinar qualquer outro ponto *a quo*, para a contagem do prazo, que não o da possibilidade do exercício[796]. Todavia, essa eventualidade, na prescrição, não faria sentido, uma vez que retiraria a dimensão social ao próprio decurso do prazo. Já na caducidade, o caso é diverso: imperam razões de normalização que bem poderiam exigir prazos "cegos": contados a partir de momentos visíveis e independentemente de poder haver qualquer exercício da posição atingida[797].

O segundo prende-se com a ligação genética da prescrição às obrigações. Como veremos, o regime geral da prescrição está talhado para as obrigações: donde o artigo 306.º/1, 2.ª parte e, ainda, os números 3 e 4 desse mesmo preceito.

II. No domínio da caducidade, não se aplicam as regras sobre suspensão e interrupção do prazo, que funcionam perante a prescrição – 328.º. Esse preceito não refere este último aspeto: o Código Civil, todavia, só a propósito da prescrição menciona essas duas eventualidades – 318.º e seguintes e 323.º e seguintes.

III. O artigo 328.º ressalva a hipótese de a lei determinar a aplicação, ao prazo de caducidade, das regras sobre a suspensão e a interrupção. Assim sucede no tocante aos casos de caducidade convencional – 330.º/2: aí, supletivamente, funciona o instituto da suspensão, tal como previsto para a prescrição.

Um exemplo mais nítido é-nos dado pelo artigo 2308.º/3, no domínio da caducidade do direito de invocar a nulidade ou a anulabilidade dos testamentos.

(118/I); nos acidentes de trabalho, a instância inicia-se com o recebimento em juízo da participação do sinistro, pelo que o prazo de caducidade se conta desde essa data e não da da petição inicial – RCb 11-mar.-2003 (Bordalo Lema), CJ XXVIII (2003) 2, 56-58 (57/I).

[796] STJ 24-mar.-1977 (Daniel Ferreira), BMJ 265 (1977), 191-195 (194).

[797] Assim: a anulação dos atos dos menores pode ser desencadeada no prazo de um ano – 125.º, *b*) e *c*) – a contar da sua maioridade ou emancipação ou da sua morte.

§28.º O regime da caducidade   259

IV. Pergunta-se, agora, como decidir nos casos em que se tenha impedido o titular do direito de intentar a tempo a ação impeditiva da caducidade e, depois, se tenha vindo invocar esta última. Na falta de outra norma que permita manter a justiça, haverá que fazer apelo ao princípio da boa-fé, de tal modo que a ação se tenha por intentada no momento em que se verificou a perturbação impeditiva[798].

116. Decurso do prazo e causas impeditivas

I. A caducidade, uma vez em funcionamento, é inelutável[799]. A caducidade só é detida pela prática, dentro do prazo legal ou convencional, do ato a que a lei ou uma convenção atribuam o efeito impeditivo – 331.º/1. Infere-se, daqui, que a "causa impeditiva da caducidade" é muito diversa da da prescrição: ela terá de coincidir, na prática, com a efetivação do próprio ato sujeito à caducidade[800].

O decurso do prazo de caducidade não é interferido por vicissitudes ocorridas em relações paralelas ou na própria relação em que ele se insira.

Assim, a caducidade do direito de pedir a rescisão de um contrato de trabalho não é afetado pela suspensão desse mesmo contrato[801]; a caducidade da ação de restituição de posse (1282.º) não é interrompida pela instauração do procedimento cautelar de restituição provisória[802]; do mesmo modo, a caducidade da ação de impugnação de deliberação social não é interrompida pelo pedido de suspensão da mesma[803].

---

[798] Assim, Vaz Serra, Anot. STJ 5-dez.-1972 (Eduardo Guedes Correia), RLJ 107 (1974), 20-23, idem, 23-28 (25).

[799] Assim e como exemplo, segundo STJ 3-jun.-2003 (Reis Figueira), CJ/Supremo XI (2003) 2, 90-93 (92), para efeitos de contagem do prazo de caducidade de um registo provisório, não há que distinguir entre registo provisório por dúvidas e provisório por natureza: em ambos os casos, ele começa a correr na data em que foi efetuado, se dele houve notificação ao interessado ou do 15.º dia posterior à apresentação, na hipótese inversa.

[800] RLx 30-nov.-1977 (Campos Costa), BMJ 273 (1977), 316 (o sumário). Em certos casos, a lei prevê factos diversos como interrompendo a caducidade; assim, a prova do uso para evitar a caducidade do registo da marca: STJ 24-out.-2002 (Ferreira Girão), CJ//Supremo X (2002) 3, 108-110 (110/I).

[801] STJ 8-mai.-2002 (Pedro Soares), CJ/Supremo X (2002) 2, 262-266 (265/II).

[802] REv 26-out.-2000 (Ana Geraldes), CJ XXV (2000) 4, 270-272 (271/II).

[803] STJ 11-mai.-1999 (Martins da Costa), BMJ 487 (1999), 249-251 (250).

260 A repercussão do tempo nas situações jurídicas

II. A caducidade é declarada pela entidade competente para reconhecer o direito envolvido. Como exemplos: o Instituto Nacional da Propriedade Industrial, quanto à caducidade do registo de marcas[804], os tribunais judiciais, nas questões comuns e os tribunais administrativos, quanto à ação expressamente destinada a obter a caducidade da declaração de utilidade pública da expropriação[805].

Todo o beneficiário pode invocar extrajudicialmente a caducidade de qualquer pretensão com que se veja confrontado[806]. Uma vez demandado, invocá-la-á por via de exceção.

Quando a caducidade se refira ao direito de propor certa ação em juízo e esta for tempestivamente proposta, põe-se o problema da sua articulação com a absolvição da instância ou eventualidades similares. Nessa eventualidade, o artigo 332.º/1 remete para o 327.º/3: não se considera completada a caducidade antes de decorrerem dois meses sobre o trânsito em julgado da decisão; sendo o prazo fixado para a caducidade inferior a dois meses, estes são reduzidos para o prazo em causa – 332.º/1, 2.ª parte. Sendo a instância interrompida, não se conta, para efeitos de caducidade, o prazo decorrido entre a proposição da ação e a interrupção da instância – 332.º/2.

III. Tratando-se de caducidade convencional ou de caducidade relativa a direito disponível, o artigo 331.º/2 admite que ela seja detida pelo reconhecimento do direito por parte daquele contra quem deva ser exercido[807]. A jurisprudência exige que o reconhecimento tenha o mesmo efeito do que a prática do ato sujeito a caducidade[808]. Não vale como tal uma "simples admissão genérica (...) mas um reconhecimento concreto, preciso, sem ambiguidades ou de natureza, vaga ou genérica"[809]. Além disso, para ter efeitos impeditivos da caducidade, o reconhecimento deve ter lugar antes de o próprio direito em jogo ter caducado[810].

---

[804] RLx 21-fev.-2002 (Salazar Casanova), CJ XXVII (2002) 1, 107-109 (108/I)
[805] STJ 5-mar.-2002 (Ribeiro Coelho), CJ/Supremo X (2002) 1, 128-132 (131/II).
[806] Vide o artigo 303.º, aplicável ex vi artigo 333.º/2.
[807] Vaz Serra, Anot. STJ 5-dez.-1972 cit., 25.
[808] RLx 30-nov.-1977 (Campos Costa), BMJ 273 (1977), 316 (o sumário).
[809] RPt 6-out.-1987 (Metello de Nápoles), CJ XVII (1987) 4, 229-231 (230/II) e STJ 25-nov.-1998 (Martins da Costa), BMJ 481 (1998), 430-436 (435).
[810] REv 15-abr.-1993 (Armando Luís), BMJ 426 (1993), 545 (o sumário).

§28.º O regime da caducidade 261

117. O conhecimento oficioso

I. No tocante à apreciação oficiosa da caducidade, é fundamental saber-se se a matéria em jogo é disponível ou indisponível.

Perante situações excluídas da disponibilidade das partes, a caducidade é apreciada oficiosamente[811]. Ela pode, ainda, ser alegada em qualquer fase do processo – 333.º/1[812].

Como exemplos jurisdicionais de situações em que se entendeu haver lugar a declaração oficiosa de caducidade temos: a caducidade do direito de requerer a falência[813]; a caducidade do registo de marcas para exportação[814]; a caducidade do direito previsto no artigo 225.º do CPP, relativo ao direito de indemnização por prisão preventiva manifestamente ilegal[815].

Como se vê, em todos estes casos dominam valores e, concretamente, posições jurídicas que transcendem a esfera do interessado na (não-) caducidade.

II. Em face de matéria não excluída da disponibilidade das partes, o artigo 331.º/2 remete para o 303.º. Segundo este preceito, o tribunal não pode suprir, de ofício, a prescrição: esta deve ser invocada, judicial ou extrajudicialmente, por aquele a quem aproveita, pelo seu representante ou, tratando-se de incapaz, pelo Ministério Público.

Ficam abrangidas pela regra da não-oficiosidade[816]:

– as caducidades impostas por lei mas relativas a direitos disponíveis: normalmente, de natureza patrimonial;
– as caducidades fixadas por convenção entre as partes.

III. Na casuística encontramos, como hipóteses de oficiosidade: a caducidade do direito de pedir o reconhecimento da paternidade ilegí-

---

[811] Não tem, pois, de ser invocada pelas partes: RLx 24-nov.-1980 (Pedro Macedo), CJ V (1980) 5, 56-57 (57/II).

[812] E logo, também na fase dos recursos, como se infere, *a contrario*, de STJ 1-jun.-1988 (Baltazar Coelho), BMJ 378 (1988), 728-733 (731).

[813] RPt 2-mar.-1999 (Ferreira de Seabra), BMJ 485 (1999), 485/II (o sumário).

[814] STJ 26-out.-1999 (Garcia Marques), BMJ 490 (1999), 250-255 (255/II).

[815] RLx 3-fev.-2004 (Tomé Gomes), CJ XXIX (2004) 1, 98-100 (99/I, citando outra jurisprudência).

[816] REv 21-mar.-1998 (António da Silva Gonçalves), BMJ 477 (1998), 588 (o sumário).

262 A repercussão do tempo nas situações jurídicas

tima[817]; e como casos de não-oficiosidade a caducidade do direito, por parte do trabalhador, de rescindir o contrato de trabalho com justa causa[818] e a caducidade do procedimento disciplinar laboral[819].

Como se vê, as hipóteses documentadas ocorrem nas áreas sensíveis do arrendamento e do trabalho subordinado.

---

[817] RPt 2-jul.-1971 (s/ind. relator), BMJ 209 (1971), 193.

[818] STJ 8-mai.-2002 (Manuel Pereira), AcD XLII (2003) 493, 125-136 (136); cf. o acórdão do STJ do mesmo dia 8-mai.-2002 (Emérico Soares), AcD XLII (2003) 493, 148-175 (167), indicando outra jurisprudência.

[819] STJ 21-mai.-2003 (Azambuja da Fonseca), AcD XLIII (2004) 506, 283-296 (295-296), uniformizando jurisprudência.

§ 29.º A NATUREZA E A EFICÁCIA DA CADUCIDADE

118. Caducidade e prescrição

I. Examinado o regime da caducidade, cabe definir a sua natureza e fixar o sentido da sua eficácia. Ambos esses aspetos permitirão completar e confirmar quanto ficou definido sobre as regras aplicáveis. E o perfil do instituto ficará mais preciso procedendo-se à sua contraposição com a prescrição.

Em primeira linha, a caducidade distingue-se da prescrição por exigir, ao contrário desta, específicas previsões: legais ou contratuais. A prescrição contenta-se com a previsão geral do artigo 298.º/1, embora para comportar disposições particularizadas, mormente quando fixem regimes diferenciados. Já a caducidade exige, sempre, essas mesmas disposições. Por regra, as posições jurídicas não caducam.

II. Os campos de aplicação da caducidade e da prescrição são, tendencialmente, distintos. A caducidade, na tradição de Guilherme Moreira, reporta-se, de modo predominante, a direitos potestativos. A prescrição, por seu turno, na tradição de Dias Marques, assume uma feição estruturalmente dirigida às obrigações.

Não há nenhuma regra absoluta que imponha tais áreas de influência. O Direito, na sua regulação, comporta sempre áreas indefinidas ou de interpenetração. Todavia, a clivagem é muito mais operacional, no terreno, do que o percetível à primeira vista.

III. A prescrição é imune à vontade das partes (300.º). Pelo contrário, a caducidade, conquanto que apenas nas áreas disponíveis, pode ser modelada pela autonomia privada: seja prevendo novas hipóteses, seja fixando regras distintas das legais (330.º/1). A lei teve o cuidado de ressalvar "... a fraude às regras legais de prescrição" (330.º/1, *in fine*). Cautela dispensável: nunca seria possível, em termos jurídicos, afastar ou prejudicar, as

264 *A repercussão do tempo nas situações jurídicas*

regras da prescrição, por natureza imperativas. Quaisquer cláusulas contratuais a tanto destinadas cairiam, de imediato, na invalidade por contrariedade à lei (280.º/1).

IV. A caducidade tem prazos em regra curtos (são frequentes hipóteses de dez ou quinze dias), ao contrário da prescrição, cujo horizonte é constituído pelo prazo ordinário de vinte anos (309.º). Mesmo as prescrições presuntivas ficam pelos seis meses de prazo (316.º). Relacionado com o diverso espírito das duas figuras já patenteado nas diferentes durações dos prazos, temos a forma distinta por que decorrem e são interrompidos. Na prescrição, a lei prevê, com desenvolvimento, os casos de suspensão (318.º e seguintes) e de interrupção (323.º e seguintes). Já na caducidade isso, em princípio, não sucede (328.º): exige-se, para tanto, uma previsão específica, mau grado uma aplicação supletiva da suspensão às caducidades convencionais (330.º/2).

V. Por fim, a caducidade estabelecida em matéria indisponível é oficiosamente apreciada pelo tribunal (333.º/1), numa possibilidade que nunca se verifica com a prescrição (303.º).

119. Efeitos e natureza

I. Como vimos, a prescrição tem, como efeito final, o de converter as obrigações civis em naturais: o beneficiário pode opor-se, por qualquer modo, ao exercício do direito prescrito (304.º/1); todavia, se realizar espontaneamente a correspondente prestação, mesmo na ignorância da prescrição, já não a pode repetir (304.º/2).

Não podemos aplicar estas regras à caducidade. Temos, para tanto, várias razões confluentes. Assim:

– só há obrigações naturais quando previstas especificamente pela lei; trata-se, designadamente, de uma consequência do artigo 809.º;
– a remissão tem natureza contratual: artigo 863.º;
– as regras de caducidade são de direito estrito, como emerge do próprio artigo 328.º.

II. A pessoa que "cumpra" um direito caducado pode sempre repetir o "pagamento", por via do artigo 476.º: cumprimento de uma obrigação ine-

§ 29.º A natureza e a eficácia da caducidade   265

xistente. Se o tiver feito de modo consciente, poderá haver uma proposta de doação ou algo de similar.

Na presença de direitos disponíveis, a caducidade deve ser invocada. Não o sendo, não produz efeitos.

Resta concluir que a caducidade eficaz, seja por recair em situações indisponíveis, seja por ter sido invocada é, efetivamente, extintiva: não, como a prescrição, meramente modificativa.

III. Cabe definir a sua natureza. Aí, não podemos evitar uma dicotomia consoante recaia sobre matéria indisponível ou disponível. A saber:

– a caducidade reportada a posições indisponíveis traduz uma delimitação temporal às situações envolvidas: atingido o prazo fixado, elas cessam *ipso iure*;
– a caducidade reportada a posições disponíveis confere, ao beneficiário, um direito potestativo: o de, através da declaração de vontade que consiste em invocar a própria caducidade, pôr termo à situação jurídica atingida.

O termo "caducidade" acaba, deste modo, por dar abrigo a duas figuras essencialmente distintas. Por isso e como vimos, os regimes aplicáveis, nos dois casos, são diversos.

IV. A caducidade, mormente nas manifestações que acima chamámos "punitivas"[820] tem ainda um importante papel: determina, na esfera das pessoas contra quem possa atuar, o surgimento de encargos materiais: impele-as a exercer determinados direitos, de tipo potestativo, de modo a que eles não subsistam, pendentes, na ordem jurídica, com as sequelas da indefinição e da incerteza.

---

[820] *Supra*, 245.

§ 30.º O NÃO-USO

120. Perfil

I. O não-uso surge como um dos três institutos legalmente previstos e que traduzem a repercussão do tempo nas situações jurídicas. O artigo 298.º, depois de, nos seus números 1 e 2 referir, sucessivamente, a prescrição e a caducidade, acrescenta:

> 3. Os direitos de propriedade, usufruto, uso e habitação, enfiteuse, superfície e servidão não prescrevem, mas podem extinguir-se pelo não uso nos casos especialmente previstos na lei, sendo aplicáveis nesses casos, na falta de disposição em contrário, as regras de caducidade.

Infere-se, desde logo, que o não-uso:

– tem uma aplicação taxativa aos direitos enumerados no artigo 298.º/3: todos eles direitos reais de gozo;
– ainda então exigindo uma nova e "especial" previsão.

A taxatividade apontada resulta da imprescritibilidade dos direitos sujeitos ao não-uso: ora a regra geral, como vimos, é a da sujeição à prescrição. A exigência de uma segunda norma emerge das características próprias dos direitos reais: a extinção de um direito faz, em regra, surgir direitos noutra esfera; ora dado o princípio da tipicidade (1306.º/1), tudo isso deve ser explicitado na lei.

II. De facto, alguns direitos reais estão sujeitos ao não-uso, por disposição específica. Assim sucede:

– com o usufruto, que se extingue "pelo seu não exercício durante vinte anos, qualquer que seja o motivo" – 1476.º/1, c);
– com o uso e a habitação, por força da remissão do artigo 1485.º;

§ 30.º O não-uso   267

– com as servidões, que se extinguem "pelo não uso durante vinte anos, qualquer que seja o motivo".

A enfiteuse foi revogada, enquanto a superfície pode estar sujeita a diversos prazos de caducidade – 1536.º/1, *a*) e 1538.º. O não-uso releva, no fundo e apenas, para o usufruto e para as servidões.

III. Não-uso equivale ao não-exercício do direito real em jogo. *Summo rigore* dever-se-ia dizer "não gozo", dado o tipo de direitos reais em causa. O prazo de vinte anos com o que está sujeito parece aproximá-lo da prescrição. Todavia, as preocupações de segurança envolvidas levaram o legislador a remetê-lo para as regras da caducidade.

O aprofundamento da matéria deverá ser feito em Direitos Reais[821].

---

[821] Os competentes volumes do *Tratado* estão em preparação.

SECÇÃO V

A *SUPPRESSIO EX BONA FIDE*

§ 31.º A *SUPPRESSIO EX BONA FIDE*

121. A taxatividade das formas de repercussão do tempo

I. O Direito português, no local próprio do Código Civil, refere apenas a prescrição, a caducidade e o não-uso, como formas de repercussão do tempo nas situações jurídicas. Pergunta-se se essa enumeração é taxativa, ou se poderemos apontar outras formas de eficácia temporal.

À partida, o artigo 298.º não tem natureza constitucional. Nada impediria que outros preceitos legais viessem consignar esquemas irredutíveis à prescrição, à caducidade e ao não-uso. E de facto, especialmente em Direitos Reais, surgem esquemas bastante diferenciados: a propriedade temporária, quando prevista por lei (1307.º/1); o usufruto, essencialmente temporário (1439.º e 1443.º); arrastando, nesse aspeto, o uso e a habitação (1485.º); a superfície, sujeita a prazos de caducidade quando não exercida, mas a que a lei manda aplicar as regras da prescrição (1536.º/3) e que, quando temporária, dá azo a direitos reais de aquisição (1538.º); a extinção da servidão por *usucapio libertatis* (1574.º). Tudo isso questiona a verdadeira natureza "geral" da parte geral.

II. Além da lei, também as partes podem criar esquemas inovadores de repercussão do tempo nas situações jurídicas disponíveis. A lei (330.º/1) permite-lhes modificar o regime legal da caducidade. Fazendo-o, poderão engendrar esquemas que, com a caducidade, pouco ou nada tenham a ver.

E o próprio esquema da condição (270.º): ele pode ser usado de modo a, nas situações jurídicas, promover alterações induzidas de elementos cujas coordenadas envolvem o fator tempo.

§ *31.° A suppressio ex bona fide*   269

III. Feitas estas precisões, parece impor-se, por uma questão de lógica sistemática, a ideia de que, no fundo, a prescrição e a caducidade estão desenhadas de tal modo que tendem a preencher o campo das possíveis relevâncias do tempo nas situações jurídicas. A prescrição implica um pano de fundo geral de eficácia temporal; a caducidade retrata as delimitações temporais específicas.

Poder-se-á ir mais longe, apontando, ainda em geral, novas hipóteses de eficácia temporal, induzidas do sistema?

122. A *suppressio ex bona fide*

I. A hipótese mais consistente colocar-se-ia em torno da figura da *suppressio ex bona fide* ou supressão por exigência da boa-fé. A questão enuncia-se, em síntese, nos termos que seguem[822]. As regras atinentes à repercussão do tempo nas situações jurídicas têm natureza estrita e plena. Elas servem – com a ressalva de alguns correctivos, no caso da prescrição – apenas a segurança, definindo grandes margens a todos aplicáveis. O Direito tem, todavia, uma preocupação diferenciadora. Cada pessoa é uma pessoa e cada caso, um caso. Por definição: nem a prescrição nem a caducidade (abdicando, agora, da caducidade contratual, especialmente engendrada pelas partes) têm aptidões para aderir aos meandros das situações individuais.

II. O necessário correctivo poderia advir da boa-fé. Esta postularia um instituto diferenciador, assim explicitado: perde a sua posição jurídica a pessoa que não a exerça por um período de tempo e em circunstâncias tais que não mais seja de esperar qualquer exercício. Trata-se da *suppressio ex bona fide* ou supressão por exigência da boa-fé[823].

Apresentada nestes termos, a *suppressio* é extremamente vaga. A sua afirmação, com generalidade, iria pôr em causa todas as vantagens permitidas pela prescrição e pela caducidade: institutos seguros, previsíveis e esperimentados. Não podemos, contudo, prescindir da possibilidade de,

---

[822] Em especial: Jürgen Schmidt, no *Staudingers Kommentar*, § 242 (1994), Nr. 571 ss. e 588 ss. (432 ss. e 438 ss.) e Dirk Looschelders/Dirk Olzen. no *Staudingers Kommentar*, II, §§ 241-243 (*Treu und Glauben*) (2015), § 242, Nr. 311 ss. (437 ss.).

[823] Expressão que propusemos para exprimir a *Verwirkung* da doutrina alemã; *vide infra*, 349-351.

270 *A repercussão do tempo nas situações jurídicas*

em casos escandalosos e por manifesta exigência do sistema, complementar, por via honorária, as regras estritas sobre a repercussão do tempo nas situações jurídicas. E isso mesmo quando, em rigor, tais regras se reportem à confiança.

III. O manuseio da *suppressio* pressupõe uma série de noções ligadas à tutela da confiança e à boa-fé, enquanto regra de conduta. Trata-se, por isso, de matéria a examinar a propósito do abuso do direito[824]. Impõe-se, todavia, uma remissão sistemática para esse tema, no âmbito do estudo da repercussão do tempo nas situações jurídicas. A ordem jurídica é um todo. O papel da *suppressio*, ainda que indireto, será mesmo o de complementar a área tradicional da prescrição e da caducidade, aperfeiçoando-a e diferenciando-a.

[824] *Infra*, 349 ss..

CAPÍTULO IV
O ABUSO DO DIREITO

SECÇÃO I
COORDENADAS GERAIS E EVOLUÇÃO

§ 32.º O ABUSO DO DIREITO NA ORDEM JURÍDICA

123. A previsão legal; insuficiências

I. O artigo 334.º do Código Civil prevê, de modo expresso, o abuso do direito. Cabe reter, ponto por ponto, esse interessante preceito:

> É ilegítimo o exercício de um direito, quando o titular exceda manifestamente os limites impostos pela boa-fé, pelos bons costumes ou pelo fim social ou económico desse direito.

Vamos decompô-lo nos seus elementos.

Ele começa pela estatuição: *é ilegítimo o exercício* (...). A ilegitimidade tem no Direito civil, um sentido técnico[825]: exprime, no sujeito exercente, a falta de uma específica qualidade que o habilite a agir no âmbito de certo direito. No presente caso, isso obrigaria a perguntar se o sujeito em causa, uma vez autorizado ou, a qualquer outro título, "legitimado", *já poderia exceder manifestamente os limites impostos pela boa-fé, pelos costumes ou pelo fim social ou económico* do direito em causa. A resposta é, obviamente, negativa: nem ele, nem ninguém.

---

[825] *Supra*, 27 ss..

272   *O abuso do direito*

Vamos depreender que "ilegítimo" não está usado em sentido técnico[826]. O legislador pretendeu dizer "é ilícito" ou "não é permitido". Todavia, para não tomar posição quanto ao dilema (hoje ultrapassado) de saber se ainda há direito, no abuso ou se, de todo, já estamos em campo proibido, optou pela fórmula, aqui ambígua[827], da ilegitimidade.

O artigo 334.º resultou do artigo 281.º do Código Civil grego, assim concebido[828]:

> O exercício é proibido quando exceda manifestamente os limites postos pela boa-fé, pelos bons costumes ou pelo escopo social ou económico do direito.

Por seu turno, o Código Civil brasileiro de 2002, depois de definir, no artigo 186.º, o ato ilícito, prescreve, no artigo 187.º:

> Também comete acto ilícito o titular de um direito que, ao exercê-lo, excede manifestamente os limites impostos pelo seu fim económico ou social, pela boa-fé ou pelos bons costumes.

O legislador nacional procurou uma expressão que tivesse algum conteúdo, exprimindo desaprovação, que não o comprometesse com nenhuma leitura do abuso do direito e que tivesse elegância formal. Ficou-se por "ilegítimo": provavelmente inspirado em Manuel de Andrade que, todavia, aproximava "legítimo" de "razoável"[829].

II. De seguida, o preceito exige que o titular exceda *manifestamente* certos limites. A expressão[830] liga-se aos superlativos usados por alguma

---

[826] Tentando aproveitar o preceito: Fernando Cunha de Sá, *Abuso do Direito* (1973, reimp. 1997), 496 e ss. e *passim*.

[827] Oliveira Ascensão, *Direito civil/Teoria geral*, 3 (2002), 275, fala na "... consequência gelatinosa da ilegitimidade".

[828] O Código Civil grego está traduzido em alemão por Gogol (1951) e em francês por Mamopoulos (1956).

[829] Manuel de Andrade, *Teoria geral das obrigações*, 3.ª ed., póstumo, com a colab. Rui de Alarcão (1966), 63, nota 3; além disso, esse Autor admitia que o direito de que se abusasse fosse "válido" e "legítimo (razoável)", em tese geral.

[830] Que Pires de Lima/Antunes Varela, *Código Civil Anotado* cit., 1, 4.ª ed., 299, consideram ser "... a lição de todos os autores e de todas as legislações": desconhecemos com que base; de facto, ela é retirada do Código grego, inspirado, neste ponto, no suíço.

§ 32.º O abuso do direito na ordem jurídica　　273

doutrina, anterior ao Código Civil[831]. Na época, lidava-se com uma construção que não tinha base legal, de fundamentação doutrinária insegura e ainda desconhecida pela jurisprudência. O uso de uma linguagem empolada visava captar o intérprete-aplicador, apresentando-se, além disso, como uma criptojustificação da proibição do abuso. Perante institutos modernos, a adjetivação enérgica não faz sentido.

Abdicando do apelo ao sentimento, mantêm-se as dificuldades. "Manifestamente" contrapõe-se a "ocultamente" ou "implicitamente". Não parece defendível que se possa atentar contra a boa-fé ou os bons costumes, desde que às ocultas. E também os fins económico e social do direito em jogo poderão não ser alcançados perante desvios não manifestos. Em suma: "manifestamente" deixa-nos um apelo a uma realidade de nível superior, mas que a Ciência do Direito terá de localizar, em termos objetivos. Hoje, isso consegue-se pela aferição através do sistema.

III. Os "limites impostos pela boa-fé" têm em vista a boa-fé objetiva. Aparentemente, lidamos com a mesma realidade presente noutros preceitos, com relevo para os artigos 227.º/1, 239.º, 437.º/1 e 762.º/2[832]. Teríamos, então, um apelo aos dados básicos do sistema, concretizados através de princípios mediantes: a tutela da confiança e a primazia da materialidade subjacente. Trata-se de um dado a reter, mas que não poderemos deixar de confirmar.

IV. Os "limites impostos pelos bons costumes" remetem-nos para as regras da moral social. Também aqui é de presumir uma certa coerência sistemática: os bons costumes prefigurados no artigo 334.º equivalerão aos mesmos "bons costumes" presentes no artigo 280.º/1[833]: regras de conduta sexual e familiar e códigos deontológicos. Mas assim sendo – e assim é – não se entende o porquê da especialização representada pelo artigo 334.º. O artigo 280.º/1 parifica, para efeitos de nulidade do negócio, a violação da lei, dos bons costumes e da ordem pública; porque não entender que o

---

[831] Muito citado, Manuel de Andrade, *Teoria geral das obrigações* cit., 3.ª ed., 63, refere, sucessivamente: "... de modo particularmente escandaloso para a consciência jurídica dominante ...", "... injustiça atingiria proporções intoleráveis para o sentimento jurídico imperante ...", "... casos de pressão violenta da consciência jurídica ..." e "... termos clamorosamente ofensivos da justiça".

[832] *Tratado* I, 4.ª ed., 964 ss..

[833] *Tratado* I, 4.ª ed., 584 ss..

274 *O abuso do direito*

próprio exercício dos direitos subjetivos se deve conter dentro das margens desses três fatores? Introduzir, a tal propósito, o abuso do direito vem duplicar, sem necessidade, óbvias soluções já alcançadas.

V. Finalmente: o fim social ou económico do direito invoca uma determinada construção historicamente situada, a examinar de modo mais detido[834].

Fica-nos, ainda, um ponto: o da presença de um direito subjetivo. Adiantamos, todavia, que a locução "direito" surge, aqui, numa aceção muito ampla, por forma a abranger o exercício de quaisquer posições jurídicas, incluindo as passivas: abusa do "direito" o devedor que, invocando o artigo 777.º/1, *in fine*, se apresenta a cumprir, na residência do credor, às quatro da manhã.

124. O predomínio da Ciência do Direito

I. A análise anterior permite concluir que o artigo 334.º não comporta uma exegese comum. Os seus diversos termos ora devem ser corrigidos pela interpretação, ora soçobram no vazio. Estamos, com efeito, perante uma disposição legal que, à semelhança do § 242 do BGB alemão[835], remete para o sistema e para a Ciência do Direito, confiando, ao intérprete-aplicador, a tarefa do seu adensamento.

II. A presença de uma norma deste tipo não suscita quaisquer dúvidas ou perplexidades. Há-as, por todo o tecido do Código, num fenómeno que o Direito conhece, controla e aplica. Na sua presença, a Ciência do Direito é especialmente convocada a intervir. Trata-se, porém, de uma Ciência concreta, capaz de manusear casos reais.

O artigo 334.º faz, em suma, um apelo a uma Ciência Jurídica atualizada, constituinte e experiente.

---

[834] *Infra*, 392 ss..

[835] Segundo o qual:

O devedor fica obrigado a realizar a prestação, tal como o exige a boa-fé, com consideração pelos usos do tráfego.

§32.º O abuso do direito na ordem jurídica 275

125. As fases da implantação jurisprudencial

I. Antes de estudar os meandros do abuso do direito, devemos afastar todas as sombras de teoreticismo, prevenindo metadiscursos de qualquer tipo.

O abuso do direito é um instituto corrente, diariamente aplicado nos nossos tribunais. Tal sucedeu na sequência de uma progressão que poderemos indiciar em cinco fases:

– a fase pré-científica (anterior a 1966);
– a fase exegético-pontual (de 1967 a 1984);
– a fase da implantação (1985 a 1990);
– a fase da expansão (1991 a 2000);
– a fase do afinamento (2001 em diante).

Trata-se de fases tendenciais, particularmente as três últimas: apenas a nível global será possível distingui-las.

II. A fase pré-científica foi a anterior ao Código Vaz Serra. O Código de Seabra consagrava, no seu artigo 13.º, a velha regra *qui suo iure utitur nemini facit iniuriam* ou *neminem laedit*[836]. Fê-lo com tal convicção que a melhor doutrina entendeu difícil o abuso do direito, com retrocesso mesmo perante o Direito comum[837]. E assim, apenas se documentam, nesse período, três acórdãos relativos ao abuso:

– *RCb 26-mai.-1928*, que condenou um proprietário a elevar de metro e meio uma chaminé que emitia fumos incómodos para o vizinho[838];

---

[836] *Quem exerce o seu direito não faz ilícito a ninguem* ou *não prejudica ninguem*; na realidade, o artigo 13.º do Código de Seabra deixava uma porta para o abuso do direito: a hipótese de o direito não ser exercido em "conformidade com a lei". Dizia, textualmente:

Quem, em conformidade com a lei, exerce o proprio direito, não responde pelos prejuizos que possam resultar d'esse mesmo exercicio.

A doutrina da época contentava-se, no entanto, com a (re)afirmação do princípio: Dias Ferreira, *Código Civil Annotado* cit., 1, 24, vem mesmo combater a hipótese de abuso do direito.

[837] Tal a opção de Autores como Guilherme Moreira e Teixeira de Abreu, citados *infra*, 289. Anteriormente, Coelho da Rocha, *Instituições* cit., § 49/1 (26-27), tomara posição contra os atos emulativos: existe, pois, uma significativa linha, nesse sentido.

[838] RCb 26-mai.-1928, BFD 11 (1930), 133-171, anot. Teixeira de Abreu, *Da construção de chaminés, idem*, 171-204, crítico.

276   *O abuso do direito*

– *STJ 27-jan.-1933*, considerou abusiva a construção sobre um muro comum, de uma sapata e de uma calha, fonte de infiltrações no prédio vizinho[839];

– *RLx 30-jun.-1951*: não pode um senhorio pedir a um arrendatário que subloque parte da coisa a terceiro e, depois, invocando falta de autorização escrita, mover um despejo[840]; dir-se-ia, hoje, haver *venire contra factum proprium.*

Trata-se de casos evidentes, decididos, todavia, na base de um sentido geral de justiça, não apoiado em desenvolvimentos científicos.

III. Após a entrada em vigor do Código Civil de 1966, a situação não se modificou. Surgem numerosas decisões que ponderam o abuso do direito, mas sem o aplicar[841]. Em tese geral, podemos dizer que os nossos tribunais superiores tentavam interpretar o artigo 334.º, em moldes exegéticos de modo a, dele, retirar material útil. Não era, de todo, possível, pelo que, durante longos anos, o preceito teve escassa concretização. Todavia, registaram-se interessantes casos de aplicação pontual, mormente perante situações muito marcadas, de perfil escandaloso. Assim:

– *RLd 17-jul.-1970*: um senhorio estimula a instalação de uma indústria doméstica, por parte do inquilino; depois e com esse fundamento, intenta uma ação de despejo; há abuso do direito por *venire contra factum proprium*[842];

– *RLx 13-dez.-1976*: movido um despejo por não pagamento de uma renda de 800$00, verifica-se que o inquilino sacara um cheque nesse montante quando dispunha de um saldo de 795$60, completado nesse mesmo dia: o despejo foi negado por abuso[843];

– *STJ 2-mar.-1978*: três irmãos, através de uma sociedade, constroem três residências: uma para cada; um deles cai em desgraça: a sociedade vem

---

[839] STJ 27-jan.-1933 (B. Veiga), RLJ 65 (1933), 381-382.

[840] RLx 30-jun.-1951 (Eduardo Coimbra), BMJ 39 (1952), 338-345 (344); o abuso do direito é, aí, derivado dos artigos 14.º e 15.º do Código de Seabra, relativos à colisão de direitos.

[841] *Vide* as espécies citadas em *Da boa fé*, 886 (895-897).

[842] RLd 17-jul.-1970 (Manuel Fernandes Mota), AcRLd 1970, 492-496 (493-494).

[843] RLx 17-dez.-1976 (Correia de Paiva), BMJ 264 (1977), 234 (o sumário).

§32.º O abuso do direito na ordem jurídica

reivindicar a fração a ele destinada, pedindo a sua entrega; julgou-se esta prática como abusiva[844];

– *STJ 26-mar.-1980*: um proprietário reconstrói o seu edifício, deixando exposto o muro do edifício contíguo; promete obras de resguardo, que não faz; entendeu-se haver uma prática abusiva[845];

– *RPt 3-fev.-1981*: um armazém arrendado deixa entrar água; instado, o senhorio não faz obras; o arrendatário evacua o local: o senhorio move um despejo por desocupação: há abuso, pois serve-se ele "... do seu ilícito em proveito próprio exclusivo"[846];

– *STJ 31-mar.-1981*: foi decidido, sem formalismos, arbitrar certa remuneração à sócia-gerente de uma sociedade; depois, vem a sociedade exigir a restituição do total assim pago: há abuso[847].

Estes cinco casos, conquanto que quase isolados, permitem, no longo período a que se reportam, ilustrar situações de *venire contra factum proprium* (RLd 17-jul.-1970 e STJ 2-mar.-1978), de desequilíbrio no exercício (RLx 17-dez.-1976), de surgimento ou *surrectio* (STJ 26-mar.-1980), de *tu quoque* (RPt 3-fev.-1981) e de inalegabilidade formal (STJ 31-mar.-1981). Apesar de escassas, as espécies relatadas mostram a erupção pontual de uma problemática antes desconhecida[848].

IV. A partir de 1985, a concretização do abuso do direito passa a fazer-se a um ritmo crescente. Nesse sentido jogaram a renovação dos quadros de magistrados dos tribunais superiores e a difusão de elementos jurídico-científicos favoráveis a uma aplicação alargada do instituto[849]. Até 1990, contámos cerca de 50 acórdãos relevantes. Documentam-se,

---

[844] STJ 2-mar.-1978 (Octávio Dias Garcia), BMJ 275 (1978), 214-219 (216-218) = = RLJ 111 (1979), 291-294 (292-294), anot. Vaz Serra, favorável – *idem*, 295-297.

[845] STJ 26-mar.-1980 (Octávio Dias Garcia), RLJ 114 (1981), 35-40 (39-40).

[846] RPt 3-fev.-1981 (Joaquim Carvalho), CJ VI (1981) 1, 146-148 = BMJ 304 (1981), 469 (o sumário).

[847] STJ 31-mar.-1981 (Rui Corte-Real), BMJ 305 (1981), 323-327 (326-327).

[848] Foi neste estádio jurisprudencial que foi escrito *Da boa fé no Direito civil*; *vide*, aí, 895-896, nota 889, o elenco das decisões em que o abuso foi ponderado, sem obter aplicação.

[849] Na base da citações judiciais então verificadas, terá contribuído o nosso *Da boa fé* e, ainda, o importante estudo do saudoso Prof. João Baptista Machado, *Tutela da confiança e "venire contra factum proprium"* (1985), em *Obras dispersas* 1 (1991), 345-423, surgido pouco depois.

278   *O abuso do direito*

com interesse, os diversos tipos de concretização do abuso do direito[850]. Trata-se da fase da implantação. Ela permitiu não só habituar os operadores jurídicos a trabalhar com o instituto do abuso do direito, mas também demonstrar que, da sua aplicação, não resultava qualquer insegurança.

V. De 1991 a 2000 temos a fase da expansão. O abuso do direito é apreciado e ponderado correntemente, nas mais diversas situações. Contabilizámos mais de 250 acórdãos publicados nesse período, sobre abuso do direito[851]. Esta expansão coloca a jurisprudência portuguesa ao nível da alemã, no que toca à concretização da boa-fé e das condutas inadmissíveis. Ela permite, ainda, isolar algumas linhas de força:

  – houve uma concentração de casos exemplares em torno do *venire contra factum proprium*, com cerca de 20 acórdãos;
  – surgiu uma preocupação em isolar os elementos próprios da tutela da confiança;
  – verificou-se uma tendência clara para objetivar a tutela concedida pelo abuso do direito;
  – admitiu-se a sua ponderação a título oficioso.

A doutrina explícita ou implicitamente adversa ao abuso do direito e ao que ele representa perdeu, a partir de então, o contacto com a evolução real do instituto.

VI. De 2001 em diante, falaremos numa fase de afinamento. A jurisprudência torna-se menos imediatista e vai, progressivamente, abandonando as remissões *ad nutum* para as fórmulas clássicas antigas empoladas, tais como "termos clamorosos ofensivos da justiça". Afasta-se da exigência do abuso *manifesto*, a favor de ponderações mais precisas. O abuso do direito desliga-se da ideia de "direito subjetivo", surgindo como uma instância geral de controlo dos exercícios jurídicos.

Desenham-se, ainda, diversos óbices, a que faremos referência[852].

---

[850] Podem ser confrontados alguns elementos na *Teoria geral do Direito civil* 1, 2.ª ed. (1989), § 13.º.

[851] *Vide* algumas dessas decisões *infra*, §§ 34.º e ss., a propósito dos diversos tipos de atuação abusiva.

[852] *Infra*, § 40.º. Entre 2001 e 2004 (incompleto) localizaram-se mais de sessenta acórdãos relevantes e publicados; o número mantém-se elevado, embora estável e aquém dos anos de 1999 e 2000: os mais produtivos. A partir de 2004, surgiram muitas centenas

§ 32.º O abuso do direito na ordem jurídica

VII. No seu conjunto e contando apenas decisões publicadas, os nossos tribunais superiores terão ponderado o abuso do direito, desde 1967, em mais de 2000 acórdãos. Na base de uma amostragem realizada quanto a acórdãos não publicados, podemos considerar que os números absolutos ultrapassaram os cinco milhares: quiçá mesmo os quinze mil. Como é evidente, em muitos deles o abuso do direito não foi constatado. Mas o seu papel mantém-se.

Em definitivo: qualquer processo se sujeita, hoje, a uma sindicância do sistema feita pelo crivo do abuso do direito. Não é de esperar retrocessos. Em boa hora, pois, estamos em face de um dos mais significativos avanços jurídico-científicos desde 1967.

126. Posturas mental e metodológica

I. Perante o fenómeno da expansão doutrinária e, sobretudo, jurisprudencial do abuso do direito, são requeridas, por parte do intérprete-aplicador, determinadas posturas: de tipo mental e de tipo metodológico.

Em primeiro lugar, deve ficar claro que lidamos com matéria jurídico-científica já experimentada, objetiva e muito séria. Não faz sentido abordá-la com aversões ou desconsiderações seja de que tipo for: ou já não haverá Ciência.

Também se torna patente que o abuso do direito não é "abuso" nem tem a ver com "direitos" em si: como adiante melhor veremos, "abuso do direito" é uma expressão consagrada para traduzir, hoje, um instituto multifacetado, internamente complexo e que prossegue, *in concreto*, os objetivos últimos do sistema. Batalhar com palavras ou contra elas representa pura perda de tempo. De todo o modo, o progresso registado em torno do abuso do direito poderá ser ponderado: forma cómoda e bem ilustrada para documentar os avanços da Ciência do Direito dos nossos dias.

Apesar da indeterminação dos conceitos, o abuso do direito mantém uma unidade de conjunto e uma particular coesão. Não é conveniente, nem em termos dogmáticos nem, sobretudo, por prismas pedagógicos, esfacelar o instituto, dispersando, na base de considerandos conceptuais, as suas diversas manifestações.

---

de decisões que, no conjunto, documentam uma tendência para o aumento da sindicância pelo abuso do direito. Como veremos, a jurisprudência ultrapassou, por vezes, mesmo a doutrina mais favorável.

280 *O abuso do direito*

II. O abuso do direito deve, antes de mais, ser estudado no terreno, através do conhecimento efetivo da literatura que o desenvolveu e da ponderação atenta das decisões que o concretizam. Não é possível improvisar conhecimentos, na base de desenvolvimentos linguísticos ou da arrogância oratória. Tão-pouco é viável deduzir sistemas ou inferências na base dos elementos vocabulares contidos no artigo 334.°. Sem humildade não há discurso sério. Estas considerações tornam-se necessárias perante a facilidade com que certa doutrina, mesmo qualificada, deturpa o estado das questões e a própria História, tomando posição sobre matérias que não conhece.

III. Em termos metodológicos: o manuseio do abuso do direito não é compaginável com as tradicionais interpretação e aplicação. Na verdade, o artigo 334.° do Código Civil nada permite, pela "interpretação". O abuso do direito traduz um espaço de remissão para uma Ciência do Direito cabal, sistemática e assente em experimentada evolução histórica.

Acrescente-se que nada há, aqui, de revolucionariamente novo. Apenas a constatação do papel da aprendizagem no Direito e da reapreciação da natureza constituinte da Ciência jurídica.

IV. Finalmente e numa chamada de atenção para os nossos tribunais: a matéria do abuso do direito evoluiu radicalmente, em dois momentos:

– a partir de 1966;
– a partir de 1985.

Em 1966, o abuso do direito passou a ter base legal explícita. O legislador, de modo claro e pensado, entendeu dever delegar nos tribunais a irrecusável tarefa de adensar e de concretizar esse importante instituto. Deu, para isso, algumas coordenadas que só a Ciência do Direito pode operacionalizar.

A partir de 1985, difundiu-se uma Ciência capaz de dinamizar, em termos correntes, o instituto. A literatura que a enforma e os casos que a suportam são irreconhecíveis, perante os dados anteriores. Eis o risco: o de, na preparação e na fundamentação de decisões judiciais, se utilizarem obras anteriores a 1966 ou que, sendo-lhe posteriores, se limitem a retomar troços já ultrapassados. O prestígio indiscutível e justíssimo dos nossos clássicos não permite que eles sejam usados sem critério, para resolver questões cujos contornos jurídico-científicos, de todo, não poderiam prever.

§ 33.º EVOLUÇÃO HISTÓRICA

127. Os atos emulativos, a *exceptio doli* e a *temeritas* processual

I. No Direito romano, a *aemulatio* correspondia ao exercício de um direito sem utilidade própria, com a intenção de prejudicar outrem[853]. A consagração geral da proibição de atos emulativos parece duvidosa, dada a natureza não-sistemática das fontes romanas. Mas o fenómeno já então era conhecido e, pontualmente, combatido.

A referência a uma proibição de atos emulativos resultaria do seguinte texto de Celso[854]:

> Não é de admitir a pura malícia, como se pretenderes demolir um teto ou uma pintura dos quais nada recebes, só para causar danos.

Nessa base, Riccobono veio defender a presença de uma ideia alargada de proibição de atos emulativos[855]. Contra, depusera o próprio Scialoja: a *aemulatio* só seria combatida quando os atos em jogo contundissem com outros limites objetivos postos ao exercício dos direitos[856].

---

[853] Vittorio Scialoja, *Aemulatio* (1892) = *Studi giuridici* III – *Diritto privato* (1932), 216-259 (217). Desse Autor cumpre ainda referir *Degli atti d'emulazione nell'esercizio dei diritti* (1878), *idem*, 194-206 e *Sopra alcune limitazioni dell'esercizio della proprietà e di nuovo sull'emulazione* (1878), 207-209. Outros elementos podem ser confrontados em *Da boa fé no Direito civil*, 672 ss..

[854] Celso, D. 6.1.38 = Okko Behrends/Rolf Knütel/Berthold Kuppisch/Hans Hermann Seller, *Corpus Iuris Civilis/Text und Übersetzung* II (1995), 570-571.

[855] Salvatore Riccobono, *La teoria dell'abuso di diritto nella dottrina romana*, BIDR 46 (1939), 1-48 (41-42).

[856] Vittorio Scialoja, *Aemulatio* cit., 216. Entre nós, também Vaz Serra, *Os actos emulativos no Direito romano*, BFD 10 (1929), 529-553, afasta a emulação no Direito romano: quer como regra geral, quer como manifestação específica.

282 *O abuso do direito*

II. Durante o chamado período intermédio, os trechos romanos referentes à *aemulatio* foram comentados e alargados[857]. Chegou-se à elaboração de séries de atos emulativos, fundamentalmente ligados a relações de vizinhança[858]. Eles traduziam ocorrências marcantes, de (in)justiça evidente: não careciam de especial justificação. Além disso, faltava uma doutrina do direito subjetivo que, pelo seu rigor, pudesse albergar ilhas de injustiça contrárias ao sistema.

De todo o modo, o problema dos atos emulativos, a sua injustiça e a necessidade de reagir, juridicamente, perante eles, mantiveram-se vivos, no Direito do Ocidente.

III. Ainda no Direito romano, pôs-se a hipótese de a *exceptio doli* poder ser usada para deter práticas abusivas: um ponto a verificar pelo prisma do Direito vigente, uma vez que ela foi proposta, em termos atualistas, no princípio do século XX, para enquadrar todo o universo do abuso do direito[859].

IV. Uma terceira via de consagração do abuso do Direito romano residia na lide temerária. Em várias concretizações, o Direito romano sancionaria práticas processuais abusivas: no sentido de prosseguirem fins supra ou extraprocessuais ou de procurarem provocar danos na contraparte ou em terceiros. Todas elas confluiriam, no período justinianeu, numa figura conjunta que, hoje, poderemos designar "abuso do processo"[860]. Mais tarde: litigância de má-fé.

128. A tradição francesa

I. O Código Napoleão não referia a emulação, os atos abusivos ou qualquer outra manifestação direta do instituto em análise. Não valem como tal nem a presença de certos limites legais ao exercício dos direitos,

---

[857] Ugo Gualazzini, *Abuso del diritto (diritto intermedio)*, ED I (1957), 163-166 (163).

[858] Vittorio Scialoja, *Degli atti d'emulazione* cit., 198-199.

[859] *Infra*, 297 ss..

[860] Temos em conta a pequena mas excelente monografia de Chiara Buzzacchi, *L'abuso del processo nel diritto romano* (2002), especialmente 153 ss.. Para mais elementos, remetemos para o nosso *Litigância de má-fé, abuso do direito de ação e culpa "in agendo"*, 3.ª ed. (2014), 89 ss. e *passim*.

§33.° Evolução histórica 283

nem a cláusula geral de responsabilidade civil, presente no artigo 1382.° do referido Código. Não obstante, a jurisprudência veio a sancionar atuações gravosas, mormente na área da vizinhança[861]. Tais decisões passaram desapercebidas.

Mais tarde, dois casos ficariam na História. Assim:

– em *CImp. Colmar, 2-mai.-1855* (Tribunal de Apelação francês de Colmar) condenou o proprietário que construíra no seu prédio uma chaminé falsa inútil, apenas para tapar uma janela do vizinho[862];
– em *Compiègne, 19-fev.-1913* (Tribunal de 1.ª Instância da cidade francesa de Compiègne), confirmado por CssFr 3-ago.-1915 (Cassação Francesa), condenou-se o proprietário que erguera, no seu terreno, um dispositivo dotado de espigões de ferro, destinados a perfurar os balões dirigíveis construídos no prédio vizinho, com o que obteve, aliás, êxito[863]. Nestes e noutros casos teria havido abuso do direito[864].

II. A expressão *abus de droit* foi introduzida pelo belga François Laurent (1810-1887)[865] para designar as situações de responsabilidade do tipo das decididas a propósito da chaminé falsa de Colmar. O termo é impor-

---

[861] *Vide Da boa fé*, 671, com relevo para C. Imp. Metz 10-nov.-1808, S 1821, 2, 154. Na realidade, decisões deste tipo têm sempre antecedentes. Henri e Léon Mazeaud/ /Jean Mazeaud/François Chabas, *Leçons de Droit civil*, tomo II/1, *Obligations/Théorie générale*, 9.ª ed. (1998), n.° 456 (477), referem uma decisão do Parlamento de Aix, de 1-fev.-1577, que condenou um curtidor de lã que cantava apenas para importunar um advogado, seu vizinho; segundo esses Autores, o próprio Domat considerava que o exercício de um direito origina responsabilidade sempre que seja malicioso e não surja justificado por nenhum interesse; esses troços são retomados por Murad Ferid/Hans Jürgen Sonnenberger, *Das französische Zivilrecht* cit., 1/1, 2.ª ed., 1 c 148 (243).

[862] D 1856, 2, 9-10. O Tribunal limitou-se a afirmar:

(...) se é de princípio que o direito de propriedade é um direito de algum modo absoluto, autorizando o proprietário a usar e abusar da coisa, o exercício desse direito, no entanto, como o de qualquer outro, deve ter por limite a satisfação de um interesse sério e legítimo; os princípios da moral e da equidade opõem-se a que a justiça sancione uma ação inspirada pela malquerença, cometida sob o domínio de uma má paixão e provocando um prejuízo grave a outrem (...)

[863] D 1913, 2, 181 e D 1917, 1, 79.

[864] Sobre toda esta matéria, desenvolvidamente e com indicações, *Da boa fé*, 670 ss..

[865] François Laurent, *Principes de Droit Civil Français*, 20, 3.ª ed. (1878), n.° 411 (428), explicando (já então!) que havendo abuso do direito, não há, em rigor, direito.

284　　　*O abuso do direito*

tante: pela sua natureza impressiva, a sua utilização constitui, já, uma meia justificação.

A Ciência do Direito francesa teve dificuldades em apresentar uma construção jurídico-científica para o abuso do direito. Na verdade, embora reconhecida pela jurisprudência francesa, a teoria do abuso do direito não alcançou, junto da doutrina correspondente, um nível satisfatório de explicação científica. Multiplicavam-se as referências a juízos condenatórios merecidos por atuações inúteis, danosas ou imorais; faltou, no entanto, o estabelecer de um conjunto claro de regras que permitissem delimitar com precisão as fronteiras do exercício dos direitos subjetivos, para além das normas que lhes dessem corpo.

Uma tentativa importante foi a protagonizada por Josserand. Segundo este Autor, seria necessário, para um exercício legítimo dos direitos subjetivos, respeitar a *função* que justificara a atribuição[866]. Cedo, porém, a meditação científica revelou que a busca da função dos direitos encobria a necessidade de proceder a uma interpretação mais cuidada das normas jurídicas envolvidas: superada a fase puramente exegética da interpretação e vincada a existência de elementos teleológicos no apuramento das normas jurídicas, ficava satisfeita a necessidade fundamental que ditara, nesta fase, o sucesso da teoria do abuso do direito.

III. Esta fraqueza particular do abuso do direito, no seu espaço de origem, ficara clara na conhecida afirmação da natureza logomáquica do instituto, levada a cabo por Planiol: o direito cessa onde começa o abuso[867]. Planiol, aceitava, no fundo, a excelência das decisões relativas aos atos abusivos, mas punha em causa a expressão "abuso do direito". Uma aparente querela de linguagem, mas que, a ter êxito, seria fatal para o instituto:

---

[866] Louis Josserand, *De l'esprit des droit et de leur relativité. Théórie de l'abus des droits*, 2.ª ed. (1939), 312 ss. (364 ss., 388). Esta conceção teria duas linhas de evolução: por um lado, a linha ensaiada por Wolfgang Siebert, *Verwirkung und Unzulässigkeit der Rechtsausübung* (1934), 89, com reflexos em Castanheira Neves, *Questão-de-Facto – Questão-de-Direito* (1967), 524, segundo a qual os direitos subjetivos seriam relativos, no sentido de implicarem limites teleológicos cognoscíveis, apenas, caso a caso; por outro, a linha presente, por exemplo, em Oliveira Ascensão, quando aponta – *Direito Civil/Reais*, 5.ª ed. (1993), 190 ss. – a distinção entre a função pessoal e a função social dos direitos.

[867] Marcel Planiol, an. Douai, 7-mai.-1902, D 1903, 2, 329-330 (329) e *Traité élémentaire de Droit civil*, 3.ª ed., 2 (1903), 284.

§ 33.º Evolução histórica   285

privado da sua designação impressiva (ainda que questionável), o abuso dissolver-se-ia em decisões perdidas e sem estrutura alguma[868].

IV. A dimensão posteriormente alcançada pela responsabilidade civil, em França, graças, em especial, à utilização do conceito de "falta"[869], levou a que, na prática civil, o abuso do direito tivesse uma utilização escassa. Na verdade, a pessoa que atue com "falta" é responsável, mesmo quando se acolha ao exercício formal de um direito. De todo o modo, o longo período decorrido desde o caso da chaminé falsa de Colmar, permite documentar, na base de matérias reguladas no Código Civil, algumas dezenas de decisões de abuso do direito[870]: na sua maioria, deparamos com questões de vizinhança. Não encontramos, todavia, nada que se assemelhe ao quadro geral oferecido pela nossa jurisprudência.

V. Apesar da omnipresença da "falta", potencialmente capaz de arrastar o tema do abuso para as áreas da responsabilidade civil, o abuso do direito conserva uma presença sindicante no Direito civil do hexágono gaulês.

Paradigmático: o tratamento dado ao abuso do direito pela conhecida e influente obra de Mazeaud/Chabas. Estes Autores começam por recordar a contraposição, na doutrina do abuso, entre os subjetivistas e os objetivistas. Os primeiros, ao contrário dos segundos, requerem, para haver abuso, uma intenção de prejudicar. Afastada a orientação subjetivista, fica a segunda: haverá, então, que perguntar pelo critério do abuso. Quanto a esse ponto, Josserand propôs a ideia do fim social dos direitos. Uma ideia generosa mas que acaba, em última análise, por remeter o juiz para a política, num passo que todos pretendem evitar. Fica-nos, pois ... o critério da *faute* não intencional. E o critério seria o seguinte: perante o exercício questionado, haveria

---

[868] Este fenómeno, evidente perante a filosofia da linguagem, vem muito corretamente apontado em Mazeaud/Chabas, *Leçons de Droit civil* cit., II/1, 9.ª ed., n.º 457 (478).

[869] A ideia de "falta" (*faute*) não pode ser corretamente traduzida pela de culpa. Na realidade, a "falta" traduz um misto de culpa e ilicitude que, na sua imprecisão, permite desenvolvimentos muito latos, no campo da responsabilidade civil. *Vide*, p. ex., Menezes Cordeiro, *Da responsabilidade civil dos administradores das sociedades comerciais* (1997), 423 ss., bem como o *Tratado* VIII, 317 ss..

[870] Na base do *Code Civil/2005*, da Dalloz/*12.000 arrêts en texte intégral sur CD-Rom*.

286 *O abuso do direito*

que procurar qual a conduta do indivíduo avisado, colocado na posição do agente.

Como se vê, mantendo embora uma autonomia designativa, o *abus de droit* desemboca, efetivamente, na responsabilidade civil[871].

Um sistema de base germânica terá de assumir uma construção mais exigente. Muito mais.

129. A tradição alemã

I. A experiência alemã não desenvolveu uma ideia de "abuso do direito" semelhante à francesa. Aparecem referências a um *Rechtsmiss-brauch* como tradução literal de *abus de droit* ou, até, como instituto *proprio sensu*, mas na literatura suíça.

Na origem temos a pandectística do século XIX, que não desenvolveu a *aemulatio* romana, limitando-se, nos casos mais flagrantes, a apelar para os comportamentos proibidos[872]. Nas tentativas de precisar o fenómeno, os pandectistas alemães ora apelaram à *exceptio doli*, ora remeteram para a chicana. Deixando a *exceptio doli* para o estudo dogmático da matéria[873], consideremos a chicana.

II. Em sentido amplo, a chicana traduziria o exercício do direito para prejudicar outrem; em sentido estrito, teríamos um exercício sem interesse próprio, para prejudicar terceiros[874]. Sem uma opção clara entre as duas hipóteses, a pandectística tardia admitia, como vigente na base do Direito comum, a proibição de chicana[875]. Esta estava prevista no Direito territo-

---

[871] Mazeaud/Chabas, *Leçons de Droit civil* cit., II/1, 9.ª ed., n.º 458 (478-479).

[872] Consignamos: Anton Friedrich Justus Thibaut, *System des Pandekten-Rechts*, 1 (1805), § 49 (53), Christian Friedrich Glück, *Ausführliche Erläuterung der Pandecten nach Hellfeld/Ein Commentar*, vol. 8 (1807), 43, W. Werenberg, *Ueber die Collision der Rechte verschiedener Grundeigenthümer*, JhJb 6 (1863), 1-80 (52) e Alfred Pernice, *Marcus Antistius Labeo/Das römische Privatrecht im ersten Jahrhundert der Kaiserzeit*, II/1, 2.ª ed. (1895), 57.

[873] *Infra*, 297 ss..

[874] Max Rewolt, *Das Verbot der Chicane*, Gruchot 24 (1880), 677-702 (702); *vide* Hans Trüeb, *Der Rechtsmissbrauch (Schikane) im modernen Recht/unter besonderer Berücksichtigung von Art. 2, 2 des schweiz. Zivilgesetzbuchs* (1909), 14.

[875] Bernhard Windscheid/Theodor Kipp, *Lehrbuch des Pandektenrechts*, 9.ª ed. (1906), § 121 (1, 603) e Heinrich Dernburg/Johannes Biermann, *Pandekten*, 1 (1902), 89, nota 7.

§ 33.º Evolução histórica 287

rial prussiano[876], anterior à unificação civil trazida pelo BGB. Não conseguiu, porém, nem o apreço de Savigny[877], nem o apoio de Jhering[878]. O BGB teve dificuldades em acolher a chicana[879], dada a complexidade dos antecedentes[880]. Acabaria, simplesmente, por prever um § – o 226 –, hoje epigrafado "proibição de chicana", assim concebido:

> O exercício de um direito é inadmissível quando só possa ter o escopo de provocar danos a outrem.

O preceito surgiu de tal modo restritivo que, nos quase 120 anos de vigência do BGB, teve uma aplicação muito escassa[881]. De facto, praticamente só em casos de perfil académico será possível imaginar um exercício que *só possa ter* como escopo o prejudicar terceiras pessoas.

Apesar da restritividade, o § 226 ainda se presta a dúvidas de entendimento. Para Ramdohr, tratar-se-ia de um preceito puramente objetivo[882];

[876] ALR I, 8, §§ 27 e 28, respetivamente:

> Ninguém pode abusar da sua propriedade para moléstia ou prejuízo de outrem

e

> Diz-se abuso uma utilização tal da propriedade que, pela sua natureza, só possa ter por intenção a moléstia de outrem.

[877] *Vide Da boa fé*, 286, quanto à oposição de princípio de Savigny ao Código Napoleão e ao ALR.

[878] Rudolf von Jhering, *Zur Lehre von den Beschränkungen des Grundeigenthümers im Interesse der Nachbarn*, JhJb 6 (1861), 81-130 (103-104).

[879] Chegou a estar prevista, apenas, nos direitos reais: § 887/2 do anteprojeto:

> Um exercício da propriedade, que só possa ter o escopo de provocar um dano a outrem, é inadmissível.

Vide o *Entwurf eines Bürgerlichen Gesetzbuchs/Dem Reichstage vorgelegt in der vierten Cession der neunten Legislateurperiode*, 5.ª ed. (1896), 192. Pois apesar da sua circunspecção, este preceito obteve juízos de reponderação e cautela: von Jacubezky, *Zur Frage des allgemeinen Chikaneverbots*, Gruchot 40 (1896), 591-596 (596).

[880] Além dos elementos indicados *vide*, por último, a exposição de Tilman Repgen, no *Staudingers Kommentar*, I, §§ 164-240 (2004), § 226, Nr. 2-8 (762-764).

[881] Karl Larenz/Manfred Wolf, *Allgemeiner Teil* cit., 9.ª ed., § 16, Nr. 13 (283); Manfred Wolf/Jörg Neuner, *Allgemeiner Teil* cit., 10.ª ed., § 20, Nr. 77 (231); Hans-Peter Haferkamp, no HKK/BGB cit., I, §§ 226-231, Nr. 19-20 (1056-1058); Tilman Repgen, no *Staudingers Kommentar zum BGB*, I, §§ 164-240, *Allgemeiner Teil* 5 (2009), § 226, Nr. 9 (886).

[882] Hermann Ramdohr, *Rechtsmissbrauch*, Gruchot 46 (1902), 577-600 e 806-839 (824).

288   *O abuso do direito*

contrapôs-se-lhe Hager, para o qual o "escopo" teria, necessariamente, de apresentar uma dimensão subjetiva[883]. A discussão prolongou-se[884], mantendo-se até aos nossos dias[885].

III. O desempenho pouco promissor da proibição da chicana levou a procurar outras vias. Tentou-se a do § 826 do BGB, assim concebido:

> Aquele que, de uma forma que atente contra os bons costumes, inflija dolosamente um dano a outrem, fica obrigado à indemnização do dano.

À primeira vista, o preceito nada tem a ver com o exercício dos direitos. A doutrina, todavia, começaria por justapô-lo ao § 226; depois, tentou repartir áreas de influência entre os dois preceitos; por fim, pensou recorrer ao § 826, como modo de suprir as insuficiências do § 226[886]. Mas a solução não era satisfatória:

- o § 826 apenas sancionava o dolo, que não se presume; ficavam, por consequência, afetados os exercícios negligentes;
- além disso, esse preceito inscrevia-se na responsabilidade aquiliana: dava azo a indemnizações e não à solução mais óbvia, no caso de abuso: a de cessar a atuação questionada;
- finalmente, a remissão para os bons costumes implicava um já de si complexo preceito.

Apesar destas reticências, a tentativa de aproximação entre o abuso e os bons costumes tem interesse; influenciaria outros ordenamentos, como o austríaco[887], o grego e, mediatamente, o nosso.

---

[883] Lothar-Wilhelm Hager, *Drei Grundfragen zur Auslegung des Schikaneverbots im § 226 BGB* (1913), 67 ss..

[884] *Vide* outros elementos em *Da boa fé*, 690.

[885] Tilman Repgen, no *Staudinger* cit., I, § 226, Nr. 15-20 (889-890); o próprio Repgen opta pela solução objetiva; Karl Larenz/Manfred Wolf, *Allgemeiner Teil* cit., 9.ª ed., 287, mantêm uma referência à intenção; Manfred Wolf/Jörg Neuner, *Allgemeiner Teil* cit., 10.ª ed., § 20, Nr. 77 (231), acentuam que a conduta não possa ter outro escopo senão o de prejudicar.

[886] Opção defendida por Rudolf Schmidt, *Bürgerliches Recht* (1927), 126 e por Konrad Cosack/Heinrich Mitteis, *Lehrbuch des Bürgerlichen Rechts*, 8.ª ed. (1927), 318. A evolução apontada pode ser confrontada, com elementos, em *Da boa fé*, 693-694.

[887] *Da boa fé*, 695-697.

§ 33.º Evolução histórica

IV. O abuso do direito – ou um espaço correspondente a essa expressão – acabaria por se desenvolver, na Alemanha, a partir de grandes grupos de casos típicos: *exceptio doli*, *venire contra factum proprium*, *suppressio* e *surrectio*, inalegabilidades formais, *tu quoque* e outros. Finalmente, tudo isso foi reconduzido à boa-fé[888].

Podemos adiantar que o instituto se desenvolveu na periferia, perante questões concretas. Veio, depois, a ser acolhido, disciplinado e aprofundado no núcleo do sistema, através do recurso à boa-fé.

130. A receção em Portugal

I. A receção do abuso do direito não foi fácil, no Direito lusófono. A acima referida consignação, pelo menos aparente, da regra *qui suo iure utitur neminem ledit*, no artigo 13.º do Código de Seabra, levou autores importantes, como Guilherme Moreira[889] e Teixeira de Abreu[890], a restringir a introdução do instituto. A doutrina veio, depois, fazer declarações de princípio favoráveis, com relevo para José Tavares[891], Cunha Gonçalves[892]

---

[888] *Da boa fé*, 719-860 e *passim*.

[889] Guilherme Moreira, *Instituições* cit., n.º 235 (1, 632-639); este Autor, depois de fazer uma referência ao problema, tal como se punha na época, com especial atenção aos §§ 226 e 826 do BGB, detém-se com cuidado nas posições negativistas de Planiol. Apenas admite a aplicação do "abuso" nos casos em que o exercício do direito vise prejudicar outrem sem que, de todo, o agente possa demonstrar que visava, também, o interesse próprio. E remata mesmo com uma crítica aos costumes da época (639):

> Se na sua applicação ha um certo arbitrio por parte dos tribunaes, esse arbitrio de modo algum póde considerar-se um perigo social, desde que a organização do poder judicial corresponda á elevada funcção que elle exerce. E, perante a manifesta incompetencia dos parlamentos para o exercicio da funcção legislativa, o facto de se atribuir ao poder judicial, quanto a certas relações juridicas, a faculdade de apreciar os factos e decidir em harmonia com as circunstâncias, contribuirá sem duvida para o progresso das instituições juridicas.

Guilherme Moreira refere o tema, ainda, em *Estudos sobre a responsabilidade civil*, RLJ 39 (1906), 337-339, 353-356 e 371 (339) e, provavelmente, na RLJ 44 (1912), 460-462 (461-462), em resposta, não assinada, a uma consulta.

[890] Teixeira de Abreu, *Curso de Direito civil* cit., 213.

[891] José Tavares, *Princípios fundamentais de Direito civil* cit., 1, 2.ª ed., 542-543.

[892] Cunha Gonçalves, *Tratado de Direito civil* cit., 1, 423-451, com uma atenção especial às relações de vizinhança e ao Direito comparado.

290   *O abuso do direito*

e Cabral de Moncada[893]. Outros autores tomaram idênticas posturas, procurando minimizar o efeito negativo do artigo 13.º do Código de Seabra[894]. Havia, assim, um certo fundo favorável ao abuso do direito em Portugal, ainda que sem bases jurídico-científicas. O artigo 334.º do Código Vaz Serra repousa, todavia, numa receção mais ampla, fundamentalmente devida ao próprio Vaz Serra.

II. Vaz Serra foi, efetivamente, o autor do anteprojeto relativo ao abuso do direito[895]. Tratava-o em nada menos de oito artigos, extensos, num total de trinta e quatro números.

No que respeita aos aspetos previsivos do abuso, Vaz Serra encarou: o ato intencional manifestamente contrário à consciência jurídica dominante na coletividade social – artigo 1.º[896]; uma série de aplicações desse tipo de atos, entendidos como abusivos, com inclusão da *exceptio doli*[897], da violação da obrigação por terceiro[898], da chicana[899] e da nulidade formal

---

[893] Cabral de Moncada, *Lições de Direito civil* cit., 2, 3.ª ed., 354, nota 1.

[894] Tito Arantes, *Do abuso do direito e da sua repercussão em Portugal* (1936), 91 ss. e Gândara de Oliveira, *Da teoria do abuso do direito em face do Código Civil português*, GadvRLd (1942), 13-18 (15 ss.).

[895] Adriano Vaz Serra, *Abuso do direito (em matéria de responsabilidade civil)*, BMJ 85 (1959), 243-343.

[896] A "consciência jurídica dominante" corresponde ao "sentimento jurídico dominante", do agrado de M. Andrade, *Obrigações* cit., 3.ª ed. 63-64; este Autor em *Sobre a validade das cláusulas de liquidação de partes sociais pelo último balanço*, RLJ 87 (1955), 305-309 (307), fala nas injustiças clamorosas que se apresentem, no caso concreto, "... intoleravelmente ofensiva do nosso sentido ético-jurídico ..." e em *Algumas questões em matéria de "injúrias graves" como fundamento de divórcio*, sep. RLJ 88 (1956), 73, num "... verdadeiro escândalo para o nosso sentido ético-jurídico ...".

[897] Mas uma *exceptio doli* limitada, uma vez que permitiria, apenas, enfrentar a invocação da perda de um direito de outrem por aquele que dolosamente a provocou – n.º 1 – e a "obtenção astuciosa de sentença ou de outras decisões judiciais injustas, mediante atos antijurídicos ou afirmações conhecidamente falsas".

[898] Formulada, aliás, em termos de grande cautela: o terceiro, para incorrer em abuso, teria de cooperar conscientemente na violação de uma obrigação alheia, em circunstâncias especialmente graves e chocantes para a consciência social. Esta orientação deve ser aproximada das propostas de Vaz Serra, que não vingariam, no sentido da consagração explícita da chamada relatividade dos créditos, com a possibilidade, apenas, de haver abuso do direito, por parte do terceiro; Vaz Serra, *Responsabilidade de terceiros no não-cumprimento de obrigações*, BMJ 85 (1959), 345-360 (355 ss.) = *Responsabilidade civil* (1959), 338. *Vide Direitos Reais* cit., 1, 433 ss. e *Tratado*, VI, 397 ss..

[899] A chicana não vinha, porém, expressa em termos objetivos, tal como a doutrina alemã dominante a entende na linguagem do § 226 BGB. Vaz Serra falou em "... acto pra-

§ 33.º Evolução histórica 291

abusiva – artigo 2.º; o ato clamorosamente ofensivo da consciência jurídica dominante, embora sem a intenção exigida no artigo 1.º e o ato contrário ao fim do direito[900] – artigo 3.º; a dedução judicial de pretensão ou oposição sem fundamento, conhecidamente ou por negligência e o recurso a certas práticas condenáveis, no decurso do litígio – artigo 4.º[901]; a queixa, denúncia ou acusação criminal e o testemunho, quando feitos de modo inexato de má-fé ou culposamente[902] – artigo 5.º; os conselhos, recomendações e informações[903] – artigo 6.º; as publicações[904] – artigo 7.º; novamente a *exceptio doli*, o *venire contra factum proprium* e a *suppressio*[905] – artigo 8.º.

Em conjunto com hipóteses meramente delituais – pense-se nas queixa, denúncia ou acusação criminais, feitas "de má-fé ou culposamente" ou nos conselhos, recomendações e informações – Vaz Serra alinhou, de facto, uma série de manifestações de exercício inadmissível do direito, tal

ticado com o fim exclusivo de prejudicar outrem" – n.º 4 – o que, conjugado, para mais, com o requisito da intencionalidade proposto no artigo 1.º/1 do projeto, indiciava o fim subjetivo do agente.

[900] N.ºs 1 e 2, respetivamente. No caso do ato contrário ao fim do direito, haveria abuso ainda que, da sua prática, resultasse utilidade para o autor; ressalvava-se, porém, a hipótese de o ato, embora contrário, satisfazer também o fim legal, desde que não ofendesse clamorosamente a consciência social dominante.

[901] A indemnização devida em tais casos era minuciosamente tratada, prevendo-se a hipótese da responsabilidade do mandatário judicial – n.º 4.

[902] Previam-se, ainda, embora em conexão duvidosa com o abuso do direito, determinadas pretensões a favor de pessoas injustamente condenadas ou detidas – n.ºs 3 e 4.

[903] A conexão com o abuso do direito é, também aqui, duvidosa. Fazia-se, porém, menção à hipótese de o conselho, recomendação ou informação serem dados "... com a intenção de prejudicar e com ofensa manifesta da consciência social dominante, nos termos do artigo 1.º ...", o que poderia ser uma base de ligação.

[904] Era, de certo modo, o tratamento do chamado abuso de liberdade de imprensa, conectado, por alguma doutrina, com o abuso do direito.

[905] O preceito proposto subordina-se à epígrafe "aquisição ou exercício contrário à boa-fé": previa-se a aquisição ou o exercício de um direito contrário à boa-fé a combater pela (*sic*) "exceção de aquisição ou exercício contrário à boa-fé", e que parecem, com clareza, ser as *exceptiones doli*, *specialis* e *generalis*, respetivamente. Vaz Serra especificava ainda a utilização da *exceptio* pelo autor, contra uma *exceptio* apresentada, pelo réu, de má-fé – a réplica de ofensa à boa-fé –, a exigência do que deva ser logo restituído, o comportamento contraditório com a atuação anterior, quando esta, objetivamente interpretada de acordo com a lei, os bons costumes ou a boa-fé, justificasse a convicção de que não se faria valer o direito – esta formulação traduz, numa das suas construções, a situação jurídica conhecida por *venire contra factum proprium* – ou quando o exercício ulterior desse direito ofenda os bons costumes ou a boa-fé – e desta feita, depara-se uma fórmula que exprime a *suppressio*, num dos seus entendimentos, também.

292 *O abuso do direito*

como são isoladas nas doutrina e jurisprudência alemãs. E fê-lo de uma forma que o aproxima, com precisão, do esquema típico da terceira sistemática: uma síntese entre a ideia central e os elementos periféricos com ela conectados. Caberia apenas perguntar se, caso o anteprojeto tivesse vingado, haveria ainda lugar para uma doutrina do abuso do direito ou, tão-só, uma série de institutos historicamente aparentados aos atos abusivos, mas independentes, porque codificados.

III. O anteprojeto de Vaz Serra, simplificado pelo próprio na versão resumida do Direito das obrigações[906], foi profundamente alterado nas revisões ministeriais. Na primeira revisão, foi substituído por um único artigo: "O exercício de um direito, com a consciência de lesar outrem através de factos que contrariem os princípios éticos fundamentais do sistema jurídico, obriga a indemnizar os danos direta ou indiretamente causados"[907]. Note-se a perspetivação da figura pelo prisma da responsabilidade civil, a sua subordinação ao entendimento moral do abuso do direito e a exigência de um elemento subjetivo, traduzido na expressão "consciência de lesar outrem". Do modelo alemão passava-se, deste modo, radicalmente e sem estudos de apoio, ao francês puro, na sua versão subjetiva. Na segunda revisão, o preceito em causa foi muito modificado, surgindo, praticamente, com a configuração que teria no projeto do Código Civil e, depois, no próprio Código em si[908]. As referências, agora feitas, à "boa-fé" e aos "bons costumes", apontam, numa primeira leitura, de novo para o modelo alemão. O caso é, porém, mais complicado, colocando um problema interessante, o qual exige um esforço delicado da moderna teoria da receção e das transferências culturais: a segunda revisão ministerial introduziu, quase sem alterações, no então futuro Código Civil, o artigo 281.º do Código Civil grego, como acima foi explicado.

IV. O artigo 281.º do Código grego, já citado, teve, como autor material, Maridakis[909]. Inicialmente, à imagem do Código suíço, esse preceito

---

[906] Vaz Serra, *Direito das Obrigações (parte resumida)*, BMJ 101 (1960), 15-408 (116-117, artigo 735.º). Como observa Cunha de Sá, *Abuso do direito* cit., 129, o resumo aí operado limitava o articulado aos artigos 1.º, 3.º e 6.º do primeiro anteprojeto, com algumas alterações.

[907] BMJ 107 (1961), 5-156 (129).

[908] Fernando Cunha de Sá, *Abuso do direito* cit. , 132.

[909] Ch. N. Fragistas, *Der Rechtsmissbrauch nach dem griechischen Zivilgesetzbuch*, FS M. Wolff (1952), 49-66 (49); Georgios J. Plagianakos, *Die Entstehung des griechischen Zivilgesetzbuches* (1963), 119.

§33.º Evolução histórica

esteve colocado no princípio da parte geral[910]; o peso do BGB levou à sua deslocação. O Direito grego anterior já havia condenado o exercício emulativo dos direitos[911]; a codificação nova soube, porém, aproveitar os esforços doutrinários de diversos quadrantes e harmonizá-los. Assim, reconhecendo as insuficiências da mera condenação da chicana, entendida, para mais, de modo subjetivo, demarca-se, em definitivo, desse modelo, adotando um esquema objetivo[912]. Da codificação suíça e, sobretudo, da doutrina alemã, retira a referência aos bons costumes e à boa-fé[913], enquanto o artigo 71.º do projeto franco-italiano das obrigações lhe cedeu a referência ao fim social e económico do direito[914]. O artigo 2.º/2 do Código Suíço foi, por seu turno, modelo, exigindo que a ultrapassagem dos limites postos ao exercício dos direitos se dê "manifestamente". O artigo 281.º do Código grego harmoniza, assim, sob a égide de uma doutrina de tipo alemão, muito elevada, uma série de transferências culturais.

Assume ainda interesse sumariar a prática que, do artigo 281.º do Código grego, tem sido feita. A proibição do abuso do direito, tal como aí se encontra formulada, foi saudada, antes da entrada em vigor do novo diploma, como "cláusula real"[915]. A doutrina deu muita importância à dispo-

[910] Artigo 7.º do projeto; a redação inicial distinguia-se da atual, apenas por, em vez de "É proibido o exercício do direito ...", como se diz neste, compreender "O exercício do direito não desfruta de proteção jurídica ..." e por, em vez de especificar, como na versão final, o fim social ou económico do direito, se limitar ao fim para que o direito foi concedido – Fragistas, *Der Rechtsmissbrauch* cit., 49-50.

[911] Pan J. Zepos, *Der Einfluss des schweizerischen Privatrechts auf das griechische Zivilgesetzbuch von 1946*, SchwJZ 56 (1960), 358-361 (360).

[912] D. Macris, *Die Grundgedanken für die Ausarbeitung des Entwurfs eines griechischen Zivilgesetzbuches*, RabelsZ 9 (1935), 586-614 (591).

[913] Independentemente do abuso do direito, o Código grego deu grande importância à boa-fé, recebendo a, em vários locais. Saliente-se o artigo 288.º, que corresponde, à letra quase, ao § 242 BGB. Vejam-se, Kostant Georg Stefanopoulos, *Das neue griechische Obligationenrecht*, JhJb 86 (1936/37), 87-144 (91) e Demetrios Gogos, *Das griechische Bürgerliche Gesetzbuch vom 15 Marz 1940*, AcP 149 (1944), 78-101

[914] Zepos, *The new greek civil code* cit., 94; Plagianakos, *Die Entstehung des griechischen Zivilgesetzbuches* cit., 119.

[915] Demetrios Gogos, *Das griechische Bürgerliche Gesetzbuch* cit., 86. Parodiava-se, assim, a célebre frase de Justus Wilhelm Hedemann, *Werden und Wachsen im bürgerlichen Recht* (1913), 9, a propósito do § 242 BGB.

A afirmação vem reportada, também, por Fragistas, *Der Rechtsmissbrauch* cit., 50, embora a assaque, porventura com exagero – Cunha de Sá, *Abuso do direito* cit., 77 – à praxe posterior ao Código. A importância doutrinária do abuso do direito, aquando da elaboração do Código, reflete-se na sua consagração em locais específicos – no Direito da família, p. ex.; *vide* Fragistas, *Das Eherecht im Entwurf des griechischen BGB*, RabelsZ 9

294   *O abuso do direito*

sição, considerada inovatória[916] e caracterizadora da natureza social do novo Código[917]. No pós-guerra, em circunstâncias que requeriam a solução de distorções importantes introduzidas pela ocupação militar estrangeira, nas relações sociais, o abuso do direito foi muito solicitado[918]. Coube aos tribunais gregos definir, com uma precisão que a lei não pode atingir, o alcance do abuso do direito. Restringiram-no ao exercício de direitos em sentido estrito[919] e, inicialmente, aos direitos de fonte, dita legal, numa posição que, transcendida anos volvidos, estenderia o abuso aos direitos contratuais[920]. Feitas estas delimitações, o abuso do direito – no que mostra, por detrás da mera fórmula legal, uma verdadeira receção da doutrina germânica – serviu para dar cobertura à reprovação do *venire contra factum proprium*, à sup-

(1953), 384-404 (394) e *Der Rechtsmissbrauch* cit., 51; neste último local, Fragistas harmoniza as disposições específicas sobre abuso do direito, com a referência geral do artigo 281.º, explicando que, nas primeiras, o abuso não teria de ser manifesto.

[916] Demetrius Oeconomidis, *La réception globale des droits étrangers: le droit grec*, RHDI 23 (1970), 333-357 (348).

[917] Zepos, *Quinze années d'application du Code civil hellénique*, RIDC 14 (1962), 281-308 (291).

[918] Segundo Mantzoufas, *Der Rechtsmissbrauch in der griechischen Gerichtsbarkeit*, em *Über griechischen Privatrecht* (1956), 2, nos primeiros tempos de vigência do Código, não havia quase processo algum que chegasse ao fim sem que, pelas partes, fosse afirmado um abuso do direito.

[919] Com exclusão, pois, de poderes e permissões genéricos que, chamados muitas vezes "direitos", não o são, na realidade – Fragistas, *Der Rechtsmissbrauch* cit., 55-56, Mantzoufas, *Der Rechtsmissbrauch* cit., 2-3 e Zepos, *Quinze années d'application du Code civil hellénique* cit., 291. Este movimento, do desagrado de Zepos, não deve, porém, ser interpretado como restrição gravosa ao âmbito do abuso do direito; apenas visou afastar do abuso, p. ex., o poder do locador de escolher o novo inquilino – Markianos, *Griechische Rechtsprechung zum Zivilgesetzbuch 1946-1959*, RabelsZ 26 (1961), n.º 110 (286-287) – embora tenha sujeito ao crivo do abuso do direito o poder de despedir, considerado, para o efeito, um direito – Markianos, *idem*, n.º 112; *vide* Mantzoufas, *Fragen des Arbeitsrechtes/ /Der Rechtsmissbrauch bei der ordentlichen Kündigung des Arbeitsvertrages*, em *Über griechisches Privatrecht* (1956), 96-97.

[920] Markianos, *Griechische Rechtsprechung* cit., n.º 113 (287). Outra limitação ao âmbito do artigo 281.º, referida em Zepos, *Quinze années d'application du Code civil hellénique* cit., 291, tem a ver com os direitos advenientes de restrições de ordem pública, que seriam inabusáveis. Trata-se, porém, do problema das restrições às nulidades formais, cuja arguição em certos casos, seria abusiva; os tribunais gregos admitem, por vezes, essas restrições; *vide infra*, 333 ss..

§33.º Evolução histórica 295

pressio e à ininvocabilidade de certas nulidades formais[921]. Muito importante foi, ainda, a aplicação do abuso feita no Direito do trabalho[922].

No que toca aos elementos constantes da previsão grega de atos abusivos – a boa-fé, os bons costumes e o fim social e económico do direito – observa-se que os dois primeiros são referidos pela jurisprudência lado a lado, sem que se distinga entre eles[923], numa semelhança curiosa com o ocorrido, também, na Alemanha, em certo estádio evolutivo[924]; o terceiro, por seu turno é criticado pela doutrina[925], parecendo não representar mais do que um suplemento interpretativo desnecessário[926].

O Código grego compreende, pois, uma fórmula respeitante ao abuso do direito que ultrapassa todos os códigos que o antecederam. Essa fórmula representa, no fundo, a codificação da doutrina alemã posterior ao BGB. Os tribunais gregos fazem, da consagração legal em causa, uma aplicação que os coloca muito à frente dos seus congéneres italianos, austríacos e, até, suíços; distanciam-se dos franceses, cuja orientação seguiu rumos diversos e aproximam-se do esquema germânico[927].

Sob a contingência das fórmulas legais, foi determinante uma receção da Ciência Jurídica, tal como foi desenvolvida na Alemanha, em sentido próprio, no espaço jurídico helénico: a essa receção deve-se o sucesso da proibição do abuso do direito.

---

[921] Markianos, *Griechische Rechtsprechung* cit., n.ºs 119, 121 e 126 (288, 289 e 291), respetivamente, Fragistas, *Der Rechtsmissbrauch* cit., 62-63 e 65 e Mantzoufas, *Der Rechtsmissbrauch* cit., 10 e 12.

[922] Mantzoufas, *Der Rechtsmissbrauch bei der ordentlichen Kündigung des Arbeitsvertrages* cit., 97-101 e Markianos, *Griechische Rechtsprechung* cit., 292-293.

[923] Fragistas, *Der Rechtsmissbrauch* cit., 61 e Mantzoufas, *Der Rechtsmissbrauch* cit., 14.

[924] *Supra*, 288.

[925] Fragistas, *Der Rechtsmissbrauch* cit., 61 e Mantzoufas, *Der Rechtsmissbrauch* cit., 15. De acordo com o primeiro, a expressão teria o desmérito de, ao acentuar o fim social e económico do direito, deixar entender que o seu fim moral não releva para o abuso; ora Fragistas frisa que o ultrapassar do fim da lei é sempre abusivo, seja qual for a faceta por ele revestida. O segundo assaca o desfavor do termo ao facto de reproduzir o artigo 1.º do Código soviético; acrescenta, porém, que a prática fez desvanecer os temores da insegurança existentes no início.

[926] Fragistas, *Der Rechtsmissbrauch* cit., 54-55.

[927] Depois do desenvolvimento subsequente à entrada em vigor do Código e da consagração, em estilo germânico, de várias regulações típicas de abuso, por via jurisprudencial, é de admitir, também na Grécia, um amortecimento do abuso do direito. O facto de aparecerem citadas decisões de data sempre relativamente antiga e o silêncio da RHDI sobre o tema, desde 1970, seriam indícios nesse sentido.

296 *O abuso do direito*

V. O artigo 281.º do Código Civil grego, apesar de muito conseguido, nada mais é do que uma fórmula de grande abstração, insuscetível de transmitir um conteúdo significativo, se não for acompanhada de transferências culturais bastantes. A doutrina jurídica grega não é conhecida em Portugal[928]; os passos dos tribunais helénicos não serão, salvo coincidência, seguidos pelos nossos. Mas nem por isso o artigo 334.º – a versão portuguesa do artigo 281.º grego – fica culturalmente desenraizado. O abuso do direito do Código grego é o produto da doutrina germânica; a sua aplicação desenvolveu-se porque e na medida em que essa doutrina foi efetivamente recebida pelos juristas gregos. O artigo 334.º do Código português, apesar de ser fruto material do trabalho de Maridakis, traduz a codificação de decénios de doutrina germânica; a sua efetivação, com mais ou menos desvios, depende, no fundo, do estádio expresso pela Ciência Jurídica portuguesa, através da jurisprudência e da literatura.

O modelo tido em mente pelo legislador de 1966 – na linha, aliás, que informou a generalidade do Código – foi o da terceira sistemática. Sendo o sistema português, no essencial, um sistema fundado na lei, tanto basta para ensaiar um primeiro caminho. O abuso do direito, na versão germânica, induz-se de uma série de regulações típicas de comportamentos abusivos[929]. Há que conhecer as suas existência e possibilidades em Portugal.

VI. A partir do Código Civil, o abuso do direito foi concretizado pela jurisprudência e pela doutrina na base de grandes grupos de situações abusivas e de acordo com os vetores de uma sistemática integrada. Apenas depois do seu conhecimento se pode encarar a reconstrução desse instituto.

Impõe-se um tratamento dogmático da matéria: a tarefa seguinte.

---

[928] Como faz notar Cunha de Sá, *Abuso do direito* cit., 76-77, a justificação de motivos que acompanhou o anteprojeto, muito copiosa embora, não faz, à legislação e à jurisprudência gregas, qualquer referência.

[929] A regulação típica de comportamentos abusivos, a não confundir com o comportamento abusivo típico, traduz uma forma de solucionar todas ou algumas situações de abuso, dotada de uma certa unidade linguística e, por vezes, dogmática. Sendo típicas, as regulações não permitem uma classificação, uma vez que ora se sobrepõem parcialmente – um mesmo ato pode ser objeto de várias regulações – ora deixam por cobrir espaços abusivos possíveis.

SECÇÃO II

TIPOS DE ATOS ABUSIVOS

§ 34.º A *EXCEPTIO DOLI*

131. Das origens ao século XX

I. No Direito civil português, o termo dolo pode ser usado em duas aceções distintas. Assim:

– no âmbito dos vícios das declarações negociais, o dolo traduz (...) qualquer sugestão ou artifício que alguém empregue com a intenção ou a consciência de induzir ou manter em erro o autor da declaração, bem como a dissimulação, pelo declaratário ou terceiro, do erro do declarante – artigo 253.º/1[930];

– no campo da responsabilidade civil, o dolo significa a situação do agente que, direta, necessária ou eventualmente, dirija a sua conduta contra uma norma jurídica[931].

A *exceptio doli* ou exceção de dolo faz apelo ao primeiro dos dois sentidos. Ela traduz – ou traduziria – o poder, reconhecido a uma pessoa, de paralisar a pretensão de certo agente, quando este pretendesse prevalecer-se de sugestões ou de artifícios não permitidos pelo Direito.

---

[930] *Tratado* II, 4.ª ed., 871 ss..

[931] *Direito das obrigações* cit., 2, 314 e *Tratado* VIII, 470 ss.. O primeiro sentido é o mais antigo: remonta a Ulpiano, D. 4.3.1.2.-3 = *Corpus Iuris Civilis*, ed. Behrens e outros cit., II, 359. O segundo veio a surgir com o afinamento, no século XIX, da doutrina da responsabilidade civil. No Direito alemão, o problema da sobreposição linguística não se põe, uma vez que há locuções diferentes: *Täuschung* e *Vorsatz*, respetivamente. Também no francês – mas agora com clivagens conceituais – se transcende a sobreposição, através das locuções diferenciadas *dol* e *faute*.

298 *O abuso do direito*

II. Esta matéria tem antecedentes antigos. No Direito romano, havia três defesas específicas contra o dolo: a *clausula doli*, a *actio de dolo* e a *exceptio doli*[932]. Na *clausula doli*, uma das partes – ou ambas – obrigava-se, negocialmente, a determinadas consequências, caso tivesse cometido dolo, aquando da celebração do contrato; a *actio de dolo*, de natureza infamante, cabia à pessoa que, sentindo-se vítima de dolo, pretendesse haver uma indemnização; a *exceptio doli* servia o réu contra ações dolosas. A *exceptio doli* aparece ligada aos *bonae fidei iudicia*, numa relação que sendo, de início, apenas processual, acabou por ganhar dimensão substantiva.

Os casos em que o pretor acedia a colocar na fórmula a *exceptio doli* – e o sentido da sua aplicação nos *bonae fidei iudicia* – não eram objeto de enunciação abstrata. Havia antes uma determinação casuística[933] da qual, em interpretação atualística, seria possível retirar alguns vetores gerais[934]. As hipóteses-tipo a que se adequava a aplicação da *exceptio* foram-se reduzindo, à medida que a Ciência do Direito progredia. Desprenderam-se, dela, outras figuras, seja, ainda, sob a forma de *exceptiones* novas e nominadas – p. ex., a *exceptio metus* – seja como figuras independentes – p. ex., a *compensatio*. A *exceptio doli* permaneceu como tipo residual. A supressão do esquema formulário daria à *exceptio* um conteúdo substantivo mais marcado. Tudo isto, porém, teve um preço, em termos de clareza e precisão do conceito.

III. Com estes antecedentes, o ius *romanum*, na tradição do Direito comum[935], reconhecia um papel duplo na *exceptio doli*, base da sua repartição por duas *exceptiones* diferenciadas. Nuns casos, o defendente alegava a prática, pelo autor, de dolo, no momento em que a situação jurídica levada a juízo se formara: era a *exceptio doli praeteriti* ou *specialis*. Noutros, o réu contrapunha, à ação, o incurso do autor em dolo, no momento da discussão da causa: era a *exceptio doli praesentis* ou *generalis*[936].

Digamos que a exceptio doli specialis equivalia à impugnação da base jurídica da qual o autor pretendia retirar o efeito judicialmente exigido:

---

[932] Michael Kreutzpointner, *Das arglistige Verhalten einer Partei im römischen Zivilprozess* (1977), 14-30. Outras indicações: *Da boa fé*, 721 ss..

[933] Emilo Costa, *L'exceptio doli* (1897), reimpr. (1970), elabora uma lista extensa dos casos em que a *exceptio doli* tinha aplicação.

[934] Emilo Costa, *L'exceptio doli* cit., 273 ss., constrói alguns desses princípios que, no essencial, redundariam na má-fé do autor, sempre presente (274 e 277) e na expressão da *exceptio doli* como objeto da equidade (284).

[935] Filippo Milone, *La exceptio doli (generalis)/Studio di diritto romano* (1882, reimpr. 1970), 59.

[936] Wilhelm Gadow, *Die Einrede der Arglist*, JhJb 84 (1934), 174-203 (175 e 176).

§ *34.º A* exceptio doli   299

havendo dolo inicial, toda a cadeia subsequente ficava afetada. O sentido concreto da exceção residia, então, na anulação do ato negocial cuja validade fosse tentada fazer atuar por, na sua base, haver declaração de vontade extorquida com dolo; podia, porém, consistir antes em indemnização arbitrada por ocorrência de práticas danosas ilícitas. A *exceptio doli specialis* perdeu-se, por isso, na evolução subsequente: por um lado, evoluiu na doutrina dos vícios na formação e exteriorização da vontade – os artigos 253.º/1 e 254.º/1 são, dessa forma, herdeiros da *exceptio doli specialis*; por outro, desembocou na *culpa in contrahendo*.

O desenvolvimento posterior centra-se, pois, na *exceptio doli generalis*.

IV. No Direito comum, vertido nos moldes da terceira sistemática, a *exceptio doli generalis*, transformada em figura residual, conservou uma aplicação difusa que lhe permitiu enfrentar situações mais tarde aparentadas ao abuso do direito. Tida por conforme com o Direito da razão, a *exceptio doli generalis* era apontada como meio de proteção contra as injustiças conseguidas, à custa da boa-fé, na aplicação do Direito estrito, bem como contra os sofismas, os paralogismos e as subtilezas[937]. Este entendimento, embora em termos mais restritos[938], manteve-se na jurisprudência do século XIX e na pandectística[939].

Na feitura do BGB, discutiu-se a inclusão, no futuro articulado, da *exceptio doli generalis*. O projeto não compreendia uma disposição que, com clareza, lhe pudesse ser reportada. Na segunda comissão propôs-se, porém, como adenda, um § 185a, assim concebido: "Uma pretensão pode ser afastada por aquele contra quem é feita valer, quando o fazer valê-la, sob as circunstâncias do caso, atente contra os bons costumes"[940]. A proposta foi

---

[937] Hänel, *Ueber das Wesen und den heutigen Gebrauch der actio und exceptio doli*, AcP 12 (1829), 408-432 (409, 420 e 427).

[938] Hans-Peter Haferkamp, no HKK/BGB cit., II/1, § 242, Nr. 43 (314-315).

[939] Karl Adolph von Vangerow, *Lehrbuch der Pandekten*, 7.ª ed. (1863), 1, § 155 (244), escreve que a *exceptio doli generalis* tivera plena aceitação no Direito romano tardio e na prática da época em que escreveu – 1863. A seu favor, p. ex., também von Keller/ /Lewis, *Pandekten*, 2.ª ed. (1866), 1, 216 e em especial, Dernburg/Biermann, *Pandekten* cit., 7.ª ed., 1, § 138, 322 e 323, acentuando um alegado desenvolvimento importante da *exceptio doli* no Direito romano e assegurando – em 1902, portanto, com o BGB já em vigor – que a sua força produtiva ainda não se extinguira.

[940] *Protokolle der Komission für die zweite Lesung des Bürgerlichen Gesetzbuchs* (1897), 1, 239-240.

300 *O abuso do direito*

recusada, "... porque ela [a *exceptio doli*] colocaria, em vez da norma firme, o sentimento do juiz e confundiria os limites entre a Moral e o Direito"[941]. O texto final do BGB compreenderia outros preceitos muito gerais. Habituadas a trabalhar com a *exceptio doli generalis*, a jurisprudência e a doutrina não deixaram de manter as referências à *exceptio*, procurando reconduzi-la às disposições legais disponíveis que, para tanto, dessem margem de manobra. Mas as dificuldades não faltaram.

V. Após a publicação do BGB, em 1896, alguma doutrina veio rejeitar a sobrevivência da *exceptio doli*, sob o impacto da recusa expressa da sua consagração[942]. Todavia, a sua manutenção foi assegurada, num primeiro tempo, pela jurisprudência[943].

E foi na sequência da consagração jurisprudencial que a doutrina alemã dos princípios do século XX passaria a manter referências favoráveis à *exceptio doli*.

Enneccerus, na ed. de 1911, constatava que, se o BGB não mencionou expressamente a *exceptio doli*, também não a afastou[944]; Planck descobre que, subjacente aos §§ 157 e 242, está, no essencial, o mesmo princípio da *exceptio doli* do Direito comum[945]; Rehbein assegura que o princípio do § 242 pode valer como base legal da *exceptio doli generalis* do Direito comum, reconhecida também no Direito prussiano[946]; Riezler aceita, no

---

[941] *Prot.* cit., 1, 239, referido também, p. ex., em Konrad Schneider, *Treu und Glauben im Rechte der Schuldverhältnisse* (1902), 26-27, Eduard Silbermann, *Die exceptio doli generalis und das Bürgerliche Gesetzbuch*, BayR 1 (1905), 35-38 e Gadow, *Die Einrede des Arglist* cit., 178.

[942] Com indicações: *Da boa fé*, 724-725.

[943] RG 17-dez.-1903, SeuffA 59 (1904), 258-260 (258-259), RG 30-jun.-1904, RGZ 58 (1905), 356-357 (356) e RG 15-nov.-1907, SeuffA 63 (1908), 349-350 (349); as questões discutidas nestes casos podem ser confrontadas em *Da boa fé*, 726-727. Quanto à matéria: Willy Brenner, *Die exceptio doli generalis in den Entscheidungen des Reichsgerichts (Ein Beitrag zur Kritik der Rechtsprechung)* (1926), 69-71 e Gadow, *Die Einrede der Arglist* cit., 181-182.

[944] Ludwig Enneccerus, *Lehrbuch des Bürgerlichen Rechts* I/1, 6.ª e 8.ª ed. (1911), § 208, III, 2 (567).

[945] Planck, *Kommentar zum BGB* I, 4.ª ed. (1913), § 242, 2.

[946] Rehbein, *BGB* (1903), §§ 241-292, n.º 3 (13); o Autor acrescenta que o § 242 se aplica contra o funcionamento estrito de proposições jurídicas, onde ele possa conduzir a abuso.

§ 34.° A exceptio doli   301

BGB, a *exceptio doli generalis*, embora dentro de certos limites[947]; Engelmann opina que o § 826 – bons costumes – serve como substituto das *actio doli* e *exceptio doli* de Direito comum[948]; Neumann cita, a propósito do § 242, a *exceptio doli*[949]; Josef tem-na, também, por Direito vigente[950]; Staub considera ter a *exceptio doli*, no BGB, um âmbito de aplicação não inferior ao do Direito anterior[951]. Não obstante algumas vozes dubitativas, estas posições foram ainda retomadas ao longo das primeiras décadas do século XX[952].

132. As suas insuficiências

I. A *exceptio doli* surgiu na mais pujante ordem jurídica do Continente, já em pleno século XX, por via prática. Ela foi usada pelos tribunais para resolver casos que não comportavam, perante o Direito estrito, uma solução satisfatória. Todavia, ela incorreu em duas ordens de críticas.

Uma primeira linha censurava, à *exceptio*, as incertezas a que poderia conduzir[953]. Trata-se de um lugar comum, desde sempre apresentado contra o abuso do direito, a boa-fé e a própria relevância substancial do sistema. Poderia ser superada à medida que a Ciência do Direito fosse desenvolvendo uma capacidade de trabalhar com cláusulas gerais e com conceitos indeterminados.

[947] Julius von Staudinger/Riezler, *BGB*, 3.ª e 4.ª ed. (1907), § 123 (405); Riezler afirma aí que a *exceptio doli* não deriva do § 123, mas sim dos §§ 133, 157, 226 e 242. *Vide*, também, ob. cit., § 157, n.º 6 (491) e § 226, n.º 2 (641).

[948] Staudinger/Engelmann, BGB, 3.ª e 4.ª ed. (1908), § 826, n.º 2.

[949] Neumann, *Handausgabe des BGB* 1, 5.ª ed. (1909), § 242, n.º 2 (241).

[950] Eugen Josef, *Überschreitung der Vollmacht und unrichtige Übermittelung der Erklärung insbesondere bei Kauf auf Borg statt Barkaufs*, Gruchot 51 (1907), 273-286 (273).

[951] Staub's *Komm. zum HGB*, 9.ª ed. (1913), § 346, n.º 21 (25).

[952] P. ex., Arndt, *Zur exceptio doli bei Schwarzkaufen*, DJZ 31 (1926), 805; Kübel, *Die Arglisteinrede und das Zurückbehaltungsrecht in Schwarzkaufprozessen*, JR 1927, 161; Herbert Störmer, *Die sog. exceptio doli generalis gegenüber der Berufung auf Formnichtigkeit* (1936), p. ex., 1 e 14; Herzfeld, *Die Einrede der unzulässigen Rechtsausübung im Rückerstattungsrecht*, NJW 1954, 748. Outras indicações: *Da boa fé*, 728.

[953] Konrad Schneider, *Treu und Glauben* cit., 155, sublinhando ainda a substituição da *exceptio doli* por instrumentação diversa e Rudolf Henle, *Treu und Glauben im Rechtsverkehr* (1912), 10; este Autor chega a afirmar:

A *exceptio doli generalis* é um buraco no balde, do qual uma boa parte do conteúdo da lei escorre para fora como massa líquida.

302   *O abuso do direito*

Uma segunda via de críticas aponta a inabilidade da *exceptio* em apresentar quadros claros de decisões e, sobretudo, critérios materiais subjacentes. Aqui, o problema é mais grave.

II. O grande estudioso da *exceptio doli*, enquanto instituto operacional no século XX, foi Otto Wendt[954]. Este Autor afasta determinadas aplicações da *exceptio*, que considera puramente históricas. E em termos atualistas, aponta como suas manifestações: o abuso do direito, o reforço da vinculação ao conteúdo da declaração e os efeitos, nos pactos, das modificações de circunstâncias[955]. Wendt chama ainda a atenção para a aplicabilidade da *exceptio*, fora do âmbito do Direito das obrigações, ao sector das pretensões reais[956]. Com uma sistemática deficiente, o trabalho de Wendt não deixou argumentos claros aos defensores da *exceptio*[957]. Nessa medida, teve influência escassa; na jurisprudência foi mesmo nula[958], apesar de ela constituir o bastião mais forte da *exceptio doli generalis*.

Da restante literatura, pouco mais houve do que referências à *exceptio* e à jurisprudência que a manteve em vida[959].

Porém, uma análise criteriosa às diversas decisões que incarnaram, no século XX, a *exceptio doli generalis* permitiria a sua superação. Essa análise foi obra de Brenner, que se propôs, precisamente, demonstrar que "aquilo que a atividade judicial livre afirma, sob o manto da *exceptio doli generalis*, não deve e não pode servir-se da *exceptio* como de um meio independente e com valor próprio"[960]. Na concretização desse objetivo, Brenner reconduz as decisões judiciais revestidas de *exceptio doli generalis* à interpretação encapotada da lei, à interpretação encapotada de negócios jurídicos e à criação de novo Direito de forma, também, encapotada.

A presença da interpretação da lei, dissimulada sob a *exceptio*, constitui a hipótese mais frequente[961]. Visa-se, aí, dar corpo à restituição natural

---

[954] Otto Wendt, *Die exceptio doli generalis im heutigen Recht oder Treu und Glauben im Recht der Schuldverhältnisse*, AcP 100 (1906), 1-417: um escrito extenso e de leitura difícil.

[955] Wendt, *Die exceptio doli generalis* cit., § 8, em especial 150-151.

[956] Wendt, *Die exceptio doli generalis* cit., 152 e 333 ss..

[957] Apesar de ser obrigatoriamente citado a propósito da *exceptio doli* e da boa-fé, enquanto fator regulativo do exercício abusivo de direitos, nunca se leem apreciações diretas, ou, sequer, enunciados das posições de Wendt; *vide*, p. ex., Gadow, *Die Einrede der Arglist* cit., 178.

[958] Brenner, *Die exceptio doli generalis* cit., 3.

[959] Com elementos: *Da boa fé*, 729.

[960] Brenner, *Die exceptio doli generalis* cit., 2.

[961] Brenner, *Die exceptio doli generalis* cit., 6 ss..

§ 34.º A exceptio doli 303

por comportamentos ilícitos, à repetição do indevido em atos contrários à lei ou aos bons costumes ou, até, à compensação[962]. Constituem interpretação encapotada de negócios jurídicos as decisões que, citando embora a *exceptio*, visam apenas descobrir a substância dos atos subjacentes às situações discutidas. Por fim, a jurisprudência teria gerado a criação de regras jurídicas novas, a pretexto de, formalmente, aplicar a *exceptio*[963].

A *exceptio doli generalis* não tem, por tudo isto, unidade substancial nem validade material. Tal é, pelo menos, a opinião de Brenner, que reforça esta asserção apontando o desaparecimento da clivagem entre as *exceptiones doli generalis* e *doli specialis*, na jurisprudência do RG. De facto, como foi focado, existe, entre essas duas aplicações, uma diferença de base, reconduzindo-se a primeira a uma ilicitude comum, que não se liga à temática do exercício inadmissível de direitos[964]. Esta incapacidade da *exceptio* em manter o seu próprio sistema interno denota, com eloquência, as suas fraquezas dogmáticas.

III. A crítica de Brenner à jurisprudência, baseada na *exceptio doli generalis*, teve o mérito de documentar a diversidade de situações materiais a que a velha figura do processo formulário foi aplicada. Mas não é conclusiva. A variedade, efetivamente existente, não implica uma ausência total de pontos de contacto entre as diversas situações encaradas. Assim, a exigência de uma interpretação da lei que satisfaça o equilíbrio dos interesses em presença, a necessidade de, nos negócios jurídicos, descer até uma regulação razoável que transcenda o jogo circunstancial das declarações de vontade formais e, até, a necessidade de dar corpo a regras novas, capazes de enfrentar situações antes desconhecidas, podem bem obedecer a um ou mais princípios comuns. Assente essa eventualidade, o chamar-se-lhe *exceptio doli generalis* ou não torna-se questão de rigor histórico-linguístico.

A *exceptio doli generalis* aplica-se por violação da boa-fé[965]; aceitando este pressuposto, a apreciação jurídica é simplesmente esta: a *excep-*

---

[962] Brenner, *Die exceptio doli* cit., 38 ss., reúne aqui um certo número de casos agrupados sob o brocardo *dolo facit qui petit quod redditurus est*. *Vide* Wendt, *Die exceptio doli* cit., 63 ss..

[963] Entre outros casos, Brenner, *Die exceptio doli* cit., 74 ss., salienta a admissão, pela jurisprudência, de uma réplica de dolo, contra a exceção de prescrição.

[964] Brenner, *Die exceptio doli* cit., 7.

[965] Recorde-se RG 17-dez.-1903 e RG 30-jun.-1904 acima citadas. Outras espécies: *Da boa fé*, 732.

304 *O abuso do direito*

tio funciona, de facto, sempre que, do recurso a interpretações tendenciosas da lei, da utilização de particularidades formais das declarações de vontade ou do aproveitamento de incompleições em regras jurídicas, se pretendam obter vantagens não conferidas pela ordem jurídica e desde que tais práticas sejam consideradas contrárias à boa-fé. Esta última apreciação, dado o peso cultural conferido pela História à boa-fé, não oferece dúvidas; a *exceptio doli generalis* fica, formalmente, justificada. O grande óbice foi, de facto, a incapacidade da doutrina que acolheu a velha *exceptio doli* de apontar, para ela, um quadro de valores materiais.

133. Os inconvenientes perante o Direito português

I. Perante o Direito lusófono subsequente à introdução, primeiro doutrinária e, depois, legal, do abuso do direito, a *exceptio doli* suscitaria uma série de problemas. Trata-se de uma temática hipotética uma vez que, descontadas as referências de Vaz Serra[966], a matéria apenas tem interesse jurídico-científico, permitindo documentar e aprofundar as dificuldades e os sortilégios do manuseio do abuso do direito.

II. Começando por aspetos metodológicos, temos o que segue. Abandonada a perspetiva de reconstituição histórica perfeita que reduziria a *exceptio doli generalis* a um enunciado casuístico de hipóteses previsivas, a utilização desse conceito conduz a uma metodologia dedutivista de tipo central. O termo faz sentido na medida em que se lhe atribua uma aceção convencionada – por norma, a contrariedade à boa-fé ou aos bons costumes. E porque essa aceção, dada a natureza figurativa lata da noção em jogo, é de grau elevado de abstração, antecedendo, por razões culturais, as aplicações da jurisprudência, geram-se os pressupostos metodológicos para uma sistemática derivada do centro para a periferia, com tudo o que isso implica de empobrecimento jurídico-cultural.

O desfasamento metodológico é patente: ao recorrer à *exceptio*, usa-se um conceito central para cobrir soluções periféricas, sendo certo que, do primeiro, não se deduzem as segundas nem das segundas, se induz o primeiro. A síntese seria possível: como noutros casos, haveria, para tanto, que proceder a uma reconstrução da *exceptio doli generalis*,

---

[966] Vaz Serra, *Abuso do direito* cit., 328-334.

§34.° A exceptio doli

a partir das suas aplicações periféricas[967]. Mas não ocorreu: quiçá por ter sido submersa por tipos regulativos mais estreitos de atos abusivos, quiçá por, ainda que subconscientemente, lhe estar subjacente a crítica referida a seguir.

III. Surgem, depois, aspetos técnicos-jurídicos. A ter algum significado preciso – e teremos de presumir que assim é – a *exceptio doli* funcionaria como uma exceção de Direito material[968]. Dogmaticamente isso traduzir-se-ia em que, à *exceptio*, não é atribuído, em direto, um papel de delimitação de condutas, de normativização de comportamentos ou se se quiser, de supressão de direitos. O titular exercente atua no âmbito da liberdade que o seu direito lhe confira; vê, porém, contrapor-se-lhe o "contra-direito" de quem mova a *exceptio*. É uma técnica atomística que, do privatismo, acentua um aspeto de confronto bilateral dotado de armas pares simétricas. Vê-se, daí, o tipo de crítica em que tal técnica poderia incorrer: o liberalismo fragmentário, o formalismo na concretização das soluções finais, a não integração de normas viradas, afinal, para uma saída única e cindidas, apenas, em homenagem a um paralelismo linguístico dificilmente dotado de conteúdo material. O problema só não ocorreu porque essa técnica nunca chegou a ser aprofundada em tempo útil[969].

IV. No Código Vaz Serra, a admissão de uma *exceptio doli generalis* levantaria dificuldades acrescidas. O problema não reside na inexistência de qualquer consagração legal: essa é uma situação comum a todos os códigos modernos, pelo que as doutrinas recorrem, sem hesitações, a preceitos muito abstratos, ditos normas em branco ou cláusulas gerais, para fundamentar, na lei, a *exceptio*; no caso lusófono bastaria lançar mão dos artigos 334.° ou 762.°/2. As dificuldades decisivas advêm antes da não consagração, quer a nível de linguagem, quer a nível substancial, pelo legislador de 1966, de elementos mínimos capazes de possibilitar a confeção de um sistema coerente de exceções materiais.

---

[967] Não foi essa a via seguida por Wendt; aliás, quando este escreveu, não havia, ainda, uma jurisprudência bastante sobre os diversos problemas mais tarde solucionados com recurso à *exceptio*; Brenner poderia tê-lo feito; seguiu, porém, a via da crítica radical.

[968] *Tratado* I, 910 ss..

[969] Desenvolvendo: *Da boa fé*, 734 ss..

306   *O abuso do direito*

Mesmo não rejeitando as vantagens da manutenção do conceito de exceção material[970], temos dificuldades. Ele pode ter sempre alguma utilidade descritiva, sobretudo pelo prisma analítico da decomposição de situações jurídicas complexas; define-se, então, como faculdade potestativa de paralisar o exercício do direito de outrem. Mas não se lhe acolha uma *exceptio doli generalis* técnica: a lei não o impõe e a doutrina não o recomenda.

A experiência jurisprudencial da *exceptio doli*, que não lograria passar do espaço jurídico alemão, conduziu pois – como demonstrou Brenner – a uma unificação de situações diversificadas. A já aludida e daí resultante simplificação do problema é indevida: definir a *exceptio* como meio de combater uma atuação contrária à boa-fé e limitar, a ela, o universo do exercício inadmissível de direitos pouco permite, por si, avançar no sentido de uma concretização.

O tipo regulativo do exercício indevido de direitos designado *exceptio doli generalis* é demasiado fluído. Muito extenso e de compreensão escassa, acaba, afinal, por se traduzir num mero arrimo linguístico destinado a dar credibilidade a posições que, por inovatórias, careciam de, no passado, provar a sua inoquidade. Sob ela cresciam e impunham-se paulatinamente outros tipos menos extensos mas mais compreensivos e, por isso, mais ricos em conteúdo para a boa-fé. A *exceptio doli generalis* foi merecendo um uso decrescente, por parte da jurisprudência e um certo desinteresse doutrinário. Não obstante, teve um papel histórico importante no firmar, nos tempos iniciais e sempre difíceis, os alicerces de um progresso vigoroso do Direito, baseado na boa-fé.

---

[970] *Tratado* I, 4.ª ed., 913.

§ 35.º *VENIRE CONTRA FACTUM PROPRIUM*

134. Sentido básico e origem

I. A locução *venire contra factum proprium* – à letra: vir contra o facto próprio e, materialmente: contradizer o seu próprio comportamento – traduz, em Direito, o exercício de uma posição jurídica em contradição com uma conduta antes assumida ou proclamada pelo agente.

Em termos sociais, a conduta contraditória com planos ou programas previamente assumidos pelo sujeito surge desagradável e desprestigiante. A atuação sinuosa põe em causa a credibilidade do agente, suscitando, nos meios em que ele se mova, dúvidas e perplexidades. Ressalvada ficará, como é natural, a possibilidade de o *venire* assentar numa circunstância justificativa e, designadamente, no surgimento ou na consciência de elementos que determinem o agente a mudar de atitude. O *venire contra factum proprium* só o será, em última análise, se não tiver nenhum fator que o justifique.

No campo do Direito, o *venire contra factum proprium* poderia ser proibido. E assim seria, em especial, quando a conduta contraditória se aproxime do instituto em estudo: do abuso do direito. *Quid iuris*?

II. A origem do brocardo *venire contra factum proprium* não é clara. Desde logo, ele apresenta uma ambiguidade de raiz: não tem predicado. O aditamento *nulli conceditur* – a ninguém é permitido[971] – terá origem canónica: mas só por exceção é utilizado.

No Direito romano, os estudiosos estão de acordo quanto à inexistência de uma proibição de *venire*[972]: dominaria a ideia do livre exercício dos diversos direitos, em obediência ao princípio *nullus videtur dolo*

---

[971] Portanto: *venire contra factum proprium nulli conceditur*.

[972] Michael Griesbeck, *Venire contra factum proprium/Versuch einer systematischen und theoretischen Erfassung* (1978), 3.

308   *O abuso do direito*

facere, qui suo iure utitur. Todavia, em certas conjunções, os jurisprudentes já verberavam as atuações em contradição.

Segundo os *digesta*, em texto atribuído a Ulpiano, seria vedado ao *pater*, depois da morte da filha que, como livre mãe de família fora emancipada e que tivesse deixado herdeiro testamentário, vir, em contradição com o seu próprio facto (*adversus factum suum*), iniciar um processo de estado alegando que não a tinha emancipado validamente perante testemunhas[973].

A ideia foi retomada pela Glosa, que passou a apontar quem *non posse venire contra factum proprium*[974]. Bártolo veio firmar a regra *pater contra emancipationem a se factam et diuturnitate temporis roboratam venire non potest*[975-976]. Apesar destas referências sugestivas[977], não era possível apontar qualquer regra geral consistente reportada ao *venire*. Uma intervenção significativa ficou a dever-se a Samuel Stryk (1640-1710), mas sem sequência[978]

III. O surgimento do *venire contra factum proprium* na Ciência Jurídica continental contemporânea ficou a dever-se a uma importante monografia de Erwin Riezler, publicada nos princípios do século XX[979].

Riezler vem indagar os quadros dessa proposição nos Direitos romano, inglês e alemão, mencionando, ainda, o Direito canónico, os glosadores, os conciliadores e a evolução posterior, até à pandectística[980]. No Direito

---

[973] D. 1.7.25.pr. = *Corpus Iuris Civilis*, ed. Behrens e outros cit., II, 133-134.

[974] Detlef Liebs, *Rhythmische Rechtssätze/Zur Geschichte einiger lateinischer Rechtsregeln*, JZ 1981, 160-164 (161/I).

[975] *Idem*, 161/II.

[976] Portanto: o pai não pode contradizer a emancipação feita por ele próprio, corroborada por um longo decurso do tempo.

[977] Quanto à origem da locução, além de Riezler, abaixo referido, *vide* Detlef Liebs, *Lateinische Rechtsregeln und Rechtssprichwörter*, 6.ª ed. (1998), 237 e Lisa Isola, *Venire contra factum proprium/Herkunft und Grundlagen eines sprichwörtlichen Rechtsprinzips* (2017), XIV + 531 pp., 4-5. referindo Azo, sem precisões.

[978] Samuel Stryk, *De impugnatione facti proprii* (1688), 112 pp..

[979] Erwin Riezler, *Venire contra factum proprium/Studien im römischen, englischen und deutschen Zivilrecht* (1912), com rec. apreciativa de Heinrich Titze, ZHR 77 (1915), 233-242 (241).

[980] Riezler, *Venire contra factum proprium* cit., 1 ss., 55 ss., 110 ss., 40 ss. e 43 ss., respetivamente.

§ 35.º Venire contra factum proprium

romano, não havia uma regra geral que vedasse o *venire contra factum proprium*[981], mas apenas casos singulares onde esse tipo de comportamento era proscrito[982]. De igual modo, a casuística canónica existente sobre o tema, mais do que a um princípio geral de Direito, deve ser imputada aos valores que informam o Direito canónico[983]. Os glosadores criaram a fórmula *venire contra proprium factum nulli conceditur*, embora nem sempre a aplicassem[984]. Já o Direito inglês, apesar da diversidade que aparenta em relação aos Direitos continentais, consagrou, através do instituto do *estoppel*[985], a proibição de contrariar o comportamento anterior: com larga aplicação. No Direito alemão, por fim, Riezler começou por deixar claro que a proibição de *venire contra factum proprium*, ao contrário, por exemplo, da de contrariedade aos bons costumes, não constitui um princípio que retire de si próprio, como postulado ético, uma justificação jurídico-política, daí obtendo uma pretensão de validade geral. Coloca-se, subjacente à sua existência, um problema de interesses em conflito, que o Direito pode resolver muito diferentemente[986]. O BGB não soluciona o problema com generalidade, embora se possam apontar preceitos que vedam comportamentos contraditórios. A questão não pode ser resolvida em termos genéricos; Riezler, numa metodologia própria da terceira sistemática e da doutrina posterior à segunda

[981] Riezler, *Venire contra factum proprium* cit., 1; o Autor documenta a sua afirmação através da existência do *precarium*, da possibilidade de revogar a oferta até à aceitação, do direito de recesso na *cessio bonorum*, da *condictio propter poenitentiam* e do poder de renunciar à prossecução de uma *restitutio in integrum*.

[982] Riezler, *Venire contra factum proprium* cit., 4-40; o Autor exemplifica com a servidão, ineficaz por não ter sido confirmada, na sua constituição, por todos os comproprietários do prédio serviente, mas a que aqueles que já haviam consentido não podem pôr obstáculo – 6 – com a chamada *emancipatio tacita*, segundo a qual o *pater*, apesar de não ter emancipado a filha do seu poder, não devia, morta a filha, impugnar o testamento dela, por incapacidade, se sempre a houvesse tratado como emancipada – 13 – com a *exceptio rei venditae et traditae*, muito conhecida, concedida ao comprador contra o vendedor que reivindicasse a coisa vendida e entregue, com pagamento do preço, por vício formal – 17 ss. –, com a *ratihabitio* (ratificação) da gestão, feita extemporaneamente e, em princípio, ineficaz, mas seguida de ação contra o gestor – 31 – com a quebra de promessa carecida de eficácia jurídico-formal, mas que, causando danos, obrigaria a reparação – 32 – e com a aceitação de um cumprimento de obrigação inválida por falta de forma, que constituiria um *factum proprium*, em termos de não poder ser contrariado – 38.

[983] Riezler, *Venire contra factum proprium* cit., 42.

[984] Riezler, *Venire contra factum proprium* cit. , 43 ss.. Riezler aponta, na evolução subsequente, que a expressão só apareceu muito esporadicamente na pandectística.

[985] Konrad Zweigert/Hein Kötz, *Einführung in die Rechtsvergleichung*, 3.ª ed. (1996), 587-588.

[986] Riezler, *Venire contra factum proprium* cit., 110 ss..

310   *O abuso do direito*

codificação, passa a analisar várias situações típicas onde a proibição de *venire contra factum proprium* pode estar presente. Descobre quatro:

    1) O negócio jurídico inválido é cumprido voluntariamente, sendo a repetição difícil; 2) Por decisão de uma pessoa, em regra de tipo potestativo, constitui-se uma situação jurídica; 3) Alguém cria uma aparência jurídica na qual pessoas confiam; 4) Alguém cria uma situação de risco conexa a uma relação jurídica[987].

O livro de Riezler teve, nos anos subsequentes ao seu aparecimento, algum efeito[988].

IV. O *venire contra factum proprium* conheceu um desenvolvimento doutrinário em Itália, tendo originado monografias de Scalese[989], de Astone[990] e de Festi[991]. No essencial, ele é reconduzido a deveres de correção e de coerência, mais do que a uma pura derivação do abuso do direito, bem conhecido mas pouco desenvolvido (relativamente), na literatura transalpina.

V. O sucesso do *venire contra factum proprium* ficou a dever-se, curiosamente, à impressiva musicalidade da fórmula latina[992]. Além disso, a ideia que lhe subjaz vem ao encontro de importantes vetores psicológicos e sociológicos que valorizam as ideias de confiança, de continuidade e de estabilidade.

---

[987] Riezler, *Venire contra factum proprium* cit., 110 ss. (131-132) e 134 ss.. Riezler acrescenta ainda um quinto grupo de casos, que reconhece não serem de *venire contra factum proprium*, embora com ele se relacionem: o recurso ao próprio não-direito que, contrariando os bons costumes, dá lugar à máxima *turpitudinem suam allegans non auditur*.

[988] Heinrich Lehmann, *Die Enthaftung des ausgeschiedenen Gesellschafters der offenen Handelsgesellschaft von Verbindlichkeiten aus schwebenden Lieferungsverträgen/ /Zugleich ein Beitrag zur Lehre vom gegensätzlichen Verhalten*, ZHR 79 (1916), 57-103 e S. Rundstein, *Der Widerspruch mit dem eigenen Verhalten in der Theorie des französischen Privatrechts*, AbürgR 43 (1919), 319-379. A análise destes escritos pode ser confrontado em *Da boa fé*, 744-745.

[989] Giancarlo Scalese, *Diritti dei trattati e dovere de coerenze nella condotta/Nemo potest venire contra factum proprium* (2000), XII + 232 pp., no âmbito internacional.

[990] Francesco Astone, *Venire contra factum proprium/Divieto di contraddizione e dovere di coerenza nei rapporti tra privati* (2006), XXI + 254 pp..

[991] Fiorenzo Festi, *Il divieto di "venire contro il fatto proprio"* (2007), VII + 252 pp., rec. Francesco Macai, RivDC 2008, I, 121 ss.; em Festi, ob. cit., 1 ss., pode ser confrontado o estado da doutrina italiana.

[992] *Vide* Liebs, *Rhythmische Rechtssätze* cit., 160/I.

§35.º Venire contra factum proprium

Mas o próprio *venire* não se impôs enquanto ideia central. Ele apenas reuniu, sob a sua sugestiva locução, uma série de situações que a jurisprudência, em paulatina conjunção com o sistema, veio considerar de exercício inadmissível.

135. Configuração geral e modalidades

I. O *venire*, pelas suas características básicas e pelo modo por que se foi estabelecendo na prática do Direito, acaba por apresentar uma configuração algo fluída. Agrupa, ainda, um universo de situações de difícil concatenação. A Ciência do Direito das últimas décadas tem, todavia, logrado alguns progressos, na sua análise[993]. A jurisprudência mantém a sua aplicação[994].

Estruturalmente, o *venire* postula duas condutas da mesma pessoa, lícitas em si e diferidas no tempo. A primeira – o *factum proprium* – é contrariada pela segunda. O óbice reside na relação de oposição entre ambas.

Para progredir nesta matéria, teria o maior interesse ordenar em modalidades típicas os diversos casos de *venire* detetados pela jurisprudência.

II. A sistematização dos casos de *venire* tem constituído um problema complexo, que se deve considerar em aberto. O próprio Riezler, em troços acima citados, distinguia quatro hipóteses[995]:

a) Cumprimento voluntário de um negócio inválido de difícil repetição;

b) Decisão potestativa de constituir uma situação jurídica;

c) Criação voluntária de uma aparência na qual as pessoas confiam;

d) Criação de situação de risco conexa a uma situação jurídica.

Merz, Autor suíço, propunha a seguinte ordenação[996]:

---

[993] Dirk Looschelders/Dirk Olzen, no *Staudingers Kommentar zum BGB*, II, *Einleitung zum Schuldrecht*; §§ 241-243, *Treu und Glauben* (2009), § 242, Nr. 286-301 (412-416) e (2015), § 242, Nr. 284-299 (429-433); Manfred Wolf/Jörg Neuner, *Allgemeiner Teil* cit., 11.ª ed., § 20, Nr. 88 (251-252).

[994] Como exemplo: BGH 4-fev.-2015, NJW 2015, 1087-1093 (1089/I): um senhorio celebra um arrendamento de duração indeterminada, quando já sabia que ia precisar do local.

[995] *Supra*, 308-309.

[996] Hans Merz, no *Berner Kommentar/Kommentar Zivilrecht* (1962), Art. 2, 335-343, 346 ss. e 361 ss., respetivamente.

312 *O abuso do direito*

a) Alegação inadmissível do desaparecimento do direito do credor, causado contra a confiança suscitada;
b) Alegação inadmissível da invalidade formal;
c) *Suppressio*;
d) Certos casos de comportamento contraditório.

Roth, por seu turno, preconiza[997]:

a) Comportamentos originadores de confiança;
b) Comportamentos contraditórios, independentemente da confiança;
c) *Suppressio*.

Canaris ocupa-se do tema classificando as pretensões derivadas do *venire*. Temos[998]:

a) Pretensões em negócios com nulidade formal;
b) Pretensões em negócios com outras falhas;
c) Pretensões em negócios interpretadas com erro;
d) Pretensões em situações derivadas da prestação voluntária.

Surgem outras tentativas de ordenação[999]. Impõe-se constatar: não estamos perante verdadeiras classificações assentes em critérios lógicos, mas antes, em arrumações de figuras em função de certas características mais vincadas. As sobreposições entre termos aparentemente distintos, apresentadas pelo mesmo autor são, assim, frequentes.

III. O âmbito extenso que o *venire contra factum proprium* pode assumir requer uma delimitação prévia do alcance figurativo da fórmula. Desse modo, só se considera como *venire contra factum proprium* a contradição direta entre a situação jurídica originada pelo *factum proprium* e o segundo comportamento do autor. Exclui-se pois, no fundamental, a *suppressio*, a atuação por conta própria, a situação dita *tu quoque* e a do chamado *dolo inicial*. Estas figuras terão um tratamento autónomo. Por outro lado, afasta-se, também à partida, a hipótese de o *factum proprium*, por integrar os postulados da autonomia privada, surgir como ato jurídico que vincule o autor: em termos de o segundo comportamento representar uma violação desse dever específico; acionar-se-iam, então, os pressupostos da responsabilidade obrigacional e não os do exercício inadmissível

---

[997] Günther H. Roth, no *Münchener Kommentar* 2 a, 4.ª ed. (2003), § 242, Nr. 255 ss. (180 ss.).

[998] Claus-Wilhelm Canaris, *Die Vertrauenshaftung im deutschen Privatrecht* (1971, reimp., 1983), 288-372.

[999] *Da boa fé*, 745-746, nota 379.

§*35.º* Venire contra factum proprium 313

de posições jurídicas. Feitas estas precisões, distinguimos as hipóteses da figura em estudo não em função dos *facta propria*, mas de acordo com o *venire*. Temos:

– *venire* positivo;
– *venire* negativo.

No *venire* positivo, uma pessoa manifesta uma intenção ou, pelo menos, gera uma convicção de que não irá praticar certo ato e, depois, pratica-o mesmo.

No *venire* negativo, o agente em causa demonstra ir desenvolver certa conduta e, depois, nega-a.

IV. No *venire* positivo, podemos subdistinguir três possibilidades[1000]:

– exercício de direitos potestativos;
– exercício de direitos comuns;
– atuações no âmbito de liberdades gerais.

Na primeira, o titular-exercente manifesta a intenção de não exercer um direito potestativo, mas exerce-o. Assim:

> *RCb 30-jun.-1994*: há abuso, por *venire*, por parte do trabalhador que, aprovando um plano de recuperação da empresa de onde decorre uma moratória, venha depois rescindir o contrato, invocando salários em atraso[1001];
> *RCb 31-mar.-1998*: é *venire* vir resolver um arrendamento por não pagamento de rendas quando, durante três anos, o inquilino depositou, sem problemas, a renda em local diferente do devido[1002].

Na segunda, deparamos com idêntico fenómeno mas reportado, desta feita, a direitos comuns. A saber:

> *STJ 25-mai.-1999*: surge um *venire* quando alguém deixe colocar botijas de gás no estabelecimento e, depois, mande retirá-las[1003];

[1000] Em *Da boa fé*, 747 ss., foi necessário recorrer a decisões judiciais alemãs para ilustrar as hipóteses apontadas; hoje, é possível fazê-lo perante decisões nacionais.
[1001] RCb 30-jun.-1994 (Sousa Lamas), CJ XIX (1994) 3, 70-73 (73).
[1002] RCb 31-mar.-1998 (Serra Baptista), CJ XXIII (1998) 2, 41-46 (45/II).
[1003] STJ 25-mai.-1999 (Fernandes Magalhães), CJ/Supremo VII (1999) 2, 116-118 (118/II).

314   *O abuso do direito*

RPt 9-mar.-2000: *idem*, na hipótese de um proprietário autorizar determinadas plantações e vir, depois, exigir a entrega dos terrenos[1004].

Na terceira, o agente exprime uma atuação no âmbito de uma liberdade geral – normalmente: a autonomia privada – e, depois, atua em desconformidade com o enunciado. Como exemplos:

STJ 5-mar.-1996: há *venire* quando se prometa vender uma fração e, depois, se venda a terceiros o prédio todo[1005];
STJ 20-jan.-1999: *idem*, no caso de alguém, num processo, alterar o pedido e a causa de pedir, pondo em causa a relação material litigada[1006].

Nestes casos, só há verdadeiro *venire* quando o *factum proprium* não possa ser reconduzido a uma declaração negocial ou a um comportamento concludente que siga um regime negocial. Nessa eventualidade, o problema esvair-se-ia na regra da execução das obrigações livremente aceites. Por certo que a violação do contrato envolve, só por si, um *venire contra factum proprium*. Historicamente, porém, a figura desenvolveu-se para cobrir situações que não teriam uma saída, perante o Direito estrito[1007].

V. No que chamámos *venire* negativo, a situação paradigmática reside em alguém prevalecer-se de nulidades quando, conhecendo-as, tivesse em momento prévio mostrado a intenção de agir em execução do negócio viciado. Em rigor, poderíamos distinguir a hipótese de o agente ter manifestado a intenção de não invocar a nulidade, altura em que tal invocação seria um *venire* positivo, na modalidade acima referida de exercício do direito potestativo. Mas a hipótese mais típica é, aqui, simplesmente a de se anunciar uma conduta que, depois, a "pretexto" da nulidade, seja negada. A invocação de nulidades não esgota o universo dos "pretextos"; temos, ainda, a invocação de caducidade ou de outros fatores impedientes, sempre em contradição. Assim:

[1004] RPt 9-mar.-2000 (João Bernardo), CJ XXV (2000) 2, 190-195 (194/I).
[1005] STJ 5-mar.-1996 (Miranda Gusmão), CJ/Supremo IV (1996) 1, 115-118 (118).
[1006] STJ 20-jan.-1999 (Nascimento Costa), CJ/Supremo VII (1999) 1, 50-53 (52/I).
[1007] Autores como Hans Walter Dette, *Venire contra factum proprium nulli conceditur/Zur Konkretisierung eines Rechtssprichtworts* (1985), 73 ss., estudam o que consideram a subsidiariedade do *venire*. A monografia de Hans Dette obteve uma importante recensão de Hans Wieling, AcP 187 (1987), 95-102.

§ 35.º Venire contra factum proprium   315

RCb 28-jun.-1994: há *venire* quando o vendedor, decorrido o prazo de caducidade, aceita perante o comprador reparar a coisa e, depois, na ação por este proposta, invoque a exceção de caducidade da garantia[1008]; *STJ 12-nov.-1998*: é abusivo, por *venire*, invocar a invalidade atípica do artigo 410.º/3, depois de a haver provocado[1009].

Esta modalidade de *venire* é ainda documentada pela invocação abusiva de invalidades de deliberações sociais, quando levada a cabo em contradição com linhas de conduta primeiro anunciadas.

VI. Existe ainda um campo importante de situações de *venire* nas quais o exercente, contra as expectativas criadas, se venha prevalecer de uma nulidade formal. Dada a particular natureza das normas em jogo, as invalidades formais e a sua não-invocabilidade dão azo a um grupo autónomo de situações abusivas, abaixo ponderado[1010].

136. Fundamentação dogmática; as doutrinas

I. Os casos apontados para documentar o *venire contra factum proprium* são impressivos. Mas eles não permitem concluir, sem mais, pela natureza inadmissível do comportamento contraditório. Pelo contrário: é importante focar a inexistência, na Ciência do Direito atual e nas ordens jurídicas por ela enformadas, de uma proibição genérica de contradição[1011]. Apenas circunstâncias especiais podem levar à sua aplicação.

A proibição de *venire contra factum proprium* tem, à partida, um grande poder convincente. Como explica Wieacker, "o princípio do *venire contra factum proprium* radica fundo na justiça pessoal a cujo elemento mais intrínseco pertence a veracidade"[1012]. Sociologicamente, o comporta-

---

[1008] RCb 28-jun.-1994 (Mário Pereira), CJ XIX (1994) 3, 41-43 (43).

[1009] STJ 12-nov.-1998 (Quirino Soares), CJ/Supremo VI (1998) 3, 110-112 = ROA 1998, 929-967, anot. Menezes Cordeiro, desfavorável: a proposição está certa; porém, a aplicação feita, nesse caso, não teve em conta determinados elementos que indicariam outra solução.

[1010] *Infra*, 303 ss..

[1011] Merz, no *Berner Kommentar*, Art. 2 cit., n.º 401 (333); já Titze, rec. cit. a Riezler, ZHR 77 (1915), 241.

[1012] Franz Wieacker, *Zur rechtstheoretischen Präzisierung des § 242 BGB* (1965), 28; *vide* Canaris, *Vertrauenshaftung* cit., 288.

316   *O abuso do direito*

mento contraditório configura-se como um atentado "contra expectativas fundamentais de continuidade da autorrepresentação que respeitam também a identidade do parceiro e a sua relação bilateral", nas palavras de Teubner[1013]. Em suma: a proibição de *venire contra factum proprium* traduz a vocação ética, psicológica e social da regra *pacta sunt servanda* para a positividade, mesmo naqueles casos específicos em que a ordem jurídica estabelecida, por razões estudadas, por desadaptação ou por incompleição, lha negue. Este ambiente pré-jurídico especialmente favorável à admissão do proibir genérico de comportamentos contraditórios não é, só por si, nenhuma justificação dogmática[1014]. Além disso, ele não deve fazer perder de vista o resultado real de tal aceitação: todos os comportamentos humanos acabariam por ter acolhimento e proteção jurídicos. Pelo seguinte: o vincular uma pessoa às suas atitudes faz sentido, em particular, quando tenham um beneficiário; este, por seu turno, não poderia recusar as necessárias contrapartidas. As permissões normativas esgotar-se-iam no primeiro exercício e todo o relacionamento social converter-se-ia num edifício rígido de deveres irrecusáveis. A essência do jurídico contradiz, por si, tal possibilidade: numa crítica clássica, mas ainda atual, às tentativas de redução do Direito à sociologia, deve-se ter presente que o Direito não sanciona o que está; tem uma vocação efetiva para dirigir, num sentido ou noutro, os comportamentos humanos. Entre os meios disponíveis para isso, e dos mais avançados pelo prisma da evolução social, está o não reconhecer relevância jurídica a determinados comportamentos. Assente a admissibilidade de tal orientação – e isso, há que sublinhá-lo, nos próprios campos ético, psicológico e social – não seria saída correta aceitar, por norma, a total irrelevância jurídica de comportamentos que, no entanto, produziriam efeitos apenas contra o seu autor.

[1013] Gunther Teubner, *Alternativer Kommentar zum BGB* I (1980), § 242, Nr. 31 (50); Teubner coloca-se na linha de Niklas Luhmann, para quem não deixa de remeter. Explica Luhmann que "toda a autorrepresentação obriga só porque ela representa um «auto» que será aproveitado para a identidade. Se se quer ficar o mesmo, deve-se permanecer como sempre se mostrou" – *Vertrauen/Ein Mechanism der Reduktion sozialer Komplexität*, 2.ª ed. (1973), 69; também 90-91. *Vide*, entre nós, Paulo Mota Pinto, *Sobre a proibição do comportamento contaditório (venire contra factum proprium) no Direito civil*, BFD/Volume Comemorativo (2003), 269-322 (272 ss.) e Magda Mendonça Fernandes, *O venire contra factum proprium/Obrigação de contratar e de aceitar o contrato nulo* (2008), 68 pp..
[1014] *Vide* Manuel Carneiro da Frada, *Teoria da confiança e responsabilidade civil* (2004), 402 ss..

§ 35.º Venire contra factum proprium

II. Há, contudo, situações reais – os exemplos acima indicados documentam-no – em que o atuar da proibição de *venire contra factum proprium* permite decidir de acordo com o Direito, o qual, desde a superação dos positivismos legalistas mais radicais, não se identifica com cada uma das normas jurídicas em vigor.

O equacionar dogmático do *venire contra factum proprium*, como é de esperar perante a incipiência denotada pela sistemática da figura, apresenta flutuações grandes, dobradas por uma imprecisão de linguagem, que não facilitam o falar-se em tendências. Sob a reserva do desenvolvimento posterior vai, contudo, ordenar-se a matéria, distinguindo quatro doutrinas:

– a da boa-fé;
– a da confiança;
– a do negócio jurídico;
– a da sua dissolução.

III. A afirmação de que o *venire contra factum proprium* é uma aplicação da boa-fé ou, se se quiser, que o assumir de comportamentos contraditórios viola a regra da observância da boa-fé, é comum na doutrina e na jurisprudência[1015]. Assim apresentada, a justificação é fraca. O *venire contra factum proprium*, porque dotado de carga ética, psicológica e sociológica negativa, atenta, necessariamente, contra a boa-fé, conceito portador de uma representação cultural apreciativa. Além disso, a boa-fé está, na tradição romanística do *Corpus Iuris Civilis*, num estado de diluição que a torna omnipresente. O recurso puro e simples a uma boa-fé despida de quaisquer precisões torna-se, perante essa relação de necessidade, num expediente insatisfatório para a Ciência do Direito e insuficiente para a prática jurídica: não explica as soluções encontradas e não permite, por si, solucionar casos concretos novos. No fundo, a boa-fé funciona, aí, como apoio linguístico para soluções encontradas com base noutros raciocínios – ou na pura afetividade – ou como esquema privilegiado de conseguir amparo numa disposição legal – a que consagra a boa-fé para a solução defendida.

[1015] Larenz/Wolf, *Allgemeiner Teil* cit., 9.ª ed., 288, por todos. Elementos doutrinários e jurisprudenciais constam de *Da boa fé*, 752-753, notas 398 e 399.

318   *O abuso do direito*

IV. A doutrina da confiança, aplicada ao *venire contra factum proprium*, tem obtido os maiores desenvolvimentos. Referências incidentais à confiança, no âmbito da proibição de comportamentos contraditórios, surgiam em Riezler[1016]. Seria preciso aguardar o esforço de Eichler no sentido de, a partir da boa-fé, confecionar uma doutrina jurídica da confiança[1017], para dar outra dimensão às referências desse tipo.

A ligação entre o *venire* e a doutrina da confiança tornou-se bastante frequente, na doutrina. Wieacker, no seu conhecido escrito sobre o precisar do § 242 do BGB, afirma que "... o princípio do *venire* é uma aplicação das proposições da confiança no tráfego jurídico e não uma proibição específica de dolo e de mentira"[1018]. Weber, na sua extensa digressão sobre a boa-fé, anuncia, a propósito do *venire*, a regra de que "ninguém pode exercer um direito ou tomar uma posição jurídica com consequências, em contradição com o comportamento anterior, quando este justifique a conclusão de que não o iria fazer e ele, nessa ocasião, tenha despertado na outra parte uma determinada confiança"[1019]. Merz assegura que "no Direito atual é de afirmar o atentado contra a boa-fé, sobretudo quando o comportamento anterior tenha provocado confiança digna de proteção legal"[1020]. Siebert/Knopp asseveram que, a propósito de *venire*, "verifica-se a violação da boa-fé, com consideração pelos costumes do tráfego, sobretudo quando a outra parte pode confiar numa determinada situação jurídica ou material proveniente do comportamento anterior do titular do direito e atuou na base disso"[1021]. Lenz conclui que o princípio da proteção da confiança é uma concretização

---

[1016] Riezler, *Venire contra factum proprium* cit., 167. Riezler ocupa-se, aí, do problema da aparência jurídica proveniente, mais precisamente, da teoria de Staub, muito citada, do comerciante aparente. Helmut Coing, *Allgemeine Rechtsgrundsätze in der Rechtsprechung des Reichsgerichts zum Begriff der "guten Sitten"*, NJW 1947/48, 213-217 (215), aproxima também o *venire* da confiança; move-se, porém, no âmbito dos bons costumes e não no da boa-fé. Não tem razão.

[1017] Hermann Eichler, *Die Rechtslehre vom Vertrauen* (1951), 123 pp..

[1018] Wieacker, *Präzisierung* cit., 28.

[1019] Wilhelm Weber, *Treu und Glauben* no *Staudingers Kommentar*, 11.ª ed. (1961), D 323 (821).

[1020] Merz/*Berner Kommentar* cit., Art. 2, n.º 402 (334); também n.º 410 (336) e, com indicações jurisprudenciais, n.º 431 ss. (340-342).

[1021] Soergel/Siebert/Knopp, BGB 10.ª ed. (1967), § 242, Nr. 229 (67). Na 12.ª ed. (1990), a anotação do § 242 foi confiada a Arndt Teichmann; *vide* Soergel/ Teichmann, *BGB*, 12.ª ed. (1990), § 242, Nr. 312 ss. (153 ss.), especialmente 313 e 316 ss..

§ 35.º Venire contra factum proprium 319

do *venire*[1022]. Von Craushaar atesta que "O comando de que ninguém deve colocar-se em contradição com o seu comportamento tem a sua origem, finalmente, na proteção da confiança"[1023]. Canaris, começando por apoiar a afirmação de Wieacker, acima transcrita[1024], formula uma construção desenvolvida do *venire* baseado na confiança[1025]. Luhmann, não obstante omitir referências expressas ao *venire*, associa a necessidade de identidade do comportamento próprio com a confiança[1026]. Erman/Sirp escrevem que "quando o titular através das suas declarações ou pelo seu comportamento, consciente ou inconsciente, tenha provocado que a outra parte se pudesse confiar em si e, também, que o tenha feito, então não deve esta ser desiludida. Atentaria contra a boa-fé e minaria a confiança no tráfego jurídico que o titular se permitisse incorrer em contradição com as suas declarações ou comportamentos anteriores"[1027]. Alff afirma que "exercício inadmissível do direito em consequência de comportamento contraditório de um parceiro num contrato verifica-se, pois, quando a outra parte tenha confiado na atitude tomada pelo seu parceiro e se tenha apoiado nela de tal maneira que a adaptação a uma situação jurídica alterada não lhe possa ser exigida, segundo a boa-fé"[1028]. Roth exige, para o funcionamento do *venire*, que a contraparte tenha, efetivamente, integrado uma previsão de confiança[1029]. Teubner tem esse fator, também, por decisivo[1030].

[1022] Karl-Heinz Lenz, *Das Vertrauensschutzprinzip/Zugleich eine notwendige Besinnung auf die Grundlage unserer Rechtsordnung* (1968), 32.

[1023] Götz von Craushaar, *Der Einfluss des Vertrauens auf die Privatrechtsbildung* (1969), 56.

[1024] Canaris, *Vertrauenshaftung* cit., 270-271.

[1025] Canaris, *Vertrauenshaftung* cit., 287-372.

[1026] Luhmann, *Vertrauen* cit., 2.ª ed., 40-41. Diz este Autor: "Digno de confiança é aquele que permanece no que, consciente ou inconscientemente, comunicou de si próprio".

[1027] Walter Ermann/Wilhelm Sirp, BGB 6.ª ed. (1975), § 242, n.º 79 (470).

[1028] Richard Alff/BGB/RGRK 12.ª ed. (1976), § 242, Nr. 93 (29-30).

[1029] Roth, no *Münchener Kommentar* cit., 2 a, 4.ª ed., § 242, Nr. 255 (147). Roth admite, no entanto, a possibilidade de haver casos de *venire* que não se possam reconduzir à problemática da confiança – *idem*, Nr. 287 (188). Assim, em BGH 20-mai.-1968, RGHZ 50 (1969) 192 – o caso de uma pessoa que faz valer, sucessivamente, a incompetência do tribunal arbitral e, uma vez no tribunal comum, o compromisso arbitral – surge uma hipótese efetiva de *venire* sem confiança, em termos claros.

[1030] Teubner/AK/BGB cit., § 242, Nr. 31 (50).

320 *O abuso do direito*

O *venire* foi aproximado da tutela da confiança também entre nós. Tal a nossa própria opção[1031] e, ainda, as de Baptista Machado[1032], de Carneiro da Frada[1033] e de Paulo Mota Pinto[1034], entre outros.

É esta a orientação que se tem vindo, atualmente, a impor. Considerá-la-emos, abaixo, com mais elementos.

V. Apesar da pujança demonstrada pela doutrina da confiança, há outras orientações significativas, com relevo para a teoria do negócio. Com efeito, temos de enfrentar questões deste tipo: pode um incapaz *venire contra factum proprium*? E se houver simulação, reserva mental, falta de seriedade, falta de consciência ou coação física, erro, dolo, coação moral ou incapacidade acidental, aquando da produção do *factum proprium*? A doutrina é uniforme em tomar a previsão de *venire contra factum proprium* por meramente objetiva: não se requer culpa, por parte do titular exercente, na ocorrência da contradição[1035]. Não se pode, contudo, ir tão longe nessa via que, ao *factum proprium*, se dê mais consistência do que ao próprio negócio jurídico: também este, afinal e por maioria de razão, suscita, no espaço jurídico, confiança digna de proteção e, não obstante, cede perante vetores que, em casos determinados, se apresentem com peso maior.

A derivação da proibição de *venire contra factum proprium* a partir da boa-fé implica a natureza legal dos deveres que, caso a caso, dela promanem. O peso da necessidade, acima apontada, de não esquecer uma série de valores acautelados pela regulação dos negócios jurídicos leva, no entanto, a que o próprio Canaris, defensor da recondução dos comportamentos contraditórios à violação da boa-fé e da confiança, admita uma aplicação tendencial, embora por analogia, das disposições referentes às declarações de vontade, à formação das previsões de confiança[1036] e por-

---

[1031] *Da boa fé*, 755-760.

[1032] João Baptista Machado, *Tutela da confiança e "venire contra factum proprium"* cit., 396 ss..

[1033] Manuel Carneiro da Frada, *Teoria da confiança e responsabilidade civil* cit., 411.

[1034] Paulo Mota Pinto, *Sobre a proibição do comportamento contraditório* cit., 277 e 311.

[1035] Josef Wieling, *Venire contra factum proprium und Verschulden gegen sich selbst*, AcP 176 (1976), 334-355 (343).

[1036] Canaris, *Vertrauenshaftung* cit., 451-452.

§ *35.° Venire contra factum proprium* 321

tanto, ao *factum proprium*. A base da analogia, sempre segundo Canaris, estaria em que a respondência pela confiança se deve à participação no tráfego negocial, desempenhando uma função semelhante[1037]. Mas sendo o *factum proprium* um facto voluntário, ao qual se aplicam as disposições respeitantes às declarações de vontade, era inevitável o aparecimento de teorias que defendessem, no *venire*, a violação de situações de tipo negocial. Curiosamente, o inevitável surgiria apenas através de Wieling, em 1976.

Wieling vê, no *venire*, a perda de uma posição jurídica própria. "A perda do direito deve verificar-se porque o titular comportou-se de tal modo que a contraparte teve de concluir pela renúncia. Isto não é mais do que uma ocorrência jurídica negocial através de comportamento concludente"[1038]. Aos argumentos contrários de Flume – é inadmissível a ficção de declarações de renúncia[1039] – e de Canaris – não se pode atribuir ao comportamento do titular-exercente o sentido de uma declaração negocial, por falta de consciência da declaração[1040] – Wieling contrapõe a inexistência, salvo nalgumas decisões, de ficção e a desnecessidade de consciência da declaração, para que esta se realize[1041]. Wieling tem, no entanto, de enfrentar outro problema: a ser, o *factum proprium*, uma renúncia, como evitar a regra da contratualidade da remissão – § 397 BGB e artigo 863.°/1[1042]? Wieling propõe a consagração de uma saída *contra legem*: a propósito de *venire*, têm-se ultrapassado disposições legais de índole diversa[1043]; porque não admitir frontalmente a possibilidade de perda unilateral de direitos, também no Direito das obrigações? Este é o ponto fraco da teoria de Wieling. Para Canaris e restantes seguidores da doutrina da confiança, as disposições legais concretas que regulam nulidades, impugnabilidades e ilegitimidades são, efetivamente, contrariadas por certas manifestações de *venire*. A ultrapassagem dá-se, porém, por força da regra da boa-fé e do § 242. Não have-

---

[1037] Canaris, *Vertrauenshaftung* cit., 452.

[1038] Wieling, *Venire contra factum proprium* cit., 335.

[1039] Werner Flume, *Allgemeiner Teil des Bürgerlichen Rechts*/II – *Das Rechtsgeschäft*, 4.ª ed. (1992), 123.

[1040] Canaris, *Vertrauenshaftung* cit., 427-428.

[1041] Wieling, *Venire contra factum proprium* cit., 335.

[1042] Wieling, *Venire contra factum proprium* cit., 338.

[1043] P. ex., contorna-se a disposição referente ao cálculo de honorários devidos a advogado – BGH 26-out.-1955, BGHZ 18 (1955), 347 – a disposição sobre os requisitos para transmissões a filhos – OGHBrZ 2-dez.-1948, OGHZ 1 (1949), 284 – ou as prescrições que distribuem as competências pelos órgãos societários – BGH 21-abr.-1960, WM 1960, 805.

322 *O abuso do direito*

ria, para eles, no fundo, o contradizer direto da lei mas, tão-só, um fenómeno há muito conhecido pelos juristas mais comedidos: o de que um preceito não se interpreta nem aplica sozinho, mas antes em conjunto com todos aqueles que, com o caso, tenham conexão. Quando, pois, ocorra uma ilegitimidade, não deve aplicar-se, isolado, o artigo que comina a nulidade mas, em simultâneo, o que manda proceder de boa-fé. E se o resultado final não for a nulidade, não há que falar em saídas *contra legem*: houve, tão-só uma aplicação integral de todos os preceitos respeitantes ao caso. Para Wieling, porém, a solução implica uma complementação jurídica verdadeiramente *contra legem*. E não apenas contra a disposição que, com pouco vigor e em desconexão com outros preceitos, consagra ainda, nalguns códigos da atualidade, a natureza contratual da remissão: mantendo os exemplos acima apresentados e evitando sofismas, rema-se contra os preceitos que estatuem as consequências da contraditoriedade à lei, da ilegitimidade e da incompetência orgânica, no seio das sociedades. Wieling acusa as saídas com recurso à boa-fé de semearem a insegurança, por servirem o "contornar incontrolado de disposições legais"[1044]. Mas não: a insegurança alegada seria bem maior se, no referido contornar, nem houvesse a diretriz dada pelo princípio da boa-fé e, naturalmente: de toda a capacidade jurídico-científica que a esta subjaz.

VI. A dissolução do *venire contra factum proprium* consiste, por fim, em reconduzir as diversas manifestações que o preenchem a distintos institutos. Poderíamos, designadamente, reparti-lo pela constituição ou modificação de direitos subjetivos: uma opção levada a cabo por Jürgen Schmidt[1045]. Isso poderia suceder por via da tutela da confiança[1046] ou sem esse condicionalismo[1047], então se aproximando das leituras de Wieling. Trata-se de leituras enriquecedoras, por ilustrarem o fenómeno. Todavia, o *venire*, seja pelos valores sócio-culturais subjacentes, seja pela pura impressividade da fórmula, tem um peso unitário efetivo. Resta, daí, retirar conclusões dogmáticas.

[1044] Wieling, *Venire contra factum proprium* cit., 342.
[1045] Jürgen Schmidt, no *Staudingers Kommentar*, II, §§ 241-243, 13.ª ed. (1995), 450 ss. e 465 ss..
[1046] Staudinger/J. Schmidt cit., § 242, Nr. 622 ss. (450 ss.).
[1047] *Idem*, Nr. 682 ss. (472 ss.).

§ *35.° Venire contra factum proprium* 323

137. Segue; a tutela da confiança

I. A doutrina hoje dominante reconduz pois o *venire contra factum proprium* a uma manifestação de tutela da confiança[1048]. A base legal residirá no artigo 334.° e na boa-fé objetiva; a sua aplicação passa, porém, pela confiança.

A apreciação definitiva deve englobar a doutrina em causa, na sua extensão total. Algumas considerações são oportunas.

Substituir a referência à boa-fé pela menção confiança não é trocar uma fórmula vazia por outra similar. A confiança permite um critério de decisão: um comportamento não pode ser contraditado quando ele seja de molde a suscitar a confiança das pessoas. A confiança contorna, ainda, o problema dogmático, de solução intrincada, emergente da impossibilidade jurídica de vincular, permanentemente, as pessoas aos comportamentos uma vez assumidos. Não é disso que se trata, mas tão-só de imputar aos autores respetivos as situações de confiança, que de livre vontade, tenham suscitado.

A confiança dá um critério para a proibição de *venire contra factum proprium*. Mas não funciona só; mantém-se, básica, a regra oposta de que falta, nas ordens jurídicas, um princípio firme de não contradição, enquanto que, em certos casos, afloram outros vetores que não o da confiança. A existência de princípios contraditórios – neste caso: proibição de *venire contra factum proprium* e permissão de contraditoriedade – não deve confundir: é conquista da Ciência do Direito moderna a possibilidade de oposições desse tipo, sem rutura do sistema e sem quebra de validade para nenhum dos princípios em presença[1049]. Fica em aberto a oportunidade da sua aplicação, em cada caso concreto.

[1048] Além dos Autores citados *supra*, 318-320, *vide*: Griesbeck, *Venire contra factum proprium* cit., 69 ss., Dette, *Venire contra factum proprium* cit., 51 ss. e 57 ss.; Eleftherios G. Voglis, *Kreditkündung und Kreditverweigerung der Banken im Lichte von Treu und Glauben* (2001), 87 ss.: este Autor fala mesmo no *venire* como a mais importante concretização da tutela da confiança; Dirk Looschelders/Dirk Olzen, no *Staudinger* cit., II, § 242, Nr. 292-297 (413-414).

[1049] Canaris, *Systemdenken und Systembegriff in der Jurisprudenz*, 2.ª ed. (1981), 53 e 115 e Ronald Dworkin, *Is law a system of rules?* em *Essays in legal philosophy* (1968), 47 ss., por todos.

324   *O abuso do direito*

II. Utilizando, no *venire contra factum proprium*, a metodologia apurada por Canaris no estudo geral da confiança[1050], poder-se-iam apresentar três linhas tendentes à sua aplicação: a presença de uma disposição específica com o seu conteúdo, a aplicação analógica – com inclusão de *analogia iuris* – de disposições desse tipo a outros casos, ditos análogos, e a atuação direta do próprio princípio em si.

Canaris dá dois passos que não podem ser acompanhados, à partida: circunscreve o *venire* ao que chama de "respondência pela confiança por necessidade ético-jurídica" e aponta, como base da proibição de *venire* a aludida necessidade ético-jurídica[1051]. Como explica Roth, existem situações inadmissíveis de *venire* que não se prendem com a confiança: assim, a da pessoa que recorre, sucessivamente, à incompetência do tribunal arbitral e ao compromisso arbitral para evitar submeter-se aos árbitros e ao tribunal comum[1052]: este caso, como se verá, é redutível graças à interação do tipo *tu quoque*. Acresce que o *venire* – e o atentado à confiança tantas vezes implícito – é combatido por disposições legais precisas e não apenas pela chamada "necessidade ético-jurídica"; recorde-se, p. ex., o artigo 228.º/1 e o seu equivalente § 145 BGB, sem correspondência nos Códigos Napoleão e italiano[1053] os quais, estabelecendo uma regra de irrevogabilidade das propostas contratuais, devem, com vantagem, ser interpretados à luz do princípio que exprimem. Por outro lado, o *venire* pode ser objeto de permissão específica – p. ex., o artigo 2311.º/1, sobre a revogabilidade do testamento. Na derivação do *venire* existem, pois, outras referências que não as proporcionadas por princípios totalmente abstratos como o da "necessidade ético-jurídica". Também não se deve apontar como base do *venire* a aludida "necessidade ético-jurídica", numa linha presente em Wieacker[1054], e que se

---

[1050] Veja-se, assim, a conceção sistemática a que obedece o livro *Vertrauenshaftung* cit., de Canaris.

[1051] Canaris, *Vertrauenshaftung* cit., 266 ss. e 287 ss..

[1052] Roth, no *Münchener Kommentar* cit., 2 a, 4.ª ed., § 242, n.º 289 (188). Roth não se preocupava, porém, em apreciar Canaris, nem apresenta uma conceção própria da confiança.

[1053] Em França, a jurisprudência tem, contudo, vindo a corrigir a possibilidade de revogação, até à aceitação, das propostas negociais; *vide* Rundstein, *Der Widerspruch mit dem eigenen Verhalten* cit., 326. No que toca ao regime do Direito italiano, anote-se que esta sua particularidade, não sendo tida em conta, tem provocado equívocos na doutrina portuguesa, quando se trata de determinar a natureza da proposta contratual: transfere-se, sem mais, a conceção italiana dita "pré-negocial", assente numa ausência de efeitos por força da revogabilidade, para o espaço jurídico português, onde tal revogabilidade não existe.

[1054] Franz Wieacker, *Präzisierung* cit., 28.

§ *35.° Venire contra factum proprium* 325

liga, de algum modo, à tendência para ver na boa-fé um chamado princípio ético-jurídico. Numa manifestação sectorial dos inconvenientes acarretados por estudos parcelares, tal formulação levanta dificuldades excessivas aos sistemas que, como o português e, com clareza ainda maior, o alemão, consagram uma distinção entre bons costumes e boa-fé.

A hipótese de um exercício inadmissível de direitos postula, contudo, que a posição jurídica de cuja atuação se trate não seja, diretamente, interferida por normas jurídicas, ainda que de aplicação analógica. Por isso, das três linhas de aplicação referidas por Canaris, apenas a última releva para uma atuação criativa do *venire contra factum proprium*, embora possa ser auxiliada e precisada pelas duas outras.

III. Na concretização da confiança, podemos trabalhar com um modelo de quatro proposições, válido em geral[1055]. São elas:

1.ª *Uma situação de confiança* conforme com o sistema e traduzida na boa-fé subjetiva e ética, própria da pessoa que, sem violar os deveres de cuidado que ao caso caibam, ignore estar a lesar posições alheias;

2.ª *Uma justificação para essa confiança*, expressa na presença de elementos objetivos capazes de, em abstrato, provocarem uma crença plausível;

3.ª *Um investimento de confiança* consistente em, da parte do sujeito, ter havido um assentar efetivo de atividades jurídicas sobre a crença consubstanciada;

4.ª *A imputação da situação de confiança* criada à pessoa que vai ser atingida pela proteção dada ao confiante: tal pessoa, por ação ou omissão, terá dado lugar à entrega do confiante em causa ou ao fator objetivo que a tanto conduziu.

A *situação de confiança* pode, em regra, ser expressa pela ideia de boa-fé subjetiva: a posição da pessoa que não adira à aparência ou que o faça com desrespeito de deveres de cuidado merece menos proteção.

[1055] *Tratado* I, 4.ª ed., 970-973, com indicações. No campo específico ora em estudo, esse modelo é usado, por exemplo, por Griesbeck, *Venire* cit., 69 ss. e por Dette, *Venire* cit., 57 ss..

326 *O abuso do direito*

A *justificação da confiança* requer que esta se tenha alicerçado em elementos razoáveis, suscetíveis de provocar a adesão de uma pessoa normal.

O *investimento de confiança* exige que a pessoa a proteger tenha, de modo efetivo, desenvolvido toda uma atuação baseada na própria confiança, atuação essa que não possa ser desfeita sem prejuízos inadmissíveis; isto é: uma confiança puramente interior, que não desse lugar a comportamentos, não requer proteção.

A *imputação da confiança* implica a existência de um autor a quem se deva a entrega confiante do tutelado. Ao proteger-se a confiança de uma pessoa vai-se, em regra, onerar outra; isso implica que esta outra seja, de algum modo, a responsável pela situação criada.

IV. As quatro proposições acima apontadas devem ser entendidas e aplicadas com duas precisões importantes. Aliás: interligadas.

As previsões específicas de confiança dispensam, por vezes, algum ou alguns dos pressupostos referidos. Assim sucederá quando os restantes assumam, *in concreto*, uma tal intensidade que possam suprir a falha em causa.

Os requisitos para a proteção da confiança articulam-se entre si nos termos de um *sistema móvel*[1056-1057]. Isto é: não há, entre eles, uma hierarquia e não são, em absoluto, indispensáveis: a falta de algum deles pode ser compensada pela intensidade especial que assumam alguns – ou algum – dos restantes.

V. O ponto sensível do modelo de *venire* reside na deteção de facto suscetível de gerar uma situação de confiança legítima. Podemos induzir esta matéria a partir das regras referentes às declarações de vontade, com relevo para a normalidade típica do caso – 236.º/1 – e para o equilíbrio – 237.º. Digamos que o *quantum* de credibilidade necessária para integrar uma previsão de confiança, por parte do *factum proprium*, é assim função

---

[1056] A ideia de sistema móvel foi apresentada há mais de meio século por Walter Wilburg, *Entwicklung eines beweglichen Systems im bürgerlichen Recht* (1950), tendo sido divulgada por Claus-Wilhelm Canaris; refira-se *Die Vertrauenshaftung im Deutschen Privatrecht*, cit., 301 ss., 312, 373, 389 e 529. A sua aplicação ao Direito português não oferece dificuldades e é útil, num prisma instrumental. *Vide Da boa fé*, 1248, 1262 e *passim*.

[1057] *Vide* um apelo expresso à ideia de sistema móvel em STJ 5-fev.-1998 (Torres Paulo), BMJ 474 (1998), 431-435 (433).

§35.° Venire contra factum proprium

do necessário para convencer uma pessoa normal, colocada na posição do confiante razoável, tendo em conta o esforço realizado pelo mesmo confiante na obtenção do fator a que se entrega. Obtém-se, assim, o enquadramento objetivo da situação de confiança. Requer-se, porém, ainda um elemento subjetivo: o de que o confiante adira, na realidade, ao facto gerador de confiança. Repare-se: bem poderia suceder, não obstante a presença de elementos objetivos suficientes para justificar a proteção da confiança, que o beneficiário em potência, por razões específicas, não tivesse, de facto, confiado na situação que se oferecia. Não cabe, então, conceder-lhe a proteção jurídica. O Direito português dá indicações importantes para solucionar, com facilidade, a configuração deste elemento subjetivo, visto consagrar, de modo repetido, uma boa-fé ética: basta que o confiante ignore a instabilidade do *factum proprium* sem ter desacatado os deveres de indagação que ao caso caibam.

O investimento de confiança, por fim, pode ser sinteticamente explicitado como a necessidade de, em consequência do *factum proprium* a que aderiu, o confiante ter desenvolvido uma atividade tal que o regresso à situação anterior, não estando vedado de modo específico, seja impossível, em termos de justiça. Manifesta-se aqui a natureza subsidiária da proibição de *venire contra factum proprium*; outras consequências prendem-se com o afastamento do regime da confiança, sempre que normas específicas atribuam, à situação gerada, quaisquer outros efeitos.

A base legal para uma aplicação da doutrina da confiança, no Direito português, por forma a vedar o *venire contra factum proprium*, nas suas manifestações mais correntes, reside no artigo 334.° e, de entre os elementos previsivos nele enunciados, na boa-fé.

138. A jurisprudência portuguesa

I. O *venire contra factum proprium* é uma presença constante na jurisprudência dos nossos dias. Numa ilustração cronológica, temos, como meros exemplos, os casos seguintes[1058]:

[1058] Para jurisprudência anterior a meados de 2000 *vide Tratado* I/1, 2.ª ed., 2000, 253 ss. e, para jurisprudência anterior aos finais de 1993, *Teoria geral*, 1, 2.ª ed., 377 ss., bem como o *Tratado* I/1, 2.ª ed. cit., 253, nota 516.

328   *O abuso do direito*

STJ 14-nov.-2000: após 25 anos de contemporização com certo estado de coisas, é abuso, por *venire*, intentar uma ação de despejo[1059];

STJ 21-nov.-2000: o *venire* só pode ser determinado *in concreto*[1060];

RPt 20-mar.-2001: enumera as proposições de que depende o modelo de decisão do *venire*[1061];

REv 4-out.-2001: considera haver abuso do direito, na fórmula *venire*, por parte da mulher casada que, vivendo em união de facto com um terceiro, vem pedir alimentos ao marido; sublinhe-se, aqui, uma conceção objetiva do *venire*[1062];

STJ 17-jan.-2002: admite a figura do *venire*, mas recusa a sua aplicação na hipótese de uma nulidade formal[1063];

RPt 9-abr.-2002: há abuso pretender a destituição da gerência por haver atos falseados quando os sócios já sabiam disso e não se opuseram anteriormente[1064];

STJ 21-jan.-2003: ocorre um *venire* quando, em ação de divórcio, se pretendam arrolar bens adquiridos pelo marido em execução de um mandato sem representação, para o qual tenha sido dado acordo[1065];

STJ 13-mar.-2003: o próprio devia fazer um pagamento que não fez; invocar essa falta para recusar uma responsabilidade é *venire*[1066];

RGm 7-jan.-2004: alguém aceita livranças sabendo que não o podia fazer; vem depois invocar esse facto para pedir a suspensão da execução; aqui, não haveria *venire*, por falta de chocante contradição[1067];

RLx 22-jan.-2004: o senhorio não fez as obras que deveria fazer; autoriza o inquilino a fazê-las; este muda uma pequena estrutura, vindo o senhorio, com esse fundamento, mover um despejo; há um misto de *venire* com *tu quoque*[1068];

[1059] STJ 14-nov.-2000 (Silva Paixão), CJ/Supremo VIII (2000) 3, 121-124 (123/I).

[1060] STJ 21-nov.-2000 (Fernando Pinto Monteiro), CJ/Supremo VIII (2000) 3, 130/133 (133/I); trata-se do caso em que foi decretado o arresto de *passes* de jogadores de futebol.

[1061] RPt 20-mar.-2001 (Afonso Correia), CJ XXVI (2001) 2, 183-190 (190/I).

[1062] REv 4-out.-2001 (Borges Soeiro), CJ XXVI (2001) 4, 266-268 (268/I).

[1063] STJ 17-jan.-2002 (Miranda Gusmão), CJ/Supremo X (2002) 1, 48-50 (50).

[1064] RPt 9-abr.-2002 (M. Fernanda Pais Soares), CJ XXVII (2002) 2, 216-219 (217/II).

[1065] STJ 21-jan.-2003 (Azevedo Ramos; vencido: Armando Lourenço), CJ/Supremo XI (2003) 1, 31-34 (33/II).

[1066] STJ 13-mar.-2003 (Oliveira Barros), CJ/Supremo XI (2003) 2, 12-14 (13/II).

[1067] RGm 7-jan.-2004 (António Magalhães: vencido: Carvalho Martins), CJ XXIX (2004) 1, 273-276 (274-275); o Desembargador vencido propendeu para o *venire*.

[1068] RLx 22-jan.-2004 (Salazar Casanova), CJ XXIX (2004) 1, 74-79 (77/II).

§ *35.° Venire contra factum proprium* 329

RGm 31-mar.-2004: foi intentada uma ação para a fixação judicial de prazo de uma obrigação; subsequentemente, o autor recusa-se a cumprir; entendeu-se, todavia, que não ocorreria aqui um *venire*, por não se verificar nem um direito, nem um poder: apenas responsabilidade contratual[1069];

STJ 22-jun.-2005: define o vcfp como a conduta contraditória que adotou e era objetivamente suscetível de gerar, na outra parte, a convicção de que o direito em causa não seria por ele exercido e, com base nele, programou a sua atividade; o vcfp não foi, aqui, aplicável a um caso de empreitada por não se terem demonstrado os seus requisitos[1070];

STJ 21-fev.-2006: numa situação laboral, define o vcfp, ainda que não o aplicando, por falta de elementos[1071];

STJ 6-abr.-2006: a propositura de uma ação fundada em sinistro cuja ausência se tinha negado a fim de obter a reposição em vigor de um contrato de seguro, dado como resolvido em consequência da falta de pagamento do competente prémio, bem assim se tendo então assumido total responsabilidade por eventual sinistro que se desconhecesse, constitui violação do princípio da confiança e excede manifestamente os limites impostos pela boa-fé ao exercício do direito de indemnização invocado nessa ação, configurando abuso do direito na modalidade de *venire contra factum proprium*, inserido no artigo 334.°[1072];

RCb 27-out.-2009: o abuso do direito, na vertente de vcfp, pressupõe a destruição de uma relação de confiança criada pelo próprio abusador[1073];

RPt 8-fev.-2010: executado um contrato de trabalho durante 7 anos, é *venire* vir invocar a irregularidade da sua formação[1074];

STJ 29-mar.-2012: há abuso, por *venire* quando, num arrendamento em que se exarou ser a renda paga em casa do senhorio e tendo este, durante 10 anos aceitado que a mesma fosse depositada, o senhorio em causa pudesse prevalecer-se da desconformidade com o contrato[1075];

RCb 24-abr.-2012: indica os pressupostos do *venire*; isso posto, há *venire* quando, numa transação, o senhorio aceite certas obras e venha, depois, peticionar um despejo por obras não autorizadas[1076];

[1069] RGm 31-mar.-2004 (Vieira e Cunha), CJ XXIX (2004) 2, 281-283 (282/I e II).
[1070] STJ 22-jun.-2005 (Salvador da Costa), Proc. 05B1993.
[1071] STJ 21-fev.-2006 (Fernandes Cadilha), Proc. 05S3482.
[1072] STJ 6-abr.-2006 (Oliveira Barros), Proc. 06B510.
[1073] RCb 27-out.-2009 (Gonçalves Ferreira), Proc. 156/92.
[1074] RPt 8-fev.-2010 (Ferreira da Costa), Proc. 207/09, que chega a falar numa "espécie de usucapião".
[1075] STJ 29-mar.-2012 (Fonseca Ramos), Proc. 278/2001.
[1076] RCb 24-abr.-2012 (Carlos Querido), Proc. 2725/08.

330   *O abuso do direito*

STJ 11-dez.-2012: posiciona o *venire* no campo do abuso do direito e indica os seus pressupostos[1077];

RLx 20-mar.-2013: *idem*[1078];

RLx 14-nov.-2013: a pessoa que combina que certa contrapartida pelo uso de um armazém seja paga por terceiro e, depois, demanda a contraparte por incumprimento, é abusiva, por vcfp[1079];

STJ 11-fev.-2014: indica os pressupostos do vcfp[1080];

STJ 25-nov.-2014: enuncia os quatro elementos do *venire*: (1) conduta; (2) geração de expectativa; (3) investimento de confiança; (4) comportamento contraditório[1081];

STJ 24-mar.-2015: numa situação de troca, pode-se invocar um vício de forma; mas não se isso envolver um vcfp[1082];

RGm 23-abr.-2015: a propósito de uma prestação de contas por um mandatário, afirma-se o vcfp como modalidade de abuso do direito, assente na boa-fé tuteladora da confiança jurídica[1083];

STJ 19-mai.-2015: numa situação de deliberações sociais, não há vcfp se ocorre um facto não imputável ao indutor da confiança que quebra a ligação entre este e a confiança em si[1084];

STJ 9-jul.-2015: num arrendamento comercial nulo por falta de escritura, a invocação de nulidade dá lugar a um *venire*[1085];

STJ 10-mar.-2016: incorre em vcfp a seguradora que pretende não indemnizar um sinistro invocando uma doença prévia do segurado, quando já a conhecia aquando da contratação[1086];

RGm 2-fev.-2017: incorre em abuso do direito, na modalidade de vcfp, o autor de uma conduta, em si legítima, quando tenha feito crer que o direito em causa não seria exercido[1087];

STJ 14-fev.-2017: o vcfp só opera em casos excecionais: quando implique atuações clamorosamente contrárias à lealdade e à correção[1088];

[1077] STJ 11-dez.-2012 (Fernandes do Vale), Proc. 116/07.
[1078] RLx 20-mar.-2013 (Carla Mendes), Proc. 1199/11.
[1079] RLx 14-nov.-2013 (Carla Mendes), Proc. 6664/08.
[1080] STJ 11-fev.-2014 (Ana Paula Boularot), Proc. 812/05.
[1081] STJ 25-nov.-2014 (Gabriel Catarino), Proc. 3220/07.
[1082] STJ 24-mar.-2015 (Gabriel Catarino), Proc. 296/11.
[1083] RGm 23-abr.-2015 (Espinheira Baltar), Proc. 495/08.
[1084] STJ 19-mai.-2015 (Fonseca Ramos), Proc. 477/03.
[1085] STJ 9-jul.-2015 (Pinto de Almeida), Proc. 796/08.
[1086] STJ 10-mar.-2016 (Oliveira Vasconcelos), Proc. 206/13.
[1087] RGm 2-fev.-2017 (António Sobrinho), Proc. 3380/13.
[1088] STJ 14-fev.-2017 (José Rainho), Proc. 724/09.

§ 35.º Venire contra factum proprium

RGm 16-fev.-2017: o vcfp impede a destruição de negócios por vício formal quando tal conduza a efeitos insuportáveis[1089];

STJ 8-jun.-2017: incorre em vcfp o promitente comprador que pede um sinal em dobro quando pretendia, precisamente, que não houvesse contrato[1090].

Surgem muitos outros casos.

II. A consideração global destas decisões permite apurar alguns pontos relevantes. Assim:

– o *venire* continua a ser reconhecido e a ser aplicado com fluência; denota-se, mesmo, uma certa desnecessidade de recorrer a copiosas justificações: a figura é de tal modo pacífica que bastará referi-la, para justificar a aplicação;
– surgem hipóteses de *venire* nas quais ocorre uma efetiva contradição de condutas, mas sem que se chegue, propriamente, a constituir uma defrontável situação de confiança;
– os tribunais abandonam a fixação dos pressupostos de que depende a confiança tutelável, base do *venire*: pressupõe-na.

Por um lado, esta evolução é favorável, uma vez que radica na aplicação tranquila do *venire*. Por outro, porém, ela pode fazer perder consistência à figura. Este último perigo é ainda potenciado pela utilização, sem critério, de obras arcaicas, ainda que de justo prestígio e, até, por alguns discursos doutrinários desalinhados que ignoram os progressos do Direito nas últimas décadas. Não é correto, por exemplo, rejeitar o abuso, na fórmula do *venire* ou noutra, por invocada ausência de um direito de que se possa abusar. O *venire* é possível – como está há muito dito e julgado – perante o abuso da autonomia privada ou de quaisquer outras potencialidades jurídicas.

III. Também não oferece dificuldades o facto de o *venire* se sobrepôr ou concorrer com outros tipos de comportamentos abusivos. Assim, é frequente situações de inalegabilidade formal ou de *suppressio* serem, em simultâneo, de *venire contra factum proprium*. Não lidamos, aqui, com qualquer classificação rígida mas, apenas, com ordenações tendenciais.

[1089] RGm 16-fev.-2017 (Jorge Teixeira), Proc. 1452/14.
[1090] STJ 8-jun.-2017 (Salazar Casanova), Proc. 7461/14.

332   *O abuso do direito*

IV. Finalmente, cabe uma referência à contradição de condutas que não chegue a defraudar qualquer confiança. Assim sucederá nos casos do cônjuge que vive com um terceiro e vem pedir alimentos ao consorte ou do contraente que falta voluntariamente a um pagamento e invoca a sua ausência para ilidir uma responsabilidade. Deparamos, aqui, com uma quebra na consistência das condutas envolvidas, de tal modo que, no conjunto, o comportamento defronta perspetivas de coerência valorativa. O *venire* dá, aqui, corpo à primazia da materialidade subjacente, também ela veiculada do sistema, através da boa-fé.

Digamos que o *venire*, para além do seu núcleo duro, claramente assente na tutela da confiança, poderá comportar outras composições de comportamentos contraditórios que, pela quebra do *continuum* sócio-cultural que representem, se devam considerar globalmente contrários à substancialidade do sistema. O abuso do direito é, por definição, um espaço aberto, apto à expansão para novas áreas.

§ 36.º INALEGABILIDADES FORMAIS

139. O problema e as suas especificidades; evolução

I. Os negócios jurídicos são nulos caso não assumam a forma legalmente prescrita – artigo 220.º. Em regra, são consensuais (219.º); quando, porém, isso não suceda, a observância da forma torna-se absolutamente necessária[1091]. A nulidade do negócio pode ser alegada a todo o tempo e por qualquer interessado (286.º).

Pois bem: chamaremos inalegabilidade formal à situação em que a nulidade derivada da falta de forma legal de determinado negócio não possa ser alegada sob pena de se verificar um "abuso do direito", contrário à boa-fé. A ocorrência paradigmática seria a de um *venire contra factum proprium* específico: o agente convence a contraparte a concluir um negócio nulo por falta de forma, prevalece-se dele e, depois, vem alegar a nulidade. Todavia: as normas relativas à forma do negócio têm certas características que obrigam a um tratamento específico: diferenciado em relação ao comum *venire*.

II. Como foi dito, as ordens jurídicas da atualidade vivem, em teoria, dominadas pelo princípio da consensualidade na formação dos atos jurídicos: a simples exteriorização da vontade das pessoas, efetuada por qualquer meio idóneo, é suficiente para integrar as previsões normativas relacionadas com a autonomia privada. O Direito requer, contudo, em sectores delimitados, formas específicas, normalmente solenes, para a dimanação de declarações negociais. Quando a forma prescrita não seja assumida nas declarações das partes, o Direito nega-lhe, salvo exceções, o reconhecimento jurídico, cominando a nulidade. Não obstante as apregoadas justificações da forma legal, quando prescrita – a reflexão das partes, a

---

[1091] Quanto à forma, à sua inobservância e às consequências, pressupõe-se toda a matéria referida no *Tratado* II, 4.ª ed., 164 ss..

334 *O abuso do direito*

facilidade de prova e a publicidade[1092] – o seu desrespeito não concita, nos níveis ético, psicológico e social, a reprovação enérgica que o Direito lhe conecta. As mesmas razões extrajurídicas que se viu militarem no sentido da proibição de *venire contra factum proprium* incitam, na sociedade, ao cumprimento dos negócios livremente celebrados, ainda que sem observância da forma legal. A desconsideração comum pelos valores jurídicos associados à forma é agravada pelo arcaísmo dos regimes modernos: oneram-se atos de relevo social e económico em regressão, enquanto outros, da maior importância, se mantêm consensuais. Conserva-se, por fim, viva a ideia de que todo o progresso jurídico tem operado contra o formalismo e na busca de verdadeiras soluções materiais[1093].

Pode, pois, falar-se de pressão sobre o dispositivo legal que prescreve as nulidades formais.

O Direito português conhece diversos meios para minorar o *ius strictum* das nulidades formais. Assim, a lei excetua, ao regime da forma, boa parte das chamadas estipulações acessórias – 221.°; admite que o sentido da declaração possa ter apenas um mínimo de correspondência no documento requerido pelo regime formal ou, até, nem ter qualquer correspondência – 238.°/1 e 2; aceita a conversão de negócios nulos, com viabilidade, pois, de passagem para negócio com requisitos formais menos rigorosos – 293.°; limita, por fim, em disposições especiais, as possibilidades de arguição de certas nulidades formais – v.g., 410.°/3.

Claro está: em termos conceptuais, estas disposições e a evolução que denotam tanto podem representar o enfraquecimento geral das nulidades formais, como o seu fortalecer nas áreas onde, deliberadamente, o legislador não queira intervir. Mas no mundo dos valores privados, parece-nos claro.

III. Na falta de preceitos específicos, a primeira tentativa de bloquear certas nulidades formais foi levada a cabo, na Alemanha, através da *exceptio doli*.

[1092] *Tratado* II, 4.ª ed., 174-175, com uma série alongada de fundamentos de forma.

[1093] Werner Lorenz, *Das Problem der Aufrechterhaltung formichtiger Schuldverträge*, AcP 156 (1957), 381-413 (385-398) e Helmut Coing, *Form und Billigkeit im modernen Privatrecht*, DNotT 1965, 29-50 (29-30).

§ 36.º Inalegabilidades formais 335

De facto, a possibilidade de recurso à *exceptio doli* é universal, desde que o Direito justinianeu aboliu, na prática, a clivagem entre *bonae fidei* e *stricti iuris iudicia*: a *exceptio* não tem de constar da fórmula para ser atuada; tão-pouco deve ser inserida em todos os preceitos legais que possam ser utilizados contra a boa-fé.

O emprego da *exceptio* perante nulidades formais, contrariando, de modo frontal, a vontade histórica do legislador alemão[1094] não foi conseguido sem hesitações[1095]. Inicialmente, o RG entendeu que "onde intervenham prescrições de forma, não pode, quando essas prescrições não devam conservar o seu sentido de outro modo, ser concedido o recurso à boa-fé"[1096], voltando a frisar, tempos depois que "O Reichsgericht mantém que o recurso à boa-fé perante prescrições de forma, tem de ser negado, porque de outro modo as prescrições de forma ficariam sem significado"[1097]. A doutrina sufragaria, de alguma forma, esta orientação. O RG alterou, depois, as suas teses. Em 15-nov.-1907, embora reconhecendo que, em princípio, as disposições referentes à forma não podem ser contrariadas pela *exceptio doli*, decidiu concedê-la ao R. em ação de nulidade, por o próprio A. ter induzido o R. à não redução de determinada alteração num arrendamento de coisa produtiva a escrito[1098]. Em RG 28-nov.-1923, discutia-se a situação criada pela celebração de um contrato simulado, com preço, por compra de prédio, inferior ao verdadeiramente acordado. O A. pedia a declaração de nulidade do contrato dissimulado, por falta de forma; no entanto, fora ele que, como experiência de transações imobiliárias, ainda que sem o intento de gerar uma nulidade, declarara ao R. a juridicidade do negócio,

---

[1094] *Motive* cit., 1, 183: "Quando para negócios singulares se encontre prescrita uma forma especial, isso basta para considerar que as razões para a necessidade da observância da forma pesam mais do que a consideração pelo dever ético da palavra dada". Cf., ainda Coing, *Form und Billigkeit* cit. , 33 – segundo o qual o legislador apenas quis, no § 242, reforçar as vinculações, tal como fez o artigo 1134.º do Código Napoleão e não limitar o § 125 e Dietrich Reinicke, *Rechtsfolgen formwidrig abgeschlossener Verträge* (1969), 29-30, que refere a justificação de motivos.

[1095] Stormer, *Die sog. exceptio doli generalis gegenüber der Berufung auf Formnichtigkeit* cit., 20, Weber, *Treu und Glauben* cit., D 427 (852), Reinicke, *Rechtsfolgen formwidrig abgeschlossener Verträge* cit., 29-30, Ludwig Häsemeyer, *Die gesetzliche Form der Rechtsgeschäfte* (1971), 37 e Lorenz, *Das Problem der Aufrechterhaltung formnichtiger Schuldverträge* cit. , 399.

[1096] *Vide* W. Weber, *Treu und Glauben* cit., D 421 (850).

[1097] RG 7-jun.-1902, RGZ 52 (1902), 1-5 (3); tratou-se de uma venda de imóvel na qual o assentimento do marido fora meramente verbal. Outros elementos: *Da boa fé*, 774.

[1098] RG 15-nov.-1907, SeuffA 63 (1908), 349-350 (349).

336   *O abuso do direito*

assim celebrado. O RG concedeu a *exceptio*[1099]. Esta decisão foi modelar em relação a numerosas outras[1100].

Posteriormente, verificou-se uma evolução jurisprudencial, que corresponderia, aliás, à decadência da *exceptio doli*. As primeiras decisões judiciais que instituíram a inalegabilidade de nulidades formais fizeram-no quando o agente causara diretamente o vício na forma e, depois, pretendeu aproveitar-se dele. De seguida, porém, veio a requerer-se, apenas, a simples negligência do agente, aquando da celebração do contrato[1101]. Por fim, a alegação de nulidades formais veio a ser coartada, independentemente de qualquer culpa do agente, quando, dadas as circunstâncias do caso, se constate que o provimento da nulidade iria atentar contra a boa-fé[1102].

Este desenvolvimento vigoroso da jurisprudência, além de *contra legem*, processou-se em certa discordância com a doutrina. Desde o início, chamou-se a atenção para a natureza cogente das disposições que cominam formas necessárias para certas declarações negociais bem como das que, à inobservância das primeiras, associam a nulidade. Havendo dolo ou procedimento similar por uma das partes, com uma nulidade formal por resultado, poder-se-ia, quando muito, chegar a uma indemnização a arbitrar ao prejudicado, seja por *culpa in contrahendo*, seja por prática delitual, atentatória, eventualmente, dos bons costumes.

[1099] RG 28-nov.-1923, RGZ 107 (1924), 357-365 (364-365). A inflação conduziria a uma série de impugnações desse tipo às quais o RG fez frente com a *exceptio doli* – Arndt, *Zur exceptio doli bei Schwarzkäufen*, DJZ 31 (1926), 805-806 (805). Numa faceta interessante do problema, deve salientar-se que a jurisprudência relativa às inalegabilidades formais tem a sua origem em situações sociais delicadas, que tinham de ser resolvidas imperiosamente.

[1100] RG 21-mai.-1927, RGZ 117 (1927), 121-127, RG 12-nov.-1936, RGZ 153 (1937), 59-61 (61), RAG 15-jun.-1938, JW 1938, 2426 e RG 4-dez.-1942, RGZ 170 (1943), 203-207 (204-205), p. ex..

[1101] As diversas decisões alemãs, todas anteriores a 1930, podem ser confrontadas em *Da boa fé*, 775.

[1102] RG 12-nov.-1936, RGZ 153 (1937), 59-61 (60-61), RAG 15-jun.-1938, JW 1938, 2426 e RG 4-dez.-1942, RGZ 170 (1943), 203-207 (204-205).

§36.º Inalegabilidades formais 337

Uma reação grande por parte da doutrina foi desencadeada por RG 15-nov.-1907[1103]: Hoeniger[1104], Reichel[1105], Josef[1106] e Oertmann[1107] asseguram, no essencial, que o Tribunal do *Reich* colocara a alegação de nulidade formal ao nível das condutas não permitidas, contrariando, pois, a letra e o espírito da lei. A ocorrência de manobras condenáveis, na origem do vício, apenas permitiria ao lesado obter uma indemnização pelo interesse negativo – o interesse da confiança – do contrato; nunca, porém, validar uma nulidade. Mesmo Autores que, como Heldrich, concordam com a jurisprudência do RG, distanciam-se deste no que respeita à justificação[1108].

[1103] *Supra*, 335 e nota 1098.

[1104] Heinrich Hoeniger, *Arglist herbeigeführte Formnichtigkeit*, ZNotV 1909, 673-688 (675). Hoeniger entende que a *exceptio* só pode ser concedida contra quem alegue nulidade formal quando o agente que o faça lhe tenha dado azo através de delito. Precisa Hoeniger: "Os pressupostos para o conceito em análise [a *exceptio doli*] são duplos: positivamente, que o provocar da nulidade formal através duma das partes preencha em pleno a previsão de um delito civil e negativamente, que a outra parte não conheça a nulidade formal, não a silencie e, também, nem com ela concorde nem a desconheça por negligência" – *idem*, 681; também Hoeniger, *Einrede der Arglist gegen Formnichtigkeit*, ZNotV 1910, 907-909.

Reticente perante a hipótese de bloquear nulidades formais mostrar-se-ia, ainda, Adolf Weissler, *Rechtsprechung in Urkundsachen*, ZNotV 1909, 70-118 (75). Aí, precisamente a propósito de RG 15-nov.-1907, escreve que "... na simples alegação da disposição legal de forma nunca pode ser visto um dolo".

[1105] Hans Reichel, *Zur Behandlung formnichtiger Verpflichtungsgeschäfte*, AcP 104 (1909), 1-150; Reichel explicita, com clareza, que de um negócio nulo não podem emergir pretensões de cumprimento; sendo a nulidade formal, por maioria de razão não é o negócio viciado suscetível de ser feito valer – ob. cit., 2 e 33. Esta situação não pode ser entravada pela *exceptio doli* ou pela boa-fé – ob. cit., 40. Concede, tão-só, a sua interposição quando uma parte, de modo contrário à lei ou aos bons costumes, provoque a nulidade com dolo e, depois, procure fazer valê-la – ob. cit., 44.

[1106] Eugen Josef, *Arglistige Herbeiführung der Formnichtigkeit*, AbürgR 36 (1911), 60-70. Também Josef foca que apenas o provocar, com delito doloso, da nulidade, pode facultar à outra parte a exceção de dolo; doutra forma, o recurso à nulidade formal seria um comportamento não permitido, o que contraria a lei; o causar nulidades não permite, na falta desses requisitos, mais do que a indemnização por interesse negativo ou interesse da confiança – ob. cit., 68-70, 62-63 e 65.

[1107] Paul Oertmann, *Arglistige Herbeiführung der Formnichtigkeit*, Recht 1914, 8-12. Oertmann estranhando igualmente que o recurso à nulidade possa integrar uma hipótese de comportamento indevido, admite, como margem para a interposição da *exceptio*, a situação em que uma das partes, já com o intento de, mais tarde, arguir a nulidade, tenha dado lugar à sua verificação.

[1108] Karl Heldrich, *Die Form des Vertrages*, AcP 147 (1941), 89-129 (112).

338   *O abuso do direito*

IV. A jurisprudência do BGH manteve, num primeiro tempo, a linha do RG[1109]. Veio, depois, a proceder a restrições subtis[1110]. A superação definitiva da *exceptio doli* pode considerar-se consolidada, na medida em que a inalegabilidade do vício formal, embora facilitada, nalguns casos, pelo dolo inicial[1111], depende mais da situação da pessoa contra quem é feita valer a nulidade, do que dos feitos e intenções do alegante[1112]. A extensão daqui resultante é, apenas, aparente. Em várias decisões tem sido vincado, com a maior clareza, que não é na base da equidade – e logo

---

[1109] Curiosamente, o ponto máximo da evolução jurisprudencial do RG no sentido da superação, por via da boa-fé, dos requisitos legais de forma, foi alcançado através de uma decisão do OLG Dresden, 22-mar.-1949, portanto na então Zona de Ocupação Soviética, depois RDA, NJ 1949, 256-257 = JR 1950, 24-25. Fora "celebrado" um contrato de compra e venda de imóvel, mediante a aceitação duma proposta formulada por carta; a formalização notarial ficou para mais tarde. Não se realizando esta, o comprador aciona o vendedor para que faculte a inscrição; o R. alega a nulidade formal. O tribunal de apelação entendeu que o requisito de forma se prendia a um forte conceito de propriedade, em especial fundiária. Ora "... uma necessidade de proteção tão extensa e especial da propriedade, perante outros direitos, não é mais sentida no desenvolvimento ulterior do nosso Direito. A propriedade tem de aceitar múltiplas limitações e intervenções, mais ou menos sem proteção, na ordem nova das relações económicas e sociais. A conceção jurídica atual não se inclina já, também, para atribuir à forma um significado decisivo, perante a palavra inequívoca que vincula". Posto o que afasta o § 313 BGB, em nome do § 242 – NJ 1949, 257 = JR 1950, 25. O OLG Dresden não refere a jurisprudência do antigo RG, embora a pressuponha.

Na transposição do RG para o BGH, foi importante a decisão do OGHBrZ, 7-out.-1948, OGHZ 1 (1949), 217-222. Discutia-se a "venda" de uma casa, feita por escrito particular, quando o "vendedor", arguindo a nulidade formal, veio reivindicá-la. O R. alegou pensar a formalização perante o notário como operação habitual, mas não obrigatória, tendo confiado no A., oficial de polícia. O OGHBrZ entendeu que em casos especiais, de consequências insuportáveis para os RR., é de bloquear o dispositivo que prescreve declarações formais, através da boa-fé – OGHZ 1 (1949), 218-219.

[1110] Werner Lorenz, *Rechtsfolgen formnichtiger Schuldverträge*, JuS 1966, 429-436 (431).

[1111] BGH 3-dez.-1958, BGHZ 29 (1959), 6-13 = NJW 1959, 626-627 = WM 1959, 273-275 = BB 1959, 215 = DB 1959, 595 (não se refere, neste último local, o que interessa para as inalegabilidades formais); houvera, aí, um documento notarial com datas inexatas, devendo-se esse facto à intenção de uma das partes tirar, depois, vantagem sobre a outra; o BGH concedeu a inalegabilidade, frisando, contudo, que a situação do R., na nulidade, seria não apenas dura, mas insuportável.

[1112] Admite-se, pois, a inalegabilidade mesmo sem a vontade, direta ou necessária. de prejudicar a contraparte, no que parece ser a herança do RG; assim BGH 9-out.-1970, NJW 1970, 2210-2212, onde o A. calara apenas algumas circunstâncias.

§ 36.º Inalegabilidades formais 339

de uma justiça do caso concreto – que se pode proceder à não aplicação das disposições sobre a forma das declarações negociais[1113]; tal efeito, atentas as necessidades de segurança jurídica[1114], justifica-se apenas em casos extremos e excecionais[1115].

140. As inalegabilidades na base da confiança

I. A criação jurisprudencial do Direito é, naturalmente, imprecisa; a sistematização doutrinária tem, para mais, tardado neste caso. Não obstante, o conjunto das decisões compulsadas, com atenção particular às mais recentes, e os comentários sobre elas tecidas pela doutrina permitem firmar aspetos importantes.

Primordial é a posição da pessoa contra quem se pretenda fazer valer a nulidade formal. Esta posição equaciona-se em dois aspetos: a sua relação com o vício formal e as consequências para ela emergentes da nulidade, caso seja declarada. Quanto ao primeiro, deve entender-se a necessidade de boa-fé subjetiva por parte de quem queira fazer valer a inalegabilidade ou seja, de desconhecimento, aquando da "celebração" do contrato, da necessidade formal. A boa-fé subjetiva comporta, aqui, deveres de indagação e informação de intensidade acrescida, dada a rigidez das normas em jogo, e visto o conhecimento generalizado que existe da necessidade de forma solene para certos atos. A evidência da falta de forma ou a negligência grosseira prejudicam sempre pois, estando presentes ou havendo conhecimento do vício, é razoável que o contratante corra o risco de ver declarado nulo o seu contrato. De todo o modo, poderemos admitir que especiais

---

[1113] BGH 29-jan.-1965, NJW 1965, 812-815 (813) e BGH 9-out-1970, NJW 1970, 2211.

[1114] BGH 3-dez.-1958, BGHZ 29 (1959), 10 – interesse geral; BGH 29-jan.-1965, NJW 1965, 813 – interesse da segurança jurídica; BGH 10-jun.-1977, NJW 1977, 2072-2073 = WM 1977, 1144 – celebrada compra e venda de prédio com obrigação, pelo vendedor, de proceder a uma construção, o que não constava do documento; focam-se, aí, as exigências da segurança; BGH 16-nov.-1978, NJW 1980,117-119 (118) – sublinham-se, também, a propósito de promessa sem forma efetuada por um burgomestre, as necessidades da segurança. Trata-se, pois, de um vetor que tem vindo a crescer na jurisprudência.

[1115] BGH 27-mai.-1957, WM 1957, 883-886; BGH 28-nov.-1957, WM 1958, 71-74, BGH 16-abr.-1962, WM 1962, 575-576, BGH 29-jan.-1965, NJW 1965, 812-815 (813), BGH 22-jun.-1973, NJW 1973, 1455-1457 e BGH 16-nov.-1978, NJW 1980, 118; o conteúdo destas decisões pode ser confrontado em *Da boa fé*, 781-782, nota 505.

340   *O abuso do direito*

características do caso concreto – com relevo para uma absoluta confiança na outra parte – possam atenuar o rigor deste requisito.

II. Quanto às consequências emergentes da nulidade, caso seja declarada: tem vindo a ser sublinhado, pela jurisprudência, que a inalegabilidade surge justificada apenas quando a destruição do negócio tivesse, para a parte contra a qual é atuada, efeitos "não apenas duros, mas insuportáveis"[1116]. Na concretização jurisprudencial desta fórmula, pode chamar-se em auxílio a construção de Canaris[1117]: requer-se que a parte protegida tenha procedido a um "investimento de confiança", fazendo assentar, na ocorrência nula, uma atividade importante[1118], que a situação seja imputável à contraparte, embora não necessariamente a título de culpa e que o escopo da forma preterida não tenha sido defraudado; pela negativa, exige-se ainda que nenhuma disposição ou princípio legal excluam, em concreto, a inalegabilidade e que não haja outra solução para o caso: a inalegabilidade das nulidades formais teria, pois, natureza subsidiária[1119]. Compulsada, contudo, a jurisprudência, constata-se que nem sempre estes requisitos estão todos presentes. Consciente do problema, Canaris afirma a impossibilidade de firmar uma previsão consistente de inalegabilidades; os diversos critérios articular-se-iam nos termos de um sistema móvel[1120].

A concretização do *venire contra factum proprium* nas inalegabilidades de vícios formais implica, como se vê, distorções em dois pontos: requer-se aqui uma boa-fé subjetiva com elementos normativos ligados a exigências de indagação e cautela mais fortes e acrescenta-se, como fator de relevo, a necessidade de respeito efetivo pelo escopo que a forma presente pretenderia prosseguir. O sistema móvel nas inalegabilidades formais torna-se, pois, mais complexo e, como exprime o dado jurisprudencial, mais necessário, ainda, para o explicar.

[1116] BGH 3-dez.-1958, BGHZ 29 (1959),10 = NJW 1959, 627 = WM 1959, 275 = BB 1959, 215 = DB 1959, 595; BGH 27-out.-1967, BGHZ 48 (1968), 398 = NJW 1968, 39; BGH 10-jun.-1977, NJW 1977, 2072 = WM 1977, 1144; BGH 16-nov.-1978, NJW 1980, 118.

[1117] Claus-Wilhelm Canaris, *Vertrauenshaftung* cit., 295-301.

[1118] Cuja frustração, complementando Canaris, acarrete, para a parte a proteger, as consequências insuportáveis de que fala a jurisprudência do BGH. P. ex., as situações de pessoas que, confiantes no contrato nulo, abandonaram a habitação ou o posto de trabalho, sem possibilidade de recuperação.

[1119] Canaris, *Vertrauenshaftung* cit., 300-301.

[1120] Canaris, *Vertrauenshaftung* cit., 301-305.

§ 36.º Inalegabilidades formais 341

141. As dificuldades jurídico-científicas; as doutrinas

I. Apesar do dado jurisprudencial, ainda que explicitado com recurso à ideia de sistema móvel, a doutrina encontra dificuldades para, em nome da boa-fé, formular uma regra de restrição às nulidades formais[1121]. À partida, deve ser ponderado um fator de regime, mas com a maior importância dogmática: no Direito português (como no alemão) as nulidades, além de arguíveis pelas partes ou por interessados são, de ofício, cognoscíveis pelo tribunal (286.º). As leituras que, na inalegabilidade, veem apenas uma concretização da inadmissibilidade de um exercício contrário à boa-fé, ficam comprometidas: de nada valeria, ao beneficiário, bloquear a alegação da nulidade pela contraparte quando, afinal, o próprio juiz teria, por dever de função, de a declarar. No fundo, a alegabilidade das nulidades não está em causa. Questiona-se antes, a aplicação seja das disposições legais que prescrevem formas para certas declarações, seja da regra que, à inobservância dessas disposições, associa a nulidade. Tais disposições são, porém, lapidares[1122], sendo duvidoso que a simples superação de métodos formais axiomático-dedutivos na interpretação e aplicação de proposições jurídicas permita contorná-las.

As tentativas de redução dogmática do problema são meros discursos explicativos, mais do que teorias suscetíveis de agrupamento e classificação. Para além das versões, já referidas, segundo as quais haveria que lidar apenas com um comum exercício inadmissível de direitos, devem mencionar-se:

– a doutrina da confiança;
– as saídas negociais;
– a natureza das normas formais.

II. A doutrina da confiança redunda no seguinte: o "doloso provoca, na outra parte, a impressão de que o negócio é eficaz e assume,

---

[1121] Como exemplos: Wieacker, *Präzisierung* cit., 29, nota 62, Gernhuber, *Formnichtigkeit und Treu und Glauben*, FS Schmidt-Rimpler (1955), 151-179 (154), Lorenz, *Das Problem der Aufrechterhaltung formnichtiger Schuldverträge* cit., 398-408, Coing, *Form und Billigkeit im modernen Privatrecht* cit., 35, Häsemeyer, *Die gesetzliche Form der Rechtsgeschäfte* cit., *maxime* 294 ss. e Larenz/Wolf, *Allgemeiner Teil* cit., 9.ª ed., 502.

[1122] Hans Merz, *Auslegung, Lückenerfüllung und Normberichtigung/Dargestellt an den Beispielen der unzulässigen Berufung auf Formungültikgeit und des Missbrauchs der Verjährungseinrede*, AcP 163 (1963), 305-345 (314).

342   *O abuso do direito*

assim, a confiança desta: deve responder, pois, pela situação de confiança obtida"[1123]. A concessão de uma pretensão de cumprimento seria, então, uma necessidade ético-jurídica[1124]. A base positiva da confiança está na prescrição geral da boa-fé – 334.º e também, para as obrigações, 762.º/2 e § 242 BGB; daí que, na chamada inalegabilidade de vício formal, se assistiria não ao fazer valer de um contrato nulo – impossibilidade jurídica acentuada pelo dever funcional do tribunal declarar, de ofício, a nulidade – mas sim à atuação de deveres legais similares aos do contrato malogrado[1125]: a inalegabilidade seria uma sub-hipótese da proibição de *venire contra factum proprium*, com a particularidade de, por *factum proprium*, aparecer um contrato formalmente nulo. Já se viu que tal orientação tem, pelo menos, o mérito de sistematizar, ainda que em termos móveis, o dado jurisprudencial.

Esta construção acarreta a aplicação, ao *factum proprium* e por analogia, das disposições próprias dos negócios jurídicos[1126].

III. As saídas negociais partem da construção da confiança. Pegando no resultado prático a que elas chegam, fecham o círculo, proclamando que o contrato nulo é, pela sua natureza voluntária como pelos seus regime e efeitos, um contrato verdadeiro. Só que, por razões que compete aos defensores do fenómeno explicar, não lhe seriam aplicáveis as disposições cominadoras de forma[1127]. Apesar da aproximação da confiança ao negócio, através da analogia, não há identidade de regimes: basta atentar nos pressupostos. Esta orientação vai, assim, longe demais.

IV. Desenvolve-se, num terceiro vetor, o tema do escopo visado pelas disposições que impõem formas determinadas para certos atos jurídicos, e que foi sublinhado, em especial, por Lorenz e por Coing[1128].

[1123] Canaris, *Vertrauenshaftung* cit., 277; também 289-290.

[1124] Canaris, *Vertrauenshaftung* cit., 278.

[1125] Canaris, *Vertrauenshaftung* cit., 267-268, 279 e 293.

[1126] Canaris, *Vertrauenshaftung* cit., 452.

[1127] Josef Wieling, *Venire contra factum proprium* cit., 342.

[1128] Lorenz, *Das Problem der Aufrechterhaltung formnichtiger Schuldverträge*, maxime 413 e *Rechtsfolgen formnichtiger Schuldverträge* cit., 436 e Coing, *Form und Billigkeit im modernen Privatrecht* cit., 35 e 48 ss..

§ 36.º Inalegabilidades formais   343

Temos vindo a aprofundar esta vertente explicativa através da ideia do escopo das normas formais e da possibilidade da sua redução teleológica[1129].

A redução teleológica é, em geral, a operação interpretativa que permite restringir o alcance de uma norma quando se verifique que o escopo por ela visado já foi alcançado. Digamos que a redução teleológica está para a interpretação restritiva assim como a analogia está para a interpretação extensiva. Ela permitiria ficar aquém da letra e do espírito da lei, desde que se mostrasse assegurado o objetivo por ela visado.

Pois bem: se assentássemos em que as normas relativas à forma prosseguem fins de publicidade, de prova e de reflexão, a redução teleológica permitiria dispensá-las sempre que se demonstrasse estarem esses mesmos fins acautelados.

Sucede, porém, que as normas relativas à forma não têm fins claros. Elas valem por si e pela segurança que assumem emprestar aos negócios envolvidos. Basta ver que negócios importantes são consensuais, enquanto outros, pouco significativos, se sujeitam à forma solene máxima. As normas formais serão, assim, normas plenas. Com uma consequência relevante: não admitem redução teleológica.

No plano das inalegabilidades: não seria possível paralisar ou dispensar normas formais, recorrendo à sua redução teleológica. O problema terá de ser resolvido com recurso a normas ou a institutos paralelos ou, pelo menos, exógenos. Não é bastante a mera consideração das normas envolvidas.

142. A jurisprudência; posição adotada

I. Tal como sucedeu na experiência alemã, também na portuguesa se verifica um certo desfasamento entre a doutrina e a jurisprudência, no tocante ao tema das inalegabilidades formais. A doutrina, peada pela natureza estrita e plena das normas relativas à forma dos negócios, tem grande dificuldade em superá-las: seja pela via da confiança, seja através da sua redução teleológica. Já a jurisprudência, confrontada com a realidade de situações clamorosamente injustas e contrárias à lógica do sistema, tende a admitir, em casos marcantes, as inalegabilidades formais.

[1129] *Tratado* II, 4.ª ed., 188-189.

344 *O abuso do direito*

II. A relatada posição da jurisprudência tem surgido, desde logo, através do *venire contra factum proprium*. Assim sucedeu em RLx 8-mar.-1988[1130], em RPt 11-mai.-1989[1131], em RCb 16-jan.-1990[1132], em RCb 14-dez.-1993[1133], em RPt 29-set.-1997[1134], em STJ 5-fev.-1998[1135], em STJ 12-nov.-1998[1136], em RLx 20-mai.-1999[1137], em STJ 10-fev.-2000[1138], em RLx 30-mar.-2000[1139] e em RPt 20-mar.-2001[1140]. Outras decisões podem, acima, ser confrontadas.

Noutros casos, a decisão é mais direta:

STJ 22-nov.-1994: não se pode, por abuso do direito, ceder uma posição contratual de uso de escritório e, muito mais tarde, pretender voltar a ele, por a cessão não ter obedecido ao formalismo prescrito[1141];

STJ 28-set.-1995: dispensa a forma escrita do contrato de seguro, por respeito para com uma situação de confiança criada[1142];

RLx 31-mar.-1998: não pode invocar a nulidade da locação financeira por vício de forma o locador que, conhecendo *ab initio* a situação, pautou a sua conduta de modo consentâneo com a validade do contrato[1143];

RLx 4-mar.-1999: é abuso do direito alguém pedir, através de um terceiro, a um banqueiro, um cartão de crédito, usá-lo largamente e vir, depois, invocar a nulidade do negócio por ter subjacente um contrato de cré-

---

[1130] RLx 8-mar.-1988 (Calixto Pires), CJ XIII (1988) 2, 131-132: seria abuso, por *venire*, atribuir uma remuneração em assembleia de sociedade, nula por falta de forma e, depois, vir alegar o vício.

[1131] RPt 11-mai.-1989 (Carlos Matias), CJ XIV (1989) 3, 192-195 (193): seria abuso do direito, por *venire*, provocar uma nulidade formal e alegá-la.

[1132] RCb 16-jan.-1990 (Nunes da Cruz), CJ XV (1990) 1, 87-89 (88-89): seria abuso do direito invocar a nulidade do contrato de arrendamento para não pagar rendas.

[1133] RCb 14-dez.-1993 (Moreira Camilo), CJ/Supremo II (1994) 3, 157-159 (159/I).

[1134] RPt 29-set.-1997 (Ribeiro de Almeida), CJ XXII (1997) 4, 200-202.

[1135] STJ 5-fev.-1998 (Torres Paulo), BMJ 474 (1998), 431-435 (434).

[1136] STJ 12-nov.-1998 (Quirino Soares), CJ/Supremo VI (1998) 3, 110-112.

[1137] RLx 20-mai.-1999 (Ferreira Girão), CJ XXIV (1999) 3, 104-107.

[1138] STJ 10-fev.-2000 (Ferreira de Almeida), CJ/Supremo VIII (2000) 1, 76-80.

[1139] RLx 30-mar.-2000 (Cordeiro Dias), CJ XXV, 2, 124-125 (124/I).

[1140] RPt 20-mar.-2001 (Afonso Correia), CJ XXVI (2001) 2, 183-190 (187/II e 190/I).

[1141] STJ 22-nov.-1994 (Carlos Caldas), CJ/Supremo II (1994) 3, 157-159 (159/I).

[1142] STJ 28-set.-1995 (Henriques de Matos), BMJ 449 (1995), 374-387.

[1143] RLx 31-mar.-1998 (Lino Augusto Pinto), BMJ 475 (1998), 755 (o sumário).

§ 36.º Inalegabilidades formais   345

dito ao consumo que, contra o disposto na lei, não fora reduzido a escrito[1144];

RPt 31-mai.-2001: num contrato de arrendamento, a alegação da nulidade por vício de forma poderia ser paralisada por abuso do direito[1145];

RPt 22-abr.-2004: num trespasse anterior ao Decreto-Lei n.º 64-A/2000 – e, portanto, sujeito a escritura – haverá abuso do direito na invocação da sua nulidade formal, quando apenas se pretenda evitar o pagamento da parte, ainda em falta, do preço[1146];

RLx 29-abr.-2004: na hipótese de um arrendamento nulo por falta de forma, mas declarado nas Finanças e largamente executado, há abuso na ulterior alegação da nulidade formal[1147];

RGm 26-mai.-2004: um acordo de cedência de terrenos, nulo por falta de forma mas em que, durante onze anos, tenha havido uma execução, com os quatro requisitos para a tutela da confiança, a nulidade não pode ser invocada sob pena de vcfp[1148];

STJ 30-mai.-2006: o abuso do direito pode operar excecionalmente no caso dos negócios formais, impedindo a procedência da arguição de falta de forma do negócio; é o caso de um arrendamento sujeito a escritura pública, celebrado por escrito particular, que perdurou vários anos, por forma pacífica, nada fazendo prever que o arrendatário viesse invocar nulidade por vício de forma, num manifesto vcfp[1149];

STJ 19-mar.-2009: admite o afastamento da alegabilidade de uma nulidade formal, invocada pela parte que, tendo omitido certa formalidade, foi responsável por ela[1150];

RCb 11-jan.-2011: a pessoa que contribua para o não-reconhecimento das assinaturas previsto no artigo 410.º/3 não pode valer-se da nulidade daí resultante[1151];

RGm 22-fev.-2011: constitui abuso do direito, por *venire contra factum proprium*, vir invocar a nulidade formal de um arrendamento, quando

---

[1144] RLx 4-mar.-1999 (Ponce de Leão), CJ XXIV (1999) 2, 78-79 (79/II).

[1145] RPt 31-mai.-2001 (Afonso Correia), CJ XXVI (2001) 3, 205-210 (208/I); refere-se, aí, doutrina nos dois sentidos.

[1146] RPt 22-abr.-2004 (Saleiro de Abreu), CJ XXIX (2004) 2, 188-191 (190/II): em casos excecionais haverá mesmo inalegabilidade.

[1147] RLx 29-abr.-2004 (Fátima Galante), CJ XXIX (2004) 2, 113-119 (116/I e 118/I); também se invoca, aqui, o *venire contra factum proprium*.

[1148] RGm 26-mai.-2004 (Vieira e Cunha), Proc. 902/04-2.

[1149] STJ 30-mai.-2006 (Fernandes Magalhães), Proc. 06A1267.

[1150] STJ 19-mar.-2009 (Salazar Casanova), CJ/Supremo XVII (2009) 1, 149-154 (153/I).

[1151] RCb 11-jan.-2011 (António Beça Pereira), Proc. 934/08.

346 *O abuso do direito*

os senhorios poderiam ter marcado a escritura e consentiram, tacitamente, na manutenção da situação existente[1152];

STJ 29-nov.-2011: há abuso, por *venire*, por parte da pessoa que considera, longamente, válido um contrato-promessa, mau grado a inobservância da forma prevista no artigo 420.º/3 e, depois, alega a nulidade formal[1153];

STJ 24-jan.-2012: *idem*, na invocação da invalidade de um contrato-promessa de venda de um estabelecimento de restauração[1154];

RLx 13-jan.-2015: é abuso do direito invocar a nulidade de um arrendamento por falta de licença de utilização depois de longamente se ter usado o local[1155];

RGm 9-abr.-2015: num crédito ao consumo, depois de reembolsado já a 50%, é abusivo invocar a sua nulidade pela não entrega de uma cópia ao mutuário[1156];

RPt 13-abr.-2015: não há inalegabilidade por falta de duplicado, numa locação financeira, se não foi criada qualquer situação de confiança[1157];

RLx 17-set.-2015: é abuso fazer determinada ata incorreta e, depois, invocar a nulidade formal[1158];

RGm 17-set.-2015: há inalegabilidade quando, passados sete anos, um mutuário invoque a nulidade do contrato por falta de informação[1159];

RGm 15-out.-2015: *idem*, no caso de uma locação financeira totalmente consentida, se vir invocar a sua nulidade pela falta, por mero lapso, de uma assinatura[1160];

STJ 17-mar.-2016: pode haver *venire* na invocação de um vício de forma no arrendamento[1161];

RPt 15-jun.-2016: elenca os tipos de abuso entre os quais as inalegabilidades *ex bona fide*[1162];

RPt 7-nov.-2016: é abusivo invocar a invalidade de um arrendamento rural que vigorou por mais de 40 anos[1163];

[1152] RGm 22-fev.-2011 (Rosa Tching), Proc. 2019/06.
[1153] STJ 29-nov.-2011 (Nuno Cameira), Proc. 2632/08.
[1154] STJ 24-jan.-2012 (Gregório Silva Jesus), Proc. 239/07.
[1155] RLx 13-jan.-2015 (Cristina Coelho), Proc. 1503/12.
[1156] RGm 9-abr.-2015 (António Santos), Proc. 6718/07.
[1157] RPt 13-abr.-2015 (Soares de Oliveira), Proc. 21712/14.
[1158] RLx 17-set.-2015 (Teresa Albuquerque), Proc. 390/13.
[1159] RGm 17-set.-2015 (Ana Cristina Duarte), Proc. 162/07.
[1160] RGm 15-out.-2015 (António Santos), Proc. 3270/2.
[1161] STJ 17-mar.-2016 (Lopes do Rego), Proc. 2234/11.
[1162] RPt 15-jun.-2016 (Soares de Oliveira), Proc. 5429/11.
[1163] RPt 7-nov.-2016 (Manuel Domingos Fernandes), Proc. 135/15.

§ 36.º Inalegabilidades formais

RLx 15-dez.-2016: há inalegabilidade formal quando, num contrato-promessa com entre de coisa, o promitente adquirente, depois de beneficiar longamente da situação, venha invocar a invalidade por falta de reconhecimento das assinaturas[1164];

RCb 7-fev.-2017: numa situação de garantia por crédito ao consumo, não se pode invocar a inalegabilidade formal se não se estiver de boa-fé[1165];

RGm 16-fev.-2017: refere a inalegabilidade, mas não a aplica perante determinadas normas imperativas[1166];

RLx 14-mar.-2017: refere a inalegabilidade *ex bona fide* e *ex* tutela de confiança[1167];

RLx 16-mar.-2017: num caso de um agente desportivo não devidamente inscrito, considera inaplicável a inalegabilidade perante um caso de inexistência do contrato[1168].

III. Em anteriores estudos[1169], sustentámos não ser possível um bloqueio direto, *ex bona fide* e na base da confiança, da alegação de nulidades formais. A isso se oporia a natureza plena das normas formais e a estrutura aberta da invocação da nulidade. Todavia, havendo abuso do direito na alegação de invalidades formais, designadamente por violação da confiança legítima, o agente seria responsabilizado. E ele teria, designadamente, de repor a situação prejudicada, podendo ser mesmo obrigado a promover a situação jurídica inviabilizada pela invalidade formal.

Perante a persistência da nossa jurisprudência e confrontados com casos nos quais a via da inalegabilidade permite uma solução justa e imediata, enquanto o circunlóquio pela responsabilidade civil se apresenta problemático, entendemos rever a nossa posição[1170].

Assim, em situações bem vincadas, admitimos hoje que as próprias normas formais cedam perante o sistema, de tal modo que as nulidades derivadas da sua inobservância se tornem verdadeiramente inalegáveis.

[1164] RLx 15-dez.-2016 (Manuel Marques), Proc. 1830/14.

[1165] RCb 7-fev.-2017 (Maria João Areias), Proc. 1288/11.

[1166] RGm 16-fev.-2017 (Jorge Teixeira), Proc. 1452/14.

[1167] RLx 14-mar.-2017 (Luís Espírito Santo), Proc. 922/14.

[1168] RLx 16-mar.-2017 (Eduardo Petersen Silva), Proc. 10145/14.

[1169] *Da boa fé*, *maxime* 794-796 e *Tratado* I/1, 2.ª ed., 379 ss..

[1170] Por exemplo, já na 1.ª ed. do presente volume, então numerado I/4 (2005), 310-311.

348   *O abuso do direito*

IV. Mau grado esta abertura, as inalegabilidades formais não podem ser abandonadas ao sentimento ou à deriva linguística dos "casos clamorosamente contrários à Justiça". Apesar da dificuldade, há que compor, para elas, modelos de decisão.

No atual estádio de avanço da Ciência do Direito, teremos de partir do modelo da tutela da confiança. A inalegabilidade aproxima-se, assim, do *venire*, requerendo, como ele:

- a situação de confiança;
- a justificação para a confiança;
- o investimento de confiança;
- a imputação de confiança ao responsável que irá, depois, arcar com as consequências.

Todavia, tratando-se de inalegabilidades formais, teríamos de introduzir, ainda, três proposições[1171]:

- devem estar em jogo apenas os interesses das partes envolvidas; nunca, também, os de terceiros de boa-fé;
- a situação de confiança deve ser censuravelmente imputável à pessoa a responsabilizar;
- o investimento de confiança apresentar-se-á sensível, sendo dificilmente assegurado por outra via.

Nessa altura, a tutela da confiança impõe, *ex bona fide*, a manutenção do negócio vitimado pela invalidade formal. *Summo rigore*, passará a ser uma relação legal, apoiada no artigo 334.º e em tudo semelhante à situação negocial falhada por vício de forma.

[1171] Alguns elementos constam de Karl Larenz/Manfred Wolf, *Allgemeiner Teil* cit., 9.ª ed., 503-504; *vide* Manfred Wolf/Jörg Neuner, *Allgemeiner Teil* cit., 11.ª ed., § 44, Nr. 61-76 (539-541), Reinhard Bork, *Allgemeiner Teil* cit., 4.ª ed., Nr. 1078 (422-423), Helmut Köhler, *BGB Allgemeiner Teil* cit., 41.ª ed., 194-195 e Dirk Looschelders/Dirk Olzen, no *Staudinger* cit., II (ed. 2009), § 242, Nr. 447 ss. (457 ss.).

§ 37.º A SUPPRESSIO E A SURRECTIO

143. A *suppressio*; origem e evolução

I. A *suppressio* agrupa uma das modalidades típicas do vasto instituto do abuso do direito. Vamos utilizá-la para designar a posição do direito subjetivo – ou, mais latamente, a de qualquer situação jurídica – que, não tendo sido exercido, em determinadas circunstâncias e por um certo lapso de tempo, não mais possa sê-lo por, de outro modo, se contrariar a boa-fé.

Procurámos introduzir o termo *suppressio* para exprimir o alemão *Verwirkung*[1172]. Recorremos ao latim – o que se nos afigura legítimo, dentro das tradições jurídicas nacionais – para evitar a inoportunidade do uso, num texto em vernáculo, de locuções alemãs e por não ocorrer nenhuma expressão satisfatória, em português. Além disso, verifica-se que o instituto da *suppressio* convive, lado a lado, com a *exceptio doli*, o *venire contra factum proprium* e o *tu quoque*: expressões latinas consagradas em todo o Mundo e que ninguém viria pôr em causa. O uso do latim mais se justifica. Por fim: a *suppressio* faz bem o paralelo com a *surrectio*, abaixo tratada. Não vemos como conseguir o mesmo efeito em português.

Na nossa doutrina já foram utilizados, para designar a *Verwirkung*, os termos caducidade[1173] e exercício inadmissível do direito[1174]. Mas sem razão: "caducidade", em sentido estrito, é a extinção de uma posição jurídica

---

[1172] *Da boa fé*, 797.

[1173] Vaz Serra, *Abuso do direito* cit., 331, que reconhece, aliás, a inconveniência de tal tradução e Manuel de Andrade, *Algumas questões em matéria de injúrias graves* cit., 74, nota 3, que constata, também, a impropriedade dos termos "paralisação", "perda" e "preclusão"; *vide* Cunha de Sá, *Abuso do direito* cit., 65, nota 48. A expressão "caducidade" surge ainda na trad. port. de Wieacker, *História do Direito Privado Moderno*, de António Hespanha (1981), 596-597, com o sentido de *Verwirkung*, sendo ainda, com essa mesma finalidade, usada por Castanheira Neves, *Lições de introdução ao estudo do Direito* (1968-69, polic.), 157, nota 203.

[1174] Cunha de Sá, *Abuso do direito* cit., 65.

350   *O abuso do direito*

por decurso de um prazo a que esteja sujeita e que, nada tendo a ver com a boa-fé, goza de regime explícito – 328.º ss.[1175]; "exercício inadmissível do direito" é a expressão consagrada para, no domínio da doutrina da segunda codificação, designar o que em França se diz "abuso do direito", embora em termos mais amplos. Poderiam ser feitas outras tentativas: "decadência", "inibição", "paralisação", "preclusão" ou "perda". Porém: a "decadência" é usada por Autores brasileiros com o sentido de caducidade[1176]; a "inibição" implica uma ideia de não possibilidade transitória de exercício, tendo conotações técnicas com sectores específicos, como ocorre com a inibição ao exercício do poder paternal, a inibição de exercício da advocacia ou a inibição do direito de conduzir, p. ex.; a "paralisação" associa-se ao funcionar de uma exceção de Direito material, podendo ser usada apenas em termos descritivos; a "preclusão" liga-se ao efeito emergente do decurso do prazo ou a outros efeitos igualmente impeditivos, mas sempre determinados; e a "perda", para além de já ter um sentido técnico específico nos direitos reais[1177], equivale à extinção, seja ela qual for, de um direito. O recurso a expressões compostas levaria à introdução de qualquer coisa como "extinção de um direito por exercício tardio contrário à boa-fé" o que, sendo incómodo, postularia de imediato o tratar-se de extinção, o que não é certo.

[1175] *Supra*, 254. Em sentido amplo, o termo caducidade torna-se, ainda, mais inadequado.

[1176] É também esse o sentido que "decadência" tem no direito italiano: artigos 2964.º-2969.º do Código italiano. Apesar disso, a *Verwirkung* surge, em livros de doutrina italianos, expressa como *decadenza*, o que não é correto. Nabholz, *Verjährung und Verwirkung als Rechtsuntergangsgründe infolge Zeitablaufs* (1961), suíço, não obstante ser citado na doutrina a propósito da *Verwirkung* em sentido próprio, utiliza o termo como caducidade – ob. cit., 72 – e considera-a equivalente à *decadenza* italiana, congratulando-se por, a esta, o Cód. it.. ter dado tratamento expresso nos artigos 2964-2969 – ob. cit., 55. A doutrina suíça conhece bem, no entanto, a diferença, fácil aliás, entre as duas figuras. *Vide* Merz/*Berner Kommentar* cit., Art. 2, n.º 513 (362). Note-se, contudo, que antes, também na Suíça, Blumenstein, *Verwirkung und Ablauf der Befristung als Endigungsgründe von Privatrechte nach modernen Gesetzen* (1901), tentara firmar, para a *Verwirkung*, um sentido técnico preciso que, desta feita, nada teria, sequer, a ver com o decurso do tempo, diretamente. A *Verwirkung* seria, para Blumenstein, a perda de um direito associada, pela lei, a determinados comportamentos do seu titular – *Verwirkung*, cit., 6 – distinta do mero decurso do prazo – *idem*, 76. Castanheira Neves, *Questão-de-facto* cit., 289, nota 33, dá, da *Verwirkung*, que não traduz, uma definição semelhante a esta; não indica, porém, as suas fontes. Em livros franceses aparece, também, o termo *déchéance*, como fórmula para traduzir o alemão *Verwirkung*: incorreto.

[1177] Significa, aí, a saída fortuita de uma coisa do poder material de uma pessoa, tendo, como consequência, a extinção da posse – artigo 1267.º/1, *h*) – e a possibilidade de achamento – artigo 1323.º; *vide* Menezes Cordeiro, *Direitos Reais*, 2, 699 e 777.

§ *37.° A* suppressio *e a* surrectio   351

Para o progresso de uma Ciência, há que, a realidades autónomas, atribuir expressões próprias e a conceitos novos, nominações novas, sem confusão com fatores já existentes. Fique, pois, aguardando melhor, uma tradução latina de *Verwirkung*, não comprometida: a *suppressio*. De todo o modo, e até que seja possível reunir um grande congresso de civilistas lusófonos que fixe terminologia, não parece conveniente que cada autor interessado na *Verwirkung* comece por alterar toda a terminologia. Prejudica-se, com isso, o papel da doutrina e da própria Ciência do Direito. E no entretanto, verificamos que *suppressio* obteve larga consagração judicial e doutrinária, nas duas margens do Atlântico.

II.A *suppressio* tem origem jurisprudencial[1178]. As suas manifestações mais antigas deram-se no domínio da venda de ofício comercial, a favor do comprador, ficando consignadas em decisões do então *Reichsoberhandelsgericht* – o Tribunal Superior do Comércio do Império Alemão, antes da unificação das jurisdições civil e comercial.

A questão esquematiza-se desta forma: os §§ 346 ss. do HGB, na versão em vigor na altura, permitiam ao vendedor na compra e venda comercial, havendo mora do comprador no levantamento da coisa, a sua venda de ofício, atribuindo-lhe, ainda, uma pretensão pela diferença do preço[1179]. A lei não fixava, porém, um prazo para o exercício destas faculdades. Podia, pois, acontecer que o vendedor, dando a impressão de se ter desinteressado do contrato viesse, mais tarde e inesperadamente, a atuar as suas pretensões, de modo ruinoso para o comprador. Entendeu-se, bem, haver aí, em certas circunstâncias, uma demora desleal no exercício do direito, contrária à boa-fé. Tem interesse conhecer os casos que estão na base da *suppressio*: eles ilustram o espírito desse instituto.

Uma primeira decisão do ROHG, de 8-abr.-1873, que representa um caso claro de *suppressio*, não se reporta, no entanto, ao tema das vendas de ofício. Discutia-se a situação emergente dos factos seguintes: num contrato de fornecimento, o comprador queixa-se de má qualidade do produto: o vendedor envia-lhe uma carta pedindo provas concretas dos defeitos alegados e

---

[1178] *Vide* Andreas Salzmann, *Die zivilrechtliche Verwirkung durch Nichtausübung* (2015), XIX + 191 pp., 14 ss..

[1179] Dispõem, atualmente, os §§ 373-374 HGB; a venda de ofício requer, para além da mora do comprador, que se trate de coisas insuscetíveis de depósito, que se proceda a licitação pública e que esta tenha lugar no sítio do cumprimento: Claus-Wilhelm Canaris, *Handelsrecht*, 23.ª ed. (2000), 530 ss. e Hartmut Oetker, *Handelsrecht*, 3.ª ed. (2003), 202-204.

352   *O abuso do direito*

afirmando que, até ter uma resposta, suspendia os fornecimentos; o comprador não responde; dois anos volvidos, exige o cumprimento do contrato, nos termos acordados; o ROHG decidiu que "um tal procedimento é totalmente inconciliável com a boa-fé, tal como é requerida no tráfego comercial"[1180].

Em ROHG 10-jun.-1876 decidiu-se perante estes factos: a A. tinha vendido ao R. um certo número de ações, que este não levantara; a A. vende-as de ofício e aciona o R. pela diferença; o tribunal, com trânsito em julgado, recusa a ação por se demonstrar que o R. não estava, afinal, ainda, em mora; dois anos volvidos, o A. adquire o mesmo número e tipo de ações e, sem sucesso, pede ao R. que as levante; vende-as, então, de ofício e aciona-o pela diferença em relação ao preço acordado no contrato inicial. O ROHG constata a ausência de prazo legal para o exercício da posição jurídica em jogo; mas acrescenta: "Pode, contudo, existir um tal limite [temporal] através da consideração pela *bona fides* e pela natureza das coisas, o que se verifica neste caso"[1181].

E em ROHG 20-out.-1877: num contrato de fornecimento, o A. vende de ofício a mercadoria e aciona o R. comprador pela diferença de preços; perde a ação com trânsito em julgado; um ano volvido, o A. aciona de novo o R., desta feita para cumprimento do contrato; o ROHG acentuou que a pretensão de cumprimento do A. emergira, em princípio, intacta da primeira ação, perdida apenas por não se verificarem os pressupostos respetivos; simplesmente, o atraso registado no seu exercício prejudica-a em definitivo; o exercício de um direito contratual "pode ser limitado no tempo, quando em tal limite derive da consideração da boa-fé e da natureza das coisas, sempre que o exercício retardado desse direito contratual conduza a uma desvantagem injustificada para a outra parte"[1182].

A orientação do ROHG foi confirmada em várias decisões do RG[1183]. Alguma doutrina da década de trinta do século XX, na sequência, em espe-

---

[1180] ROHG 8-abr.-1873, ROHGE 9 (1873), 406-413 (412; cf., também 413).

[1181] ROHG 10-jun.-1876, ROGHE 20 (1877), 335-339 (335 e 336).

[1182] ROHG 20-out.-1877, ROHGE 23 (1878), 83-87 (83 e 85).

[1183] Assim, em RG 8-nov.-1893, RGZ 32 (1894), 61-65 (62 e 64) e em RG 11-dez.-1895, RGZ 36 (1895), 83-89 (88). Toda esta matéria provocou um surto de monografias na década de trinta do século XX. Como exemplos: Otto-Wolfgang Fischer, *Die dogmatischen Grundlagen der Verwirkung* (1936), 3, S. Karakantas, *Die Verwirkung/ /Ein Beitrag zur Lehre von den zeitlichen Schranken der Ausübung der subjektiven Rechte* (1938), 16, Walter Pototzky, *Die Verwirkung im Patentrecht* (1933), 15, Helmut Schmidt, *Die Rechtsnatur der Verwirkung/Eine kritische Untersuchung zur Lehre missbräuchlicher Rechtsausübung nach heutigen Recht* (1938), 14, Hans Wippermann, *Die Verwirkung, ein neuer Rechtsbegriff* (1934), 5-6 – foca a natureza de criação jurisprudencial da *suppressio*,

§ 37.º A suppressio e a surrectio 353

cial, de Endemann[1184] e de Krause[1185], pretendeu reportar a *suppressio* ao velho instituto medieval alemão da *Verschweigung*[1186]. Pela *Verschweigung* – poder-se-ia dizer "silenciamento" – quem, perante o estorvar do seu direito, se calasse durante ano e dia, deveria calar-se para sempre[1187]; embora esta proposição não constituísse regra geral, ela apareceria repetidamente numa série de institutos singulares, como o achamento e a usucapião. A análise das primeiras decisões judiciais que marcaram a *suppressio* não revela, porém, laços culturais e, muito menos, dogmáticos, com institutos germânicos antigos; ela surge, pelo contrário, como esquema novo destinado a enfrentar problemas também novos. Os níveis justificativos verbais, que comportam, remontam à tradição romanística, o que é, aliás, demonstrado pelo recurso à *bona fides*.

III. Foram, no entanto, as perturbações económicas causadas pela primeira grande guerra (1914-1918) e, sobretudo, pela inflação, que levaram à consagração dogmática definitiva da *suppressio*. No âmbito da guerra, registaram-se alterações imprevisíveis nos preços de certas mercadorias, ou dificuldades acrescidas na realização de determinados fornecimentos[1188]. Em consequência dessas alterações, o exercício retardado de alguns direitos levava a situações de desequilíbrio inadmissível entre as partes[1189]. No da subsequente inflação, ocorreu o chamado direito da valorização mone-

---

embora só mencione decisões do RG – e em Robert Geigel, *Die Verwirkung von Rechten durch Nichtausübung (Eine rechtsvergleichende Untersuchung)* (1938), 14-15.

[1184] F. Endemann, *Die Verschweigerung des Aufwertungsanspruchs*, DJZ 1928, 693-696 (694), citando o *Sachsenspiegel*.

[1185] Hermann Krause, *Schweigen im Rechtsverkehr/Beiträge zur Lehre von Bestätigungsschreiben, von der Vollmacht und von der Verwirkung* (1933), 171 ss. (171).

[1186] Assim, Norbert Overbeck, *Verwirkung im geltenden Recht* (1934), 34-35 e Wipperman, *Verwirkung* cit., 4; ao sabor da época, esta conexão ligava-se à proclamada necessidade de firmar um Direito verdadeiramente alemão, o qual teria sido submerso pelo Direito romano da receção – Overbeck, *Die Verwirkung* cit., 13.

[1187] Krause, *Schweigen im Rechtsverkehr* cit., 171; Overbeck, *Verwirkung* cit., 34; Wippermann, *Verwirkung* cit.; 4. Contra a aplicação do "silenciamento" à *suppressio*, p. ex.: Max Tschischgale, *Die Rechtsnatur der Verwirkung* (1937), 44.

[1188] Assim em RG 2-mai.-1919, RGZ 95(1919), 307-310 (310), decidiu-se, designadamente, com referência à boa-fé, que o direito não extinto por outras vias não mais poderia funcionar "se através da demora, a situação económica do devedor se tivesse alterado de modo tão desfavorável que o cumprimento à distância não possa ser mais exigido".

[1189] Sobre as relações emergentes da guerra e a *suppressio*, com outras indicações, Karakantas, *Verwirkung* cit., 17-18.

354 *O abuso do direito*

tária, que marcaria, pelas aplicações permitidas à *suppressio*, a sua consagração definitiva[1190].

O âmbito da *suppressio* levantou dúvidas, num momento inicial. Ela acabaria por ser alargada aos mais diversos sectores da ordem jurídica[1191].

Chamamos a atenção para um ponto essencial, resultante das apontadas origens: a *suppressio* surgiu como instituto autónomo, destinado a resolver problemas concretos. Só depois ela foi aproximada da boa-fé e do abuso do direito.

Hoje, ela é pacífica, na jurisprudência[1192] e na doutrina[1193].

144. As doutrinas tradicionais

I. A natureza da *suppressio* suscitou uma das literaturas mais abundantes de quantos temas se prendem com a área, já de si prolixa, da boa-fé e do abuso do direito[1194].

Visando dar uma ideia da evolução registada, a qual melhor permitirá entender o regime, temos as seguintes teorias:

– negativistas;
– teoria da renúncia;
– teoria da boa-fé.

Nos primeiros tempos da sua consagração jurisprudencial ampliada, a *suppressio* foi objeto, por parte de alguns autores, de posições negativis-

---

[1190] O.-W. Fischer, *Verwirkung* cit., 5; H. Schmidt, *Verwirkung* cit., 15; Wippermann, *Verwirkung* cit., 7; Mäcke, *Die Verwirkung* (1935), 14; cf. Weber, *Treu und Glauben* cit., D 562 (901); Tschischgale, *Verwirkung* cit., 7; Karl Larenz, *Vertrag und Unrecht*, 1 – *Vertrag und Vertragsbruch* (1936), 142-143.

[1191] Com indicações, *Da boa fé*, 802-805.

[1192] P. ex.: BGB 20-nov.-2015, NJW 2015, 473-476 (475-476).

[1193] P. ex.: Manfred Wolf/Jörg Neuner, *Allgemeiner Teil* cit., 11.ª ed., § 20, Nr. 89-97(252-255); Christian Grüneberg, no Palandt cit., 76.ª ed., § 242, Nr. 87-107 (273-276). No plano monográfico, recordamos Andreas Salzmann, *Die zivilrechtliche Verwirkung durch Nichtausübung* cit., *passim*. A *suppressio* parece, todavia, recusada pela doutrina austríaca: Peter Bydlinski, *Bürgerliches Recht/Allgemeiner Teil* 1, 7.ª ed. (2016), Nr. 3148 (101).

[1194] *Vide* a bibliografia referida em *Da boa fé*, 805 ss..

§ 37.º A suppressio e a surrectio   355

tas[1195]. Na base destas posições está a afirmação da insegurança que, pela *suppressio*, se poderia instituir[1196]; este "lastro conhecido de resistência a todas as inovações materialmente justas"[1197] foi de pouca dura, dada a realidade insofismável da consagração jurisprudencial.

II. Seguiu-se, depois, a doutrina da *suppressio* como renúncia ao direito por parte do exercente[1198]. Esta orientação foi criticada por implicar uma ficção[1199], ficção essa que, mesmo na sua dogmática interna, levantaria uma série de problemas.

O atribuir, a uma tese, a natureza de ficção não basta, só por si, para a rejeitar: tal afirmação deve ser complementada e justificada. Ficção é, conscientemente, dar a uma realidade um qualificativo que não é o seu. Faltando essa consciência, não há ficção: há erro; havendo essa consciência, cabe indagar o porquê da transposição e, perante ele, decidir. As acusações de ficção são, pois, na sua maioria, acusações de erro na qualificação. É o que ocorre no caso vertente: a *suppressio* não pode, de facto, ser qualificada como renúncia, por não reunir os pressupostos respetivos. A ponderação da metodologia inerente às decisões que consagraram a *suppressio* mostra que falta uma indagação das condições que permitiriam detetar, no titular exercente, uma vontade de renúncia. Desde o início, é estudada a situação apenas nos seus efeitos objetivos, sem contemplação da vontade dos intervenientes. E bem se compreende esse procedimento: pretender, do puro silêncio ou da mera inação, retirar atuações negociais, coloca dificuldades de construção, teóricas e práticas que, às dos comportamentos concludentes, somam as inerentes a uma atuação que prima, afinal, pela ausência[1200]. No entanto,

---

[1195] Wolfgang Siebert, *Verwirkung und Unzulässigkeit der Rechtsausübung/Eine rechtsvergleichender Beitrag zur Lehre von den Schranken der privaten Rechte und zur exceptio doli (§§ 226, 242, 826 BGB), unter besonderer Berücksichtigung des gewerblichen Rechtsschutzes (§ 1 UWG)* (1934), 7-8.

[1196] P. ex., Best, *Verwirkung?*, JW 1932, 1801-1805 (1804) e Max Hamburger, *Zum Begriff der Verwirkung*, LZ 1928, 1588-1594.

[1197] Castanheira Neves, *Questão-de-facto* cit., 513, a propósito das reticências postas por alguns autores ao abuso do direito, em nome da segurança.

[1198] Alfred Manigk, *Das Problem der Verwirkung*, DJZ 1936, 350-360 (359).

[1199] Danzer-Vanotti, *Die Verwirkung*, DRZ 1932, 74-76 (74) e Max Tschischgale, *Die Rechtsnatur der Verwirkung* cit., 33.

[1200] Em geral, Claus-Wilhelm Canaris, *Schweigen im Rechtsverkehr als Verpflichtungsgrund*, FS Wilburg (1977), 77-97: faz depender o problema, entre outros, da consciência da declaração, que dificilmente poderia ser ponderada na *suppressio*.

356   *O abuso do direito*

ainda que se alcançasse a não atuação do titular como uma manifestação de vontade em renunciar, a *suppressio* não ficaria deslindada: seria necessário reunir ou acrescentar uma série de fatores, tais como a forma e a aceitação da contraparte, para que se pudesse falar de uma figura verdadeiramente negocial.

III. Ultrapassadas essas primeiras tentativas, a *suppressio* foi reconduzida, com unanimidade crescente da doutrina[1201] e da jurisprudência[1202] à boa-fé. Da boa-fé ao exercício inadmissível de direitos por demora do titular vai, no entanto, um caminho que deve ser explicitado. E assim surgiram três subteorias:

   – a da *exceptio doli*;
   – a do *venire contra factum proprium*;
   – a da remissão direta para a boa-fé.

A *exceptio doli*, até pela sua generalidade, foi, inicialmente, o caminho mais fácil para acolher a *suppressio*[1203]. Com os problemas inerentes: *a exceptio* corresponde a uma regulação demasiado fluída, para permitir uma concretização mínima; acarreta, além disso, desvantagens já sumariadas[1204]. Mais sucesso teve, por isso, a recondução da *suppressio* à proibição de *venire contra factum proprium*: o titular do direito, abstendo-se do exercício durante um certo lapso de tempo, criaria, na contraparte, a representação de que esse direito não mais seria atuado; quando, supervenientemente, viesse agir, entraria em contradição[1205].

[1201] Como meros exemplos, Danzer-Vanotti, *Die Verwirkung* cit., 74 e *Die Verwirkung infolge verzögerter Geltendmachung eines Rechts*, DJZ 1936, 1455-1462 (1462), O.-W. Fischer, *Verwirkung* cit., 29, Karankantas, *Verwirkung* cit., 15 e 48, H. Kleine, *Zum Einwand der Verwirkung*, JZ 1951, 9-12 (9) e Wilhelm Weimar, *Verjährung und Verwirkung im Mietrecht*, WuM 1974 249. Um alinhamento de teorias por autores pode ser confrontado em Andreas Salzmann, *Die zivilrechtliche Verwirkung* cit., 31 ss..

[1202] *Vide* indicações em *Da boa fé*, 807-808.

[1203] Recorde-se Hamburger, *Treu und Glauben* cit., 97 e, em especial, Alfred Rosenthal, *Vorschläge zum Problem der Verwirkung des Klagerechts*, LZ 1932, 581-586 (583).

[1204] *Supra*, 304-306.

[1205] Bank, *Zur Lehre von der Verwirkung*, JW 1934, 2437-2438, Heinrich Lehmann, *Zur Lehre von der Verwirkung*, JW 1936, 2193-2197 (2194 e 2197). Outras indicações: *Da boa fé*, 809.

§ 37.° A suppressio e a surrectio   357

O sucesso do apelo ao *venire contra factum proprium* deve ser conjugado com a tese de Wolfgang Siebert, sobre a *suppressio*. Por fim, o próprio Siebert defendeu que a *suppressio* era apenas uma sub-hipótese de exercício inadmissível de direitos[1206], por contrariar a boa-fé.

O entendimento da *suppressio* como *venire contra factum proprium* firmou-se contra a tese de Siebert. A construção laboriosa por ele operada, tendente a reconduzir a *suppressio* ao exercício inadmissível dos direitos, ligada, ainda, à ideia da relatividade do conteúdo dos direitos subjetivos, seria puramente formal[1207]: não daria, ao intérprete, qualquer critério material para indagar, concretamente, hipóteses de *suppressio*. Siebert[1208] e os seus seguidores[1209] não deixaram, porém, de criticar a redução da *suppressio* ao *venire contra factum proprium*: Siebert acentua a possibilidade de o *venire contra factum proprium* não ter na sua base o exercício de qualquer direito e duvida que o *factum proprium* possa implicar uma mera inatividade; Bender sublinha, como elemento essencial da *suppressio*, que não do *venire contra factum proprium*, o decurso do tempo. A tendência posterior de reconduzir a própria proibição de *venire contra factum proprium* a um tipo de exercício inadmissível de direitos acabou por retirar interesse à discussão: a *suppressio* torna-se uma forma de exercício inadmissível de direitos, por *venire contra factum proprium*[1210].

O panorama doutrinário atual sobre a *suppressio* vive dominado pela sua recondução ao exercício inadmissível dos direitos; nuns casos, porém, a sua localização dogmática fica-se por aí; noutros, pelo contrário, mantém-se a mediação do *venire contra factum proprium*[1211].

[1206] Siebert, *Verwirkung und Unzulässigkeit der Rechtsausübung* cit., 172; Siebert teve um peso decisivo na doutrina e na jurisprudência, até aos nossos dias.

[1207] Lehmann, *Zur Lehre von der Verwirkung* cit., 2193-2194; Anton Geisenhofer, *Die Verwirkung* (1948), 33.

[1208] Siebert, *Verwirkung und Unzulassigkeit der Rechtsausübung* cit., 183-185.

[1209] Bender, *Die dauernde ausserordentliche Einrede der unbilligen verspäteten Geltendmachung im allgemeinen bürgerlichen Recht* (1944, dat.), 14. Já anteriormente, entre muitos, Larenz, *Vertrag und Unrecht* cit. 1, 143-144.

[1210] Weber, *Treu und Glauben* cit., D 602 (911-912).

[1211] Canaris, *Vertrauenshaftung* cit., 372, Roth, no *Münchener Kommentar* cit., § 242, n.° 333 (155) e Larenz/Wolf, *Allgemeiner Teil* cit., 9.ª ed., 289.

358   *O abuso do direito*

145. O regime clássico; insuficiências

I. Na sequência do seu desenvolvimento autónomo, a *suppressio* acabaria por apresentar um regime diferenciado, de difícil codificação.
Tendencialmente, poderemos afirmar[1212]:

    – que todos os direitos ou posições similares lhe estão sujeitos, salvo determinadas exceções;
    – que se exige um certo decurso de tempo sem exercício, tempo esse que varia conforme as circunstâncias;
    – que, além disso, se requerem indícios objetivos de que o direito em causa não será exercido.

II. O âmbito da *suppressio* é muito extenso, podendo mesmo transcender o da prescrição. De todo o modo, não lhe estariam sujeitos certos direitos submetidos a prazos curtos de caducidade ou de prescrição, por o seu exercício ser, até ao fim, sempre possível.

O *quantum* de tempo necessário para concretizar a *suppressio* varia. Podemos, todavia, marcar balizas: será inferior ao da prescrição, ou a *suppressio* perderá utilidade; além disso, equivalerá àquele período decorrido o qual, segundo o sentir comum prudentemente interpretado pelo juiz, já não será de esperar o exercício do direito atingido.

Os indícios objetivos que complementam o decurso do prazo relacionam-se com a posição do titular atingido: este não deve surgir como impedido patentemente de atuar, mas, antes, como pessoa consciente que, podendo fazê-lo, não aja.

III. A *suppressio* é apresentada como um instituto totalmente objetivo: não requer qualquer culpa do titular atingido, mas apenas o facto da sua inação.

Considera-se a *suppressio* prejudicada pelos fatores voluntários que, nos termos da lei, interrompam ou suspendam a prescrição ou a caducidade: tais factos vêm destruir, por definição, a ideia de que o direito não mais será exercido.

[1212] Quanto ao apoio bibliográfico e jurisprudencial para as afirmações subsequentes: *Da boa fé*, 810-912.

§ *37.° A* suppressio *e a* surrectio   359

Finalmente: a *suppressio* é entendida como um remédio subsidiário: acode a situações extraordinárias, que não encontrem saída perante os remédios normais.

146. Insuficiências; repercussão do tempo ou confiança? A *surrectio*

I. Apesar do afinamento conseguido pelas proposições clássicas da *suppressio*, mormente na experiência alemã onde elas são suportadas por múltiplos estudos e decisões jurisdicionais, ficam pontos importantes em aberto.

E, designadamente, o seguinte: a *suppressio* visa o comportamento do titular-exercente ou dirige-se à posição do beneficiário que, depois, a poderá invocar? Na primeira hipótese, poderíamos considerar que esse titular incorreria num *venire contra factum proprium* de tipo social: ele iria contundir com expectativas de segurança e de continuidade da comunidade jurídica; o instituto deveria ser normalizado e os prazos nivelados. Na segunda, teríamos um *venire* centrado na tutela da confiança do beneficiário. Haveria que, junto deste, indagar a verificação dos pressupostos da confiança; a *suppressio* tornar-se-ia, assim, num instituto personalizado, com prazos muito variáveis.

II. A pesquisa destes pontos é complexa[1213]. Vamos consignar o essencial.

A hipótese de, na *suppressio*, se pretender sancionar a inação do titular omitente coloca esse instituto na órbita da repercussão do tempo nas situações jurídicas[1214]. No fundo valeriam, para a *suppressio*, as justificações histórico-culturais que presidiram à prescrição[1215].

Mas é justamente esta aproximação que permite afastar a opção aqui em jogo. As regras relativas à repercussão do tempo nas situações jurídicas são generalizadoras: elas visam uniformizar os casos, dando total primazia à segurança. A rigidez dos prazos surge como um ganho fundamental: é possível determinar, com uma precisão de segundos, o estado

---

[1213] *Da boa fé*, 812 ss..

[1214] Em especial: Jürgen Schmidt, no *Staudinger* cit., 13.ª ed., § 242, Nr. 527 ss. (412 ss.); *vide* Dirk Looschelders/Dirk Olzen, no *Staudinger* cit., II (ed. 2009), § 242, Nr. 192 ss. (388 ss.).

[1215] *Supra*, 269-270.

360 *O abuso do direito*

das diversas situações jurídicas. Complementar essa matéria através das regras fluidas da *suppressio* equivaleria ao postergar dos ganhos históricos, sempre atuais, da prescrição e, nalguns casos, da própria caducidade. Em suma: a *suppressio* não pode ser, apenas, uma questão de decurso do tempo, sob pena de atingir, sem vantagens, a natureza plena da caducidade e da prescrição[1216].

III. Fica-nos a segunda hipótese: a *suppressio* é, no fundo, uma forma de tutela da confiança do beneficiário, perante a inação do titular do direito. Poder-se-ia tentar a aproximação ao *venire contra factum proprium*. O *factum proprium* seria, aqui, a inatividade do titular do direito, desde que se prolongasse por tempo suficiente. Apesar de alguma plausibilidade, a identificação desses dois termos não é satisfatória. O *factum proprium* é, por definição, uma atuação positiva: não uma omissão. Além disso, os regimes deverão ser distintos: o *factum proprium* é de fácil determinação, através de coordenadas pessoais (o autor), materiais (o que ele fez), geográficas (onde fez) e cronológicas (quando fez); tudo isso falta na omissão conducente à *suppressio*.

Por fim, a *suppressio*, justamente por não dispor da precisão facultada pelo *factum proprium*, vai requerer circunstâncias colaterais que melhor alicercem a confiança do beneficiário. Em suma, teremos de compor um modelo de decisão, destinado a proteger a confiança de um beneficiário, com as proposições seguintes:

– um não-exercício prolongado;
– uma situação de confiança;
– uma justificação para essa confiança;
– um investimento de confiança;
– a imputação da confiança ao não-exercente.

O não-exercício prolongado estará na base quer da situação de confiança, quer da justificação para ela. Ele deverá, para ser relevante, reunir elementos circundantes que permitam a uma pessoa normal, colocada na posição do beneficiário concreto, desenvolver a crença legítima de que a posição em causa não mais será exercida. O investimento de confiança traduzirá o facto de, mercê da confiança criada, o beneficiário não dever ser

---

[1216] RPt 20-abr.-2003 (Pinto de Almeida), CJ XXVIII (2003) 2, 190-197 (197/II): um acórdão excelente.

§ 37.º A suppressio e a surrectio 361

desamparado, sob pena de sofrer danos dificilmente reparáveis ou compensáveis. Finalmente: tudo isso será imputável ao não-exercente, no sentido de ser social e eticamente explicável pela sua inação. Não se exige culpa: apenas uma imputação razoavelmente objetiva.

IV. Tudo isto acaba, todavia, por mostrar que a chave da *suppressio*, passando pela tutela da confiança do beneficiário, reside, no fundo, no surgimento, *ex bona fide*, de uma nova posição jurídica. Canaris propôs, para esta figura, a expressão *Erwirkung*[1217] (surgimento). A língua portuguesa não comporta a construção de novas palavras, por aditamentos de partículas. Por isso, propusemos o termo *surrectio*, equivalente a *Erwirkung*. Mantém-se o paralelo com a *suppressio* e a tradição de designar, por expressões latinas, as diversas concretizações de comportamentos abusivos.

Por este prisma: a *suppressio* manifesta-se porque, mercê da confiança legítima, uma pessoa adquiriu (por *surrectio*) uma posição que se torna incompatível com um exercício superveniente, por parte do exercente. E na ponderação de interesses contrapostos vai-se dar a preferência ao beneficiário:

– porque, mercê do investimento de confiança, os danos que ele iria suportar são substancialmente superiores às vantagens a auferir pelo não-exercente, com a sua atuação;
– e porque, mercê do nexo de imputação da confiança, o não-exercente se coloca numa situação que permite julgar social e eticamente ajustado o seu sacrifício.

147. A jurisprudência portuguesa

I. A *suppressio* teve, entre nós, uma origem universitária. Todavia, ela foi recuperada, de certo modo por via autónoma, pela nossa jurisprudência. Confrontada com problemas reais, que exigiam uma solução não-estrita e à luz do sistema, a jurisprudência procurou os seus caminhos[1218]. Veio a

---

[1217] Canaris, *Vertrauenshaftung* cit., 372. A aposta foi ganha: a expressão tem, hoje, um uso corrente reconhecido; assim Staudinger/J. Schmidt, § 242 cit., 13.ª ed., Nr. 578 ss. (435) e Larenz/Wolf, *Allgemeiner Teil* cit., 9.ª ed. 289.

[1218] No início, podemos situar STJ 26-mar.-1980 (Octávio Dias Garcia), BMJ 295 (1980), 426-433 = RLJ 114 (1981), 35-40, anot. A. Varela, *idem*, 40-41 e 72-79: anotação

362 *O abuso do direito*

afinar diversos casos de *suppressio*, muitas vezes sobrepostos a ocorrências de *venire*: fenómeno natural, dada a proximidade entre as duas figuras. O grande problema que aflige a jurisprudência reside na falta de uma terminologia satisfatória. Cabe à doutrina portuguesa habituar-se a discussões dogmáticas de raiz, em detrimento da mera inovação terminológica: fácil e estéril.

II. Uma ideia geral da concretização da *suppressio*, subsequente a 2000[1219], resulta do quadro seguinte:

> *STJ 19-out.-2000*: um interessado instala certas confeções em prédio de propriedade horizontal, contra o regulamento e contra o projeto; durante anos, nada se fez; pode-se, agora, atuar sem incorrer em *suppressio*? O Supremo analisa, bem, os vários elementos da figura[1220], que distingue do *venire*; acaba por, *in casu*, decidir que nada justificava, dados os factos, a confiança do interessado[1221];
>
> *RLx 16-jan.-2001*: constitui abuso do direito, no âmbito de uma SACEG, esperar 6 anos para intentar uma ação: há um agravamento desmesurado da prestação[1222];
>
> *STJ 30-out.-2001*: num contrato-promessa com um prazo de dois anos para a celebração da escritura, verifica-se que o exercente deixou passar 15 anos, sem pagar as prestações que lhe incumbiam; há abuso do direito quando, supervenientemente, venha requerer a execução específica[1223];
>
> *RLx 22-jan.-2002*: durante 7 anos só intervém (indevidamente) um gerente, em nome da sociedade; vir, então, alegar a falta de representação é abuso do direito[1224];

pouco conseguida, que passou ao lado do tema, tentando uma aplicação dos deveres do tráfego, fora do contexto. *Vide Da boa fé*, 828-836.

[1219] Elementos anteriores a 1994 podem ser vistos em *Teoria geral*, 1, 2.ª ed., 380 ss.; de 1994 a 2000, em *Tratado* I/1, 2.ª ed., 261; *vide*, ainda, STJ 3-mai.-1990 (José Menéres Pimentel), BMJ 397 (1990), 454-460 (459-460).

[1220] Aponta: a) o titular deve comportar-se como se não tivesse o direito ou como se não mais quisesse exercê-lo; b) previsão de confiança: a contraparte confia em que o direito não mais será feito valer; c) desvantagem injusta: o exercício superveniente do direito acarretaria, para a outra parte, uma desvantagem iníqua.

[1221] STJ 19-out.-2000 (Nascimento Costa), CJ/Supremo VIII (2000) 3, 83-84 (84).

[1222] RLx 16-jan.-2001 (Mário Rua Dias), CJ XXVI (2001) 1, 81-94 (84/II).

[1223] STJ 30-out.-2001 (Pais de Sousa), CJ/Supremo IX (2001) 3, 102-104 (103/II); este acórdão refere, apenas, o artigo 334.º; materialmente há, todavia, *suppressio*.

[1224] RLx 22-jan.-2002 (António Abrantes Geraldes), CJ XXVIII (2002) 1, 80-86 (85/II); invoca-se, aí, a função social dos direitos; todavia: é de *suppressio* que se trata.

§ 37.º A suppressio e a surrectio   363

RPt 11-mar.-2003: uma doação de meio poço é nula; todavia, invocar a nulidade ao fim de 20 anos é abuso do direito[1225];

RLx 1-abr.-2003: é abusivo vir alegar a nulidade de um crédito ao consumo, invocando a falta de indicação, no contrato, do nome do fornecedor, muito tempo depois da conclusão e reconhecendo a falta de meios para pagar[1226];

RCb 21-nov.-2006: a inatividade do lesado, ao não reagir perante o atraso de uma obra, pode determinar uma situação de confiança que não se compadece, depois, com o acionamento de uma cláusula penal[1227];

REv 6-dez.-2007: o apelante, ao exigir para a realização da escritura, o contrato de seguro devido e ao nada dizer ao mutuário sobre as exigências da seguradora, comunicadas antes da celebração da escritura, fez com que a autora e o seu falecido marido agissem na convicção de que o seguro havia sido efetivado, acabando a autora por ficar naturalmente prejudicada com o facto de, por causa imputável à apelante, o seguro não ter sido realizado[1228];

REv 14-fev.-2008: define as várias modalidades de abuso do direito, incluindo o vcfp e a *Verwirkung*[1229];

RPt 17-jun.-2013: refere a *suppressio* como modalidade de abuso do direito; mas não a aplica a créditos laborais, que entende apenas sujeitos à prescrição[1230];

STJ 11-dez.-2013: a inércia, por período prolongado, pode dar azo, quando quebrada em certas circunstâncias, à *suppressio*[1231];

RPt 5-mai.-2014: constitui abuso no direito, na modalidade de *suppressio*, invocar a nulidade de um contrato após quatro anos de vigência tranquila[1232];

STJ 21-jun.-2016: a "neutralização" do direito, próxima do vcfp, implica: o não-exercício durante um período prolongado; de outros elementos, a convicção de que não será exercido[1233];

[1225] RPt 11-mar.-2003 (Lemos Jorge), CJ XXVIII (2003) 2, 173-179 (177/I).

[1226] RLx 1-abr.-2003 (Pereira da Silva), CJ XXVIII (2003) 2, 103-105 (105); refere-se, aí, também o *venire*.

[1227] RCb 21-nov.-2006 (Helder Roque), Proc. 587/2000; o acórdão refere a *suppressio* e o vcfp.

[1228] REv 6-dez.-2007 (Acácio Neves), Proc. 580/07-3.

[1229] REv 14-fev.-2008 (Silva Rato), Proc. 3008/07-3.

[1230] RPt 17-jun.-2013 (Ferreira da Costa), Proc. 629/10.

[1231] STJ 11-dez.-2013 (Fernandes da Silva), Proc. 629/10.

[1232] RPt 5-mai.-2014 (Manuel Domingues Fernandes), Proc. 3862/11.

[1233] STJ 21-jun.-2016 (Hélder Roque), Proc. 2683/12.

364   *O abuso do direito*

STJ 14-set.-2016: a proibição de vcfp operaria em face do não-exercício prolongado de um direito subjetivo[1234];

RLx 15-dez.-2016: no âmbito da transmissão de um contrato-promessa, refere o vcfp e a *suppressio*[1235];

RPt 29-mai.-2017: refere a *suppressio* entre as modalidades de abuso, quando uma posição não exercida durante algum tempo o venha a ser contra a boa-fé; não a aplica no âmbito da Lei de Acidentes do Trabalho onde funciona a caducidade[1236];

RLx 29-jun.-2017: nega a *suppressio* quando uma falta de informação de uma cláusula contratual geral não seja invocada durante um período alongado de tempo[1237];

RCb 12-set.-2017: refere a *suppressio* e aponta-lhe os requisitos[1238];

RLx 14-set.-2017: não abusa do direito quem apenas após um longo período venha invocar a não-inclusão de determinada cláusula contratual geral no contrato[1239].

Existem diversas outras ilustrações jurisprudenciais, sendo de notar que, em muitas dezenas de arestos, os tribunais usam o termo *suppressio*. Este está, também, largamente representado na jurisprudência brasileira.

III. Podemos considerar a *suppressio* como radicada no nosso ordenamento. Também não se vislumbra qualquer indefinição ou risco de insegurança: os casos em que ela foi aplicada parecem pacíficos: obtêm o consenso dos estudiosos e dos práticos. Finalmente: cumpre referir de novo que os tipos de atos abusivos são suscetíveis de sobreposição, de tal modo que uma mesma situação pode ser equacionada em função de vários deles. Por exemplo, pode um vício de forma ocasionar um *venire*, uma inalegabilidade e uma *suppressio* [1240].

[1234] STJ 14-set.-2016 (Leopoldo Soares), Proc. 828/08.

[1235] RLx 15-dez.-2016 (Manuel Marques), Proc. 1830/14.

[1236] RPt 29-mai.-2017 (Fernando Soares), Proc. 682/11.

[1237] RLx 29-jun.-2017 (Pedro Martins), Proc. 78/15.

[1238] RCb 12-set.-2017 (Luís Cravo), Proc. 7471/15.

[1239] RLx 14-set.-2017 (Pedro Martins), Proc. 9065/15.

[1240] *Vide* Geraldo da Cruz Almeida, *Posse judicial avulsa: conflito de títulos; título translativo de propriedade, contrato de arrendamento, cessão da posição contratual: vício de forma, inalegabilidade formal, suppressio-surrectio*, Direito e Cidadania 23 (2005), 193-206.

§ 38.º *TU QUOQUE*

148. Ideia e consagrações pontuais

I. A fórmula *tu quoque* (também tu!)[1241] exprime a regra pela qual a pessoa que viole uma norma jurídica não pode depois, sem abuso:

– ou prevalecer-se da situação daí decorrente;
– ou exercer a posição violada pelo próprio;
– ou exigir a outrem o acatamento da situação já violada.

As consequências seriam várias, podendo ir desde o bloqueio do exercício até à limitação de sanções[1242]. O *tu quoque* poderia, ainda, estender-se a todas as prevaricações ou ficar-se pelo campo contratual[1243]. Está em jogo um vetor axiológico intuitivo, expresso em brocardos como *turpitudinem suam allegans non auditur* ou *equity must come with clean hands*. A sua aplicação requer cautela. Fere a sensibilidade primária, ética e jurídica, que uma pessoa possa desrespeitar um comando e, depois, vir exigir a outrem o seu acatamento. Não é líquido, contudo e sempre *a priori*, que um sujeito venha eximir-se aos seus deveres jurídicos alegando violações perpetradas por outra pessoa.

II. Nenhuma das codificações compreende uma consagração expressa e de alcance geral da fórmula *tu quoque*[1244]. As várias menções existentes

---

[1241] *Tu quoque* terá sido a exclamação proferida por Júlio César, aquando do seu assassinato, no Senado, dirigindo-se a Bruto e no momento em que se apercebeu de que também ele se encontrava entre os seus assassinos.

[1242] Neste sentido, Gunther Teubner, *Gegenseitige Vertragsuntreue/Rechtsprechung und Dogmatik zum Ausschluss von Rechten nach eigenem Vertragsbruch* (1975), 121 pp., 1.

[1243] Egon Lorenz, *Der Tu-quoque-Einwand beim Rücktritt der selbst vertragsuntreuen Partei gegen Vertragsverletzung des Gegners*, JuS 1972, 311-315 (311).

[1244] Riezler, *Berufung auf eigenes Unrecht*, JhJb 89 (1941), 177-276 (193), limitado embora à alegação de ilícito próprio.

366   *O abuso do direito*

tanto podem, axiomaticamente, traduzir o aflorar de uma regra geral sub-jacente, como exprimir desvios a um princípio inverso. Importa, porém, conhecê-las:

- 126.º: não tem o direito de invocar a anulabilidade o menor que para praticar o ato, tenha usado de dolo com o fito de se fazer passar por maior ou emancipado;
- 275.º/2: o beneficiário da condição não pode aproveitar-se da sua verificação quando, contra a boa-fé, a tenha provocado; o preju-dicado não pode, da mesma forma, beneficiar da não verificação quando, contra a boa-fé, a tenha impedido;
- 321.º/2: a prescrição suspende-se nos últimos três meses do prazo enquanto o titular estiver impedido de exercer o seu direito em con-sequência de dolo do obrigado;
- 339.º/2, primeira parte: o agente em estado de necessidade responde pelos danos que cause quando, por sua culpa exclusiva, tenha pro-vocado o perigo;
- 342.º/2, há inversão do ónus da prova quando a parte contrária tiver culposamente tornado impossível a prova do onerado;
- 438.º: a parte lesada por alteração das circunstâncias não pode pedir a resolução ou modificação do contrato, se estava em mora aquando da ocorrência;
- 475.º: não há restituição do enriquecimento quando o autor efetuou a prestação impedindo, contra a boa-fé, a verificação do efeito com ela pretendido;
- 525.º/2: o codevedor solidário não pode opor ao devedor, que satis-fez o crédito por inteiro, os meios de defesa que este não tenha usado contra o credor, quando lhe seja imputável essa não oposição;
- 526.º/2: o benefício da repartição do prejuízo por todos os devedo-res solidários, quando um deles fique insolvente, não aproveita ao credor do regresso que só por negligência não tenha cobrado a parte do codevedor na obrigação solidária;
- 570.º/1: a culpa do lesado pode reduzir ou excluir a indemnização;
- 577.º/2: o cessionário que viole uma convenção onde se proíba ou restrinja a possibilidade de cessão não pode alegar o não ser parte na convenção em causa;
- 580.º/2: as pessoas impedidas de adquirir direitos litigiosos não podem, caso o façam, alegar a nulidade da cessão;

§ *38.º* Tu quoque 367

– 647.º: o devedor que consinta no cumprimento pelo fiador e que, injustificadamente, não lhe dê conhecimento dos meios de defesa que poderia opor ao credor, não pode opô-los, depois, contra o fiador;

– 756.º, *a*) e *b*): a pessoa que tenha obtido por meios ilícitos uma coisa ou que realize de má-fé determinadas despesas não tem o direito de retenção que, de outro modo, lhe assistiria;

– 765.º/2: o devedor que, de boa ou má-fé, preste coisa de que lhe não seja lícito dispor não pode impugnar o cumprimento sem oferecer nova prestação;

– 892.º: na venda de bens alheios, o comprador doloso não pode opor a nulidade ao vendedor de boa-fé;

– 1033.º, *c*): o locador não responde por vício da coisa se o defeito for da responsabilidade do locatário;

– 1602.º, *d*): a condenação anterior de um dos nubentes, como autor ou cúmplice, por homicídio doloso, ainda que não consumado, contra o cônjuge do outro, gera impedimento dirimente relativo;

– 1779.º/2: na apreciação dos factos que possam constituir causa de divórcio, o tribunal deve apreciar a culpa suscetível de ser imputada ao requerente;

– 2034.º, *a*), *b*) e *d*): é incapaz, por indignidade, para suceder, o condenado por homicídio doloso contra o autor da sucessão, o que, por meio de dolo ou coação induzir o autor a fazer, revogar ou modificar o testamento, ou disso o impediu e o que, dolosamente, subtraiu, ocultou, inutilizou, falsificou ou suprimiu o testamento, antes ou depois da morte do autor da sucessão, ou se aproveitou de algum desses factos.

III. Estas consagrações pontuais podem ser complementadas com uma menção à jurisprudência, mesmo estrangeira. Dá uma ideia da problemática envolvida.

O RG 10-jan.-1908, entendeu que "quem viole o contrato e ponha em perigo o escopo contratual não pode derivar de violações contratuais posteriores e do pôr em perigo o escopo do contrato, causados pelo parceiro contratual, o direito à indemnização por não cumprimento ou à rescisão do contrato, como se não tivesse, ele próprio, cometido violações e como se, perante a outra parte, sempre se tivesse portado de forma leal ao

368   *O abuso do direito*

contrato"[1245]. Decidiu-se em RG 10-dez.-1935, que "a violação positiva do contrato dá, segundo o § 325 BGB, um direito à rescisão do contrato. Mas, antes dessa violação, praticada pelo A., já a R. estava em mora, pois não tinha efetuado as prestações vencidas. Isto tem por efeito que ela não tenha qualquer direito à rescisão do contrato pela violação positiva; tal direito, segundo jurisprudência constante do RG, assiste apenas à parte que tenha, ela própria, cumprido exatamente o contrato e lhe seja fiel"[1246]. Esta jurisprudência seria mantida pelo BGH[1247].

149. Doutrinas explicativas

I. A fórmula *tu quoque*, para além das consagrações pontuais apontadas, tinha o apoio de locuções antigas. Não obstante, ela nunca obteve grandes aprofundamentos doutrinários: nem antes[1248], nem depois[1249] da codificação. Apenas no último terço do século XX ela originou análises mais aprofundadas[1250]. Não obstante, o *tu quoque* apresenta numerosas vias explicativas[1251]:

– a retaliação;
– a regra da integridade;
– a recusa da proteção jurídica;
– a compensação de culpas;
– o recurso ao próprio não-direito;
– os comportamentos contraditórios;

[1245] RG 10-jan.-1908, RGZ 67 (1908), 313-321 (319); tratou-se, aí, de violações mútuas num contrato de fornecimento.

[1246] RG 10-dez.-1935, RGZ 149 (1936), 401-404 (404); em causa, esteve um contrato de compra e venda, com obrigação de melhoramento.

[1247] P. ex., BGH 26-out.-1973, NJW 1974, 36-37 (37) = BB 1973, 1551 – só um tópico; decidiu-se aí sobre um contrato de compra e venda de imóvel.

[1248] Ladenburg, *Niemand darf sich auf seine eigene Rechtswidrigkeit zu eigenen Gunsten rechtliche berufen*, AcP 74 (1889), 445-461.

[1249] *Vide* o já referido Erwin Riezler, *Berufung auf eigenes Unrecht*, JhJb 89 (1941), 177-276, onde retoma, de resto, proposições formuladas no seu *Venire contra factum proprium*.

[1250] Em mente: Jürgen Prölss, *Der Einwand der "unclean hand" im Bürgerlichen Recht*, ZHR 132 (1969), 35-85 e os citados Egon Lorenz, *Der Tu-quoque-Einwand*, JuS 1972, 311-315, Gunther Teubner, *Gegenseitige Vertragsuntreue* (1975) e Staudinger/J. Schmidt, § 242 cit., 13.ª ed., Nr. 68 ss. (475 ss.).

[1251] Teubner, *Gegenseitige Vertragsuntreue* cit., 10-25.

§38.° Tu quoque

– a renúncia a sanções;
– a proporcionalidade contratual.

II. O princípio da retaliação mandaria fazer o mal a quem mal fez. Trata-se de uma regra que, mercê do Cristianismo, não deve coadunar-se com o pensamento ocidental. Mesmo quando superado o talião, não se deve retaliar: particularmente no campo do Direito civil.

A regra da integridade – recorde-se o *honeste vivere* de Ulpiano – não dá, por si, a chave do *tu quoque*: o titular exercente faltoso devia ter atuado de modo íntegro; assim é: mas porque não será de exigir integridade à contraparte?

A recusa de proteção jurídica prende-se com um entendimento rebuscado, embora dominante, do § 817/2 do BGB, cuja doutrina teria aplicação ao *tu quoque*[1252]. Tal entendimento mostra-se abandonado na literatura mais recente; não tem, pois, mérito bastante para ser estendido.

O § 817 do BGB manda que, quando o escopo de uma prestação esteja de tal modo determinado que o destinatário, ao aceitá-la, viole uma proibição legal ou os bons costumes, deva haver restituição. Nessa sequência, dispõe o § 817/2:

> A repetição é [porém] excluída quando o autor da prestação tenha caído igualmente nessa violação, ainda que a prestação seja devida; o prestado para cumprimento de tal vinculação não pode ser repetido.

Perante esta disposição[1253], foi tentado um paralelo com o § 254 – culpa do lesado ou, na designação tradicional, compensação de culpa[1254]; contrapôs-se, a tal orientação, que o § 817/2 não põe, como requisito, qualquer culpa[1255]. Mais decisivo seria, porém, lembrar que o § 254 – tal como o

---

[1252] Wieacker, *Präzisierung* cit., 33 e Prölss, *Der Einwand der "unclean hand"* cit., 55.

[1253] Esta disposição "singular" tem sido criticada – *vide* Hubert Niederländer, *Nemo turpitudinem suam allegans auditur/Ein Rechtsvergleichender Versuch*, FG Gutzwiller (1959), 621-638 (623-624) – embora tenha os seus defensores.

[1254] Heck, *Die Ausdehnung des § 817 S. 2 auf alle Bereicherungsansprüche*, AcP 124 (1925), 1-68, § 4, 32-36 (33). Anteriormente, fora ainda defendida a ideia, radicada nos trabalhos preparatórios do BGB, de que o § 817/2, visando punir o atingido, teria natureza penal. Outros elementos: *Da boa fé*, 841.

[1255] Teubner, *Gegenseitige Vertragsuntreue* cit., 12, nota 11, tem este argumento por definitivo.

370 *O abuso do direito*

seu congénere português, o artigo 570° – não coloca um problema de culpa mas de causalidade.

Quanto ao princípio da recusa de proteção jurídica: a pessoa que se coloque na previsão do § 817/2 situa-se fora da ordem jurídica, iniciando uma atuação por conta própria, de que sofre as consequências[1256]. A doutrina da recusa de proteção jurídica, como bem escreve Teubner[1257], não deve ser acolhida para explicar o § 817/2[1258]. O Direito tem uma vocação efetiva para regular os comportamentos que lhe caiam na alçada; não se desinteressa por quaisquer violações que se lhe interponham. Ao prescrever a não repetibilidade de certas prestações, o § 817/2 está, ainda, a dispensar, de certa maneira, uma "proteção jurídica". Acresce que essa disposição, cujas dificuldades de entendimento resultam patentes na doutrina alemã, não tem, e bem, correspondente no Código português.

Assim sendo, e por maioria de razão, não há que estendê-la ao *tu quoque*.

III. Prosseguindo as referências às diversas teorias, temos a da compensação de culpas – ou culpa do lesado. Este instituto teria um certo paralelo com o *tu quoque*[1259]: em ambos o prejudicado não pode, de algum modo, ser totalmente ressarcido por estar implicado numa prática: desvalorizada. O paralelo é, no entanto, apenas descritivo pois, enquanto a compensação de culpas se prende com a imputação de um dano, no *tu quoque* os comportamentos das partes são desencontrados, não se reportando, ambos, ao mesmo dano[1260].

[1256] Von Caemmerer, *Preisverstösse und § 817, 2 BGB*, SJZ 1950, 646-651 (649) – quem conscientemente atua contra a lei não tem a proteção desta; L. Raiser, an. BGH 14-jun.-1951, JZ 1951, 718-719 (719) – as partes não podem recorrer ao tribunal para resolver problemas postos pelos seus negócios obscuros; *vide* Niederländer, *Nemo turpitudinem suam allegans auditur* cit., 632.

[1257] Teubner, *Gegenseitige Vertragsuntreue* cit., 13.

[1258] Heinrich Honsell, *Die Rückabwicklung sittenwidriger oder verbotener Geschäfte* (1974), § 15 (63-64), que lhe contrapõe o que se poderia chamar de regra da paridade ou do equilíbrio.

[1259] Lorenz, *Der Tu-quoque-Einwand* cit., 312-313, estabelece os contactos entre a evolução histórica das duas figuras.

[1260] Teubner, *Gegenseitige Vertragsuntreue* cit., 14-15; repare-se que não seria correto criticar esta construção com base na desnecessidade de culpa para o funcionamento do *tu quoque* porque a "compensação de culpas" não se reporta à culpa em si.

§ *38.º Tu quoque*   371

O recurso ao próprio não-direito era a solução tradicional, pela qual o *tu quoque* se deveria integrar, nele, como subcaso[1261]. Teubner critica essa orientação, sublinhando que falta, no *tu quoque*, a atuação com base numa posição jurídica faltosa, o que tiraria validade material a um ato formalmente conforme[1262]. A reformulação do chamado recurso ao próprio não-direito tira, porém, razão de ser a tal crítica[1263].

O *venire contra factum proprium* poderia, em leitura apressada, integrar o *tu quoque*: a pessoa que desrespeita um contrato e exige, depois, a sua observância à contraparte parece incorrer em contradição[1264]. Essa integração pressuporia um alargamento prévio do *venire*, uma vez que, no *tu quoque*, a contradição não está no comportamento do titular-exercente em si, mas nas bitolas valorativas por ele utilizadas para julgar e julgar-se. Em qualquer dos casos, e dada a grande extensão já apontada no *venire*[1265], nada impediria que o *tu quoque* lhe representasse um subtipo mais concreto, com especificidades bastantes para incluir princípios próprios. Parece-nos, porém, uma via complexa e pouco adequada, pela confusão que acarretaria.

Ainda, porém, que do *venire* se utilizasse uma conceção ampla – o que não seria recomendável até pela extensão grande, revestida pelo próprio entendimento restrito – as especificidades do *tu quoque* seriam de tal ordem que não permitiriam uma integração coerente e produtiva. Recorde-se que o *venire* é proibido em homenagem à proteção da confiança da pessoa que se fiou no *factum proprium*. Ora, na infidelidade contratual mútua, não tem sido preocupação da jurisprudência o aprofundar dessa via, o que redundaria em qualquer coisa como: a pessoa cuja contraparte contratual prevarique, tinha razões para acreditar que não mais lhe seria exigida a sua prestação, baseando, nessa locubração, uma atividade jurídica posterior, em termos de "investimento de confiança"? Embora no *tu quoque* seja de valorar – o que não tem sido feito – a posição da contraparte que prevarica em segundo lugar, não há que lhe inserir uma situação de confiança similar ou paralela à que enforma o *venire*.

[1261] *Infra*, 374.
[1262] Teubner, *Gegenseitige Vertragsuntreue* cit., 15-17.
[1263] *Vide infra*, 374-375.
[1264] Wolfgang Fikentscher, *Schuldrecht*, 9.ª ed. (1997), § 27 II, 5, a, (Nr. 179, 142).
[1265] *Supra*, 311 ss..

372 *O abuso do direito*

A renúncia a sanções postula, por parte do titular faltoso, a vontade eficaz de prescindir da proteção que o Direito, de outro modo, lhe proporcionaria[1266]. Tal vontade, porém, nem sempre existe; quando exista, é difícil de demonstrar; quando se demonstre, levanta uma série de dúvidas quanto à sua eficácia. Essa eficácia seria mesmo impossível, no Direito português: artigo 809.º[1267].

IV. Teubner recorre à teoria da proporcionalidade contratual como fórmula particularmente apta para solucionar o sentido do *tu quoque*. A ideia, embora carecida de complementação, deve ser retida.

Teubner isola três aspetos a encarar pela doutrina que, em definitivo, esclareça o *tu quoque* contratual: as necessidades de explicar a ligação das violações mútuas de normas, de permitir uma certa diferenciação de consequências jurídicas, de acordo com a gravidade da violação e de concitar previsões firmes, que excluam uma variação total segundo as circunstâncias do caso concreto, mas antes admitam uma elasticidade por graus típicos[1268]. Das construções preconizadas, apenas a proporcionalidade contratual teria hipóteses de encarar esta tríade. Esta forma de abordar o problema não foi conseguida. Repare-se que, em rigor, qualquer das sete orientações acima mencionadas para exprimir o *tu quoque* estabelece uma conexão entre as duas violações. Fazendo-o, satisfazem formalmente, os dois primeiros pontos salientados por Teubner; o terceiro não é ditado, em qualquer caso, pela interligação entre as duas violações, mas pela necessidade de tipificar as saídas cominadas pela ordem jurídica. Este último aspeto é decalcado, aliás, de uma graduação estabelecida no BGB para o tema da exceção do contrato não cumprido – §§ 320, 325 e 326[1269] – que, não tendo correspondente no Código Civil, levanta dificuldades de transposição.

Prefere-se, pois, partir da natureza do sinalagma.

Subjacente a qualquer solução, coloca-se o tema da natureza do sinalagma. No início, numa visão parcelar reforçada pela inexistência de uma sistemática atuante, as prestações eram tratadas de modo isolado, conectadas apenas com os seus sujeitos. De tal forma que só o recurso à boa-fé, entendida como princípio de justiça material, transcendente em relação às partes e às suas prestações, possibilitou, pelo desdobramento

---

[1266] Teubner, *Gegenseitige Vertragsuntreue* cit., 18.
[1267] Quanto ao conteúdo desse preceito: *Direito das Obrigações*, 2, 424 ss..
[1268] Teubner, *Gegenseitige Vertragsuntreue* cit., 19.
[1269] Teubner, *Gegenseitige Vertragsuntreue* cit., 21.

§ *38.° Tu quoque*   373

progressivo de uma *exceptio doli* informe, o surgir da exceção do contrato não cumprido. A evolução posterior das sociedades, com a aquisição de capacidades generalizadoras, permite apreender o sinalagma como tal. No sinalagma, há uma "estrutura final imanente ao contrato, com dependência genética, condicional e funcional (pelo menos) de dois deveres de prestar primários interligados"[1270]. Portanto, e de modo ainda mais incisivo: não há que partir, ontologicamente, das prestações para o sinalagma; este traduz, pelo contrário, a existência e a configuração dos deveres contrapostos os quais, sem essa inserção sistemática, perderiam a identidade e o sentido que os definem. O *tu quoque* ganha, perante esta colocação do sinalagma, uma perspetiva diferente: qualquer atentado a uma das prestações implicadas pode ser, na realidade, um atentado ao sinalagma; sendo-o, altera toda a harmonia da estrutura sinalagmática, atingindo, com isso, a outra prestação[1271]. A justificação e a medida do *tu quoque* estão, pois, nas alterações que a violação primeiro perpetrada tenha provocado no sinalagma.

Parece-nos uma via promissora, testada com êxito perante a jurisprudência[1272].

Proporemos, a partir dela, uma solução mais alargada.

150. Posição adotada: a materialidade subjacente

I. No *tu quoque* contratual, o titular-exercente excede-se por recorrer às potencialidades regulativas de um contrato que ele próprio já violara. Põe-se, agora, o problema num nível de generalidade maior: é admissível, fora do fenómeno contratual, o exercício de posições jurídicas em cuja base tenha havido atuações incorretas? O princípio que se manifesta no *tu quoque* e que, de modo repetido, aflora no Código Civil, em termos acima delineados, responde negativamente. Há que ponderar os alcance e sentido dessa negativa.

[1270] Joachim Gernhuber, *Synallagma und Zession*, FS Raiser (1974), 57-98 (57) e Wolfgang van dem Daele, *Probleme des gegenseitigen Vertrages/Untersuchungen zur Aquivalenz gegenseitiger Leistungspflichten* (1968), 23. Quanto a aspetos históricos, Hans-Peter Benöhr, *Das sogenannte Synallagma in den Konsensualkontrakten des klassischen römischen Rechts* (1965), 1 ss..

[1271] Teubner, *Gegenseitige Vertragsuntreue* cit., 19-23, com especificidades resultantes dos pontos já sublinhados.

[1272] *Da boa fé*, 845-846.

374 *O abuso do direito*

II. A regra de não poder recorrer-se a posições indevidamente conseguidas, expressa em vários brocardos já referenciados, teve uma consagração romana[1273], embora parcelar e assistemática. A *exceptio doli praeteriti*
estava, em especial, vocacionada para exprimir uma saída com potencialidades efetivas de generalização. O substantivar da técnica jurídica, então adje-
tiva, deslocou o problema para a própria subsistência da situação viciada.
Assim hoje, à face do Código Civil, a pessoa que pretenda tirar partido de
um direito dolosamente obtido, é detida, em princípio, pela ação de anulação do artigo 254.º/1; e resultando esse direito de uma atuação contrária a
normas jurídicas, gera-se a situação radical da nulidade – artigos 280.º/1 e
294.º – que qualquer pessoa pode alegar. Na falta dos pressupostos destes
remédios, deve entender-se, como regra, que o Direito considera a situação,
em definitivo, sanada.

A possibilidade de que situações jurídicas indevidamente obtidas não
possam ser destruídas na sua subsistência, sem, no entanto, merecerem
a aprovação do Direito, em todos os seus efeitos, surge contudo, real: as
consagrações legais expressas da regra *tu quoque* demonstram-no. Temos,
aqui, na falta das tais consagrações legais, uma margem para o *tu quoque*.

III. A atuação de posições jurídicas indevidamente obtidas tem sido,
com unanimidade, considerada contrária à boa-fé. Pelo quadro legal português, haveria que tê-la por abusiva, nos termos do artigo 334.º. Porquê?
No exercício de posições indevidamente obtidas, a tónica tem sido
colocada na inadmissibilidade da sua constituição. Trata-se de pura ilusão
ótica advinda do recurso à expressão "posição indevidamente obtida" ou
do correspondente "recurso ao próprio não-direito". Caso o Direito con-
templasse essa conjuntura por tal prisma, a solução imediata seria, com
naturalidade, a impugnação da própria posição a exercer, nas suas bases.
A situação subsiste, porém, demonstrando, com isso, que não há uma valoração negativa dirigida, em direto, a uma desconformidade na obtenção da
situação em causa. Existe, antes, uma situação jurídica que, por força de
um comportamento anterior do seu beneficiário, foi alterada, na sua configuração, por forma a não permitir atuações ao seu abrigo que, de outro
modo, seriam possíveis.

[1273] Riezler, *Berufung auf eigenes Unrecht* cit., 178-192; Weber, *Treu und Glauben*
cit., D 395 (841). Ladenburg, *Niemand darf sich auf seine eigene Rechtswidrigkeit zu
eigene Gunsten rechtliche berufen* cit., 445, acentua a aplicação do princípio na prática
jurídica do século XIX.

§38.º Tu quoque

IV. A pessoa que, mesmo fora do caso nuclearmente exemplar do sinalagma, desequilibre, num momento prévio, a regulação material expressa no seu direito subjetivo, não pode, depois, pretender, como se nada houvesse ocorrido, exercer a posição que a ordem jurídica lhe conferiu. Distorcido o equilíbrio de base, sofre-lhe as consequências. A nova situação criada altera a configuração da posição jurídica do exercente; no limite, pode ir até à extinção. Cometida a violação pelo próprio, *apenas formalmente* tudo parece idêntico. A materialidade subjacente, porém, já é outra.

Esta construção tem um espaço descritivo triplo de aplicação. Funciona perante prestações em sinalagma e, ainda, no campo contratual não sinalagmático, nos termos acima examinados; foi, aliás, esse sector, mais confinado, que permite, metodologicamente, abordar o tema pela via apropriada. Mas funciona, também, no campo não contratual. Impõe, aí, que quem tenha firmado um direito, formalmente correto, numa situação material que não corresponda à querida pela ordem jurídica não possa, em consequência disso, exercer a sua posição de modo incólume. As possibilidades de exercício são restringidas ou, até, suprimidas – com a extinção do direito implicado – por forma a recuperar o desequilíbrio causado. Nesta leitura, o caso típico do direito indevidamente obtido ou, se se quiser, do chamado recurso ao próprio não-direito, torna-se inteligível.

Deve, pois, considerar-se cada posição jurídico-subjetiva sempre integrada no complexo regulativo a que pertença. O titular que, em comportamento prévio, altere a figuração do complexo em causa e pretenda, depois, contrapor o seu direito a atuações de outras pessoas, pode abusar do direito. Basta, para tanto, que tal contraposição, embora conforme com os aspetos formais da atribuição jurídico-subjetiva, ultrapasse a realidade material de base, na sua nova compleição. Tente fazê-lo e pode-se contrapor-lhe a fórmula *tu quoque*: também ele cometeu prevaricação. Esta ordem de ideias permite ainda uma aproximação a casos particulares de *venire contra factum proprium* que não são resolvidos, de modo satisfatório, com recurso à confiança e de que é exemplo, já referido, o réu que, sucessivamente, alega a incompetência dos árbitros e o compromisso arbitral: a primeira conduta impede-o de vir acusar a outra parte de violar o compromisso em causa, pelas repercussões materiais que acarreta.

Por tudo isto, entendemos que, no *tu quoque*, já não está em jogo uma manifestação de tutela da confiança: antes a de um outro princípio

376 *O abuso do direito*

mediante, concretizador da boa-fé e a que damos o nome de *primazia da materialidade subjacente*[1274].

151. A jurisprudência portuguesa; perspetivas

I. A jurisprudência portuguesa já tem aplicado a proibição de abuso do direito, na fórmula *tu quoque*, ainda que nem sempre identificando a figura. Parece natural: o seu aparecimento, na doutrina, é recente, de tal modo que as próprias partes que dela se poderiam prevalecer não a invocam. De todo o modo, há algumas espécies interessantes:

RPt 3-fev.-1981: por falta de obras, um armazém torna-se inutilizável com a chuva; instado a fazer obras, o senhorio nega-se; o locatário desocupa, por isso, o local; o senhorio move um despejo com base no encerramento; o tribunal recusa-o, por abuso[1275];

STJ 21-set.-1993: uma companhia de seguros fora condenada, com trânsito em julgado, a pagar 4.364 c.; conseguiu, todavia, um recibo pelo qual pagara 3.000 c., acrescentando que era tudo o devido; não pode invocar essa circunstância para não cumprir a sentença[1276];

STJ 12-jul.-2001: num contrato-promessa, o Réu assina, faz reconhecer a assinatura e manda ao Autor, pedindo-lhe que assinasse e fizesse reconhecer a sua; o Autor perde o documento e alega a invalidade por não ter assinado: há abuso[1277];

RLx 2-mar.-2004: um condómino que não queira assinar a ata da assembleia não pode prevalecer-se disso para a impugnar: seria abuso do direito[1278];

STJ 10-jan.-2008: o herdeiro de uma pessoa que celebrara com o cônjuge um contrato-promessa de repúdio da herança, naturalmente nulo, não pode invocar o abuso do cônjuge sobrevivo de invocar tal nulidade: ambos perpetraram a ilegalidade[1279];

[1274] *Tratado* I, 4.ª ed., 975 ss..

[1275] RPt 3-fev.-1981 (Joaquim Carvalho), CJ VI (1981) 1, 146-148 = BMJ 304 (1981), 469 (o sumário).

[1276] STJ 21-set.-1993 (Fernando Fabião), CJ/Supremo I (1993) 3, 19-22 (21).

[1277] STJ 12-jul.-2001 (Araújo Barros), CJ/Supremo IX (2001) 3, 30-34.

[1278] RLx 2-mar.-2004 (André dos Santos), CJ XXIX (2004) 2, 69-71 (70/II).

[1279] STJ 10-jan.-2008 (João Bernardo), Proc. 07B3972.

§ *38.º* Tu quoque   377

RPt 16-jun.-2014: aponta um abuso, na modalidade *tu quoque*, a propósito de um contrato de seguro[1280];

RLx 3-mar.-2016: enumera os vários tipos de atos abusivos entre os quais o *tu quoque*[1281];

RLx 15-dez.-2016: não pode o senhorio, que emitiu determinada declaração dirigida a uma inquilina, nos termos do RNAU, sabendo que ela tinha mais de 65 anos, prevalecer-se da não-prova, por ela, dessa circunstância[1282];

RPt 15-dez.-2016: caracteriza o *tu quoque*, ainda que não o aplique por, *in casu*, faltarem requisitos[1283];

RPt 2-mar.-2017: numa questão laboral, refere as várias modalidades de abuso, entre as quais o *tu quoque*[1284];

RLx 11-mai.-2017: pratica *tu quoque* o inquilino que, sem autorização, fez obras mal executadas na casa de banho, com danos para os outros pisos e, na ação de despejo, invoca que o senhorio não fez as obras[1285].

II. O Direito português legislado prevê boa parte das possíveis situações de *tu quoque*, como vimos[1286]. Dada a natureza supletiva dos remédios extraordinários propiciados pela boa-fé e pelo abuso do direito, compreende-se que pouco espaço fique, nesse domínio, para concretizar o artigo 334.º. De todo o modo, sempre há algum. O *tu quoque* poderia ser especialmente útil para enquadrar situações de preparação de litígios: um interessado engendra ilicitamente conflitos como forma de acionar procedimentos judiciais subsequentes[1287]. Na falta de outros remédios, o *tu quoque* intervém.

Em termos processuais, a fórmula *tu quoque* apresenta-se, geralmente, como uma exceção.

[1280] RPt 16-jun.-2014 (Manuel Domingues Fernandes), Proc. 6260/11.

[1281] RLx 3-mar.-2016 (Ondina Carmo Alves), Proc. 137606/14.

[1282] RLx 15-dez.-2016 (Luís Espírito Santo), Proc. 1469/15.

[1283] RPt 15-dez.-2016 (Jorge Seabra), Proc. 103/14.

[1284] RPt 2-mar.-2017 (Domingos Morais), Proc. 2843/15.

[1285] RLx 11-mai.-2017 (Ezagüy Martins), Proc. 699/14.

[1286] *Supra*, 366-367.

[1287] Não será o caso quando o agente se limite a preparar, regularmente e sem censura, o subsequente exercício de direitos; assim, em RPt 3-fev.-2004 (Fernando Simões), CJ XXIX (2004) 1, 172-178 (177/I), entendeu-se que não havia abuso por parte do senhorio que, "sem fraude", criasse condições para denunciar o arrendamento.

III. No prisma da teoria do abuso e, mais latamente, da concretização da boa-fé, o *tu quoque* coloca-se numa área importante de crescimento. Digamos que o século XX foi o tempo da elaboração de doutrina da confiança e da fixação dos seus pressupostos. Cabe, agora insistir na vertente delicada da primazia dos valores subjacentes do ordenamento. O seu papel está firme, no domínio da autonomia privada, mormente através do regime relativo às cláusulas contratuais gerais e da tutela do consumidor. Sem pôr em causa a liberdade postulada pelos direitos subjetivos, trata-se, agora, de alargar a prevalência dos valores materiais ao próprio exercício das posições jurídicas.

§ 39.º O DESEQUILÍBRIO NO EXERCÍCIO

152. Generalidades; do exercício danoso inútil ao exercício censurável

I. O desequilíbrio no exercício corresponde a um tipo extenso e residual de atuações inadmissíveis, por abuso contrário à boa-fé. Ele abriga subtipos diversificados: em comum têm o despropósito entre o exercício questionado e os efeitos dele derivados. Donde a ideia de desequilíbrio.

Vamos preencher a categoria do desequilíbrio no exercício com três sub-hipóteses:

– a do exercício danoso inútil;
– a do *dolo agit qui petit quod statim redditurus est*;
– a da desproporção entre a vantagem do titular e o sacrifício por ele imposto a outrem.

Estas sub-hipóteses são suscetíveis de aproveitamentos atualistas, em termos que abaixo procuraremos esclarecer.

II. No exercício inútil danoso, o titular atua no âmbito formal da permissão normativa que constitui o seu direito. Porém, não retira qualquer benefício pessoal, antes causando um dano considerável a outrem.

Os comportamentos que se possam reconduzir ao subtipo do exercício inútil danoso, também ditos chicaneiros ou, quando complementados pela intenção maldosa de prejudicar, emulativos, provocaram, pela sua desconexão patente com os valores jurídicos, o aparecimento da doutrina do abuso do direito. Já foi dada conta da evolução registada neste sector, pelo prisma próprio do avançar e estagnar da teoria dos atos abusivos[1288]. Trata-se, agora, de examinar os seus vetores atuais, em ordem a uma apreciação da realidade jurídico-positiva subjacente.

[1288] *Supra*, 281 ss..

380 *O abuso do direito*

Tradicionalmente, o exercício danoso inútil postulava que, no seio da permissão jurídico-subjetiva, existissem várias possibilidades de atuação, algumas das quais sem interesse para o titular, mas prejudiciais a terceiros. Toda a série de decisões judiciais que, nos primórdios do abuso do direito, firmaram, no campo dos direitos reais e das relações de vizinhança, a nova teoria tiveram, aqui, a sua sede. Esta hipótese está em regressão clara[1289]. O aperfeiçoar das relações jurídicas reais de vizinhança, seja através das codificações tardias, seja mediante o melhoramento judicial das normas constantes dos códigos antigos, remete para o campo puramente delitual a maioria dos comportamentos ditos abusivos. O círculo aperta-se por força da sedimentação de todo um Direito fundiário administrativo que, regulamentando, de modo direto ou mediante a intervenção de entidades públicas, as alterações que se introduzam na ordem preexistente das coisas imóveis, não deixa campo para o recurso às cláusulas gerais. As próprias modificações económico-sociais, registadas no último século, tornam pouco mais do que académica a hipótese de serem feitas construções, escavações ou manobras similares, sem qualquer utilidade para o titular e apenas para incomodar os vizinhos. A atestar estas asserções, está a impossibilidade de dar exemplos recentes de decisões judiciais que se lhes reportem.

Toda a vasta jurisprudência francesa que teve por abusivos atos como a prática de ruídos humanos[1290], a produção de fumos e cheiros[1291] e a ocorrência de trepidações[1292], teria solução legal fácil à face do artigo 1346.º, sem necessidade de recurso ao abuso do direito[1293]. Outro tanto sucede com as decisões portuguesas do mesmo tipo. Assim, em RCb 26-mai.-1928 – a

---

[1289] O fenómeno ficou patente na decadência da doutrina do abuso do direito, tal como foi ressentida pela doutrina da primeira codificação.

[1290] C. Ap. Paris, 2-dez.-1871, D 1873, 2,185 e Amiens, 7-fev.-1912, D 1913, 2, 179-180, p. ex..

[1291] CssFr, 18-fev.-1907, S 1907, 1, 77 = D 1907, 1, 385.

[1292] A que se pode acrescentar a hipótese de emissões de ondas hertzianas, reconhecida como abusiva em CssFr 29-mai.-1937, GP 1937, 2, 363 = S 1937, 1,244.

[1293] Da mesma forma, os excessos registados no exercício de direitos, como o caso decidido em TS 14-fev.-1944, RDP 1944, 408-411, em que uma empresa, licenciada para a extração de areia, punha, pelas grandes quantidades de material que removia, em perigo a costa e que foi considerada como um marco importante na viragem da jurisprudência espanhola para o abuso do direito – p. ex., Tobeñas, *Derecho civil español*, 12.ª ed. (1978), 1, 2, 59 ss. (66) – podem ser resolvidos com o recurso às regras da colisão de direitos – artigo 335.º.

§39.º O desequilíbrio no exercício

primeira que recorreu à noção de abuso do direito[1294] – haveria, à face do
Código de 1966, uma emissão de fumo ilícita, com saída pronta perante o
artigo acima citado[1295].

III. A decadência do exercício danoso inútil, no que respeita aos direitos reais de gozo, não impede a sua consagração, com interesse prático e científico, noutros domínios. Torna-se difícil, porém, encontrar exemplos jurisprudenciais claros.

Refira-se, no entanto, OLG Karlsruhe 8-ago.-1972, que considerou abusivo o exercício de um direito de retenção sobre coisas totalmente inúteis para o credor, e com fito de utilizar a ameaça de um dano para o devedor como meio de pressão[1296]; RG 8-jun.-1942 que considerou abusivo o fazer valer de uma servidão de passagem tornada inútil para o titular[1297]; LG Kassel 25-mai.-1970, que desaprovou, por abuso, a exigência ao locatário, pelo locador, de trabalhos de renovação, tornados inúteis para este, pelas circunstâncias[1298]. Estas decisões, apesar de surgirem citadas[1299] para documentar hipóteses de exercício abusivo por inutilidade, não são claras no sentido pretendido. O direito de retenção é instrumental perante o crédito garantido; o interesse por ele proporcionado prende-se com as suas funções compulsórias e, disso sendo caso, de realização pecuniária, não requerendo qualquer utilidade da coisa-objeto em si. A servidão, tornando-se inútil, extingue-se quando derive de usucapião ou seja legal – artigo 1569.º/2 e 3; em princípio, subsiste nas hipóteses restantes. O caso do locatário adstrito a reparações inúteis prende-se com o problema mais vasto da exigibilidade da prestação.

[1294] RCb 26-mai.-1928, BFD 11 (1930), 171-204.

[1295] A melhor interpretação das regras dirigidas aos conflitos de vizinhança, num ambiente depurado de preconceitos relativos à propriedade, explica parte da decadência do abuso do direito.

[1296] OLG Karlsruhe 8-Ag.-1972, BB 1972, 1163, citando, expressamente, o § 242 BGB.

[1297] RG 8-jun.-1942, RGZ 169 (1942) 180-185 (182), referindo os §§ 226 – chicana – 826 – bons costumes e, naturalmente, 242 – boa-fé. Cf., ainda BGH 17-mar.-1967 e 7-abr.-1967, WM 1967, 582-584 e 580-582, respetivamente.

[1298] LG Kassel 25-mai.-1970, ZMR 1972, 120 (n.º 15, só o sumário), citando, também, a boa-fé.

[1299] P. ex., Roth, no *Münchener Kommentar* cit., 2 a, 4.ª ed., § 242, Nr. 385 (213), referindo, ainda, casos mais recentes. n.º 405 (168-169).

382   *O abuso do direito*

Entre nós, temos um caso de abuso do direito de tapagem, detetado em STJ 16-mar.-1995: sobre um suporte de terras de 1,5 m, construiu-se um muro de 2,8 m, que tira a luz a uma casa. Há abuso[1300].

IV. O exercício danoso inútil tende, assim, a tornar-se numa referência histórica que ilustrou os primórdios do abuso do direito. Todavia, ele pode ser recuperado em termos atualistas para enquadrar atuações disfuncionais, isto é, condutas formalmente cobertas pelo exercício de direitos subjetivos mas que, todavia, se oponham a vetores materiais do sistema, em moldes que não se reconduzam nem à tutela da confiança (*venire*, inalegabilidades ou *suppressio*) nem ao *tu quoque*.

Poderíamos reconduzir a esta categoria as situações de "eficácia externa" das obrigações assentes em abuso do direito[1301]. Ou seja: embora o vínculo obrigacional esteja desenhado para relacionar apenas o credor e o devedor, pode o terceiro, no exercício das suas posições, colocar-se de tal modo em oposição aos vetores do ordenamento que lhe seja imputável uma ingerência nesse vínculo. A matéria terá de ser considerada em Direito das obrigações[1302].

Falaremos, neste nível, em exercício censurável. Fica todavia claro que se trata de uma categoria residual: pronta a ser absorvida pelos diversos institutos que venham a acolher as regras que delimitem estes exercícios.

153. Dolo agit

I. *Dolo agit qui petit quod statim redditurus est* (age com dolo aquele que exige o que deve restituir logo de seguida) traduz, nas palavras de Paulo, uma valoração relativa ao comportamento da pessoa que exige o que, de seguida, terá de restituir[1303]. Trata-se de uma especialização do

---

[1300] STJ 16-mar.-1995 (Roger Lopes), CJ/Supremo III (1995) 1, 121-124.

[1301] Afirmadas, p. ex., em STJ 13-dez.-2001 (Francisco Ferreira de Almeida), CJ/Supremo IX (2001) 3, 149-151 (151/I) e STJ 19-mar.-2002 (Azevedo Ramos), CJ/Supremo X (2002) 1, 139-142 (142/I).

[1302] Eduardo dos Santos Júnior, *Da responsabilidade civil de terceiro por lesão do direito de crédito* (s/d, mas 2001), 518 ss..

[1303] Paulo, D. 50.17.173.3 = ed. Mommsen/Krüger cit., 925/II; *statim* foi um acrescento alemão destinado a clarificar a fórmula. Com indicações históricas: Andreas Wacker, *Dolo facit, qui petit quod (statim) redditurus est*, JA 1982, 477-479 (477/II).

§ *39.º O desequilíbrio no exercício* 383

exercício desequilibrado, operada em torno de uma fórmula particularmente impressiva.

A maioria dos exemplos reportados a este subtipo de comportamentos abusivos prende-se com outras particularidades do Direito alemão, no campo imobiliário[1304]. Assim, tendo sido feita uma inscrição sem o convénio real prévio necessário, mas subsistindo, válida, a obrigação de transmissão, não pode ser pedida a correção do registo[1305].

Seria fácil, contudo, encontrar um campo de aplicação fértil no Direito português, junto do sector da responsabilidade civil, em termos estreitamente conectados com o abuso do direito. Pode acontecer que o exercício de um direito, sendo abusivo, não possa ser sustado. A sanção do abuso teria de se reportar, então, à responsabilidade civil. A indemnização correspondente, pela conjunção dos artigos 562.º e 566.º/1 *a contrario* – teoria da diferença e indemnização específica – pode consistir na obrigação, a cargo do titular-exercente, de manter a situação que existiria, se não fosse o abuso. Esta obrigação é, se se quiser, o inverso do próprio abuso. Por isso, a pessoa que insista no exercício abusivo exige o que, depois, terá de restituir, a título de indemnização. A concatenação entre o sistema aperfeiçoado de responsabilidade civil, instituído pelo Código de 1966, e o brocardo *dolo facit qui petit quod statim redditurus est*, permite alargar, de modo considerável, a eficácia do artigo 334.º. Exemplifique-se com base no sector delicado das inalegabilidades formais. Uma pessoa induz outra a celebrar, com ela, uma venda nula por falta de forma; quando lhe convier, vem, depois, arguir a nulidade; há abuso: diretamente só por exceção se poderia, como se viu, validar, através da boa-fé, tal "negócio"; verificados, contudo, os pressupostos, deve o vendedor, ao comprador, uma indemnização em espécie que reconstitua a situação que haveria se não fosse o abuso, i. é, deve criar o resultado a que se chegaria se a venda tivesse sido válida[1306]; essa situação implica a transmissão, para o "comprador", da coisa "vendida"; assim sendo, caso o vendedor, alegando a invalidade formal, reivindique a coisa, comete abuso por pedir *quod redditurus est*.

[1304] Mais precisamente com a mera eficácia obrigacional da compra e venda e com a subsequente necessidade de um acordo real para a inscrição, que assim se torna constitutiva da transferência de domínio.

[1305] BGH 28-jun.-1974, LM § 242 (Cd) n.º 177 = NJW 1974, 1651 = MDR 1974, 1007.

[1306] *Supra*, 310-312; aí admitimos todavia, em certas margens, o efetivo bloqueio de nulidades formais.

384 *O abuso do direito*

II. A exigência do que deva ser restituído é inútil; é, ainda, danosa para a contraparte, sobre quem recairia um dispêndio acrescido de esforços vãos. Distingue-se, porém, do comum exercício inútil danoso, porquanto postula, ao contrário deste, uma relacionação específica entre as partes envolvidas, traduzida em dois vínculos inversos: um primeiro habilita o titular a formular uma determinada exigência e um segundo impõe-lhe a restituição. Uma conjuntura semelhante conduz aos postulados clássicos da compensação; esta formou-se, aliás, a partir da boa-fé e da regra da inadmissibilidade de exigir o devido, retirando ao *dolo agit ... quod statim redditurus est* boa parte do seu conteúdo tradicional.

III. A ligação entre o *dolo agit* e a boa-fé, habitualmente feita[1307], não tem grandes problemas, dada a especificidade das relações implicadas. A sua via de concretização não é, contudo, tão clara. Na sequência de Wieacker[1308] e de Soergel/Siebert[1309], tem dominado uma tendência para o reconduzir ao exercício sem interesse por parte do titular. Jürgen Schmidt tenta um aprofundamento da via assim aberta, explicando que, no *dolo facit*, não pode haver, dada a conjuntura, a prossecução do escopo subjacente à exigência formulada; existe, antes a prossecução de outros escopos, como a chicana ou a obtenção de vantagens na insolvência da outra parte, os quais, não estando cobertos pela lei, não podem ser assegurados pelo Direito[1310].

Estas asserções não são totalmente satisfatórias. A sua ponderação requer, contudo, o apreciar conjunto dos subtipos que implicam desequilíbrio no exercício.

154. A desproporção no exercício e suas evoluções

I. A desproporcionalidade entre a vantagem auferida pelo titular e o sacrifício imposto pelo exercício a outrem constitui, por fim, o mais pro-

---

[1307] Karl Larenz, *Lehrbuch des Schuldrechts/I – Allgemeiner Teil*, 14.ª ed. (1987), 144, como exemplo.

[1308] Wieacker, *Präzisierung* cit., 29.

[1309] Soergel/Siebert/Knopp, BGB 10.ª ed. cit., § 242, Nr. 246 (70); também Soergel/ Teichmann, BGB 12.ª ed. cit., § 242, Nr. 298 (147). Wacker, *Dolo facit* cit., 478/II, refere ainda uma aproximação ao *venire contra factum proprium*.

[1310] Jurgen Schmidt, § 242, 13.ª ed. cit., Nr. 777 (504). J. Schmidt não deixa, também, de acrescentar que, caso a lei dê cobertura a algum – ou alguns – desses escopos laterais, já não se verifica a possibilidade de reprimir o *dolo facit*.

§ 39.º O desequilíbrio no exercício 385

missor dos subtipos integrados no exercício em desequilíbrio. Integram-se, aqui, situações como o desencadear de poderes-sanção por faltas insignificantes, a atuação de direitos com lesão intolerável de outras pessoas e o exercício jurídico-subjetivo sem consideração por situações especiais.

II. Há desencadear de poderes-sanção por faltas insignificantes quando o titular-exercente mova a exceção do contrato não cumprido por uma falha sem relevo de nota na prestação da contraparte, em termos de causar, a esta, um grande prejuízo ou quando resolva o contrato alegando o seu desrespeito pela outra parte, em termos, também, sem peso. A primeira hipótese está expressamente regulada no § 330/1 BGB, que remete para a boa-fé; no Código Civil, ela deduz-se dos artigos 334.º e 762.º/2[1311]. A segunda aflora no artigo 802.º/2. Também o artigo 763.º/1, que permite implicitamente ao credor, salvas exceções, recusar prestações parciais, deve ser restringido pela cláusula geral do exercício inadmissível: quando a parcelização do cumprimento não prejudique o credor e a recusa deste em receber uma prestação incompleta cause danos desmedidos ao devedor[1312], não deve ser movida a recusa em causa, por força dos referidos artigos 334.º e 762.º/2.

A atuação de direitos, com lesão intolerável de outras pessoas, corresponde à generalização do princípio que aflora no artigo 437.º/1; segundo esse princípio, ninguém pode ser obrigado a suportar o exercício de um direito, quando o sacrifício implicado afete gravemente os princípios da boa-fé. Dada a autonomização merecida por esta regra no Direito das obrigações, adivinha-se, nos restantes campos do Direito privado, a sua projeção prática específica. Os exemplos paradigmáticos de atuações deste tipo surgem em Direitos Reais; assim, o proprietário que, com licitude formal, exerça o conteúdo do seu direito, provocando, contudo, danos desconformes aos vizinhos.

O exercício jurídico-subjetivo sem consideração por situações especiais integra, de algum modo, o desenvolvimento profundo do dispositivo consagrado, pelo artigo 335.º, à colisão de direitos. Nas ordens jurídicas onde falte essa regulação específica, as cláusulas gerais e, em especial, a boa-fé, ganham a maior importância para a solução do problema: não é líquida a saída rápida que, no conflito de direitos, logo veja uma violação do direito alheio e não um abuso do direito próprio. No Direito português, solu-

[1311] Assim, já em Menezes Cordeiro, *Violação positiva do contrato*, ROA 1981, 123-152 (148) e *Direito das obrigações*, 2, 460.
[1312] A regra vem afirmada em BGH 5-dez.-1950, BGHZ 1 (1951) 4-9 (7) = NJW 1951, 109-110 (110), embora não se tenha aí aplicado, por falta de condições, em especial por o montante oferecido ser considerado escasso.

386   *O abuso do direito*

ciona-se a questão a nível de direitos subjetivos. Mas há que ampliá-la: para além dos direitos subjetivos alheios, o titular-exercente deve respeitar, no exercício do direito próprio, outras situações especiais, cuja preterição contrarie o clausulado no artigo 334.º. Tal como nos casos anteriores, a bitola de decisão é encontrada numa ponderação dos valores em jogo por parte do titular e da pessoa cuja posição é atingida pelo exercício. A materialidade dessa bitola deve, porém, ser procurada noutras latitudes.

III. Na jurisprudência portuguesa, o desequilíbrio no exercício é hoje usado para corrigir soluções de Direito estrito que se apresentam injustas para os intervenientes. Designadamente: permitindo uma grande vantagem para um deles, à custa do outro e isso sem que se apresente uma especial justificação para tanto.

Assim, foi usado o abuso:

– para enfrentar o problema das preferências em negócios simulados, que permitiriam ao preferente adquirir imóveis por uma pequena fração do seu valor[1313];
– para resolver questões de inquilinato e, designadamente as postas pela exigência, aos senhorios, de obras dispendiosas, quando as rendas pagas sejam insignificantes[1314]. Neste domínio, referimos ainda:

– *STJ 28-nov.-2002*: "Ora, no caso sub judice, está-se a pretender que os senhorios gastem em obras no local arrendado uma importância que corresponde a cerca de doze anos do que estavam a receber, proveniente das rendas, o que, a nosso ver, excede manifesta e largamente os limites impostos pelos interesses sócio-económicos subjacentes ao direito do ora recorrente a exigir reparações no prédio locado"[1315];
– *RLx 18-mar.-2004*: (...) comete abuso do direito o inquilino que exige do senhorio a realização de obras de reparação do locado, em consequência do estado de degradação, no caso de manifesta desproporcionalidade entre o seu custo e o montante da renda. É o que se verifica

---

[1313] STJ 4-mar.-1997 (Pais de Sousa), CJ/Supremo V (1997) 1, 121-125 (125/I). *Vide* outros casos em *Tratado* VII, 525-527.

[1314] STJ 9-out.-1997 (Henrique de Matos), BMJ 470 (1997), 546-557 e RCb 27-jan.-1998 (Soares Ramos), CJ XXIII (1998) 1, 16-18 = BMJ 473 (1998), 569 (o sumário). *Vide* outros casos em *O novo regime do arrendamento urbano*, Est. Pitta e Cunha (2010), 71-88

[1315] STJ 28-nov.-2002 (Edmundo Baptista), Proc. 02B3436.

§ 39.º O desequilíbrio no exercício

quando um arrendatário exige ao senhorio a realização de obras no valor de € 7.891,08, quando paga de renda mensal a quantia de € 4,99[1316];

– *RLx 29-abr.-2004*: há abuso do direito quando não se verifique qualquer equivalência entre a renda paga e o custo das obras exigidas[1317];

– *STJ 8-jun.-2006*: há abuso do direito quando se requeira, ao senhorio, a realização de obras e sejam necessários 12 anos de rendas para o seu retorno[1318];

– *STJ 14-nov.-2006*: constitui abuso do direito exigir do senhorio obras de conservação extraordinárias de um edifício centenário, que exige o dispêndio de vários milhares de euros, quando pagam uma renda de 93,89 euros e foi reconhecido pela Câmara que o prédio está em ruínas[1319];

– *RLx 11-jul.-2007*: traduz abuso do direito reclamar obras no montante de 300.000 contos em prédio arrendado que proporciona uma renda anual de 652.042$00[1320];

– *STJ 30-set.-2008*: abusa do direito o inquilino que, pagando uma renda mensal de € 2,30 exige dos senhorios, que vivem de pensões de reforma, obras custeadas em € 5.000,00[1321];

– *RLx 2-fev.-2016*: *idem* o inquilino que paga uma renda mensal de € 9,23, a um proprietário que paga um IMI de € 99,72 e que exige, a este, obras de € 20.910,00[1322];

Jogam-se, aqui, normas injustas ou incompletas, que devem ser enquadradas pelo sistema. Surgem ainda exemplos de sanções desproporcionadas[1323] de pagamentos excessivos[1324] ou de remédios em desalinho, como o de exigir demolições muito custosas para pequenas vantagens[1325].

[1316] RLx 18-mar.-2004 (Fátima Galante), Proc. 1275/2004-6.

[1317] RLx 29-abr.-2004 (Fátima Galante), CJ XXIX (2004) 2, 113-119 (118/I).

[1318] STJ 8-jun.-2006 (Oliveira Barros), Proc. 06B1103.

[1319] STJ 14-nov.-2006 (Fernandes Magalhães), Proc. 06B3597.

[1320] RLx 12-jul.-2007 (Pimentel Marcos), Proc. 4848/2007-7.

[1321] STJ 30-set.-2008 (Paulo Sá), CJ/Supremo XVI (2008) 3, 46-50 (49-50), com indicações.

[1322] RLx 2-fev.-2016 (Cristina Coelho), Proc. 7030/14.

[1323] RCb 9-nov.-1999 (Ferreira de Barros), CJ XXIV (1999) 5, 19-21 (20/II).

[1324] RCb 11-fev.-2014 (Jorge Arcanjo), Proc. 1198/12: exigir a um lojista € 15.000,00 pelo ingresso, quando ele permaneceu quatro dias no local, pelos quais pagou a renda.

[1325] RCb 8-fev.-2000 (Custódio Marques Costa), CJ XXV (2000) 1, 17-20 (19); RCb 18-mar.-2014 (Henrique Antunes), Proc. 3721/11; RCb 9-jan.-2017 (Luís Cravo), Proc. 102/11. Outras espécies podem ser confrontadas em *Tratado* I/1, 2.ª ed., 266-267.

388   *O abuso do direito*

IV. A rubrica do desequilíbrio no exercício de direitos, aqui usada apenas pelo seu potencial significativo, levanta problemas na sua dogmatização. As suas manifestações mais sugestivas constituíram já o cerne da doutrina do abuso. Ficou, por isso, estreitamente ligada às explicações globais que, para o abuso, têm sido encontradas. Não é, porém, produtivo, aproveitar esta categoria parcelar para, nela, pretender amparar construções pré-firmadas.

Da ponderação dos casos concretos que deram corpo ao exercício em desequilíbrio, desprende-se a ideia de que, em todos, há uma desconexão – ou, se se quiser, uma desproporção – entre as situações sociais típicas prefiguradas pelas normas jurídicas que atribuíam direitos e o resultado prático do exercício desses direitos. Parece, pois, haver uma bitola que, transcendendo as simples normas jurídicas, regula, para além delas, o exercício de posições jurídico-subjetivas: essa bitola dita a medida da desproporção tolerável, a partir da qual já há abuso.

No campo do exercício em desequilíbrio, o critério do abuso poderia ainda ser precisado com recurso à instrumentação acima apurada, onde avultam a tutela da confiança e a ponderação das realidades materiais subjacentes. Na primeira hipótese, dir-se-ia que o exercício danoso inútil iria contundir com a confiança legítima do prejudicado, convicto de que o direito nunca seria exercido em tais moldes; na segunda, afirmar-se-ia, subjacente à permissividade formal, a presença de novos elementos materiais restritivos, ocasionados pela atuação do titular.

Mas este panorama não é exato. O exercício em desequilíbrio constitui um tipo residual de atuações inadmissíveis onde, como é de esperar, se manifestam, de modo informe, os grandes vetores que concretizam a boa-fé e que correspondem a dados básicos do sistema. Desde o momento em que tais manifestações se clarifiquem, permitindo apontar, com precisão, hipóteses de tutela da confiança ou de afloramento de materialidade subjacente, assiste-se a um depurar do exercício em desequilíbrio, a favor de casos comuns de *venire*, de *surrectio* ou de *tu quoque*.

V. O tipo abusivo do desequilíbrio no exercício surge como um cadinho onde tomam forma novos casos de comportamentos inadmissíveis[1326]. Nele, o mais característico é, afinal, uma coloração metodológica particular

---

[1326] Ele surge, de resto, referido em múltiplas decisões, a título ilustrativo: RGm 5-fev.-2013 (Ana Cristina Duarte), Proc. 4835/09 e RGm 9-fev.-2017 (Maria dos Anjos Nogueira), Proc. 3153/12, como exemplos.

que, no próprio campo das permissões normativas de agir, manda atender às consequências da decisão que sancione ou censure os exercícios concretos. Requer-se, em áreas de comportamentos danosos, ainda que dotados de legitimidade formal, o atender redobrado às dimensões sinépicas implicadas, como forma privilegiada de controlar, em toda a sua extensão e não, apenas, a nível constitutivo, da compatibilidade dos exercícios com a ordem jurídica no seu todo.

SECÇÃO III

O EXERCÍCIO INADMISSÍVEL DE POSIÇÕES JURÍDICAS

§ 40.º AS DOUTRINAS DO ABUSO DO DIREITO

155. Generalidades: as teorias

I. No tratamento do abuso do direito, devemos manter claro e sempre presente que se trata de um instituto surgido em diversas manifestações periféricas, para resolver problemas concretos. De resto, apenas em concreto se torna possível aferir da existência de um abuso[1327]. O abuso não deriva de considerações racionais de tipo central. E apenas após a efetiva consubstanciação de múltiplas hipóteses de exercício típico abusivo – da *exceptio doli* ao desequilíbrio no exercício – se colocou o tema de uma construção global consequente[1328]. Este tipo de tratamento da matéria é válido para os Direitos do estilo germânico e lusófono.

II. Numa contraposição sugestiva divulgada por Wolfgang Siebert[1329], podemos distinguir:

– teorias internas;
– teorias externas.

[1327] Assim, a título de exemplo: Karl Larenz/Manfred Wolf, *Allgemeiner Teil* cit., 9.ª ed., § 16, Nr. 9 (282); Peter Krebs, no *NomosKommentar* cit., 2.ª ed., 2/1, § 242, Nr. 64 (52-53).

[1328] Trata-se de uma ordenação metodológica; em termos cronológicos e pelo menos a partir dos princípios do século XX, foram-se desenvolvendo manifestações periféricas de condutas tipicamente abusivas, enquanto os estudiosos intentavam solucionar o problema num plano central.

[1329] Wolfgang Siebert, *Verwirkung und Unzulässigkeit der Rechtsausübung* cit., 85 ss..

§40.º As doutrinas do abuso do direito 391

Para as teorias internas, a solução do abuso do direito estaria no próprio conteúdo de cada direito subjetivo. Este seria concedido em termos unitários, aos seus titulares, de modo a apresentar limites intrínsecos, a respeitar. E seria justamente a desconsideração de tais limites internos que daria lugar ao abuso.

Para as teorias externas, pelo contrário, o abuso adviria do desrespeito de normas jurídicas alheias ao próprio direito subjetivo, mas que o titular deveria acatar. No fundo, tratar-se-ia de uma limitação comum ao exercício dos direitos, semelhante a muitas outras, mas que por razões históricas teriam sido agrupadas em "abuso do direito".

III. O próprio Siebert apresentou uma ordenação das teorias internas e externas que não pode ser acompanhada. Chega a pretender que as teorias externas são as mais antigas, tendo natureza romana. Pelo contrário, as internas, mais recentes, seriam germânicas[1330]. Não parece que assim seja. A existência de limites internos ao exercício dos direitos – *maxime*, à propriedade – já é antiga: os romanos bem a conheciam. O abuso surgiu justamente quando se verificou que, independentemente de limites exteriores, os direitos subjetivos não podiam ser exercidos de qualquer modo e, designadamente: por forma emulativa ou totalmente desproporcionada.

IV. Sublinhe-se, por fim, que a contraposição entre as teorias internas e as externas, apesar da sua clareza, é meramente ordenadora. Além disso, os autores inscrevem-se ora numa, ora noutra, independentemente de terem qualquer consciência da contraposição e da sua inserção.

156. As teorias internas; a) Doutrinas emulativas e funcionais

I. As teorias internas surgiram com o próprio abuso do direito. Nos atos emulativos, a ideia dominante era, logo, a de que independentemente das clássicas limitações (externas) ao exercício dos direitos, estes não poderiam ser atuados com a intenção malévola de prejudicar. Depois a ideia alargou-se à necessidade de, no exercício, prosseguir algum interesse sério.

[1330] Wolfgang Siebert, *Verwirkung und Unzulässigkeit der Rechtsausübung* cit., 87-88.

392 *O abuso do direito*

Trata-se de fatores qualitativamente diferentes das delimitações impostas do exterior por normas jurídicas. A interioridade exprimiria de modo sugestivo uma essência: no abuso jogar-se-ia um fenómeno que, não sendo permitido, também não cairia na ilicitude comum, imposta do exterior, através de normas que apontariam os limites formais dos direitos. Seria o abuso em sentido próprio.

II. Podemos conduzir às teorias internas as seguintes conceções de abuso do direito:

– a doutrina dos atos emulativos;
– as doutrinas funcionais;
– as doutrinas interpretativas;
– o axiologismo formal.

A doutrina dos atos emulativos manda computar, no exercício jurídico-subjetivo, a concreta intenção do titular. Sendo ela uma pura intenção maléfica de causar prejuízos, surgiria o abuso. Apenas direito a direito seria possível determinar e enquadrar tal intrusão.

III. As doutrinas funcionais tiveram a sua origem em Josserand. Deve explicar-se que ele parte da conceção de Jhering, de direito subjetivo: interesse juridicamente protegido. Posto isso, ele entende que os direitos subjetivos são concedidos com uma determinada função. O abuso ocorreria com o desrespeito por ela[1331].

A função de cada direito e – logo – o abuso derivado da sua inobservância deverão ser procurados nas normas que compõem o próprio conteúdo do direito: no seu interior.

O epílogo desta construção que, sendo recebida por Siebert[1332], traduz um dos poucos exemplos de transferências doutrinárias francesas recentes para o espaço alemão, reside na afirmada relatividade dos direitos subjetivos: apenas caso a caso, tendo em conta, pois, o resultado da incidência das normas constitutivas do direito sobre a realidade concreta em que ele é exercido, se torna possível determinar os limites do direito. Estes, em consequência, variam, sem que se viabilize a sua determinação em abstrato.

[1331] Louis Josserand, *De l'esprit des droits* cit., 2.ª ed., 312 ss. (364 ss., 388).
[1332] Wolfgang Siebert, *Verwirkung und Unzulässigkeit der Rechtsausübung* cit., 89.

§40.º As doutrinas do abuso do direito 393

A partir deste cerne histórico e doutrinário, várias derivações são possíveis. A jurisprudência dos interesses preocupa-se com o âmbito efetivamente assegurado, em termos reais e teleológicos, pelo direito subjetivo[1333]; a doutrina do nacional-socialismo, interessada em afirmar um alegado pensamento comunitário e em diminuir o nível significativo-ideológico do jurídico-subjetivismo, acentua, pelo contrário, alegados deveres dirigidos ao titular do direito[1334]. Para tanto, aproveitou-se a máxima da Constituição de Weimar: a propriedade obriga.

As diversas orientações funcionais podem ser ordenadas em:

– doutrinas da função pessoal;
– doutrinas da função social.

Para as primeiras, o direito subjetivo seria conferido para que, dele, o próprio sujeito retirasse utilidades. Seriam abusivos os atos emulativos e, em geral, os exercícios danosos inúteis. Para as segundas, o direito subjetivo teria, subjacente, um programa de exercício em prol da sociedade. O passo seguinte é o da função económica: evolução materialista da função social. Adiantamos que a contraposição função pessoal/função social é, hoje, suplantada pela que distingue entre função específica ou institucional e função genérica ou sistemática.

IV. As teorias emulativas equivalem, se bem se atentar, a uma primeira fórmula, algo empírica, de traduzir as doutrinas funcionais. Como estas, elas entendem que o direito subjetivo não pode ser exercido *ad nutum* mas, antes e apenas, com certas funções.

As teorias funcionais, por seu turno, devem ser ordenadas em:

– funcionais específicas ou institucionais;
– funcionais genéricas ou sistemáticas.

[1333] Rudolf Müller-Erzbach, *Wohin führt die Interessenjurisprudenz?/Die rechtspolitische Bewegung im Dienste der Rechtssicherheit und des Aufbaus der Rechtswissenschaft* (1932), 67 ss. (72), acabando por cair na relatividade e *Deutsches Handelsrecht*, 2.ª e 3.ª ed. (1928), 283, focando o interesse público e Hermann Rüdy, *Der Rechtsmissbrauch* (1934), 55 ss. (68), explicando mesmo que, pelo instituto do abuso, o direito não é melhorado mas, antes, melhor conhecido; *vide* Wolfgang Siebert, *Rechtsmissbrauch* cit., 22 e, quanto à teleologia na jurisprudência dos interesses, Heinrich Hubmann, *Grundsätze der Interessenabwägung*, AcP 155 (1956), 85-134 (89 ss. (96).

[1334] Wolfgang Siebert, *Rechtsmissbrauch* cit., 23 ss. (27)..

394 *O abuso do direito*

As funcionais específicas ou institucionais relevam o papel que caiba aos concretos direitos ou posições de cujo abuso se trate. Digamos que cada situação exercida ou a exercer tem, pela sua estrutura ou pelos valores que associa, um desempenho típico do qual o titular exercente não se pode afastar. Entronca, aqui, o abuso institucional, presente na doutrina alemã[1335].

As funcionais genéricas ou sistemáticas dirigem-se para os reflexos que o sistema tenha no exercício concreto em causa. Se bem se atentar, elas vão confluir na disfuncionalidade intrassubjetiva e no papel do sistema.

As teorias funcionais representam um avanço na matéria. Com efeito, o Direito vale sempre numa dimensão teleológica. Elas permitiram conquistar, para o Direito, áreas que lhe escapavam. Mas a partir daí, elas não dão, ao abuso do direito, um espaço próprio e autónomo.

Os direitos podem ser concedidos com uma certa função: teremos direitos ou poderes funcionais ou direitos-deveres. Quando isso suceda, as normas em jogo devem ser respeitadas, sob pena de ilicitude. Não há abuso, numa postura que atinge as doutrinas funcionais específicas ou institucionais.

Poder-se-ia proclamar que existe um princípio geral que determina, sempre, um exercício funcional – portanto: social e economicamente útil – de todos os direitos. Se assim fosse, tal princípio implicaria um limite exterior ao exercício dos direitos. Cairíamos nas doutrinas externas e, daí e provavelmente, nos comuns limites ao exercício dos direitos. Quedariam "funcionalidades" atuantes por via autónoma quando, nos direitos subjetivos, se apurassem "funções" suficientemente subtis para nem implicarem direitos funcionais, nem redundarem em princípios externos norteadores de exercícios. Mas isso levar-nos-ia às teorias interpretativas, abaixo examinadas. Ressalvamos, todavia, a funcionalização sistemática.

V. Às teorias funcionais dirigem-se, ainda, duas observações que não podem deixar de ser ponderadas:

– a sua natureza antiliberal;
– o seu formalismo.

[1335] Christian Grüneberg, no Palandt cit., 76.ª ed., § 242, Nr. 40 (269); Peter Krebs, *NomosKommentar* cit., 2/1, 2.ª ed., § 242, Nr. 69 (53).

§ *40.º As doutrinas do abuso do direito* 395

O direito subjetivo é, visceralmente, um espaço concreto de liberdade. Daí a nossa proposta: permissão normativa específica de aproveitamento de um bem. Liberdade é livre-arbítrio: ou já não será liberdade, no sentido forte aqui relevante. A descoberta de "funções", particularmente "sociais" e "económicas", nos direitos, visa cercear essa liberdade: afinal, o titular já não seria livre: ele deveria atuar os seus direitos de acordo com bitolas "politicamente corretas". Sabemos, em termos históricos, que foram justamente as experiências totalitárias que construíram códigos de conduta para os titulares dos direitos. Por certo que os direitos têm limites: mas eles devem ser externos, assumidos, aprovados em termos constitucionais e, de antemão, conhecidos.

Quanto ao formalismo: as "funções sociais", na versão que assumiram no século XX, autoproclamam-se substantivas, arrogando-se uma superioridade perante o direito subjetivo, puramente formal. É o inverso. O direito subjetivo, sendo formal, assume a materialidade da ideia de liberdade, na síntese da sua aplicação. A isso contrapõe o "funcionalismo" limites permanentes que não define. Nada assume a não ser pela negativa da essência de subjetivismo jurídico, base do pensamento ocidental. Os valores sociais devem ser defendidos. Mas com clareza e perante normas a tanto dirigidas. Não há, aqui, planos para o abuso.

157. Segue; b) Doutrinas interpretativas e axiologismo formal

I. As doutrinas interpretativas sucederam às teorias funcionais. Desde o momento em que, da contemplação do dispositivo que institua o direito subjetivo, através de considerações funcionais teleológicas ou similares, se desprenda um limite interno a ter em conta, direito a direito e caso a caso, tudo redunda num problema de interpretação.

Havendo um direito subjetivo, há que perguntar, simplesmente, até onde vai a permissão normativa por ele pressuposta e se, associados à permissibilidade básica da situação, não surgem alguns deveres. Esta saída torna-se mais fácil em face do predomínio de orientações teleológicas, objetivas e atualistas, na interpretação e na aplicação do Direito. O que, de início, traduzia um direito subjetivo com determinada configuração, pode, tempos volvidos, mercê do respeito requerido pelo escopo real da lei e tendo em conta as circunstâncias do tempo em que é aplicado, exprimir uma realidade diferente. Uma evolução deste tipo provoca uma área de refração que, estando aparentemente coberta pelo direito subjetivo – a

396   *O abuso do direito*

aparência é facilitada quando correspondesse à compleição real do direito, em momentos históricos anteriores – se revela, a uma interpretação mais atenta, como não permitida. Aos atos praticados nessa área de refração pode, com vigor expressivo, chamar-se abusivos. No fundo, nada mais haveria do que um tema de interpretação[1336].

As chamadas teorias internas são dominantes[1337], quando se trata de apresentar o abuso do direito como construção. Compreende-se, pois, que, dado o desembocar inevitável de tais orientações em mera temática interpretativa, se acabe numa de três situações: numa distorção completa entre o panorama global apresentado como o do abuso do direito e as aplicações dele feitas, numa decadência simples do abuso em si, incapaz de proporcionar soluções próprias ou, na doutrina mais atenta, no reconhecimento explícito da natureza interpretativa do chamado abuso do direito.

A distorção entre a construção do abuso e as aplicações dele retiradas é clara em Soergel/Siebert/Knopp. À partida, escrevem que "fundamental para as previsão e consequências jurídicas do abuso do direito é o reconhecimento de limites imanentes das normas e dos direitos subjetivos: todas as normas e com isso também cada direito subjetivo e cada posição jurídica trazem em si, através da boa-fé e dos bons costumes, i. é, através da ideia moral de Direito, da função e da situação dos interesses, determinados limites de validade"[1338]. No desenvolvimento posterior, tratam vários tipos abusivos em função de fatores externos puros, como a confiança, no *venire cfp*[1339], na *suppressio*[1340] ou nas inalegabilidades formais[1341].

A decadência do abuso do direito em si é constatável nas doutrina e jurisprudência francesas da atualidade[1342]. A fórmula, muito citada, de Planiol, que, sublinhando a natureza logomáquica do abuso, explica que o direito cessa onde começa o abuso, não é responsável pela decadência: esta deve imputar-se à teoria e à prática judicial de localizar o chamado abuso

---

[1336] O que é expressamente reconhecida pelos seguidores mais criteriosos das doutrinas que se integram nas "teorias internas"; assim, Rudy, *Rechtsmissbrauch* cit., 70. A defesa do abuso do direito como problema de interpretação tem, ainda, sido feita sem um esclarecer metodológico prévio dos postulados em que assenta.

[1337] Soergel/Siebert/Knopp, BGB cit., 10.ª ed., § 242, Nr. 172 (58-59).

[1338] Soergel/Siebert/Knopp, BGB cit., 10.ª ed., § 242, Nr. 172 (58).

[1339] Soergel/Siebert/Knopp, BGB cit., 10.ª ed., § 242, Nr. 229 (67).

[1340] Soergel/Siebert/Knopp, BGB cit., 10.ª ed., § 242, Nr. 281 (81).

[1341] Soergel/Siebert/Knopp, BGB cit., 10.ª ed., § 242, Nr. 358 (100).

[1342] *Supra*, 282 ss..

§40.º As doutrinas do abuso do direito

por meio dos pressupostos de responsabilidade civil[1343], com variável, pois, na licitude – mais precisamente na "falta" onde, segundo a técnica jurídica francesa, a licitude se integra – a qual implica, como base do juízo de valor, o conhecimento do alcance exato da norma instituidora do direito subjetivo, numa mera operação interpretativa.

A natureza interpretativa do abuso do direito, quando se parta das bases ditas de teorias internas é, por fim, reconhecida pela doutrina mais atenta, com maior ou menor ênfase. Assim, os próprios Soergel/Siebert/Knopp, a propósito das inalegabilidades formais, vêm dizer que, estando em causa a limitação das prescrições de forma através da boa-fé, tudo depende da interpretação correta da lei[1344]. Em Portugal, esta posição é assumida por Autores como Vaz Serra[1345], Manuel de Andrade[1346] e Dias Marques[1347].

II. O fazer desembocar, de modo assumido ou escamoteado, o abuso do direito, num problema de interpretação, representa uma saída puramente formal para o problema: não se dá qualquer critério material para a resolução de questões, procedendo-se, apenas, a deduções logicistas sucessivas de umas proposições para outras[1348].

A doutrina do abuso do direito chegaria, desta forma, a um beco sem saída. As teorias externas, entretanto desenvolvidas, implicam, muito forte, a possibilidade de, reduzindo o abuso a uma limitação jurídico-subjetiva comum, negar-lhe qualquer autonomia dogmática[1349]. As teorias internas seguiam, como se vê, pela mesma via. Incorreram, pois, num dilema: ou ficam a meio caminho, ignorando, soberanamente, a temática fundamental posta pela sua própria existência ou assumiam a sua reformulação. A primeira posição impera, residindo nela o autoproclamado domínio das teorias internas. A segunda concitou, porém, alguns esforços que interessa conhecer e apreciar.

[1343] *Supra*, 285.

[1344] Soergel/Siebert/Knopp, BGB cit., 10.ª ed., § 242, Nr. 358 (100); Rudy, *Rechtsmissbrauch* cit., 70, próximo da jurisprudência dos interesses, reconhece, em geral, a natureza de interpretação do problema posto pelo abuso do direito.

[1345] Vaz Serra, *Abuso do direito* cit., 253.

[1346] Manuel de Andrade, *Teoria geral das obrigações* cit., 65-66.

[1347] Dias Marques, *Teoria geral do Direito civil* (1958) 1, 297.

[1348] Não faltaram, por isso, acusações de conceptualismo e de positivismo dirigidas a Siebert, embora sejam pouco mencionadas; assim, H. O. de Boor, *Methodisches zur Dogmatik und Rechtsvergleichung*, AcP 141 (1935), 265-279 (269 e 272).

[1349] *Infra*, 404 ss..

398   *O abuso do direito*

III. Chamaremos axiologismo formal ou subjacente a uma importante orientação assumida, entre nós, por António Castanheira Neves.

Castanheira Neves considera abuso do direito o comportamento que não contrariando a estrutura formal-definidora de um direito "... viole ou não cumpra, no seu sentido concreto-materialmente realizado, a intenção normativa que materialmente fundamenta e constitui o direito invocado ..."[1350].

Importa não desinserir a definição proposta por Castanheira Neves do seu pensamento global sobre abuso do direito. O Autor é levado a estudar o abuso como forma de exemplificar o que chama de "moderno pensamento jurídico"[1351], exprimindo as orientações metodológicas subsequentes à crítica da teoria da subsunção. Descobre, neste último campo, uma "intenção normativa" no pensamento jurídico que requer, para ser resolvida e atuada, o "assumir com autonomia o próprio problema normativo do Direito"[1352]. Nesta linha, Castanheira Neves aponta, como origem do abuso do direito, a jurisprudência francesa[1353]. Perante ele, a primeira atitude doutrinária foi uma redução aos esquemas tradicionais de pensamento[1354] ou, pior ainda, aos esquemas já disponíveis ou elaborados. Isto redundou, sempre segundo Castanheira Neves, em discutir se o abuso caía na ilegalidade comum ou se se impunha um alargamento dos "conceitos discriminadores do ilícito". Os Autores que emprestavam ao direito subjetivo um carácter absoluto – no sentido de "pura idealidade lógica" – teriam de optar pela primeira posição pois, logicamente ou há direito, ou falta o direito, com exclusão de terceiros termos[1355]. E a primeira posição leva à negação do abuso como realidade dogmática autónoma, com base na fórmula de Planiol. Haveria, porém, uma

---

[1350] Castanheira Neves, *Questão-de-facto – questão-de-direito ou o problema metodológico da jurisdicidade (Ensaio de uma reposição crítica)* I – A crise (1967), 524.

[1351] Castanheira Neves, *Questão-de-facto* cit., 504 e 505.

[1352] Castanheira Neves, *Questão-de-facto* cit., 511.

[1353] Castanheira Neves, *Questão-de-facto* cit., 513.

[1354] Castanheira Neves, *Questão-de-facto* cit., 514; o Autor fala em recondução ao "plano simplesmente categorial-dogmático" com o sentido provável de conceptual-axiomático; recorde-se que se tem utilizado o termo dogmática com um significado diferente do pressuposto por Castanheira Neves: dogmática é a recondução de normas e princípios aos valores que os informem e a utilização do conjunto assim obtido para solucionar problemas concretos; não há, pois, um "plano dogmático", mas tantas dogmáticas quantas as reduções encaradas e, designadamente, uma dogmática conceptual e uma dogmática "moderna".

[1355] Castanheira Neves, *Questão-de-facto* cit., 514 e 515. O Autor – *ob. cit.*, 516 – diz ainda que não se pode "objetar logicamente ao lógico dilema" de Planiol; a objeção lógica é, porém, possível, pela teoria da linguagem; *vide supra*, 284-285.

§40.º As doutrinas do abuso do direito

diferença de base entre o abuso e o ilícito comum, de modo que a proscrição do abuso desembocou, quando efetivamente levada a cabo, em resolver "juridicamente bem" um problema incompreendido, coberto com uma palavra que exprime uma realidade diversa. Com isto, introduziu-se nas categorias a salvar um princípio de contradição que lhes seria fatal[1356]. Outra tentativa feita para salvar as categorias tradicionais, consistiu em remeter o abuso para o plano da "moralidade" e da "equidade", realidades extrajurídicas mas com efeitos de Direito: o valor jurídico em si do direito ficava intocado. Mas, haveria já aqui "... a válida experiência de uma juridicidade enriquecida com momentos normativos que a ultrapassam, numa intencionalidade mais profunda e material, as estruturas formais por que habitualmente (na tradição do conceitualismo normativista) apenas se entendia por direito"[1357]. A assimilação destes dados levou a tomar o abuso não por mero acidente, mas por possibilidade normativa inerente aos direitos ou fundada no seu próprio sentido constitutivo[1358]; a doutrina pode então "... compreender a natureza teleológica e materialmente fundada dos direitos subjetivos ...", i. é, compreendê-los "... como uma intenção normativa que apenas subsiste na sua validade jurídica enquanto cumpre concretamente o fundamento axiológico-normativo que a constitui"[1359]. Assim, sendo, Castanheira Neves parece dar razão aos Autores que entendem não ter mais justificação a figura do abuso, ultrapassada a conceção tradicional do direito subjetivo; o abuso teria sido uma doutrina de transição, para introduzir uma ordem jurídica nova sob o manto da antiga. Não obstante, o abuso teria ainda algum interesse, mesmo dogmático e, sobretudo, seria profundamente revelador de

---

[1356] Castanheira Neves, *Questão-de-facto* cit., 517 e 518; da sequência, parece resultar que a "fatalidade" para os direitos subjetivos residiria na superação da sua conceção tradicional e metafísica, no sentido de Duguit – ob. cit., 526-527. Recorde-se, porém, que Duguit utiliza o termo metafísico no sentido comtiano da lei dos três estados, proprugnando uma passagem ao "estádio positivo", o que não se coaduna nada com o pensamento de Castanheira Neves.

[1357] Castanheira Neves, *Questão-de-facto* cit., 518, 520 e 521.

[1358] Castanheira Neves, *Questão-de-facto* cit., 522.

[1359] Castanheira Neves, *Questão-de-facto* cit., 523. Esta afirmação tem a maior importância no entendimento da tese propugnada por Castanheira Neves. Não haja dúvidas quanto ao seu conteúdo, já que o Autor volta a frisá-lo, de seguida, por quatro vezes – ob. cit., 524 e 525-526: Castanheira Neves entende, sob a linguagem que lhe é peculiar, que o direito subjetivo tem uma estrutura formalmente definidora a qual suporta e traduz uma intenção material – cita Rüdy; o abuso estaria no respeito pela estrutura formal e na violação da intenção material.

400   *O abuso do direito*

uma nova metodologia que, transcendendo a pura lógica jurídica, implicaria a "intenção axiológica-normativa"[1360].

O pensamento de Castanheira Neves complica-se, na sequência do seu texto sobre o abuso: o Autor afirma que o abuso "... apenas pode ter sentido (e foi determinado) pelo reconhecimento de princípios e exigências axiológico-jurídicas que vigoram acima e independentemente da «lei» – do seu conteúdo formal ..." e, no que não oferece dúvidas, postula "... uma apreciação jurídica em concreto e atenta à realidade histórico-social"[1361].

Na sequência destes considerandos, Castanheira Neves assegura, como conclusão, que o abuso do direito é independente das normas que o visem; e, em especial, que as cláusulas gerais para ele viradas "... (da *boa-fé*, dos *bons costumes*, etc.), outra coisa não são – como ficou compreendido depois de Stammler – do que aflorações dos princípios do *direito justo* – princípios que valem para além e com independência de toda e qualquer prescrição positiva, como expressões que são da própria Ideia de Direito"[1362].

Presente este conjunto, aprecie-se a construção de Castanheira Neves sobre o abuso do direito.

IV. Cada direito subjetivo implicaria uma "intenção axiológico-normativa" suportada e traduzida pela sua estrutura formal. Assim sendo, há, aqui, uma convolação, para valores, da orientação funcional-teleológica de Josserand, germanizada por Siebert e inserida, por Müller-Erzbach e Rudy, nos esquemas da jurisprudência dos interesses, onde era corrente, aliás, a menção a uma "intenção" da lei[1363]. O que seja a "intenção axiológico-normativa", subjacente a cada direito, só pode ser determinado pela interpretação. Interpretação diferente da leitura tradicional, porquanto integrada no "moderno pensamento jurídico", seja: mas, ainda, interpretação. A realidade metodológica não se altera se, a tal interpretação, se chamar de aplicação, por estar em jogo uma realização concreta do Direito e não "um problema dogmático da determinação do conteúdo jurídico *positum* (na lei)": afinal, trata-se, sempre, de percorrer a via que medeia entre um sentido normativo global – que, por muito autonomizado que se queira,

---

[1360] Castanheira Neves, *Questão-de-facto* cit., 527.

[1361] Castanheira Neves, *Questão-de-facto* cit., 528.

[1362] Castanheira Neves, *Questão-de-facto* cit., 529. Não se confundam as normas que visam o abuso do direito em geral – as inúteis – e as normas que regulem tipos específicos de abuso e que, no fundo, apenas precisam o conteúdo de certos direitos – ob. cit., 530, nota 58.

[1363] P. ex., Phillip Heck, *Gesetzesauslegung und Interessenjurisprudenz* (1914), 50 e *Rechtserneuerung und juristische Methodenlehre* (1936), 19.

§ 40.º As doutrinas do abuso do direito   401

terá ainda uma qualquer ligação com as fontes – e a resolução do caso concreto. Estas asserções não são destruídas pela afirmação subsequente de Castanheira Neves de que o abuso foi determinado e só tem sentido "... pelo reconhecimento de princípios e exigências axiológico-jurídicas que vigoram acima e independentemente da lei – do seu conteúdo formal". Caso esta consideração não seja entendida como um simples frisar metodológico de valores inerentes às normas, porque normas, e não porque queridos expressamente por legisladores, teríamos, em Castanheira Neves, a defesa de uma ordem paralela à positiva, desta independente, e com a pretensão de solucionar o caso real. O abuso, em concreto, varia consoante o direito subjetivo em causa; uma independência total seria indefendível. E o próprio Castanheira Neves, nas considerações que produziu sobre as tentativas de, no abuso, ler interferências de ordens éticas ou similares, acaba por integrar estas no Direito, rejeitando, e bem, semelhantes duplicações.

Cunha de Sá interpreta e aceita a orientação de Castanheira Neves[1364]; escreve: "abusa-se de determinado direito, abusa-se da estrutura formal desse direito, quando numa certa e determinada situação concreta se coloca essa estrutura ao serviço de um valor diverso ou oposto do fundamento axiológico que lhe está imanente ou que lhe é interno"[1365]. O que é dizer: os direitos subjetivos seriam estruturas formais dobradas de valores; o abuso residiria na observância das primeiras e na violação dos segundos. Também aqui não se vê que outra operação possa proporcionar o "fundamento axiológico imanente" de cada direito que não a interpretação, ainda que enriquecida, no método, até ao infinito.

Afirmados valores inerentes aos direitos subjetivos dão, quando violados, lugar a abuso do direito. Quais sejam esses valores ou qual seja a via para, a partir de cada estrutura jurídico-subjetiva formal, os confecionar com um conteúdo material: é pergunta sem resposta. No fundo, não se pretende solucionar, em concreto, o abuso mas, tão-só, indicar-lhe uma geometria teórica. É o axiologismo formal, muito valioso mas insuficiente para explicar e dogmatizar o abuso do direito.

[1364] Cunha de Sá, *O abuso do direito* cit., 449-462.
[1365] Cunha de Sá, *O abuso do direito* cit., 456.

402 *O abuso do direito*

V. Para a concretização do abuso do direito e da boa-fé que lhe esteja ligada, o axiologismo formal fica no plano das orientações teleológico-funcionais de Josserand/Siebert, de que é, aliás, evolução confessada. Tem o mérito de, ao apresentar uma linguagem marcadamente especulativa, permitir conexões mais vastas na Ciência do Direito.

Uma apreciação ao axiologismo formal assumido, por Castanheira Neves, no abuso do direito, deve dirigir-se, primeiro, à metodologia real que lhe subjaz. Esta consiste em abordar o abuso, criticando uns vetores e propugnando, criativamente, outros, sem a mediação da Ciência do Direito, entendida como processo explicado de resolver casos concretos. Não se trata de indagar as consequências do abuso – que Castanheira Neves põe oportunamente de parte[1366] – mas de conhecer, de modo crítico, que problemas mereceram o epíteto de abuso e porque razão não foi possível reconduzi-los a formas preexistentes de violação, se é que tal impossibilidade se deu. Recorde-se que o abuso do direito nasceu de um subjetivismo linear, integrado nos pressupostos da segunda sistemática; recorde-se, ainda, que, incapaz de se emancipar da metodologia central pressuposta por esta, o abuso decaiu, de modo irremediável, no espaço jurídico que lhe deu origem. Tudo isto resulta da jurisprudência: nela reside o próprio fenómeno do abuso do direito. Recorde-se, mais, que o abuso do direito desenvolveu-se em termos estruturais diferentes no espaço da terceira sistemática e da segunda codificação, assente numa Ciência Jurídica fruto de uma síntese fecunda operada entre desenvolvimentos periféricos e vetores centrais, atingindo, aí, uma diversificação tal que, do abuso, nada mais restou do que uma fórmula com vago potencial sistemático, que não dogmático. Não se vê como demonstrar estas afirmações – ou infirmá-las – sem o recurso à jurisprudência real e às leituras que, nela, têm a sua base. Recorde-se, por fim, que o abuso, mais do que um instituto comum, é a manifestação direta de uma Ciência do Direito; entendida como forma autoconsciente, gerada pela História, de resolver casos concretos, e não como campo de especulação sobre conceções centrais. À sua efetivação subjaz, por isso, um problema real de cultura jurídica: perante certos problemas, quais são as representações acionadas? Não há resposta sem partir dos problemas e das representações em causa.

E porque a decadência absoluta do abuso do direito em França não tem sido apontada nem explicada, porque a sua fragmentação em tipos regulativos díspares, na Alemanha, só nos prenúncios da década de oitenta

---

[1366] Castanheira Neves, *Questão-de-facto* cit., 514.

§40.º As doutrinas do abuso do direito   403

do século XX, e com timidez, foi diagnosticada, e porque o recurso consciente ao pensamento sistemático renovado só paulatinamente produziu os seus frutos, fica inutilizada a possibilidade de locubrar sobre estudos preexistentes que tenham ponderado a realidade do Direito, estejam eles assinados Josserand, Planiol, Dabin, Roubier, Müller-Erzbach, Rudy ou Siebert[1367]: todos eles dão, do fenómeno, uma visão hoje reconhecida como instatisfatória.

Não se recorra à mediação do Direito vivo e mais se acentuará o pendor, já de si, à partida, formal, da via percorrida e dos frutos alcançados.

158. Segue; c) Conclusão

I. As teorias ditas internas, que pretendem dobrar a estrutura formal dos direitos subjetivos com projeções determinadas em termos tais que, violadas estas e respeitada aquela, dariam a natureza do abuso, são de rejeitar. Elas estendem-se desde a ideia de abuso em sentido próprio, no início, até ao axiologismo formal, passando pela funcionalização dos direitos e pela sua consideração teleológica. Todas estas modalidades têm em comum um desenvolvimento teórico central, operado a partir da ideia de abuso, por forma a alcançar, na prática, um problema de interpretação das normas que instituam o direito subjetivo de cujo abuso se discuta.

II. Poderá questionar-se a valia material da ideia de abuso, a remeter, eventualmente, para fator de mera sistemática formal. Certo, no entanto, é o facto, demonstrável, apenas, – mas, aí, plenamente – pelo estudo da jurisprudência e com a utilização real da Ciência do Direito, de que nenhuma interpretação de normas jurídico-subjetivas, por inventiva que se apresente, conseguiria por si, justificar e, muito menos, alcançar, a riqueza de soluções abrigadas à *exceptio doli*, ao *venire contra factum proprium*, às inalegabilidades formais, à *suppressio* e à *surrectio*, ao *tu quoque* ou ao desequilíbrio no exercício[1368].

[1367] Todos estes Autores são, aliás, antigos, o que é sintomático: o axiologismo formal não poderia assentar em estudos recentes pois, com carácter de generalidade, não existem. Para outras referências: *Da boa fé*, 871, nota 820.

[1368] Tão-pouco tais soluções poderiam advir de concretizações do "Direito justo" ou da "ideia de Direito"; essas noções são formais e, como tal, incapazes de dar critérios materiais de decisão.

404 *O abuso do direito*

III. A incapacidade prática das teorias internas é a imagem da sua ligação à sistemática central, jusracionalista pois, que não corresponde ao estádio atual da cultura jurídica; o seu perfil teórico recorta-se no neo-kantismo formal, alheio ao desenvolvimento material do sistema. Não se julgue, porém, que, dada a natureza explicativa das teorias internas, as mesmas sejam inofensivas, proporcionando até uma certa arrumação de elementos materiais, a pesquisar noutras latitudes. As soluções ditas formais têm sempre uma certa mensagem material, ainda que negativa. No caso vertente, o formalismo interno é, materialmente, a recusa do abuso do direito como abrigando, pelo menos, soluções efetivas novas e o desaproveitamento do sistema como fator material do Direito[1369]. Há que não esquecer este aspeto.

159. As teorias externas

I. Segundo as teorias externas, o abuso do direito é entendido como uma contraposição entre as normas que instituem o direito subjetivo considerado e certos preceitos que delimitam o seu exercício. Pois bem: os comportamentos que caíssem no campo permitido das primeiras, violassem os segundos, seriam abusivos.

Esta ideia nuclear pode, depois, comportar várias doutrinas:

– a doutrina das normas específicas;
– a doutrina da contraposição entre a lei e o Direito;
– a doutrina da remissão para ordens extrajurídicas.

A doutrina das normas específicas diz, simplesmente, que existem certas regras, dirigidas aos titulares de direitos subjetivos que, deixando estes incólumes, todavia determinariam algumas proibições de exercício. Aí residiria o abuso[1370].

[1369] Em compensação, a utilização, por Castanheira Neves, do abuso do direito para documentar o "moderno pensamento jurídico" é conseguida. Os tipos, acima considerados como de regulações de exercícios inadmissíveis, permitem comprovar a aplicação não subsuntiva do Direito, demonstrando as fórmulas alternativas, na sua realidade funcional. E, no fundo, era apenas esse o objetivo do Autor. Só que tal objetivo, para ser alcançado no seu todo, exige a mediação da Ciência do Direito.

[1370] Hans Christoph Hirsch, *Die Übertragung der Rechtsausübung/Vervielfältigung der Rechte* (1910), 32-33.

§40.º As doutrinas do abuso do direito

A doutrina da contraposição entre a lei e o Direito pretende que, no abuso, o exercente respeita a primeira mas viola o segundo[1371].

II. Estas orientações conduzem ao negativismo preconizado por Planiol[1372]: o direito subjetivo existe nas margens da lei e do Direito; se se ultrapassam os seus limites, já não há direito: para quê falar em abuso?

Assim delineadas, as teorias externas têm crítica mais profunda nos dados atuais da teoria interpretativa. Visando, esta, a solução do caso concreto, só por abstração irreal se pode admitir uma sua independência em relação à premissa menor, dada pela subsunção ou por uma qualquer manifestação volitiva que se lhe substitua. A interpretação não é rigorosamente cindível da aplicação: uma interpretação teórica ou fica incompleta ou opera sobre casos hipotéticos. Não há limites genéricos aos direitos mas, tão-só, disposições limitativas. Todos os limites efetivos ao conteúdo dos direitos exigem uma determinação no caso concreto. As teorias externas seriam, pois, uma impossibilidade técnica: a atuação, por elas pressuposta, dar-se-ia sempre no plano interno; aliás: no plano único.

III. A doutrina da remissão para ordens extrajurídicas descobre o abuso quando, no exercício dos direitos subjetivos, o Direito fosse respeitado mas tais ordens se mostrassem violadas.

São várias as modalidades então possíveis, com primado para a imputação do abuso à Moral[1373] ou ao Direito natural[1374]. Põe-se, desta forma, um problema das relações entre o Direito e a Moral, que agora não reto-

---

[1371] F. Freiherrn Marschall von Bieberstein, *Vom Kampf des Rechts gegen die Gesetze* (1927), 31 ss. (35).

[1372] Marcel Planiol, *Traité élémentaire de Droit civil* II, 2.ª ed. (1903), 284.

[1373] Georges Ripert, *La règle morale dans les obligations civiles*, 4.ª ed. (1949), 157 ss. (166 ss. e 179 ss.), Jean Dabin, *Le droit subjectif* (1952), 293 ss. e Paul Roubier, *Droits subjectifs et situations juridiques* (1963), 331 ss. (334-335), que acaba por aplaudir o § 226 BGB, sem referir a sua inaplicabilidade historicamente comprovada; *vide* Castanheira Neves, *Questão-de-facto* cit., 518-519 e Cunha de Sá, *Abuso do direito* cit., 361 ss.. Esta orientação teve um certo influxo em Portugal, ocorrendo em autores como Manuel de Andrade, Vaz Serra e Antunes Varela.

[1374] Castanheira Neves, *Questão-de-facto* cit., 528, refere, a propósito do abuso, a necessidade do "... reconhecimento de princípio e exigências axiológico-jurídicas que vigoram acima e independentemente da «lei» – do seu conteúdo formal ...". Josserand, *L'esprit des droits*, 2.ª ed. cit., 415, apelava, para esse efeito, a um "Direito natural de conteúdo variável".

406 *O abuso do direito*

maremos[1375]. Ainda, porém, que tais remissões sejam admissíveis e que, sendo-o, não positivem as ordens para que apelem, fica por demonstrar a desnecessidade de uma concretização particular. Nenhum enunciado de Moral ou de Direito natural atinge, na atualidade, a explicitação própria de um diploma positivo; o adensamento seria sempre necessário, o que passa pela Ciência do Direito e, logo, pelo Direito.

Sem que isso implique uma aceitação das teorias internas, já criticadas, tal como se apresentam, deve rejeitar-se a sua antítese.

160. Posição adotada; a disfuncionalidade intrassubjetiva e o papel do sistema

I. Na busca de uma leitura do abuso do direito, devemos partir das manifestações dessa figura, reveladas nas decisões concretas subjacentes aos grupos de atos abusivos, acima examinados.

A inerente análise mostra que, no abuso do direito, há efetivas limitações ao exercício de posições jurídico-subjetivas. Só que tais limitações:

- só são determináveis *in concreto*;
- correspondem a exigências globais que se projetam – ou podem projetar – em exercícios precisos;
- ordenam-se em função de princípios gerais como o da tutela da confiança e o da primazia da materialidade subjacente;
- equivalem, em termos jurídico-positivos, a uma regra de conduta segundo a boa-fé.

Tudo isto apela ao sistema[1376]. Digamos que o sistema, no seu conjunto, tem exigências periféricas que se projetam no interior dos direitos subjetivos, em certas circunstâncias. E é o desrespeito por essas exigências que dá azo ao abuso do direito.

II. A conduta contrária ao sistema é disfuncional. A disfuncionalidade intrassubjetiva constitui a base ontológica do abuso do direito.

[1375] *Da boa fé*, 1160 ss..
[1376] Outros elementos: *Da boa fé*, 879 ss..

§ *40.º As doutrinas do abuso do direito* 407

Na base da ideia de disfuncionalidade jurídica, está a teoria da ação de Talcott Parsons[1377]. A ação traduz, em Parsons, os aspetos do comportamento que concernem diretamente o sistema[1378]; o sistema social postula, por seu turno, uma interação de atuações em termos ordenados e com certa persistência[1379]; o indivíduo atuante integra-se no sistema na medida em que os seus comportamentos sejam ações, no sentido referido. A atuação desviada em relação ao sistema é disfuncional[1380]. A possibilidade de desvios nos comportamentos implica mecanismos de controlo social[1381]; posto que a condição mais importante para integração num sistema de interação seja uma base de ordem normativa[1382] – a norma é, por seu turno, entendida como uma descrição verbal de um decurso concreto da ação, considerado como desejável, com a injunção de tornar certas ações futuras conformes com esse decurso[1383] – Parsons entende uma estrutura de autoridade e de direitos como obra de qualquer sistema social integrado[1384].

Retenha-se, pois: uma ideia de sistema social marcada por uma interação em termos persistentes e logo previsíveis, a possibilidade de comportamentos disfuncionais e o recurso ao Direito para repor a integração perdida. Estas considerações, de tipo sociológico, não podem, sem mais, ser transpostas para o Direito; basta recordar que o Direito pode propugnar, em certos casos, pela disfuncionalidade social, pode combater, globalmente, sectores inteiros da interação sistemática, que queira mudar ou pode, no caso focado por Parsons, combater os desvios ao sistema. Qual destas atitudes seja, por fim, assumida, caso a caso, pelo Direito, é pergunta à qual só o próprio Direito responde.

[1377] Talcott Parsons, *Social systems and the evolution of action theory* (1977), 22-76, com a história da formulação da teoria e da sua evolução; cf., do mesmo Autor, *Social structure and personality* (1964), 18, bem como Reinhard Damm, *Systemtheorie und Recht/Zur Normentheorie Talcott Parsons'* (1976), 50 ss..

[1378] Talcott Parsons, *Social systems* cit., 178.

[1379] Talcott Parsons, *The social system* (1964), 24.

[1380] Talcott Parsons, *Social systems* cit., 108 e *Beiträge zur soziologischen Theorie*, 2.ª ed. (1968, trad. al. de Dietrich Rüschmeyer), 38.

[1381] Talcott Parsons, *The social system* cit., 249 ss..

[1382] Talcott Parsons, *Social systems* cit., 168.

[1383] Talcott Parsons, *The structure of social action* (1968), 1, 75.

[1384] Talcott Parsons, *Essays in sociological theory pure and applied* (1949), 205; nesse mesmo local, Parsons define "direito" como a proteção institucionalizada contra a influência não desejada ou não querida. O Direito apareceria, ainda, especialmente adequado a exprimir as exigências institucionais da sociedade industrial, no campo económico – Talcott Parsons, *Structure and process in modern societies* (1960), reimpr. (1965), 142 – o que reforça a sua congruência com o sistema social.

408   *O abuso do direito*

Algumas das conexões feitas por Parsons sugerem, no entanto, fórmulas produtivas de análise jurídica.

Um sistema jurídico postula um conjunto de normas e princípios de Direito, ordenado em função de um ou mais pontos de vista. Esse conjunto projeta um sistema de ações jurídicas – portanto de comportamentos que, por se colocarem como atuações juridicamente permitidas ou impostas, relevam para o sistema. O não-acatamento das imposições e o ultrapassar do âmbito posto às permissões contraria o sistema: há disfunção. Em rigor, deve-se acrescentar uma terceira classe de comportamentos, não-funcionais que, não importando para o sistema, seriam, perante o Direito, indiferentes[1385].

III. O encarar o sistema jurídico pelo prisma funcional da ação relevante para o Direito – isto é: portanto pela vertente dos comportamentos jurídicos conformes com as interações persistentes, por ele postuladas – é, apenas, uma das muitas vias que, no conjunto, dão a ideia do jurídico. Mas tem um interesse particular para esclarecer o fenómeno do abuso.

A natureza funcional de uma ação jurídica afere-se, simplificando, pela sua conformidade com uma norma. Só que – num desvio típico do Direito, mas que a sociologia também conhece – o sistema, como tal, supera o somatório simples das normas que o originem. Há áreas cuja funcionalidade não se prende, direta ou indiretamente, com nenhuma norma jurídica; recorde-se o artigo 10.º/3 e o "espírito do sistema". Em termos lineares, a funcionalidade não cominada por normas traduz-se na conquista, para o sistema, de zonas não-funcionais, isto é, irrelevantes para o Direito.

As zonas não-funcionais correspondem a áreas que o Direito entende não regular. Estas situam-se, em princípio, fora do espaço jurídico. Existem, no entanto, dentro do tecido jurídico, ilhas de não-funcionalidade. Atine-se no fenómeno do jurídico-subjetivismo, ou seja, da permissão normativa específica de aproveitamento. No seio desta, os comportamentos são funcionais, porquanto conformes com a permissão. Do exterior, porém, eles são não-funcionais: é irrelevante para o Direito que o exercício se processe desta ou daquela maneira. O sistema pode impor-se, por si, no interior de permissões normativas específicas; quando o faça, o exercício

---

[1385] Merton, *apud* Jürgen Schmidt, *Ein soziologischer Begriff des "subjektiven Rechte"*, JfRSuRTh 1 (1970), 300-320 (312).

§40.º As doutrinas do abuso do direito

do direito que contradite o sistema, embora conforme com normas jurídicas, é disfuncional.

O abuso do direito reside na disfuncionalidade de comportamentos jurídico-subjetivos por, embora consentâneos com normas jurídicas, não confluírem no sistema em que estas se integrem.

IV. Pergunta-se se esta orientação é interna ou externa. Quando refletimos nas regras sobre a tutela da confiança – exigência do sistema que se projeta no exercício das posições jurídicas – ocorre a ideia de uma limitação externa: afinal os direitos subjetivos seriam condicionados, exteriormente, por essas regras. Já a ideia da primazia da materialidade subjacente apontaria para limitações internas.

A nossa proposta é diversa.

Os direitos subjetivos *são* o sistema. Fazem parte dele, contribuindo estruturalmente para a sua composição. As exigências do sistema nos direitos subjetivos *equivalem* ao modo de ser dos próprios direitos em jogo. Temos, no fundo, uma síntese entre as orientações externas e internas, síntese essa que, ontologicamente, dá corpo aos próprios direitos. O sistema, por definição, tem no seu seio a ideia básica da permissividade dos direitos subjetivos e do nível significativo-ideológico que ela representa. Pois bem: no abuso haverá, sempre, uma consideração estrutural da liberdade básica do subjetivismo jurídico. Mas trata-se de uma liberdade conferida pelo sistema e, portanto: sempre impregnada dos seus valores básicos.

§ 41.º ASPETOS DO REGIME E TENDÊNCIAS

161. O abuso como concretização da boa-fé

I. No Direito português, a base jurídico-positiva do abuso do direito reside no artigo 334.º e, dentro deste, na boa-fé. Para além de todo o desenvolvimento histórico e dogmático do instituto que aponta nesse sentido, chamamos ainda a atenção para a inatendibilidade, em termos de abuso, dos bons costumes e da função económica e social do direitos.

Os bons costumes remetem para regras de comportamento sexual e familiar que, por tradição, não são explicitadas pelo Direito civil, mas que este reconhece como próprias[1386]. E eles remetem, também, para certos códigos deontológicos reconhecidos pelo Direito. Nestes termos, os bons costumes traduzem regras que, tal como muitas outras, delimitam o exercício dos direitos e que são perfeitamente capazes de uma formulação genérica. Não há, aqui, qualquer especificidade.

Quanto ao fim económico e social dos direitos: a sua ponderação obriga, simplesmente, a melhor interpretar as normas instituidoras dos direitos, para verificar em que termos e em que contexto se deve proceder ao exercício. Também aqui falta um instituto autónomo, já que tal interpretação é sempre necessária.

Estas breves considerações foram, de resto, já adiantadas quando, no início da rubrica sobre o abuso do direito, fizemos uma breve análise da previsão legal do artigo 334.º.

II. A boa-fé, em homenagem a uma tradição bimilenária[1387], exprime os valores fundamentais do sistema. Trata-se de uma visão que, aplicada ao abuso do direito, dá precisamente a imagem propugnada. Dizer que, no exercício dos direitos, se deve respeitar a boa-fé, equivale a exprimir a

---

[1386] *Tratado* II, 4.ª ed., 584 ss..
[1387] *Tratado* I, 4.ª ed., 958 ss..

§41.º Aspetos do regime e tendências 411

ideia de que, nesse exercício, se devem observar os vetores fundamentais do próprio sistema que atribui os direitos em causa.

III. Aparentemente vago, este postulado obtém uma concretização fecunda através dos vetores próprios do manuseio da boa-fé, aqui adotados. Recordamos:

– a utilização dos princípios mediantes de tutela da confiança e da primazia da materialidade subjacente;
– o enquadramento nos grupos típicos de atuações abusivas, com relevo para o *venire*, a *suppressio*, o *tu quoque* e o desequilíbrio no exercício.

Particularmente a tutela da confiança dispõe, hoje e entre nós, de modelos de decisão experimentados surgindo, através do *venire*, como uma das fórmulas mais características do abuso.

IV. Os grupos típicos de atuação abusiva usualmente referidos e os próprios princípios mediantes de concretização da boa-fé não esgotam as possibilidades criativas do sistema nem, consequentemente, as possibilidades de abuso do direito. Quer os grupos típicos, quer os princípios mediantes são simples instrumentos linguísticos, de base histórico-cultural, para a concretização da ideia de sistema. Existem: mesmo quando nem sejam especialmente lógicos. Os problemas podem, porém, apelar a vetores ainda por isolar.

Devemos, pois, manter aberto o espírito, dispensando sempre, ao círculo sistema/problema, a necessária atenção.

162. Âmbito, conhecimento oficioso, objetividade e consequências

I. "Abuso do direito" é, como temos repetido, uma mera designação tradicional, para o que se poderia dizer "exercício disfuncional de posições jurídicas". Por isso, ele pode reportar-se ao exercício de quaisquer situações e não, apenas, ao de direitos subjetivos[1388]. De facto e em boa hora,

---

[1388] Assim: STJ 25-jun.-1998 (Miranda Gusmão), CJ/Supremo VI (1998) 2, 138-143 (142) e RLx 18-abr.-2002 (Salvador da Costa), CJ XXVII (2002) 2, 104-108 (106-107): abuso do "direito" de contratar.

412 *O abuso do direito*

cada vez menos surgem afirmações de inaplicabilidade do regime do abuso do direito ... por não haver um direito subjetivo. Esta figura foi, todavia, paradigmática na elaboração do instituto: donde o discurso sempre usado.

II. A aplicação do abuso do direito depende de terem sido alegados e provados os competentes pressupostos – salva a hipótese de se tratar de posições indisponíveis. Além disso, as consequências que se retirem do abuso devem estar compreendidas no pedido feito ao Tribunal, em virtude do princípio dispositivo[1389].

Verificados tais pressupostos, o abuso do direito é constatado pelo Tribunal, mesmo quando o interessado não o tenha expressamente mencionado: é, nesse sentido, de conhecimento oficioso[1390]. O Tribunal pode, por si e em qualquer momento, ponderar os valores fundamentais do sistema, que tudo comporta e justifica. Além disso, não fica vinculado às alegações jurídicas das partes. Esta asserção não é prejudicada pelo facto de, em termos processuais, não ser possível, por vezes, rediscutir questões, em revista, quando arrumadas já pelas instâncias[1391].

III. O abuso do direito, nas suas múltiplas manifestações, é um instituto puramente objetivo[1392]. Quer isto dizer que ele não depende de culpa do agente nem, sequer, de qualquer específico elemento subjetivo. Evidentemente: a presença ou a ausência de tais elementos poderão, depois, contribuir para a definição das consequências do abuso.

[1389] STJ 20-mai.-1997 (Fernandes de Magalhães), BMJ 467 (1997), 557-564 (562); RLx 29-jan.-1999 (Salazar Casanova), CJ XXIII (1998) 1, 103-105 (104/II); RLx 18-mar.-2003 (António Abrantes Geraldes), CJ XXVIII (2003) 2, 79-86 (85/I); RLx 4-out.--2007 (António Valente), Proc. 5427/2007. Jurisprudência anterior: *Tratado* I/1, 2.ª ed., 247, nota 501.

[1390] STJ 22-nov.-1994 (Carlos Caldas), CJ/Supremo II (1994) 3, 157-159 (159/I); REv 23-abr.-1998 (Tavares de Paiva), CJ XXIII (1998) 2, 278-281 (281/II); STJ 25-nov.-1999 (Duarte Soares), CJ/Supremo VI (1998) 2, 138-143 (142); STJ 11-out.-2001 (Silva Salazar), CJ/Supremo IX (2001) 3, 65-69 (68/II); RPt 20-mar.-2006 (Pinto Ferreira), Proc. 0650306; STJ 11-dez.-2012 (Fernandes do Vale), Proc. 116/07.

[1391] STJ 13-set.-2011 (Helder Roque), Proc. 1272/04.

[1392] RLx 12-jun.-1997 (Carlos Valverde), CJ XXII (1997) 3, 110-114 (113/II); RPt 15-jun.-2016 (Soares de Oliveira), Proc. 5429/11.

§41.º Aspetos do regime e tendências

IV. Pergunta-se, por fim, quais são as consequências do abuso. O artigo 334.º fala em "ilegitimidade" quando, como vimos[1393], se trata de ilicitude. As consequências podem ser variadas:

– a supressão do direito: é a hipótese comum designadamente na *suppressio*;
– a cessação do concreto exercício abusivo, mantendo-se, todavia, o direito;
– um dever de restituir, em espécie ou em equivalente pecuniário;
– um dever de indemnizar, quando se verifiquem os pressupostos de responsabilidade civil, com relevo para a culpa.

Não é, pois, possível afirmar *a priori* que o abuso do direito não suprime direitos: depende do caso.

163. Balanço e tendências recentes

I. A concretização da boa-fé e do abuso do direito, levada a cabo pela jurisprudência nos finais do século XX e prosseguida no atual século XXI, constitui um acontecimento jurídico-científico da maior importância. Neste momento, ele decorre ainda no dia-a-dia e sob os nossos olhos: torna-se difícil fixar-lhe os contornos. Todavia, alguns aspetos podem, desde já, ser sublinhados.

II. No tocante à verificação do abuso do direito, recordamos que essa locução é puramente tradicional. Não tem de haver qualquer "direito subjetivo": trata-se, simplesmente, do exercício de posições jurídicas.

A jurisprudência portuguesa mostra ainda que o abuso pode ocorrer nas mais diversas situações jurídicas. Temos exemplos para inúmeros tipos de contratos, civis e comerciais. As figuras próprias de Direitos Reais são abrangidas, outro tanto sucedendo com o Direito da família. Seria possível, à semelhança do trabalho fundamental de Jürgen Schmidt, reescrever boa parte do Direito privado português, tal como resulta da aplicação da boa-fé.

III. Torna-se fundamental ter presente que a boa-fé surge tão-só como uma via para permitir, ao sistema, reproduzir, melhorar, corrigir e comple-

---

[1393] *Supra*, 271.

414 *O abuso do direito*

tar as suas soluções. Apenas o uso da História e do Direito comparado nos pode explicar esta dimensão. Além disso, o recurso à boa-fé só é pensável para uma dogmática não conceptualista. Criticar a boa-fé ou descobrir a sua inutilidade parece-nos tão descabido como fulminar *ad nutum* todos os avanços da Ciência do Direito no último século. Quais são as alternativas?

A boa-fé e o abuso do direito não são compatíveis com análises racionalistas – ou aparentemente racionalistas, já que a Razão, para o ser, examina o real não funcionando, apenas, sobre si própria. Exigem valorações e um atendimento ao poder dos factos[1394].

É perfeitamente surrealista reclamar "valorações materiais" e, depois, recusar os institutos onde, dogmaticamente, tais valorações poderiam ser postas em prática.

IV. A jurisprudência portuguesa não tem sido suficientemente apoiada pela doutrina. A necessidade de autoafirmação de vários autores portugueses, leva-os, muitas vezes, a montar discordâncias de pura terminologia, a aparentar originalidades sem substância ou sem estudos aprofundados bastantes ou a, pura e simplesmente, ignorar quanto se faz e decide *intra muros*. Essa postura individualista dá ensejo a uma doutrina desalinhada onde, em vez de se progredir, se procura continuamente rediscutir os fundamentos e isso mesmo quando estes, sendo histórico-culturais, estejam assentes há décadas ou séculos.

Nestas condições, não admira que a jurisprudência vá procurando os seus próprios caminhos.

V. À partida, poderemos colocar a afirmação do Supremo, pela boca do seu ex-Presidente, Cardona Ferreira[1395]:

> O princípio da boa-fé tem de ser algo mais, muito mais do que idílico verbalismo jurídico.

De facto, apelar à boa-fé implica sempre uma ponderação material da solução existente, na sua globalidade. Isso não impede que a boa-fé seja usada para (re)confirmar decisões assentes noutros institutos: trata-se

---

[1394] REv 21-mar.-1998 (Fernando Bento), CJ XXIII (1998) 3, 258-262 (262/II), num importante acórdão a propósito do levantamento da personalidade.
[1395] STJ 28-out.-1997 (Cardona Ferreira), CJ/Supremo V (1997) 3, 105-108 (108/I).

§41.º Aspetos do regime e tendências

duma sindicância salutar do sistema sobre o problema. Ela não enfraquece a boa-fé; pelo contrário.

VI. Posto isto, constatamos, através da jurisprudência, que se confirmam plenamente, como úteis, atuantes e justos, os dois princípios mediantes da tutela da confiança e da primazia da materialidade subjacente. A tutela da confiança ocorre sobretudo no tópico do *venire contra factum proprium*[1396], o mais aplicado pelos nossos tribunais[1397]. A análise dos seus elementos e a sua concretização nas situações que o requeriam faz, dele, um instituto habitual e seguro.

A primazia da materialidade subjacente tem aflorado em várias manifestações. Assim:

– ele pode contracenar com a confiança, delimitando-a: por exemplo, condescender com uma atuação ilegal pode traduzir apenas boa-vontade; chegado a certo ponto, o agente pode pôr-lhe cobro sem *venire*[1398]; numa situação de possível abuso, há que ponderar a situação de terceiros envolvidos, que podem beneficiar com o ato pretensamente abusivo[1399];
– certos valores podem estar de tal modo ancorados no ordenamento, que subsistam mesmo à custa da harmonia do sistema; vimos, acima, o que se passa com as nulidades formais[1400]; esquemas semelhantes ocorrem em áreas fortemente imperativas, que – pelo menos até certo ponto – se mantêm *contra bonam fidem*[1401];

[1396] Veja-se a jurisprudência acima citada justamente a propósito do *venire contra factum proprium*.

[1397] Associando o abuso do direito à confiança: RPt 29-set.-2003 (Fernando do Vale), CJ XXVIII (2003) 4, 170-173 (173/I).

[1398] RLx 25-nov.-1999 (Moreira Camilo), CJ XXIV (1999) 5, 107-109 (109/I).

[1399] RPt 19-out.-2000 (Moreira Alves), CJ XXV (2000) 4, 217-221 (220-221). Cf. RCb 23-mar.-2004 (Távora Vítor), CJ XXIX (2004) 2, 22-24 (24/II), que não há abuso do direito no facto de uma seguradora só investigar a celebração de um contrato quando haja um sinistro.

[1400] *Supra*, 339 ss..

[1401] RLx 10-fev.-1999 (Ferreira Marques), CJ XXIV (1999) 1, 167-171 (168-169): um trabalhador aceita ganhar abaixo da tabela do IRCT aplicável; uma vez admitido, pede a equiparação; não há abuso: o salário é indisponível.

416 *O abuso do direito*

– o abuso do direito mantém-se para casos excecionais: será necessário estabelecer que a solução de Direito estrito repugna ao sistema[1402]; não deve ser tomado como "panaceia" fácil[1403];

– o abuso do direito implica, sempre, uma ponderação global da situação em jogo, sob pena de se descambar no formalismo de que se pretende fugir; assim, embora sendo um instituto objetivo, a intenção das partes pode constituir um elemento a ter em conta[1404]; a mentira pode coadjuvar a aplicação do abuso por *venire*[1405]; a aplicação da boa-fé é mais fácil quando se esteja perante soluções de Direito estrito pouco claras, discutíveis ou em plena controvérsia[1406].

VII. A jurisprudência tem sido inexcedível na concretização do abuso do direito[1407]. Com isso põe em prática uma Ciência jurídica avançada, ainda há pouco pensada inviável.

Cabe agora à doutrina, sem complexos, ordenar, explicar e reduzir dogmaticamente o vasto material disponível.

[1402] RLx 11-mar.-1999 (Salvador da Costa), CJ XXIV (1999) 2, 89-93 (92/II).

[1403] STJ 24-jan.-2002 (Silva Paixão), CJ/Supremo X (2002) 1, 51-54 (53/II).

[1404] STJ 11-mar.-1999 (José Mesquita), BMJ 485 (1999), 372-376 (376).

[1405] Conduzindo, inclusive, à condenação por litigância de má-fé; *vide* RLx 9-jul.--1998 (Rogério Sampaio Beja), BMJ 479 (1998), 698 (o sumário).

[1406] RLx 3-fev.-1998 (Pinto Monteiro), BMJ 474 (1998), 536 (o sumário).

[1407] Fá-lo com total naturalidade e sem necessidade de maiores investigações teóricas: RGm 30-jun.-2004 (Manso Raínho), CJ XXIX (2004) 3, 288-289 (289/I).

§ 42.º A LITERATURA LUSÓFONA DO ABUSO DO DIREITO

164. Aspetos gerais

I. O tema do abuso conheceu, como referido, uma acentuada expansão na prática lusófona do século XXI. Confrontados com problemas concretos e dispondo de conceitos indeterminados presentes nos códigos civis, os tribunais encetaram, paulatina mas eficazmente, o caminho periférico de afeiçoar as soluções concretas à luz dos valores do sistema. Podemos, em síntese, tipificar os passos seguintes:

- numa primeira linha, foram corrigidas saídas clamorosamente injustas ou chocantes, que resultariam de uma aplicação rígida e formal da lei;
- numa segunda, introduziram-se vetores de interpretação aperfeiçoados: os direitos – ou certos direitos – eram concedidos dentro de uma lógica valorativa e com fitos daí decorrentes; o exercício que o contradissesse era indamissível;
- numa terceira, recorreu-se aos princípios da tutela da confiança e da primazia da materialidade subjacente, enriquecendo a periferia com valores básicos retirados do núcleo do sistema.

II. Em Portugal, o movimento operou a partir do artigo 334.º. Após um *take off* doutrinário, ocorrido nos meados da década de oitenta, verificou-se um surto jurisprudencial. A doutrina retomou o tema: agora com apoios práticos, habituou-se a lidar com os tipos concretos de atos abusivos. O predomínio jurisprudencial processou-se no tipo de *venire contra factum proprium*, que chegou a absorver mais de metade das decisões relativas ao abuso do Direito[1408].

[1408] Confirmam-no levantamentos sistemáticos de decisões, elaborados no âmbito de cursos de mestrado e de doutoramento, que dirigimos na Faculdade de Direito de Lisboa.

418   *O abuso do direito*

III. Efetivamente, no Brasil, o caminho para a boa-fé e o abuso do direito, com raízes antigas, foi alargado pelo Código Civil de 2002 e, em especial, pelo seu citado artigo 187.º[1409]. Após uma hesitação inicial, assistiu-se a uma explosão da boa-fé (Judith Martins Costa), particularmente no campo do abuso do direito. Com uma rapidez inigualável, foram consagrados os tipos do *venire contra factum proprium*, da *suppressio*, do *tu quoque* e do exercício em desequilíbrio.

IV. Se atentarmos nos demais países lusófonos, relevamos, no tocante ao número de decisões acessíveis[1410] que decidiram na base do abuso do direito, aplicando ou não esse instituto, localizamos, em Cabo Verde, onze espécies. Temos ainda conhecimento de uma prática crescente em Angola e em Moçambique. Nos respetivos ordenamentos, as decisões são sensíveis às realidades locais. Por exemplo, em Cabo Verde, recusa-se a inalegabilidade de nulidades formais, mercê das necessidades de segurança jurídica. É de esperar, à medida que a paz civil se radique em Angola e em Moçambique e que o desenvolvimento sócio-económico se intensifique, novos e relevantes desenvolvimentos.

165. Doutrina brasileira do abuso e da boa-fé

I. O Código Civil de 2002 consagrou expressamente o abuso do direito no seu artigo 187.º. Na sequência da definição de atos ilícitos, dada no artigo 186.º, dispõe esse diploma:

> Também comete ato ilícito o titular de um direito que, ao exercê-lo, excede manifestamente os limites impostos pelo seu fim económico ou social, pela boa-fé ou pelos bons costumes.

Este preceito obteve, já, múltiplos desenvolvimentos doutrinários e jurisprudenciais[1411]. Apesar de colocar, à partida, a ilicitude, ele tem sido

---

[1409] O grande escrito de referência sobre a boa-fé no Direito brasileiro é o de Judith Hofmeister Martins Costa: *A boa-fé no Direito privado*, 1.ª ed. (1999, reimp. 2000), 544 pp. e *A boa-fé no Direito privado/Critérios para a sua aplicação*, 2.ª ed. (2015), 800 pp..

[1410] Através da base de dados Legis Palop.

[1411] José Miguel Garcia Medina/Fábio Caldas de Araújo, *Código Civil Comentado* cit., 221-224.

§42.º A literatura lusófona do abuso do direito 419

aproximado do espaço mais amplo da contrariedade objetiva ao sistema. Florescem, deste modo, os tipos abusivos clássicos: *exceptio doli*, *venire contra factum proprium*, *suppressio*, *tu quoque* e desequilíbrio no exercício, aperfeiçoados num número crescente de decisões judiciais.

II. O Direito lusófono tem sido enriquecido por uma jovem literatura brasileira, tecida em torno do abuso do direito e da boa-fé. Sem qualquer preocupação de exaustividade, referimos, no campo da *culpa in contrahendo*, Karina Nunes Fritz[1412] e, na execução contratual, Renata Munhoz Soares[1413]. Quanto ao abuso do direito, para além da obra básica, já referida, de Judith Martins Costa, também a título exemplificativo, retemos Rosalice Fidalgo Pinheiro[1414], Eduardo Jordão[1415], Daniel M. Boulos[1416], Milton Lautenschlager[1417], Ricardo Marcondes Martins[1418], Inácio Carvalho Neto[1419], Thiago Rodovalho[1420], Alexandre Mello[1421], Carlos Valder Nascimento[1422] e Tatiana Bonatti Peres[1423]. Também a função social do contrato tem originado interessantes pesquisas[1424].

III. Num fenómeno que ultrapassa a literatura portuguesa, a doutrina do Brasil oferece-nos um número crescente de monografias sobre tipos abusivos concretos. Quanto ao *venire contra factum proprium*, registamos

[1412] Karina Nunes Fritz, *Boa-fé objetiva na fase pré-contratual/A responsabilidade pré-contratual por ruptura das negociações* (2008, reimp., 2009), 335 pp..
[1413] Renata Domingues Balbino Munhoz Soares, *A boa-fé objetiva e o inadimplemento do contrato/Doutrina e jurisprudência* (2008), 198 pp..
[1414] Rosalice Fidalgo Pinheiro, *O abuso do direito e as relações contratuais* (2002), 457 pp..
[1415] Eduardo Jordão, *Abuso do direito* (2006), XIV + 149 pp..
[1416] Daniel M. Boulos, *Abuso do Direito no novo Código Civil* (2006), 318 pp..
[1417] Milton Flávio de Almeida Camargo Lautenschlager, *Abuso do direito* (2007), 158 pp..
[1418] Ricardo Marcondes Martins, *Abuso do direito e constitucionalização do Direito privado* (2009), 136 pp..
[1419] Inácio Carvalho Neto, *Abuso do direito*, 5.ª ed. (2009), 271 pp..
[1420] Thiago Rodovalho, *Abuso de direito e direitos subjetivos* (2011), 236 pp..
[1421] Alexandre Mello, *Responsabilidade civil por abuso do direito* (2013), 426 pp..
[1422] Carlos Valder Nascimento, *Abuso do exercício do direito* (2014), 134 pp..
[1423] Tatiana Bonatti Peres, *Solidariedade e abuso do direito* (2016), 140 pp..
[1424] Leonardo de Faria Beraldo, *Função social do contrato/Contributo para a construção de uma nova teoria* (2011), XVII + 293 pp..

420   *O abuso do direito*

as de Wagner de Souza[1425], de Walton Pessoa[1426] e de Hugo Araújo[1427]. No tocante à *suppressio*, consignamos as de Maria Cláudia Murr[1428], de Luiza Cunha de Paula[1429] e de Júlio Gonzaga Andrade Neves[1430]

166. Desenvolvimentos luso-brasileiros

I. No âmbito da Faculdade de Direito de Lisboa, diversos cursos de mestrado e de doutoramento originaram algumas dezenas de relatórios sobre temas de abuso do direito. Desses, vários foram publicados como artigos, nas colunas da *Revista de Direito civil*. Assim: Carolina Rebordão Nunes[1431], Cátia Jornada Fortes[1432], David Oliveira[1433], Pedro Santos[1434], Lourenço Noronha dos Santos[1435], Luís Felipe Silva[1436], Paulo Marga-

[1425] Wagner Mota Alves de Souza, *Teoria dos atos próprios/Da proibição de venire contra factum proprium* (2009), 210 pp..

[1426] Walton Pessoa, *A incidência da boa-fé objetiva e do venire contra factum proprium nas relações de trabalho* (2016), 228 pp..

[1427] Hugo Rafael Galdino Araújo, *Venire contra factum proprium: sua aplicabilidade, amplitude e delimitações* (2016), 93 pp.: uma dissertação de mestrado defendida na Faculdade de Direito de Coimbra.

[1428] Maria Cláudia Biselli Murr, *Breves considerações sobra a suppressio* (2012), 117 pp..

[1429] Luiza Checchia Suart Cunha de Paula, *Surrectio e suppressio: natureza, efeitos, aplicabilidade e análise comparativa com figuras jurídicas correlatas* (2014), 192 pp..

[1430] Júlio Gonzaga Andrade Neves, *A suppressio no Direito civil brasileiro* (2015, polic.), 175 pp. e *A suppressio (Verwirkung) no Direito civil* (2016).

[1431] Carolina Rebordão Nunes, *A inalegabilidade de nulidades decorrentes da preterição de forma legalmente exigida*, RDC 2015, 89-129.

[1432] Cátia Venina Sanderson da Jornada Fortes, *As semelhanças e as diferenças entre o artigo 334° do Código Civil português e o artigo 187 do Código Civil brasileiro*, RDC 2015, 131-170.

[1433] David Nuno Ribeiro de Jesus Oliveira, *A suppressio ex bona fide*, RDC 2015, 171-198.

[1434] Pedro Rui Lopes dos Santos, *Das consequências do abuso do Direito*, RDC 2015, 199-241.

[1435] Lourenço Leiria de Mendonça Noronha dos Santos, *A posição jurídica do prejudicado no abuso do direito*, RDC 2016, 205-248.

[1436] Luís Felipe Silva, *Oponibilidade do abuso de direito à Administração Pública, sob a perspectiva comparativa entre os ordenamentos jurídicos português e brasileiro*, RDC 2016, 497-524.

§42.º A literatura lusófona do abuso do direito 421

lho[1437], Tânia de Freitas Andrade[1438], Geovana Moisés[1439], Maria Luiza do Valle Rocha[1440] e Josane Peixoto Noronha[1441].

II. O estudo alargado da boa-fé e do abuso do direito, através de todo o espaço lusófono, traça um campo muito importante do futuro desenvolvimento do nosso civilismo. O desafio é irrecusável.

[1437] Paulo Margalho, *O abuso do direito no Direito tributário – Dois pesos e duas medidas? A caminhada pelo deserto doutrinário* ..., RDC 2016, 745-783.

[1438] Tânia de Freitas Andrade, *Exercício abusivo do crédito fidejussório: omissão de informações devidas pelo credor fidejussório ao fiador*, RDC 2016, 939-987

[1439] Geovana Mendes Baía Moisés, *O abuso de direito como via de tutela de terceiros nos negócios celebrados por procuração tolerada no âmbito do Direito civil português*, RDC 2016, 1007-1031.

[1440] Maria Luiza do Valle Rocha, *O conhecimento oficioso do abuso do direito*, RDC 2017, 189-228.

[1441] Josane Peixoto Noronha, *Abuso do direito e* culpa in contrahendo, RDC 2017, 461-497.

CAPÍTULO V
A COLISÃO DE DIREITOS

§ 43.º EVOLUÇÃO E REGIME GERAL

167. Evolução

I. Em sentido amplo, haverá colisão de direitos quando um direito subjetivo, na sua configuração ou no seu exercício, deva ser harmonizado com outro ou outros direitos. Num sentido estrito, a colisão ocorre sempre que dois ou mais direitos subjetivos assegurem, aos seus titulares, permissões incompatíveis entre si.

A matéria de colisão de direitos integrava um capítulo clássico, no Direito civil tradicional. Ela veio, todavia, a perder peso com as codificações. Mais recentemente, recuperou importância[1442].

O conceito de colisão de direitos surgiu na Ciência do Direito nos finais do século XVII[1443]. Ficaram associados a esse tema os nomes de Hert e de Stryk[1444]. Tratava-se de um tema envolvente: além da colisão propriamente dita, ele abrangia o capítulo dos conflitos de leis, conflitos esses que se poderiam traduzir na atribuição de direitos incompatíveis. Especialmente na Alemanha, então dispersa em inúmeros Estados independentes, os conflitos desse tipo eram frequentes.

[1442] Quanto ao tema, cumpre referir Elsa Vaz de Sequeira, *Dos pressupostos da colisão de direitos no Direito civil* (2004), 324 pp., tendo ainda o maior interesse Miguel Galvão Teles, *Espaços marítimos, delimitação e colisão de direitos*, em *Estudos em Homenagem ao Prof. Doutor Armando Marques Guedes* (2004), 617-647 (627 ss.).

[1443] Quanto às origens e à evolução histórica do tema, Andreas Müller, *Die Kollision bei subjektiven Rechten* (1971), 1 ss..

[1444] Samuel Stryk, *De jure privilegiati contra privilegiatum* (1684), 88 pp..

424 *A colisão de direitos*

O *usus modernus* e a pandectística mais antiga ocuparam-se da colisão de direitos[1445]. Glück apresentou-a como o fenómeno ocorrido quando "o exercício de um privilégio não se pudesse desenrolar sem a demolição do outro"[1446]. Preconizou o critério da antiguidade temporal, para resolver o conflito. Mas à colisão de direitos ficaria especialmente ligado o nome de Thibaut que, ao tema, dedicou um desenvolvimento considerável[1447], propondo diversos critérios de solução.

O tema manteve-se presente nos estudiosos do Direito romano atual, com relevo para Ferdinand Mackeldey[1448], que teve grande influência no nosso Coelho da Rocha, de modo a antecipar a receção da parte geral do Direito civil[1449]. Finalmente, a colisão de direitos operou ainda como um assunto obrigatório na pandectística, até ao advento do BGB. Ocuparam-se dela autores como Arndts[1450], Bekker[1451] e Wächter[1452].

Na pandectística tardia, a colisão de direitos veio a merecer um interesse menor: operou a depuração representada por diversos outros institutos. De todo o modo, a colisão está presente em clássicos como Dernburg[1453] e Windscheid[1454].

II. A colisão de direitos obteve consagração nos grandes diplomas da pré-codificação alemã, como o ALR prussiano[1455]. Também o Código Civil austríaco de 1811 o teve em conta[1456]. Podemos afirmar que ele conheceu

---

[1445] Andreas Müller, *Die Kollision* cit., 6 ss., com indicações.

[1446] Christian Friedrich Glück, *Ausführliche Erläuterung der Pandecten nach Hellfeld/Ein Commentar*, 2, 2.ª ed. (1800), § 105 (15-29), analisando múltiplos esquemas de solução.

[1447] Anton Friedrich Justus Thibaut, *Versuche über einzelne Theile der Theorie des Rechts*, 2.º vol., 2.ª ed. (1817), onde surge uma 14.ª secção intitulada *Ueber die Collision besondere Rechte und Privilegien*, 242-263.

[1448] F. Mackeldey, *Manuel de Droit romain contenant la théorie des Institutes*, trad. fr. J. Beving, 3.ª ed. (1846), § 201 (105).

[1449] *Vide* o nosso *Teoria geral do Direito civil/Relatório* (sep. RFDUL, 1988), 110 ss..

[1450] L. Arndts von Arnesberg, *Lehrbuch der Pandekten*, 14.ª ed. (1889), § 92 (155).

[1451] Ernst Immanuel Bekker, *System der heutigen Pandektenrechts*, 1 (1886, reimp., 1979), § 24 (72-76).

[1452] Carl Georg Wächter, *Pandekten*, 1 (1880), § 96 (487-501).

[1453] Dernburg/Biermann, *Pandekten* cit., § 42 (1, 90-96, especialmente 90-92).

[1454] Windscheid/Kipp, *Lehrbuch der Pandekten* cit., § 121 (1, 604-606).

[1455] Andreas Müller, *Die Kollision bei subjektiven Rechten* cit., 23.

[1456] *Idem*, 33 ss..

§ 43.° Evolução e regime geral   425

um tratamento explícito durante mais de dois séculos, separando-se de outras questões limítrofes, como o conflito de leis[1457].

Outros Códigos da primeira geração, como o nosso Código de Seabra, abaixo referido, previram e desenvolveram a colisão. Todavia, o BGB acabaria por não tratar, de modo genérico, do tema: prevaleceu, na sua preparação, a ideia de que a codificação acabaria por enquadrar as diversas hipóteses da colisão dentro dos vários institutos[1458]. Também ausente do Código italiano, a colisão de direitos saiu dos roteiros civis mais habituais.

Na literatura de língua alemã, a colisão manteve uma presença em obras de autores austríacos[1459], justamente motivados pela sua presença no ABGB de 1811. Também lhe foi dada alguma atenção por von Tuhr[1460]. Em todo o caso: insuficiente para se poder falar numa doutrina específica da colisão de direitos, dotada de relevo dogmático.

III. Ao longo do século XX, a colisão de direitos manteve uma certa presença jurídico-científica, mas apenas em sectores delimitados. Assim sucedeu no domínio das colisões entre direitos de crédito[1461], entre garantias[1462] e entre situações de reserva de propriedade e cessão financeira[1463].

Mais recentemente, a colisão de direitos foi reanimada para enquadrar os conflitos, muito atuais, entre os direitos de personalidade e a liber-

---

[1457] Especialmente graças a Savigny, *System des heutigen römischen Rechts*, 8 (1849, reimp. 1981), § 361 (120 ss.); este Autor autonomizou, aí, o tema dos conflitos de leis no espaço, isolado das colisões de direitos. *Vide*, já na fase da maturação, Ferdinand Lassalle, *Die Theorie der erworbenen Rechte und der Collision der Gesetze/unter besonderer Berücksichtigung des Römischen, Französischen und Preussischen Rechts*, 2.ª ed. publ. Lothar Bucher (1880), baseado na ideia do respeito pelos direitos adquiridos.

[1458] Andreas Müller, *Die Kollision bei subjektiven Rechten* cit., 38 ss., com citações dos *Motive*.

[1459] Assim: Wroblewski, *Zur Lehre von der Kollision der Privatreche* (1894) e Curt Wittkowsky, *Die Kollision der Rechte* (1911), que não consultámos.

[1460] Andreas von Tuhr, *Der Allgemeine Teil des Deutschen Bürgerlichen Rechts* 2/2 (1918), § 94 (571-580).

[1461] H. O. de Boor, *Die Kollision von Forderungsrechten* (1928) e Nico Zachmann, *Die Kollision von Forderungsrechten* (1976), este último suíço (Basileia).

[1462] Rolf Serick/Ernst Mezger/Stephan Albrecht Riesenfeld, *Kollision zwischen der dinglichen Sicherung von Lieferantenkredit und Bankkredit* (1964), 69 pp..

[1463] Antje Nicklaus, *Die Kollision von verlängerten Eigentumsvorbehalt und Factoringzession im deutschen und englichen Recht* (1997), 228 pp..

426 *A colisão de direitos*

dade de imprensa[1464] e entre as liberdades fundamentais consagradas no Direito europeu[1465].

168. A experiência lusófona

I. No período da pré-codificação lusófona – primeira metade do século XIX – o tema da colisão de direitos era conhecido.

Tem interesse reter alguns aspetos fixados por Mackeldey, quanto à colisão de direitos, dado o papel assumido, entre nós, pela sua obra. Esse Autor distinguia entre concurso e colisão de direitos: concurso quando ambas as pessoas em presença detenham direitos não exclusivos sobre a mesma coisa; colisão quando surja uma verdadeira contradição entre os direitos em presença. Perante um concurso, cada pessoa exercerá o seu direito na parte que lhe compita. Já na hipótese de colisão, haveria que atender a critérios mais complexos. Assim: (1) o direito especial (*ius singulare*) prefere ao geral (*ius commune*); (2) sendo ambos ou gerais ou especiais, prefere o que a lei mais favoreça; (3) sendo a lei omissa e havendo colisão direta: (a) prevalece o que queira evitar uma perda sobre o que procure um lucro; (b) visando ambos evitar perdas, prevalece o que tenha recebido algo do outro, sem enriquecimento; (c) nos outros casos, anulam-se ambos os direitos: nenhum pode ser exercido; (4) sendo a lei omissa e havendo colisão direta: (a) prevalece o que tiver a posse; (b) nenhum tendo a posse, a coisa é dividida; (c) sendo indivisível, anulam-se ambos os direitos, nenhum podendo ser exercido; (d) se as circunstâncias exigirem que um deles seja exercido: tira-se à sorte[1466].

A matéria foi, em especial, versada por Corrêa Telles. Este Autor apresentou o seguinte quadro de saídas para a colisão de direitos:

[1464] Peter Schmitz, *Persönlichkeitsschutz als Bürgerliche Freiheit im englischen Recht/unter besonderer Berücksichtigung der Kollision mit der Pressfreiheit* (1996).
[1465] Dierk Schindler, *Die Kollision von Grundfreiheiten und Gemeinschaftsgrund-rechten/Entwurf eines Kollisionsmodells unter Zusammenführung der Schutzpflichten- und der Drittwirkungslehre* (2001).
[1466] Ferdinand Mackeldey, *Manuel de Droit romain* cit., 3.ª ed., 105/II. Também Thibaut, *Versuche* cit., 2, 2.ª ed., 242 ss., apresenta um quadro complexo de regras; de notar que admite o tempo como fator de desempate (246) e que também ele afirma a prevalência do exercício que procure evitar danos (256); em última análise, haveria que remeter para a decisão do príncipe. *Vide*, ainda, Andreas Müller, *Die Kollision bei subjektiven Rechten* cit., 7 ss., quanto ao quadro de Thibaut.

§ 43.º Evolução e regime geral 427

16. Se o direito de um se encontra com o exercício do direito de outro, o direito menor deve ceder ao maior.

17. Em paridade de direitos, o primeiro em tempo é primeiro em direito.

18. Se é desconhecida a prioridade do tempo, aquelle que menos sofre deve ceder ao outro, que sofreria mais.

19. Assim aquelle que trata de captar lucro, deve ceder àquelle, que trata de conseguir a sua indemnização.

20. Sendo possível usarem ambos do seu direito, cedendo cada um uma parte d'elle, cada qual deve ceder o bastante, para usarem ao mesmo tempo.

21. O direito maior e mais extenso encerra em si o menor, e mais limitado[1467].

Também Coelho da Rocha se ocupou, de modo expresso, da colisão de direitos.

Assim, fixando diversas regras relativas aos direitos e ao seu exercício, cumpre atentar nas 5.ª a 7.ª:

5.ª Na collisão dos direitos prefere o maior, isto é, o mais favorecido pelas leis;

6.ª Se são egualmente favorecidos, aquelle que tem por fim evitar um damno, deve preferir áquele que tracta de obter um [benefício];

7.ª Se os direitos são perfeitamente eguaes, deve cada um ceder em parte, quando seja necessario, para que ambos o exercitem[1468].

II. Com os antecedentes apontados – especialmente Coelho da Rocha – o Código de Seabra concedeu um espaço condigno à colisão de direitos. Vale a pena, até pela especial elegância, consignar aqui os seus artigos 14.º e 15.º:

Artigo 14.º Quem, exercendo o proprio direito, procura interesses, deve, em collisão e na falta de providencia especial, ceder a quem pretende evitar prejuízos.

[1467] J. H. Corrêa Telles, *Digesto Portuguez* cit., 9.ª ed. (= 3.ª ed., de 1845), 1, 8-9; o autor baseava cada uma destas proposições em citações dispersas.

[1468] M. A. Coelho da Rocha, *Instituições de Direito civil portuguez* cit., § 49 (1, 26-27); o Autor, além dos *Digesta*, cita o ARL e Mackeldey.

428   *A colisão de direitos*

Artigo 15.º Em concurso de direitos eguaes ou da mesma especie, devem os interessados ceder reciprocamente o necessario, para que esses direitos produzam o seu effeito, sem maior detrimento de uma que de outra parte.

Estes preceitos não obtiveram grandes desenvolvimentos, nos 99 anos de vigência do Código de Seabra. Quanto à regra do artigo 14.º, Dias Ferreira considerou "... justo o princípio, com quanto seja rara a sua applicação, e difficil no desenvolvimento atual da sciencia economica ...". E o mesmo Autor, relativamente ao artigo 15.º, explicava que "em direito philosophico" são iguais todos os direitos: mas não "em direito positivo"[1469]. Com referência ao artigo 14.º: na linguagem da época, "procurar interesses" é procurar lucros.

Guilherme Moreira fazia uma referência muito célere ao tema da colisão[1470], enquanto Cunha Gonçalves, normalmente muito desenvolvido, consagra à análise da colisão de direitos um espaço modesto: limita-se a chamar a atenção para algumas concretas hipóteses de colisão, dotadas de regimes explícitos, no Código[1471]. Ainda uma referência para Manuel Casanova: refere os artigos 14.º e 15.º do Código de Seabra a propósito de conflitos de qualificações; acaba, aliás, por os considerar inúteis, nesse domínio[1472].

169. O Código Civil: colisão e figuras afins

I. Com os antecedentes apontados, a colisão de direitos logrou uma concretização no Código Vaz Serra. Para efeitos de exegese, interessa reter o teor exato do preceito: o artigo 335.º, epigrafado "colisão de direitos". Assim:

[1469] José Dias Ferreira, *Codigo Civil Annotado* 1, 2.ª ed. (1894), 24-25.

[1470] Guilherme Moreira, *Instituições de Direito civil* cit., 1, 632-633; chega mesmo a afirmar – ob. cit., 633:

Uma verdadeira collisão de direitos, em que o titular dum procure interesses e o de outro evitar prejuízos, afigura-se-nos impossível.

[1471] Luiz da Cunha Gonçalves, *Tratado de Direito civil* 1 (1929), 451-454.

[1472] Manuel Joaquim de Azevedo Borges Casanova, *Conflitos de qualificações e de leis internas (Aplicações à responsabilidade civil)* (1945), 118-145.

§ *43.º Evolução e regime geral* 429

1. Havendo colisão de direitos iguais ou da mesma espécie, devem os titulares ceder na medida do necessário para que todos produzam igualmente o seu efeito, sem maior detrimento para qualquer das partes.
2. Se os direitos forem desiguais ou de espécie diferente, prevalece o que deva considerar-se superior.

O artigo 335.º/1 corresponde ao artigo 15.º do Código de Seabra. O n.º 2 – que, de resto, já resultaria, *a contrario sensu*, do n.º 1 – foi acrescentado como complemento[1473]. A doutrina sobre ele firmada é escassa e reproduz o teor do preceito[1474].

II. O artigo 335.º/1 prevê a hipótese de colisão de direitos. Trata-se de um termo técnico, cujo afinamento remonta aos clássicos Thibaut e Mackeldey, e que devemos ter como pressuposto. Há colisão, em sentido próprio e como foi adiantado, quando dois ou mais direitos subjetivos assegurem, aos seus titulares, permissões incompatíveis entre si. A colisão de direitos pressupõe, deste modo, um concurso real de normas[1475].

Da colisão de direitos devem distinguir-se outras figuras que, embora próximas, obedeçam a regras diferentes. Ela não se confunde:

– com a colisão aparente: a situação que se manifesta quando, havendo direitos incompatíveis, apenas um deles deva subsistir; assim, na dupla venda: se uma pessoa vende a mesma coisa a duas pessoas, sucessivamente, poder-se-ia falar em colisão, a solucionar pelo princípio *prior tempore, potior iure*: prevalece o mais antigo; todavia, verifica-se, antes, que tendo vendido uma coisa a uma primeira pessoa, esta torna-se a proprietária (408.º/1); ao vender à segunda, já há ilegitimidade (892.º), pelo que o segundo comprador nada adquire, não tendo qualquer direito; logo, não há colisão real, uma vez que existe uma única permissão normativa específica em presença, isto é: um único direito; este mesmo raciocínio é aplicá-

[1473] Pires de Lima/Antunes Varela, *Código Civil Anotado* cit., 1, 4.ª ed., 300.

[1474] Oliveira Ascensão, *Teoria geral* cit., 3, 293-294 e Carvalho Fernandes, *Teoria geral* cit., 2, 5.ª ed., 615-620.

[1475] António Baião do Nascimento, *Do concurso de normas* (1971), 37 ss.. Uma panorâmica da matéria, embora centrada no Direito penal: Luís Duarte d'Almeida, *O "concurso de normas" em Direito penal* (2004), 9 ss. e *passim*. *Vide*, ainda, o importante escrito de José António Veloso, *Concurso e conflito de normas*, DJ XVII (2003, mas março 2004), 205-272.

430   *A colisão de direitos*

vel à "incompatibilidade entre direitos pessoais de gozo" referido no artigo 407.°[1476-1477];
– com os conflitos de sobreposição: tal conflito ocorre quando, sobre o mesmo objeto, incidam direitos de pessoas distintas; nessa ocasião, as respetivas permissões normativas delimitam-se, automaticamente, de acordo com determinadas regras; assim, havendo contitularidade, há que lidar com o dispositivo dos artigos 1403.° e seguintes, aplicáveis genericamente, por via do 1404.°; do mesmo modo, os conflitos hierárquicos (p. ex.: direito de propriedade e direito de usufruto) ou prevalentes (p. ex.: várias hipotecas) encontram soluções explícitas nos seus regimes próprios[1478];
– com os conflitos de vizinhança: resultam eles da incidência de direitos reais sobre prédios contíguos ou muito próximos; também aqui existe um regime explícito[1479];
– com o concurso de credores: na execução patrimonial, verificando-se a insuficiência do património do devedor para satisfazer todos os créditos, há regras de prevalência e de rateio, as quais se aplicam.

Em todas estas hipóteses, as permissões normativas em presença são delimitadas ou restringidas por outras normas: não chega a haver verdadeira colisão. Pode porém acontecer que as delimitações abstratas que previnem a colisão revertam, depois, para exercícios potencialmente conflituantes. Será o exemplo do uso da coisa comum (1406.°/1): podem ambos

---

[1476] Portanto: quem arrende um prédio a uma pessoa já não pode arrendá-lo (validamente) a uma segunda, pois está a dispor do que já dispôs; o melindre tem a ver com a afirmada natureza não-real do arrendamento; mas não há que fazer intervir o tema, uma vez que uma pura lógica obrigacional permitiria idêntica saída: tendo já dado certo prédio em arrendamento, o proprietário, ao fazê-lo pela segunda vez, celebra um negócio juridicamente impossível e, como tal, nulo (280.°/1); de novo temos a prevalência de um direito sobre um não-direito, o que não retrata qualquer colisão.

[1477] Também poderemos ter uma colisão aparente no concurso entre direitos reais e direitos de crédito; em princípio, o direito de crédito, deparando com um direito real adverso: ou não surge, por impossibilidade inicial ou extingue-se, por impossibilidade superveniente – *vide Direitos reais*, 324-325; em qualquer dos casos, o direito real fica sozinho, não se podendo falar em colisão.

[1478] *Direitos reais*, 436 ss..

[1479] *Direitos reais*, 422 ss.; *vide* os artigos 1346.° e seguintes.

§43.º *Evolução e regime geral* 431

os comproprietários querer usar a coisa em simultâneo surgindo, nestes direitos de uso, o conflito.

III. O Código refere "direitos iguais ou da mesma espécie". Direitos iguais são os que derivem das mesmas normas – p. ex., ambos são direitos à vida, à saúde ou de propriedade; da mesma espécie[1480] serão os provenientes de normas que contemplem o mesmo tipo de bens – p. ex., ambos são direitos de personalidade ou reais. A igualdade referida é-o em termos qualitativos: não é perturbada pelo facto, possível nos direitos patrimoniais, de haver desigualdade quantitativa: p. ex., na compropriedade, poderá um dos contitulares ter uma quota de 2/3 e a outra de 1/3.

IV. Verificados os referidos pressupostos, manda o legislador:
– que os titulares cedam na medida do necessário;
– para que todos produzam igualmente o seu efeito;
– sem maior detrimento para qualquer das partes.

No fundo, há um comando de cedências mútuas, guiado por um princípio de igual tratamento: seja nas vantagens, seja nos prejuízos. As cedências mútuas são negativamente delimitadas pelo artigo 335.º/2, segundo o qual, na falta dos indicados pressupostos – portanto: se os direitos forem desiguais ou de espécie diferente – prevalece o que deva considerar-se superior.

Aparentemente claro, o princípio do igual tratamento levanta, na prática, as maiores dúvidas. Para as esclarecer haverá que partir da hipótese da desigualdade dos direitos.

[1480] Melhor teria sido referir "direitos do mesmo género" e não "espécie"; em rigor, se a espécie for a mesma, os direitos são iguais.

§ 44.º OS CRITÉRIOS DE DECISÃO

170. Ponto prévio: génese da colisão e sindicância do sistema

I. Antes de examinar os critérios destinados a dirimir as colisões de direitos, devemos atentar num ponto prévio: o da génese da colisão.

O ponto de partida deverá ser o seguinte: no Direito como noutras áreas, o ideal será a inexistência de conflitos. Para tanto, torna-se necessário que, *antes* da colisão, a mesma seja prevenida. E sobretudo: não pode o Direito premiar aquele que, voluntária e censuravelmente – portanto: com culpa – se colocou numa situação de colisão de direitos. Quando isso suceda, em nome da boa-fé – ou seja: da globalidade do sistema – haverá que preterir a posição da pessoa que, voluntária e desnecessariamente, originou o conflito.

II. Resulta daqui que, antes de se recorrer à grelha de critérios, abaixo explanados, para dirimir as colisões de direitos, se imponha sempre uma prévia sindicância do conflito, à luz do sistema.

Deverá ser desamparada a posição da pessoa que, censuravelmente, se veio a colocar em situação de colisão. O Direito não obriga as pessoas a, em momento prévio, abdicar de direitos só para prevenir colisões. Mas irá desamparar aquele que o faça censuravelmente, isto é:

– violando regras de conduta;
– ignorando princípios que ao caso caibam.

III. Por exemplo: uma colisão de direitos entre um representante legal e um seu representado, quando o primeiro pudesse, previamente, ter evitado a situação: dados os deveres de tutela a seu cargo, deveria o representante ter prevenido o conflito.

Esta rubrica torna-se especialmente relevante quando feita a extrapolação do regime da colisão de direitos para a do conflito de deveres.

§44.º Os critérios de decisão 433

171. Direitos diferentes; critérios

I. Havendo conflito de direitos, uma das saídas possíveis é a da opção pela prevalência de um deles. Efetivamente, se os direitos forem desiguais ou de espécie diferente, prevalece o que deva considerar-se superior. Essa desigualdade deve ser constatada *em abstracto*. Ou seja: perante vários direitos colidentes, haverá diferença quando um seja de propriedade e outro de crédito, por exemplo. Já o juízo de superioridade, que nos dará a chave da prevalência, deve ser formulado *em concreto*.

> Por exemplo: numa colisão entre um direito de personalidade e um direito de propriedade, temos direitos de espécie diferente; teoricamente, o direito de personalidade seria sempre superior; mas em concreto, poderá ser "superior" o de propriedade: pense-se numa unidade fabril licenciada e há muito em laboração, que o recém-instalado construtor de uma casa pretenda fazer parar, invocando o direito ao repouso.

II. Pergunta-se, agora, se haverá critérios para, em concreto, fazer prevalecer os direitos uns sobre os outros, na hipótese de colisão. A matéria é delicada, uma vez que qualquer critério poderá, *in concreto*, ser inadequado. Vamos, por isso, apresentar uma série de argumentos, tendencialmente operacionais, mas a tomar sem rigidez, em termos depois explicitados. Assim:

– a antiguidade relativa;
– os danos pelo não-exercício;
– os lucros do exercício;
– a prevalência em abstrato;
– o igual sacrifício;
– a composição aleatória equilibrada;
– a composição aleatória.

Os três primeiros critérios são normais; os quatro últimos, de recurso.

III. O primeiro e inevitável critério é dado pelo brocardo *prior tempore, potior iure*: o direito primeiro constituído tenderá a prevalecer, no seu exercício, sobre os direitos igualmente válidos, mas só depois formados. Embora algo pesado, este critério dá corpo a vetores de estabilidade que dominam nas sociedades humanas desde a sedentarização; além disso, acolhe igualmente o princípio da confiança, muito importante nos nossos dias.

434 *A colisão de direitos*

Na base deste critério, por exemplo, a fábrica em laboração não pode parar pela construção de novas residências, cujos proprietários invoquem o direito ao repouso. Mas já não poderia instalar-se, *ex novo*, tal fábrica, junto de um bairro residencial preexistente.

IV. O segundo critério remonta aos clássicos (Thibaut, Corrêa Telles e Seabra): o da minimização dos danos. De facto, o direito subjetivo é, antes de mais, uma vantagem para o titular: há que interpretá-lo e que concretizá-lo, de modo a que não se converta em prejuízo. Perante uma colisão, haverá sempre que perguntar pelas consequências do não-exercício ou do não-exercício pleno, por parte de cada um dos envolvidos. Feita essa operação, dar-se-á prevalência àquele cujo não-exercício acarrete maiores danos.

O "dano" aqui, deve ser considerado em termos sociais e humanos: não meramente econométricos.

Por exemplo: numa colisão entre o direito de iniciativa económica (a construção de uma linha de metropolitano) e o direito ao repouso do morador, poderá ceder este último se se verificar que, com uma pequena despesa, o morador poderá ser provisoriamente realojado, enquanto a paragem noturna das obras acarretaria um prejuízo astronómico: claro está: o morador poderia ser indemnizado; quanto à dimensão social do dano: haverá que ponderar, quando se mande parar uma unidade fabril, a perda de postos de trabalho ou os prejuízos para a exportação.

Também aqui intervêm os danos não-patrimoniais. Assim, na colisão de direitos de usar um automóvel, prevalece o do titular que pretenda levar o filho ao hospital, sobre o do que queira ir passear: o dano do não-exercício é, no primeiro caso, superior ao do segundo.

V. O terceiro critério prende-se com os lucros. O lucro tem uma dimensão individual: a lógica da subjetivação jurídica, que dobra, ela própria, a da apropriação privada. Todavia, ele tem ainda um papel social, que interessa a toda a sociedade e que o Direito valoriza. Numa colisão de direitos, este fator deve ser usado: se o exercício de um direito dá, ao seu titular, um bom lucro, ele prevalecerá sobre outro exercício igualmente legítimo, mas sem tais consequências. Resta acrescentar que "lucro" não é, aqui, apenas faturação; releva, antes, uma dimensão social ampla.

Por exemplo: na utilização de uma casinha, num certo fim de semana, prevalece o exercício do contitular que tenha sete filhos sobre o de um outro

§44.º Os critérios de decisão 435

que, tendo alternativas, lá vá *solo*; do mesmo modo, a utilização produtiva de um recinto leva a melhor sobre a sua manutenção devoluta. Admitimos, aqui, que tudo isto seja possível, no âmbito de direitos diferentes, tratando-se apenas, *in concreto*, de determinar o prevalente.

VI. Os três apontados critérios prevalecem, pela ordem indicada, uns sobre os outros. Mas não fatalmente: pode acontecer que um critério à partida menos ponderoso assuma, *in concreto*, tais dimensões, que deva passar à frente dos restantes. Para tanto, faremos apelo à ideia de sistema móvel[1481]: um conjunto articulado de proposições intermutáveis, em função dos valores que representam e das solicitações exteriores.

VII. Pode, todavia, suceder que o recurso aos três apontados critérios não permita qualquer conclusão.

Nessa altura, recorremos ao quarto critério: a ponderação abstrata. Sendo os direitos desiguais ou de espécie diferente, poderemos concluir que um deles seja, em abstrato, mais ponderoso. Uma vez que o exercício concreto não permite conclusões, impõe-se recorrer à ponderação abstrata. Como excluímos do âmbito da colisão os casos dotados de regimes explícitos – p. ex.: direitos reais *versus* direitos de crédito – ficam-nos situações de tal modo diversas que não foram, pela História da dogmática, objeto de específicas soluções. Pense-se na colisão entre direitos indisponíveis e direitos disponíveis: prevalecem os primeiros.

Por essa via, os direitos de personalidade tenderão a prevalecer sobre os direitos reais: mas apenas na inoperacionalidade de qualquer dos critérios anteriores. Nas hipóteses-limite de perigo de vida ou equivalentes, dispomos do instituto do estado de necessidade, abaixo considerado[1482].

VIII. Não sendo possível, também por esta via, fazer uma destrinça concreta, teremos de concluir que, apesar de diferentes, os dois direitos acabam empatados. Será, então, de recorrer ao critério previsto para os "direitos iguais ou da mesma espécie" (335.º/1): devem os titulares ceder na medida do necessário para que todos produzam igualmente o seu efeito, sem maior detrimento para qualquer das partes. Evidentemente: essa

[1481] *Tratado* I, 4.ª ed., 973.
[1482] *Infra*, 481 ss..

436 *A colisão de direitos*

cedência mútua postula que, no concreto, se trate de direitos que comportem exercícios parcelares. É o critério do igual sacrifício.

IX. Se nenhum dos critérios operar e não sendo possível resolver o problema pelo igual exercício, temos, segundo a lição dos clássicos:
– ou ambos os direitos se anulam, nenhum podendo ser exercido;
– ou se recorre a composições aleatórias.

A primeira hipótese teria, a seu favor, a manutenção de uma certa paz social. Todavia, parece-nos pouco razoável, pois redundará no desperdício de riqueza. Por isso, a título de última saída, ficam-nos as composições aleatórias: equilibrada, se possível ou pura, na hipótese contrária.

Por exemplo: se uma pessoa tem o direito de levar um automóvel para uma discoteca e a outra, para um local diferente de diversão, na falta de outro critério, uma de duas: ou combinam que uma vai num fim de semana e outra no outro, à escolha ou à sorte ou, se for saída única, sorteiam quem sai.

É evidente que, chegados a este ponto, o Direito reconhece que já não tem critérios científicos para oferecer. O problema poderia ser encarado com regras de cortesia ou de trato social: essenciais, mas não jurídicas.

172. Direitos iguais

I. Na hipótese de os direitos serem "iguais ou da mesma espécie", a lei determina, simplesmente, a prevalência do princípio do igual tratamento: *devem os titulares ceder na medida do necessário para que todos produzam igualmente o seu efeito, sem maior detrimento para qualquer das partes*, nas palavras do artigo 335.º/1, 2.ª parte.

A consequência da cedência mútua postula que os direitos sejam, por natureza, suscetíveis de exercícios parcelares. Além disso, a cedência mútua parte ainda do princípio de que é possível uma repartição, por igual, das vantagens do direito e, ainda, uma igualização de "detrimentos". E se o não for?

II. A "igualdade" ou a "pertença à mesma espécie" são constatáveis em abstrato. Na hipótese de a colisão não poder ser resolvida com recurso ao princípio do igual tratamento, temos uma lacuna. Não oferece dúvi-

§44.º Os critérios de decisão 437

das, quer pela analogia manifesta, quer pela proximidade sistemática, fazer então apelo ao artigo 335.º/2: verificando, em concreto, se alguns dos tais direitos "iguais ou da mesma espécie" deve considerar-se superior, no seu exercício.

Caímos, assim, nos três primeiros critérios acima enunciados, a articular nos termos de um sistema móvel: a antiguidade relativa, o menor dano e o maior prejuízo.

III. Se nenhum desses critérios – ou todos em conjunto – se mostrar operacional, temos um problema: não se pode apelar à prevalência em abstrato, uma vez que estamos perante direitos iguais, nem ao igual sacrifício, que já vimos ser impossível. Ficam-nos, nessa altura, as composições aleatórias: ou com equilíbrio ou puras.

173. A jurisprudência

Contrastando com a quietude doutrinária, a jurisprudência tem recorrido, de modo frequente, à figura da colisão de direitos e aos critérios que se retiram do artigo 335.º.

Assim, e para referir apenas casos publicados a partir do segundo semestre de 2000:

> – *STJ 26-set.-2000*: colisão entre os direitos ao bom nome e reputação e à intimidade privada e as liberdades de imprensa e de informação e expressão do pensamento; foi dada primazia aos primeiros sobre as segundas, por via do artigo 335.º; todavia, explicou-se que poderia prevalecer, em certos casos, a liberdade de informação, dizendo[1483]:
>
>> Os valores jurídicos que a tal podem conduzir são aqueles que refletem um interesse público de tal maneira intenso, por os factos eventualmente atentatórios do direito ao bom nome e reputação ou da reserva da intimidade da vida privada serem suscetíveis de afetar o bem estar da vida da comunidade, que justificam a divulgação dos mesmos, desde que (...) tal seja feito de forma a não exceder o necessário a tal divulgação.
>
> – *REv 8-fev.-2001*: mercê da utilização de uma máquina de assustar pássaros, surge um conflito entre direitos de personalidade (direito ao repouso e

---

[1483] STJ 26-set.-2000 (Silva Salazar), CJ VIII (2000), 42-45 (44/I e II).

438 *A colisão de direitos*

ao descanso) e direitos patrimoniais (direito de propriedade e de trabalho): prevalecem os primeiros, "atenta a natureza dos interesses tutelados"[1484];

– *RLx 5-abr.-2001*: uma colisão entre a liberdade de expressão e o direito ao bom nome; perante o artigo 335.º, haveria que aplicar os princípios da harmonização ou da concordância prática; não sendo possível, prevalece o direito à honra[1485];

– *RCb 15-jan.-2002*: numa colisão entre os direitos de personalidade e os inerentes a um bar noturno ruidoso, ambos cedem: mandou-se fechar o bar às 22.00[1486];

– *RGm 20-nov.-2002*: a instalação de uma fábrica, mesmo quando conforme com os regulamentos, não deve prejudicar a sanidade das pessoas; quando isso suceda, visto o artigo 335.º/2, esta deve prevalecer[1487];

– *RPt 12-dez.-2002*: numa colisão de direitos entre o morador habitacional e o vizinho que mantém currais, com cheiros e ruídos, prevalecem os do primeiro, dada a atual evolução dos hábitos dos portugueses[1488];

– *RPt 26-mai.-2003*: verifica-se uma colisão entre o dever de sigilo a que se encontra sujeita a Vodafone e os interesses da Justiça em ter acesso a certas informações; visto o artigo 335.º, pode a Vodafone dar a pedida informação[1489];

– *STJ 21-out.-2003*: inquilinos que o eram há 25 anos são atingidos pela atividade económica da Ré; foi dito[1490]:

> (...) quanto à colisão de direitos, decidiu-se que nos termos do art. 335.º, n.º 2, do C. Civil, o direito ao repouso é superior ao direito de propriedade e ao direito de exercício de atividade comercial.

– *RGm 29-out.-2003*: uma instalação fabril emite ruídos que perturbam o sono e o sossego dos moradores vizinhos; há um conflito entre os direitos de personalidade destes e os direitos patrimoniais dos tabalhadores; perante o artigo 335.º, estes cedem frente àqueles; a solução encontrada foi, por procedimento cautelar, mandar parar o funcionamento das máquinas entre as 21 horas e as 8 horas do dia seguinte[1491];

[1484] REv 8-fev.-2001 (Ana Geraldes), CJ XXVI (2001) 1, 267-271 (269).

[1485] RLx 5-abr.-2001 (Salvador da Costa), CJ XXVI (2001) 2, 103-114 (106/II).

[1486] RCb 15-jan.-2002 (Silva Freitas; vencido: Quintela Proença), CJ XXVII (2002) 1, 5-10 (9/II).

[1487] RGm 20-nov.-2002 (Leonel Serôdio), CJ XXVII (2002) 5, 273-275 (276/I).

[1488] RPt 12-dez.-2002 (João Bernardo), CJ XXVII (2002) 5, 192-195 (194/I).

[1489] RPt 26-mai.-2003 (Fonseca Ramos), CJ XXVIII (2003) 3, 175-177.

[1490] STJ 21-out.-2003 (Afonso de Melo), CJ/Supremo XI (2003) 3, 106-108 (108/II).

[1491] RGm 29-out.-2003 (Manso Rainho), CJ XXVIII (2003) 4, 284-286 (285/II).

§44.º Os critérios de decisão 439

– *STJ 15-jan.-2004*: numa colisão entre o direito ao repouso e ao ambiente de vida humana, sadio e equilibrado e o direito à atividade económica inerente ao funcionamento de uma vacaria, o direito ao repouso "... sairá privilegiado ..." não se podendo, todavia, sacrificar radicalmente os direitos materiais – artigo 335.º/2; adotou-se, assim, uma conciliação complexa, com suspensão de atividade até obras adequadas de isolamento, na vacaria, abaixamento do número de cabeças de gado, não execução de trabalhos ruidosos de noite e até às 7 horas da madrugada e pagamento de uma indemnização[1492];

– *RCb 19-fev.-2004*: um andar habitacional sobre um supermercado origina uma colisão entre o direito ao repouso e à tranquilidade e os direitos de natureza económica; o direito à vida é superior; todavia, apenas em concreto é possível conciliar tais direitos, na base de princípios de proporcionalidade e de razoabilidade; assim, compete à dona do supermercado propor medidas de isolamento e outras, tendentes à coexistência dos direitos em presença[1493].

– *STJ 26-fev.-2004*: um conflito entre a liberdade de informação e o direito à honra, ao bom nome e à reserva de intimidade privada, causado por notícias falsas alusivas a adultério: a dignidade humana leva à prevalência do direito à honra, não havendo circunstância que legitimasse tal conduta; foi arbitrada uma indemnização de 24.939,99 euros[1494];

– *STJ 27-mai.-2004*: o artigo 335.º é, aqui, usado a propósito de deveres incompatíveis:

> Existindo colisão de deveres que recaiam sobre a mesma pessoa, caberá ao agente dar prevalência ao mais importante.

> Mas recorda que o cumprimento de dever incompatível só justifica a inobservância do dever preterido se o próprio agente não tiver dado azo à impossibilidade de satisfazer ambos[1495];

– *RCb 7-jul.-2004*: num conflito entre direitos de personalidade e o direito de propriedade e de trabalho, resultante da instalação de uma vacaria: apenas em *ultima ratio* haveria que proceder ao sacrifício de um deles, havendo que respeitar a "proporcionalidade" e a "razoabilidade"; ora uma

---

[1492] STJ 15-jan.-2004 (Ferreira Girão), CJ/Supremo XII (2004) 1, 23-26 (24/I e II e 25/I).

[1493] RCb 19-fev.-2004 (Paulo Távora Vítor), CJ XXIX (2004) 1, 34-37 (35/I e II).

[1494] STJ 26-fev.-2004 (Araújo Barros), CJ/Supremo XII (2004) 1, 74-80 (78/I e II e 80).

[1495] STJ 27-mai.-2004 (Azevedo Ramos), CJ/Supremo XII (2004) 2, 71-74 (73/I).

440 *A colisão de direitos*

vez que os proprietários apenas passam, por ano, duas a três semanas na casa, não se justificaria a medida drástica de mandar fechar a vacaria[1496];

– *STJ 28-out.-2008*: o direito ao ambiente e à qualidade de vida prevalece sobre o direito de tapagem[1497]

– *RPt 12-nov.-2008*: num conflito entre direitos de personalidade e a propriedade, este só cede na medida do necessário[1498];

– *STJ 17-dez.-2009*: o direito de liberdade de imprensa não permite atentar contra a reserva de intimidade da vida privada[1499];

– *STJ 19-out.-2010*: o direito à integridade física e moral prevalece sobre o interesse público à realização de certas obras, ainda que reconhecido[1500];

– *RPt 10-out.-2011*: o direito à tapagem pode ceder perante o direito à insolação, à luz e ao calor do Sol[1501];

– *RLx 19-jan.-2012*: colisão entre a liberdade de imprensa e a reserva da intimidade da vida privada[1502];

– *RPt 28-mar.-2012*: o direito à saúde prevalece sobre a propriedade privada a qual, todavia, só cede na medida do necessário[1503];

– *RGm 26-abr.-2012*: os direitos de personalidade, neles se incluindo o direito ao repouso, descanso e tranquilidade devem prevalecer, em caso de conflito, entre estes e direitos de natureza económica, designadamente ligados a atividades de natureza comercial ou industrial[1504];

– *STJ 24-mai.-2012*: o direito à identidade pessoal prevalece sobre os direitos de personalidade relativos ao respeito pelos mortos; assim, é possível exumar um cadáver, para proceder a exames de ADN, no âmbito de uma ação de filiação[1505];

– *RCb 13-nov.-2012*: na colisão de direitos, a sua compressão recíproca ou cedência de um deles apenas é de decretar se se provar não ser possível o respetivo exercício simultâneo e integral[1506];

[1496] RCb 7-jul.-2004 (Cardoso Albuquerque), CJ XXIX (2004) 3, 38-40 (39-40).

[1497] STJ 28-out.-2008 (Sebastião Póvoas), Proc. 08A3005, com importante anotação de Pedro de Albuquerque, ROA 2009, 377-396.

[1498] RPt 12-nov.-2008 (Caimoto Jácome), Proc. 0856156.

[1499] STJ 17-dez.-2009 (Oliveira Rocha), Proc. 4822/06.

[1500] STJ 19-out.-2010 (Alves Velho), Proc. 565/1999.

[1501] RPt 10-out.-2011 (Maria Adelaide Domingos), Proc. 10054/07. Em RPt 27-out.--2011 (Maria Amália Santos), Proc. 91/05, uma situação paralela foi resolvida com recurso ao abuso do direito.

[1502] RLx 19-jan.-2012 (Fátima Galante), Proc. 1769/11.

[1503] RPt 28-mar.-2012 (Ondina Carmo Alves), Proc. 140/08.

[1504] RGm 26-abr.-2012 (Amílcar Andrade), Proc. 3707/07.

[1505] STJ 24-mai.-2012 (Serra Baptista), Proc. 69/09.

[1506] RCb 13-nov.-2012 (Carlos Moreira), Proc. 470/10.

§ 44.º Os critérios de decisão   441

– *STJ 15-nov.-2012*: com referência a determinadas águas, o direito do proprietário prevalece sobre os direitos de pescadores estranhos[1507];

– *RLx 21-mar.-2013*: entre o direito do locatário ao gozo integral da coisa e o interesse geral do planeamento urbano, prevalece o último[1508];

– *STJ 2-dez.-2013*: o direito à saúde e ao repouso prevalece sobre o de colocação de linhas elétricas a curta distância do prédio[1509];

– *STJ 2-dez.-2013*: os direitos em colisão com a liberdade de expressão só podem prevalecer sobre este na medida em que a própria Constituição os consagre[1510]; uma saída formalmente correta, desde que se possam, da Constituição, tirar os competentes desenvolvimentos;

– *STJ 20-mar.-2014*: o direito ao sigilo bancário não pode fazer perigar outros direitos fundamentais[1511];

– *RPt 8-mai.-2014*: peticionado, pelos autores, o fecho de um estabelecimento por perturbar o seu direito ao sossego, cabe aos réus invocar e provar a sua disponibilidade para obras de isolamento[1512];

– *RLx 17-mar.-2015*: num conflito entre o direito à honra (um dirigente desportivo acusado de um "calote") e o direito à liberdade de informação, deve prevalecer o primeiro, no caso concreto[1513];

– *RPt 8-jul.-2015*: equaciona um conflito entre o direito ao repouso e à vida familiar com o direito de exploração de um estabelecimento comercial, com produção alimentar[1514];

– *RGm 3-mar.-2016*: um vizinho pretende construir uma vedação, para defender a sua intimidade privada; o outro invoca o direito à saúde e à insolação; o tribunal arbitra uma altura razoável (1,80 m) para a vedação, que permita compatibilizar os direitos em colisão[1515];

– *RGm 15-mar.-2016*: uma decisão similar[1516];

– *RLx 7-abr.-2016*: concilia o direito ao repouso com as lições de piano da vizinha, fixando um número máximo de horas diárias (duas) e proibindo a aprendiz de acompanhar o piano com pancadas dadas no soalho com os pés[1517];

[1507] STJ 15-nov.-2012 (Orlando Afonso), Proc. 279/07.
[1508] RLx 21-mar.-2013 (Ezagüy Martins), Proc. 802/07.
[1509] STJ 2-dez.-2013 (Bettencourt de Faria), Proc. 110/2000.
[1510] STJ 2-dez.-2013 (Paulo Sá), Proc. 1667/08.
[1511] STJ 20-mar.-2014 (Rui da Ponte Gomes), Proc. 2505/09.
[1512] RPt 8-mai.-2014 (José Manuel de Araújo Barros), Proc. 169/07.
[1513] RLx 17-mar.-2015 (Orlando Nascimento), Proc. 755/13.
[1514] RPt 8-jul.-2015 (Fernando Samões), Proc. 912/14.
[1515] RGm 3-mar.-2016 (Miguel Baldaia Morais), Proc. 593/11.
[1516] RGm 15-mar.-2016 (Helena Melo), Proc. 331/16.8.
[1517] RLx 7-abr.-2016 (Maria Manuela Gomes), Proc. 7091/10.4.

442   *A colisão de direitos*

– *STJ 29-jun.-2017*: num conflito entre o direito ao exercício da iniciativa privada (estabelecimento noturno) e o direito ao sossego do vizinho, prevalece este último[1518];

– *STJ 13-jul.-2017*: entre a honra e o bom nome e a liberdade de imprensa não se pode decidir em abstrato; no caso concreto, estando em causa uma figura pública que sempre publicitou a sua vida privada, prevalece a segunda[1519].

174. Tendências gerais

I. Como se vê, as decisões judiciais sobre a matéria concentram-se, essencialmente, nos seguintes eixos:

– colisões entre o direito à saúde e ao repouso e os direitos de propriedade e iniciativa económica;

– colisões entre o direito ao bom nome e à intimidade da vida privada e a liberdade de expressão.

No primeiro caso prevalece o direito à saúde e ao repouso; no segundo, o direito ao bom nome e à intimidade. Surge como uma opção clara, que corresponde à sensibilidade consensualmente dominante, nos nossos dias, devidamente interpretada pelos tribunais.

II. Trata-se, apenas, de uma solução de princípio. Algumas decisões explicitam que essa produção deve passar, em concreto, por uma ponderação com vista a compatibilizar, à luz da proporcionalidade, os direitos em presença. Digamos que se transferiu, para aqui, alguma da clássica problemática do abuso do direito.

Curiosamente, este fenómeno aparece-nos documentado no falhado *Tratado que estabelece uma Constituição para a Europa*. O seu artigo II-114.º, inserido na parte relativa aos direitos fundamentais da União, sob a sugestiva epígrafe *Proibição de abuso de direito*, vinha determinar:

Nenhuma disposição da presente Carta deve ser interpretada no sentido de implicar qualquer direito de exercer atividades ou praticar atos

---

[1518] STJ 29-jun.-2017 (Lopes do Rego), Proc. 117/13.1.
[1519] STJ 13-jul.-2017 (Lopes do Rego), Proc. 1405/07 (caso Santana Lopes).

§44.º Os critérios de decisão 443

que visem a destruição dos direitos ou liberdades por ela reconhecidos ou restrições desses direitos ou liberdades maiores do que as previstas na presente Carta.

Na realidade, estaria em causa um tema de colisão de direitos. A epígrafe abuso do direito não tinha nada a ver com essa figura, nas dogmáticas europeias mais conhecidas, principalmente a alemã e a francesa: malhas da legislação comunitária.

A compatibilização é, por vezes, prosseguida através de esquemas distintos.

III. Sob as diversas decisões que dão primazia aos direitos mais diretamente ligados à dignidade humana – o direito ao repouso e o direito ao bom nome – esconde-se outra realidade, que consideramos de relevo: a primazia dos direitos mais antigos.

De facto, as decisões examinadas relatam, invariavelmente, situações de pessoas que estavam tranquilas e que, de modo superveniente, vêm a ser perturbadas no seu sossego ou na sua honra. Vimos como, tradicionalmente, este critério era importante, para dirimir colisões de direitos. Ainda que sob criptojustificações, essa importância mantém-se.

E a propósito da "compatibilização" razoável, a nossa jurisprudência valida os critérios do menor prejuízo.

IV. Por fim: os critérios da colisão de direitos são úteis para enfrentar outras situações de concurso. Desde logo: concursos de princípios, como sucede, por exemplo, quando está em jogo a liberdade de expressão e de informação. E sobretudo: conflitos de deveres. Trata-se de um tema que, pertencendo embora ao Direito das obrigações, encontra a sua solução à luz do artigo 335.º [1520].

No Direito penal, o conflito de deveres é objeto de uma previsão específica. Assim, segundo o artigo 36.º do Código Penal:

1. Não é ilícito o facto de quem, em caso de conflito no cumprimento de deveres jurídicos ou de ordens legítimas da autoridade, satisfazer dever ou ordem de valor igual ou superior ao do dever ou ordem que sacrificar.

[1520] *Direito das obrigações*, 2, 363-364.

444   *A colisão de direitos*

2. O dever de obediência hierárquica cessa quando conduzir à prática de um crime.

A ideia de "valor igual" ou "superior" implica uma ponderação com pontos evidentes de contacto com a do artigo 335.º/2. Todavia, no Direito penal, tal ponderação é mais marcadamente valorativa, pela natureza das coisas.

CAPÍTULO VI

A TUTELA PRIVADA

SECÇÃO I

A SISTEMÁTICA CIVIL

§ 45.º ASPETOS GERAIS E RAZÃO DE ORDEM

175. A sistemática do Código Vaz Serra

I. O sistema do Código Civil inseriu, a concluir a parte geral e, dentro desta, no título relativo às relações jurídicas, um subtítulo IV: do exercício e tutela dos direitos. Nesse subtítulo, e em capítulo sobre disposições gerais, o Código trata, sucessivamente, os já estudados abuso do direito (334.º) e colisão de direitos (335.º). Seria de esperar que passasse ao tema da tutela dos direitos. Porém, apenas encontramos, aí, matéria relativa à tutela privada[1521]. A saber e pela ordem do Código:

– ação direta (336.º e 338.º);
– legítima defesa (337.º e 338.º);
– estado de necessidade (340.º).

Obedecendo a uma lógica aparentemente diferente, temos ainda o artigo 341.º, sobre o consentimento do lesado.

II. Estamos numa área de cruzamento de coordenadas sistematizadoras. As três situações de tutela privada, acima referidas, tornam-se espe-

---

[1521] Sobre este tema, ainda hoje é fundamental a monografia clássica de Fernando Pessoa Jorge, *Ensaio sobre os pressupostos da responsabilidade civil* (1968, reimp. 1992 e 1995), 209 ss..

446 *A tutela privada*

cialmente relevantes na responsabilidade civil. Na verdade, a pessoa que aja em autotutela, dentro dos condicionamentos legais, pode provocar danos que, de outro modo, a responsabilizariam. Fala-se, a tal propósito, em "causas de justificação": factos que delimitam negativamente a ilicitude, tornando lícitos atos que, de outro modo, o não seriam. E por isso, a presente matéria tende a ser estudada em Direito das obrigações[1522]. Podemos, desde já, ir mais longe. A atuação em legítima defesa – figura matriz das demais "causas de justificação" – permite justificar condutas que, de outra forma, redundariam na prática de crimes. A legítima defesa tem, deste modo, um relevo muito grande no Direito penal, dada, para mais, a delicadeza dos bens em jogo. A Ciência jurídico-penal tem realizado aprofundamentos fundamentais, nesse domínio.

III. Os relatados vetores estavam claros no Código de Seabra. A *justa defeza* aparecia nos artigos 2367.º e seguintes, a abrir um título relativo à "responsabilidade civil conexa com a responsabilidade criminal".

No entanto, o Código Vaz Serra optou por inserir a matéria na parte geral, sem ligações com a responsabilidade civil. Em termos teóricos, esta ordenação faz sentido: a legítima defesa, o estado de necessidade e a ação direta correspondem a formas gerais de exercício de direitos. Podem ocorrer – ou não – em cenários de responsabilidade civil ou, até, de relevância penal. Acrescentamos mesmo que uma análise genérica destes temas clássicos, sem o permanente entrave da relevância sancionatória, civil ou penal, poderá iluminar alguns pontos.

Todavia, fica bem claro que as inserções históricas, dogmáticas e funcionais das três formas de tutela privada referidas se encontram no Direito da responsabilidade civil e, sobretudo, no Direito penal. Essa filiação é tão forte que o artigo 341.º veio versar o tema do consentimento do lesado: matéria que se prende com as causas de justificação e, não já, com a (auto) tutela dos Direitos. Estamos perante uma distorção sistemática que se explica pelas aludidas filiações.

O subtítulo IV relativo ao exercício e tutela dos direitos corresponde, em termos sistemáticos, ao IV livro da parte geral de Andreas von Tuhr[1523].

[1522] *Direito das obrigações* 2, 355 ss..

[1523] Andreas von Tuhr, *Der Allgemeine Teil des Deutschen Bürgerlichen Rechts* 2/2 (1918), §§ 92.º ss. (545 ss.).

§45.º Aspetos gerais e razão de ordem

No III livro, von Tuhr tratara (tal como o Código português), o tempo[1524]. Passando ao IV livro, precisamente intitulado "exercício e tutela de direitos", von Tuhr vem versar[1525]:

§ 92 o exercício;
§ 93 os limites;
§ 94 ordenação e colisão;
§ 95 legítima defesa;
§ 96 ação direta;
§ 97 estado de necessidade.

A correspondência é demasiado flagrante para ser fruto do acaso[1526]. O então Ministro Antunes Varela ordenou pois a lei portuguesa de acordo com o índice do *Allgemeiner Teil* do velho civilista von Tuhr: sortilégios das receções. Resta acrescentar que esta ordenação não é a do Código alemão[1527], nem foi acolhida nos civilistas subsequentes. Ela acabaria por ter alguma influência no Código brasileiro de 2002. Aí – artigos 186.º a 188.º – a propósito dos atos ilícitos, depois do princípio geral (186.º) refere-se, efetivamente, o abuso do direito (187.º) e, como delimitação negativa, a legítima defesa e o estado de necessidade (188.º). A matéria está substancializada.

176. A tutela dos direitos

I. O subtítulo IV, pela sua epígrafe, deveria ocupar-se da tutela dos direitos. O modelo poderia ter sido o Código italiano, cujo livro VI versa, precisamente, a tutela dos direitos. Trata, a tal propósito:

I – O registo (2643.º a 2696.º);
II – As provas (2697.º a 2739.º);
III – A responsabilidade patrimonial (2740.º a 2906.º);
IV – A tutela jurisdicional (2907.º a 2933.º);
V – A prescrição e a caducidade (2934.º a 2969.º).

[1524] *Idem*, §§ 90-91 (497 ss.).

[1525] *Idem*, 545 a 559.

[1526] Não conhecemos preparatórios que ilustrem tal opção; ela não correspondia aos anteprojetos de Vaz Serra.

[1527] Klaus Schreiber, *Die Rechtsfertigungsgründe des BGB*, Jura 1997, 29-36, para uma panorâmica geral.

448   *A tutela privada*

De toda essa matéria, o Código Vaz Serra, para além do título, só reteve as provas. É certo que a sistemática italiana se presta a perplexidades[1528]: reúne institutos que, pela natureza das coisas, acabam por ser objeto de distintas disciplinas. Mas a opção de 1966 também não parece ideal: limita-se às provas, quando a tutela dos direitos vai, seguramente, muito além. No fundo, uma ideia autónoma de tutela exigiria uma arrumação racional da matéria civil. Domina, porém, a dimensão histórico-cultural, que força uma ordenação diversa. O Código acabou por não satisfazer nenhuma das opções dando, porém, mais relevo à tradição.

II. No meio destas controvérsias inserem-se a legítima defesa e as demais formas de tutela privada. Desta feita contra a tradição: mantendo como referencial o Código italiano, verificamos dominar a vertente funcional. A legítima defesa (2044.º) e o estado de necessidade (2045.º) surgem, aí, no título relativo aos factos ilícitos.

Cumpre-nos, agora, tirar o maior partido do nosso Código: proveniente, como vimos, da arrumação de von Tuhr.

III. Em sentido amplo, podemos considerar a tutela dos direitos como o conjunto dos institutos destinados a prevenir, a conter e a remediar a violação de direitos subjetivos ou, mais latamente, de posições jurídicas reconhecidas pelo ordenamento. Trata-se de uma matéria surgida ao longo da História, sem unidade dogmática e estreitamente ligada às diversas disciplinas. Provavelmente a área mais generalizável será, precisamente, a responsabilidade civil. Todavia, razões de absorção estrutural ligadas ao dever de indemnizar levam a que toda essa temática seja versada no Direito das obrigações.

177. A tutela privada

I. A tutela privada será a defesa dos direitos conduzida pelos particulares, nessa qualidade. Em sentido amplo, a tutela privada abrange:

– iniciativas levadas a cabo no âmbito da liberdade pessoal do próprio;

[1528] *Vide* Adolfo di Majo, *La tutela civile dei diritti*, 4.ª ed. (2003), 8 ss.; este Autor acaba por estudar ações, tutela possessória e responsabilidade civil.

§45.º Aspetos gerais e razão de ordem

– atuações no círculo da autonomia privada ou de direitos subjetivos;
– exercício do direito de queixa e outras iniciativas de tipo administrativo;
– exercício do direito de ação judicial;
– tutela privada em sentido estrito.

Procurando defender os seus direitos, os particulares movem-se, em primeira linha, no campo da sua liberdade pessoal. Nessa linha, podemos conceber a participação em campanhas moralizadoras, em iniciativas cívicas, em ações publicitárias ou, muito simplesmente: o exercício de atuações persuasivas, junto de devedores, de vizinhos ou de outros potenciais prevaricadores, para que cumpram os deveres respetivos. Deve assinalar-se que estes meios genéricos são, no dia-a-dia, muito eficazes; pessoas colocadas em situações sensíveis abstêm-se de violar direitos subjetivos depois de prevenidas da sua existência ou do risco de violação.

II. No âmbito da autonomia privada ou de direitos subjetivos, surgem possíveis medidas materiais ou jurídicas de defesa: no primeiro caso teremos, por exemplo, a construção de um muro, a colocação de grades nas janelas ou a instalação de um alarme; no segundo, a contratação de um guarda ou de uma empresa de segurança.

Ainda neste campo, podemos distinguir atuações internas – p. ex., a celebração de um seguro adequado.

III. O exercício do direito de queixa – p. ex., ao Ministério Público, para eventual exercício da ação penal – ou outras iniciativas similares, de tipo administrativo – p. ex., às autoridades policiais –, traduz já uma passagem para a heterotutela. A partir da queixa, o Estado poderá chamar a si a tutela dos direitos em perigo.

A dimensão privada residirá, apenas, na iniciativa da queixa.

IV. O passo seguinte reside no exercício do direito de ação judicial. Desta feita, o particular interessado coloca o tema da defesa na sede própria para a definitiva tomada de decisões de proteção. A proteção conseguida será a típica tutela pública: o Tribunal fixará os factos e aplicará, soberanamente, o Direito. A autonomia reside, apenas, na iniciativa do particular de colocar o tema em juízo.

Na generalidade dos casos, apenas por via judicial se torna possível deter uma violação de direitos, iminente ou em curso ou, depois de con-

450 *A tutela privada*

sumada, obter as competentes medidas reparadoras. Pelo seguinte: a este nível, a defesa dos direitos vai, fatalmente, implicar um atentado aos direitos ou à liberdade do próprio prevaricador. Chegados a este plano: apenas uma entidade terceira, totalmente isenta e dotada de poderes de soberania, poderá tomar tão grave decisão – e isso, naturalmente, depois de, ouvidos os interessados e utilizadas todas as provas, se convencer da necessidade das medidas pedidas e da sua competente justificação legal.

V. Por fim: a tutela privada em sentido estrito. Guardaremos essa locução para cobrir os institutos que permitam, aos particulares, defender diretamente os seus direitos, atuando sobre a liberdade ou os direitos de terceiros, sem passar seja pelas autoridades competentes, seja pelo próprio Tribunal. Seria possível recorrer à designação "autotutela". Mas com um inconveniente: a tutela privada pode ser usada para a defesa do próprio ou de terceiros. Neste último caso, ela continuará a ser privada: mas é exterior[1529].

178. Cautelas jurídico-científicas; o papel da legítima defesa

I. A tutela privada em sentido próprio ou estrito não é, em princípio, consentida pelo Direito. Lapidar, o artigo 1.º do Código de Processo Civil, precisamente epigrafado "proibição de autodefesa", dispõe:

> A ninguém é lícito o recurso à força com o fim de realizar ou assegurar o próprio direito, salvo nos casos e dentro dos limites declarados na lei.

Compreende-se: a autotutela não garante a solução justa: apenas a do mais forte. A Humanidade criou o Direito justamente para permitir o predomínio da Justiça: não o da natureza. A legítima defesa recorta-se, assim, num pano de fundo constituído pelo monopólio do poder, por parte do Estado[1530].

[1529] Pessoa Jorge, *Ensaio sobre os pressupostos* cit., 211, nota 182.

[1530] Alexander Josef Hummler, *Staatliches Gewaltmonopol und Notwehr/Grenzverschiebungen in Rechtsprechung und Literatur* (1998), 6 e 12 ss., acompanhando a evolução da legítima defesa desde 1871.

§45.º Aspetos gerais e razão de ordem

II. Enunciado o princípio, logo se vê que ele deverá comportar exceções: ocorrências marcantes a tanto conduzem. A pessoa vítima de assalto não pode recorrer à tutela do Estado. Podendo, defender-se-á: o Tribunal sancionará, *a posteriori*, a sua conduta. Iniciativas deste tipo terão, todavia, de obedecer a requisitos: ou será uma porta de entrada para a autodefesa que o Direito contraria, desde o início da Humanidade.

Os casos reais de tutela privada são muito reduzidos: mas a possibilidade da sua ocorrência é importante, na paz e no equilíbrio sociais. O facto de uma pessoa, isolada ou em grupo, se poder defender de qualquer agressão tem, só por si, um papel dissuasivo. Os assaltantes optam, na generalidade, por molestar crianças não acompanhadas.

Estamos perante institutos nucleares. Além disso, eles dão corpo a delicados conflitos de valores, com um especial relevo jurídico-científico.

III. Dentro das três modalidades de tutela privada – pela ordem da lei: ação direta, legítima defesa e estado de necessidade – a legítima defesa ocupa um papel emblemático[1531]. Trata-se, efetivamente, da forma mais antiga e mais evidente de autotutela. Foi em seu torno que se teceram as dúvidas e as polémicas que merecem, há milénios, a atenção da Ciência do Direito. Por ela iremos começar. Seguir-se-ão, pela ordem histórica e jurídico-científica, o estado de necessidade e a ação direta.

Finalmente, será referido o consentimento do ofendido: figura estranha já à autotutela e aqui presente por um fenómeno de absorção funcional: uma causa de justificação de ilicitude, lado a lado com os clássicos legítima defesa, estado de necessidade e ação direta.

[1531] É, ainda, sobre a legítima defesa que recaem os estudos comparatísticos; *vide* Frank Wittmann, *Grundlinien und Grenzen der Notwehr in Europa* (1997), analisando quinze experiências europeias.

SECÇÃO II

A LEGÍTIMA DEFESA

§ 46.º A JUSTIFICAÇÃO DA LEGÍTIMA DEFESA

179. Ideia geral e evolução

I. O artigo 337.º/1, sob uma fórmula complexa, faculta uma noção de legítima defesa. Diz esse preceito:

> Considera-se justificado o ato destinado a afastar qualquer agressão atual e contrária à lei contra a pessoa ou património do agente ou de terceiro, desde que não seja possível fazê-lo pelos meios normais e o prejuízo causado pelo ato não seja manifestamente superior ao que pode resultar da agressão.

O preceito indica os requisitos de legítima defesa civil. Além disso, ele pauta-se pelo prisma das causas de justificação e isso apesar de, sistematicamente, nada ter a ver com a responsabilidade civil. Feitos estes descontos, fica-nos o núcleo da legítima defesa: *o ato destinado a afastar qualquer agressão atual e contrária à lei.*

Cumpre reter outras formulações próprias do nosso ordenamento. Assim, segundo o artigo 2367.º do Código de Seabra:

> Aquelle, que fôr aggredido por outro com violencias, que possam lesar os seus direitos primitivos, ou esbulhal-o do gôso de seus direitos adquiridos, ou perturbal-o por qualquer fórma n'esse gôso, é auctorisado a repellir a força com a força, comtanto que não ultrapasse os limites da justa defesa.

O núcleo da noção residia em *repelir a força com a força*[1532].

[1532] Guilherme Moreira, *Instituições de Direito civil* cit., 1, 640.

§46.º A justificação da legítima defesa 453

Finalmente, temos a noção do Código Penal vigente, no seu artigo 32.º:

Constitui legítima defesa o facto praticado como meio necessário para repelir a agressão atual e ilícita de interesses juridicamente protegidos do agente ou de terceiro.

Uma fórmula claramente mais elegante do que a do artigo 337.º/1.

II. A justificação da legítima defesa dá corpo a um capítulo tradicional da Ciência do Direito.

A legítima defesa era conhecida pelo Direito romano: com um certo grau de generalidade, ainda que em termos não técnicos[1533]. Cícero explicava que, segundo a própria razão, a natureza prescreve que os bárbaros, os gentios e as feras possam sempre resistir à força[1534].

Ulpiano, por seu turno, exprimia-se nestes termos[1535]:

(...) pois dizia (Pompónio) é lícito repelir a força com a força: apenas se sujeita ao que ele próprio já fez

acrescentando noutro troço[1536]:

Cassio escreveu que é lícito repelir a força com a força, tal como advém do Direito natural.

Podemos considerar que, no Direito romano, a legítima defesa aparecia como algo de natural, imediatamente percetível e sem necessidade de apontar especiais requisitos ou condicionamentos.

III. A matéria da legítima defesa tornou-se mais complexa com o Cristianismo[1537]. À partida, o Antigo Testamento conservava as regras tra-

---

[1533] Andreas Wacke, *Notwehr und Notstand bei der aquilischen Haftung/Dogmengeschichtliches über Selbstverteidigung und Aufopferung*, SZRom 106 (1989), 469-501 (471); Hans-Peter Haferkamp, no HKK/BGB cit., I, §§ 226-231, Nr. 22 (1059-1060).

[1534] Cícero, *Pro T. Amnio Milone Oratio*, 11 = M. Tulli Ciceronis Orationes, ed. Albert C. Clark, reimp., vol. II (1952), s/ ind. p..

[1535] Ulpiano, D. 4.2.12.1 = Mommsen/Kruger, 16.ª ed. I (1954), 81/I (*nam cum liceat, inquit, vim vi repellere, quod fecit passus est*) – Otto Behrends e outros, *Corpus Iuris Civilis* II – *Digesten 1-10* (1995), 350.

[1536] Ulpiano, D. 43.16.1.27 = Mommsen/Kruger cit., 16.ª ed. I, 736/II.

[1537] Sobre a evolução da legítima defesa no Cristianismo: Franz Josef Schreiber, *Die Beurteilung der Notwehr in der Christlichen Literatur zwischen dem 4. und 12. Jh.* (1966), 8 ss. e 15 ss.; *vide* Andreas Wacker, *Notwehr und Notstand* cit., 477.

454   *A tutela privada*

dicionais, inscritas no espírito humano, ainda que com uma justificação transcendental. Assim:

> Quem derramar o sangue do homem, terá o seu próprio sangue derramado por outro homem. Porque o homem foi feito à imagem de Deus[1538].

A legítima defesa estendia-se à defesa da propriedade:

> Se um ladrão for surpreendido a arrombar uma casa, for ferido e morrer, não existe homicídio culposo[1539].

Tudo muda nos Evangelhos. Por exemplo:

> Ouviste o que foi dito: "olho por olho e dente por dente!" Eu (Jesus Cristo) porém, digo-vos: não vos vingueis de quem vos fez mal. Pelo contrário: se alguém te bater na face direita, oferece-lhe também a esquerda![1540].

Uma vez instalado, o Cristianismo perde a feição pacifista pregada por Jesus Cristo. De resto e em rigor, o Evangelho proíbe a vingança: mas não determina que as pessoas se coloquem à mercê de agressores. De todo o modo, o Cristianismo subsequente manteve sempre cautelas formais e de fundo quanto ao emprego da violência. S. Agostinho (354-430) admitia a legítima defesa: mas apenas para salvar a própria vida[1541]. O desafio subsequente, particularmente após a receção do Direito romano, residiu em conciliar a legítima defesa com uma regra básica da não-violência.

IV. No Direito canónico, com expresso apelo ao Direito natural, admitia-se a força para repelir a violência[1542]. Deu-se, deste modo, uma

---

[1538] Génesis, 9, 6.

[1539] Êxodo, 22, 1.

[1540] S. Mateus, 5, 38.

[1541] Franz Josef Schreiber, *Die Beurteilung der Notwehr in der Christlichen Literatur* cit., 34-35.

[1542] Segundo o Decreto de Gratiano, aqui citado *apud* Robert Haas, *Notwehr und Nothilfe/Zum Prinzip der Abwehr rechtswidriger Angriffe/Geschichtliche Entwicklung und heutige Problematik* (1978), 41.

§46.º A justificação da legítima defesa

conciliação entre a legítima defesa e o pensamento cristão[1543], sendo o tema desenvolvido pelos comentadores[1544].

O Direito natural do iluminismo – correspondente, aliás, a um período histórico de guerras e de violências – reforçou as bases da legítima defesa. Hugo Grotius (1583-1645) exprimia-se nestes termos:

> cada um é, pela natureza, o protetor de si próprio: para isso nos foram dadas as mãos[1545].

Thomas Hobbes (1588-1679) não apresentou uma teoria da legítima defesa; admitia-a, porém, outro tanto sucedendo com John Locke (1632-1704) e com Samuel Pufendorf (1632-1694), mais próximo de Grotius[1546]. Porventura um tanto em reação contra tais aberturas, Kant deixa uma margem escassa para a legítima defesa, que nem refere. Lidamos, aqui, com uma ordem jurídica radicada numa ideia de liberdade individual, sob o império da lei moral[1547]. Também Hegel não refere a legítima defesa: fá-lo-iam os hegelianos, na base do sistema por ele firmado[1548]. Desta feita, trabalhamos com um Direito abstrato e supraindividual[1549]: o fundamento da legítima defesa estaria, então, em que o Direito não deve nunca ceder perante o ilícito; o agente estaria a defender não só a sua própria posição mas, ainda, o interesse da comunidade na manutenção do Direito objetivo[1550].

Muito referido[1551], Berner vem, nessa base, desenhar uma legítima defesa muito extensa: "O Direito não deve vergar-se ao ilícito. Porque este

---

[1543] Haas, *Notwehr und Nothilfe* cit., 42.

[1544] *Idem*, 49 ss..

[1545] Hugo Grotius, *De jure belli ac pacis libri tres* (ed. 1758), Livro I, Cap. V, I (408, a propósito da licitude da guerra).

[1546] Haas, *Notwehr und Nothilfe* cit., 75 ss., 79 ss. e 82 ss., respetivamente.

[1547] Haas, *Notwehr und Nothilfe* cit., 96; *vide* Dimitros Kioupis, *Notwehr und Einwilligung/Eine individualistische Begründung* (1992), 16 ss..

[1548] Haas, *Notwehr und Nothilfe* cit., 109 ss. e 113 ss..

[1549] Kioupis, *Notwehr und Einwilligung*, loc. cit..

[1550] Jorge de Figueiredo Dias, *Direito penal/Parte geral* I (2004), 381, com indicações.

[1551] Assim, Américo Taipa de Carvalho, *A legítima defesa/Da fundamentação teorético-normativa e preventivo-geral e especial à redefinição dogmática* (1994), 10 e Figueiredo Dias, *Direito penal* cit., 381.

456 *A tutela privada*

aniquila o Direito, assim deve o Direito afirmar-se energicamente contra ele"[1552].

180. O dilema: eficácia ou proporcionalidade

I. A discussão sobre o fundamento da legítima defesa tem consequências no plano do regime. Em traços muito largos, podemos considerar que uma conceção de tipo neo-hegeliano que veja, na legítima defesa, um instituto destinado a precaver a ordem jurídica contra qualquer violação irá privilegiar uma autotutela eficaz: o agente poderá, por todos os meios, mesmo os mais radicais, repelir qualquer atentado de que seja alvo. Já uma construção baseada nas liberdades individuais de cada um apelará para uma proporcionalidade de meios: não pode o agente, em legítima defesa, para defender os seus bens, sacrificar valores manifestamente superiores.

II. Esta contraposição conheceu, entre nós, interessantes tomadas de posição de Maria Fernanda Palma[1553] e de Américo Taipa de Carvalho[1554]. Para a primeira, teríamos na legítima defesa um tema de delimitação dos direitos em presença: não seria possível uma legítima defesa ilimitada que, para defender certos bens comuns, viesse pôr em causa bens qualitativamente superiores[1555]. Já o segundo considera haver injustiça no impor ao agredido por um agressor doloso, uma limitação da sua liberdade de estar ou de defesa dos seus bens[1556]. Figueiredo Dias aponta os extremos a que tais conceções podem dar lugar: a de Fernanda Palma, (mais) proporcional, por nivelar as posições dos intervenientes, quando um deles atua ilicitamente;

[1552] Albert Friedrich Berner, *Lehrbuch des deutschen Strafrechtes*, 1.ª ed. (1857), § 86 (129); na 18.ª ed. (1898, reimp., 1986), § 58 (107), essa mesma afirmação surge menos veemente.

[1553] Maria Fernanda Palma, *A justificação por legítima defesa como problema de delimitação de direitos* (1990), 866 pp., com conclusões gerais (831 ss. e em especial, 833 ss.). Dessa Autora, *vide*, também, *Direito penal/Parte geral/A teoria da infração como teoria da decisão penal* (2013), 249 ss..

[1554] Américo Taipa de Carvalho, *A legítima defesa* cit. (1994). Um resumo da posição destes dois Autores pode ser confrontado em Figueiredo Dias, *Direito penal* cit., 383.

[1555] Fernanda Palma, *A justificação por legítima defesa* cit., 441 ss..

[1556] Taipa de Carvalho, *A legítima defesa* cit., *maxime* 434.

§ 46.° A justificação da legítima defesa 457

a de Taipa de Carvalho por não atender à relatividade que sempre assume a ilicitude[1557].

III. A moderna penalística procura uma síntese entre os dois termos, apresentados como supraindividualistas e individualistas, respetivamente[1558]. Surge, assim, a fórmula configurada entre nós por Figueiredo Dias, segundo a qual a legítima defesa visa a "preservação do Direito na pessoa do agredido"[1559]. Chega-se à ideia de que não está em jogo nem uma construção puramente individualista, nem uma leitura supraindividual, mas antes: a uma ideia intersubjetiva[1560].

Podemos tomar este ponto como base para as reflexões subsequentes. Se a legítima defesa assenta, em simultâneo, nos vetores individualista e supraindividual, ela deverá ser especialmente sensível às realidades sociais a que se aplique.

181. O atual momento histórico

I. As sociedades modernas caracterizam-se pela massificação, pelo isolamento das pessoas e por uma violência infelizmente mal contida pelo Estado. Multiplicam-se os assaltos a pessoas e a bens, sendo certo e sabido que as forças policiais só surgem *a posteriori*. Muitas vezes, aliás, os cidadãos optam por nem participar os crimes de que são alvo: a investigação subsequente, quando ocorra, apenas redunda em novos incómodos para a própria vítima. As forças policiais encontram-se numa situação de grave desmotivação, mercê, entre outros aspetos, de uma comunicação social ávida na busca de abusos policiais, mas silenciosa quanto ao sofrimento dos ofendidos. Existe, ainda, numa possível sequela do combate contra o regime do Estado Novo, uma ideia difusa de que é "politicamente correto" criticar as ações policiais.

[1557] Figueiredo Dias, *Direito penal* cit., 383, apresentando, ainda, outras observações a ambos os Autores referidos.

[1558] Kioupis, *Notwehr und Einwilligung* cit., 24 ss. e 44 ss., respetivamente, com críticas a 30 e a 53 e Haas, *Notwehr und Nothilfe* cit., 143 ss. e 171 ss., também respetivamente.

[1559] *Idem*, 382.

[1560] Walter Kargl, *Der intersubjektive Begründung und Begrenzung der Notwehr*, ZStW 110 (1998), 38-68 (55 ss.), retomado e desenvolvido por Figueiredo Dias.

458 *A tutela privada*

II. Nessas condições, cumpre acentuar a vertente supraindividual da legítima defesa. Ao abandonar os cidadãos à sua sorte[1561], o Estado terá, pelo menos, de lhes reconhecer o recurso à autotutela.

Evidentemente: o Direito civil mantém-se como uma área humanista, essencialmente não-violenta. Mas justamente por isso: na presente conjuntura, caber-lhe-á, pelo papel de prevenção geral que a legítima defesa assume, contribuir, através de uma visão supraindividual desse instituto, para colmatar uma grave brecha, no desempenho estadual.

III. Dispomos, ainda, de um fundamento constitucional muito sólido. Segundo o artigo 21.º da Constituição, epigrafado "direito de resistência":

> Todos têm o direito de resistir a qualquer ordem que ofenda os seus direitos, liberdades e garantias e de repelir pela força qualquer agressão, quando não seja possível recorrer à autoridade pública.

Resulta, deste preceito, uma diretriz relevante para todo o ordenamento[1562].

Também a Convenção Europeia dos Direitos do Homem contempla a legítima defesa, pelo menos na melhor opinião[1563]. Assim, segundo o seu artigo 2.º:

> 1. Ninguém poderá ser intencionalmente privado da vida.
> 2. a) Não haverá violação do presente artigo quando a morte resulte do recurso à força, tornado absolutamente necessário para assegurar a defesa de qualquer pessoa contra uma violência ilegal.
> (...)

[1561] Chega, hoje, a reconhecer-se oficialmente a existência de "bairros problemáticos", onde a polícia não pode entrar (!). Tanto basta para justificar o que dizemos, no texto.

[1562] Jorge Miranda/Rui Medeiros, *Constituição portuguesa anotada*, I (2005), 206-208.

[1563] Figueiredo Dias, *Direito penal* cit., 1, 404. Paul Bockelmann, *Menschenrechtskonvention und Notwehrrecht*, FS Engisch (1969), 456-467 e Dieter Medicus/Jens Petersen, *Allgemeiner Teil* cit., 11.ª ed., Nr. 158 (76).

§ 47.º OS PRESSUPOSTOS DA LEGÍTIMA DEFESA

182. A agressão

I. Os pressupostos da legítima defesa estão condensados no artigo 337.º/1, que passamos a transcrever, para efeitos de análise. Dispõe:

> Considera-se justificado o ato destinado a afastar qualquer agressão atual e contrária à lei contra a pessoa ou património do agente ou de terceiro, desde que não seja possível fazê-lo pelos meios normais e o prejuízo causado pelo ato não seja manifestamente superior ao que pode resultar da agressão.

Temos, como pressupostos[1564]:

– uma agressão atual e contrária à lei, contra a pessoa ou património do agente ou de terceiro;
– um ato de defesa necessário;
– o prejuízo causado pelo ato não seja manifestamente superior ao que pode resultar da agressão.

[1564] A doutrina civilista, impressionada pelo desenvolvimento que a matéria alcança no Direito penal, evita aprofundar o tema da legítima defesa. De todo o modo, referimos: Jorge Ribeiro de Faria, *Direito das obrigações* 1 (reimp., 2001), 444-446, João Antunes Varela, *Das obrigações em geral* 1, 10.ª ed. (2000), 555-558, Mário Júlio de Almeida Costa, *Direito das obrigações*, 12.ª ed. (2009), 570-571, Oliveira Ascensão, *O Direito/ Introdução e teoria geral*, 13.ª ed. (2005), 93-95 e Luís Menezes Leitão, *Direito das obrigações* 1, 2.ª ed. (2002), 290-292, 3.ª ed. (2003), 309-311, 4.ª ed. (2005), 290-292 e 10.ª ed. (2013), 277-279. O maior desenvolvimento sobre o tema continua a ser o de Fernando Pessoa Jorge, *Ensaio sobre os pressupostos da responsabilidade civil* cit., 226 ss., tendo ainda interesse os trabalhos preparatórios de Vaz Serra, *Causas justificativas do facto danoso*, BMJ 85 (1959), 13-113 (49 ss.). Na jurisprudência: REv 26-set.-2017 (Carlos Berguete Coelho), Proc. 411/10.3.

460 *A tutela privada*

Com exceção do último dos referidos pressupostos, esta fórmula pode ser considerada semelhante à legítima defesa presente no artigo 32.º do Código Penal.

II. O primeiro requisito é o de uma agressão ou comportamento agressivo. Por definição, deve estar em causa uma conduta humana: nunca um comportamento animal ou um evento natural[1565]. Perante estas duas últimas eventualidades, poder-se-á pôr a hipótese do estado de necessidade: nunca o da legítima defesa. O comportamento agressivo é toda a conduta que venha contundir com valores tutelados pelo Direito. O termo "agressão" é, na linguagem comum, assimilado a um atentado à integridade física das pessoas. Tecnicamente, não é assim: o desrespeito por qualquer posição protegida, pessoal ou patrimonial, é "agressão":

> Em *RCb 17-set.-2003* discutiu-se e decidiu-se (mal) o caso seguinte: num local de diversão e em público, um indivíduo (o agressor) puxou, por duas vezes, as barbas do agente; este, procurando evitar confrontos, retira-se; é novamente surpreendido pelo agressor, que lhe puxa novamente as barbas; defende-se, então, com um copo, provocando ferimentos na cara do agressor; o tribunal veio entender que a ofensa à honra não estava incluída na legítima defesa, sendo a agressão demasiado insignificante para justificar a reação: negou a legítima defesa[1566]. Mas não: o problema foi, justamente, ter-se tomado à letra a "agressão". Ninguém é obrigado a suportar atos incorretos ou desprimorosos podendo perfeitamente reagir em legítima defesa, dentro dos competentes pressupostos.
>
> Em *STJ 22-jan.-2014* não se considerou agressão para efeitos de legítima defesa, uma mera discussão[1567]: bem.

A conduta humana sê-lo-á, apenas, quando voluntária. Disparar sobre um sonâmbulo ou sobre uma pessoa totalmente embriagada não constitui legítima defesa – ainda que, por ignorância desculpável desses elementos, possa haver equivalentes efeitos, como se alcança do artigo 338.º.

[1565] Larenz/Wolf, *Allgemeiner Teil* cit., 9.ª ed., 336-337, Medicus/Petersen, *Allgemeiner Teil* cit., 11, Nr. 152 (74), Olaf Werner, no *Staudingers Kommentar* I, §§ 164-240 (2001), § 227, Nr. 3 (776-777) e Tilman Repgen, na versão seguinte do mesmo *Staudingers Kommentar*: I, §§ 164-240 (2004), § 227, Nr. 14 (783) e (2009). Nr. 10 (908).

[1566] RCb 17-set.-2003 (Oliveira Mendes), CJ XXVIII (2003) 4, 39-42 (42/I).

[1567] STJ 22-jan.-2014 (Pires da Graça), Proc. 1444/12.

§ 47.º Os pressupostos da legítima defesa 461

Finalmente: a conduta agressiva poderá ser uma ação ou uma omissão. Assim, será legítima defesa coagir um médico que se recuse a tratar um paciente em perigo ou um motorista que não queira transportar o ferido grave para o hospital[1568].

III. A agressão deve ser atual[1569]. Fica excluída a agressão consumada e, logo, passada: contra esta já nada se poderá fazer, em termos de a afastar. Admitir, contra ela, uma reação seria um ato de vingança, estranho ao Direito civil[1570]. Mas na hipótese de a agressão se prolongar no tempo e até que cesse por completo, a legítima defesa tem cabimento. Fica ainda excluída a agressão futura: em princípio, perante uma agressão planeada e de que o agente tenha conhecimento, cabe avisar as autoridades competentes. Não consideramos futura a agressão iminente: se o agressor procura sacar uma arma ou se prepara para desferir um murro, cabe a legítima defesa. O critério último da atualidade residirá no perigo concreto que, no momento considerado, corra o bem jurídico protegido[1571].

Quanto a dispositivos automáticos para disparar sobre intrusos ou ao uso de cães amestrados para atacar: aplicam-se as regras gerais. Se tudo estiver adequada e cautelosamente preparado para operar, apenas, perante agressões ilícitas, há legítima defesa.

IV. A agressão deve ser ilícita: "contrária à lei"[1572]. Figueiredo Dias defende uma ideia ampla de ilicitude: será relevante, para efeitos de legítima defesa, qualquer violação da ordem jurídica e não, apenas, de normas penais.

Figueiredo Dias admite, assim, legítima defesa destinada a fazer cessar as emissões de ruído de um bar que funcione para além do permitido e sem insonorização, de modo a impedir o repouso. Só não haveria lugar a legítima defesa quando estiverem previstos procedimentos especiais, como

---

[1568] Figueiredo Dias, *Direito penal* cit., 1, 386.

[1569] Helmut Grothe, *Münchener Kommentar zum Bürgerlichen Gesetzbuch*, 1, 6.ª ed. (2012), § 227, Nr. 9 (2241) e Olaf Werner no Staudinger cit., § 227, Nr. 8 (777-778).

[1570] Em épocas históricas, designadamente no Direito germânico, admitia-se a vingança de morte (*Blutrache*); *vide* Volker Krey, *Zur Einschränkung des Notwehrrechts bei der Verteidigung von Sachgütern*, JZ 1979, 702-707 (704/I).

[1571] Staudinger/Repgen cit., § 227, Nr. 19 (785).

[1572] Manfred Wolf/Jörg Neuner, *Allgemeiner Teil* cit., 11.ª ed., § 21, Nr. 44 (266).

462 *A tutela privada*

ocorre com o cumprimento dos créditos[1573]. Parece-nos uma opção demasiado lata, pelo menos em termos civis: as condutas em causa serão violações: mas não agressões.

De facto, a legítima defesa não é possível, apenas, contra crimes. Exige-se, porém, que a ilicitude da conduta consista na violação de normas destinadas a proteger o bem jurídico cuja defesa está em jogo. Só assim há agressão.

Deste modo, não será legítima defesa disparar sobre um baile noturno não autorizado, porque as regras de tranquilidade pública dão azo a meros interesses reflexamente tutelados[1574]. Também não será possível, sob invocação de legítima defesa, agredir o devedor inadimplente: o incumprimento determina a aplicação de outras normas que mantêm intacto o património do credor. Mas, em legítima defesa, já se poderá impedir o devedor de destruir uma coisa não fungível, que devesse entregar ao credor.

Resulta deste requisito que não há legítima defesa contra "agressões" lícitas e, designadamente: contra atos de legítima defesa[1575]. De outro modo, teríamos uma espiral de violência, que o Direito não pode legitimar.

V. Pergunta-se se, além de ilícita, a agressão deve ser culposa e isso com uma subquestão: dolosa ou (meramente) negligente[1576]?

Do nosso ponto de vista, o juízo de culpa é uma questão-de-direito. Não vemos como exigir a alguém que tenha, pelos seus próprios meios, de remover uma agressão, a formulação de um juízo de valor sobre a conduta do agressor. Bastará, pois, que a conduta do agressor seja objetivamente ilícita. As dúvidas quanto à culpa serão, muitas vezes, interrogações quanto à própria ilicitude.

De todo o modo, poderá suceder que a conduta agressiva seja patentemente (apenas) negligente. Por exemplo: um automobilista diverte-se a

---

[1573] Figueiredo Dias, *Direito penal* cit., 1, 392-393.

[1574] Mas já será admitida a legítima defesa contra um fumador que persista em fumar num espaço fechado livre de fumo: está a agredir a saúde dos presentes: Tilman Repgen, no Staudinger (2009) cit., § 227, Nr. 11 (908), com indicações.

[1575] Assim os casos decididos em STJ 20-nov.-2013 (Maia Costa), Proc. 775/11 e em RLx 13-mar.-2015 (Conceição Gomes), Proc. 1332/14.6.

[1576] Andreas Hoyer, *Das Rechtsinstitut der Notwehr*, JuS 1988, 89-96.

§ 47.º Os pressupostos da legítima defesa   463

percorrer um parque frequentado por crianças em alta velocidade; de um momento para o outro, poderá ocorrer um grave atropelamento. Parece razoável a legítima defesa contra tal atitude. Da mesma forma, será possível agir contra o caçador descuidado que faça disparos junto a uma escola ou perto de uma residência exposta.

Nesses casos – como em todos – a defesa deverá ser adequada ao perigo.

Contra inimputáveis profundos ou crianças de idade inferior a sete anos – é a idade civilmente relevante, perante o artigo 488.º/2 – não cabe, em princípio, legítima defesa: não cometem factos ilícitos. Quando muito, haverá estado de necessidade. Se a inimputabilidade não for aparente, a legítima defesa será putativa.

VI. A agressão respeita à pessoa ou ao património do agente ou de terceiro. Na linguagem penal: deve reportar-se a interesses juridicamente protegidos do agente ou de terceiro.

Supomos que, neste ponto, a lei civil será de interpretar em termos latos. A agressão relevante, para efeitos de legítima defesa, deverá visar:

– ou direitos de personalidade, incluindo o direito à honra;
– ou direitos patrimoniais;
– ou liberdades;
– ou valores jurídicos que não deem lugar a direitos subjetivos.

A pessoa impedida de se exprimir livremente pode agir em legítima defesa. E esta é possível contra quem, por exemplo, se prepare para matar ilicitamente animais ou para lançar poluentes nos rios ou, até, no alto mar. O Direito deve acompanhar os problemas do Planeta. A chave da legítima defesa está na ilicitude da conduta – ou, se se preferir uma fórmula mais "civil": na ilicitude do resultado. Na impossibilidade de recorrer aos órgãos próprios, o Direito confia a cada um a sua preservação.

183. A defesa necessária

I. O segundo requisito da legítima defesa é a prática, pelo agente, de um ato de defesa, isto é, um ato destinado a afastar uma agressão. Segundo a natureza das coisas, tratar-se-á de um ato material, voluntariamente adotado: na linguagem penal diz-se um "facto". Excluídas ficam, pois, meras

464 *A tutela privada*

atuações reflexas, que não possam ser imputadas à vontade do agente. O ato defensivo poderá, ainda, consistir no uso de armas, brancas ou de fogo, no recurso a técnicas de luta pessoal ou numa atuação de fortuna. Cabe ao agente, de entre os meios disponíveis, escolher o mais adequado. Adiantamos já que o Direito dá uma indicação de proporcionalidade, se necessário a derivar do princípio da boa-fé (334.º)[1577]. Todavia, tudo depende das concretas hipóteses presentes: o agredido que não conheça técnicas de luta mas esteja armado, poderá servir-se de uma arma de fogo; em princípio, apenas como aviso; se necessário, procurando atingir órgãos não-vitais (p. ex., visando as pernas do agressor): se não tiver outra hipótese, visará o tronco ou a cabeça.

II. A atuação do agente deve ser ditada pela necessidade[1578]. Podemos, aqui, distinguir[1579]:

– a necessidade da defesa;
– a necessidade do meio.

A necessidade da defesa resulta, perante o artigo 337.º/1, da perífrase "... desde que não seja possível fazê-lo pelos meios normais ...". Os meios normais são:

– meios públicos;
– meios privados.

Os meios públicos consistem no recurso às autoridades de segurança e, designadamente, às forças policiais. Mais remotamente: no apelo aos tribunais, quando a natureza da agressão seja compatível com alguma demora.

Os meios privados abrangem todas as iniciativas particulares que possam remover a agressão: fechar uma porta, dissuadir o agressor ou chamar amigos ou familiares, como exemplos.

[1577] Nesse sentido, Hermann Dilcher, *Besteht für die Notwehr nach § 227 BGB das Gebot der Verhältnismässigkeit oder ein Verschuldenserfordnis?*, FS Hübner 1984, 443-446 (464).

[1578] Heiner Alwart, *Zum Begriff der Notwehr*, JuS 1996, 953-958 (953-954); Helmut Grothe, no *Münchener Kommentar* cit., 1, 6.ª ed., § 227, Nr. 12 (2242-2243).

[1579] Figueiredo Dias, *Direito penal* cit., 1, 395 ss. e 398 ss., embora noutra sequência e Taipa de Carvalho, *A legítima defesa* cit., 311 ss..

§47.º Os pressupostos da legítima defesa 465

O juízo de "necessidade" deve ser formulado pelo agente, nas circunstâncias em que se encontre[1580]. A lei não lhe impõe que corra riscos, nem que abdique de direitos seus. Assim, se o agressor pretende evitar a entrada do agente num local público, não é este obrigado a recuar, para remover uma agressão iminente. Pode agir em legítima defesa.

Ocorre, aqui, referir o problema clássico da fuga: perante uma agressão iminente, deve o agente pôr-se em fuga, assim evitando ter de molestar o agressor? Tradicionalmente, a resposta era negativa: a fuga seria uma desonra, à qual ninguém teria de se submeter. Hoje, a resposta mantém-se negativa, por razões diversas: ou por se entender que, de outro modo, não haveria legítima defesa, perdendo-se o efeito dissuasivo que esta representa ou por – na nossa ideia – se abdicar, *ad nutum*, de um direito que a lei não retira: o de ficar.

Evidentemente: a fuga será a solução mais indicada quando o agente não tenha força física, coragem ou armas para enfrentar a agressão; mas essa é a fraqueza estrutural da autotutela.

III. Quanto à necessidade do meio: ela não se confunde com a proporcionalidade da defesa, a qual dependerá do uso que, do meio em causa, se venha a fazer.

Pode o agente ter vários meios à sua disposição. O meio mais "normal" será sempre o menos perigoso ou contundente. Pensamos que o inerente juízo se deve prolongar na própria ação defensiva. Assim, a uma agressão a murro poder-se-á responder com um esquivar, seguido de contra-ataque; na impossibilidade de o fazer, usar-se-á a pistola[1581]. Um meio aparentemente dispensável tornar-se-á necessário se não houver outro disponível. Uma pessoa frágil e sem treino de luta poderá usar meios mais perigosos de defesa.

IV. Problema interessante é o da eventual necessidade de *animus defendendi*. O agente, ao atuar, deve fazê-lo com a intenção de defender-se? A doutrina geral faz aqui uma distinção algo subtil; separa[1582]:

[1580] RCb 12-fev.-1998 (Vieira Marinho), CJ XXIII (1998) 1, 53-56 (55/I): a necessidade deve ser aferida objetivamente, segundo a bitola do homem médio, colocado na posição do agente.

[1581] STJ 12-jan.-2012 (Rodrigues da Costa), Proc. 224/10, considerando, numa situação desse tipo, adequado o uso de uma navalha.

[1582] Figueiredo Dias, *Direito penal* cit., 1, 370 e 408.

466 *A tutela privada*

– elementos subjetivos das causas de justificação: o agente teria consciência de se mover no seu âmbito;
– um específico *animus defendendi*, próprio da legítima defesa e a aditar ao primeiro.

A legítima defesa é algo tão natural e instintivo que nos parece francamente irreal operar tal distinção. Ao agente terá de se exigir um comportamento defensivo e, logo: uma intenção de repelir a agressão. Repare-se: estão em causa, muitas vezes, bens disponíveis de que o agente poderá querer prescindir[1583]. A legítima defesa será, assim, uma opção sua. Além disso, o Direito não pode legitimar atuações perigosas não dirigidas por qualquer razão humana.

> Por exemplo: um particular decide disparar sobre a primeira pessoa que se apresente à porta da sua casa; executa o plano, mas mata, por casualidade, um ladrão. Não vemos, aqui, qualquer legítima defesa, ainda que, civilmente, possam ser minorados certos aspetos indemnizatórios decorrentes da sua conduta.

A intenção requerida é, porém, muito elementar: normalmente, não haverá tempo para introspeção. Mesmo um inimputável poderá ter vontade suficiente para agir em legítima defesa. Esta apenas não dá cobertura a puros intuitos agressivos[1584].

184. A (pretensa) proporcionalidade

I. Perante uma agressão ilícita, o Direito permite o recurso à tutela privada, em certas circunstâncias que temos vindo a examinar. Pergunta-se, agora, até onde pode ir a conduta defensiva do agente. Pode-se matar a tiro o miúdo que tire uma maçã de um pomar? A resposta é obviamente negativa, obrigando a colocar o tema da proporcionalidade da defesa. Mas como fixar essa proporção?

Aparentemente, o final do artigo 337.º/1 daria a resposta: *o prejuízo causado pelo ato não deveria ser manifestamente superior ao que pode*

[1583] Larenz/Wolf, *Allgemeiner Teil* cit., 9.ª ed., 339; *vide* Johann Braun, *Subjektive Rechtsfertigungselemente im Zivilrecht?*, NJW 1998, 941-944 (944).
[1584] STJ 27-nov.-2013 (Santos Cabral), Proc. 2239/11.

§47.º Os pressupostos da legítima defesa   467

resultar da agressão. Este preceito é, porém, fortemente insatisfatório: haverá que interpretá-lo com a maior cautela, tendo ainda em conta a globalidade do ordenamento e, em especial, as regras penais pertinentes[1585].

O artigo 337.º/1, particularmente no seu final, não foi objeto de reflexões preparatórias. Donde as deficiências que se vieram a manifestar e que, hoje, são pacíficas.

Desde logo, é lamentável que o legislador não tenha adotado, quanto à legítima defesa, a mesma fórmula contida no Código Penal. O Direito alemão, prevendo as imensas dificuldades que a vigência, no mesmo ordenamento, de fórmulas de legítima defesa diferentes – civil e penal – poderia causar, adotou, no BGB e no StGB[1586], precisamente a mesma norma – §§ 227/2 e 32/2, respetivamente – nos termos seguintes:

> Legítima defesa é a defesa que seja necessária para repelir uma agressão atual e ilícita, contra o próprio ou contra um terceiro.

De seguida, a contenção do prejuízo causado pela legítima diferença por referência ao que possa resultar da agressão teve uma preocupação ordenadora perante os que resultem do estado de necessidade e da ação direta, sem atentar nos problemas dogmáticos subjacentes. Atente-se, por exemplo, em que o artigo 2044.º do Código italiano (*não é responsável aquele que ocasiona o dano em legítima defesa, própria ou alheia*) não contém qualquer delimitação.

II. A legítima defesa é a resposta, permitida pelo Direito, a uma agressão ilícita. Por coerência: o *quantum* da resposta terá de ser o necessário para, de todo, pôr cobro à agressão. Não faz sentido permitir a tutela privada e, depois, recusar os meios necessários para a sua efetivação. Repare-se que o agente, uma vez iniciada a conduta defensiva, ficará especialmente exposto ao agressor, caso a sua defesa não seja eficaz: será de esperar uma agressão aumentada e, porventura, bem mais perigosa. A legítima defesa é um instrumento ao serviço dos particulares e dos seus direitos: não pode

---

[1585] A exigência da "proporcionalidade" remonta ao anteprojeto de Vaz Serra, *Causas justificativas do facto danoso* cit., 111; todavia, a justificação de motivos é, neste ponto, muito elementar – ob. cit., 60 ss. – não aprofundando o tema.

[1586] Sigla de *Strafgesetzbuch* ou Código Penal alemão.

468 *A tutela privada*

transformar-se numa acrescida fonte de riscos e de problemas, para quem se limite a fazer observar a lei[1587].

Quanto à ponderação de prejuízos: a não poder haver uma manifesta superioridade dos danos causados pelo agente perante os que poderiam resultar da agressão, não vemos defesa eficaz.

Em face de um roubo: como responder com uma arma de fogo? É evidente que o risco da supressão da vida surge muito superior à dos bens ameaçados. E mesmo perante um crime iminente de violação: como esfaquear, em defesa, o agressor? De novo o direito à vida é manifestamente superior à autodeterminação sexual. Em qualquer destes casos, apenas a possível (e provável) "manifesta superioridade de danos" a causar ao agressor dá consistência à defesa.

A possibilidade de legítima defesa só é, portanto, eficaz se os potenciais agressores souberem que podem contar com uma reação juridicamente válida muito superior ao dano que pretendiam infligir. Tomado nestes termos, o instituto da legítima defesa tutela, também, os fracos: os prevaricadores não sabem, de antemão, com o que poderão contar.

Finalmente: no atual momento histórico, verifica-se uma deficiência flagrante, por parte do Estado, na defesa dos cidadãos. Cabe ao Direito (privado) dar uma resposta.

III. Tudo aponta para a necessidade de restringir, quanto possível, a irrefletida menção final do artigo 337.º/1. Neste cenário, verifica-se que a exigência controversa da não manifesta superioridade do dano a infligir ao agressor não encontra correspondência no artigo 32.º do Código Penal.

Quer isso dizer que uma mesma conduta poderia ser considerada justificada, por integrar legítima defesa, à luz do Direito penal e ser ilícita, por extravasar a legítima defesa, perante o Código Civil. Como resolver?

Uma primeira solução residiria em admitir "legítimas defesas" diferentes, no Direito civil e no Direito penal. Em rigor, isso seria possível, uma vez que ambos os ordenamentos lidam com problemas distintos. Não vemos, porém, a mínima vantagem em tais duplicações: a legítima defesa é algo de popular, no sentido mais profundo e autêntico do termo; não se

---

[1587] Criticando artigo 337.º/1 do Código Civil: Taipa de Carvalho, *Legítima defesa* cit., 57. No mesmo sentido, Conceição Valdágua, Cortes Rosa e Figueiredo Dias, abaixo citados.

§47.º *Os pressupostos da legítima defesa* 469

compreende a subtileza de uma duplicidade que os próprios especialistas não entendem nem explicam.

Mas além disso: tal duplicidade – como demonstrou Conceição Valdágua[1588] – iria provocar soluções desconexas: imagine-se uma agressão, à qual o agente põe cobro de modo a causar danos manifestamente superiores aos evitados; perante o artigo 32.º do Código Penal há legítima defesa; perante o artigo 337.º/1, não há; como não há, o próprio agressor passa, civilmente, a agredido, podendo usar de legítima defesa contra o agente: este, por seu turno, não se pode defender, em face da lei civil (não há legítima defesa contra legítima defesa), mas pode fazê-lo perante a lei penal; fazendo-o, viola de novo a lei civil, permitindo nova agressão: tudo isso num círculo de violência causado pelo próprio Direito! Além disso, no meio da confusão, qualquer terceiro poderia legitimamente intervir em defesa de um ou de outro dos contendores, sem que o Direito desse qualquer bitola de solução justa. Haveria grave contradição axiológica.

IV. Queda uma segunda e radical solução: o final do artigo 337.º/1 do Código Civil foi revogado pelo artigo 32.º do Código Penal[1589]. Conseguimos, por esta via, uniformizar a ordem jurídica, adotar a solução que uma interpretação correta das normas civis já aconselharia e prevenir uma grave quebra sistemática, num ponto da maior sensibilidade.

V. Ultrapassado o *qui pro quo* provocado pela insensibilidade do legislador de 1966 ao tema da legítima defesa, mantém-se, todavia, o tema da proporcionalidade. Até onde pode ir a defesa?

A proporcionalidade é assegurada, desde logo, pelos próprios pressupostos da legítima defesa, com relevo[1590]:

– para a necessidade de defesa;
– para a necessidade do meio.

[1588] Maria da Conceição Santana Valdágua, *Aspectos da legítima defesa no Código Penal e no Código Civil*, em *Jornadas de Homenagem ao Professor Doutor Cavaleiro de Ferreira* (1995), 235-285, especialmente 275.

[1589] Além de Conceição Valdágua, *Aspectos da legítima defesa* cit., 274 ss., também Taipa de Carvalho, *Legítima defesa* cit., 57, Manuel Cortes Rosa, *Die Funktion der Abgrenzung von Unrecht und Schuld im Strafrechtsystem*, em *Bausteine des europäischen Strafrechts/Coimbra-Symposium für Claus Roxin* (1993), 183-211 (197-198) e Figueiredo Dias, *Direito penal* cit., 1, 411-412.

[1590] Larenz/Wolf, *Allgemeiner Teil* cit., 9.ª ed., 339.

470   *A tutela privada*

Isto posto, a ação defensiva deve apresentar-se, quando possível, proporcionada à natureza da agressão. A doutrina civil deixa claro que não se exige nenhuma ponderação de valor dos bens em causa[1591]. No entanto, se se determinar que, *in concreto*, o agente podia ter afastado a agressão com um meio moderado e, todavia, recorreu a um meio extremo, poderá haver excesso. Assim não será se ele tiver dúvidas quanto à suficiência do meio moderado: pode usar o extremo[1592].

VI. Na prática, a pessoa constrangida a recorrer à legítima defesa fará, com o assentimento da ordem jurídica, tudo o que puder para se defender. O problema da "proporcionalidade" põe-se perante o uso de armas de fogo, principalmente quando o agressor não esteja armado ou quando a agressão seja dirigida a (meros) valores patrimoniais. Pode-se matar, em legítima defesa, a sangue frio?

Entendemos que no caso das armas de fogo, há que observar regras específicas, abaixo referidas[1593]. Fora isso, os limites da legítima defesa, perante a revogação do final do artigo 337.º/1, pelo Código Penal, terão de resultar da boa-fé[1594].

[1591] Tilman Repgen, no Staudinger (2004) cit., § 227, Nr. 55 (797), Helmut Grothe, *Münchener Kommentar* cit., 1, 7.ª ed., § 227, Nr. 13 (2291) e Dieter Medicus/Jens Petersen, *Allgemeiner Teil* cit., 11.ª ed., Nr. 156 (75-76), todos com indicações.

[1592] Tilman Repgen, no Staudinger (2009) cit., § 227, Nr. 60 (923).

[1593] *Infra*, 477 ss..

[1594] *Infra*, 473.

§ 48.º O REGIME DA LEGÍTIMA DEFESA

185. A boa-fé

I. A pessoa que atue em legítima defesa prolonga o exercício de certas posições jurídicas, suas ou de terceiros, à custa das do agressor. Todavia, mantemo-nos no campo do social e do jurídico. Particularmente num momento em que o Direito se reconhece incapaz de dispensar uma tutela normal e adequada, será pedido, à Ciência Jurídica, um máximo de cuidado analítico e valorativo.

II. O exercício em legítima defesa deve respeitar os valores fundamentais do sistema, classicamente referenciados através da boa-fé. Esta, designadamente através das suas vertentes da tutela da confiança e da primazia da materialidade subjacente, permite enquadrar alguns dos temas clássicos da legítima defesa.

Recordemos que a legítima defesa faculta, tão-só e precisamente, repelir uma agressão ilícita e momentânea, quando necessário. Assim, não há legítima defesa:

- quando a agressão tenha sido provocada pelo próprio agente;
- quando a defesa não vise afastar a agressão mas qualquer outro objetivo.

III. A hipótese da provocação[1595] traduz-se em, por parte do agente, ter havido uma atuação prévia – p. ex., com injúrias, comportamentos agressivos ou desafios – tendente a desencadear uma agressão – ou agressão aparente. Contra ela exerceria, depois, o agente uma "legítima defesa" fulminante. Nessas circunstâncias, a legítima defesa estaria a ser exercida

---

[1595] Especialmente, considerada no Direito penal; *vide* Figueiredo Dias, *Direito penal* cit., 1, 401 ss., com indicações. O tema é, porém, também civil: Tilman Repgen, no Staudinger (2009) cit., § 227, Nr. 40 (917) e Nr. 62 (924).

472 *A tutela privada*

fora da materialidade subjacente que a justifica. Haverá abuso do direito (334.º) e não uma legítima defesa eficaz[1596].

Tal o caso discutido e decidido em STJ 7-dez.-1998: após uma altercação num estabelecimento, causada por um indivíduo alcoolizado, o "defendente" retira-se; regressa, depois, para buscar água quente para descongelar o vidro do automóvel e acaba por aí ficar mais algum tempo; sai, depois, na frente do "agressor"; este vai ao automóvel buscar uma bengala; o "defendente" aproxima-se, de modo a ser agredido por uma bengalada; vai ao automóvel próprio buscar uma arma; aproxima-se para levar nova bengalada e, nessa ocasião, dispara a matar; entendeu o Tribunal que foi preparada a "agressão", de modo a possibilitar a "legítima defesa"; decidiu-se, pois, pela presença de um homicídio simples[1597].

IV. A legítima defesa apresenta-se disfuncional quando o agente aproveite o ensejo para prosseguir fins diferentes dos do afastamento da agressão. Os exemplos clássicos são os de um defendente motivado por ódio, por ciúme ou por inveja[1598]. De todo o modo, a doutrina admite que esses sentimentos negativos se misturem com o *animus defendendi*, sem prejudicar a legítima defesa. A pessoa que, por necessidade, tenha de recorrer à legítima defesa está, em regra, numa situação de grande perturbação mental, sendo presa fácil da ira e do desforço.

V. Ainda a boa-fé deverá dar os limites da legítima defesa, designadamente no tocante aos bens jurídicos que, por ela, podem ser atingidos. Mau grado a recusa da proporcionalidade, temos de entender que a permissão normativa de usar a própria força só se justifica até um certo limite, ainda que variável, de acordo com as circunstâncias[1599]. Esse limite será ditado

---

[1596] Reclamando, aqui, a intervenção da boa-fé (§ 242 do BGB): Helmann Dilcher, *Besteht für die Notwehr nach § 227 BGB das Gebot der Verhältnismässigkeit* cit., 464.
[1597] STJ 7-dez.-1998 (Martins Ramires), BMJ 492 (1999), 159-168 (165).
[1598] O caso de RPt 1-mar.-1995 (Fonseca Guimarães), BMJ 445 (1995), 618 (o sumário): controlado o agressor, o agente, com ele prostrado em terra, põe-lhe os joelhos sobre o peito e desfere vários murros, em atitude de desforço.
[1599] Além da bibliografia acima referida, a propósito da (pretensa) proporcionalidade, confrontámos: Klaus Himmelreich, *Nothilfe und Notwehr: insbesondere zur sogenannten Interessenabwägung*, MDR 1967, 361-366; Klaus Adomeit, *Wahrnehmung berechtigter Interessen und Notwehrrecht/Zur Dogmatik zivilrechtlicher Rechtsfertigungsgründe, insbesondere bei Eingriffen in Persönlichkeitsrechte und in Unternehmenrechte (Äusserungsdelikte)*, JZ 1970, 495-500; Günter Spendel, *Der Gegensatz rechtlicher und*

§48.º O regime da legítima defesa   473

pelos valores fundamentais do ordenamento (a boa-fé), ficando em especial relevo:

– o facto de poder estar em jogo a vida do agressor ou de terceiros;
– a manifesta superioridade do agente, em função, por exemplo, da arma ou do especial treino de que tenha beneficiado;
– a manifesta inferioridade do agressor, em função do seu estado físico, de embriaguez ou de fatores circunstanciais visíveis.

Mas como conferir relevo a todos estes elementos?

O juízo de adequação não poderá sê-lo *a posteriori*. Terminado o momento crítico, tudo se torna sereno e evidente. Todavia, o agente deve decidir antes. Podemos lançar mão da bitola do agente normal, colocado na posição do concreto agente, sob o circunstancialismo reinante[1600]. Essa bitola será, ainda, alargada, de modo a ter em conta a intensa perturbação que sempre reina em situações de vias de facto. Tudo visto, teremos os limites da ação, forçosamente latos, pois se trata de repelir uma *agressão ilícita*, à qual ninguém, nunca, pode estar sujeito.

186. O excesso e a legítima defesa putativa

I. O artigo 337.º/2 do Código Civil prevê o excesso de legítima defesa, nos termos seguintes:

> O ato considera-se igualmente justificado, ainda que haja excesso de legítima defesa, se o excesso for devido a perturbação ou medo não culposo do agente.

Na interpretação deste preceito, devemos reter que o final do artigo 337.º/1 foi, efetivamente, revogado pelo Código Penal e que o excesso não se confunde com a legítima defesa putativa, regulada no artigo 338.º.

---

sittlicher Wertung am Beispiel der Notwehr, DRiZ 1978, 327-333; Wolfgang Wohlers, *Einschränkungen des Notwehrrechts innerhalb sozialer Näheverhältnisse*, JZ 1999, 434-442.

[1600] Por exemplo: a hipótese de legítima defesa entre cônjuges deverá ser ponderada em função da realidade do casal; *vide* Gerd Geilen, *Eingeschränkte Notwehr unter Ehegaten*, JR 1976, 314-318.

474   *A tutela privada*

II. Há excesso de legítima defesa quando a ação do defendente se alongue para além do que seria necessário para deter eficazmente a agressão. O problema põe-se, naturalmente, apenas para além das margens alargadas que podem enformar a atitude do defendente.

Podemos distinguir[1601]:

– o excesso intensivo;
– o excesso extensivo.

No excesso intensivo, o agente ultrapassa, com a sua ação, o que seria razoavelmente necessário para a sua defesa. Será o caso de alguém usar, em defesa, uma pistola de gás, fazendo-o demasiado perto e, com isso, cegando o agressor; no extensivo, o agente prolonga a ação depois de neutralizada a agressão. Por exemplo: aplica golpes já com o agressor rendido. No Direito alemão, a hipótese não está contemplada no plano civil. Constatado o excesso, já não haveria legítima defesa: o agente poderia, contudo, ver minoradas as consequências, quando se pudesse estabelecer que, dadas as circunstâncias, ele não teve culpa[1602].

O Código Vaz Serra é, porém, claro: estende a legítima defesa ("... igualmente justificado ...") à hipótese de excesso, desde que este se mostre devido:

– a perturbação;
– a medo não culposo.

Pelas regras gerais, tanto a perturbação como o medo terão de ser "não culposos": o agente não pode beneficiar de circunstâncias que, ele próprio e censuravelmente tenha criado. Poderemos, para o efeito, utilizar a bitola do *bonus pater familias* (487.º/2), colocado na posição do concreto agente.

A perturbação é natural: ela corresponde, em regra, à descarga de adrenalina motivada pela situação extraordinária que o defendente teve de enfrentar. O agente poderá perder o contacto com a realidade, ficando impossibilitado de avaliar as consequências dos seus atos.

[1601] Grothe, *Münchener Kommentar* cit., 1, 7.ª ed., § 227, Nr. 25 (2396-2397).

[1602] Staudinger/Repgen cit., § 227, Nr. 64 (801) e Larenz/Wolf, *Allgemeiner Teil* cit., 9.ª ed., 342.

§48.º O regime da legítima defesa

Também o medo corresponde a uma reação comum. O agente, assustado, tenderá a assegurar-se, para além do necessário, de que a agressão não irá prosseguir ou não irá ser retomada.

III. Os tribunais portugueses são, por vezes, estritos – demasiado estritos – no julgamento de hipóteses de excesso de legítima defesa[1603]. Anotemos alguns casos judicialmente decididos:

> *RCb 9-dez.-1993*: há manifesto excesso de meios quando a agente desfere, com uma enxada, uma pancada na cabeça de uma pessoa que se lhe dirigia com uma faca na mão com o propósito de a agredir[1604];
>
> *STJ 26-mai.-1994*: estando um grupo de pessoas a apedrejar um estabelecimento e a danificar um automóvel, e saindo o agente, em defesa, com uma pistola, não há legítima defesa se, depois de o grupo se dispersar, ele ainda perseguir e atingir a tiro um dos agressores[1605];
>
> *STJ 10-out.-1996*: há legítima defesa se, aquando da resposta a um assalto e na impossibilidade de recorrer à força pública, o agente responder, a tiro a um assaltante que o enfrentava empunhando uma faca[1606];
>
> *STJ 21-jan.-1998*: num episódio ligado a questões de prostituição, um grupo de agressores decide ir a determinada casa, na presença e sem autorização dos donos, procurar uma cidadã estrangeira; provocam danos e chegam a agressões; retiram-se, regressando novamente, tendo sido chamada a GNR, que acalmou os ânimos; retirada a força da GNR, o grupo salta o muro e tenta nova invasão; a agente dispara um tiro mortal: houve legítima defesa[1607];
>
> *STJ 13-dez.-2001*: existe uma relação degradada entre dois irmãos; após vários acontecimentos, um deles espera outro e avança, contra ele, com uma forquilha; o agente dispara, em defesa, a dois metros; o agressor foge com a forquilha, acabando por cair, de barriga para baixo; o agente persegue-o e usa a própria for-

---

[1603] *Vide* a situação relatada em Taipa de Carvalho, *A legítima defesa* cit., 320, nota 554.

[1604] RCb 9-dez.-1993 (Almeida Santos), BMJ 432 (1994), 439.

[1605] STJ 26-mai.-1994 (Sousa Guedes), BMJ 437 (1994), 296-302 (301).

[1606] STJ 10-out.-1996 (Sá Nogueira), BMJ 460 (1996), 359-368 (367).

[1607] STJ 25-jan.-1998 (Virgílio de Oliveira; vencido: Joaquim Dias), BMJ 473 (1998), 133-147 (143).

476   *A tutela privada*

quilha para atingir o agressor, já prostrado, matando-o: não há legítima defesa[1608];

REv 6-dez.-2016: numa cena de violência entre mulheres, verifica-se, em determinado momento, que a agressora imobilizou a vítima (inicial), deitada de barriga para baixo, presa pelos cabelos e com um joelho nas costas; a vítima, depois de avisar, logra apoderar-se de uma faca e fere a agressora no peito, vindo esta a falecer; o tribunal não validou a legítima defesa[1609].

Esclareça-se que os tribunais julgam, com severidade, situações em que o defendente usa armas de fogo[1610]; estas, como veremos, sujeitam-se a regras especiais.

IV. No tocante à legítima defesa putativa[1611], dispõe o artigo 338.º, em conjunto com a ação direta:

> Se o titular do direito agir na suposição errónea de se verificarem os pressupostos que justificam a ação direta ou legítima defesa, é obrigado a indemnizar o prejuízo causado, salvo se o erro for desculpável.

Evidentemente: não havendo culpa, não há dever de indemnizar (483.º/2). De novo verberamos a atitude dos revisores ministeriais que, sem os necessários estudos, decidiram embrenhar-se em matéria de tão elevada exigência jurídico-científica.

A questão que se põe a propósito da legítima defesa putativa reside no eventual alargamento da justificação do ato: seria, pois, um tema de licitude e não de culpa[1612]. Entendemos que a legítima defesa corresponde a um figurino humano, assente na confiança criada por certos atos e não num exame naturalístico da realidade. Imaginemos um assalto à mão armada,

---

[1608] STJ 13-dez.-2001 (Pereira Madeira), CJ/Supremo IX (2001) 3, 242-247 (244-246); o tribunal entendeu, porém, que o agente, logo perante a ameaça da forquilha, deveria ter fugido ou procurado refúgio no automóvel; ora isso seria, já, legitimar o agressor.

[1609] REv 6-dez.-2016 (João Martinho Cardoso), Proc. 496/13; distingue-se, aí, entre o excesso asténico (por medo ou susto) e esténico (por ira, rancor ou vingança).

[1610] Assim, RPt 11-dez.-2013 (Eduarda Lobo), Proc. 154/05.

[1611] Dieter Medicus, *Allgemeiner Teil* cit., 8.ª ed., Nr. 160 (69).

[1612] Sobre o tema: Eva Graul, *Notwehr oder Putativnotwehr – Wo ist der Unterschied?*, JuS 1995, 1049-1056.

§ 48.º O regime da legítima defesa

a um estabelecimento, em que os agressores esbofeteiam a empregada da caixa e, sob ameaça de pistolas, exigem o dinheiro; o dono, perante o perigo de uma retaliação mortal contra a empregada ou contra ele próprio, surge armado e atira à cabeça dos assaltantes; verifica-se, depois, que estes usavam pistolas de plástico. Há legítima defesa plena, ainda que putativa.

A lei diz, aparentemente, o contrário, uma vez que obrigaria a indemnizar, salvo a cláusula geral da culpa. O risco de situações que aparentem agressões corre por quem as crie: não pelos defendentes.

Interpretando, no seu conjunto, o artigo 338.º, diremos simplesmente que a legítima defesa putativa é justificante quando a aparência justificativa não seja imputável ao agente.

187. As armas de fogo

I. O grande óbice da legítima defesa reside no uso de armas de fogo. O essencial da nossa jurisprudência sobre os (efetivos) pressupostos da legítima defesa e sobre o excesso de legítima defesa tem a ver com o uso de tais armas: uma vez armado, o mais frágil ser humano pode matar um agressor, de pessoas ou de bens. Ora semelhante eventualidade, dado o artigo 24.º da Constituição e, para mais, num País que há muito aboliu a pena de morte[1613], não pode ser encarada de ânimo ligeiro[1614].

II. Vamos sustentar que o detentor de uma arma de fogo deve seguir, em termos de legítima defesa, um código de conduta bastante estrito. Desde logo, estando armado, deve evitar locais movimentados, bares noturnos e discotecas e, em geral, sítios onde se consuma álcool ou onde seja de esperar exaltações ou rixas. De seguida e em princípio:

- só deve usar a arma para defender bens consideráveis: a vida ou a integridade física, própria ou de terceiros ou bens patrimoniais elevados; nunca perante bagatelas;
- deve, sempre, avisar o agressor de que está armado, em termos dissuasivos;
- deve disparar tiros de aviso;

[1613] *Tratado* IV, 4.ª ed., 157 ss.; Jorge Miranda/Rui Medeiros, *Constituição Portuguesa Anotada* cit., 1, 221-266.

[1614] Volker Krey, *Zur Einschränkung des Notwehrrechts* cit., 713/I, reclamando, neste ponto, uma interpretação conforme com a Constituição.

478   *A tutela privada*

– deve apontar a zonas não vitais;
– só esgotadas todas as hipóteses poderá visar o tronco ou a cabeça: ainda nessa hipótese, tanto quanto as circunstâncias o permitam, apenas para salvar vidas humanas ou bens de valor crítico.

O detentor de arma de fogo tem o dever de saber servir-se dela, mantendo-se adestrado. Nas mãos de um leigo, a arma de fogo pode tornar-se inútil: será um perigo, antes de mais, para o próprio e para a sua família. O uso descuidado ou indevido de uma arma de fogo representa um ilícito que nenhuma legítima defesa pode sufragar. Mas paralelamente: perante uma agressão, perpetrada ou iminente, com arma de fogo, legitimada fica uma defesa também com arma de fogo.

III. As armas de fogo são, em princípio, usadas pelas autoridades e agentes policiais, no exercício das suas funções. A delicadeza da matéria leva à existência de legislação especial sobre o uso de tais armas[1615]. Dispõe, na matéria, o Decreto-Lei n.º 457/99, de 5 de novembro, sobre o uso de armas pelas forças policiais.

Para facilidade de consulta, vamos consignar, aqui, os artigos 2.º e 3.º desse diploma. Assim:

ARTIGO 2.º
Princípios da necessidade e da proporcionalidade

1 – O recurso a arma de fogo só é permitido em caso de absoluta necessidade, como medida extrema, quando outros meios menos perigosos se mostrem ineficazes, e desde que proporcionado às circunstâncias.
2 – Em tal caso, o agente deve esforçar-se por reduzir ao mínimo as lesões e danos e respeitar e preservar a vida humana.

ARTIGO 3.º
Recurso a arma de fogo

1 – No respeito dos princípios constantes do artigo anterior e sem prejuízo do disposto no n.º 2 do presente artigo, é permitido o recurso a arma de fogo:

a) Para repelir agressão atual e ilícita dirigida contra o próprio agente da autoridade ou contra terceiros;

[1615] *Vide* Taipa de Carvalho, *Direito penal/Parte geral*, II – *Teoria geral do crime* (2004), 197 ss.. Fazendo um apelo ao legislador nesse sentido: Reinhard Ruppert, *Die tödliche Abwehr des Angriffs auf menschliches Leben*, JZ 1973, 263-267 (267).

§ 48.° O regime da legítima defesa 479

b) Para efetuar a captura ou impedir a fuga de pessoa suspeita de haver cometido crime punível com pena de prisão superior a três anos ou que faça uso ou disponha de armas de fogo, armas brancas ou engenhos ou substâncias explosivas, radioativas ou próprias para a fabricação de gases tóxicos ou asfixiantes;

c) Para efetuar a prisão de pessoa evadida ou objeto de mandado de detenção ou para impedir a fuga de pessoa regularmente presa ou detida;

d) Para libertar reféns ou pessoas raptadas ou sequestradas;

e) Para suster ou impedir grave atentado contra instalações do Estado ou de utilidade pública ou social ou contra aeronave, navio, comboio, veículo de transporte coletivo de passageiros ou veículo de transporte de bens perigosos;

f) Para vencer a resistência violenta à execução de um serviço no exercício das suas funções e manter a autoridade depois de ter feito aos resistentes intimação inequívoca de obediência e após esgotados todos os outros meios possíveis para o conseguir;

g) Para abate de animais que façam perigar pessoas ou bens ou que, gravemente feridos, não possam com êxito ser imediatamente assistidos;

h) Como meio de alarme ou pedido de socorro, numa situação de emergência, quando outros meios não possam ser utilizados com a mesma finalidade;

i) Quando a manutenção da ordem pública assim o exija ou os superiores do agente, com a mesma finalidade, assim o determinem.

2 – O recurso a arma de fogo contra pessoas só é permitido desde que, cumulativamente, a respetiva finalidade não possa ser alcançada através do recurso a arma de fogo, nos termos do n.° 1 do presente artigo, e se verifique uma das circunstâncias a seguir taxativamente enumeradas:

a) Para repelir a agressão atual ilícita dirigida contra o agente ou terceiros, se houver perigo iminente de morte ou ofensa grave à integridade física;

b) Para prevenir a prática de crime particularmente grave que ameace vidas humanas;

c) Para proceder à detenção de pessoa que represente essa ameaça e que resista à autoridade ou impedir a sua fuga.

3 – Sempre que não seja permitido o recurso a arma de fogo, ninguém pode ser objeto de intimidação através de tiro de arma de fogo.

4 – O recurso a arma de fogo só é permitido se for manifestamente improvável que, além do visado ou visados, alguma outra pessoa venha a ser atingida.

480 *A tutela privada*

IV. Quanto a particulares, vale o regime jurídico das armas e suas munições, aprovado pela Lei n.º 5/2006, de 23 de fevereiro. As licenças para uso e porte de arma ou sua detenção constam dos seus artigos 12.º e seguintes.

188. As consequências; a natureza

I. A atuação em legítima defesa é lícita. Consequentemente, o agente não responde pelos danos que tenha causado: pessoais ou materiais. Quando a sua atuação envolva a realização de um crime, tão-pouco este se verifica: a conduta está justificada.

Em compensação, o agressor, verificados os pressupostos, poderá ser responsabilizado pelos danos, pelas despesas e pelos incómodos que a necessidade de desencadear a legítima defesa tenha causado ao agente ou a terceiros.

II. Quanto à natureza da legítima defesa: cumpre ter presente que, na leitura atual, ela visa a proteção das pessoas, mas, sobretudo, a defesa do ordenamento[1616]. Trata-se, pois, de uma posição ativa, mas sempre com um sentido funcional. Alguma doutrina fala, a seu propósito, de um "quase-direito subjetivo"[1617]. Tecnicamente não podemos, porém, apontar, na legítima defesa, um concreto bem cujo aproveitamento tenha sido previamente facultado ao agente.

Tomaremos, pois, a legítima defesa como uma permissão genérica: a de repelir, quando necessário e pela força, qualquer agressão ilícita contra valores juridicamente protegidos.

[1616] Kristian Kühl, *Notwehr und Nothilfe*, JuS 1993, 177-183 (179/I), além dos elementos já referidos.

[1617] Robert Haas, *Notwehr und Nothilfe* cit., 354.

SECÇÃO III

O ESTADO DE NECESSIDADE E A AÇÃO DIRETA

§ 49.º O ESTADO DE NECESSIDADE

189. Ideia e evolução geral

I. Com base no artigo 339.º/1, do Código Civil, podemos apresentar o estado de necessidade como a situação na qual uma pessoa se veja constrangida a destruir ou danificar uma coisa alheia, com o fim de remover o perigo de um dano manifestamente superior, quer do agente, quer de terceiro. Adiantamos que esta noção deverá ser alargada nalguns pontos.

Alguns exemplos: o agente vê-se obrigado a matar um cão que atacava uma criança; o agente quebra uma janela para salvar a vítima de um incêndio; o agente lança o seu automóvel contra outro, para evitar atropelar um peão.

Antecipamos já que, ao contrário do que sucede na legítima defesa, o estado de necessidade surge, no Direito civil, em termos diversos dos do Direito penal[1618].

II. A necessidade de ter de provocar danos para salvar pessoas era conhecida desde a Antiguidade[1619].

[1618] A matéria consta dos artigos 34.º e 35.º do Código Penal; *vide* Figueiredo Dias, *Direito penal* cit., 1, 413, Taipa de Carvalho, *Direito penal* cit., 2, 221 ss. e Maria Fernanda Palma, *O estado de necessidade justificante no Código Penal de 1982*, Est. Eduardo Correia 3 (1984), 173-206 (179 ss.). No Direito civil, *vide* Duarte Alberto Rodrigues Nunes, *O estado de necessidade em Direito civil*, Julgar 2017, 1-103.

[1619] Com indicações: Andreas Hatzung, *Dogmengeschichtliche Grundlagen und Entstehung des zivilrechtlichen Notstands* (1984), 41 ss..

482 *A tutela privada*

A situação mais conhecida é a la *Lex Rhodia de jactu*, que permitia, para aligeirar um navio em perigo, lançar carga pela borda fora[1620]. Os textos clássicos referiam já a eventualidade de danificar a casa vizinha para enfrentar um incêndio: a *Lex Aquilia de damno* não seria aplicada[1621].

O estado de necessidade era conhecido, nalgumas aplicações, no antigo Direito alemão, particularmente na defesa perante ataques de animais[1622].

III. No *usus modernus* dos séculos XVII e XVIII veio a ser apresentado um *ius necessitatis*[1623], patente na pandectística, nas codificações naturalistas e em certas codificações e projetos do século XIX[1624].

Apesar desses antecedentes, quer o Código Napoleão, quer o Código Civil italiano de 1865 mantiveram-se mudos, quanto ao tema[1625]. Curiosamente, o nosso Código de Seabra antecipou-se, ainda que sem tratar esta problemática pelo prisma da justificação da ilicitude: apenas pelo da indemnização.

Vamos reter os preceitos em jogo[1626]:

Artigo 2396.º – Se, para evitar algum prejuízo imminente, que por outro modo se não possa impedir, se fizer algum damno em propriedade alheia, será esse damno indemnizado por aquelle a favor de quem for feito.

§ único – Se o damno for feito em proveito de mais de um indivíduo, a indemnização será paga por todos elles, na proporção do benefício que cada um tiver recebido.

[1620] Paulo, D. 14.2.1 = Behrends e outros, *Corpus iuris civilis* cit., III, 206.

[1621] Ulpiano, D. 9.2.49.1 = Behrends e outros, *Corpus iuris civilis* cit., II, 763.

[1622] Heinrich Titze, *Die Notstandsrechte im Deutsche Bürgerlichen Gesetzbuche und ihre geschichtliche Entwicklung* (1897), 37 ss. e 44.

[1623] Andreas Hatzung, *Dogmengeschichtliche Grundlagen* cit., 57 ss..

[1624] Andreas Hatzung, *Dogmengeschichtliche Grundlagen* cit., 69 ss., 90 ss. e 102 ss., respetivamente.

[1625] Amalia Diurni, *Notstand und Nothilfe/eine dogmatische Untersuchung auf der Grundlage des deutschen und italienischen Zivilrechts* (1998), 1.

[1626] José Dias Ferreira, *Codigo Civil Portuguez Annotado*, 4, 2.ª ed. (1905), 303-304, com exemplos; assim:

Se para obstar ao desenvolvimento de um incendio (...) que ameaçasse devorar uma casa ou uma povoação, fosse derribado algum predio, a fim de evitar a communicação do fogo (...) pagariam esse damno os beneficiados (...)

§49.º O estado de necessidade

Artigo 2397.º – Quando o beneficio se estender a uma povoação inteira, ou quando o damno for ordenado pela auctoridade publica no exercicio das suas attribuições, a indemnização será paga pelas pessoas em favor das quaes o damno for feito, sendo distribuida e paga na conformidade dos regulamentos administrativos.

IV. No domínio da segunda codificação avulta o BGB alemão, que deu uma dupla guarida ao estado de necessidade: nos §§ 228 e 904, respetivamente atinentes aos chamados estados de necessidade defensivo e ofensivo[1627]. O § 228 surge na parte geral, logo após a legítima defesa. Dispõe:

1. Aquele que danificar ou destruir uma coisa alheia, para evitar um perigo, por ela provocado, para si ou para terceiros, não age ilicitamente, caso o dano ou a destruição sejam necessários para a remoção do perigo e os danos não estejam fora da relação com o perigo.
2. Caso o agente tenha causado o perigo, fica ele obrigado à reparação.

Por seu turno, o § 904 aparece a propósito do direito de propriedade. Determina:

1. O proprietário de uma coisa não pode proibir a ingerência de outra pessoa sobre a coisa, quando a ingerência seja necessária para a remoção de um perigo atual e o dano iminente seja desproporcionadamente grande perante o que resulte, da ingerência, para o proprietário.
2. O proprietário pode exigir uma indemnização pelos danos que lhe sejam causados.

[1627] Edwin Allgaier, *Zum Verhältnis und zur Abgrenzung von defensivem und aggressivem Notstand*, VersR 1989, 788-790; Karl Larenz/Manfred Wolf, *Allgemeiner Teil* cit., 9.ª ed., 342-343; Volker Erb, *Der rechtfertigende Notstand*, JuS 2010, 17-22; Tilman Repgen, no Staudinger (2009) cit., § 228, Nr. 1 (936-937); Helmut Grothe, no *Münchener Kommentar* cit., 1, 7.ª ed., § 228, Nr. 1 (2398-2399); Reinhard Bork, *Allgemeiner Teil* cit., 4.ª ed., Nr. 370-382 (153-156); Manfred Wolf/Jörg Neuner, *Allgemeiner Teil* cit., 11.ª ed., § 21, Nr. 62-71 (270-273). Referimos ainda o clássico de Alfred Hueck, *Notstand gegenüber einer mitgefährdeten Sache*, JhJb 68 (1919), 205-232 e, quanto à origem desses preceitos, Hatzung, *Dogmengeschichtliche Grundlagen* cit., 134 ss.. Sempre útil e documentado: Hans-Peter Haferkamp, HKK/BGB cit., I, §§ 226-231, Nr. 26 ss. (1063 ss.)

484 *A tutela privada*

Estas soluções do BGB foram tornadas possíveis pelos estudos que o antecederam e que procederam à sua distinção de outras figuras[1628]. E uma vez consagrado, o estado de necessidade suscitou um especial interesse da doutrina[1629]. O estado de necessidade seria, depois, acolhido no artigo 2045.º do Código italiano, mas em moldes unificados[1630].

O Código Penal alemão de 1871 apenas conhecia um estado de necessidade desculpante, do tipo do do atual § 35 StGB. A mera transposição, para o campo penal, dos §§ 228 e 904 do BGB era insuficiente, uma vez que apenas tinham a ver com coisas. Assim e perante, em especial, o problema do aborto terapêutico, a doutrina penal alemã desenvolveu uma teoria de causas de justificação supralegais. A matéria foi, depois, acolhida no § 34 do StGB de 1975[1631].

Também no Direito penal português, a matéria só seria formalmente acolhida no artigo 34.º do Código de 1982.

De notar que, no Direito penal, o "direito de necessidade" permite "atentar" contra direitos de personalidade, dentro de certas medidas: por exemplo: tirar sangue (à força) a uma pessoa, para impedir a morte de outra[1632]. Na hipótese de a própria pessoa operar como fonte de perigo, colocam-se problemas de difícil solução[1633].

[1628] Cabe referir a clássica habilitação de Andreas von Tuhr, *Der Notstand im Civilrecht* (1888), especialmente 74 ss..

[1629] Heinrich Titze, *Die Notstandsrechte im Deutschen Bürgerlichen Gesetzbuch* cit., 98 ss..

[1630] Amalia Diurni, *Notstand e Nothilfe* cit., VII e *passim*, sublinhando que o Direito italiano protege mais o bem ameaçado, enquanto o Direito alemão opta pela defesa mais marcada do terceiro.

[1631] Tilman Repgen, no Staudinger (2009) cit., § 228, Nr. 3 (937).

[1632] Figueiredo Dias, *Direito penal* cit., 1, 415 ss., 423 ss. e *passim* e Taipa de Carvalho, *Direito penal* cit., 2, 221 ss. e, especialmente, 240 ss. e Maria Fernanda Palma, *Direito penal/Parte geral* cit., 267 ss..

[1633] Michael Pawlik, *Der rechtsfertigende Defensivenotstand*, Jura 2002, 26-31 (28/II e 30/II), recordando o célebre caso dos alpinistas: numa expedição, cai um deles, ficando pendurado nos outros, por uma corda; não há hipótese de o içar; todavia, a nada ser feito, todos cairão e morrerão: pode um deles cortar a corda, sacrificando, para salvar os outros, o companheiro infeliz? Muito conhecido é, ainda, o caso do iate *La Mignonette*: esta embarcação naufragou; após 18 dias no mar, o capitão e o imediato (Tom Dudley e Edwin Stephens) decidiram praticar canibalismo num terceiro sobrevivente, como modo de, eles próprios, sobreviverem. Foram condenados à morte, em 1884, em Inglaterra, seguindo-se, todavia, uma comutação para 6 meses de prisão. *Vide* Neil Hanson, *The Custom of the Sea* (1999), 480 pp..

§49.º O estado de necessidade

No Direito civil, teremos de encontrar uma solução na base da colisão de direitos (335.º) e, sendo o caso, no da presença de causas de excusa.

190. Os pressupostos

I. Os pressupostos do estado de necessidade podem extrair-se do artigo 339.º/1. Temos[1634]:

- um perigo atual de um dano, para o agente ou para um terceiro;
- dano esse que seja manifestamente superior ao dano causado pelo agente;
- um comportamento danoso, destinado a remover esse perigo.

A exigência de perigo de um dano, para o agente ou para terceiro, constitui a base do estado de necessidade. Por aqui já se vê a flagrante diferença em face da legítima defesa: não se lida, aqui, com uma agressão ilícita nem, consequentemente, com a necessidade de preservar a ordem jurídica, perante tal eventualidade.

O dano poderá ser patrimonial, pessoal ou moral. A lei não distingue, caindo todas as hipóteses na sua letra, no seu espírito e na sua teleologia. A lei refere um "perigo atual". Ele poderá traduzir um dano já em curso, mas minorável ou um dano iminente. Subjacente ficará a impossibilidade de afastar o perigo, sem a atuação em necessidade. E, designadamente: a inviabilidade de avisar, em tempo útil, as autoridades competentes para remover o perigo.

II. A proporcionalidade – neste caso, em termos tais que o dano evitado seja manifestamente superior ao causado pelo agente – faz, aqui, todo o sentido. Não está em causa repelir uma agressão ilícita, a qual justificaria uma reação radical, mas, apenas, o distribuir os danos, numa perspetiva social solidária. A ponderação deverá ser feita pelo próprio agente, de acordo com os elementos disponíveis no momento. Assim, bastará que, nesse juízo, o dano a prevenir se apresente como muito provável[1635], na

---

[1634] Pessoa Jorge, *Ensaio sobre os pressupostos* cit., 254, Ribeiro de Faria, *Direito das obrigações* cit., 1, 446, Antunes Varela, *Das obrigações em geral* cit., 1, 10.ª ed., 558, Almeida Costa, *Direito das obrigações* cit., 12.ª ed., 572 e Menezes Leitão, *Direito das obrigações* cit., 1, 10.ª ed., 280.

[1635] Tilman Repgen, no Staudinger (2009) cit., § 228, Nr. 13 (941).

486 *A tutela privada*

sua concretização e no seu montante. Além disso, a valoração dos danos em jogo deverá operar de acordo com bitolas gerais de valor[1636]: não segundo escalas privativas do agente. Estas últimas poderão apenas, no plano da responsabilidade, operar como causas de exculpação.

III. Finalmente, temos o comportamento do agente. A ação implicada deverá ser a necessária: quer quanto à sua efetivação, quer quanto aos meios utilizados. Ela deve ser objetivamente adequada à remoção do dano[1637], contendo-se nos limites aqui exigíveis.

Será um comportamento danoso. Perante a letra do artigo 339.º/1, parece que apenas poderiam, em necessidade, ser causados danos a coisas[1638]. Trata-se da opção de Vaz Serra[1639], retomada do Direito alemão[1640]. Este último não pode, todavia, ser aqui tomado como modelo, uma vez que prevê uma "autoajuda" mais lata do que a nossa ação direta (§ 229 do BGB), que resolve problemas deixados em aberto por uma interpretação estrita do artigo 339.º/1[1641]. Pergunta-se, por exemplo: para evitar a morte de uma pessoa que se recuse a abandonar uma casa em chamas, será civilmente lícito retirá-la à força? Obviamente: sim.

Dada a clara teleologia do artigo 339.º/1 – permitir um dano para evitar um dano desmesuradamente maior – não vemos qualquer dificuldade em alargar a referência a "coisa", aí feita, a todo e qualquer bem, incluindo bens imateriais e bens de personalidade[1642]. Aliás, no Direito civil português, "coisa" não é, apenas e em rigor, a coisa corpórea – artigo

---

[1636] *Idem*, § 228, Nr. 27 (944).

[1637] *Idem*, § 228, Nr. 24 (943-944) e Helmut Grothe, no *Münchener Kommentar* cit., 1, 7.ª ed., § 228, Nr. 10 (2402).

[1638] Pessoa Jorge, *Ensaio sobre os pressupostos* cit., 256.

[1639] Vaz Serra, *Causas justificativas do facto danoso* cit., 24-25 e 109; Vaz Serra parece apoiar-se em von Tuhr: demasiado antigo, já na época..

[1640] Karl Larenz/Manfred Wolf, *Allgemeiner Teil* cit., 9.ª ed., 342.

[1641] Karl Larenz/Manfred Wolf, *Allgemeiner Teil* cit., 9.ª ed., 345, conseguem o mesmo efeito admitindo a eficácia civil do "estado geral de necessidade" previsto no § 34 do StGB.

[1642] Trata-se de uma opção que tem vindo a obter a adesão tanto de penalistas como de civilistas. Assim: Teresa Quintela de Brito, *O direito de necessidade e a legítima defesa no Código Civil e no Código Penal* (1994), 78-80, Mário Júlio de Almeida Costa, *Direito das obrigações* cit., 9.ª ed., 525 e Jorge de Figueiredo Dias, *Direito penal* cit., 1, 435.

§ 49.º O estado de necessidade 487

202.º/1[1643]. *In casu* haverá, porém, que ir ainda mais longe, alargando o preceito às próprias pessoas.

Contra uma atuação em estado de necessidade, não pode haver legítima defesa: falta o pressuposto básico da agressão ilícita.

191. O regime; situações de excesso e ocorrências putativas

I. Verificada a situação de necessidade, a ação do agente é lícita. O dano causado não lhe poderá ser imputado a título aquiliano[1644], isto é: por via do artigo 483.º/1. Pergunta-se, porém, se será justo que esse dano seja suportado pelo titular dos valores atingidos.

II. O artigo 339.º/2 vem dispor sobre o destino ou a repartição desse dano. Prevê:

– a sua imputação ao agente, quando o perigo tenha sido provocado por sua culpa exclusiva;
– a sua imputação equitativa ao próprio agente, àqueles que tenham tirado proveito do ato ou que hajam contribuído para o estado de necessidade.

Temos situações de imputação de danos por atos lícitos[1645]. Quanto à distribuição "equitativa" dos danos, haverá que, quando possível, seguir o Direito positivo. Por exemplo, no domínio rodoviário e seguindo Canaris, teremos[1646]:

– se algum dos intervenientes causou o estado de necessidade de modo a lhe ser imputável por culpa ou a título de risco, responderá;
– não sendo esse o caso, haverá uma diferenciação na base do risco representado pelos bens em presença.

[1643] *Tratado* III, 49 ss..

[1644] Helmut Grothe, no *Münchener Kommentar* cit., 1, 7.ª ed., § 228, Nr. 12 (2403).

[1645] *Direito das obrigações* 2, 395.

[1646] Claus-Wilhelm Canaris, *Notstand und "Selbstaufopferung" in Strassenverkehr/ /Zugleich ein Beitrag zur allgemeinen Problematik des Notstands in Zivilrecht*, JZ 1963, 655-662 (662/II). No Direito alemão, os §§ 228/2 e 904/2 só incompletamente fixam o dever de indemnizar; este é imputado ao causador do perigo, com as necessárias complementações; *vide* Norbert Horn, *Der Ersatzpflichtige im zivilrechtlichen Notstand*, JZ 1960, 350-354 (350/I e 353/I).

488 *A tutela privada*

III. A lei não contempla a hipótese de excesso de estado de necessidade. Podemos configurar tal excesso concebendo uma situação na qual o agente, movido por excesso de zelo, atinja bens que não seria necessário danificar, para esconjurar o perigo[1647]. Pois bem: tendo em conta a teleologia do preceito e não havendo uma avaliação culposa por parte do agente, a situação deve ter-se por justificada. Tal como sucede na legítima defesa, também o estado de necessidade pode ocasionar situações de grande tensão psicológica, a que o Direito não deixa de atender.

O Tribunal poderá, depois, refazer a justiça possível, através do jogo das indemnizações: por facto lícito.

IV. Quanto ao estado de necessidade putativo: o agente comporta-se na convicção, não culposa, de se verificarem os pressupostos que levaram à ação. Não vemos qualquer razão material para não estender, a tal ocorrência, o regime do artigo 338.°.

Pelo contrário: perante o estado de necessidade pode sempre haver, depois, uma (re)distribuição equitativa dos danos (339.°/2), de tal modo que ninguém saia injustamente prejudicado, para além do risco normal em que todos incorrem.

192. Fundamento e natureza

I. O estado de necessidade pode, tal como a legítima defesa, ser reconduzido a uma ideia ampla de autotutela. Todavia tem, perante ela, diferenças essenciais.

Enquanto, na legítima defesa, domina uma ideia de proteção do ordenamento e de integridade de direitos, o estado de necessidade é enformado por um postulado de solidariedade entre as pessoas. No fundamental, o artigo 339.°/1 dá abrigo à natural ajuda mútua entre os seres humanos, capazes de sacrificar o imediato, para salvaguardar o essencial. Pode até

[1647] Também aqui é possível distinguir um excesso extensivo (o agente atinge mais bens do que o necessário) ou um excesso intensivo (o agente danifica mais os bens em jogo do que o necessário); Helmut Grothe, *Münchener Kommentar* cit., 1, 7.ª ed., § 228, Nr. 14 (2404).

§ 49.º O estado de necessidade

falar-se, a tal propósito, num "dever de suportação como dever de cidadania institucional"[1648].

II. Em termos técnicos, o estado de necessidade não pode reconduzir-se a um direito subjetivo: falta-lhe, para tanto, a necessária especificidade.

Equivale, antes, a uma permissão genérica, também com um forte conteúdo funcional: a de atingir bens juridicamente tutelados, quando isso se mostre efetivamente necessário para salvaguardar bens superiores.

193. Jurisprudência

I. O estado de necessidade tem sido invocado em situações deste tipo:

- *REv 15-out.-2013*: a ASAE apreende determinados produtos alimentares, os quais ficam em arcas seladas; ao fim de uns meses, a interessada deita tudo no lixo, invocando a sua deterioração, violando, com isso, as regras que exigiriam a preservação das provas; explicou que tentara a aceleração do processo legal; foi considerada justificada[1649];
- *RPt 28-jan.-2015*: um condutor, inibido de conduzir, viola a proibição, sendo detido; invoca necessidade imperiosa de conduzir, o que foi considerado não-provado[1650];
- *REv 17- mar.-2015*: um caso semelhante[1651];
- *RLx 5-abr.-2016*: numa situação de abuso de confiança fiscal, o arguido invoca que usara o dinheiro devido ao Estado para pagar os salários dos trabalhadores; não foi considerado haver estado de necessidade[1652];
- *RCb 28-set.-2016*: uma médica é intercetada em excesso de velocidade; explica que se dirigia, em grande urgência, para o hospital, tendo sido chamada; a Relação não aceitou haver estado de necessidade[1653].

[1648] Wilfried Küper, *Von Kant bis Hegel/Das Legitimationsproblem des rechtsfertigenden Notstandes und die freiheitsphilosophischen Notrechtslehren*, JZ 2005, 105-115 (107/II, 109/II, 113/II e *passim*); este escrito recensia a monografia de referência de Michael Pawlik, *Der rechtsfertigende Notstand/Zugleich ein Beigtrag zum Problem strafrechtlicher Solidaritätspflichten* (2002), 365 pp..

[1649] REv 15-out.-2013 (Maria Isabel Duarte), Proc. 88/11.

[1650] RPt 28-jan.-2015 (Neto de Moura), Proc. 9/13.

[1651] REv 17- mar.-2015 (Maia Leonor Esteves), Proc. 88/13.

[1652] RLx 5-abr.-2016 (Artur Vargues), Proc. 1262/12.

[1653] RCb 28-set.-2016 (Vasques Osório), Proc. 7168/15. A médica fora inibida de conduzir durante 75 dias; num caso de homicídio involuntário, os tribunais aplicam 15

490   *A tutela privada*

II. As situações referidas transcendem o Direito civil. Todavia, elas permitem apontar uma tendência, na jurisprudência, para não validar o estado de necessidade como esquema que permite isentar os agentes do cumprimento de deveres de tipo público. Mau grado essa linha geral, apenas uma ponderação de valores permitirá, em concreto, isolar a decisão justa.

---

dias de inibição; a desmedida das sanções "acessórias" de inibição de conduzir, aplicadas administrativamente, dá azo a situações como a descrita.

§ 50.º A AÇÃO DIRETA

194. Ideia geral; evolução

I. Na legítima defesa, o Direito permite que o particular afaste, pela força, uma agressão ilícita; no estado de necessidade, pode o mesmo atingir bens jurídicos, para prevenir um dano iminente. Queda, agora, uma terceira manifestação de autotutela: a possibilidade de recorrer à força para realizar ou assegurar o próprio direito – 336.º/1: é a ação direta.

II. Em princípio, a ação direta coloca-se nas antípodas do modo de ser do Direito. Ninguém pode ser juiz em causa própria: faltam a imparcialidade, a legitimidade e, até, um elementar conhecimento das circunstâncias relevantes para decidir. Além disso, o "autojulgamento" só pode ser executado, pela força, pelos fortes e contra os fracos. Ficam em causa as mais elementares necessidades da justiça, da igualdade e da segurança. Posto isso: recorrer à própria força para defender supostos direitos é, em regra, ilícito; muitas vezes corresponderá, mesmo, a um tipo legal de crime.

Todavia, desde a Antiguidade e em regra como modalidade alargada de legítima defesa, foi-se admitindo, pontualmente, a possibilidade do recurso à própria força, para defesa, ainda que provisória, de direitos ameaçados.

No Antigo Direito português, por exemplo, chegou a operar um costume pelo qual, no arrendamento, havendo mora do inquilino no pagamento das rendas, podia o senhorio, por si próprio, entrar no local locado e fazer arresto de tudo o que aí encontrasse[1654].

[1654] Henrique da Gama Barros, *História da Administração Pública em Portugal nos séculos XII e XV*, 2.ª ed. por Torquato de Sousa Soares, VII (1949), 14 ss..

492   *A tutela privada*

III. O Código Napoleão e os subsequentes códigos da primeira geração não consignaram, com generalidade, a hipótese de uma ação direta, distinta da legítima defesa. O tema foi muito discutido, aquando da preparação do BGB alemão. Acabaria por prevalecer a sua consagração, ainda que com muitas cautelas e sem perturbar o esquema comum do processo civil[1655]. Este exemplo passaria a algumas codificações subsequentes, como a suíça[1656], sendo, todavia, estranho à italiana.

Na preparação do Código Civil, Vaz Serra considerou o tema com simpatia, propondo o seu acolhimento[1657]. A matéria seria, depois, muito alterada nas revisões ministeriais, surgindo com a forma definitiva apenas na segunda[1658]. Mereceu prevenções de cautela. Por exemplo, diz-nos Rodrigues Bastos[1659]:

> Encaramos com alguma preocupação a admissão, entre nós, do recurso à acção directa, em termos gerais, para realização ou defesa do direito próprio.

Na verdade, tomado à letra e caindo nos hábitos dos nossos concidadãos, a ação direta poderia implicar graves perturbações sociais.

IV. Além da consagração geral de ação direta, no artigo 336.º, o Código Vaz Serra compreende diversas manifestações pontuais desse fenómeno. Assim:

– artigo 1322.º/1: o proprietário de enxame de abelhas tem o direito de o perseguir e capturar em prédio alheio, ainda que respondendo pelos danos;

– artigo 1349.º/1: o proprietário de um prédio é obrigado a consentir que, nele sejam levantados andaimes, colocados objetos ou feitos passar materiais, para reparar edifícios ou construções contíguas;

[1655] Tilman Repgen, no *Staudingers Kommentar* (2009) cit., § 229, Nr. 6 (954-955); Helmut Grothe, no *Münchener Kommentar* cit., 1, 7.ª ed., § 229 (2404 ss.); Gunter Deppenkemper, no PWW/BGB cit., 11.ª ed., § 229 (345 ss.); Jürgen Ellenberger, no Palandt cit., 76.ª ed., § 229 (254 ss.).

[1656] Tilman Repgen, ob. cit., § 229, Nr. 52 (966).

[1657] Vaz Serra, *Causas justificativas do facto danoso* cit., 69 ss., especialmente 76-77; Vaz Serra hesita; começa por proclamar a inadmissibilidade da ação direta, mas acaba por aderir à solução do Código Civil suíço; *vide* ob. cit., 111-112, a proposta de articulado.

[1658] Jacinto Rodrigues Bastos, *Das relações jurídicas*, 5 (1969), 15.

[1659] *Idem*, 20.

§ 50.º A ação direta 493

– artigo 1366.º/1: o titular de um prédio pode arrancar ou cortar raízes, troncos ou ramos que provenham do prédio vizinho, se o dono da árvore, sendo rogado judicial ou extrajudicialmente, o não fizer dentro de três dias;
– artigo 1427.º: as reparações indispensáveis e urgentes nas partes comuns do edifício podem ser levadas a cabo, na falta ou impedimento do administrador, por iniciativa de qualquer condómino.

De notar que os artigos 1277.º e 1314.º preveem a ação direta como meio de defesa da posse e da propriedade, respetivamente. A legítima defesa também poderia ter cabimento.

Finalmente, encontramos no Direito do trabalho um caso especial de ação direta, dotado de um regime específico muito diferenciado: a greve – artigos 591.º e seguintes do CT.

195. Os pressupostos; o concurso; outras causas justificativas

I. Os pressupostos da ação direta merecem a maior atenção[1660]. Podemos sumariá-los em:

– a necessidade de realizar ou de assegurar o próprio direito;
– o recurso à própria força;
– a contenção nos meios usados.

A necessidade de realizar ou de assegurar o próprio direito afere-se por dois parâmetros – 336.º/1:

– a urgência, de modo a evitar a inutilização prática do direito em causa;
– a impossibilidade de recorrer, em tempo útil, aos meios coercivos normais.

A referência ao "próprio direito" deve ser tomada em termos latos: a ação direta tem cabimento para defender quaisquer posições ativas, desde que suficientemente precisas para permitirem as conexões subsequentes.

[1660] Pessoa Jorge, *Ensaio sobre os pressupostos da responsabilidade civil* cit., 1, 442-443, Antunes Varela, *Das obrigações em geral* cit., 1, 10.ª ed., 554, Almeida Costa, *Direito das obrigações* cit., 12.ª ed., 572 e Luís Menezes Leitão, *Direito das obrigações* cit., 1, 10.ª ed., 279-280.

494   *A tutela privada*

Pode, por exemplo e em ação direta, alguém forçar a entrada num leilão aberto ao público, para licitar em tempo útil: defende-se, assim, a autonomia privada. Mas já não será lícito fazer revistar, à saída, todos os frequentadores de um supermercado: se não houver indícios concretos de que algum praticou um furto e apenas em relação a ele.

A posição jurídica a defender deverá ser suscetível de coerção jurídica. Assim, não será possível recorrer à ação direta relativamente a obrigações naturais ou a situações jurídicas que, pela sua configuração, não possam ainda ser exercitadas[1661].

Finalmente: a necessidade pode ser ditada por um facto humano ou natural. Porém, se o facto humano for uma agressão, já estaremos perante a legítima defesa; se houver um perigo, a hipótese será de estado de necessidade.

II. O recurso à própria força representa o cerne da ação direta. Exige-se uma específica vontade de autoajuda ou ação direta[1662]: a ação direta, para além de uma concreta forma privada de exercício dos direitos, requer um máximo de racionalidade, por parte do agente.

A ação direta pode dirigir-se contra coisas[1663] ou contra pessoas[1664]. O próprio Código Civil exemplifica as possibilidades da sua concretização – 336.º/2:

> A ação direta pode consistir na apropriação, destruição ou deterioração de uma coisa, na eliminação da resistência irregularmente oposta ao exercício do direito, ou noutro ato análogo.

III. Como requisito muito visível temos, por fim, os limites da ação direta. A atuação por ela pressuposta deve ser duplamente contida:

[1661] Olaf Werner, no *Staudingers Kommentar* (2001) cit., § 229, Nr. 6 (799-800); Helmuth Köhler, *BGB Allgemeiner Teil* cit., 41.ª ed., § 19, Nr. 20 (267).

[1662] Johann Braun, *Subjektive Rechtsfertigungselemente im Zivilrecht?* cit., 943; Karl Larenz/Manfred Wolf, *Allgemeiner Teil* cit., 9.ª ed., 346; Manfred Wolf/Jörg Neuner, *Allgemeiner Teil* cit., 11.ª ed., § 21, Nr. 75 (274).

[1663] Tilman Repgen, no Staudinger (2009) cit., § 229, Nr. 29 ss. (961 ss.).

[1664] *Idem*, § 229, Nr. 35 ss. (963 ss.); no Direito alemão está especialmente em causa a detenção do devedor, pelo período estritamente necessário para evitar a frustração do crédito.

§ 50.º A ação direta — 495

– não pode exceder o que for necessário para evitar o prejuízo (336.º/1, *in fine*);
– não deve sacrificar interesses superiores aos que o agente vise realizar ou assegurar (336.º/3).

IV. Ao contrário do que poderia emergir de explanações correntes, na nossa doutrina, as figuras da legítima defesa, do estado de necessidade e da ação direta não foram racionalmente recortadas num universo plano de tutela privada. Antes se foram desprendendo, pela História, de um pano de fundo de monopólio estadual da justiça. Nessas condições, as fronteiras nem sempre são claras, entre as diversas figuras.

A ação direta permite eliminar uma resistência irregularmente oposta ao exercício de um direito; mas se essa resistência tomar a forma de agressão, pessoal ou patrimonial, já poderá haver legítima defesa; e se dela resultar um perigo, teremos um estado de necessidade. A hipótese de indefinição entre a ação direta e a legítima defesa é tão patente que o artigo 338.º optou por tratar em conjunto a hipótese de erro sobre os pressupostos dos dois institutos.

Não louvamos o legislador civil, neste ponto[1665]. Mas até sobrevir adequada reforma, teremos de lidar com o quadro vigente. Perante este, havendo concurso entre formas de autotutela, pode o agente prevalecer-se da que mais lhe convier. Estamos no campo do Direito privado, de tal modo que, aos particulares, caberá eleger os meios que lhes aprouver.

196. O regime; concretizações; excesso e situações putativas

I. A ação direta é lícita. Verificados os seus pressupostos, o agente não tem qualquer dever de indemnizar os danos que dela decorram. Eles serão imputáveis ou ao "resistente" ou a quem haja ocasionado a situação ou, finalmente, ao risco próprio dos circunstantes.

II. A ação direta é bastante mais aplicada pelos nossos tribunais do que a legítima defesa puramente civil ou do que o estado de necessidade. Repare-se que ela não tem equivalente penal, podendo, todavia, reconduzir-se ao conceito amplo de exercício de um direito, como causa de exclu-

---

[1665] *Vide* as apreciações críticas dos penalistas em Figueiredo Dias, *Direito penal* cit., 1, 467, com indicações.

496 *A tutela privada*

são de ilicitude – artigo 31.º/2, *b*), do Código Penal. Eis uma panorâmica da sua concretização:

REv 8-jan.-1985: a ação direta é excluída quando consistir numa conduta especialmente tipificada como criminosa[1666];

RPt 21-jan.-1986: é lícito ao proprietário de uma vinha colocar nela sardinhas envenenadas, para eliminar os animais que a invadam, para comer as uvas[1667];

STJ 20-abr.-1988: num caso de dano por destruição de uma coisa, entendeu-se que a ação direta só seria admissível na impossibilidade de recorrer aos meios coercivos normais[1668];

STJ 18-mai.-1988: admite que a ação direta civil possa integrar a causa justificativa penal do exercício de um direito – artigo 31.º/2, *b*), do Código Penal – ainda que não no concreto caso aí em jogo[1669];

RCb 29-mar.-1989: o abate a tiro de pombos alheios em prédio rústico só é ação direta se eles estiverem a causar danos nas culturas e houver sido feita uma prevenção à dona dos animais[1670];

REv 20-jan.-1998: não pode, em ação direta, o proprietário de um terreno destruir uma barraca de madeira lá erguida; estariam abertas as vias judiciais[1671];

RPt 12-jan.-1999: a ação direta é facultativa; se o agente não quiser ou não puder recorrer a ela, lançará mão dos meios judiciais[1672];

RCb 27-out.-1999: age em ação direta a pessoa que, dentro de uma propriedade privada, abate a tiro uma cabra que, após várias tentativas de expulsão, já causara danos de valor equivalente ao do próprio animal; fica excluída a ilicitude penal, por via do artigo 31.º/1 e 2, *b*), do Código Penal[1673];

[1666] REv 8-jan.-1985 (Orlando Saraiva Lima), BMJ 345 (1985), 468; este ponto terá de ser objeto de maior indagação: se a ação for civilmente lícita, os bens penalmente tutelados estarão, em regra, protegidos; faltará, ainda, o desvalor da ação e a própria culpa.

[1667] RPt 22-jan.-1986 (Teixeira do Carmo), CJ XI (1986) 1, 197-200 (199-200).

[1668] STJ 20-abr.-1988 (José Saraiva), BMJ 376 (1988), 366-370 (369).

[1669] STJ 18-mai.-1988 (Manso Preto), BMJ 377 (1988), 275-279 (277).

[1670] RCb 29-mar.-1989 (Andrade Saraiva), CJ XIX (1989) 2, 87-89 (88/II).

[1671] REv 20-jan.-1998 (Sousa Magalhães), BMJ 473 (1998), 578-579 (o sumário).

[1672] RPt 12-jan.-1999 (Emérico Soares), BMJ 483 (1999), 275 (o sumário).

[1673] RCb 27-out.-1999 (Ferreira Dinis), BMJ 490 (1999), 326 = BMJ 491 (1999), 351 (o sumário).

§50.º A ação direta

STJ 19-abr.-2012: a substituição de terceiros ao empreiteiro, para corrigir erros de obra, em ação direta, só é possível quando absolutamente necessária[1674];

RLx 9-jul.-2014: não admitiu a ação direta num caso em que o agente, considerando que as janelas do prédio contíguo violavam a sua propriedade, entaipou-as, pura e simplesmente; a Relação entendeu que o agente tivera tempo suficiente para recorrer aos meios normais de realização do Direito[1675];

RPt 20-jan.-2016: validou a ação direta por parte da pessoa que procedeu ao tamponamento de uma caixa de coletor instalada pelos serviços públicos sem a sua autorização e que inundava a sua garagem[1676].

Como hipótese ilustrativa de ação direta, referimos uma decisão do *Bundesgerichthof* alemão de 3-nov.-1993, que considerou legítima, à luz da ação direta, o controlo de sacos de clientes de um supermercado, desde que haja suspeitas concretas de furto[1677].

III. O excesso de ação direta verificar-se-á quando o agente ultrapassasse, na sua atuação, o que for necessário para evitar a inutilização prática da posição a tutelar ou, em qualquer caso, quando sacrifique interesses superiores aos que visava realizar ou assegurar (336.º/1, *in fine* e 336.º/3). O excesso é ilícito, com as devidas consequências[1678]. De todo o modo, também aqui podemos admitir que, ocorrendo os factos em ambiente de especial tensão, o excesso possa ser desculpável havendo, contudo, que providenciar quanto aos danos.

IV. Ao contrário do Direito alemão, o artigo 338.º prevê expressamente a ação direta putativa: o agente age na suposição errónea de se verificarem os pressupostos que justificam a ação direta. Sintomaticamente, fá-lo em simultâneo com a legítima defesa putativa: a fronteira entre as duas figuras é ténue, havendo mesmo áreas de sobreposição. Além disso, pode ocorrer que o agente suponha agir em legítima defesa, quando o caso seja de ação direta: e inversamente.

[1674] STJ 19-abr.-2012 (Ana Paula Boularot), Proc. 453/06.
[1675] RLx 9-jul.-2014 (António Valente), Proc. 2171/13.
[1676] RPt 20-jan.-2016 (Borges Martins), Proc. 1442/13.
[1677] BGH 3-nov.-1993, NJW 1994, 188-189 (189/I).
[1678] Tilman Repgen, no *Staudingers Kommentar*, (2009) cit., § 229, Nr. 46 (965).

498   *A tutela privada*

O erro é possível perante qualquer um dos pressupostos da ação direta. Assim, pode o agente, erradamente, representar-se: um direito ou posição que afinal, não detenha; uma impossibilidade insubsistente de recorrer aos meios normais; um óbice ou uma resistência de facto inexistentes; uma via de atuação inadequada, com prejuízos dispensáveis ou que ultrapassem o dano a evitar. Sendo o erro desculpável, a ação direta é eficaz.

O juízo de desculpabilidade seguirá, nos termos gerais (487.°/2) a bitola do *bonus pater familias*, colocado na concreta posição do agente. Quando tal juízo seja negativo, o agente não tem cobertura jurídica: deve indemnizar.

Na hipótese inversa: digamos que cada um corre o risco de ver, contra si, formar-se uma aparência de ação direta.

197. Fundamento e natureza

I. Aparentemente, a ação direta funda-se na defesa dos próprios direitos. A Ordem Jurídica, reconhecendo que nem sempre a sua atuação é eficaz, faculta aos particulares, em certas circunstâncias, uma hipótese de autotutela.

Todavia, podemos ir mais longe. Os efeitos conseguidos com a ação direta bem sucedida são, no fundo, os que obteria a Ordem Jurídica, se pudesse funcionar na sua plenitude. No seu conjunto, os direitos subjetivos *são* o ordenamento de cuja preservação se trate. Por isso, tal como a legítima defesa, também a ação direta tem um fundamento supraindividual, situado na defesa global do sistema.

A ação direta é ainda uma forma de prevenir a violação de regras jurídicas, embora não de modo tão óbvio como a legítima defesa. A "inutilização prática de um direito" é, seguramente, algo que o Direito não quer. É certo que, entre os pressupostos da ação direta, não se conta uma atuação ilícita da pessoa contra a qual se irá, depois, desenrolar a atuação do agente. Mas há sempre uma qualquer falha. Para a questão paralela da responsabilidade pelo risco, procurámos introduzir a ideia de ilicitude imperfeita[1679]: ao prever imputações "sem culpa" (portanto: sem ilicitude), o Direito pretende

---

[1679] Vide o nosso *Da responsabilidade civil dos administradores das sociedades comerciais* cit., 484.

§50.º A ação direta

evitar que os danos em jogo se produzam[1680]. A ideia é, aqui, aproveitável: a ação direta visa dissuadir resistências irregulares ao exercício dos direitos.

II. Poderíamos ser tentados a procurar o fundamento da ação direta no próprio exercício da posição jurídica cuja defesa esteja em causa. Assim, no conteúdo do direito de propriedade, inscrever-se-ia a faculdade de recorrer à ação direta, para sua defesa (1314.º e 336.º). Não chega. O que se inscreve nos direitos subjetivos é apenas um dos pressupostos da ação direta: a titularidade. Os demais pressupostos são externos e dão corpo a uma permissão genérica de atuação.

Situamos, aí, a natureza deste instituto.

[1680] Por exemplo: a imputação dos danos derivados de acidente de trabalho (artigo 290.º/1, do CT, *a contrario*) à entidade empregadora, mesmo sem culpa desta, visa, indiretamente, a tomada, dentro da empresa, de todas as medidas necessárias para prevenir tais acidentes.

§ 51.º O CONSENTIMENTO DO LESADO

198. Aspetos gerais; pressupostos

I. Na sequência das três examinadas formas de tutela privada, o Código Vaz Serra veio, no artigo 340.º, prever a figura do consentimento do lesado:

> 1. O ato lesivo dos direitos de outrem é lícito, desde que este tenha consentido na lesão.

Trata-se de uma clara regra de responsabilidade civil[1681], como tal considerada pelos diversos estudiosos[1682]. A sua presença no artigo 340.º explica-se pelos acasos, acima relatados, da feitura do Código[1683]. De todo o modo, podemos dar-lhe um alcance substancial, no presente capítulo dedicado à tutela privada: pela índole do Direito civil, as pessoas são livres de abdicar da tutela que a lei lhes confere, em certos casos. Será, pois, uma manifestação de liberdade subjacente à tutela privada.

II. Pressupostos do consentimento do lesado são[1684]:

– um direito disponível;
– um acto de consentimento;
– um ato lesivo.

[1681] Direito das obrigações, 2, 359-360.

[1682] Por todos: Pessoa Jorge, Ensaio sobre os pressupostos da responsabilidade civil cit., 269 ss. e o clássico de Ernst Zitelmann, Ausschluss der Widerrechtlichkeit, AcP 99 (1906), 1-130 (47 ss.).

[1683] Supra, 445 ss..

[1684] Como obra de referência: Ansgar Ohly, "Volenti non fit iniuria"/Die Einwilligung im Privatrecht (2002), XXI + 503 pp., já citado.

§51.º O consentimento do lesado

A disponibilidade do direito é um requisito basilar. O artigo 340.º/2 exprime-o dizendo:

> O consentimento do lesado não exclui, porém, a ilicitude do ato, quando este for contrário a uma proibição legal ou aos bons costumes.

Poderíamos distinguir entre a indisponibilidade de um direito e as hipóteses de, havendo embora disponibilidade, o consentimento do lesado se revelar ineficaz, para efeitos de justificação de ilicitude, por o concreto ato ofensivo ser, por si, contrário à lei ou aos bons costumes. As hipóteses de proibição legal são bastante mais extensas do que o que poderia parecer, numa visão superficial. Assim:

– no domínio dos direitos de personalidade, há restrições ponderosas – artigo 81.º;
– no campo dos créditos, não é permitida uma renúncia prévia aos direitos do credor (809.º), tendo a remissão, sempre, natureza contratual (863.º/1);
– não é possível a doação de bens futuros (942.º/1);
– no Direito da família trabalha-se, em regra, com situações indisponíveis.

De facto, o artigo 340.º só opera perante a responsabilidade aquiliana (483.º/1), especialmente com direitos reais e – nas devidas margens – com direitos de personalidade. A sua solene inclusão na parte geral do Código faculta mais um dos impressionantes equívocos imputáveis à classificação germânica pura.

III. O ato de consentimento será, em rigor, um ato unilateral. Não se exclua, à partida, uma natureza negocial[1685]: o *dominus* poderá estipular os termos e o alcance da autorização dada. Haveria, nessa eventualidade, liberdade de celebração e liberdade de estipulação.

Dependendo das circunstâncias (127.º), o consentimento do lesado exigirá legitimidade, capacidade de gozo e capacidade de exercício. Integrará uma declaração de vontade, expressa ou tácita[1686] e deverá passar

---

[1685] Zitelmann, *Ausschluss der Widerrechtlichkeit* cit., 51 e 53.

[1686] Assim, tem-se por consentido o molestar físico, no âmbito da prática do futebol, a que o ofendido voluntariamente se entregue: RCb 16-mar.-2000 (João Trindade), BMJ 495 (2000), 369/II (o sumário), com relevância penal. Todavia, a lesão deve conter-se no

502 *A tutela privada*

pelo crivo das regras sobre a perfeição e a eficácia das declarações de vontade. Sucede ainda que, em certos casos, o "lesado" não está em condições de consentir na lesão a qual, todavia, é no seu interesse e corresponde à sua vontade plausível – 340.º/3: o consentimento tem-se por verificado. Tal ocorre nos casos em que se imponha uma intervenção médica de urgência, sem que o interessado esteja em condições de dar a sua concordância[1687].

IV. Finalmente, perante o consentimento do interessado, será levado a cabo em ato lesivo. Tomaremos este um sentido amplo:

– pode provocar um dano efetivo, de tipo patrimonial ou moral[1688];
– pode não ser danoso mas, todavia, integrar um núcleo de bens aos quais os terceiros não devem aceder.

O ato lesivo não poderá ir além do consentido. Havendo excesso ou ocorrendo um consentimento putativo, o agente será responsável pelos danos, salva a hipótese da falta de culpa.

199. Justificação e natureza

I. O consentimento do lesado encontra a sua justificação básica na liberdade pressuposta pelos direitos subjetivos. Por definição: sendo direitos, não têm de ser exercidos; além disso, eles envolvem, para o seu titular, a possibilidade de permitir ingerências no âmbito da sua própria permissão normativa específica de atuação.

Podemos extrapolar a figura do consentimento do lesado para outras posições ativas permitidas e, designadamente, para o domínio das permissões genéricas ou liberdades.

II. Em termos gerais, o consentimento do lesado – aí: do "ofendido" – pode ser construído de diversas formas e designadamente: como fator que

---

risco próprio do desporto em causa: STJ 12-mai.-2016 (Fernanda Isabel Pereira), Proc. 108/09.

[1687] Wolfgang Mitsch, *Die "hypothetische Einwilligung" im Artzstrafrecht*, JZ 2005, 279-285.

[1688] Assim, não é lícita a divulgação, por um jornalista, de dados relativos à situação fiscal de um particular, sem o seu consentimento: viola a intimidade da sua vida privada: RLx 16-out.-2001 (Santos Rita), CJ XXI (2001) 4, 148-150 (150).

§51.º O consentimento do lesado 503

ponha em causa a tipicidade penal da ação ou como verdadeira causa de justificação[1689]. Em moldes civis, haverá que distinguir diversas situações:

- o exercício normal do direito, que habilita os terceiros a agir: o convite para jantar em casa do "lesado"; não há qualquer dano (pelo contrário!); de outro modo, porém, o ato é proibido;
- o exercício, anormal mas lícito, do direito, em termos que permitam atuações de outro modo vedadas: será o caso de o proprietário de um quadro decidir que o mesmo é um alvo para treinos com pistola; podem os presentes atirar ao quadro, sem "dano";
- a obtenção de uma vantagem, numa área reservada, porém, ao titular do direito: a autorização para uma intervenção cirúrgica que irá prolongar a vida do "lesado";
- o efetivo sofrimento de um dano, que o lesado decide suportar: a permissão para que os moradores da aldeia se sirvam do seu pomar.

III. No fundo, temos sempre formas de exercício da autonomia privada ou de direitos subjetivos. Nalguns casos, parece-nos claro que se "mexe" na própria (i)licitude; noutros, temos uma causa (externa) de justificação.

[1689] Com elementos, Figueiredo Dias, *Direito penal* cit., 1, 442; *vide* Maria Fernanda Palma, *Direito penal/Parte geral* cit., 306 ss..

CAPÍTULO VII

AS PROVAS

§ 52.º NOÇÕES BÁSICAS

200. A prova civil e a prova em processo

I. A prova integra-se na vasta gama das operações da consciência humana, quando opera na busca da verdade e na sua comunicação dentro da comunidade[1690]. No domínio das Ciências Naturais, a prova atua como uma demonstração de causas e efeitos. No das Humanísticas, ela pode funcionar como um argumento suplementar, em prol de certa proposição. Finalmente, no Direito: a prova assume um alcance delimitado e preciso. Segundo o artigo 341.º:

> As provas têm por função a demonstração da realidade dos factos.

Neste sentido, o papel da prova é universal, dentro da sociedade. Ele será desempenhado por qualquer informação exteriorizada capaz de exprimir a ocorrência de um facto. Na grande maioria dos casos da vida corrente, a simples palavra de um ser humano tem esse papel.

II. Havendo litígios, as partes podem dissentir: sobre os factos efetivamente ocorridos, sobre o sentido das leis aplicáveis ou sobre ambos. Para solucionar temas puramente jurídicos, vale a Ciência do Direito. Mas para esclarecer os factos: há que produzir prova, perante o tribunal. Temos a prova processual, que Castro Mendes definiu como[1691]:

[1690] Alessandro Giuliani, *Prova (filosofia del diritto)*, ED XXVII (1988), 518-579 (519/II).

[1691] João de Castro Mendes, *Do conceito de prova em processo civil* (1961), 741.

506   *As provas*

o pressuposto da decisão jurisdicional que consiste na formação através do processo no espírito do julgador da convicção de que certa alegação singular de facto é justificavelmente aceitável como fundamento da mesma decisão.

A prova consiste, segundo esta noção, em afirmações singulares de facto: por oposição às máximas de experiência e às demonstrações próprias da Ciência do Direito[1692]. É evidente que, tratando-se de prova processual, tem de haver regras. Tais regras, para enformarem uma aplicação racional, previsível e controlável do Direito têm, elas próprias, de ser racionais[1693]. E sendo racionais, retornam ao Direito civil: embora, neste, não se cure, à partida, do foro, ele está sempre subjacente, como forma última de dirimir quaisquer conflitos de interesses.

III. A matéria das provas releva especialmente no processo[1694]. Assume, aí, regras diferentes, consoante o tipo de processo em jogo: civil[1695], penal[1696] ou, até, económico[1697]. Compreende-se: particularmente no processo penal, podem estar em jogo valores que contundam com direitos fundamentais e que requeiram, por isso, um suplemento de cautelas[1698].

[1692] Miguel Teixeira de Sousa, *As partes, o objecto e a prova na acção declarativa* (1995), 195. O artigo 348.º admite a prova do Direito consuetudinário, local ou estrangeiro: trata-se, porém, de uma prova de fontes (existência e conteúdo) e não de procedimentos decisórios, que competem apenas ao julgador.

[1693] Giovanni Verde, *Prova (teoria generale e diritto processuale civile)*, ED XXVII (1988), 579-647 (580).

[1694] Tem, ainda hoje, um especial interesse: José Alberto dos Reis, *Código de Processo Civil Anotado*, 3 (1950), 237 ss..

[1695] Leo Rosenberg/Karl Heinz Schwab/Peter Gottwald, *Zivilprozessrecht*, 16.ª ed. (2004), § 109, I (742) e Virgilio Andrioli, *Prova (diritto processuale civile)*, NssDI XIV (1968), 260-300. Entre os primeiros clássicos do século XIX: Wilhelm Endemann, *Die Beweislehre des Zivilprozess* (1860, reimp., 1973), 35 (quanto ao conceito de prova).

[1696] Achille Malchionda, *Prova (diritto processuale penale)*, ED XXVII (1988), 649-679 e Giuseppe Sabatini, *Prova (diritto processuale penale e diritto processuale penale militare)*, NssDI XIV (1968), 300-322. Quanto a clássicos: Curt Spohr, *Die Beweisinteresse in Strafsachen (sog. Materielle Beweislast)* (1894).

[1697] Attilio Moroni, *Prova (diritto processuale economico)*, NssDI XIV (1968), 325-329.

[1698] Recorde-se o recente ciclo de controvérsias sobre o tema das escutas telefónicas, como meio de prova, em processo penal.

§52.º *Noções básicas*   507

Também entre nós, o tema das provas suscitou um especial interesse no campo do processo civil. Desde logo, cumpre referir a divulgação da tradução francesa do *Tratado* de Bentham (1748-1832), sobre as provas judiciárias[1699]. Após o Código de Seabra[1700], temos as monografias interessantes de Sampaio e Melo[1701] e de Neves e Castro[1702]. Ao longo da primeira metade do século XX, particularmente em torno da reforma do processo civil de 1939, multiplicaram-se as exposições gerais de processo civil, com relevo para a prova; avultam os nomes de Paulo Cunha[1703], Manuel de Andrade[1704] e José Alberto dos Reis[1705]. Cumpre notar que os dois Autores primeiro citados foram, antes do mais, grandes civilistas.

Da década de sessenta do século XX, surgiram duas importantes monografias: de Castro Mendes, no âmbito processual[1706] e de Vaz Serra, no material[1707]: este último visando já a preparação do Código Civil para que propomos o seu nome. O tema das provas seria, depois, objeto de especial atenção de Lebre de Freitas[1708] e de Miguel Teixeira de Sousa[1709], obtendo ainda diversos estudos sectoriais[1710]. Neste século, salientamos as mono-

---

[1699] J. Bentham, *Traité des preuves judiciaires*, em *Oeuvres* 2 (1829), ed. Étienne Dumont.

[1700] Com referência aos trabalhos preparatórios: José Dias Ferreira, *Codigo Civil Portuguez Annotado* 5 (1876), 134 ss..

[1701] Lopo Vaz de Sampaio e Melo, *Bases para uma teoria de provas judiciais em causas cíveis* (1869).

[1702] Francisco Augusto das Neves e Castro, *Theoria das provas e sua applicação aos actos civis* (1880), 406 pp..

[1703] Paulo Cunha, *Da marcha do processo: processo comum de declaração*, por Artur Costa e Jaime de Lemos, 2 volumes, 2.ª ed. (1944), 64 ss..

[1704] Manuel de Andrade, *Lições de processo civil*, por T. Moreno/Sousa Seco/P. Augusto Junqueiro (1945), 140 ss..

[1705] José Alberto dos Reis, especialmente: *Código de Processo Civil anotado*, 3 (1950), 240 e ss. e 4 (1951), 1 ss..

[1706] João de Castro Mendes, *Do conceito de prova em processo civil* (1961, já cit.), 780 pp..

[1707] Adriano Vaz Serra, *Provas (Direito probatório material)*, BMJ 110 (1961), 61-256.

[1708] José Lebre de Freitas, *A falsidade no Direito probatório* (1984), 222 pp., e *A confissão no Direito probatório (Um estudo de Direito positivo)* (1990), 808 pp..

[1709] Miguel Teixeira de Sousa, *As partes, o objecto e a prova na acção declarativa* (1995, já cit.), 195 ss..

[1710] Isabel Alexandre, *Provas ilícitas em processo civil* (1998), 314 pp. e Pedro Ferreira Múrias, *Por uma distribuição fundamentada do ónus da prova* (2000), 175 pp., como exemplos.

508   *As provas*

grafias de Pires de Sousa[1711] e de João José Marques Martins[1712]. As provas são ainda muito relevantes nas arbitragens[1713].

A nível europeu[1714], a matéria das provas era, em regra, tratada no Direito processual civil: tal a tradição alemã[1715]. Em Itália, porém, designadamente após a célebre monografia de Carnelutti sobre as provas civis[1716], o tema passou a constar do reportório dos civilistas. Acabaria por merecer acolhimento no Código Civil de 1942 – artigos 2697.º a 2739.º[1717] – de tal modo que, hoje, a matéria das provas está repartida entre o Código Civil e o Código de Processo Civil[1718].

Este modelo exerceu uma especial influência, entre nós: em princípio, o Direito probatório material consta do Código Civil; o formal, do Código de Processo Civil[1719].

IV. É possível falar numa tradição nacional autónoma de substancializar a matéria das provas, colocando-a no Direito civil. O Código de Seabra, no Livro II (*Da prova dos direitos e da restituição d'elles*) da Parte IV (*Da offensa dos direitos, e da sua reparação*), tinha um título – o Título I, precisamente denominado *Das provas*, com um conteúdo que interessa não esquecer[1720]:

[1711] Luís Filipe Pires de Sousa, *O valor probatório do documento eletrónico no processo civil*, 2.ª ed. (2017), 140 pp..

[1712] João José Marques Martins, *Prova por presunções judiciais na responsabilidade civil aquiliana* (2017), 655 pp..

[1713] *Vide* o nosso *Tratado da arbitragem* (2015), 284 ss..

[1714] Em termos comparatísticos descritivos, a obra de referência é a de Heinrich Nagel/Ena-Marlis Bajons, *Beweis – Preuve – Evidence/Grundzüge des zivilprozessualen Beweisrechts in Europa* (2003), 859 pp..

[1715] Heinrich Nagel, *Deutschland*, em Nagel/Bajons, *Beweis – Preuve – Evidence* (2003), 95-129; a fonte a considerar é, essencialmente a ZPO (*Zivilprozessordnung* ou Código de Processo Civil alemão).

[1716] Francesco Carnelutti, *La prova civile/Parte generale/Il concetto giuridico della prova* (1915, reimp. 1992), 194 pp..

[1717] *Vide* Roberto Triola, *Codice Civile annotato con la giurisprudenza*, 3.ª ed. (2003), 2401-2444.

[1718] Salvatore Patti, *Italien* em Nagel/Bajons, *Beweis – Preuve – Evidence* (2003), 267-296 (267).

[1719] Martina Schwonke, *Portugal*, em Nagel/Bajons, *Beweis – Preuve – Evidence* (2003), 505-518 (505).

[1720] José Dias Ferreira, *Codigo civil portuguez annotado*, 1.ª ed., 5 (1876), 132-224 = 2.ª ed., 4 (1905), 310-401.

§52.º Noções básicas

Capítulo I — Das provas em geral (2404.º a 2407.º);
Capítulo II — Da confissão das partes (2408.º a 2417.º);
Capítulo III — Das vistorias e exames (2418.º e 2419.º);
Capítulo IV — Da prova testemunhal (2420.º e 2421.º):
   Secção I — Dos documentos authenticos (2422.º a 2430.º);
   Secção II — Dos documentos particulares (2431.º a 2440.º);
   Secção III — Da prova de nascimentos, casamentos e óbitos (2441.º a 2444.º):
      Subsecção I — Do registo civil (2445.º a 2491.º)[1721];
   Secção IV — Das testemunhas instrumentárias (2492.º);
   Secção V — Dos vícios que podem illidir a força probatória dos documentos (2493.º a 2497.º);
   Secção VI — Dos traslados e certidões (2498.º a 2501.º);
Capítulo V — Do caso julgado (2502.º e 2505.º);
Capítulo VI — Da prova testemunhal (2506.º a 2515.º);
Capítulo VII — Das presumpções (2516.º a 2519.º);
Capítulo VII — Do juramento:
   Secção I — Disposições gerais (2520.º a 2522.º);
   Secção II — Do juramento decisório (2523.º a 2532.º);
   Secção III — Do juramento suppletorio (2533.º e 2534.º).

Tínhamos, aqui, uma panorâmica geral sobre o tema das provas. Certo era que alguns dos preceitos tinham natureza instrumental: de processo ou de registo. A própria definição de prova, resultante do artigo 2404.º, assumia um sabor processual:

> Prova é a demonstração da verdade dos factos allegados em juízo.

A doutrina processualista subsequente considerava a matéria da prova de índole processual, visto visar a convicção do juiz. O influente Alberto dos Reis fazia mesmo apelo a um Direito processual-material[1722]. Temos porém de reconhecer que as provas, colocadas mesmo no final do Código de Seabra, não animavam os programas universitários de Direito civil. O seu estudo e a sua divulgação ficaram a dever-se aos processualistas.

[1721] Acaba por ser a secção única, repartida por seis divisões.

[1722] José Alberto dos Reis, *Código de Processo Civil anotado* cit., 3, 241: no fundo, este Autor propendia para a natureza processual das regras em jogo.

510 *As provas*

Aquando da preparação do Código Civil vigente, Vaz Serra ponderou o tema, optando pela inserção civil da "disciplina material das provas"[1723]. Referiu, para tanto, três razões[1724]:

– a prova não visa só a convicção do juiz mas, também, a de outras pessoas ou entidades;
– a dispersão da matéria pelos Códigos Civil, de Processo Civil e do Notariado;
– as grandes atinências de certos meios de prova, como a confissão, com o Direito substantivo.

No desenvolvimento subsequente, vaz Serra considera que certos meios de prova têm sede processual.

V. Interessa, agora, referir a distribuição da matéria da prova, pelos Códigos Civil e de Processo Civil.

No Código Civil, as provas surgem num capítulo – o II – do subtítulo relativo ao exercício e tutela dos direitos. Eis a sua arrumação:

Secção I – Disposições gerais (341.º a 348.º);
Secção II – Presunções (349.º a 351.º);
Secção III – Confissão (352.º a 361.º);
Secção IV – Prova documental:
    Subsecção I – Disposições gerais (362.º a 368.º);
    Subsecção II – Documentos autênticos (369.º a 372.º);
    Subsecção III – Documentos particulares (373.º a 379.º);
    Subsecção IV – Documentos especiais (380.º a 387.º);
Secção V – Prova pericial (388.º e 389.º);
Secção VI – Prova por inspeção (390.º e 391.º);
Secção VII – Prova testemunhal (392.º a 396.º).

No Código de Processo Civil, a temática das provas ocorre a propósito da instrução do processo, isto é: da fase na qual o tribunal vai investigar e fixar os factos relevantes. Temos aí:

Capítulo I – Disposições gerais (410.º a 422.º);
Capítulo II – Prova por documentos (423.º a 451.º);
Capítulo III – Prova por confissão e por declaração das partes (452.º a 466.º):

[1723] Vaz Serra, *Provas* cit., 64.
[1724] Vaz Serra, *Provas* cit., 65-67.

§52.° Noções básicas   511

Secção I   – Prova por confissão das partes (452.° a 465.°);
Secção II   – Prova por declaração das partes (466.°);
Capítulo IV   – Prova pericial (467.° a 489.°):
Secção I   – Designação dos peritos (467.° a 473.°);
Secção II   – Proposição e objeto de prova pericial (474.° a 477.°);
Secção III – Realização da perícia (478.° a 486.°);
Secção IV – Segunda perícia (487.° a 489.°);
Capítulo V   – Inspeção judicial (490.° a 494.°);
Capítulo VI   – Prova testemunhal (495.° a 526.°):
Secção I   – Inabilidades para depor (495.° a 497.°);
Secção II   – Produção da prova testemunhal (498.° a 526.°).

Um estudo sobre esta matéria pressupõe uma articulação entre os dois Códigos. Perante os objetivos do presente *Tratado*, procuraremos cingirmo-nos aos aspetos materiais.

201. O ónus da prova

I. A questão do ónus da prova ergue-se como o grande eixo de todo o Direito probatório material[1725]. Podemos adiantar que tem o ónus da prova a pessoa a quem caiba demonstrar os factos em discussão, sob pena de ver desatendidas as suas pretensões.

Na origem do problema, temos as seguintes proposições:

– num litígio, o juiz poderá ficar sem saber como, afinal, ocorreram os factos aí discutidos: seja porque, sobre ele, aparecem provas (*maxime*: testemunhos) contraditórias, sem que se mostre possível fazer uma opção; seja porque, de todo, não há elementos; seja, finalmente, porque, embora havendo elementos, o juiz conserva dúvidas sérias sobre a sua autenticidade ou compleitude;
– todavia, o juiz nunca poderá recusar-se a julgar, invocando dúvida insanável sobre os factos em litígio (8.°/1).

[1725] Rosenberg/Schwab/Gottwald, *Zivilprozessrecht* cit., 16.ª ed., 779-780, com uma sugestiva bibliografia. Entre nós: uma menção: uma menção especial à excelente monografia de Pedro Múrias, *Por uma distribuição fundamentada do ónus da prova* cit., especialmente 19 ss. e *passim*.

512 *As provas*

O ónus da prova permitirá decidir quando nada se apure, de definitivo, sobre os factos em discussão dizendo quem perde, na falta de prova: é o tributo a pagar à natureza humana dos tribunais terrenos. Assim, se alguém pede a restituição de uma coisa invocando ser seu proprietário e, depois, não consegue fazer a prova de um facto aquisitivo do domínio, o juiz absolverá o réu: a ação naufraga.

II. Na falta de normas ou de convenções específicas sobre o ónus da prova, deve-se partir da *regra fundamental negativa do ónus da prova*. Uma vez que as normas jurídicas só funcionam quando se verifiquem as respetivas previsões, o juiz não poderá aplicá-las quando não constate, no domínio dos factos, a ocorrência dos pertinentes acontecimentos. A decisão surgirá contrária a quem pretenda a aplicação da norma: será o fundamento material do ónus da prova. Essa materialidade explica por que razão os códigos civis, mesmo quando não regulem explicitamente o tema da prova (caso do BGB), não deixam de reger situações de ónus da prova, designadamente quando se desviem do padrão geral[1726].

Mas existe, também, um fundamento processual. No caso de um *non liquet* – portanto: de não se ter podido apurar, afinal, o que aconteceu, com referência aos factos em litígio – o juiz ficaria, na falta de outra regra, impedido de proceder quer à aplicação positiva, quer à negativa. Mas a decisão não pode ser omitida. O ónus da prova torna-se, nessa altura, numa norma de decisão do caso[1727]. E a decisão cairá contra quem, invocando os factos decisivos, não logre demonstrá-los.

III. A regra básica está predisposta no artigo 342.º/1: a quem invocar um direito cabe fazer a prova dos factos constitutivos do direito em causa[1728]. "Direito" surge, aqui, em sentido amplo: trata-se de qualquer

---

[1726] Adolf Wach, *Die Beweislast nach dem Bürgerlichen Gesetzbuch* (1901), 15, Joseph Cüppers, *Beiträge zur Lehre von der Beweislast* (1902), 49 ss. e Herbert Zelenka, *Die Beweislast bezüglich des Eigentums bei der Mobiliarvindikation (zu betrachten nach gemeinem Recht und dem Recht des BGB)* (1902); centramos a atenção na literatura subsequente ao BGB; obras ulteriores podem ser confrontadas em Rosenberg/Schwab/Gottwald, cit. *supra*, nota 1397.

[1727] Rosenberg/Schwab/Gottwald, *Zivilprozessrecht* cit., 16.ª ed., § 114, Nr. 8 (781-782).

[1728] O Código de Seabra dispunha quanto ao tema, no seu artigo 2405.º:

A obrigação de provar incumbe àquelle que allega o facto; excepto se tiver a seu favor alguma presumpção de direito.

§ *52.º Noções básicas*   513

posição jurídica ativa de que o interessado queira prevalecer-se. Esta regra tradicional tomava corpo em brocardos como *affirmanti non neganti incumbit probatio*[1729] ou *negantis nulla probatio*[1730].

Perante isso e pela mesma lógica, cabe ao réu ou demandado o ónus da prova dos factos impeditivos, modificativos ou extintivos do direito que, contra ele, seja invocado – 342.º/2. Digamos que, em geral, cada parte suporta do ónus da prova dos factos que lhe sejam favoráveis. Cabe ao Direito material fixar os factos em causa e a sua natureza, sendo de reter a norma do artigo 342.º/3: na dúvida, os factos devem ser considerados constitutivos[1731].

Estas regras materiais são complementadas pelo artigo 516.º do Código de Processo Civil, verdadeira regra processual sobre o sentido da decisão:

A dúvida sobre a realidade de um facto e sobre a repartição do ónus da prova resolve-se contra a parte a quem o facto aproveita.

IV. A regra básica do ónus da prova é, depois, delimitada ou afastada, em certos casos, por outros parâmetros. Assim, temos:

– factos que não carecem de prova;
– o princípio da aquisição processual;
– regras especiais.

Não carecem de prova os factos notórios – portanto: os que são do conhecimento geral – e aqueles que o tribunal conheça por virtude do exercício das suas funções – artigo 514.º/1 e 2 do Código de Processo Civil[1732].

A aquisição processual diz-nos que o tribunal deve atender a *todas* as provas produzidas, mesmo que elas não tenham sido produzidas pela parte a quem caberia o ónus de o fazer – 515.º, do mesmo Código.

[1729] Paul Sattelmacher, *Über die Gültigkeit und Bedeutung der gemeinrechtlichen Prozessregel: affirmanti non neganti incumbit probatio* (1902), 82 pp..

[1730] Friedrich Sieveking, *Bedeutung und Gültigkeit des Satzes negantis nulla probatio* (1889), 69 pp..

[1731] Esta orientação do Código Vaz Serra, que remonta a Manuel de Andrade e a Michele, mereceu especiais críticas por parte de Anselmo de Castro, *Lições de processo civil*, 4.º vol. (coligidas e publicadas por J. Simões Patrício, J. Formosinho Sanches e Jorge Ponce de Leão, polic., 1968), 129-130.

[1732] Quanto à problemática dos factos notórios, Vaz Serra, *Provas* cit., 85 ss..

514   *As provas*

As regras especiais – ou algumas delas – constam do artigo 343.º.
Em síntese:

- nas ações de simples apreciação (diga o tribunal se existe determinado direito) ou de declaração negativa (diga o tribunal que o réu não tem determinado direito), compete ao réu a prova do direito de que se arroga[1733] – n.º 1;
- nas ações que devam ser propostas dentro de certo prazo a contar da data em que o autor teve conhecimento de determinado facto, cabe ao réu a prova de que esse prazo já decorreu – n.º 2; de resto: essa solução já decorreria do artigo 342.º/2, uma vez que se joga um facto extintivo (por caducidade) da pretensão deduzida;
- a prova da verificação da condição suspensiva ou do termo inicial cabe ao autor; a relativa à condição resolutiva e ao termo extintivo, ao réu[1734] – n.º 3, em nova aplicação das regras gerais.

V. As regras atinentes ao ónus da prova apresentam-se, em última análise, como normas materiais[1735]. Elas integram – e em lugar de peso – os modelos de decisão, contribuindo para a definição das diversas situações jurídicas, em especial dos direitos subjetivos.

Por razões de racionalidade e de contingência linguística, as regras atinentes ao ónus da prova operam como um segundo ordenamento, paralelo ao das normas civis. Mas elas funcionam em conjunto com as demais, para resolver casos concretos. Compreende-se a sua diferenciação crescente e o relevo que o seu estudo autónomo merece, particularmente em âmbitos de litigiosidade delicada[1736]. Nenhum estudo será conclusivo se não versar o tema do ónus da prova.

[1733] Emil Martinius, *Behauptungs- und Beweislast bei der Negative und dem bedingten Vertage* (1902), 11 ss. (negativa) e 49 ss. (condicionada).

[1734] Ernst Meyerhofer, *Zur Lehre von der Beweilast, insbesondere bei bedingten und befristeten Verträge*, ZSR 1903, 313-378.

[1735] Hanns Prütting, *Gegenwartsprobleme der Beweilast* (1983), 175 ss. e Rosenberg/Schwab/Gottwald, *Zivilprozessrecht* cit., 16.ª ed., § 114, III, Nr. 32 (787).

[1736] O próprio Prütting, *Gegenwartsprobleme* cit., 179 ss., dá uma especial atenção à repartição da prova no Direito do trabalho; quanto à responsabilidade profissional nos âmbitos médico e da advocacia, *vide* Dietmar Franzki, *Die Beweisregeln im Arzthaftungsprozess/Eine prozessrechtliche Studie unter Berücksichtigung des amerikanischen Rechts* (1982) e Frank-Holger Lange, *Die Beweisregeln im Anwaltshaftungsprozess* (2002), respetivamente.

§ 52.º Noções básicas

202. Inversão do ónus, convenções sobre provas e contraprovas

I. As regras sobre a distribuição do ónus da prova podem inverter-se, isto é: jogar contra a parte que, em princípio, delas benificiaria. Assim sucede – 344.º/1:

– quando haja uma presunção legal (350.º/1)[1737] favorável à parte que, de outro modo, estaria onerada;
– quando ocorra uma dispensa ou liberação do ónus da prova;
– quando haja uma convenção válida no sentido da inversão;
– quando a lei o determine.

O artigo 344.º/2, numa manifestação da regra-mãe *tu quoque*[1738], determina ainda a inversão sempre que a parte contrária tenha tornado culposamente impossível a prova do onerado, sem prejuízo de sanções processuais: de outro modo, o agente em causa iria tirar partido do ilícito próprio.

II. As convenções sobre as provas são genericamente possíveis, ao abrigo da autonomia privada (405.º/1)[1739]. Todavia, o artigo 345.º fixa diversas restrições, vedando, por nulidade:

– a convenção que inverta o ónus da prova, quando se trate de direito indisponível – n.º 1, 1.ª parte;
– a convenção que torne excessivamente difícil, a uma das partes, o exercício do direito – *idem*, 2.ª parte; a "excessividade" é determinada de acordo com a bitola da pessoa normal, colocada na concreta posição considerada;
– a convenção que excluir algum meio legal de prova ou que admitir um meio de prova diverso dos legais – n.º 2, 1.ª parte;
– a convenção que afaste determinações de ordem pública, isto é, injuntivas – 345.º/2, 2.ª parte; a ordem pública manifestar-se-á, designadamente, quando se jogue a tutela de terceiros.

[1737] *Infra*, 522 ss..

[1738] *Supra*, 365 ss..

[1739] Existiu, todavia, uma corrente doutrinária que se opunha à admissibilidade de tais convenções, sufragada por José Alberto dos Reis, *Código de Processo Civil Anotado* cit., 3, 250-251; o artigo 345.º teve, assim, o papel importante de explicitar a validade de tais cláusulas.

516 *As provas*

Ocorrem convenções de prova em contratos complexos, nos quais se pretenda incrementar a segurança e a rapidez. Assim, é permitido às partes convencionar que certas ocorrências contratuais só se possam provar por escrito; ou ainda: que verificadas determinadas perturbações (p. ex., em empreitadas), elas tenham de ser invocadas, em prazos curtos, perante tribunais *ad hoc* de tipo técnico, sob pena de não mais se poderem alegar ou demonstrar. Tudo isso é lícito e eficaz, na medida em que se reporte, apenas, às relações entre as partes.

As convenções sobre provas podem tornar gravoso o exercício dos direitos de algum dos interessados. Por isso, no tocante às relações com consumidores finais, são absolutamente proibidas as cláusulas contratuais gerais que modifiquem os critérios de repartição do ónus da prova ou restrinjam a utilização dos meios probatórios legalmente admitidos – artigo 21.º, *g*) da LCCG.

III. Em face da prova produzida pela pessoa a quem caiba o competente ónus, pode a contraparte opor contraprova ou, na gíria forense, "prova ao contrário" – 346.º. Ou seja: perante os mesmos factos, deduzir ou demonstrar elementos que os contrariem ou que os tornem duvidosos. Se conseguir, a causa é decidida contra a parte onerada com a prova, em nova manifestação da regra geral – 346.º, *in fine* e 516.º do Código de Processo Civil.

Tratando-se de prova legal plena, há restrições – 347.º:

– ela só pode ser contrariada provando-se que não é verdadeiro o facto por ela figurado (não chega, pois, a dúvida);

– sem prejuízo de outras restrições legais – p. ex., a do artigo 372.º/1.

203. A prova do Direito consuetudinário, local ou estrangeiro

I. A prova reporta-se, em princípio, a factos. O Direito é conhecido, de ofício, pelo tribunal: *iura novit curia* ou *da mihi facta, dabo tibi ius*. Ainda nessa linha vale a regra básica do artigo 664.º, 1.ª parte, do Código de Processo Civil:

O juiz não está sujeito às alegações das partes no tocante à indagação, interpretação e aplicação das regras de direito;

§ 52.º *Noções básicas* 517

As partes podem, todavia, ajudar a tarefa do tribunal, ordenando a matéria jurídico-científica ou fazendo juntar, aos autos, pareceres de professores – cf. artigos 525.º e 706.º/2, do Código de Processo Civil. A regra segundo a qual o tribunal conhece, por função, o Direito aplicável só é realista tratando-se de Direito português. Num Planeta repartido por centenas de ordens jurídicas, não é humanamente expectável que algum tribunal possa, jamais, ter conhecimentos sobre todas.

II. A essa luz, deve ser entendido o artigo 348.º, cujo n.º 1 recordamos:
Àquele que invocar direito consuetudinário, local ou estrangeiro, compete fazer a prova da sua existência e conteúdo; mas o tribunal deve procurar, oficiosamente, obter o respetivo conhecimento.

Temos, pois, um dever funcional de meios, relativamente ao tribunal. A posição deste perante o Direito e a prova do mesmo, pelo menos em certas circunstâncias, levanta problemas clássicos. No Código de Seabra surgia um preceito equivalente ao artigo 348.º: o 2406.º. Dispunha:

Nos casos em que for invocado algum estatuto ou postura municipal d'este paiz, ou alguma lei estrangeira, cuja existencia seja contestada, será obrigado a provar a dicta existencia aquelle que tiver allegado tal estatuto, postura ou lei.

A doutrina da época dividiu-se. Assim, foi entendido[1740]:

– ou que a lei estrangeira é havida como facto, que deve ser alegado e provado pela parte interessada;
– ou que o juiz não é obrigado a conhecer a lei estrangeira mas, se a reconhecer, deve aplicá-la ainda que as partes não a aleguem nem a provem;
– ou que a lei estrangeira só carece de prova quando contestada, devendo o juiz procurar obter o conhecimento dela.

Vaz Serra acabou por optar por uma solução similar à que hoje surge no Código[1741].

[1740] Manuel de Andrade, *Lições de Processo Civil* cit., 142-143, J. Alberto dos Reis, *Código de Processo Civil Anotado* cit., 3, 305 ss. e Vaz Serra, *Provas* cit., 90-91.
[1741] Vaz Serra, *Provas* cit., 99-100.

518 *As provas*

III. O Direito – mesmo consuetudinário, local ou estrangeiro – nunca é "um facto"[1742]. O tribunal deve, sempre, procurar ir ao seu encontro (348.°/2). As partes – particularmente a que pretender uma solução mais inabitual, só alcançável pelos Direitos consuetudinário, local ou estrangeiro – têm um dever de cooperação acrescido com o tribunal, podendo produzir a tal prova. A doutrina atual entende que, na falta de conhecimento do Direito estrangeiro, o tribunal não deve, propriamente, decidir contra o autor: antes aplicará um Direito de substituição, tão próximo quanto possível do Direito em jogo. No limite, quedará a *lex fori*[1743].

IV. Em termos dogmáticos, o Direito estrangeiro não é um facto sujeito a prova. Todavia, na prática dos tribunais arbitrais, designadamente nas arbitragens internacionais, torna-se fulcral fixar o Direito aplicável e a prática da sua aplicação.

Quando, nesses tribunais, se aplique o Direito português, muitas vezes jurisconsultos e peritos juristas são chamados a depor, por escrito e oralmente, sujeitando-se ao contraditório, sobre as normas portuguesas aplicáveis e sobre o seu sentido. Trata-se de um importante complemento da atividade jurídica, a conduzir, normalmente, na língua inglesa.

Anote-se, ainda, que Portugal é parte da Convenção Europeia no Campo da Informação sobre o Direito Estrangeiro ou Convenção de Londres, de 7-jun.-1968, ratificada pelo Decreto-Lei n.° 43/78, de 28 de abril. Visa a Convenção facilitar a comunicação mútua de informações sobre Direito civil e Direito comercial, sobre Direito processual civil e comercial e sobre organização judiciária. Os pedidos de informação emanam da autoridade judiciária a quem caiba apreciar os casos pendentes (artigos 1.°/1 e 3.°/1, respetivamente e ambos da Convenção)[1744].

Finalmente, assinale-se o Regulamento (CE) n.° 1206/2001, de 28 de maio de 2001[1745], relativo à obtenção de provas em matéria civil e comer-

---

[1742] Cristoph G. Paulus, *Zivilprozessrecht*, 3.ª ed. (2004), Nr. 246 (129-130).
[1743] Rosenberg/Schwab/Gottwald, *Zivilprozessrecht* cit., 16.ª ed., § 100, III (753-755). Trata-se de um tema clássico, de Direito internacional privado, sobre o qual há muita bibliografia.
[1744] António Marques dos Santos, *Direito internacional privado/Colectânea de textos legislativos de fonte interna e internacional* (1999), 1077-1082.
[1745] JOCE N.° L 174, 1-24, de 27-jun.-2001, incluindo os formulários.

§ 52.º Noções básicas   519

cial[1746]. O Regulamento permite aos tribunais de cada Estado da União pedir diretamente a tribunais de outros países, diligências probatórias.

204. Tipos de provas

I. As provas são suscetíveis de diversas classificações, em obediência a critérios diferenciados[1747].
Vamos distinguir as mais habituais.
Quanto ao modo de perceção, pelo julgador, a prova pode ser:

– direta: o tribunal constata, diretamente, os factos em jogo; será o caso paradigmático da inspeção judicial (390.º);
– indireta: o tribunal socorre-se de elementos que permitam concluir pela existência dos factos em causa.

Por seu turno, a prova indireta subdivide-se em:

– prova histórica ou representativa: o tribunal, com recurso a documentos ou a testemunhas, reconstitui os factos em jogo;
– prova indiciária ou crítica: o tribunal apura um facto do qual, depois, é possível deduzir outros; por exemplo, se o agente é visto a fugir por uma janela da casa do lesado e, mais tarde, na gaveta do mesmo agente, aparece um objeto furtado ao lesado, é de deduzir a autoria do ilícito em causa; haverá, aqui, uma dupla conexão: dos meios de prova com os factos indiciadores e, destes, com o facto indiciado.

II. Quanto à eficácia da prova, podemos distinguir:

– a prova bastante: cede perante uma contraprova que provoque dúvidas razoáveis no espírito do julgador;
– a prova plena: só cede perante a prova do contrário;

[1746] Miguel Teixeira de Sousa, *Linhas gerais do Regulamento (CE) n.º 1206/2001 relativo à obtenção de provas em matéria civil e comercial*, CDP 8 (2004), 34-43, Peter F. Schlosser, *EU-Zivilprozessrecht* (2003), 595-638 e Jan von Hein, *Verordnung (EG) Nr. 1206/2001*, em Thomas Rauscher, *Europäisches Zivilprozessrecht Kommentar* (2003), 859-995.

[1747] José Alberto dos Reis, *Código de Processo Civil Anotado* cit., 3, 241 ss., Castro Mendes, *Do conceito de prova* cit., 176 ss. e *Direito processual civil*, 3 (col. Luís Silveira e Armindo Ribeiro Mendes, 1974), 297 ss. e Miguel Teixeira de Sousa, *As partes, o objecto e a prova* cit., 209 ss.; na doutrina estrangeira: Paulus, *Zivilprozessrecht* cit., 3.ª ed., 130 ss..

520 *As provas*

– a prova pleníssima: não cede em caso algum; equivale às presunções inilidíveis.

Por sua vez, a prova plena pode subdistinguir-se em:

– prova simples: qualquer meio lícito é admissível para a prova do contrário;
– prova qualificada: tal prova só é possível por vias especificadas na lei (p. ex.: 393.º/2).

205. Meios de prova e princípios de produção da prova

I. Passando aos meios de prova, temos:

– presunções;
– confissão;
– prova documental;
– prova pericial;
– prova por inspeção;
– prova testemunhal.

II. Os meios em jogo inferem-se diretamente do próprio enunciado. Na sua produção, impõem-se certos princípios, que correspondem, aliás, a exigências processuais e de garantia dos direitos. Recordamos:

– o princípio da igualdade: na possibilidade de apresentar provas e de argumentar, devem ser reconhecidas as mesmas hipóteses a ambas as partes (4.º, do CPC);
– o princípio do contraditório: a propósito de cada prova, deve ser dada sempre, à contraparte, a possibilidade de se pronunciar e de a contraditar (3.º do CPC);
– o princípio da legalidade: por larga que seja a movimentação do tribunal, quando se trate de apurar a verdade, devem ser respeitadas as regras de normalização processual; além disso, não se admitem provas que defrontem os direitos das pessoas (cf. o artigo 32.º/8, da Constituição);
– o princípio da cooperação: ambas as partes devem cooperar com o tribunal para a justa composição do litígio (7.º do CPC) o que implica, naturalmente, a colaboração probatória;
– o princípio da livre apreciação da prova: salvo específica (e excecional) disposição em contrário, o juiz deve apreciar a prova segundo a

§52.º Noções básicas

sua livre convicção (607.º/5, do CPC)[1748]; tal livre convicção terá, todavia, de assentar em dados legalmente admissíveis[1749];

– o princípio da aquisição processual: os elementos necessários para a decisão constantes de processo podem ser usados independentemente de quem os tenha aduzido (413.º do CPC): pertencem "... à comunidade dos sujeitos processuais"[1750];

– o princípio da imediação: o julgador deve dispensar todos os intermediários inúteis, no apuramento da verdade; assim, deverá ouvir, ele próprio, as testemunhas ou confrontar, também ele próprio, os documentos relevantes.

III. O princípio da imediação desdobra-se noutros princípios. Relevamos:

– o princípio da oralidade: o juiz deve presidir à produção da prova, inteirando-se pessoalmente dos atos e ouvindo diretamente as testemunhas; tudo isso se deverá, assim, processar em audiência;

– o princípio da publicidade: salvo casos especiais, as audiências são públicas; a presença do público reforça a judicação e sossega a comunidade;

– o princípio da continuidade da audiência: iniciado um julgamento, as sessões devem, quanto possível, ser contínuas, de modo a permitir, ao tribunal, reter o essencial.

Resta acrescentar que a observância de rituais, há muito experimentados na produção da prova, aparentemente limitativa, é surpreendentemente eficaz. Documentos e testemunhas são confrontados com os advogados de ambas as partes, sob a superintendência do juiz: as falsas declarações são bem mais raras do que possa parecer e, em regra, são detetáveis pelo tribunal, quando atento.

[1748] No Código Civil, aparecem diversas concretizações sectoriais desse princípio: 361.º (Valor do reconhecimento não confessório), 366.º (Documento escrito sem requisitos legais), 389.º (Força probatória das respostas dos peritos), 391.º (Força probatória da inspeção judicial) e 396.º (força probatória das testemunhas). Quanto à livre apreciação: Rosenberg/Schwab/Gottwald, *Zivilprozessrecht* cit., 16.ª ed., § 112 (765-767).

[1749] No exemplo oral de Castro Mendes: não pode o juiz cartomante fixar a sua convicção através do exercício dessa sua arte: apenas com recurso aos meios legais de prova.

[1750] Castro Mendes, *Do conceito de prova* cit., 167.

§ 53.° PRESUNÇÕES

206. Noção geral; presunções *iuris* e *hominis*

I. O artigo 349.° define presunções como:

> (...) as ilações que a lei ou o julgador tira de um facto conhecido para firmar um facto desconhecido.

Trata-se, com arranjos formais, da noção que já constava do artigo 2516.° do Código de Seabra[1751]. A própria lei contrapõe, de seguida – embora sem as definir – as presunções legais às presunções judiciais (350.° e 351.°). Assim:

– as presunções legais ou *iuris* são as ilações que, no plano dos factos, a lei retira de certo evento já demonstrado; por exemplo: o registo predial definitivo leva a presumir que o direito existe e pertence ao titular inscrito, nos precisos termos em que o registo o defina (7.° do CRP);

– as presunções judiciais ou *hominis* ou, ainda, *facti* são as derivações que, com base num facto já apurado, o julgador faça, considerando outros factos como demonstrados.

II. A contraposição entre a *praesumptio iuris* e a *praesumptio hominis* aparece com referência ao Direito romano[1752]; entendem os especialistas que a *praesumptio iuris* não era clássica, tendo surgido posteriormente[1753].

[1751] Dias Ferreira, *Codigo Civil Portuguez Annotado* cit., 5, 1.ª ed., 216-217; nesse sentido foi a proposta de Vaz Serra, *Provas* cit., 182-183.

[1752] Robberto Reggi, *Presunzione (diritto romano)*, ED XXXV (1986), 255-261 (257/II). Refira-se o clássico Hugo Burckard, *Die civilistische Präsumptionen* (1866), 407 pp.; *vide*, aí, 65 ss., bem como Justus Wilhelm Hedemann, *Die Vermutung nach dem Recht des Deutschen Reiches* (1904), 5 ss..

[1753] Reggi, *Presunzione* cit., 258.

§53.º Presunções

De acordo com o modelo de evolução histórica geralmente retido, no Direito romano mais recuado teriam abundado as provas vinculadas e, até, esquemas probatórios não racionais. Na evolução posterior, a prova ter-se-á libertado desses entraves, procurando ir ao encontro da livre apreciação e da busca da verdade material[1754]. As presunções equivaleriam, então, a esquemas destinados a infletir, sob uma aparente linguagem probatória, as soluções de Direito material.

Tomemos como exemplo a célebre presunção muciana, atribuída ao próprio Quintus Mucius Scaevola (século II a. C., criador dos *bonae fidei iudicia* e apontado como o primeiro cientista do Direito): presumia-se que os bens apresentados pela mulher casada haviam sido dados pelo marido[1755]; com isso, evitavam-se torpes questões e calúnias[1756], além de se alcançar um regime vantajoso para os credores, na hipótese de falência do marido[1757]. Nesta hipótese, configura-se, já, uma *praesumptio iuris*.

Paralelamente, o domínio das presunções era o da prova, na base da probabilidade[1758].

A matéria foi evoluindo de modo oscilante, no Direito germânico[1759] e no Direito canónico[1760]. A racionalidade da prova regrediu, perante esquemas como os das justas, das ordálias ou da tortura. Deu-se, depois, uma caminhada no sentido da racionalização dos meios de prova, com o controlo das presunções[1761]. Assim chegamos às presunções modernas[1762].

III. A presunção não se confunde com a ficção, embora, na prática, possa andar próxima dela: na presunção passa-se de um facto para outro; na ficção, constrói-se um facto inexistente.

[1754] Max Kaser, *Beweislast und Vermutung im römischen Formularprozess*, SZRom 71 (1954), 220-241 (225).

[1755] Pompónio D. 24.1.51 = Mommsen/Kruger cit., 354/I.

[1756] Reggi, *Presunzione* cit., 258/II.

[1757] Edoardo Scuto, *Presunzione muciana*, NssDI XIII (1968), 762-765 (762/I): as doações poderiam ser impugnadas.

[1758] Virgilio Andrioli, *Presunzione (diritto romano)*, NssDI XIII (1968), 765-766 (765/II).

[1759] Hedemann, *Die Vermutung* cit., 44 ss.. *Vide* Eugenia Scavo Lombardo, *Presunzione (diritto canonico)*, ED XXXV (1986), 316-321.

[1760] Hedemann, *Die Vermutung*, 59 ss..

[1761] Adriana Campitelli, *Presunzione (diritto intermedio)*, ED XXXV (1986), 260-265; cf., aí, a referência a Alciatus, *De praesumptionibus* (263/II), como um dos clássicos estudiosos da matéria.

[1762] Hedemann, *Die Vermutung* cit., 219 ss., com os pressupostos da presunção.

524 *As provas*

Atualmente, as presunções têm um papel significativo no Direito civil em geral[1763], no processo civil[1764], no processo penal[1765] e no próprio Direito internacional privado[1766].

IV. As presunções legais podem ser de dois tipos[1767]:
– relativas, ilidíveis ou *iuris tantum*, quando se limitem a inverter o ónus da prova; elas podem ser afastadas mediante prova em contrário (350.º/2, 1.ª parte);
– absolutas, inilidíveis ou *iuris et de iure*, quando imponham um regime; não admitem prova em contrário (350.º/2, *in fine*).

São presunções *iuris tantum* a generalidade das que surgem no Código Civil; por exemplo: a presunção de culpa (799.º) ou as presunções possessórias (1254.º, 1260.º/2 e 1268.º/1, por exemplo). Presunções inilidíveis surgem nos casos de aquisição pelo registo (17.º/2 do CRP[1768] e 22.º/4 do CRCom[1769]). Podemos, ainda, apontar regras próximas das presunções inilidíveis, ainda que sem referência expressa a esse conceito; tal o caso do artigo 243.º/3, segundo o qual, no âmbito da simulação, se considera sempre de má-fé (se presume, inilidivelmente, de má-fé) o terceiro que adquira o direito posteriormente ao registo da ação de simulação, quando a este tenha havido lugar.

V. As presunções *hominis* ou judiciais só são possíveis nos casos em que seja admissível a prova testemunhal (351.º). Parte a lei do princípio de que estas ilações são frágeis: tornar-se-ão inadmissíveis quando sejam impostos esquemas probatórios mais pesados ou estritos.

[1763] Antonio Palazzo, *Presunzione (diritto privato)*, ED XXXV (1986), 265-274.

[1764] Franco Cordopatri, *Presunzione (teoria generale e diritto processuale civile)*, ED XXXV (1986), 274-304.

[1765] Marzia Ferraioli, *Presunzione (diritto processuale penale)*, ED XXXV (1986), 304-316.

[1766] Claudia Morviducci, *Presunzione (diritto internazionale privato)*, ED XXXV (1986), 321-326.

[1767] Burckard, *Die civilistische Präsumptionen* cit., 369 ss., Virgilio Andrioli, *Presunzione (diritto civile e diritto processuale civile)*, NssDI XIII (1968), 766-772 (767/I, 768/I e 770/II).

[1768] *Direitos reais (Reprint)*, 275 ss..

[1769] *Direito comercial*, 3.ª ed., 450 ss..

§ 53.º Presunções 525

207. As presunções civis

I. Com referência à parte geral do Código Vaz Serra, temos os seguintes exemplos:

- 9.º/3: o intérprete presumirá que o legislador consagrou as soluções mais acertadas e soube exprimir o seu pensamento em termos adequados;
- 12.º/1: presume-se que, havendo leis retroativas, ficam ressalvados os efeitos já produzidos pelos factos que a lei se destina a regular;
- 68.º/2: presunção de comoriência;
- 114.º e seguintes: morte presumida;
- 187.º/3: na elaboração dos estatutos de uma fundação, ter-se-á em conta, na medida do possível, a vontade real ou presumível do fundador;
- 231.º/1: a morte do proponente ou do destinatário não obsta à conclusão do contrato, exceto se houver fundamento para presumir que outra teria sido a sua vontade;
- 312.º e seguintes: prescrições presuntivas;
- 344.º/1: a presunção legal inverte o ónus da prova;
- 370.º/1: presume-se que o documento provém da autoridade do oficial público a quem é atribuído, quando estiver subscrito pelo autor com assinatura reconhecida pelo notário ou com o selo do respetivo serviço.

II. No Direito das obrigações, apontamos como significativas as seguintes presunções ou referências a presunções:

- 441.º: no contrato-promessa de compra e venda, presume-se que tem carácter de sinal toda a quantia entregue pelo promitente-comprador ao promitente-vendedor;
- 451.º/1: no contrato a favor de terceiro, se a prestação houver de ser efetuada após a morte do promissário, presume-se que só depois do falecimento deste o terceiro adquire direito a ela;
- 458.º/1: havendo promessa de cumprimento ou reconhecimento de dívida, presume-se a existência da relação fundamental, até prova em contrário;
- 465.º: o gestor deve conformar-se com a vontade presumível do *dominus*[1770];
- 487.º/1: incumbe ao lesado provar a culpa do agente, salvo havendo presunção legal de culpa;

[1770] *Vide*, ainda, os artigos 466.º/2 e 468.º/1: "vontade real ou presumível" do *dominus*.

526   *As provas*

– 488.º/2: presume-se falta de imputabilidade nos menores de sete anos e nos interditos por anomalia psíquica;
– 516.º: nas obrigações solidárias, presume-se que os credores ou devedores participam em partes iguais na dívida ou no crédito;
– 554.º: nas obrigações de moeda específica ou de certo metal com quantitativo em moeda corrente, presume-se que as partes se quiseram vincular ao valor que tinham à data da estipulação;
– 570.º/2: se a responsabilidade se basear numa simples presunção de culpa, a culpa do lesado, na falta de disposição em contrário, exclui o dever de indemnizar;
– 784.º/2: no domínio da imputação do cumprimento, não sendo possível recorrer às diversas regras supletivas, presumir-se-á que a prestação foi feita por conta de todas as dívidas, rateadamente;
– 785.º/1: a prestação insuficiente para cobrir tudo o que é devido presume-se feita por conta, sucessivamente, das despesas, da indemnização, dos juros e do capital;
– 786.º/1: se o credor der quitação do capital sem reserva dos juros ou de outras prestações acessórias, presume-se que estão pagos os juros ou prestações;
– 799.º/1: presunção de culpa na responsabilidade obrigacional;
– 840.º/2: a dação por cessão de um crédito ou por assunção de uma dívida presume-se feita *pro solvendo*;
– 867.º: a renúncia às garantias da obrigação faz presumir a remissão da dívida;
– 926.º: na venda a contento presume-se que, na dúvida quanto à modalidade escolhida pelas partes, estas optaram pela do artigo 923.º;
– 952.º/2: na doação feita a nascituros, presume-se que o doador reserva para si o usufruto dos bens doados até ao nascimento do donatário;
– 983.º/2: na sociedade, presumem-se iguais as entradas dos sócios, se não houver determinação no contrato;
– 984.º, *c*): nas entradas com cessão de créditos ou de posição contratual, presume-se que o sócio garante a solvência do devedor;
– 1039.º/1: na locação, devendo a renda ou aluguer ser pagos no domicílio do locatário ou de procurador seu e não se mostrando efetuado o pagamento, presume-se que o locador não veio nem mandou receber a prestação no dia do vencimento;
– 1042.º/1: havendo depósito de renda em certas condições, presume-se que houve recusa de recebimento pelo senhorio;
– 1043.º/2: presume-se que a coisa foi entregue ao locatário em bom estado, se não houver um documento que descreva o seu estado;

§ 53.º Presunções 527

– 1136.º/3: no comodato, havendo avaliação da coisa, presume-se que o risco da perda ou deterioração da coisa corre pelo comodatário;
– 1145.º/1: na dúvida, o mútuo presume-se oneroso;
– 1147.º: no mútuo oneroso, o prazo presume-se estipulado a favor de ambas as partes;
– 1148.º/3: o empréstimo de cereais ou outros produtos rurais presume-se feito até à colheita;
– 1158.º/1: o mandato presume-se gratuito, salvo se for relativo a atos que o mandatário pratique por profissão, altura em que se presume oneroso;
– 1191.º/1: havendo depósito cerrado, no caso do ínvólucro ou recipiente ser violado, presume-se que na violação houve culpa do depositário e, se este não ilidir a presunção, que é verdadeira a descrição feita pelo depositante;
– 1203.º: o depósito de coisa controvertida presume-se oneroso;
– 1219.º/2: na empreitada, presumem-se conhecidos os defeitos aparentes da obra.

III. No campo dos Direitos Reais, recordamos como exemplos:

– 1252.º/2: na dúvida, presume-se a posse em quem exerce o poder de facto;
– 1254.º/1: se o possuidor atual possuir em tempo mais remoto, presume-se que possuiu igualmente no período intermédio;
– 1254.º/2: a posse atual não faz presumir a posse anterior, salvo se titulada; nesse caso, presume-se que há posse desde a data do título;
– 1259.º/2: o título da posse não se presume;
– 1260.º/2: a posse titulada presume-se de boa-fé; a não titulada, de má-fé;
– 1268.º/1: o possuidor goza da presunção de titularidade do direito, salvo se existir, a favor de outrem, presunção fundada em registo anterior ao início da posse;
– 1268.º/2: havendo concorrência de presunções legais fundadas em registo, a prioridade é fixada na legislação respetiva;
– 1358.º/1: no tocante a valas, regueiras e valados e separação, há presunção de comunhão;
– 1371.º: as paredes e muros divisórios presumem-se comuns;
– 1403.º: na comunhão, as quotas presumem-se quantitativamente iguais, na falta de indicação em contrário no título;
– 1421.º/2: na propriedade horizontal, presumem-se comuns as partes do prédio aí referidas.

IV. No Direito da família temos, sempre e apenas como exemplos:

– 1634.º: a declaração de vontade na celebração de casamento constitui presunção de vontade sem vícios;

528   *As provas*

– 1648.º/3: no casamento putativo, presume-se a boa-fé dos cônjuges;
– 1653.º/1: no processo destinado a suprir a omissão ou perda de registo de casamento, presume-se a existência desde quando as pessoas vivam ou tenham vivido na posse de estado de casado;
– 1725.º: presunção de comunicabilidade dos bens móveis;
– 1736.º/1: é lícito, aos esposados, estipular, em convenção antenupcial, cláusulas de presunção sobre a propriedade dos móveis;
– 1796.º/2: a paternidade presume-se em relação ao marido da mãe.

V. Finalmente, no campo do Direito das sucessões, referimos:

– 2029.º/1: no âmbito da partilha em vida, o aparecimento de outro presumível herdeiro legitimário;
– 2105.º: só estão sujeitos à colação os descendentes que eram à data da doação presuntivos herdeiros legitimários do doador;
– 2107.º/1: não estão sujeitos à colação os bens ou valores doados ao cônjuge do presuntivo herdeiro legitimário;
– 2107.º/2: na doação feita a ambos os cônjuges, fica sujeita à colação apenas a parte do que for presuntivo herdeiro;
– 2113.º/3: a colação presume-se sempre dispensada nas doações manuais e nas doações remuneratórias;
– 2125.º: refere presunções de inclusão e de exclusão no objeto da herança, em caso de alienação;
– 2238.º/1: em certas circunstâncias, a administração da herança cabe ao herdeiro legítimo presumido;
– 2315.º/2: na inutilização do testamento cerrado, presume-se que o facto foi praticado por pessoa diferente do testador, se o testamento não se encontrava no espólio à data da sua morte.

VI. Cumpre ainda assinalar importantes presunções no campo do registo: artigo 7.º do CRP (presunções derivadas do registo predial) e artigo 11.º do CRCom (presunções derivadas do registo comercial).

VII. O elenco das presunções civis, da ordem das muitas dezenas, logo revela que estas têm naturezas diversificadas. Com efeito:

– a lei usa "presunção" para indicar normas de conduta: tal o caso do dever, a cargo do intérprete, de "presumir" que o legislador consagrou as soluções mais acertadas e em termos adequados (9.º/3);
– surge "presumível" no sentido do hipotético – o caso da vontade presumível do fundador (187.º/3) – ou eventual – o herdeiro presuntivo;

§53.º *Presunções*

– "presume-se" pode ainda implicar uma solução legal supletiva: o mandato presume-se gratuito (1158.º/1);
– a presunção relaciona-se, em diversos casos, com o ónus da prova: assim as emblemáticas presunções de culpa (487.º/1 e 799.º) possessórias (1254.º, 1260.º/2 e 1268.º/1) e de paternidade (1796.º/2).

Evidentemente: seja qual for a "presunção" em jogo, poderá sempre demonstrar-se que outra será a saída final. Todavia, isso sucederá não por questões de prova, mas, antes, substantivas: a norma em jogo não se aplica, nas condições reunidas. As verdadeiras presunções civis – ou presunções civis *stricto sensu* – são legais e têm a ver com o ónus da prova.

208. Natureza

I. O tema da natureza das presunções, particularmente nas suas relações com a prova, já deu azo a diversas doutrinas[1771]. Pensamos, todavia, que o conhecimento da matéria está, hoje, grandemente facilitado, permitindo uma rápida ordenação.

Importa distinguir entre as presunções *iuris* e as *hominis*.

As presunções *iuris* são regras legais que vêm fixar o ónus da prova – seja contrariando o regime geral, seja reforçando-o, *in concreto* (*iuris tantum*). Excecionalmente, quando não admitam prova em contrário, as presunções (*iuris et de iure*) fixam, simplesmente, um determinado regime imperativo.

II. As presunções *hominis* traduzem um afloramento da regra da livre apreciação da prova. O juiz, na base do *id quod plerumque accidit* (o que normalmente sucede) ou *prima facie* (na primeira aparência), infere conexões normais ou sequências típicas de factos[1772]. Trata-se de mais um esquema à disposição do tribunal e que este poderá usar, indiciariamente, para a descoberta da verdade. Mas apenas na medida em que – como vimos – seja viável a prova testemunhal.

[1771] Castro Mendes, *Do conceito de prova* cit., 188-190.
[1772] Paulus, *Zivilprozessrecht* cit., Nr. 282 (146) e Miguel Teixeira de Sousa, *As partes, o objecto e a prova* cit., 212.

530   *As provas*

III. As presunções (*iuris* e *hominis*) não têm natureza unitária. Tudo se acolhe ao termo "presunção". De resto, a lista de aceções ainda é mais vasta: se atentarmos nos exemplos de presunções civis retiradas do Código Civil[1773], temos, ainda, "presunções":

– que se reportam a regras de conduta;
– que traduzem a vontade hipotética ou uma eventualidade;
– que implicam regras supletivas.

A absorção linguística não deve embaraçar a diversidade dogmática.

[1773] *Supra*, 525 ss..

§ 54.º CONFISSÃO

209. Noção e pressupostos

I. A confissão é definida, no artigo 352.º, como o reconhecimento que a parte faz da realidade de um facto que lhe seja desfavorável e que favoreça a parte contrária[1774].

A confissão é um meio de prova particularmente eficaz (358.º/1 e 2). Deste modo, o Direito sujeita-a a certos pressupostos: pretende-se dignificá-la e defender, contra eventuais excessos, a própria parte confitente.

II. Como pressupostos da confissão, encontramos:

- a capacidade para dispor do direito a que o facto confessado se refira – 353.º/1;
- a legitimidade para dispor do direito em causa – *idem*, 353.º/1;
- a conformação legal: não é possível se for declarada insuficiente por lei ou se recair sobre facto cujo reconhecimento ou investigação a lei proíba – 354.º, *a*);
- a disponibilidade dos direitos em jogo – 354.º, *b*);
- a possibilidade ou não-inexistência notória – 354.º, *c*).

Temos, aqui, elementos próprios dos negócios jurídicos, embora claramente adaptados à realidade probatória em jogo.

210. Modalidades e processamento

I. O artigo 355.º/1 distingue a confissão judicial e a extrajudicial, conforme seja feita em juízo ou fora dele.

[1774] Sobre o tema: José Lebre de Freitas, *A confissão no Direito probatório (Um estudo de Direito positivo)* (1990), 808 pp., já referido.

532   *As provas*

Quanto à confissão judicial, temos a apontar as seguintes especificações:

– pode ser feita em juízo, competente ou não, mesmo quando arbitral, ainda, em processo de jurisdição voluntária (355.º/2);
– só vale como judicial no processo em que for feita; se realizada em qualquer procedimento preliminar ou incidental, só vale na ação correspondente (355.º/3).

II. A confissão judicial subdivide-se:

– em confissão judicial espontânea: feita nos articulados, segundo as prescrições da lei processual ou em qualquer ato do processo, firmado pessoalmente pela parte ou por procurador especialmente autorizado – 356.º/1;
– em confissão judicial provocada: ocorrida em depoimento de parte ou em prestações de informações ou esclarecimentos ao tribunal – 356.º/2.

Perante um pedido deduzido em juízo, o réu tem o chamado ónus de impugnação: ele terá de impugnar especificadamente os factos que não considere verdadeiros, sob pena de se considerarem admitidos por acordo (por confissão), exceto se (574.º/2, do CPC):

– estiverem em oposição com a defesa considerada no seu conjunto;
– se não for admissível confissão sobre eles (faltando, designadamente, os competentes pressupostos); *vide*, ainda, o artigo 574.º/4;
– e só puderem ser provados por documento escrito.

Caso o réu declare desconhecer certo facto: a declaração vale como confissão, se for um facto pessoal ou do qual ele deva ter conhecimento; vale como impugnação, se assim não for.

Uma vez efetuada, a confissão feita nos articulados pode ser retirada, enquanto a parte contrária não a tiver aceitado especificadamente (465.º/2, do CPC).

III. No tocante à confissão judicial provocada, temos o depoimento de parte, regulado nos artigos 552.º e seguintes do CPC. Tal depoimento é, em regra, prestado na audiência de discussão e julgamento (556.º/1) ou na audiência preliminar (556.º/3). Só pode recair sobre factos pessoais ou de que o depoente possa ter conhecimento (554.º/1), não sendo admissível

§54.º Confissão 533

sobre factos criminosos ou torpes, de que a parte seja arguida (554.º/2). O interrogatório é conduzido pelo juiz (561.º), podendo os advogados pedir esclarecimentos (562.º/1). Uma vez feita, é irretratável (567.º/1, todos do CPC).

O artigo 357.º/2 tem uma regra importante: ordenado o depoimento de parte e recusando-se o visado a comparecer ou a depor ou afirmando ele que nada sabe ou que não se recorda, cabe ao tribunal apreciar livremente tal conduta, para efeitos probatórios.

211. Eficácia, fundamentos e natureza

I. A eficácia da confissão vem prevista no artigo 358.º. Ela tem força probatória plena contra o confitente[1775] quando se trate:

– de confissão judicial escrita (358.º/1);
– de confissão extrajudicial, em documento autêntico ou particular e nos termos que lhes sejam aplicáveis e feita à parte contrária (358.º/2).

Nos outros casos, a confissão é apreciada livremente pelo tribunal (358.º/3 e 4).

II. Pode acontecer que a confissão seja acompanhada da referência a outros factos ou a circunstâncias que afetem o sentido ou os efeitos do dado confessado. Nessa altura, em virtude do princípio da indivisibilidade da confissão, a parte que dela se queira aproveitar deve aceitar como verdadeiros os outros factos ou circunstâncias, salvo se provar a sua inexatidão (360.º).

Uma vez realizada, a confissão pode ser declarada nula ou anulada, nos termos gerais, por falta ou vícios da vontade (359.º/1). O erro, desde que essencial, não tem de satisfazer os demais requisitos aplicáveis à anulação dos negócios jurídicos (359.º/2).

O reconhecimento não confessório opera como elemento probatório que o tribunal apreciará livremente (361.º).

[1775] Vaz Serra, *Provas* cit., 202.

534 *As provas*

III. A confissão no próprio campo judiciário, é um meio muito corrente e eficaz de prova. Normalmente, as pessoas dizem a verdade, mesmo quando lhes seja desfavorável. E por isso, há sempre uma massa significativa de factos que, em cada processo, são reconhecidos livremente pelas partes.

O fundamento da confissão pode ser procurado:

– na especial plausabilidade que sempre apresenta o reconhecimento, pelo próprio, de um facto que lhe seja desfavorável;
– na ideia de que cada um pode dispor dos seus direitos;
– no acordo que se estabelece entre as partes.

A confissão é um ato estruturalmente funcional: visa a demonstração de certo facto, tendo, pois, essência probatória. A uma primeira leitura, quando feita nos articulados, ela poderia surgir como um negócio de tipo contratual: cada um confessa se quiser e confessa o que quiser; a confissão só não pode ser retirada se aceite pela outra parte. Tal ideia até seria completada pela exigência legal de disponibilidade do direito em jogo.

Todavia, uma melhor reflexão mostra que essa via não pode ser percorrida até ao fim: há sempre o controlo da impossibilidade e da inexistência notória – 354.º, c). Além disso, devemos entender que as partes estão sujeitas à boa-fé e que o tribunal não pode ser usado para esquemas extravagantes ou surrealistas. Não há liberdade de estipulação[1776]: só se pode confessar a verdade.

IV. Entendemos ainda que a confissão, mau grado as modalidades que comporta, é um ato unitário. Ora, na confissão judicial provocada, mais se acentua o dever de verdade, podendo mesmo discutir-se a liberdade de celebração.

A confissão ficará, assim, reduzida a um ato jurídico *stricto sensu*, de tipo funcional[1777]. São-lhe aplicáveis as regras dos negócios jurídicos (295.º) em tudo o que não se disponha em termos especiais.

[1776] *Tratado* II, 4.ª ed., 85-89.
[1777] A doutrina tende a aproximar-se de soluções deste tipo; *vide* Vaz Serra, *Provas* cit., 207 ss. (210) e Lebre de Freitas, *A confissão* cit., 501 ss. (589).

§ 55.º DOCUMENTOS

212. Aspetos gerais; modalidades; função

I. O documento, no Direito civil, é apresentado como qualquer objeto elaborado pelo homem, com o fim de representar uma pessoa, coisa ou facto – 362.º. Assume uma dimensão funcional: o fito que presidiu à sua preparação. Nessa base, ficariam excluídas as representações da realidade não originadas com objetivos comprovativos, tais como os achados arqueológicos naturais.

Todavia, também os "documentos" naturais podem relevar, em termos probatórios. E quando o seu interesse se imponha, será possível, na medida em que a similitude das situações o permita, aplicar-lhe as regras próprias dos documentos.

II. Os documentos podem ser classificados em função dos mais diversos critérios. Cumpre distinguir:

– em função do suporte: documentos escritos e reproduções mecânicas, subdividindo-se estas últimas em fotográficas, cinematográficas ou fonográficas, na linguagem do Código Vaz Serra (368.º); hoje teríamos documentos escritos e documentos digitais, podendo ainda, nas reproduções, mencionar-se os documentos videográficos e os audiográficos;

– em função da entidade de origem: documentos oficiais e documentos particulares, podendo, nestes últimos, surgir documentos produzidos pelo autor e pelo réu; quanto a estes, fará sentido apelar ao regime da confissão; os documentos oficiais, por seu turno, serão notariais, centrais, regionais, locais, eclesiásticos, etc., em função da concreta entidade emissora;

– em função do país de origem: documentos nacionais e estrangeiros; os fenómenos da diplomacia, das organizações internacionais e da

536 *As provas*

integração habilitam, ainda, a distinguir documentos diplomáticos, internacionais e europeus;
– em função de critérios jurídicos teremos: documentos autênticos, autenticados e particulares; documentos originais e cópias; documentos reformados; certidões e diversos outros.

III. Existe uma hierarquia entre documentos: autêntico, autenticado e particular (364.º/1). Perante ela, a regra geral determina: o documento pode ser substituído por outro, de grau superior; estando apenas em causa a prova da declaração, pode ser substituído por confissão (364.º/2).

Os documentos autênticos ou particulares passados em país estrangeiro fazem prova como o fariam os equivalentes portugueses (365.º/1); pode, havendo dúvidas, ser exigida a sua legalização (365.º/2), a qual se realiza nos termos do artigo 440.º do CPC.

Faltando requisitos legais, o valor probatório dos documentos é livremente apreciado pelo tribunal (366.º). Os documentos escritos que desapareçam podem ser judicialmente reformados (367.º): para tanto, previa-se um procedimento especial nos artigos 1069.º e seguintes do Código de Processo Civil de 1961, hoje revogados, sem correspondência no Código vigente, de 2013.

Quanto às reproduções mecânicas – fotográficas, cinematográficas ou fonográficas[1778]: fazem prova plena desde que a sua exatidão não seja impugnada (368.º)[1779]. As possibilidades da informática retiram, hoje, a tais reproduções, a especial força probatória que já tiveram: podem ser artificialmente acomodados.

IV. Os documentos têm um papel fulcral, no Direito probatório[1780]. Eles propiciam demonstrações irrefutáveis da verdade dos factos, permitindo decisões alicerçadas por excelência e socialmente aceites.

Para tanto, contribuem:

– a sua própria natureza: as recordações humanas alteram-se e podem ser adulteradas; os documentos mantêm-se sempre inalterados, enquanto sobreviver o seu suporte;

[1778] A parte que apresente tais reproduções em tribunal deve facultar a este os meios técnicos necessários para a exibição (428.º do CPC).

[1779] Tal impugnação faz-se, em juízo, nos termos do artigo 444.º/1 do CPC.

[1780] Em juízo, a sua apresentação faz-se nos termos dos artigos 423.º e seguintes do CPC.

§ 55.º Documentos   537

– a sua finalidade: os documentos são preparados para o seu papel probatório; por isso, na sua confeção, devem ser seguidos diversos procedimentos, que os tornam mais fidedignos.

Mas daí pode resultar a sua fraqueza. Muitos documentos são preparados tendo já em vista um eventual uso em juízo. Caberá ao tribunal, quando judique, discernir todos esses aspetos.

213. Documentos autênticos

I. Os documentos escritos podem ser autênticos ou particulares. São autênticos (363.º/2):

(...) os documentos exarados, com as formalidades legais, pelas autoridades públicas nos limites da sua competência ou, dentro do círculo de atividades que lhes é atribuído, pelo notário ou outro oficial público provido de fé pública; todos os outros documentos são particulares.

Os documentos autênticos paradigmáticos são os exarados pelo notário nos respetivos livros, ou em instrumentos avulsos, e os certificados, certidões e outros documentos análogos por ele expedidos – 35.º/2 do CNot. Entre eles avulta a escritura pública, lavrada nos livros de notas (36.º/1, do CNot), com diversas formalidades (46.º/1). O artigo 80.º do CNot[1781] fixava, em geral, os atos sujeitos a escritura pública. Cumpre retê-lo:

1. Celebram-se, em geral, por escritura pública os que importem reconhecimento, constituição, aquisição, modificação, divisão ou extinção dos direitos de propriedade, usufruto, uso e habitação, superfície ou servidão sobre coisas imóveis.
2. Devem especialmente celebrar-se por escritura pública:

a) As justificações notariais;
b) Os atos que importem revogação, retificação ou alteração de negócios que, por força da lei ou por vontade das partes, tenham sido celebrados por escritura pública, sem prejuízo do disposto nos artigos 221.º e 222.º do Código Civil;

[1781] Por último (neste momento) alterado pela Lei n.º 89/2017, de 21 de agosto.

538   *As provas*

c) Os atos de constituição, alteração e distrate de consignação de rendimentos e de fixação ou alteração de prestações mensais de alimentos, quando onerem coisas imóveis;

d) As habilitações de herdeiros e os atos de alienação, repúdio e renúncia de herança ou legado, de que façam parte coisas imóveis;

e) Os atos de constituição, dissolução e liquidação de sociedades comerciais, sociedades civis sob a forma comercial e sociedades civis das quais façam parte bens imóveis, bem como os atos de alteração dos respetivos contratos sociais;

f) Os atos de constituição de sociedades anónimas europeias com sede em Portugal e os de alteração dos estatutos das mesmas sociedades, nos casos em que da alteração decorra a transferência da sua sede para Portugal;

g) Os atos de constituição de associações e de fundações, bem como os respetivos estatutos e suas alterações;

h) Os atos de constituição, de modificação e de distrate de hipotecas, a cessão destas ou do grau de prioridade do seu registo e a cessão ou penhor de créditos hipotecários;

i) A divisão, a cessão e o penhor de participações sociais em sociedades por quotas, bem como noutras sociedades das quais façam parte coisas imóveis, com exceção das anónimas;

j) O contrato-promessa de alienação ou oneração de coisas imóveis ou móveis sujeitas a registo e o pacto de preferência respeitante a bens da mesma espécie, quando as partes lhes queiram atribuir eficácia real;

l) As divisões de coisa comum e as partilhas de patrimónios hereditários, societários ou outros patrimónios comuns de que façam parte coisas imóveis.

Surgem outros documentos autênticos em leis especiais (81.º do CNot). O artigo 80.º do CNot foi muito alterado pelo Decreto-Lei n.º 116/2008, de 4 de julho, cujo artigo 8.º revogou o artigo 80.º/1 e diversas alíneas do seu n.º 2, deixando apenas as *a*), *b*), *d*) e *g*). Com isso, pretendeu dar-se corpo à simplificação do Direito, embora com perigos para o esclarecimento de interessados.

II. A autenticidade do documento depende da competência da autoridade ou do oficial público que o exare e, ainda, de não haver impedimento legal (369.º/1). O Código Vaz Serra ressalva, ainda, os atos elaborados por agentes putativos, desde que haja boa-fé dos intervenientes ou beneficiários (369.º/2).

§ 55.º Documentos

III. A autenticidade em si deriva do próprio documento: segundo o artigo 370.º/1, presume-se que o documento provém da autoridade ou do oficial público a quem é atribuído, quando estiver subscrito pelo autor com assinatura reconhecida pelo notário ou com o selo do respetivo serviço. Tal presunção (370.º/2):

– pode ser ilidida por prova em contrário;
– pode ser oficiosamente afastada pelo tribunal quando, por sinais exteriores do próprio documento, seja manifesta a falta de autenticidade; na dúvida, pode ser ouvida a entidade a quem ele for atribuído.

Quanto a documentos anteriores ao século XVIII: a sua autenticidade é estabelecida por exame feito na Torre do Tombo, quando seja contestada ou posta em dúvida por alguma das partes ou pela entidade a quem o documento for apresentado (370.º/3). O artigo 551.º do revogado Código de Processo Civil de 1961 previa que o exame fosse ordenado pelo diretor do arquivo da Torre do Tombo, sobre prévia requisição do tribunal. Esse preceito desapareceu do atual Código de 2013.

IV. No tocante à força probatória do documento, cumpre distinguir, no seu conteúdo (371.º):

– os factos que referem como praticados pela autoridade ou oficial público respetivo;
– os factos que nele são atestados com base nas perceções da entidade documentadora;
– os meros juízos pessoais do documentador;
– as palavras emendadas, truncadas ou escritas sobre rasuras ou entrelinhas, sem a devida ressalva.

Quanto às duas primeiras situações (factos praticados pela autoridade ou oficial competente e factos por ela atestados, na base das suas perceções), os documentos autênticos fazem prova plena.

Os meros juízos pessoais ficam à livre apreciação do julgador.

As emendas e outras vicissitudes similares, não ressalvadas, ficam à livre apreciação do julgador, o qual determinará em que medida excluem ou reduzem a força probatória do documento (371.º/2): nesta margem, o documento já não é autêntico.

540 *As provas*

V. Perante um documento autêntico, a sua força probatória só pode ser ilidida com base na sua falsidade[1782] (372.º/1), a qual ocorre (372.º/2) quando, no documento em causa:

> (...) se atesta como tendo sido objeto de perceção da autoridade ou oficial público qualquer facto que na realidade se não verificou, ou como tendo sido praticado pela autoridade responsável qualquer ato que na realidade o não foi.

A falsidade pode ser declarada oficiosamente pelo tribunal, quando ela seja evidente em face dos sinais exteriores do documento (372.º/3).

214. Documentos particulares

I. São particulares todos os documentos não autênticos (363.º/2, *in fine*). Todavia, para assumirem eficácia probatória, os documentos particulares terão de assumir determinados requisitos. Em primeiro lugar, eles deverão ter uma autoria: de outro modo, tratar-se-á de documentos anónimos, sem qualquer interesse.

O Direito civil dá um especial papel à assinatura (373.º). Assim:

– os documentos particulares devem ser assinados pelo seu autor (373.º/1, 1.ª parte);
– nos títulos emitidos em grande número, a assinatura pode ser substituída por reprodução mecânica ou chancela (373.º);
– se o autor não souber ou não puder assinar, pode a assinatura provir de outrem, a seu rogo (373.º/1, 2.ª parte), devendo proceder-se à confirmação, perante o notário (373.º/3 e 4).

II. O documento particular assinado, a sua letra e assinatura ou só a assinatura consideram-se verdadeiras (374.º/1):

– quando reconhecidas pela parte contra quem o documento é apresentado;
– quando não impugnadas por essa mesma parte;

[1782] José Lebre de Freitas, *A falsidade no Direito probatório* (1984), 222 pp., já referido. A ilisão da força probatória do documento autêntico vem regulada no artigo 546.º/1, do CPC.

§ 55.º Documentos
541

– quando, sendo atribuídas à parte em causa, esta declare não saber se lhe pertencem;
– quando sejam legal ou judicialmente havidas como verdadeiras.

O ónus da prova da veracidade – aliás: autenticidade – desloca-se para a parte que apresentar o documento, caso a outra impugne a veracidade da letra ou da assinatura ou não lhe sendo elas imputadas, declare que não sabe se são verdadeiras (374.º/2)[1783]. O ónus inverte-se na hipótese de reconhecimento presencial da letra ou da assinatura do documento, ou só da assinatura, nos termos notariais[1784]: incumbirá então à parte contra a qual o documento é apresentado alegar e provar a sua falsidade (375.º/2).

III. Os documentos particulares podem ser autenticados: quando confirmados pelas partes perante o notário (35.º/3 do CNot). Em termos probatórios, eles equivalem aos documentos autênticos (377.º, 1.ª parte), embora não os substituam no tocante à forma exigida para as declarações negociais (377.º, 2.ª parte).

Pode, ainda, haver uma assinatura em branco: nessa altura, pressupõe-se, *a latere*, um pacto de preenchimento, expresso ou tácito. Quando preenchido em conformidade com esse pacto, ela confere a força de qualquer documento particular assinado. O seu valor probatório pode ser ilidido provando-se que nele se inseriram declarações divergentes do ajustado, ou que o documento foi subtraído (378.º).

Os telegramas cujos originais tenham sido escritos ou assinados ou simplesmente assinados, pela pessoa em nome de quem sejam expedidos ou por outrem a seu rogo, seguem o regime dos documentos particulares (379.º).

IV. O documento particular cuja autoria seja reconhecida e salvo a arguição e a prova da sua falsidade, faz prova plena quanto às declarações atribuídas ao seu autor (376.º/1).

Quanto aos factos contidos na declaração: consideram-se provados na medida em que se apresentem contrários aos interesses do declarante; a declaração é, contudo, indivisível, em termos aplicáveis à confissão[1785]

[1783] A impugnação da genuinidade de documentos processa-se nos termos do artigo 444.º do CPC.

[1784] *Tratado* II, 4.ª ed., 181.

[1785] Artigo 360.º.

542　　　　　　　　　　　　*As provas*

(376.º/2). Ficará ao julgador o apreciar em que medida o valor probatório do documento é afetado por notas, entrelinhas ou outros vícios externos.

215. Disposições especiais

I. Dispomos, hoje, de documentos eletrónicos: aqueles cujo suporte seja assegurado por meio eletromagnéticos ou óticos. A assinatura que então intervenha é digital. As regras tradicionais foram adaptadas, com alguma facilidade, a essas inovações tecnológicas[1786].

Dispõe, entre nós, o Decreto-Lei n.º 290-D/99, de 2 de agosto, alterado pelos Decretos-Leis n.º 62/2003, de 3 de abril e n.º 165/2004, de 6 de julho, complementado pelo Decreto Regulamentar n.º 25/2004, de 15 de julho e pelos Decretos-Leis n.º 116-A/2006, de 16 de junho e n.º 88/2009, de 9 de abril, que procedeu à sua republicação.

II. Outras regras especiais constam do próprio Código Civil. Temos a considerar:

– os registos e outros escritos onde alguém tome habitualmente conta dos pagamentos que recebe: fazem prova contra o seu autor, nos termos do artigo 380.º;
– as notas em seguimento, à margem ou no verso do documento que ficou em poder do credor, faz prova se favorecer a exoneração do devedor, no quadro do artigo 381.º.

Em ambos os casos, tais elementos perdem a força probatória que lhes é atribuída, quando cancelados pelo credor (382.º)[1787].

III. As certidões de teor extraídas de documentos arquivados nas repartições notariais ou noutras repartições públicas, quando expedidas pelo notário ou outro depositário público competente, têm a força probatória dos originais (383.º/1). Sendo a certidão de teor parcial, a prova dela resultante pode ser invalidade ou modificada por certidão de teor integral (383.º/2). Quanto a certidões de certidões: quando expedidas na confor-

---

[1786] *Tratado* II, 4.ª ed., 183.
[1787] Esta matéria tem natureza comercial. A sua presença no Código Civil corresponde, no fundo, a claras tensões no sentido da unificação do Direito privado.

§ 55.º Documentos

midade da lei, têm a força probatória daquelas de onde foram extraídas (384.º). A invalidação das certidões faz-se por confronto com o original (385.º).

As públicas-formas ou cópias de teor, total ou parcial, expedidas por oficial público autorizado e extraídas de documentos avulsos que, para o efeito, lhe sejam apresentados, têm a força probatória do original; tal força cessa se for requerida a exibição do original e este não for apresentado ou, sendo-o, se verifique desconformidade (386.º).

As fotocópias de documentos equivalem a certidões de teor ou de pública-forma, consoante os casos, se a conformidade com o original for atestada por notário.

§ 56.º PROVA PERICIAL, JUDICIAL E TESTEMUNHAL

216. Prova pericial

I. A prova pericial é apresentada, no artigo 388.º, como aquela que:

> (...) tem por fim a perceção ou apreciação de factos por meio de peritos quando sejam necessários conhecimentos especiais que os julgadores não possuem, ou quando os factos, relativos a pessoas, não devam ser objeto de inspeção judicial.

A prova pericial é circunstanciadamente regulada nos artigos 467.º a 489.º do CPC.

II. A força probatória das respostas dos peritos é fixada e apreciada livremente pelo tribunal (389.º do Código Civil e 489.º do Código de Processo Civil). Por influência anglo-saxónica, particularmente sensível nas arbitragens, tem sido preconizada a substituição de peritos formalmente independentes por "peritos-testemunhas" indicados pelas partes. Tudo depende das circunstâncias: uma perícia bem executada pode ser útil para o tribunal; "peritos-testemunhas" desencontrados ocasionam situações de dúvida insanável, a ultrapassar pelas regras do ónus da prova: com danos para a descoberta da verdade material.

217. Inspeção judicial

I. A prova por inspeção judicial visa a perceção direta dos factos pelo tribunal (390.º). O artigo 490.º do CPC explicita:

> 1. O tribunal, sempre que o julgue conveniente, pode, por sua iniciativa ou a requerimento das partes, e com ressalva da vida privada e familiar e da dignidade humana, inspecionar coisas ou pessoas, a fim de se esclarecer

§56.° Prova pericial, judicial e testemunhal 545

sobre qualquer facto que interesse à decisão da causa, podendo deslocar-se ao local da questão ou mandar proceder à reconstituição dos factos, quando o entender necessário.

O tribunal pode fazer-se acompanhar por um técnico competente (492.°/1 do CPC).

II. O resultado da diligência é livremente apreciado pelo tribunal (391.°).

218. Prova testemunhal

I. A prova por testemunhas é genericamente admitida (392.°). Ela é inadmissível em casos específicos e, designadamente:

– perante declarações negociais que hajam de ser reduzidas a escrito ou provadas por escrito (393.°/1);
– perante factos plenamente provados (393.°/2);
– relativamente a convenções contrárias ou adicionais a documentos autênticos ou particulares reconhecidos (394.°/1) ou a acordos simulatórios ou a negócios dissimulados, quando invocados pelos simuladores (394.°/2)[1788].

Tais regras não impedem a prova testemunhal para a interpretação do contexto do documento (393.°/3) ou perante terceiros (394.°/3). Tudo isto opera perante factos extintivos da obrigação (395.°).

II. A prova testemunhal domina o essencial das audiências de julgamento. Ela vem regulada com alguma minúcia nos artigos 495.° a 526.° do Código de Processo Civil de 2013.

A força probatória dos depoimentos das testemunhas é livremente apreciada pelo tribunal (396.°).

[1788] *Tratado* II, 4.ª ed., 907 ss..

ÍNDICE DE JURISPRUDÊNCIA

JURISPRUDÊNCIA PORTUGUESA

Supremo Tribunal de Justiça (Pleno)

STJ(P) 18-abr.-1933 (Vieira Ribeiro), prescrição e caducidade – 252
STJ(P) 5-dez.-1973 (Daniel Ferreira), contagem do tempo na pena de prisão – 163
STJ(P) 5-mai.-1994 (Mário de Magalhães Araújo Ribeiro), alcance da renúncia à prescrição – 202
STJ(P) n° 3/98 de 26-mar.-1998 (Miranda Gusmão; vencidos: Martins da Costa e outros), interrupção da prescrição, através de notificação judicial avulsa – 233

Supremo Tribunal de Justiça

STJ 19-fev.-1926 (A. Osório de Castro), prescrição e caducidade – 252
STJ 6-jan.-1928 (Castro e Sola), prescrição e caducidade – 252
STJ 18-jan.-1929 (Castro e Sola), prescrição e caducidade – 252
STJ 4-mai.-1929 (J. Cipriano), prescrição e caducidade – 252
STJ 20-mai.-1930 (A. Campos), prescrição e caducidade – 252
STJ 6-jun.-1930 (Arez), prescrição e caducidade – 252
STJ 27-jan.-1933 (B. Veiga), abuso do direito – 276
STJ 14-dez.-1954 (Almeida Ribeiro), prescrição presuntiva – 218
STJ 1-jul.-1955 (Lencastre da Veiga), prescrição presuntiva – 218
STJ 7-jun.-1960 (S. Figueirinhas), prescrição presuntiva – 218
STJ 26-nov.-1965 (Gonçalves Pereira), prescrição presuntiva – 218
STJ 7-mar.-1967 (Carvalho Júnior), contrato de mediação – 92
STJ 26-jun.-1970 (Oliveira Carvalho), natureza imperativa da prescrição – 201
STJ 5-dez.-1972 (Eduardo Guedes Correia), boa fé e caducidade – 259, 260
STJ 19-fev.-1974 (Arala Chaves), substituição do procurador – 133
STJ 3-mar.-1974 (Ludovico da Costa), substituição do procurador – 133
STJ 24-mai.-1974 (João Moura), ilisão de prescrição presuntiva – 220
STJ 24-mai.-1974 (Manuel Fernandes Costa), ilisão de prescrição presuntiva – 220
STJ 8-nov.-1974 (João Moura), ilisão de prescrição presuntiva – 220
STJ 24-mar.-1977 (Daniel Ferreira), início da caducidade – 258
STJ 26-jul.-1977 (Ferreira da Costa), suspensão da prescrição; "tempo de guerra" – 227
STJ 2-mar.-1978 (Octávio Dias Garcia), abuso do direito – 277

548   *Tratado de Direito civil*

STJ 9-jan.-1979 (Rui Corte-Real), prescrição de cinco anos – 215
STJ 19-jun.-1979 (Hernani de Lencastre), ilisão de prescrição presuntiva – 220
STJ 31-jan.-1980 (João Moura), caducidade – 254
STJ 26-mar.-1980 (Octávio Dias Garcia), abuso do direito; *surrectio* – 277, 361
STJ 31-mar.-1981 (Rui Corte-Real), inalegabilidade formal – 277
STJ 12-jun.-1986 (Solano Viana), ilisão de prescrição presuntiva – 220
STJ 19-nov.-1986 (Almeida Simões), prazo substantivo – 164
STJ 20-abr.-1988 (José Saraiva), ação direta – 496
STJ 18-mai.-1988 (Manso Preto), ação direta – 496
STJ 1-jun.-1988 (Baltazar Coelho), declaração oficiosa da caducidade – 261
STJ 16-nov.-1988 (Lima Cluny), abuso de representação – 154
STJ 3-mai.-1990 (José Menéres Pimentel), *suppressio* – 362
STJ 6-dez.-1990 (Joaquim de Carvalho), ilisão de prescrição presuntiva – 220
STJ 4-nov.-1992 (Dias Simão), prazo substantivo – 164
STJ 2-fev.-1993 (Martins da Costa), prazo da prescrição – 213
STJ 4-mai.-1993 (Santos Monteiro), prescrição de cinco anos – 215
STJ 21-set.-1993 (Fernando Fabião), *tu quoque* – 376
STJ 21-out.-1993 (Mário Cancela), reinício da prescrição – 235
STJ 2-dez.-1993 (Miranda Gusmão), ratificação – 151
STJ 12-jan.-1994 (Figueiredo de Sousa), substituição do procurador – 133
STJ 17-fev.-1994 (Carlos da Silva Caldas), ratificação – 151
STJ 28-abr.-1994 (Zeferino Faria), interrupção da prescrição – 235
STJ 26-mai.-1994 (Sousa Guedes), legítima defesa – 475
STJ 6-jul.-1994 (Chichorro Rodrigues), substituição do procurador – 133
STJ 9-nov.-1994 (Pereira Cardigos), prazo substantivo – 164
STJ 22-nov.-1994 (Carlos Caldas), inalegabilidade formal: conhecimento oficioso – 344, 412
STJ 17-jan.-1995 (Martins da Costa), ratificação – 151
STJ 18-jan.-1995 (Dias Simão), prazo substantivo – 164
STJ 7-mar.-1995 (César Marques), cessação da procuração – 135, 139
STJ 16-mar.-1995 (Roger Lopes), abuso; desequilíbrio – 382
STJ 21-mar.-1995 (Ramiro Vidigal), negócio consigo mesmo – 126
STJ 28-set.-1995 (Henriques de Matos), inalegabilidade formal – 344
STJ 12-dez.-1995 (Torres Paulo), mandato sem representação – 112
STJ 5-mar.-1996 (Miranda Gusmão), *venire* – 154, 314
STJ 5-mar.-1996 (Torres Paulo), procuração e mandato; abuso de representação – 93
STJ 12-mar.-1996 (José Martins da Costa), interrupção da prescrição – 232
STJ 16-abr.-1996 (Matos Canas), procuração e negócio-base; ratificação – 132, 151
STJ 10-out.-1996 (Sá Nogueira), legítima defesa – 475
STJ 12-nov.-1996 (Cardona Ferreira), prazo da prescrição – 213, 214
STJ 26-fev.-1997 (Carvalho Pinheiro), prazo da prescrição – 212
STJ 4-mar.-1997 (Pais de Sousa), abuso; desequilíbrio – 386
STJ 30-abr.-1997 (Matos Canas), início da prescrição – 207
STJ 20-mai.-1997 (Fernandes de Magalhães), abuso; alegação – 412
STJ 3-jun.-1997 (Fernandes Magalhães), interrupção da prescrição – 233

Índice de jurisprudência

STJ 3-jun.-1997 (Lopes Pinto), mandato no interesse do mandatário ou de terceiro – 109
STJ 19-jun.-1997 (Nascimento Costa), prescrição presuntiva – 221
STJ 9-out.-1997 (Henrique de Matos), abuso; desequilíbrio – 386
STJ 28-out.-1997 (Cardona Ferreira), boa fé; natureza – 414
STJ 25-jan.-1998 (Virgílio de Oliveira; vencido: Joaquim Dias), legítima defesa – 475
STJ 5-fev.-1998 (Torres Paulo), *venire*, confiança; inalegabilidade formal, sistema móvel – 326, 344
STJ 17-fev.-1998 (Machado Soares), ratificação – 152
STJ 12-mar.-1998 (Costa Marques), prescrição presuntiva – 221
STJ 17-jun.-1998 (Ferreira Ramos), interrupção da prescrição – 234
STJ 17-jun.-1998 (Machado Soares), interrupção da prescrição – 233
STJ 25-jun.-1998 (Miranda Gusmão), abuso; conhecimento oficioso – 411
STJ 27-out.-1998 (Francisco Lourenço), aplicação no tempo da Lei nº 23/96 (proteção de utentes de serviços públicos) – 237
STJ 12-nov.-1998 (Quirino Soares), *venire*; inalegabilidade formal – 315, 344
STJ 25-nov.-1998 (Martins da Costa), interrupção da caducidade – 260
STJ 7-dez.-1998 (Martins Ramires), legítima defesa; provocação – 472
STJ 20-jan.-1999 (Nascimento Costa), *venire* – 314
STJ 11-mar.-1999 (José Mesquita), abuso; natureza objetiva e intenção das partes – 416
STJ 24-mar.-1999 (Victor Devesa), interrupção da prescrição – 234
STJ 29-abr.-1999 (Abranches Martins), natureza imperativa e não oficiosa da prescrição – 201, 203
STJ 4-mai.-1999 (Ferreira Ramos), interesse no mandato – 102
STJ 11-mai.-1999 (Martins da Costa), interrupção da caducidade – 259
STJ 25-mai.-1999 (Fernandes Magalhães), *venire* – 313
STJ 25-mai.-1999 (Silva Graça), interrupção da prescrição – 234
STJ 14-out.-1999 (Ferreira de Almeida), prescrição presuntiva – 221
STJ 26-out.-1999 (Garcia Marques), interrupção da caducidade – 261
STJ 4-nov.-1999 (Abílio Vasconcelos), prazo da prescrição, havendo sub-rogação – 212
STJ 25-nov.-1999 (Duarte Soares), abuso; conhecimento oficioso – 412
STJ 10-fev.-2000 (Ferreira de Almeida), *venire*; inalegabilidade formal – 344
STJ 11-mai.-2000 (Abílio Vasconcelos), execução específica do dever de retransmissão do mandatário sem representação – 112
STJ 6-jul.-2000 (Torres Paulo), efeitos da prescrição; suspensão – 211, 229
STJ 26-set.-2000 (Silva Salazar), colisão de direitos – 437
STJ 19-out.-2000 (Nascimento Costa), *venire*; *suppressio* – 362
STJ 14-nov.-2000 (Silva Paixão), *venire* – 328
STJ 21-nov.-2000 (Fernando Pinto Monteiro), *venire* – 328
STJ 12-jul.-2001 (Araújo Barros), *tu quoque* – 376
STJ 11-out.-2001 (Silva Salazar), abuso; conhecimento oficioso – 412
STJ 30-out.-2001 (Pais de Sousa), *suppressio* – 362
STJ 13-dez.-2001 (Francisco Ferreira de Almeida), abuso; eficácia externa das obrigações – 382
STJ 13-dez.-2001 (Pereira Madeira), legítima defesa – 476
STJ 17-jan.-2002 (Miranda Gusmão), *venire* – 328

550   *Tratado de Direito civil*

STJ 24-jan.-2002 (Silva Paixão), abuso; condições especiais – 416
STJ 5-mar.-2002 (Ribeiro Coelho), declaração de caducidade – 260
STJ 19-mar.-2002 (Azevedo Ramos), abuso; eficácia externa das obrigações – 382
STJ 8-mai.-2002 (Emérico Soares), caducidade não oficiosa – 262
STJ 8-mai.-2002 (Manuel Pereira), caducidade não oficiosa – 262
STJ 8-mai.-2002 (Pedro Soares), interrupção da caducidade – 259
STJ 21-mai.-2002 (Pais de Sousa), início da caducidade – 257
STJ 24-out.-2002 (Ferreira Girão), interrupção da caducidade – 259
STJ 28-nov.-2002 (Edmundo Baptista), desequilíbrio no exercício; obras – 386
STJ 4-dez.-2002 (Vítor Mesquita), início da caducidade – 257
STJ 21-jan.-2003 (Azevedo Ramos; vencido: Armando Lourenço), *venire* – 328
STJ 13-mar.-2003 (Oliveira Barros), *venire* – 328
STJ 21-mai.-2003 (Azambuja da Fonseca), caducidade não oficiosa – 262
STJ 3-jun.-2003 (Reis Figueira), decurso do prazo de caducidade – 259
STJ 17-jun.-2003 (Moreira Camilo), procuração e mandato – 93
STJ 26-jun.-2003 (Lucas Ferreira de Almeida), negócio consigo mesmo – 126
STJ 21-out.-2003 (Afonso de Melo), colisão de direitos – 438
STJ 15-jan.-2004 (Ferreira Girão), colisão de direitos – 439
STJ 26-fev.-2004 (Araújo Barros), colisão de direitos – 439
STJ 2-mar.-2004 (Alves Velho), procuração irrevogável – 136
STJ 27-mai.-2004 (Azevedo Ramos), colisão de direitos – 439
STJ 22-jun.-2004 (Azevedo Ramos), procuração e mandato – 93
STJ 22-jun.-2005 (Salvador da Costa), *venire* – 329
STJ 21-fev.-2006 (Fernandes Cadilha), *venire* – 329
STJ 6-abr.-2006 (Oliveira Barros), *venire* – 329
STJ 30-mai.-2006 (Fernandes Magalhães), inalegabilidade formal – 345
STJ 8-jun.-2006 (Oliveira Barros), desequilíbrio no exercício; obras – 387
STJ 14-nov.-2006 (Fernandes Magalhães), desequilíbrio no exercício; obras – 387
STJ 21-jun.-2007 (Custódio Montes), modificação da procuração – 139
STJ 6-nov.-2007 (Mário Cruz), prazo substantivo – 165
STJ 10-jan.-2008 (João Bernardo), *tu quoque* – 376
STJ 27-mar.-2008 (Salvador da Costa), negócio-base; mandato – 131
STJ 30-set.-2008 (Paulo Sá), desequilíbrio no exercício; obras – 387
STJ 28-out.-2008 (Sebastião Póvoas), colisão do direito ao ambiente com a tapagem – 440
STJ 19-mar.-2009 (Salazar Casanova), inalegabilidade formal – 345
STJ 7-jul.-2009 (Serra Baptista), procuração; interpretação – 129
STJ 17-dez.-2009 (Oliveira Rocha), intimidade privada; liberdade de imprensa – 440
STJ 13-jul.-2010 (Fonseca Ramos), procuração *post mortem* – 148
STJ 9-set.-2010 (Pereira da Silva), abuso de representação – 154
STJ 30-set.-2010 (Gonçalo Silvano), procuração; irrevogabilidade – 136
STJ 19-out.-2010 (Alves Velho), colisão da integridade física com obras – 440
STJ 8-fev.-2011 (Moreira Alves), procuração; interpretação – 129
STJ 13-set.-2011 (Helder Roque), abuso; conhecimento oficioso – 412
STJ 29-nov.-2011 (Nuno Cameira), inalegabilidade formal – 346
STJ 12-jan.-2012 (Rodrigues da Costa), defesa necessária – 465

Índice de jurisprudência

STJ 24-jan.-2012 (Gregório Silva Jesus), inalegabilidade formal – 346
STJ 29-mar.-2012 (Fonseca Ramos), *venire* – 329
STJ 19-abr.-2012 (Ana Paula Boularot), ação direta; empreitada – 497
STJ 24-mai.-2012 (Serra Baptista), colisão identidade pessoal/respeito pelos mortos – 440
STJ 15-nov.-2012 (Orlando Afonso), colisão titularidade águas/pescadores – 441
STJ 11-dez.-2012 (Fernandes do Vale), *venire* – 330, 412
STJ 20-nov.-2013 (Maia Costa), legítima defesa; pressupostos – 462
STJ 27-nov.-2013 (Santos Cabral), legítima defesa – 466
STJ 2-dez.-2013 (Bettencourt de Faria), colisão; liberdade de expressão – 441
STJ 2-dez.-2013 (Helder Roque), procuração e mandato – 93
STJ 2-dez.-2013 (Paulo Sá), liberdade de expressão – 441
STJ 11-dez.-2013 (Fernandes da Silva), *suppressio* – 363
STJ 22-jan.-2014 (Pires da Graça), legítima defesa; agressão – 460
STJ 11-fev.-2014 (Ana Paula Boularot), *venire* – 330
STJ 18-fev.-2014 (Fonseca Ramos), procuração *post mortem* – 148
STJ 20-mar.-2014 (Rui da Ponte Gomes), colisão; sigilo bancário – 441
STJ 26-jun.-2014 (Granja da Fonseca), procuração e mandato – 93
STJ 25-nov.-2014 (Gabriel Catarino), *venire* – 330
STJ 24-mar.-2015 (Gabriel Catarino), *venire* – 330
STJ 19-mai.-2015 (Fonseca Ramos), *venire* – 330
STJ 28-mai.-2015 (Fernanda Isabel Pereira), procuração *post mortem* – 148
STJ 2-jun.-2015 (Hélder Roque), representação sem poderes – 152
STJ 9-jul.-2015 (Pinto de Almeida), *venire* – 330
STJ 3-dez.-2015 (Tavares de Paiva), abuso de representação – 154
STJ 10-dez.-2015 (Gonçalo Roque), representação institucional – 146, 152
STJ 10-mar.-2016 (Oliveira Vasconcelos), *venire* – 330
STJ 17-mar.-2016 (Lopes do Rego), *venire*; inalegabilidade formal – 346
STJ 12-mai.-2016 (Fernanda Isabel Pereira), consentimento do ofendido; âmbito – 502
STJ 21-jun.-2016 (Hélder Roque), *suppressio* – 363
STJ 14-jul.-2016 (Abrantes Geraldes), procuração; caducidade por morte – 148
STJ 13-set.-2016 (Garcia Calejo), procuração *post mortem* – 148, 149
STJ 14-set.-2016 (Leopoldo Soares), *suppressio* – 364
STJ 26-jan.-2017 (Tavares de Paiva), procuração aparente – 143
STJ 14-fev.-2017 (José Rainho), *venire* – 330
STJ 8-jun.-2017 (Salazar Casanova), *venire* – 331
STJ 19-jun.-2017 (António Silva Gonçalves), mandato; revogação sem justa causa – 110
STJ 29-jun.-2017 (Lopes do Rego), colisão entre a iniciativa privada e o direito ao repouso – 442
STJ 13-jul.-2017 (Lopes do Rego), colisão entre a iniciativa privada e o direito ao repouso – 442

Supremo Tribunal Administrativo (Pleno)

STA(P) 3-out.-1996 (Cruz Rodrigues), prazo substantivo e leis processuais administrativas – 165

552 *Tratado de Direito civil*

Supremo Tribunal Administrativo

STA 2-fev.-1984 (Leitão Cardoso), prazo para interposição de recurso contencioso – 164
STA 6-mai.-1997 (Padrão Gonçalves), prazo substantivo e leis processuais administrativas – 165

Relação de Coimbra

RCb 26-mai.-1928 (caso da chaminé), abuso do direito – 275, 380, 381
RCb 29-mar.-1989 (Andrade Saraiva), ação direta – 496
RCb 16-jan.-1990 (Nunes da Cruz), *venire*; inalegabilidade formal – 344
RCb 9-abr.-1991 (Augusto Vieira), prazo da prescrição – 213
RCb 13-mai.-1993 (Victor Devesa), termo e autonomia privada – 165
RCb 9-dez.-1993 (Almeida Santos), legítima defesa – 475
RCb 14-dez.-1993 (Moreira Camilo), *venire*; inalegabilidade formal – 344
RCb 28-jun.-1994 (Mário Pereira), *venire* – 315
RCb 30-jun.-1994 (Sousa Lamas), *venire* – 313
RCb 15-nov.-1994 (Cardoso de Albuquerque), prescrição de cinco anos – 215
RCb 30-nov.-1995 (Daniel Almada), interrupção da prescrição – 233
RCb 6-jan.-1996 (Nuno Cameira), prescrição de cinco anos – 215
RCb 28-mai.-1996 (Herculano Namora), execução específica do dever de retransmissão do mandatário – 112
RCb 5-nov.-1996 (Coelho de Matos), interrupção da prescrição – 235
RCb 27-jan.-1998 (Soares Ramos), abuso; desequilíbrio – 386
RCb 12-fev.-1998 (Vieira Marinho), legítima defesa – 465
RCb 31-mar.-1998 (Serra Baptista), *venire* – 313
RCb 2-mar.-1999 (Araújo Ferreira), prazo de caducidade – 256
RCb 27-out.-1999 (Ferreira Dinis), ação direta – 496
RCb 9-nov.-1999 (Ferreira de Barros), abuso; desequilíbrio – 387
RCb 8-fev.-2000 (Custódio Marques Costa), abuso; desequilíbrio – 387
RCb 16-mar.-2000 (João Trindade), consentimento do ofendido – 501
RCb 20-nov.-2001 (Manuel da Silva Freitas), mandato no interesse do mandatário ou de terceiro; irrevogabilidade – 109, 136
RCb 15-jan.-2002 (Silva Freitas; vencido: Quintela Proença), colisão de direitos – 438
RCb 11-mar.-2003 (Bordalo Lema), início da caducidade – 258
RCb 3-jun.-2003 (Helder Roque), início da caducidade – 257
RCb 17-set.-2003 (Oliveira Mendes), legítima defesa (caso das barbas) – 460
RCb 19-fev.-2004 (Paulo Távora Vítor), colisão de direitos – 439
RCb 23-mar.-2004 (Távora Vítor), abuso; terceiros – 415
RCb 20-abr.-2004 (Emídio Rodrigues), abuso de representação – 154
RCb 7-jul.-2004 (Cardoso Albuquerque), colisão de direitos – 440
RCb 21-nov.-2006 (Helder Roque), *suppressio* – 363
RCb 27-out.-2009 (Gonçalves Ferreira), *venire* – 329
RCb 14-dez.-2010 (Artur Dias), abuso de representação – 154
RCb 11-jan.-2011 (António Beça Pereira), inalegabilidade formal – 345

Índice de jurisprudência 553

RCb 24-abr.-2012 (Carlos Querido), *venire* – 329
RCb 13-nov.-2012 (Carlos Moreira), colisão; cedência mútua – 440
RCb 11-fev.-2014 (Jorge Arcanjo), desequilíbrio no exercício – 387
RCb 18-mar.-2014 (Henrique Antunes), desequilíbrio no exercício – 387
RCb 10-fev.-2015 (Isabel Silva), mandato com representação – 112
RCb 28-set.-2016 (Vasques Osório), estado de necessidade – 489
RCb 9-jan.-2017 (Luís Cravo), desequilíbrio no exercício – 387
RCb 7-fev.-2017 (Maria João Areias), inalegabilidade formal – 347
RCb 12-set.-2017 (Luís Cravo), *suppressio* – 364

Relação de Évora

REv 8-jan.-1985 (Orlando Saraiva Lima), ação direta – 496
REv 10-jan.-1985 (Varela Pinto), interrupção da prescrição – 235
REv 26-mar.-1987 (Araújo dos Santos), renúncia à prescrição – 201, 202
REv 19-dez.-1989 (Araújo Anjos), renúncia tácita à prescrição – 202
REv 15-abr.-1993 (Armando Luís), interrupção da caducidade – 260
REv 7-mar.-1996 (Manuel Pereira), prazo substantivo – 164
REv 20-jan.-1998 (Sousa Magalhães), ação direta – 496
REv 21-mar.-1998 (António da Silva Gonçalves), caducidade não oficiosa – 261
REv 21-mar.-1998 (Fernando Bento), abuso; apreciação – 414
REv 23-abr.-1998 (Tavares de Paiva), abuso; conhecimento oficioso – 412
REv 28-jan.-1999 (Fernando Bento), interrupção da prescrição – 234
REv 4-mar.-1999 (Verdasca Garcia), interrupção da prescrição – 234
REv 26-out.-2000 (Ana Geraldes), interrupção da caducidade – 259
REv 8-fev.-2001 (Ana Geraldes), colisão de direitos – 438
REv 15-mar.-2001 (Fernando Neves), prescrição presuntiva; utente de serviços públicos
  – 238
REv 4-out.-2001 (Borges Soeiro), *venire* – 328
REv 6-dez.-2007 (Acácio Neves), *suppressio* – 363
REv 14-fev.-2008 (Silva Rato), *suppressio* – 363
REv 15-out.-2013 (Maria Isabel Duarte), estado de necessidade – 489
REv 17- mar.-2015 (Maia Leonor Esteves), estado de necessidade – 489
REv 3-nov.-2016 (Paulo Amaral), representação sem poderes – 150
REv 6-dez.-2016 (João Martinho Cardoso), legítima defesa – 476
REv 26-set.-2017 (Carlos Berguette Coelho), legítima defesa – 459

Relação de Guimarães

RGm 20-nov.-2002 (Leonel Serôdio), colisão de direitos – 438
RGm 4-dez.-2002 (Bernardo Domingos), procuração irrevogável – 136
RGm 29-out.-2003 (Manso Rainho), colisão de direitos – 438
RGm 7-jan.-2004 (António Magalhães: vencido: Carvalho Martins), *venire* – 328
RGm 31-mar.-2004 (Vieira da Cunha), *venire* – 329
RGm 26-mai.-2004 (Vieira e Cunha), inalegabilidade – 345

554   *Tratado de Direito civil*

RGm 30-jun.-2004 (Manso Rainho), abuso – 416
RGm 22-fev.-2011 (Rosa Tching), inalegabilidade – 346
RGm 26-abr.-2012 (Amílcar Andrade), colisão; direito ao repouso – 440
RGm 5-fev.-2013 (Ana Cristina Duarte), desequilíbrio no exercício – 388
RGm 9-abr.-2015 (António Santos), inalegabilidade formal – 346
RGm 23-abr.-2015 (Espinheira Baltar), *venire* – 330
RGm 17-set.-2015 (Ana Cristina Duarte), inalegabilidade formal – 346
RGm 15-out.-2015 (António Santos), inalegabilidade formal – 346
RGm 3-mar.-2016 (Miguel Baldaia Morais), colisão entre a intimidade privada e o direito
    à insolação – 441
RGm 15-mar.-2016 (Helena Melo), *idem* – 441
RGm 2-fev.-2017 (António Sobrinho), *venire* – 330
RGm 9-fev.-2017 (Maria dos Anjos Nogueira), desequilíbrio no exercício – 388
RGm 16-fev.-2017 (Jorge Teixeira), *venire*; inalegabilidade formal – 331, 347

Relação de Lisboa

RLx 30-jun.-1951 (Eduardo Coimbra), abuso do direito – 276
RLx 2-mai.-1973 (s/ind. relator), alteração legal de prazo – 171
RLx 15-mar.-1974 (s/ind. relator), prescrição e caducidade – 254
RLx 24-nov.-1976 (Sequeira de Carvalho), prescrição de cinco anos – 215
RLx 17-dez.-1976 (Correia de Paiva), abuso do direito – 276
RLx 30-nov.-1977 (Campos Costa), interrupção da caducidade – 259, 260
RLx 2-nov.-1979 (Victor Coelho), prazo da prescrição – 213
RLx 24-nov.-1980 (Pedro Macedo), declaração oficiosa de caducidade – 261
RLx 12-fev.-1982 (Ricardo da Velha), prazo de caducidade – 256
RLx 27-jan.-1983 (Ianquel Milhano), renúncia tácita à prescrição – 202
RLx 21-out.-1986 (Farinha Ribeiras), ilisão de prescrição presuntiva – 220
RLx 8-mar.-1988 (Calixto Pires), *venire*; inalegabilidade formal – 344
RLx 5-abr.-1989 (Nuno Alvim), prazo substantivo – 164
RLx 15-jun.-1989 (Herlander Martins), renúncia à prescrição – 201
RLx 7-mar.-1990 (Rodrigues da Silva), prazo substantivo – 164
RLx 6-nov.-1990 (David Faria), renúncia tácita à prescrição – 202
RLx 7-mai.-1992 (Martins Ramires), poderes do madatário para celebrar atos preparatórios
    – 104
RLx 5-nov.-1992 (Silva Paixão), prazo substantivo – 164
RLx 13-mai.-1993 (Nascimento Gomes), natureza imperativa da prescrição – 201
RLx 3-jun.-1993 (Cruz Broco), prazo substantivo – 164
RLx 19-mai.-1994 (Silva Paixão), renúncia à prescrição – 201
RLx 18-jun.-1996 (André dos Santos), prazo da prescrição – 212
RLx 12-jun.-1997 (Carlos Valverde), abuso; natureza objetiva – 412
RLx 3-fev.-1998 (Pinto Monteiro), boa fé; sistema – 416
RLx 31-mar.-1998 (Lino Augusto Pinto), inalegabilidade formal – 344
RLx 1-abr.-1998 (Garcia Reis), prazo substantivo – 164
RLx 28-abr.-1998 (Amaral Barata), início da prescrição – 207

Índice de jurisprudência

RLx 9-jul.-1998 (Pais do Amaral), âmbito da Lei nº 23/96 (utente de serviços públicos) – 416
RLx 9-jul.-1998 (Rogério Sampaio Beja), *venire*; má fé – 238, 239
RLx 29-jan.-1999 (Salazar Casanova), abuso; alegação – 412
RLx 10-fev.-1999 (Ferreira Marques), abuso; regras imperativas – 415
RLx 24-fev.-1999 (Ferreira Marques), interrupção da prescrição – 234
RLx 4-mar.-1999 (Ponce de Leão), inalegabilidade formal – 345
RLx 11-mar.-1999 (Salvador da Costa), abuso; casos especiais – 416
RLx 20-mai.-1999 (Ferreira Girão), *venire*; inalegabilidade formal – 344
RLx 2-nov.-1999 (Roque Nogueira), execução específica do dever de retransmissão do mandatário – 112
RLx 25-nov.-1999 (Moreira Camilo), *venire* – 415
RLx 23-mar.-2000 (Salvador da Costa), mandato sem representação – 112
RLx 30-mar.-2000 (Cordeiro Dias), execução específica do dever de retransmissão do mandatário; *venire*; inalegabilidade formal – 112, 344
RLx 5-jul.-2000 (Torres Veiga), execução específica do dever de retransmissão do mandatário – 112
RLx 16-jan.-2001 (Mário Rua Dias), *suppressio* – 362
RLx 5-abr.-2001 (Salvador da Costa), colisão de direitos – 428
RLx 16-out.-2001 (Santos Rita), consentimento do ofendido – 502
RLx 22-jan.-2002 (António Abrantes Geraldes), "função social"; *suppressio* – 362
RLx 21-fev.-2002 (Salazar Casanova), declaração de caducidade – 260
RLx 18-abr.-2002 (Salvador da Costa), abuso; conhecimento oficioso – 411
RLx 18-dez.-2002 (Guilherme Pires), início da caducidade – 257
RLx 18-dez.-2002 (Maria João Romba), início da caducidade – 257
RLx 25-fev.-2003 (Rosa Ribeiro Coelho), início da caducidade – 257
RLx 18-mar.-2003 (António Abrantes Geraldes), abuso; alegação – 412
RLx 1-abr.-2003 (Pereira da Silva), *suppressio* – 363
RLx 9-jul.-2003 (Tibério Silva), procuração irrevogável – 136
RLx 22-jan.-2004 (Salazar Casanova), *venire* – 328
RLx 3-fev.-2004 (Tomé Gomes), declaração oficiosa de caducidade – 261
RLx 2-mar.-2004 (André dos Santos), *tu quoque* – 376
RLx 18-mar.-2004 (Fátima Galante), desequilíbrio; obras – 387
RLx 29-abr.-2004 (Fátima Galante), desequilíbrio; obras – 387
RLx 29-abr.-2004 (Carlos Valverde), procuração irrevogável – 136
RLx 29-abr.-2004 (Fátima Galante), inalegabilidade formal – 345
RLx 12-Jul.-2007 (Pimentel Marcos), desequilíbrio; obras – 387
RLx 4-out.-2007 (António Valente), abuso; conhecimento oficioso – 412
RLx 19-jan.-2012 (Fátima Galante), colisão; liberdade de imprensa/intimidade – 440
RLx 20-mar.-2013 (Carla Mendes), *venire* – 330
RLx 21-mar.-2013 (Ezagüy Martins), colisão; locatário/planeamento urbano – 441
RLx 20-jun.-2013 (Fátima Galante), mandato – 93
RLx 14-nov.-2013 (Carla Mendes), *venire* – 330
RLx 9-jul.-2014 (António Valente), ação direta – 497
RLx 13-jan.-2015 (Cristina Coelho), inalegabilidade formal – 346

556 *Tratado de Direito civil*

RLx 13-mar.-2015 (Conceição Gomes), legítima defesa – 462
RLx 17-mar.-2015 (Orlando Nascimento), colisão entre o direito à honra e a liberdade de informação – 441
RLx 17-set.-2015 (Teresa Albuquerque), inalegabilidade formal – 346
RLx 2-fev.-2016 (Cristina Coelho), desequilíbrio no exercício – 387
RLx 3-mar.-2016 (Ondina Carmo Alves), *tu quoque* – 377
RLx 5-abr.-2016 (Artur Vargues), estado de necessidade – 489
RLx 7-abr.-2016 (Maria Manuela Gomes), colisão entre o direito ao repouso e as lições de piano – 441
RLx 17-mai.-2016 (Rosa Ribeiro Coelho), abuso de representação – 154
RLx 29-jun.-2016 (Pedro Martins), poderes de representação – 152
RLx 15-dez.-2016 (Luís Espírito Santo), inalegabilidade formal – 347, 377
RLx 15-dez.-2016 (Manuel Marques), inalegabilidade formal; *suppressio* – 364
RLx 14-mar.-2017 (Luís Espírito Santo), inalegabilidade formal – 347
RLx 16-mar.-2017 (Eduardo Petersen Silva), inalegabilidade formal – 347
RLx 11-mai.-2017 (Ezagüy Martins), *tu quoque* – 377
RLx 8-jun.-2017 (Jorge Leal), poderes de representação – 144
RLx 29-jun.-2017 (Pedro Martins), *suppressio* – 364
RLx 14-set.-2017 (Pedro Martins), *suppressio* – 364

Relação de Luanda

RLd 17-jul.-1970 (Manuel Fernandes Mota), abuso do direito; vcfp – 276

Relação do Porto

RPt 21-mai.-1925 (Eduardo Carvalho), prescrição e caducidade – 252
RPt 2-jul.-1971 (s/ind. relator), caducidade oficiosa – 262
RPt 21-jul.-1971 (s/ind. relator), alteração legal de prazos – 171
RPt 3-fev.-1981 (Joaquim Carvalho), *tu quoque* – 277, 376
RPt 22-jan.-1986 (Teixeira do Carmo), ação direta – 496
RPt 6-out.-1987 (Metello de Nápoles), interrupção da caducidade – 260
RPt 11-mai.-1989 (Carlos Matias), *venire*; inalegabilidade formal – 344
RPt 31-out.-1991 (Cesário de Matos), prazo de caducidade – 256
RPt 18-nov.-1993 (Carlos Matias), ratificação e vcfp – 144
RPt 13-dez.-1993 (Azevedo Ramos), ilisão de prescrição presuntiva – 221
RPt 1-mar.-1995 (Fonseca Guimarães), legítima defesa; excesso – 472
RPt 15-mai.-1995 (Abílio Vasconcelos), prescrição presuntiva – 221
RPt 9-out.-1995 (Azevedo Ramos), suspensão da prescrição – 227
RPt 20-fev.-1997 (Custódio Montes), mandato sem representação – 112
RPt 29-set.-1997 (Ribeiro de Almeida), *venire*; inalegabilidade formal – 344
RPt 12-jan.-1999 (Emérico Soares), ação direta – 496
RPt 2-mar.-1999 (Ferreira de Seabra), declaração oficiosa da caducidade – 261
RPt 28-jun.-1999 (Fonseca Ramos), prescrição presuntiva; utente de serviços públicos – 221, 238

Índice de jurisprudência

RPt 12-jan.-2000 (Pinto Monteiro), prazo da prescrição – 212
RPt 9-mar.-2000 (João Bernardo), *venire* – 314
RPt 20-mar.-2000 (Paiva Gonçalves), prescrição presuntiva; utente de serviços públicos – 238
RPt 3-abr.-2000 (Sousa Peixoto), início da prescrição – 207
RPt 19-out.-2000 (Moreira Alves), abuso; terceiros – 415
RPt 16-nov.-2000 (Pinto de Almeida), negócio consigo mesmo – 126
RPt 14-dez.-2000 (Sousa Leite), prazo de caducidade – 256
RPt 19-mar.-2001 (Sousa Peixoto), interrupção da prescrição – 233
RPt 20-mar.-2001 (Afonso Correia), *venire*; inalegabilidade formal – 328, 344
RPt 31-mai.-2001 (Afonso Correia), inalegabilidade formal – 345
RPt 9-abr.-2002 (M. Fernanda Pais Soares), *venire* – 328
RPt 12-dez.-2002 (João Bernardo), colisão de direitos – 438
RPt 11-mar.-2003 (Lemos Jorge), *suppressio* – 363
RPt 20-abr.-2003 (Pinto de Almeida), *suppressio* – 360
RPt 26-mai.-2003 (Fonseca Ramos), colisão de direitos – 438
RPt 29-set.-2003 (Fernando do Vale), *venire*; confiança – 415
RPt 3-fev.-2004 (Fernando Simões), *tu quoque* – 377
RPt 22-abr.-2004 (Saleiro de Abreu), inalegabilidade formal – 345
RPt 7-jun.-2004 (Fernandes do Vale), procuração irrevogável e pacto comissório – 149
RPt 20-mar.-2006 (Pinto Ferreira), abuso do direito; conhecimento oficioso – 412
RPt 12-nov.-2008 (Caimoto Jácome), colisão de direitos de personalidade com propriedade – 440
RPt 8-fev.-2010 (Ferreira da Costa), *venire* – 329
RPt 26-set.-2011 (Soares de Oliveira), mandato sem representação – 113
RPt 10-out.-2011 (Maria Adelaide Domingos), colisão; tapagem/insolação – 440
RPt 27-out.-2011 (Maria Amália Santos), abuso; tapagem/insolação – 440
RPt 28-mar.-2012 (Ondina Carmo Alves), colisão; saúde/propriedade – 440
RPt 17-jun.-2013 (Ferreira da Costa), *suppressio* – 363
RPt 11-dez.-2013 (Eduarda Lobo), legítima defesa; arma de fogo – 476
RPt 5-mai.-2014 (Manuel Domingues Fernandes), *suppressio* – 363
RPt 8-mai.-2014 (José Manuel de Araújo Barros), colisão; ruído – 441
RPt 16-jun.-2014 (Manuel Domingues Fernandes), *tu quoque* – 377
RPt 28-jan.-2015 (Neto de Moura), estado de necessidade – 489
RPt 13-abr.-2015 (Soares de Oliveira), inalegabilidade formal – 346
RPt 8-jul.-2015 (Fernando Samões), colisão entre o direito ao repouso e uma exploração comercial – 441
RPt 12-nov.-2015 (Fernando Baptista), poderes de representação – 152
RPt 20-jan.-2016 (Borges Martins), ação direta – 497
RPt 15-jun.-2016 (Soares de Oliveira), inalegabilidade formal – 346, 412
RPt 26-jun.-2016 (José Igrejas Matos), representação sem poderes – 154
RPt 7-nov.-2016 (Manuel Domingos Fernandes), inalegabilidade formal – 346
RPt 15-dez.-2016 (Jorge Seabra), *tu quoque* – 377
RPt 2-mar.-2017 (Domingos Morais), *tu quoque* – 377
RPt 29-mai.-2017 (Fernando Soares), *suppressio* – 364

558   *Tratado de Direito civil*

Tribunal Central Administrativo Norte

TCAN 11-fev.-2015 (Esperança Mealha), falta de procuração; sanação – 152

Ministério Público

parecer do MP, Proc. 83 149 (Pereira da Costa), alcance da renúncia à prescrição – 202

JURISPRUDÊNCIA ESTRANGEIRA

Alemanha

Reichsoberhandelsgericht

ROHG 8-abr.-1873, *suppressio* – 351, 352
ROHG 10-jun.-1876, *suppressio* – 352
ROHG 20-out.-1877, *suppressio* – 352

Reichsgericht

RG 8-nov.-1893, *suppressio* – 352
RG 11-dez.-1895, *suppressio* – 352
RG 7-jun.-1902, inalegabilidade formal – 335
RG 17-dez.-1903, *exceptio doli* – 300, 303
RG 30-jun.-1904, *exceptio doli* – 300, 303
RG 15-nov.-1907, *exceptio doli*; inalegabilidade formal – 300, 335, 337
RG 10-jan.-1908, *tu quoque* – 367, 368
RG 2-mai.-1919, *suppressio* – 353
RG 28-nov.-1923, *exceptio doli*; inalegabilidade formal – 335, 336
RG 21-mai.-1927, *exceptio doli*; inalegabilidade formal – 336
RG 10-dez.-1935, *tu quoque* – 368
RG 12-nov.-1936, *exceptio doli*; inalegabilidade formal – 336
RG 8-jun.-1942, abuso; desequilíbrio – 336, 381
RG 4-dez.-1942, inalegabilidade formal – 336

Bundesgerichthof

BGH 5-dez.-1950, abuso; desproporção – 385
BGH 14-jun.-1951, *tu quoque* – 370
BGH 21-abr.-1955, procuração tolerada – 142
BGH 26-out.-1955, *venire* – 321
BGH 27-mai.-1957, inalegabilidade formal – 339

Índice de jurisprudência

BGH 28-nov.-1957, inalegabilidade formal – 339
BGH 3-dez.-1958, inalegabilidade formal – 338, 339, 340
BGH 21-abr.-1960, *venire* – 321
BGH 16-abr.-1962, inalegabilidade formal – 339
BGH 29-jan.-1965, inalegabilidade formal – 339
BGH 17-mar.-1967, abuso; desequilíbrio – 381
BGH 7-abr.-1967, abuso; desequilíbrio – 381
BGH 27-out.-1967, inalegabilidade formal – 340
BGH 20-mai.-1968, *venire* – 319
BGH 15-dez.-1969, posição e direito de retenção – 190
BGH 9-out.-1970, inalegabilidade formal – 338, 339
BGH 22-jun.-1973, inalegabilidade formal – 339
BGH 26-out.-1973, *tu quoque* – 368
BGH 28-jun.-1974, *dolo agit* – 3836
BGH 30-mai.-1975, procuração e confiança – 143
BGH 10-jun.-1977, inalegabilidade formal – 339, 340
BGH 16-nov.-1978, inalegabilidade formal – 339, 340
BGH 12-mar.-1981, procuração aparente – 143
BGH 15-fev.-1982, procuração aparente – 143
BGH 28-nov.1984, suspensão negocial da prescrição – 188
BGH 16-nov.-1987, procuração tolerada – 142, 186
BGH 24-jan.-1991, procuração aparente – 143
BGH 3-nov.-1993, ação direta – 497
BGH 17-out.-1996, início da prescrição – 186
BGH 16-dez.-1997, início da prescrição – 187
BGH 17-fev.-2000, início da prescrição – 186
BGH 11-mai.-2011, procuração aparente – 143
BGH 4-fev.-2015, *suppressio* – 311
BGB 20-nov.-2015, *venire* – 354

Reichsarbeitsgericht

RAG 15-jun.-1938, inalegabilidade formal – 336

Tribunais de apelação

OGHBrZ 7-out.-1948, inalegabilidade formal – 338
OGHBrZ 2-dez.-1948, *venire* – 321
OLG Dresden, 22-mar.-1949, inalegabilidade formal – 338
OLG Karlsruhe 8-Ag.-1972, abuso; desequilíbrio – 381

1ª Instância

LG Kassel 25-mai.-1970, abuso; desequilíbrio – 381

560   *Tratado de Direito civil*

Espanha

Tribunal Supremo

TS 14-fev.-1944, abuso do direito – 380

França

Cour de cassation

CssFr 18-fev.-1907, abuso do direito – 380
CssFr 3-ago.-1915, abuso do direito (dirigíveis) – 283
CssFr 14-fev.-1937, incapacidade do representante – 72
CssFr 29-mai.-1937, abuso do direito – 380
CssFr 21-jan.-1981, mandato aparente – 73
CssFr 5-dez.-1989, mandato aparente – 73
CssFr 5-abr.-1995, mandato aparente – 73
CssFr 9-mar.-1999, mandato aparente – 73

Cour Impériale

CImp Metz 10-nov.-1808, abuso do direito; relações de vizinhança – 283
CImp Colmar 2-mai.-1855, abuso do direito; chaminé falsa – 283

Cour d'Appel

C. Ap. Paris, 2-dez.-1871, abuso do direito – 380

1.ª Instância

Douai, 7-mai.-1902, abuso do direito – 384
Amiens, 7-fev.-1912, abuso do direito – 380
Compiègne 19-fev.-1913, abuso do direito; dirigíveis – 283

ÍNDICE ONOMÁSTICO

Abreu, Saleiro de – 345
Abreu, Teixeira de – 275, 289
Adomeit, Klaus – 66, 472
Afonso III, Dom – 191
Afonso V, Dom – 191
Afonso, Orlando – 441
Agricola, Alfredus – 38, 43
Alarcão, Rui de – 92, 140, 153, 272
Albuquerque, Cardoso de –215, 440
Albuquerque, Pedro de – 67, 68, 69, 70, 74, 75, 78, 79, 83, 86, 145, 440
Albuquerque, Teresa – 346
Alciatus – 43, 523
Alexandre, Isabel – 507
Alff, Richard – 319
Allgaier, Edwin – 483
Almada, Daniel – 233
Almeida, Ferreira de – 221, 344, 382
Almeida, Geraldo da Cruz – 364
Almeida, Lucas Ferreira de – 126
Almeida, Luís Duarte d' – 429
Almeida, Pinto de – 126, 330, 360
Almeida, Ribeiro de – 344
Alves, Moreira – 129, 415
Alves, Ondina Carmo – 377, 440
Alvim, Nuno – 164
Alwart, Heiner – 464
Amaral, Pais do – 238
Amaral, Paulo – 150
Amelotti, Mario – 173, 174, 175
Andrade, Amílcar – 440
Andrade, Manuel de – 35, 91, 119, 159, 169, 196, 218, 251, 272, 273, 290, 349, 397, 405, 507, 513, 517
Andrade, Tânia de Freitas – 421

Andrioli, Virgilio – 506, 523, 524
Anjos, Araújo dos – 202
Antunes, Henrique – 387
Arangio-Ruiz, Vincenzo – 96
Arantes, Tito – 290
Araújo, Fábio Caldas de – 418
Araújo, Hugo Rafael Galdino – 420
Arcanjo, Jorge – 387
Areias, Maria João – 347
Arez – 252
Arndt – 301, 318, 333
Arnesberg, L. Arndts von – 424
Ascensão, José de Oliveira – 272, 284, 429, 459
Astone, Francesco – 310
Ataíde, Rui – 142
Auricchio, Alberto – 56
Avanzo, Walter d' – 77, 198

Bajons, Ena-Marlis – 508
Baltar, Espinheira – 330
Bank – 356
Baptista, Edmundo – 386
Baptista, Fernando – 152
Baptista, Serra – 129, 313, 440
Barassi, Ludovico – 38, 42, 43, 56
Barata, Amaral – 207
Barros, Araújo – 376, 439, 441
Barros, Ferreira de – 387
Barros, Henrique da Gama – 491
Barros, Oliveira – 328, 329, 387
Bártolo – 308
Bastos, Jacinto Rodrigues – 99, 253, 492
Baudry-Lacantinerie, G. – 247
Bayreuther, Frank – 53, 54

562   *Tratado de Direito civil*

Beckhaus, F. W. – 42, 43
Behrends, Okko – 39, 41, 67, 68, 96, 281, 453, 482
Beja, Rogério Sampaio – 416
Bekker, Ernst Immanuel – 248, 424
Bénabent, Alain – 47
Bender – 357
Benöhr, Hans-Peter – 373
Bentham, J. – 507
Bento, Fernando – 234, 414
Beraldo, Leonardo de Faria – 419
Bereska, Christian – 183, 185, 186, 187, 188
Berger, Christian – 99
Berger, Klaus Peter – 76, 103, 105
Bernardo, João – 314, 376, 438
Berner, Albert Friedrich – 455
Beseler, Gerhard – 38
Best – 355
Bettermann, Karl August – 117
Betti, Emilio – 27
Beuthien, Volker – 81, 82, 85
Beving, J. – 424
Bieberstein, F. Freiherrn Marschall von – 405
Biermann, Johannes – 51, 286, 299, 424
Bigiavi, Walter – 248
Biondo, Biondi – 67
Blume, W. von – 119
Blumenstein – 350
Bockelmann, Paul – 458
Boehmer, Gustav – 70, 125
Bonfante, Pietro – 174
Bonnet, Piero Antonio – 176
Boor, H. O. de – 397, 425
Bork, Reinhard – 53, 76, 86, 141, 149, 348, 483
Bornemann, Alexander – 142
Börner, Bodo – 116
Boularot, Ana Paula – 330, 497
Boulos, Daniel M. – 419
Brandão, A. – 253
Braun, Johann – 466, 494
Brenner, Willy – 300, 302, 303, 305, 306
Brinz, Alois – 48

Brito, Maria Helena – 66, 127
Brito, Teresa Quintela de – 486
Broco, Cruz – 164
Brox, Hans – 53, 76
Bruto – 365
Bub, Peter – 52
Bucher, Lothar – 425
Buchka, Hermann – 67, 69, 79
Buffelan-Landre, Yvaine – 248
Burckard, Hugo – 522, 524
Buzzacchi, Chiara – 282
Bydlinski, Peter – 182, 354

Cabral, Santos – 466
Cadiet, Loïc – 217
Cadilha, Fernandes – 329
Caemmerer, Von – 370
Caldas, Carlos da Silva – 151, 344, 412
Calejo, Garcia – 148
Cameira, Nuno – 215, 346
Camilo, Moreira – 93, 344, 415
Campiteli, Adriana – 176
Campos, A. – 252
Canaris, Claus-Wilhelm – 142, 143, 147, 171-182, 183, 184, 186, 312, 315, 319, 320, 321, 323, 324, 325, 326, 340, 342, 351, 355, 357, 361, 487
Canas, Matos – 132, 151, 207
Cancela, Mário – 235
Canstein, Von – 75
Cappelini, Paolo – 69
Caracala – 174
Carbonnier, Jean – 47, 71, 177, 217
Cardigos, Pereira – 164
Cardoso, João Martinho – 476
Cardoso, Leitão – 164
Carmo, Teixeira do – 496
Carnelutti, Francesco – 27, 28, 35, 508
Carraro, Luigi – 56
Carvalho Júnior – 92
Carvalho, Américo Taipa de – 455, 456, 457, 464, 468, 469, 475, 478, 481, 484
Carvalho, Eduardo – 252
Carvalho, Joaquim de – 220, 277, 376
Carvalho, Oliveira – 201

Índice onomástico

563

Carvalho, Sequeira de – 215

Casanova, Manuel Joaquim de Azevedo Borges – 428

Casanova, Salazar – 260, 328, 331, 345, 412

Castro, A. Osório de – 252

Castro, Aníbal de – 251

Castro, Anselmo de – 513

Castro, Francisco Augusto das Neves e – 507

Catarino, Gabriel – 330

Celso – 281

Cenderelli, Aldo – 40

Cervenca, Giuliano – 68

César, Júlio – 168, 365

Chabas, François – 47, 72, 73, 283, 285, 286

Chaves, Arala – 133

Chiusi, Tiziana J. – 142

Cícero – 95, 453

Cipriano, J. – 252

Clark, Albert C. – 453

Cluny, Lima – 154

Coelho, Baltazar – 261

Coelho, Carlos Berguette – 459

Coelho, Cristina – 346, 387

Coelho, Ribeiro – 260

Coelho, Rosa Ribeiro – 154, 257

Coelho, Victor – 213

Coimbra, Eduardo – 276

Coing, Helmut – 67, 69, 70, 75, 76, 78, 318, 334, 335, 341, 342

Collaço, Isabel de Magalhães – 27, 28, 35

Cordeiro, A. Barreto Menezes – 112

Cordeiro, António Menezes – 144, 285, 315, 350, 385

Cordopatri, Franco – 524

Correia, A. Ferrer – 92

Correia, Afonso – 328, 344, 345

Correia, Eduardo Guedes – 259

Corte-Real, Rui – 215, 277

Cosack, Konrad – 288

Costa, Artur – 507

Costa, Avelino de Jesus da (Padre) – 168

Costa, Campos – 259, 260

Costa, Custódio Marques – 387

Costa, Emilo – 298

Costa, Ferreira da – 227, 329, 363

Costa, José Martins da – 151, 213, 232, 233, 259, 260

Costa, Judith Hofmeister Martins – 418, 419

Costa, Ludovico da – 133

Costa, Maia – 462

Costa, Manuel Fernandes – 220

Costa, Mário Júlio de Almeida – 459, 485, 486, 493

Costa, Nascimento – 221, 314, 362

Costa, Pereira da – 202

Costa, Rodrigues da – 465

Costa, Salvador da – 112, 131, 329, 411, 416, 438

Coviello, Nicola – 76, 77

Craushaar, Götz von – 319

Cravo, Luís – 364, 387

Cruz, Mário – 165

Cruz, Nunes da – 344

Cuiacius ic., Iacobus – 43, 44

Cunha, Paulo – 37, 507

Cunha, Vieira e – 329, 345

Cüppers, Joseph – 512

Dabin, Jean – 403, 405

Daele, Wolfgang van dem – 373

Damm, Reinhard – 407

Danzer-Vanotti – 355, 356

Däubler, Wolfgang – 181

Dauner-Lieb, Barbara – 181

Delebecque, A. – 71, 96

Demelius, Heinrich – 141

Dernburg, Heinrich – 51, 286, 299, 424

Dette, Hans Walter – 314, 323, 325

Devesa, Victor – 165, 234

Dias, Artur – 154

Dias, Cordeiro – 112, 344

Dias, Joaquim – 475

Dias, Jorge de Figueiredo – 455, 456, 457, 458, 461, 462, 464, 465, 468, 469, 471, 481, 484, 486, 495, 503

Dias, Mário Rua – 362

564 *Tratado de Direito civil*

Dilcher, Hermann – 464, 472
Dinis, Dom – 191
Dinis, Ferreira – 496
Diurni, Amalia – 482, 484
Dniestrzanski, Stanislaus – 69, 75
Dohse, Roderich – 249
Domat, Jean – 43, 45, 70, 283
Domingos, Bernardo – 136
Domingos, Maria Adelaide – 440
Donatuti, Guido – 96
Donelli, Hugonis – 44, 45, 246
Doris, Philippos – 52, 54, 55, 120
Dörner, Heinrich – 51, 53
Drexl, Josef – 119
Duarte, Ana Cristina – 346, 388
Duarte, Maria Isabel – 489
Dumont, Étienne – 507
Dworkin, Ronald – 323

Eichler, Hermann – 318
Eidenmüller, Horst – 183, 190
Einsele, Dorothee – 116
Ellenberger, Jürgen – 51, 53, 76, 86, 492
Endemann, F. – 353
Endemann, Wilhelm – 506
Engelmann – 301
Enneccerus, Ludwig – 87, 141, 153, 300
Erb, Volker – 483
Ermann, Walter – 51, 319
Ernst, Wolfgang – 183
Esteves, Maia Leonor – 489

Fabião, Fernando – 376
Faria, Bettencourt de – 441
Faria, David – 202
Faria, Jorge Ribeiro de – 459, 485
Faria, Zeferino – 235
Ferid, Murad – 53, 72, 283
Fernandes, Luís A. Carvalho – 30, 35, 102, 125, 429
Fernandes, Magda Mendonça – 316
Fernandes, Manuel Domingos – 346, 363, 377
Ferraioli, Marzia – 524

Ferreira, Araújo – 256
Ferreira, Cardona – 213, 414
Ferreira, Daniel – 163, 285
Ferreira, Gonçalves – 329
Ferreira, José Dias – 90, 98, 130, 139, 166, 167, 171, 195, 275, 428, 482, 507, 508, 522
Ferreira, Pinto – 412
Ferri, Giovanni B. – 27
Festi, Fiorenzo – 310
Figueira, Reis – 259
Figueirinhas, S. – 218
Fikentscher, Wolfgang – 142, 371
Finazzi, Giovani – 39
Finkenauer, Thomas – 52
Fischer, Otto-Wolfgang – 352, 354, 356
Flume, Werner – 54, 78, 141, 142, 321
Fonseca, Azambuja da – 262
Fonseca, Granja da – 93
Fortes, Cátia Venina Sanderson da Jornada – 420
Frada, Manuel Carneiro da – 144, 316, 320
Fragistas, Ch. N. – 292, 293, 294, 295
Franzki, Dietmar – 514
Frè, Giancarlo – 77
Freitas, José Lebre de – 28, 507, 531, 534, 540
Freitas, Manuel da Silva – 109, 136, 438
Frensch, Brigitte – 76
Fritz, Karina Nunes – 419
Frotz, Gerhard – 118

Gadow, Wilhelm – 298, 300, 302
Galante, Fátima – 93, 345, 387, 440
Garcia, Octávio Dias – 277, 361
Garcia, Verdasca – 234
Gehrlein, Markus – 119
Geigel, Robert – 353
Geilen, Gerd – 473
Geraldes, Ana – 259, 438
Geraldes, António Abrantes – 148, 362, 412
Gernhuber, Joachim – 341, 373
Gierke, Otto von – 81
Giessen, Dieter – 116, 142
Girão, Ferreira – 259, 344, 439

Índice onomástico

Giuliani, Alessandro – 505
Giusiana, Enrico – 248
Glück, Christian Friedrich – 286, 424
Gogos, Demetrios – 293
Gomes, Conceição – 462
Gomes, Januário – 96, 102, 103, 109, 111, 113
Gomes, José Ferreira – 147
Gomes, Maria Manuela – 441
Gomes, Nascimento – 201
Gomes, Rui da Ponte – 441
Gomes, Tomé – 261
Gonçalves, António da Silva – 110, 261
Gonçalves, Diogo Costa – 147
Gonçalves, Luiz da Cunha – 78, 90, 93, 162, 167, 195, 198, 227, 228, 289, 428
Gonçalves, Padrão – 165
Gonçalves, Paiva – 238
Gottwald, Peter – 506, 511, 512, 514, 518, 521
Graça, Pires da – 460
Graça, Silva – 234
Grasso, Biagio – 206
Graul, Eva – 476
Gregory, Adrianus Fredericus Ludovicus – 38
Griesbeck, Michael – 307, 323, 325
Griesinger, Julius – 38, 42
Grifò, Giuliano – 27
Gropallo, Eurico – 177
Grothe, Helmut – 178, 182, 198, 461, 464, 470, 474, 483, 486, 487, 488, 492
Grotius, Hugo – 70, 455
Grüneberg, Christina – 354, 394
Gualazzini, Ugo – 282
Guarino, Antonio – 67
Guedes, Sousa – 475
Guimarães, Fonseca – 472
Gursky, Karl-Heinz – 52, 53, 54, 55
Gusmão, Miranda – 151, 233, 314, 328, 411

Haas, Robert – 454, 455, 457, 480
Habermeier, Stefan – 51
Habscheid, Walther J. – 83
Haegele, Karl – 18

Haferkamp, Hans-Peter – 287, 299, 453, 483
Hagen, Horst – 55
Hager, Günter – 76
Hager, Lothar-Wilhelm – 288
Hamburger, Max – 355, 356
Hänel – 299
Hanson, Neil – 484
Häsemeyer, Ludwig – 335, 341
Hatzung, Andreas – 481, 482, 483
Heck, Phillip – 369, 400
Hedemann, Justus Wilhelm – 293, 522, 523
Hegel – 455, 489
Hegermann, Philipp – 116, 142
Hein, Jan von – 519
Heineccius – 89, 193
Heinrich, Irmgard – 66
Heinrichs, Helmut – 186
Heldrich, Karl – 337
Henle, Rudolf – 301
Henri, Xavier – 73
Henssler, Martin – 180, 183
Herzfeld – 301
Hespanha, A. – 349
Himmelreich, Klaus – 472
Hirsch, Hans Christoph – 404
Hitzemann, Horst-Heinrich – 146
Hobbes, Thomas – 455
Hoeniger, Heinrich – 337
Hoffmann, Jochen – 142
Hoffmann, Rolf – 116
Holden, H. A. – 95
Honsell, Heinrich – 370
Horn, Norbert – 487
Hörster, Henrich Ewald – 143
Hoyer, Andreas – 462
Hubmann, Heinrich – 393
Hueck, Alfred – 483
Hueck, Götz – 120
Hummler, Alexander Josef – 450
Hupka, Josef – 67, 69, 71, 75, 142

Iannaccone, Attilio – 213
Isay, Hermann – 54, 75, 123
Isola, Lisa – 308

566   *Tratado de Direito civil*

Jacoby, Florian – 182, 184, 187, 188, 189, 199
Jácome, Caimoto – 440
Jacubezky, von – 287
Japiot, René – 47
Jauernig, Othmar – 51, 99
Jesus Cristo – 168, 454
Jesus, Gregório Silva – 346
Jhering, Rudolf von – 48, 49, 74, 75, 76, 79, 84, 91, 92, 114, 131, 287, 392
Jordão, Eduardo – 419
Jorge, Fernando Pessoa – 56, 57, 58, 89, 91, 92, 96, 99, 445, 450, 459, 485, 486, 493, 500
Jorge, Lemos – 363
Josef, Eugen – 301, 337
Josserand, Louis – 284, 285, 392, 400, 402, 403, 405
Junqueiro, P. Augusto – 507
Justiniano – 41, 175, 176
Justo, A. Santos – 174, 175

Kant – 455
Karakantas, S. – 352, 353
Kargl, Walter – 457
Kaser, Max – 37, 40, 174, 523
Keller, von – 299
Kioupis, Dimitros – 455, 457
Kipp, Theodor – 51, 75, 79, 142, 177, 248, 286, 424
Klausing, F. – 142
Kleine, Heinz – 356
Knöfel, Oliver L. – 127
Knopp – 318, 384, 396, 397
Knops, Kai-Oliver – 182
Knütel, Rolf – 67, 281
Köhler, Helmut – 53, 76, 348, 494
Kotthaus, Adolf – 52
Kötz, Hein – 66, 309
Krause, Hermann – 353
Krebs, Peter – 181, 390, 394
Kreutzpointner, Michael – 298
Krey, Volker – 461, 477
Krückmann, Paul – 51

Krüger, Paulus – 39, 40, 41, 175, 382, 453, 523
Kubaschewski, Kurt – 40
Kübel – 301
Kühl, Kristian – 480
Küper, Wilfried – 489
Kupisch, Berthold – 67

Laband, Paul – 74, 75, 76, 84, 92, 114
Ladenburg – 75, 368, 374
Lamas, Sousa – 313
Lammel, Siegbert – 98, 103
Lange, Frank-Holger – 514
Langer, Karl A. – 249
Larenz, Karl – 33, 51, 76, 86, 105, 115, 116, 124, 135, 141, 142, 143, 157, 249, 287, 288, 317, 341, 348, 354, 357, 361, 384, 390, 460, 466, 469, 474, 483, 486, 494
Lassalle, Ferdinand – 425
Laurent, F. – 283
Lautenschlager, Milton Flávio de Almeida Camargo – 419
Leal, Jorge – 144
Leão, Jorge Ponce de – 345, 513
Léauté, Jacques – 73
Leenen, Detlef – 183, 184
Lehmann, Heinrich – 310, 356, 357
Leitão, Luís Menezes – 459, 485, 493
Leite, Sousa – 256
Lema, Bordalo – 258
Lemos, Jaime de – 507
Lencastre, Hernani de – 220
Lenel, Otto – 39, 75
Lenz, Karl-Heinz – 318, 319
Lequette, Yves – 47, 71, 248
Lewis – 299
Lião, Duarte Nunes do – 88
Liebs, Detlef – 308, 310
Lima, Orlando Saraiva – 496
Lima, Pires de – 101, 103, 104, 105, 106, 108, 109, 111, 113, 119, 154, 171, 197, 206, 254, 272, 429
Lobo, Eduarda – 476
Locke, John – 455

Índice onomástico

Lombardo, Eugenia Scavo – 523
Longo, Giannetto – 68
Looschelders, Dirk – 269, 311, 323, 348, 359
Lopes, Roger – 382
Lorenz, Egon – 365, 368, 370
Lorenz, Stephan – 158
Lorenz, Werner – 334, 335, 338, 341, 342
Lorenzi, Valeria de – 69, 71, 77, 116, 140
Lourenço, Armando – 328
Lourenço, Francisco – 237
Ludewig, Wilhelm – 54, 55, 120
Luhmann, Niklas – 316, 319
Luís, Armando – 260

Macai, Francesco – 310
Macedo, Pedro – 261
Machado, João Baptista – 277, 320
Mäcke – 354
Mackeldey, Ferdinand – 48, 424, 426, 427, 429
Macris, D. – 293
Madeira, Pereira – 476
Magalhães, António – 328
Magalhães, Fernandes de – 233, 313, 345, 387, 412
Magalhães, José Barbosa de – 28, 251
Magalhães, Sousa – 496
Magazzù, Andrea – 248
Mahn, Henr. Christian – 37, 43
Maier-Reimer, Georg – 51, 52
Majo, Adolfo di – 27, 448
Malchionda, Achille – 506
Mamopoulos – 272
Manigk, Alfred – 142, 355
Mansel, Hans-Peter – 99, 182, 183, 184, 187
Mantzoufas – 294, 295
Margalho, Paulo – 421
Maridakis – 296
Marinho, Vieira – 465
Markianos – 294, 295
Marnierre, Sallé de la – 247
Marques, César – 135, 139, 221

Marques, Costa – 221
Marques, Ferreira – 234, 415
Marques, Garcia – 261
Marques, José Dias – 195, 198, 208, 211, 218, 224, 227, 228, 231, 242, 251, 263, 397
Marques, Manuel – 347, 364
Martinez, Pedro Romano – 109, 242
Martinius, Emil – 514
Martino, Francesco de – 67
Martins, Abranches – 201, 203
Martins, Borges – 497
Martins, Carvalho – 328
Martins, Ezagüy – 377, 441
Martins, Herlander – 201
Martins, João José Marqus – 508
Martins, Pedro – 152, 364
Martins, Ricardo Marcondes – 419
Matias, Carlos – 144, 344
Matos, Cesário de – 256
Matos, Coelho de – 235
Matos, Henriques de – 344, 386
Matos, José Igrejas – 154
Mazeaud, Henri – 47, 72, 73, 283
Mazeaud, Jean – 47, 72, 73
Mazeaud, Léon – 47, 72, 73
Medeiros, Rui – 458, 477
Medicus, Dieter – 32, 53, 76, 458, 460, 470, 476
Medina, José Miguel Garcia – 418
Meier, Joannes Godofredus – 37
Mello, Alexandre – 419
Mello, Pascoal de – 88
Melo, Afonso de – 438
Melo, Helena – 441
Melo, Lopo Vaz de Sampaio e – 507
Mendes, Armindo Ribeiro – 519
Mendes, Carla – 330
Mendes, João de Castro – 30, 35, 131, 505, 507, 519, 521, 529
Mendes, Oliveira – 460
Meneses, Miguel Pinto de – 88
Mentzel, Tobias – 119
Merton – 408

568   *Tratado de Direito civil*

Merz, Hans – 82, 311, 315, 318, 341, 350
Mesquita, José – 416
Mesquita, Manuel Henrique – 112
Mesquita, Vítor – 257
Meyerhofer, Ernst – 514
Mezger, Ernst – 425
Milhano, Ianquel – 202
Milone, Filippo – 298
Minervini, Enrico – 217, 221
Miranda, Jorge – 458, 477
Mitsch, Wolfgang – 502
Mitteis, Heinrich – 288
Mitteis, Ludwig – 80
Mock, Sebastian – 76
Modica, Isidoro – 246, 248
Mohnhaupt, Heinz – 79
Moisés, Geovana Mendes Baía – 421
Mommsen, Theodor – 37, 39, 40, 41, 382, 453, 523
Monache, Stefano delle – 80, 116
Moncada, Luís Cabral de – 251, 290
Monteiro, António Pinto – 35, 145
Monteiro, Fernando Pinto – 212, 328, 416
Monteiro, Santos – 215
Montes, Custódio – 112, 139
Morais, Domingos – 377
Morais, Miguel Baldaia – 441
Moreira, Carlos – 440
Moreira, Guilherme Alves – 90, 158, 195, 196, 250, 263, 275, 289, 428, 452
Morelli, Mario – 40
Moreno, T. – 507
Moroni, Attilio – 506
Morviducci, Claudia – 524
Mota, Helena – 127, 153
Mota, Manuel Fernandes – 276
Moufang, Oliver – 249
Moura, João – 220, 254
Moura, Neto de – 489
Müller, Andreas – 423, 424, 425, 426
Müller-Erzbach, Rudolf – 75, 393, 400, 403
Müller-Freienfelds, Wolfram – 66, 70, 75, 76, 120
Münzel, Karl – 60
Murr, Maria Cláudia Biselli – 420

Nabholz – 350
Nagel, Heinrich – 508
Namora, Herculano – 112
Nápoles, Metello de – 260
Nascimento, António Baião do – 429
Nascimento, Carlos Valder – 419
Nascimento, Orlando – 441
Nattini, Angelo – 56, 76, 77
Neller-Hannich, Caroline – 157
Neto, Inácio Carvalho – 419
Neumann – 301
Neuner, Jörg – 33, 51, 53, 54, 76, 86, 119, 124, 135, 141, 143, 149, 157, 165, 287, 288, 311, 348, 354, 461, 483, 494
Neves, Acácio – 363
Neves, Castanheira – 284, 349, 350, 355, 398, 399, 400, 401, 402, 404, 405
Neves, Fernando – 238
Neves, Júlio Gonzaga Andrade – 420
Nicklaus, Antje – 425
Niederländer, Hubert – 369, 370
Nipperdey, Hans Carl – 87, 141, 142, 153
Nogueira, Maria dos Anjos – 388
Nogueira, Roque – 112
Nogueira, Sá – 475
Noronha, Josane Peixoto – 421
Nörr, Dieter – 174
Nunes, Carolina Rebordão – 420
Nunes, Duarte Alberto Rodrigues – 481
Nussbaum, A. – 142
Nuzzo, Massimo – 109, 110

Oeconomidis, Demetrius – 294
Oertmann, Paul – 337
Oetker, Hartmut – 351
Ohky, Ansgar – 52
Oliveira, David Nuno Ribeiro de Jesus – 420
Oliveira, Gândara de – 290
Oliveira, Soares de – 113, 346, 412
Oliveira, Virgílio de – 475
Olzen, Dirk – 269, 311, 323, 348, 359
Orestano, Riccardo – 67, 68
Osório, Vasques – 489
Ostheim, Rolf – 124

Índice onomástico

Overbeck, Norbert – 353
Pacheco, Regina Constança – 112
Paiva, Correia de – 276
Paiva, Tavares de – 143, 154, 412
Paixão, Silva – 164, 201, 328, 416
Palazzo, Antonio – 524
Palma, Maria Fernanda – 456, 481, 484, 503
Parsons, Talcott – 407, 408
Patrício, J. Simões – 513
Patti, Salvatore – 508
Paula, Luiza Checchia Suart Cunha de – 420
Paulo, Torres – 93, 112, 154, 211, 229, 326, 344
Paulus, Cristoph G. – 518, 519, 529
Pawlik, Michael – 484, 489
Pawlowski, Hans-Martin – 76, 142
Peixoto, Sousa – 207, 233
Pereira, António Beça – 345
Pereira, Fernanda Isabel – 148, 502
Pereira, Gonçalves – 218
Pereira, Manuel – 164, 262
Pereira, Maria de Lurdes – 123
Pereira, Mário – 315
Peres, Tatiana Bonatti – 419
Pernice, Alfred – 286
Pessoa, Walton – 420
Peters, Frank – 55, 157, 182, 184, 186, 187, 188, 189, 198, 199, 208
Petersen, Jens – 32, 53, 76, 119, 154, 458, 460, 470
Pimentel, José Menéres – 362
Pinheiro, Carvalho – 212
Pinheiro, Rosalice Fidalgo – 419
Pinto, Carlos Mota – 35, 117
Pinto, Lino Augusto – 344
Pinto, Lopes – 109
Pinto, Paulo Mota – 35, 145, 316, 320
Pinto, Rui – 28
Pinto, Varela – 235
Pires, Calixto – 344
Pires, Guilherme – 257
Plagianakos, Georgios J. – 292, 293

Planck – 300
Planiol, Marcel – 47, 71, 284, 289, 396, 398, 403, 405
Pompónio – 453, 523
Pothier, Joseph-Raymond – 43, 46, 70, 710, 176, 247
Pototzky, Walter – 352
Póvoas, Sebastião – 440
Preto, Manso – 496
Proença, Quintela – 438
Prölss, Jürgen – 142, 368, 369
Provera, Giuseppe – 96
Prütting, Hanns – 514
Puchta, G. F. – 48
Pufendorf, Samuel – 455
Pugliese, Giuseppe – 198, 208

Quadrato, Renato – 67
Querido, Carlos – 329

Raape, Leo – 54, 123
Raich, Fritz – 52
Rainho, José – 330
Rainho, Manso – 416, 438
Raiser, L. – 370, 373
Ramdohr, Hermann – 287
Ramires, Martins – 104, 472
Ramos, Azevedo – 93, 221, 227, 328, 382, 439
Ramos, Ferreira – 102, 234
Ramos, Fonseca – 148, 221, 238, 329, 330, 438
Ramos, Soares – 386
Rato, Silva – 363
Rauscher, Thomas – 519
Redinha, João – 28
Regelsberger, Ferdinand – 50, 79
Reggi, Robberto – 522, 523
Rego, Lopes do – 346, 442
Rehbein – 300
Rehme, Otto – 52
Rei, Maria Raquel – 110, 219
Reichel, Hans – 337
Reinicke, Dietrich – 335

570   *Tratado de Direito civil*

Reis, Garcia – 164
Reis, José Alberto dos – 28, 162, 251, 506, 507, 509, 515, 517, 519
Reitz, Gisbertus – 38, 42, 43
Repgen, Tilman – 287, 288, 460, 461, 462, 470, 471, 474, 483, 484, 485, 492, 494, 497
Rescigno, Pietro – 27, 153, 248
Rewolt, Max – 286
Ribeiras, Farinha – 220
Ribeiro, Almeida – 218
Ribeiro, Joaquim de Sousa – 211, 220
Ribeiro, Mário de Magalhães Araújo – 202
Ribeiro, Vieira – 252
Riccobono, Salvatore – 281
Riesenfeld, Stephan Albrecht – 425
Riezler, Erwin – 300, 301, 308, 309, 310, 311, 315, 318, 365, 368, 374
Ripert, Georges – 405
Rita, Santos – 502
Rocha, M. A. Coelho da – 88, 89, 193, 275, 424, 427
Rocha, Gonçalves – 146
Rocha, Maria Luiza do Valle – 421
Rocha, Oliveira – 440
Rodovalho, Thiago – 419
Rodrigues, Chichorro – 133
Rodrigues, Cruz – 165
Rodrigues, Emídio – 154
Rodrigues, Manuel – 195
Rogeli, Federico – 215
Romano, Santi – 248
Romba, Maria João – 257
Roque, Gonçalo – 152
Roque, Helder – 93, 152, 257, 363, 412
Rosa, Manuel Cortes – 469
Rosenberg, Leo – 120, 506, 511, 512, 514, 518, 521
Rosenberg, Reinhard – 249
Rosenthal, Alfred – 356
Roth, Günther H. – 312
Roth, Herbert – 51, 52, 319, 324, 357, 381
Rouast, André – 248
Roubier, Paul – 403, 405

Rüdy, Hermann – 393, 396, 397, 399, 400, 403
Rundstein, S. – 310, 324
Ruppert, Reinhard – 478
Rüschmeyer, Dietrich – 407
Rutz, Ottmar – 249

Sá, Fernando Cunha de – 242, 272, 292, 293, 296, 349, 401, 405
Sá, Paulo – 387, 441
Sabatini, Giuseppe – 506
Salazar, Silva – 412, 437
Salzmann, Andreas – 351, 354, 356
Sanches, J. Formosinho – 513
Santo Agostinho – 454
Santo, Luís Espírito – 347, 377
Santos Júnior, Eduardo dos – 382
Santos, Almeida – 475
Santos, André dos – 212, 376
Santos, António – 346
Santos, António Marques dos – 127, 518
Santos, Araújo – 201
Santos, Lourenço Leiria de Mendonça Noronha dos – 420
Santos, Maria Amália – 440
Santos, Pedro Rui Lopes dos – 420
São Mateus – 454
Saraiva, Andrade – 496
Saraiva, José – 496
Sattelmacher, Paul – 513
Savigny, Friedrich Carl von – 48, 74, 78, 79, 81, 177, 246, 247, 287, 425
Scaevola, Quintus Mucius – 38, 523
Scalese, Giancarlo – 310
Schäfer, Julia – 87, 154
Scheller, R. – 38, 39, 50
Schilken, Eberhard – 51, 65, 76, 78, 80, 84, 85, 119, 122, 124, 140, 142, 148, 153
Schindler, Dierk – 426
Schlosser, Peter F. – 519
Schlossmann, Siegmund – 50, 37, 75
Schmidt, Alpmann – 181
Schmidt, Helmut – 352, 354
Schmidt, Jürgen – 269, 322, 359, 368, 384, 408, 413

Índice onomástico

Schmidt, Karsten – 60, 116, 142, 147
Schmidt, Rudolf – 288
Schmitz, Peter – 426
Schneider, Konrad – 300, 301
Schramm, Karl-Heinz – 51, 86, 141
Schreiber, Franz Josef – 453, 454
Schreiber, Klaus – 116, 447
Schubert, Claudia – 51, 76, 86, 141
Schulte-Nölke, Hans – 183
Schulze, Reiner – 182
Schwab, Karl Heinz – 506, 511, 512, 514, 518, 521
Schwab, Martin – 186, 187, 190
Schwark, Eberhard – 76
Schwerdtner, Peter – 65
Schwonke, Martina – 508
Scialoja, Vittorio – 281, 282
Scuto, Edoardo – 523
Seabra, António Luiz de – *vide* Visconde de Seabra
Seabra, Ferreira de – 261
Seabra, Jorge – 377
Seco, Sousa – 507
Seeler, W. von – 142
Seiler, Hans Hermann – 38, 39, 40, 67
Seitz, Walter – 52
Sequeira, Elsa Vaz de – 423
Serick, Rolf – 425
Serôdio, Leonel – 438
Serra, Adriano Vaz – 158, 159, 160, 165, 168, 195, 196, 198, 218, 219, 227, 228, 253, 259, 260, 277, 281, 290, 291, 292, 304, 349, 397, 405, 447, 459, 467, 486, 492, 507, 510, 513, 517, 522, 533, 534
Seuffert, Johann Adam – 48
Seuffert, Lothar – 42, 43, 48, 49, 50, 51, 59
Severo, Septimo – 174
Siebenhaar, Hermann – 133
Siebert, Wolfgang – 284, 318, 355, 357, 384, 390, 391, 392, 393, 396, 397, 400, 402
Siehr, Kurt – 185
Sieveking, Friedrich – 513
Siffrein, M. – 70
Sigerist, A. – 38, 50

Silbermann, Eduard – 300
Silva, Eduardo Petersen – 347
Silva, Fernandes da – 363
Silva, Isabel – 112
Silva, João Calvão da – 238
Silva, Luís Felipe – 420
Silva, Manuel Gomes da – 236
Silva, Pereira da – 154, 363
Silva, Rodrigues da – 164
Silva, Tibério – 136
Silvano, Gonçalo – 136
Silveira, Luís – 519
Simão, Dias – 164
Simler, Philippe – 47, 71, 248
Simões, Almeida – 164
Simões, Fernando – 377
Sirp, Wilhelm – 319
Sitzia, Francisco – 68
Soares, Duarte – 412
Soares, Emérico – 262, 496
Soares, Fernando – 364
Soares, Leopoldo – 364
Soares, M. Fernanda Pais – 328
Soares, Machado – 152, 233
Soares, Pedro – 259
Soares, Quirino – 315, 344
Soares, Renata Domingues Balbino Munhoz – 419
Soares, Torquato de Sousa – 491
Sobrinho, António – 330
Soeiro, Borges – 328
Soergel – 318, 384, 396, 397
Sola, Castro e – 252
Solazzi, Siro – 68
Sonnenberger, Hans Jürgen – 53, 72, 283
Sousa, Figueiredo de – 133
Sousa, Luís Filipe Pires de – 508
Sousa, Miguel Teixeira de – 28, 506, 507, 519, 529
Sousa, Pais de – 257, 362, 386
Souza, Wagner Mota Alves de – 420
Spendel, Günter – 472
Spiro, Karl – 249
Spohr, Curt – 506
Sprau, Hartwig – 103

572 *Tratado de Direito civil*

Staffhorst, Andreas – 53
Stammler – 400
Stathopoulos, Michael P. – 52
Staub – 301, 318
Staudinger, Julius von – 301
Stefanopoulos, Kostant Georg – 293
Stoffels, Markus – 51
Stöhr, Alexander – 142
Stoll, Walter – 52
Störmer, Herbert – 301, 335
Stryk, Samuel – 308, 423

Tavares, José – 90, 289
Tching, Maria Rosa – 346
Tedeschi, Vittorio – 248
Teichmann, Arndt – 318, 384
Teixeira, Jorge – 331, 347
Teles, Miguel Galvão – 423
Telles, Inocêncio Galvão – 92, 99
Telles, J. H. Corrêa – 88, 89, 97, 176, 193, 250, 426, 427, 434
Teodósio II – 175, 199
Terré, François – 47, 71, 248
Teubner, Gunther – 316, 319, 365, 368, 369, 370, 371, 372, 373
Thibaut, Anton Friedrich Justus – 74, 286, 424, 426, 429, 434
Thiele, Wolfgang – 32, 34
Tissier, Albert – 247
Titze, Heinrich – 308, 315, 482, 484
Tobeñas – 380
Tomassy, Chiara Srubek – 153
Tourneau, Philippe le – 217
Trindade, João – 501
Triola, Roberto – 102, 104, 140, 508
Troplong, Raymond-Théodore – 71, 96, 247
Trüeb, Hans – 286
Tschischgale, Max – 353, 354, 355
Tuhr, Andreas von – 54, 425, 446, 447, 448, 484, 486

Ulpiano – 37, 40, 297, 308, 369, 453, 482

Valdágua, Maria da Conceição Santana – 468, 469

Vale, Fernandes do – 149, 330, 412, 415
Valente, António – 412, 497
Valverde, Carlos – 136, 412
Vangerow, Karl Adolph von – 48, 299
Varela, João Antunes – 101, 103, 104, 105, 106, 108, 109, 111, 113, 119, 154, 171, 197, 206, 235, 254, 272, 361, 405, 429, 447, 459, 485, 493
Vargues, Artur – 489
Vasconcelos, Abílio – 112, 212, 221
Vasconcelos, Oliveira – 330
Vasconcelos, Pedro Leitão Pais de – 28, 56, 57, 58, 136, 147, 148, 149
Vasseur, Michel – 246, 247
Veiga, B. – 276
Veiga, Lencastre da – 218
Veiga, Torres – 112
Velha, Ricardo da – 159, 251, 256
Velho, Alves – 136, 440
Veloso, José António – 429
Ventura, Raúl – 174
Verde, Giovanni – 506
Viana, Solano – 220
Vidigal, Ramiro – 126
Vieira, Augusto – 213
Visconde de Seabra – 97, 105, 93, 95, 434
Vítor, Paulo Távora – 415, 439
Vitucci, Paolo – 179, 204, 213, 215, 217
Voglis, Eleftherios G. – 323

Wach, Adolf – 512
Wächter, Carl Georg von – 50, 424
Wacker, Andreas – 382, 384, 453
Waldeck, João Pedro – 89, 193
Walker, Wolf-Dietrich – 76
Waltermann, Raimund – 65
Weber, Wilhelm – 318, 335, 354, 357, 374
Weimar, Wilhelm – 356, 393
Weis, Franciscus Ignatius – 41, 43
Weissler, Adolf – 337
Wellspacher, Moritz – 141
Wendt, Otto – 50, 302, 303, 305
Werenberg, W. – 286
Werner, Olaf – 460, 461, 494
Wertenbruch, Johannes – 53, 76

Índice onomástico 573

Westphalen, Graf von – 180, 183
Wetzel, Thomas – 181
Wieacker, Franz – 315, 318, 319, 324, 341, 349, 369, 384
Wieling, Hans – 314
Wieling, Josef – 320, 321, 322, 342
Wieser, Eberhard – 181
Wilburg, Walter – 326
Wilhelm, Walter – 70
Windscheid, Bernhard – 51, 75, 79, 80, 177, 248, 286, 424
Wippermann, Hans – 352, 353, 354
Witt, Carl-Heinz – 182, 185
Wittkowsky, Curt – 425
Wittmann, Frank – 451
Wlassak, Moriz – 39, 40
Wohlers, Wolfgang – 473

Wolf, Christian – 70
Wolf, Manfred – 33, 51, 53, 54, 76, 86, 115, 116, 119, 124, 135, 141, 142, 143, 149, 157, 165, 249, 287, 288, 311, 317, 341, 348, 354, 357, 361, 390, 460, 461, 466, 469, 474, 483, 486, 494
Wroblewski – 425
Wussow, Hansjoachim – 60

Zachmann, Nico – 425
Zelenka, Herbert – 512
Zepos, Pan J. – 293
Zimmermann, Ernst – 39, 50
Zimmermann, Reinhard – 157, 183, 184, 186, 188
Zitelmann, Ernst – 50, 52, 500, 501
Zweigert, Konrad – 66, 309

ÍNDICE BIBLIOGRÁFICO

Abreu, Teixeira de – *Da construção de chaminés*, anot. a RCb 26-Mai.-1928, BFD 11 (1930), 171-204.

Actas das Sessões da Comissão Revisora do Projecto de Codigo Civil Portuguez, 1869

Adomeit, Klaus – *Wahrnehmung berechtigter Interessen und Notwehrrecht/Zur Dogmatik zivilrechtlicher Rechtsfertigungsgründe, insbesondere bei Eingriffen in Persönlichkeitsrechte und in Unternehmenrechte (Äusserungsdelikte)*, JZ 1970, 495-500;
 – *Heteronome Gestaltungen im Zivilrecht? (Stellvertretung, Weisungsbefugnis, Verbandsgewalt)*, FS Kelsen 90. (1971), 9-21.

Agricola, Alfredus – *De ratihabitione*, 1848.

Alarcão, Rui de – *Erro, dolo e coacção – representação – objecto negocial – negócios usurários – condição/Anteprojectos para o novo Código Civil*, BMJ 102 (1961), 167-180;
 – *Breve motivação do anteprojecto sobre o negócio jurídico na parte relativa ao erro, dolo, coacção, representação, condição e objecto social*, BMJ 138 (1964), 71-122;
 – *vide* Andrade, Manuel de.

Albuquerque, Pedro de – *A representação voluntária em Direito civil (Ensaio de reconstrução dogmática)*, 2004;
 – anotação a STJ 28-out.-2008: *Colisão entre o direito ao ambiente e o direito de tapagem*, ROA 2009, 377-396.

Alciatus, D. Andrea – *Mediolanensis, iurisconsulti clariss, comentarioru̇ in aliquot Iuris civilis & Pontificii titulos, comuni Interpretum more praelectorum*, Tomus quartus, ed. Basileia, s/data

Alexandre, Isabel – *Provas ilícitas em processo civil*, 1998.

Alff, Richard – BGB/RGRK 12.ª ed. (1976), § 242.

Allgaier, Edwin – *Zum Verhältnis und zur Abgrenzung von defensivem und aggressivem Notstand*, VersR 1989, 788-790.

Almeida, Geraldo da Cruz – *Posse judicial avulsa: conflito de títulos; título translativo de propriedade, contrato de arrendamento, cessão da posição contratual: vício de forma, inalegabilidade formal, suppressio-surrectio*, Direito e Cidadania 23 (2005), 193-206.

Almeida, Luís Duarte d' – *O "concurso de normas" em Direito penal*, 2004.

Alwart, Heiner – *Zum Begriff der Notwehr*, JuS 1996, 953-958.

Amelotti, Mario – *Prescrizione (diritto romano)*, ED XXXV (1986), 36-46

Andrade, Manuel de – *Lições de processo civil*, por T. Moreno/Sousa Seco/P. Augusto Junqueiro, 1945;
 – *Teoria geral da relação jurídica*, ed. Ricardo da Velha, 1953;

576 *Tratado de Direito civil*

– *Sobre a validade das cláusulas de liquidação de partes sociais pelo último balanço*, RLJ 87 (1955), 305-309;

– *Algumas questões em matéria de "injúrias graves" como fundamento de divórcio*, sep. RLJ 88, 1956;

– *Teoria geral das obrigações*, 3.ª ed., póstumo, com a colab. Rui de Alarcão, 1966;

– *Teoria geral da relação jurídica*, II – *Facto jurídico, em especial negócio jurídico*, 1960, reimp., 1972.

Andrade, Tânia de Freitas – *Exercício abusivo do crédito fidejussório: omissão de informações devidas pelo credor fidejussório ao fiador*, RDC 2016, 939-987.

Andrioli, Virgilio – *Presunzione (diritto romano)*, NssDI XIII (1968), 765-766;

– *Presunzione (diritto civile e diritto processuale civile)*, NssDI XIII (1968), 766-772;

– *Prova (diritto processuale civile)*, NssDI XIV (1968), 260-300.

Arangio-Ruiz, Vincenzo – *Il mandato in diritto romano*, 1949.

Arantes, Tito – *Do abuso do direito e da sua repercussão em Portugal*, 1936.

Araújo, Fábio Caldas de – *vide* Medina, José Miguel Garcia.

Araújo, Hugo Rafael Galdino – *Venire contra factum proprium: sua aplicabilidade, amplitude e delimitações*, 2016.

Arndt – *Zur exceptio doli bei Schwarzkäufen*, DJZ 31 (1926), 805-806.

Arnesberg, L. Arndts von – *Lehrbuch der Pandekten*, 14.ª ed., 1889.

Ascensão, José de Oliveira – *Direito Civil/Reais*, 5.ª ed., 1993;

– *Direito civil/Teoria geral*, 3, 2002;

– *O Direito/Introdução e teoria geral*, 13.ª ed., 2005.

Astone, Francesco – *Venire contra factum proprium/Divieto di contraddizione e dovere di coerenza nei rapporti tra privati*, 2006.

Ataíde, Rui – *A responsabilidade do "representado" na representação tolerada/Um problema de representação sem poderes*, 2008.

Auricchio, Alberto – *Autorizzazione (diritto privato)*, ED IV (1959), 502-509.

Avanzo, Walter d' – *La prescrizione in materia civile e commerciale*, 1940;

– *Rappresentanza (diritto civile)*, NssDI XIV (1967), 800-832.

Bajons, Ena-Marlis – *vide* Nagel, Heinrich;

– *vide* Patti, Salvatore;

– *vide* Schwonke, Martina.

Bank – *Zur Lehre von der Verwirkung*, JW 1934, 2437-2438.

Barassi, Ludovico – *Teoria della ratifica del contratto annulabile*, 1898.

Barros, Henrique da Gama – *História da Administração Pública em Portugal nos séculos XII e XV*, 2.ª ed. por Torquato de Sousa Soares, VII, 1949.

Bastos, Jacinto Rodrigues – *Das relações jurídicas/Segundo o Código Civil de 1966* IV, 1969 e V, 1969.

Baudry-Lacantinerie, G./Tissier, Albert – *Traité théorique et pratique de Droit civil*, tomo XXVIII, *De la prescription*, 3.ª ed., 1905.

Bayreuther, Frank – no *Münchener Kommentar* 1, 7.ª ed., 2015.

Beckhaus, F. W. – *Über die Ratihabition der Rechtsgeschäfte*, 1859.

Begründung der Bundesregierung zum Entwurf eines Gesetzes zur Modernisierung des Schuldrechts, em Claus-Wilhelm Canaris, *Schuldrechtsreform 2002*, 2002, 607-652.

Índice bibliográfico

Behrends, Okko – *Die Prokurator des klassischen römischen Zivilrechts*, SZRom 88 (1971), 215-299;
– *vide* Celso;
– *vide* Paulo.

Behrends, Okko/Knütel, Rolf/Kupisch, Berthold/Seiler, Hans Hermann – *Corpus Iuris Civilis/Die Institutionen*, ed. bilingue, 1993;
– *Corpus Iuris Civilis* II – *Digesten 1-10*, 1995.

Bekker, Ernst Immanuel – *System des heutigen Pandektenrechts*, 1, 1886, reimp., 1979.

Bénabent, Alain – *Droit civil/Les obligations*, 15.ª ed., 2016.

Bender – *Die dauernde ausserordentliche Einrede der unbilligen verspäteten Geltendmachung im allgemeinen bürgerlichen Recht*, 1944, dact..

Benöhr, Hans-Peter – *Das sogenannte Synallagma in den Konsensualkontrakten des klassischen römischen Rechts*, 1965.

Bentham, J. – *Traité des preuves judiciaires*, em *Oeuvres* 2, ed. Étienne Dumont, 1829.

Beraldo, Leonardo de Faria – *Função social do contrato/Contributo para a construção de uma nova teoria*, 2011.

Bereska, Christian – em Henssler/Graf von Westphalen, *Praxis der Schuldrechtsreform* (2002), 110-111.

Berger, Christian – no Jauernig, *Kommentar zum BGB*, 14.ª ed., 2010.

Berger, Klaus Peter – no Erman, *Kommentar zum BGB* 1, 13.ª ed., 2011.

Berner, Albert Friedrich – *Lehrbuch des deutschen Strafrechtes*, 1.ª ed., 1857 e 18.ª ed., 1898, reimp., 1986.

Beseler, Gerhard – *Romanistischen Studien*, SZRom 46 (1926), 83-144;
– *Confestim – Continuo*, SZRom 51 (1931), 188-202;
– *Beiträge zur Kritik der römische Rechtsquellen*, SZRom 66 (1948), 265-393.

Best – *Verwirkung?*, JW 1932, 1801-1805.

Bettermann, Karl August – *Vom stellvertrenden Handbuch*, 1937, reimp., 1964.

Betti, Emilio – *Teoria generale del negozio giuridico*, 2.ª ed., 1950, reimp. por Giuliano Grifò, intr. Giovanni B. Ferri, 1994.

Beuthien, Volker – *Zur Theorie der Stellvertretung im Gesellschaftsrecht*, FS Zöllner, 1 (1998), 87-109;
– *Gibt es eines organschaftliche Stellvertretung?*, NJW 1999, 1142-1146;
– *Gilt im Stellvertretungsrecht ein Abstraktionsprinzip?/Zum Verhältnis von Antrag, Amt und Vollmacht*, FG (Wissenschaft) 50. Jahre BGH 1, 2000.

Beving, J. – *vide* Mackeldey, F..

Bieberstein, F. Freiherrn Marschall von – *Vom Kampf des Rechts gegen die Gesetze*, 1927.

Biermann, Johannes – *vide* Dernburg, Heinrich.

Bigiavi, Walter – rec. a Enrico Giusiana, *Decadenza e prescrizione*, 1943, na RTDPC 1947, 126-127.

Biondo, Biondi – *Gestione di affari altrui*, NssDI VII (1961), 810-813.

Blume, W. von – *Zustimmung kraft Rechtsbeteiligung und Zustimmung kraft Aufsichtsrechts*, JhJb 48 (1904), 417-452.

Blumenstein – *Verwirkung und Ablauf der Befristung als Endigungsgründe von Privatrechten nach modernen Gesetzen*, 1901.

578   *Tratado de Direito civil*

Bockelmann, Paul – *Menschenrechtskonvention und Notwehrrecht*, FS Engisch (1969), 456-467.

Boehmer, Gustav – *Grundlagen der bürgerlichen Rechtsordnung*, vol. II, tomo 2 – *Praxis der richterlichen Rechtsschöpfung*, 1952.

Bonfante, Pietro – *Corso di diritto romano*, II, 1, 1926.

Bonnet, Piero Antonio – *Prescrizione (diritto canonico)*, ED XXXV (1986), 89-124.

Boor, H. O. de – *Die Kollision von Forderungsrechten*, 1928;
  – *Methodisches zur Dogmatik und Rechtsvergleichung*, AcP 141 (1935), 265-279.

Bork, Reinhard – *Allgemeiner Teil des Bürgerlichen Gesetzbuchs*, 4.ª ed., 2016.

Bornemann, Alexander – *Rechtsscheinsvollmachten in ein- mehrstufigen Innenverhältnissen*, AcP 207 (2007), 102-153.

Börner, Bodo – *Offene und verdekte Stellvertretung und Verfügung*, FS Hübner (1984), 409-419.

Boulos, Daniel M. – *Abuso do Direito no novo Código Civil*, 2006.

Braun, Johann – *Subjektive Rechtsfertigungselemente im Zivilrecht?*, NJW 1998, 941-944.

Brenner, Willy – *Die exceptio doli generalis in den Entscheidungen des Reichsgerichts (Ein Beitrag zur Kritik der Rechtsprechung)*, 1926.

Brinz, Alois – *Lehrbuch der Pandekten*, 2, 1860.

Brito, Maria Helena – *A representação em Direito internacional privado*, 1999.

Brito, Teresa Quintela de – *O direito de necessidade e a legítima defesa no Código Civil e no Código Penal*, 1994.

Brox, Hans/Walker, Wolf-Dietrich – *Allgemeiner Teil des BGB*, 41.ª ed., 2017.

Bub, Peter – no Bamberger/Roth, *Kommentar zum BGB*, 2.ª ed., 2007.

Buchka, Hermann – *Die Lehre von der Stellvertretung bei Eingehung von Verträgen/ Historisch und dogmatisch dargestellt*, 1852.

Buffelan-Landre, Yvaine – *Essai sur la notion de caducité des actes juridiques en Droit civil*, 1960.

Burckard, Hugo – *Die civilistische Präsumptionen*, 1866.

Buzzacchi, Chiara – *L'abuso del processo nel diritto romano*, 2002.

Bydlinski, Peter – *Die geplannte Modernisierung des Verjährungsrechts*, em Reiner Schulze e Hans Schulte-Nölke, *Die Schuldrechtsreform vor dem Hintergrund des Gemeinschaftsrechts* (2001), 382-403;
  – *Bürgerliches Recht/Allgemeiner Teil* 1, 7.ª ed., 2016.

Cadiet, Loïc – *vide* Tourneau, Philippe le.

Caemmerer, Von – *Preisverstösse und § 817, 2 BGB*, SJZ 1950, 646-651.

Campiteli, Adriana – *Prescrizione (diritto intermedio)*, ED XXXV (1986), 46-56;
  – *Presunzione (diritto intermedio)*, ED XXXV (1986), 260-265.

Canaris, Claus-Wilhelm – *Notstand und "Selbstaufopferung" in Strassenverkehr/Zugleich ein Beitrag zur allgemeinen Problematik des Notstands in Zivilrecht*, JZ 1963, 655-662;
  – Anot. a BGH 30-Mai.-1975, JZ 1976, 132-134;
  – *Schweigen im Rechtsverkehr als Verpflichtungsgrund*, FS Wilburg (1977), 77-97;
  – *Systemdenken und Systembegriff in der Jurisprudenz*, 2.ª ed., 1981;
  – *Die Vertrauenshaftung im deutschen Privatrecht*, 1971, reimp., 1983
  – *Handelsrecht*, 23.ª ed., 2000 e 24.ª ed., 2006;

Índice bibliográfico 579

– *Die Vertrauenshaftung im Lichte der Rechtsprechung des Bundesgerichtshofs*, FG (Wissenschaft) 50 Jahre BGH, 1 (2000), 129-197;

– *Schuldrechtsreform 2002* (na capa exterior: *Schuldrechtsmodernisierung 2002*), 2002;

– *Zur Entstehungsgeschichte des Gesetzes*, em C.-W. Canaris, *Schuldrechtsreform 2002*, publ. e intr. (2002), IX-LIII;

Canstein, Von – *Vollmacht und Auftrag mit Stellvertretungsbefugnis, unter besonderer Berücksichtigung des a. d. Handelsgesetzbuches*, GrünhutsZ 3 (1876), 670-694.

Cappelini, Paolo – *Rappresentanza (diritto intermedio)*, ED XXXVIII (1987), 435-463.

Carbonnier, Jean – *Droit Civil/Les obligations*, ed. completa de 2004.

Carnelutti, Francesco – *Legittimazione a comprare*, RDComm 1935, I, 502-504;

– *Legittimazione al contratto di lavoro*, FI 1938, IV, 73-78;

– *Teoria generale del diritto*, 3.ª ed., 1951;

– *La prova civile/Parte generale/Il concetto giuridico della prova*, 1915, reimp. 1992.

Carraro, Luigi – *Contributo alla dottrina dell'autorizzazione*, RTDPC 1 (1947), 282-314;

– *Autorizzazione (diritto civile)*, NssDI I/2 (1958), 1577-1580.

Carvalho, Américo Taipa de – *A legítima defesa/Da fundamentação teorético-normativa e preventivo-geral e especial à redefinição dogmática*, 1994;

– *Direito penal/Parte geral*, II – *Teoria geral do crime*, 2004.

Casanova, Manuel Joaquim de Azevedo Borges – *Conflitos de qualificações e de leis internas (Aplicações à responsabilidade civil)*, 1945.

Castro, Aníbal de – *A caducidade/na doutrina, na lei e na jurisprudência (caducidade resolutiva)*, 1962.

Castro, Anselmo de – *Lições de processo civil*, 4.º vol. (coligidas e publicadas por J. Simões Patrício, J. Formosinho Sanches e Jorge Ponce de Leão), polic., 1968.

Castro, Francisco Augusto das Neves e – *Theoria das provas e sua applicação aos actos civis*, 1880.

Celso – D. 6.1.38 = Okko Behrends/Rolf Knütel/Berthold Kuppisch/Hans Hermann Seller, *Corpus Iuris Civilis/Text und Übersetzung* II (1995), 570-571.

Cenderelli, Aldo – *La negotiorum gestio/Corso esegetico di diritto romano* I – *Struttura, origini, azioni*, 1997.

Cervenca, Giuliano – *Institore (diritto romano)*, NssDI VIII (1962), 756-757.

Chabas, François – *vide* Mazeaud, Henri.

Chiusi, Tiziana J. – *Zur Verzichtbarkeit von Rechtsscheinswirkungen*, AcP 202 (2002), 494-516.

Cícero – *Pro T. Amnio Milone Oratio*, 11 = M. Tulli Ciceronis Orationes, ed. Albert C. Clark, reimp., vol. II, 1952;

– *De officiis* = M. Tulli Ciceronis libri tres, publ. H. A. Holden, 1899, reimp. 1966.

Clark, Albert C. – *vide* Cícero.

Code Civil/2005, da Dalloz/*12.000 arrêts en texte intégral sur CD-Rom*.

Codice Civile del Regno d'Italia, 6.ª ed. publ. T. Bruno, 1901.

Coing, Helmut – *Allgemeine Rechtsgrundsätze in der Rechtsprechung des Reichsgerichts zum Begriff der "guten Sitten"*, NJW 1947/48, 213-217;

– *Form und Billigkeit im modernen Privatrecht*, DNotT 1965, 29-50;

– *Europäisches Privatrecht 1500 bis 1800*, Band I – *Älteres Gemeines Recht*, 1985.

580   *Tratado de Direito civil*

Collaço, Isabel de Magalhães – *Da legitimidade no acto jurídico*, BMJ 10 (1949), 20-112.

Cordeiro, António Barreto Menezes – *Do Trust no Direito civil*, 2013.

Cordeiro, António Menezes – *vide* Obras do Autor nos domínios do Direito Comercial, em *Direito Comercial*, 3.ª ed., 2012, 5-8 e Outras obras do Autor no domínio do Direito civil, em *Tratado de Direito civil português* I, 4.ª ed., 2012, 7-11.

Cordeiro, Menezes/Frada, Carneiro da – Anot. a RPt 18-Nov.-1993 (Carlos Matias), O Direito 126 (1994), 686-715.

Cordopatri, Franco – *Presunzione (teoria generale e diritto processuale civile)*, ED XXXV (1986), 274-304.

Correia, A. Ferrer – *A procuração na teoria da representação voluntária*, BFD XXIV (1948), 253-293.

Cosack, Konrad/Mitteis, Heinrich – *Lehrbuch des Bürgerlichen Rechts*, 8.ª ed., 1927.

Costa, Artur – *vide* Cunha, Paulo.

Costa, Avelino de Jesus da (Padre) – *Calendário*, DHP 1 (1979), 435-438.

Costa, Emilo – *L'exceptio doli*, 1897, reimpr. 1970.

Costa, Judith Hofmeister Martins – *A boa-fé no Direito privado*, 1.ª ed., 1999, reimp. 2000; – *A boa-fé no Direito privado/Critérios para a sua aplicação*, 2.ª ed., 2015.

Costa, Mário Júlio de Almeida – *Direito das obrigações*, 12.ª ed., 2009.

Coviello, Nicola – *Manuale di diritto civile italiano/Parte generale*, 3.ª ed., 1924.

Craushaar, Götz von – *Der Einfluss des Vertrauens auf die Privatrechtsbildung*, 1969.

Cunha, Paulo – *Da marcha do processo: processo comum de declaração*, por Artur Costa e Jaime de Lemos, 2, 2.ª ed., 1944.

Cuacius ic., Iacobus – *Tolosatis Opera, ad parisiensem fabrotianam editionem diligentissime exacta in tomos XI – distributa*, tomo 4 (ed. 1677), e tomo 8 (ed. 1860).

Cüppers, Joseph – *Beiträge zur Lehre von der Beweislast*, 1902.

Dabin, Jean – *Le droit subjectif*, 1952.

Daele, Wolfgang van dem – *Probleme des gegenseitigen Vertrages/Untersuchungen zur Äquivalenz gegenseitiger Leistungspflichten*, 1968.

Damm, Reinhard – *Systemtheorie und Recht/Zur Normentheorie Talcott Parsons'*, 1976.

Danzer-Vanotti – *Die Verwirkung*, DRZ 1932, 74-76; – *Die Verwirkung infolge verzögerter Geltendmachung eines Rechts*, DJZ 1936, 1455--1462.

Däubler, Wolfgang – *Neues Schuldrecht – ein erster Überlick*, NJW 2001, 3729-3734.

Dauner-Lieb, Barbara – *Die Schuldrechtsreform – Das grosse juristische Abenteuer*, DStR 2001, 1572-1576.

Delebecque, A. – *vide* Troplong, Raymond-Théodore.

Demelius, Heinrich – *M. Wellspachers Vollmachtslehre/Zur 30. Wiederkehr seines Todestages (21.2.1923)*, AcP 153 (1954), 4-40.

Dernburg, Heinrich/Biermann, Johannes – *Pandekten* I – *Allgemeiner Teil und Sachenrecht*, 7.ª ed., 1902.

Dette, Hans Walter – *Venire contra factum proprium nulli conceditur/Zur Konkretisierung eines Rechtssprichtworts*, 1985.

Dias, Jorge de Figueiredo – *Direito penal/Parte geral* I, 2004.

Índice bibliográfico

Dilcher, Hermann – *Besteht für die Notwehr nach § 227 BGB das Gebot der Verhältnismässigkeit oder ein Verschuldenserfordnis?*, FS Hübner 1984, 443-446.

Diurni, Amalia – *Notstand und Nothilfe/eine dogmatische Untersuchung auf der Grundlage des deutschen und italienischen Zivilrechts*, 1998.

Dniestrzanski, Stanislaus – *Die Aufträge zugunsten Dritter/Eine civilistische Untersuchung mit besonderer Berücksichtigung der österreichischen und deutschen bürgerlichen Gesetzbücher*, I, *Grundlagen*, 1904;
– *Zur Lehre von der Geschäftsführung*, JhJb 77 (1927), 48-74.

Dohse, Roderich – *Die Verjährung*, 9.ª ed., 2002.

Domat, Jean – *Les loix civiles dans leur ordre naturel: le droit public, et legum delectus*, 1, 1756.

Donatuti, Guido – *Mandato (diritto romano)*, NDI VIII (1939), 51-53.

Donellus, Hugonis – *Commentariorum iuris civilis libri vingintiocto*, ed. 1612;
– *Opera omnia* (ed. 1840) 1, 979-980.

Doris, Philippos – *Die rechtsgeschäftliche Ermächtigung bei Vornahme von Verfügungs –, Verpflichtungs- und Erwerbsgeschäften*, 1974.

Dörner, Heinrich – no *Handkommentar/BGB*, 7.ª ed., 2012.

Drexl, Josef/Mentzel, Tobias – *Handelsrechtliche Besonderheiten der Stellvertretung*, Jura 2002, 289-298 e 375-381.

Dumont, Étienne – *vide* Bentham, J..

Dworkin, Ronald – *Is law a system of rules?* em *Essays in legal philosophy*, 1968.

Eichler, Hermann – *Die Rechtslehre vom Vertrauen*, 1951.

Eidenmüller, Horst – *Okönomik und Verjährungsregeln*, em Reiner Schulze e Hans Schulte-Nölke, *Die Schuldrechtsreform vor dem Hintergrund des Gemeinschaftsrechts* (2001), 405-415;
– *Zur Effizienz der Verjährungsregeln im geplanten Schuldrechtsmodernisierungsgesetz*, JZ 2001, 283-287.

Einsele, Dorothee – *Inhalt, Schranken und Bedeutung des Offenkundigkeitsprinzips*, JZ 1990, 1005-1014.

Ellenberger, Jürgen – no Palandt/BGB, 76.ª ed., 2017.

Endemann, F. – *Die Verschweigerung des Aufwertungsanspruchs*, DJZ 1928, 693-696.

Endemann, Wilhelm – *Die Beweislehre des Zivilprozess*, 1860, reimp., 1973.

Engelmann – *vide* Staudinger.

Enneccerus, Ludwig – *Lehrbuch des Bürgerlichen Rechts* I/1, 6.ª e 8.ª ed., 1911.

Enneccerus, Ludwig/Nipperdey, Hans Carl – *Allgemeiner Teil des Bürgerlichen Rechts*, 1, 15.ª ed., 1959.

Entwurf eines Bürgerlichen Gesetzbuchs/Dem Reichtstage vorgelegt in der vierten Cession der neunten Legislateurperiode, 5.ª ed., 1896.

Erb, Volker – *Der rechtfertigende Notstand*, JuS 2010, 17-22.

Ermann, Walter/Sirp, Wilhelm – *BGB*, 6.ª ed. (1975), § 242.

Ernst, Wolfgang – *vide* Zimmermann, Reinhard.

Estatuto Judiciário, ed. RLJ 1928, 237-239.

582 *Tratado de Direito civil*

Faria, Jorge Ribeiro de – *Direito das obrigações* 1, reimp., 2001.
Ferid, Murad/Sonnenberger, Hans Jürgen – *Das französische Zivilrecht*, 1/1: *Einführung und Allgemeiner Teil*, 2.ª ed., 1994.
Fernandes, Luís A. Carvalho – *Teoria geral do Direito civil*, I – *Introdução/Pressupostos da relação jurídica*, 3.ª ed., 2001;
– *Teoria geral do Direito civil* – II – *Fontes, conteúdo e garantia da relação jurídica*, 5.ª ed., 2010.
Fernandes, Magda Mendonça – *O venire contra factum proprium/Obrigação de contratar e de aceitar o contrato nulo*, 2008.
Ferraioli, Marzia – *Presunzione (diritto processuale penale)*, ED XXXV (1986), 304-316.
Ferreira, José Dias – *Codigo civil portuguez annotado*, 1.ª ed., 5, 1876 e 2.ª ed., 4, 1905;
– *Codigo de Processo Civil Annotado*, 1.ª ed., 5 volumes, 1870 ss. e 2.ª ed., 4 volumes, 1894.
Ferri, Giovanni B. – *vide* Betti, Emilio.
Festi, Fiorenzo – *Il divieto di "venire contro il fatto proprio"*, 2007.
Fikentscher, Wolfgang – *Scheinvollmacht und Vertreterbegriff*, AcP 154 (1955), 1-21;
– *Schuldrecht*, 9.ª ed., 1997.
Finazzi, Giovani – *Richerche in tema di negotiorum gestio*, I, *Azione pretorie ed azione civile*, 1999 e II/1, *Requisiti delle actiones negotiorum gestorum*, 2003.
Finkenauer, Thomas – no *Historisch-kritischer Kommentar zum BGB*, I – *Allgemeiner Teil*, §§ 1-240, 2007.
Fischer, Otto-Wolfgang – *Die dogmatischen Grundlagen der Verwirkung*, 1936.
Flume, Werner – *Allgemeiner Teil des Bürgerlichen Rechts*, II – *Das Rechtsgeschäft*, 4.ª ed., 1992.
Fortes, Cátia Venina Sanderson da Jornada – *As semelhanças e as diferenças entre o artigo 334.º do Código Civil português e o artigo 187 do Código Civil brasileiro*, RDC 2015, 131-170.
Frada, Manuel Carneiro da – *Teoria da confiança e responsabilidade civil*, 2004;
– *vide* Cordeiro, Menezes.
Fragistas, Ch. N. – *Der Rechtsmissbrauch nach dem griechischen Zivilgesetzbuch*, FS M. Wolff, 1952;
– *Das Eherecht im Entwurf des griechischen BGB*, RabelsZ 9 (1953), 384-404.
Franzki, Dietmar – *Die Beweisregeln im Arzthaftungsprozess/Eine prozessrechtliche Studie unter Berücksichtigung des amerikanischen Rechts*, 1982.
Frè, Giancarlo – *Rappresentanza (diritto privato)*, NDI X (1939), 1096-1100.
Freirii, Paschalis Josephi Mellis – *Institutiones Juris Civilis Lusitani*, Liber III, 4.ª ed., 1815, ed. 1845.
Freitas, José Lebre de – *A falsidade no Direito probatório*, 1984;
– *A confissão no Direito probatório (Um estudo de Direito positivo)*, 1990;
Freitas, José Lebre de/Redinha, João/Pinto, Rui – *Código de Processo Civil Anotado*, 1, 2.ª ed., 2008.
Frensch, Brigitte – no PWW/BGB, 11.ª ed., 2016.
Fritz, Karina Nunes – *Boa-fé objetiva na fase pré-contratual/A responsabilidade pré-contratual por ruptura das negociações*, 2008, reimp., 2009.

Índice bibliográfico

Frotz, Gerhard – *Verkehrsschutz im Vertretungsrecht/Zugleich ein Beitrag zur sozialen Verantwortung als Korrelat privatautonome Gestaltungsfreiheit*, 1972.

Gadow, Wilhelm – *Die Einrede der Arglist*, JhJb 84 (1934), 174-203.

Gehrlein, Markus – *Wirksame Vertretung trotz Unkenntnis über die Person des Vertretenen*, VersR 1995, 268-272.

Geigel, Robert – *Die Verwirkung von Rechten durch Nichtausübung (Eine rechtsvergleichende Untersuchung)*, 1938.

Geilen, gerd – *Eingeschränkte Notwehr unter Ehegaten*, JR 1976, 314-318.

Geisenhofer, Alfred – *Die Verwirkung*, 1944.

Gernhuber, Joachim – *Synallagma und Zession*, FS Raiser (1974), 57-98;
  – *Formnichtigkei und Treu und Glauben*, FS Schmidt-Rimpler (1955), 151-179.

Gierke, Otto von – *Deutsches Privatrecht*, I – *Allgemeiner Teil und Personenrecht*, 1895.

Giessen, Dieter/Hegermann, Philipp – *Die Stellvertretung*, Jura 1991, 357-373.

Giuliani, Alessandro – *Prova (filosofia del diritto)*, ED XXVII (1988), 518-579.

Giusiana, Enrico – *Decadenza e prescrizione*, 1943;
  – *vide* Bigiavi, Walter.

Glück, Christian Friedrich – *Ausführliche Erläuterung der Pandecten nach Hellfeld/Ein Commentar*, 2, 2.ª ed., 1800 e 8, 2.ª ed., 1807.

Gogos, Demetrios – *Das griechische Bürgerliche Gesetzbuch vom 15-Marz-1940*, AcP 149 (1944), 78-101.

Gomes, Januário – *Em tema de revogação do mandato civil*, 1989;
  – *Contrato de mandato*, em *Direito das obrigações* III, 1991, 263-408.

Gomes, José Ferreira/Gonçalves, Diogo Costa – *A imputação de conhecimento às sociedades comerciais*, 2017.

Gonçalves, Diogo Costa – *vide* Gomes, José Ferreira.

Gonçalves, Luiz da Cunha – *Tratado de Direito civil em comentário ao Código Civil Português*, 14 volumes, a partir de 1929.

Gottwald, Peter – *vide* Rosenberg, Leo.

Graul, Eva – *Notwehr oder Putativnotwehr – Wo ist der Unterschied?*, JuS 1995, 1049-1056.

Grasso, Biagio – *Prescfizione (dirito privato)*, ED XXXV (1986), 56-88.

Gregory, Adrianus Fredericus Ludovicus – *Specimen iuris civilis de ratihabitione*, 1864.

Griesbeck, Michael – *Venire contra factum proprium/Versuch einer systematischen und theoretischen Erfassung*, 1978.

Griesinger, Julius – *Zur Lehre von der Ratihabition der Rechtsgeschäfte*, 1862.

Grifò, Giuliano – *vide* Betti, Emilio.

Gropallo, Enrico – *Precrizione civile*, no NDI X (1939), 207-242.

Grothe, Helmut – *Münchener Kommentar zum Bürgerlichen Gesetzbuch*, 1, 6.ª ed. (2012), § 227 e 7.ª ed, 2015.

Grotius, Hugo – *De jure belli ac pacis libri tres*, ed. 1758.

Grüneberg, Christian – no Palandt, *Kommentar zum BGB*, 76.ª ed., 2017.

Gualazzini, Ugo – *Abuso del diritto (Diritto intermedio)*, ED I (1957), 163-166.

Guarino, Antonio – *"Actiones adiecticiae qualitatis"*, NssDI I, 1 (1957), 270-272.

Gursky, Karl-Heinz – no *Staudingers Kommentar zum BGB*, I, §§ 164-240, ed. 2004.

584 Tratado de Direito civil

Haas, Robert – *Notwehr und Nothilfe/Zum Prinzip der Abwehr rechtswidriger Angriffe/ /Geschichtliche Entiwicklung und heutige Problematik*, 1978.

Habermeier, Stefan – no Heinz Georg Bamberger/Herbert Roth, *Kommentar zum BGB*, 1, 2.ª ed., 2007.

Habscheid, Walther J. – *Zur Problematik der "gesetzlichen Vertretung"*, FamRZ 1957, 109-113.

Haegele, Karl – *Möglichkeit und Grenzen der postmortalen Vollmacht*, Rpfleger 1968, 345-349.

Haferkamp, Hans-Peter – *Historisch-kritischer Kommentar zum BGB*, I, 2003.

Hagen, Horst – *Zur Rechtsgrundabhängigkeit der Konvaleszenz*, AcP 167 (1967), 481-503.

Hager, Günter – *Die Prinzipien der mittelbaren Stellvertretung*, AcP 180 (1980), 239-262.

Hager, Lothar-Wilhelm – *Drei Grundfragen zur Auslegung des Schikaneverbots im § 226 BGB*, 1913.

Hamburger, Max – *Zum Begriff der Verwirkung*, LZ 1928, 1588-1594.

Hänel – *Ueber das Wesen und den heutigen Gebrauch der actio und exceptio doli*, AcP 12 (1829), 408-432.

Hanson, Neil – *The Custom of the Sea*, 1999.

Häsemeyer, Ludwig – *Die gesetzliche Form der Rechtsgeschäfte*, 1971.

Hatzung, Andreas – *Dogmengeschichtliche Grundlagen und Entstehung des zivilrechtlichen Notstands*, 1984.

Heck, Phillip – *Gesetzesauslegung und Interessenjurisprudenz*, 1914;
– *Die Ausdehnung des § 817 S. 2 auf alle Bereicherungsansprüche*, AcP 124 (1925), 1-68;
– *Rechtserneuerung und juristische Methodenlehre*, 1936.

Hedemann, Justus Wilhelm – *Die Vermutung nach dem Recht des Deutschen Reiches*, 1904;
– *Werden und Wachsen im bürgerlichen Recht*, 1913.

Hegermann, Philipp – *vide* Giessen, Dieter.

Hein, Jan von – *Verordnung (EG) Nr. 1206/2001*, em Thomas Rauscher, *Europäisches Zivilprozessrecht Kommentar* (2003), 859-995.

Heineccius – *Institutiones Iuris Civilis*, ed. João Pedro Waldeck, 1814.
– *vide* Waldeck.

Heinrich, Irmgard – *Rechtsgeschäftliche Vetretung – Representación voluntaria/Verglei-chender Überblick zum deutschen und spanischen Recht*, FS Ulmer (2003), 1109-1133.

Heinrichs, Helmut – *Entwurf eines Schuldrechtsmodernisierungsgesetzes*, BB 2001, 1417-1423;
– no *Palandt/BGB*, 64.ª ed., 2005.

Heldrich, Karl – *Die Form des Vertrages*, AcP 147 (1941), 89-129.

Henle, Rudolf – *Treu und Glauben im Rechtsverkehr*, 1912.

Henssler, Martin – *Einführung in das Schuldrechtsmodernisierung*, em Henssler/Graf von Westphalen, *Praxis der Schuldrechtsreform*, 2002;
– *vide* Bereska, Christian.

Herzfeld – *Die Einrede der unzullässigen Rechtsausübung im Rückerstattungsrecht*, NJW 1954, 748.

Hespanha, A. – trad. port. de Wieacker, *História do Direito Privado Moderno*, 1981.

Índice bibliográfico

Himmelreich, Klaus – *Nothilfe und Notwehr: insbesondere zur sogenannten Interessenabwägung*, MDR 1967, 361-366.

Hirsch, Hans Christoph – *Die Übertragung der Rechtsausübung/Vervielfältigung der Rechte*, 1910.

Hitzemann, Horst-Heinrich – *Stellvertretung beim sozialtypischen Vorhalten*, 1966.

Hoeniger, Heinrich – *Arglist herbeigeführte Formnichtigkeit*, ZNotV 1909, 673-688; – *Einrede der Arglist gegen Formnichtigkeit*, ZNotV 1910, 907-909.

Hoffmann, Jochen – *Rechtsscheinhaftung beim Widerruf notarieller Vollmachten*, NJW 2001, 421-422.

Hoffmann, Rolf – *Grundfälle zum Rechte der Stellvertretung*, JuS 1970, 179-181 e 234-237.

Holden, H. A. – *vide* Cícero.

Honsell, Heinrich – *Die Rückabwicklung sittenwidriger oder verbotener Geschäfte*, 1974.

Horn, Norbert – *Der Ersatzpflichtige im zivilrechtlichen Notstand*, JZ 1960, 350-354.

Hörster, Henrich Ewald – *A parte geral do Código Civil português/Teoria geral do Direito civil*, 1992.

Hoyer, Andreas – *Das Rechtsinstitut der Notwehr*, JuS 1988, 89-96.

Hubmann, Heinrich – *Grundsätze der Interessenabwägung*, AcP 155 (1956), 85-134.

Hueck, Alfred – *Notstand gegenüber einer mitgefährdeten Sache*, JhJb 68 (1919), 205-232; – *Bote – Stellvertreter im Willen – Stellvertreter in der Erklärung*, AcP 152 (1952/53), 432-444.

Hummler, Alexander Josef – *Staatliches Gewaltmonopol und Notwehr/Grenzverschiebungen in Rechtsprechung und Literatur*, 1998.

Hupka, Josef – *Die Vollmacht/Eine civilistische Untersuchung mit besonderer Berücksichtigung des Deutschen Bürgerlichen Gesetzbuchs*, 1900; – *Die Haftung des Vertreters ohne Vertretungsmacht*, 1903.

Iannaccone, Attilio – em *La prescrizione*, org. Paolo Vitucci, tomo II (1999), art. 2946.

Isay, Hermann – *Die Geschäftsführung nach dem Bürgerlichen Gesetzbuche für das Deutsche Reich*, 1900; – *Vollmacht und Verfügung*, AcP 121 (1923), 257-296 e 122 (1924), 195-202.

Isola, Lisa – *Venire contra factum proprium/Herkunft und Grundlagen eines sprichwörtlichen Rechtsprinzips*, 2017.

Jacoby, Florian – *vide* Peters, Frank/.

Jacubezky, von – *Zur Frage des allgemeinen Chikaneverbots*, Gruchot 40 (1896), 591-596.

Japiot, René – *Des nullités en matère d'actes juridiques/Essai d'une théorie nouvelle*, 1909.

Jauernig, Othmar – *Bürgerliches Gesetzbuch/Kommentar*, 14.ª ed., 2011.

Jhering, Rudolf von – *Mitwirkung für fremde Rechtsgeschäfte*, JhJb 1 (1857), 273-350 e 2 (1858), 67-180; – *Zur Lehre von den Beschränkungen des Grundeigenthümers im Interesse der Nachbarn*, JhJb 6 (1861), 81-130; – *Geist des römischen Rechts*, 5.ª ed., 1906, reimp., 1993.

Jordão, Eduardo – *Abuso do direito*, 2006.

Jorge, Fernando Pessoa – *O mandato sem representação*, 1961; – *Ensaio sobre os pressupostos da responsabilidade civil*, 1968, reimp. 1992 e 1995.

586 *Tratado de Direito civil*

Josef, Eugen – *Überschreitung der Vollmacht und unrichtige Übermittelung der Erklärung insbesondere bei Kauf auf Borg statt Barkaufs*, Gruchot 51 (1907), 273-286;
– *Arglistige Herbeiführung der Formnichtigkeit*, AbürgR 36 (1911), 60-70.

Josserand, Louis – *De l'Esprit et de leur Relativité. Theórie de l'abus des droits*, 2.ª ed., 1939.

Junqueiro, P. Augusto – *vide* Andrade, Manuel de.

Justo, A. Santos – *Direito privado romano* – III (*Direitos reais*), 1997.

Justus, Anton Friedrich – *System des Pandektenrechts*, II, 1828.

Karakantas, S. – *Die Verwirkung/Ein Beitrag zur Lehre von den zeitlichen Schranken der Ausübung der subjektiven Rechte*, 1938.

Kargl, Walter – *Der intersubjektive Begründung und Begrenzung der Notwehr*, ZStW 110 (1998), 38-68.

Kaser, Max – *Beweislast und Vermutung im römischen Formularprozess*, SZRom 71 (1954), 220-241;
– *Das römische Privatrecht*, I – *Das altrömische, das vorklassische und klassische Recht*, 2.ª ed., 1971.

Keller, von/Lewis – *Pandekten*, 2.ª ed., 1866.

Kioupis, Dimitros – *Notwehr und Einwilligung/Eine individualistische Begründung*, 1992.

Kipp, Theodor – *Zur Lehre von der Vertretung ohne Vertretungsmacht*, FS RG II (1929), 273-292;
– *vide* Windscheid, Bernhard.

Klausing, F. – *vide* Manigk, Alfred.

Kleine, Heinz – *Zum Einwand der Verwirkung*, JZ 1951, 9-12.

Knöfel, Oliver L. – *Gilt das Verbot der Vertretung widerstreitender Interessen auch für Tätigkeiten ausserhalb des Anwaltsberufs?*, NJW 2005, 6-10.

Knopp – *vide* Soergel.

Knops, Kai-Oliver – *Verjährungsbeginn durch Anspruchsentstehung bei Schadensersatzansprüchen/insbesondere nach den § 37a und d WpHG*, AcP 205 (2005), 821-857.

Knütel, Rolf – *vide* Behrends, Okko;
– *vide* Celso.

Köhler, Helmut – *BGB Allgemeiner Teil*, 41.ª ed., 2017.

Kotthaus, Adolf – *Die Ermächtigung*, 1933.

Kötz, Hein – *vide* Zweigert, Konrad.

Krause, Hermann – *Schweigen im Rechtsverkehr/Beiträge zur Lehre von Bestätigungsschreiben, von der Vollmacht und von der Verwirkung*, 1933.

Krebs, Peter – *Die grosse Schuldrechtsreform*, DB 2000, Beilage 14;
– no *NomosKommentar zum BGB*, 2.ª ed., 2/1, 2012.

Kreutzpointner, Michael – *Das arglistige Verhalten einer Partei im römischen Zivilprozess*, 1977.

Krey, Volker – *Zur Einschränkung des Notwehrrechts bei der Verteidigung von Sachgütern*, JZ 1979, 702-707.

Krückmann, Paul – *Ermächtigung*, AcP 137 (1933), 167-193.

Kruger – *vide* Pompónio;
– *vide* Ulpiano.

Índice bibliográfico

Kubaschewski, Kurt – *Die Anfechtbarkeit des nichtigen Rechtsgeschäfts*, 1911.

Kübel – *Die Arglisteinrede und das Zurückbehaltungsrecht in Schwarzkaufprozessen*, JR 1927, 161

Kühl, Kristian – *Notwehr und Nothilfe*, JuS 1993, 177-183.

Küper, Wilfried – *Von Kant bis Hegel/Das Legitimationsproblem des rechtsfertigenden Notstandes und die freiheitsphilosophischen Notrechtslehren*, JZ 2005, 105-115.

Kupisch, Berthold – *vide* Behrends, Okko;
  – *vide* Celso.

Laband, Paul – *Die Stellvertretung bei dem Abschluss von Rechtsgeschäften nach dem allgem. Deutsch. Handelsgesetzbuch*, ZHR 10 (1866), 193-241.

Ladenburg – *Die Vollmacht als Verkehrsmittel*, ZHR 11 (1868), 72-100;
  – *Niemand darf sich auf seine eigene Rechtswidrigkeit zu eigenen Gunsten rechtliche berufen*, AcP 74 (1889), 445-461.

Lammel, Siegbert – no HKK/BGB, III/2 (2013), §§ 652-675b

Lange, Frank-Holger – *Die Beweisregeln im Anwaltshaftungsprozess*, 2002.

Langer, Karl A. – *Gesetzliche und vereinbarte Ausschlussfristen im Areitsrecht*, 1993.

Larenz, Karl – *Vertrag und Unrecht, 1 – Vertrag und Vertragsbruch*, 1936;
  – *Lehrbuch des Schuldrechts*, Band II – Halbband 1, *Besonderer Teil*, 13.ª ed., 1986;
  – *Lehrbuch des Schuldrechts*, Band I – *Allgemeiner Teil*, 14.ª ed., 1987.

Larenz, Karl/Wolf, Manfred – *Allgemeiner Teil des Bürgerlichen Rechts*, 9.ª ed., 2004.

Lassalle, Ferdinand – *Die Theorie der erworbenen Rechte und der Collision der Gesetze/ unter besonderer Berücksichtigung des Römischen, Französischen und Preussischen Rechts*, 2.ª ed. publ. Lothar Bucher, 1880.

Laurent, F. – *Principes de Droit Civil Français*, 20, 3.ª ed., 1878.

Lautenschlager, Milton Flávio de Almeida Camargo – *Abuso do direito*, 2007.

Leão, Jorge Ponce de – *vide* Castro, Anselmo de.

Léauté, Jacques – *Le mandat apparent dans ses rapports avec la théorie générale de l'apparence*, RTDC 1947, 288-307.

Leenen, Detlef – *Die Neuregelung der Verjährung*, JZ 2001, 552-560;
  – *vide* Zimmermann, Reinhard.

Lehmann, Heinrich – *Die Enthaftung des ausgeschiedenen Gesellschafters der offenen Handelsgesellschaft von Verbindlichkeiten aus schwebenden Lieferungsverträgen/ Zugleich ein Beitrag zur Lehre vom gegensätzlichen Verhalten*, ZHR 79 (1916), 57- -103;
  – *Zur Lehre von der Verwirkung*, JW 1936, 2193-2197.

Leitão, Luís Menezes – *Direito das obrigações* 1, 2.ª ed., 2002, 3.ª ed., 2003, 4.ª ed., 2005, 10.ª ed., 2013 e 13.ª ed., 2016.

Lemos, Jaime de – *vide* Cunha, Paulo.

Lenel, Otto – *Stellvertretung und Vollmacht*, JhJb 36 (1896), 1-130;
  – *Das Edictum Perpetuum*, 3.ª ed., 1927, reimp..

Lenz, Karl-Heinz – *Das Vertrauensschutzprinzip/Zugleich eine notwendige Besinnung auf die Grundlage unserer Rechtsordnung*, 1968.

Lequette, Yves – *vide* Terré, François.

Lewis – *vide* Keller, von.

588   *Tratado de Direito civil*

Lião, Duarte Nunes do – *Leis extravagantes*, ed. 1569 e ed. Gulbenkian, 1987.

Liebs, Detlef – *Rhythmische Rechtssätze/Zur Geschichte einiger lateinischer Rechtsregeln*, JZ 1981, 160-164;
– *Lateinische Rechtsregeln und Rechtssprichtwörter*, 6.ª ed., 1998.

Lima, Pires de/Varela, Antunes – *Código Civil Anotado*, 1, 4.ª ed., 1987; 2, 4.ª ed., 1997.

Lombardo, Eugenia Scavo – *Presunzione (diritto canonico)*, ED XXXV (1986), 316-321.

Longo, Giannetto – *Mandato (diritto romano)*, NssDI X (1964), 105-108.

Looschelders, Dirk/Olzen, Dirk – no *Staudingers Kommentar zum BGB*, II, Einleitung zum Schuldrecht; §§ 241-243, *Treu und Glauben*, ed. 2009 e ed. 2015.

Lorenz – *Das Problem der Aufrechterhaltung formnichtiger Schuldverträge*, AcP 156 (1957), 381-413.

Lorenz, Egon – *Der Tu-quoque-Einwand beim Rücktritt der selbst vertragsuntreuen Partei gegen Vertragsverletzung des Gegners*, JuS 1972, 311-315.

Lorenz, Stephan – introdução a *BGB 2002/Sonderausgabe Schuldrechtsreform*, 2.ª ed., Beck, 2002.

Lorenz, Werner – *Das Problem der Aufrechterhaltung formichtiger Schuldverträge*, AcP 156 (1957), 381-413;
– *Rechtsfolgen formnichtiger Schuldverträge*, JuS 1966, 429-436.

Lorenzi, Valeria de – *Rappresentanza diretta voluntaria nella conclusione dei contratti e analisi economica del diritto*, 2002.

Ludewig, Wilhelm – *Die Ermächtigung nach bürgerlichem Recht*, 1922.

Luhmann, Niklas – *Vertrauen/Ein Mechanism der Reduktion sozialer Komplexität*, 2.ª ed., 1973.

Macai, Francesco – recensão a Fiorenzo Festi, *Il divieto di "venire contro il fatto proprio"* (2007), RivDC 2008, I, 121 ss..

Machado, João Baptista – *Tutela da confiança e "venire contra factum proprium"* (1985), em *Obras dispersas* 1 (1991), 345-423.

Mäcke – *Die Verwirkung*, 1935.

Mackeldey, Ferdinand – *Lehrbuch des heutigen Römischen Rechts*, 12.ª ed., 1842;
– *Manuel de Droit romain contenant la théorie des Institutes*, trad. fr. J. Beving, 3.ª ed., 1846.

Macris, D. – *Die Grundgedanken für die Ausarbeitung des Entwurfs eines griechischen Zivilgesetzbuches*, RabelsZ 9 (1935), 586-614.

Magalhães, José Barbosa de – *Prazos de caducidade, de prescrição e de propositura de acções*, 1950.

Magazzù, Andrea – *Decadenza (diritto civile)*, NssDI V (1960), 231-240.

Mahn, Henr. Christian – *Commentatio de iure ratihabitionis gestorum, vom Genehmhaftungsrecht*, 1741.

Maier-Reimer, Georg – no Ermann, *Bürgerliches Gesetzbuch/Handkommentar* 1, 13.ª ed., 2011.

Majo, Adolfo di – *Legittimazione negli atti giuridici*, ED XXIV (1974), 52-65;
– *La tutela civile dei diritti*, 4.ª ed., 2003.

Malchionda, Achille – *Prova (diritto processuale penale)*, ED XXVII (1988), 649-679.

Índice bibliográfico 589

Manigk, Alfred – *Stillschweigend bewirkte Vollmachten im Handelsrecht/Ein Beitrag zur Methodik des Vertrauensschutzes* em *Beiträge zum Wirtschaftsrecht*, org. F. Klausing/ /H. C. Nipperdey/A. Nussbaum (1931), 590-671;
– *Das Problem der Verwirkung*, DJZ 1936, 350-360.
Mansel, Hans-Peter – *Die Neuregelung des Verjährungsrechts*, NJW 2002, 89-99;
– *vide* Zimmermann, Reinhard.
Mantzoufas – *Der Rechtsmissbrauch in der griechischen Gerichtsbarkeit*, em *Über griechischen Privatrecht*, 1956;
– *Fragen des Arbeitsrechtes/Der Rechtsmissbrauch bei der ordentlichen Kündigung des Arbeitsvertrages*, em *Über griechisches Privatrecht* (1956), 96-97.
Margalho, Paulo – *O abuso do direito no Direito tributário – Dois pesos e duas medidas? A caminhada pelo deserto doutrinário ...*, RDC 2016, 745-783.
Markianos – *Griechische Rechtsprechung zum Zivilgesetzbuch 1946-1959*, RabelsZ 26 (1961), 267-294.
Marnierre, Sallé de la – *La déchéance comme mode d'extinction d'un droit (essai de terminologie juridique)*, RTDC 1933, 1037-1113.
Marques, José Dias – *Teoria geral da caducidade*, O Direito 84 (1952), 11-49 e, em livro, 1953;
– *A prescrição extintiva*, 1953;
– *Teoria geral do Direito civil*, 1, 1958;
– *Teoria geral do Direito civil*, 2, 1959;
– *A prescrição aquisitiva*, 2 volumes, 1960.
Martinez, Pedro Romano – *Da cessação do contrato*, 2005.
Martinius, Emil – *Behauptungs- und Beweislast bei der Negative und dem bedingten Vertage*, 1902.
Martino, Francesco de – *"Exercitor"*, NssDI VI (1960), 1088-1092.
Martins, João José Marques – *Prova por presunções judiciais na responsabilidade civil aquiliana*, 2017.
Martins, Ricardo Marcondes – *Abuso do direito e constitucionalização do Direito privado*, 2009.
Mazeaud, Henri/Mazeaud, Léon/Mazeaud, Jean/Chabas, François – *Leçons de Droit civil*, II/1, *Obligations/Théorie générale*, 9.ª ed., 1998.
Mazeaud, Jean – *vide* Mazeaud, Henri.
Mazeaud, Léon – *vide* Mazeaud, Henri.
Medeiros, Rui – *vide* Miranda, Jorge.
Medicus, Dieter/Petersen, Jens – *Allgemeiner Teil des BGB*, 11.ª ed., 2016.
Medina, José Miguel Garcia/Araújo, Fábio Caldas de – *Código Civil Comentado*, 2014.
Mello, Alexandre – *Responsabilidade civil por abuso do direito*, 2013.
Mello, Pascoal de – *Instituições de Direito civil português* (trad. Miguel Pinto de Meneses), Liv. 4, tit. 3 = BMJ 168 (1967), 59.
Melo, Lopo Vaz de Sampaio e – *Bases para uma teoria de provas judiciais em causas cíveis*, 1869.
Mendes, Armindo Ribeiro – *vide* Mendes, João de Castro.

590 *Tratado de Direito civil*

Mendes, João de Castro – *Do conceito de prova em processo civil*, 1961;
— *Direito processual civil*, 3, col. Luís Silveira e Armindo Ribeiro Mendes, 1974;
— *Direito civil (teoria geral)* 2, 1979, revist. 1985; 3, 1968.

Meneses, Miguel Pinto de – *vide* Mello, Pascoal de.

Mentzel, Tobias – *vide* Drexl, Josef.

Merton – *apud* Jürgen Schmidt, *Ein soziologischer Begriff des "subjektiven Rechte"*, JfRSuRTh 1 (1970), 300-320.

Merz, Hans – no *Berner Kommentar/Kommentar Zivilrecht* (1962), Art. 2;
— *Auslegung, Lückenerfüllng und Normberichtigung/Dargestellt an den Beispielen der unzulässigen Berufung auf Formungültigkeit und des Missbrauchs der Verjährungseinrede*, AcP 163 (1963), 305-345;
— *Vertretungsrecht und ihre Beschränkungen im Recht der juristischen Person, der Kaufmännischen und der allgemeinen Stellvertretung*, FS Westermann (1974), 399-426.

Meyerhofer, Ernst – *Zur Lehre von der Beweilast, insbesondere bei bedingten und befristeten Verträge*, ZSR 1903, 313-378.

Mezger, Ernst – *vide* Serick, Rolf.

Milone, Filippo – *La exceptio doli (generalis)/Studio di diritto romano*, 1882, reimpr. 1970.

Minervini, Enrico – em *Le prescrizione*, org. Paolo Vitucci, 2 (1999), art. 2954-2956.

Miranda, Jorge/Medeiros, Rui – *Constituição portuguesa anotada*, I, 2005.

Mitsch, Wolfgang – *Die "hypothetische Einwilligung" im Artzstrafrecht*, JZ 2005, 279-285.

Mitteis, Heinrich – *vide* Cosack, Konrad.

Mitteis, Ludwig – *Die Lehren von der Stellvertretung/nach römischem Recht mit Berücksichtigung des österreichischen Rechts*, 1885, reimp., 1962.

Mock, Sebastian – *Grundfälle zum Stellvertretungsrecht*, JuS 2008, 309-313, 391-395 e 486-490.

Modica, isidoro – *Teoria della decadenza nel diritto civile italiano*, vol. I, *Parte generale*, 1906), vol. II, *Parte speciale*, 1909) e vol. III, *Parte speciale*, 1915.

Mohnhaupt, Heinz – *Savignys Lehre von der Stellvertretung*, IC 8 (1979), 60-87.

Moisés, Geovana Mendes Baía – *O abuso de direito como via de tutela de terceiros nos negócios celebrados por procuração tolerada no âmbito do Direito civil português*, RDC 2016, 1007-1031.

Mommsen – *vide* Pompónio;
— *vide* Ulpiano.

Monache, Stefano delle – *La "contemplatio domini"/Contributo alla teoria della rappesentanza*, 2001.

Moncada, Luís Cabral de – *Lições de Direito civil/Parte geral*, 3.ª ed., II, 1959.

Moreira, Guilherme Alves – *Estudos sobre a responsabilidade civil*, RLJ 39 (1906), 337-339, 353-356 e 371;
— *Instituições de Direito civil português*, vol. I, *Parte geral*, 1907.

Moreno, T. – *vide* Andrade, Manuel de.

Moroni, Attilio – *Prova (diritto processuale economico)*, NssDI XIV (1968), 325-329.

Morviducci, Claudia – *Presunzione (diritto internazionale privato)*, ED XXXV (1986), 321-326.

Índice bibliográfico

Mota, Helena – *Do abuso de representação/Uma análise da problemática subjacente ao artigo 269.º do Código Civil de 1966*, 2001.

Moufang, Oliver – *Das Verhältnis der Ausschlussfristen zur Verjährung/Eine augewähltes Rechtsproblem aus der Inhaltskontrolle vertraglicher Ausschlussfristen*, 1996.

Müller, Andreas – *Die Kollision bei subjektiven Rechten*, 1971.

Müller-Erzbach, Rudolf – *Die Grundsätze der mittelbaren Stellvertretung aus der Interessenlage entwickelt*, 1905;
– *Deutsches Handelsrecht*, 2.ª e 3.ª ed., 1928;
– *Wohin führt die Interessenjurisprudenz?/Die rechtspolitische Bewegung im Dienste der Rechtssicherheit und des Aufbaus der Rechtswissenschaft*, 1932.

Müller-Freienfels, Wolfram – *Die Vertretung beim Rechtsgeschäft*, 1955;
– *Die Abstraktion der Vollmachtserteilung im 19. Jahrhundert* e em Helmut Coing/ /Walter Wilhelm, *Wissenschaft und Kodifikation des Privatrechts im 19. Jahrhundert*, II (1977), 144-212;
– *Die Abstraktion der Vollmachtserteilung im 19. Jahrhundert*, em *Wischenschaft und Kodifikation* II (1977), 144-212;
– *Stellvertretungsregelungen in Einheit und Vielfalt/Rechtsvergleichende Studien zur Stellvertretung*, 1982.

Münzel, Karl – *Nachträgliche Erteilung einer verweigerten Genehmigung?*, NJW 1959, 601-604;
– *Die Rückwirkung der privatrechtlichen und öffentlich-rechtlichen Genehmigung unter Einschluss des Kartellrechts*, NJW 1959, 1657-1663.

Murr, Maria Cláudia Biselli – *Breves considerações sobra a suppressio*, 2012.

Nagel, Heinrich – *Deutschland*, em Heinrich Nagel/Ena-Marlis Bajons, *Beweis – Preuve – Evidence/Grundzüge des zivilprozessualen Beweisrechts in Europa* (2003), 95-129;
– *vide* Patti, Salvatore;
– *vide* Schwonke, Martina.

Nagel, Heinrich/Bajons, Ena-Marlis – *Beweis – Preuve – Evidence/Grundzüge des zivilprozessualen Beweisrechts in Europa*, 2003.

Nascimento, António Baião do – *Do concurso de normas*, 1971.

Nascimento, Carlos Valder – *Abuso do exercício do direito*, 2014.

Nattini, Angelo – *La dottrina generale della procura/La rappresentanza*, 1910.

Neto, Inácio Carvalho – *Abuso do direito*, 5.ª ed., 2009.

Neumann – Handausgabe des BGB 1, 5.ª ed. (1909), § 242.

Neves, Castanheira – *Questão-de-facto – questão-de-direito ou o problema metodológico da juridicidade (Ensaio de uma reposição crítica)* I – *A crise*, 1967;
– *Lições de introdução ao estudo do Direito*, 1968-69, polic..

Neves, Júlio Gonzaga Andrade – *A suppressio no Direito civil brasileiro*, 2015, polic.;
– *A suppressio (Verwirkung) no Direito civil*, 2016.

Nicklaus, Antje – *Die Kollision von verlängerten Eigentumsvorbehalt und Factoringzession im deutschen und englichen Recht*, 1997.

Niederländer, Hubert – *Nemo turpitudinem suam allegans auditur/Ein Rechtsvergleichender Versuch*, FG Gutzwiller (1959), 621-638.

592　　　　　　　　　　*Tratado de Direito civil*

Nipperdey, Hans Carl – *vide* Enneccerus, Ludwig;
　　– *vide* Manigk, Alfred.
Noronha, Josane Peixoto – *Abuso do direito e culpa in contrahendo*, RDC 2017, 461-497.
Nörr, Dieter – *Die Entstehung der 'longi temporis praescriptio'. Studien zum Einfluss der Zeit im Recht und zur Rechtspolitik in der Kaiserzeit*, 1969.
Nunes, Carolina Rebordão – *A inalegabilidade de nulidades decorrentes da preterição de forma legalmente exigida*, RDC 2015, 89-129.
Nunes, Duarte Alberto Rodrigues – *O estado de necessidade em Direito civil*, Julgar 2017, 1-103.
Nussbaum, A. – *vide* Manigk, Alfred.
Nuzzo, Massimo – *Il mandato conferito nell'interesse altrui*, 2003.

Oeconomidis, Demetrius – *La réception globale des droits étrangers: le droit grec*, RHDI 23 (1970), 333-357.
Oertmann, Paul – *Arglistige Herbeiführung der Formnichtigkeit*, Recht 1914, 8-12.
Oetker, Hartmut – *Handelsrecht*, 3.ª ed., 2003.
Oliveira, David Nuno Ribeiro de Jesus – *A suppressio ex bona fide*, RDC 2015, 171-198.
Oliveira, Gândara de – *Da teoria do abuso do direito em face do Código Civil português*, GadvRLd (1942), 13-18.
Olzen, Dirk – *vide* Looschelders, Dirk.
Orationes, M. Tulli Ciceronis – *vide* Cícero.
Ordenações Afonsinas, ed. Gulbenkian,
Ordenações Filipinas, ed. Gulbenkian,
Ordenações Manuelinas, ed. Gulbenkian,
Orestano, Riccardo – *Rappresentanza (diritto romano)*, NDI X (1939), 1092-1096; *idem*, NssDI XIV (1967), 795-800.
Ostheim, Rolf – *Probleme bei Vertretung durch Geschäftsunfähige*, AcP 169 (1969), 193-231.
Overbeck, Norbert – *Verwirkung im geltenden Recht*, 1934.

Pacheco, Regina Constança – *Da transferência do mandatário para o mandante dos direitos adquiridos em execução do mandato sem representação para adquirir*, 2001.
Palazzo, Antonio – *Presunzione (diritto privato)*, ED XXXV (1986), 265-274.
Palma, Maria Fernanda – *O estado de necessidade justificante no Código Penal de 1982*, Est. Eduardo Correia 3 (1984), 173-206;
　　– *A justificação por legítima defesa como problema de delimitação de direitos*, 1990.
Parsons, Talcott – *Essays in sociological theory pure and applied*, 1949;
　　– *Social structure and personality*, 1964;
　　– *The social system*, 1964;
　　– *Structure and process in modern societies*, 1960, reimpr. 1965;
　　– *Beiträge zur soziologischen Theorie*, 2.ª ed., 1968, trad. al. de Dietrich Rüschmeyer;
　　– *The structure of social action*, 1968;
　　– *Social systems and the evolution of action theory*, 1977.
Patrício, J. Simões – *vide* Castro, Anselmo de.

Índice bibliográfico 593

Patti, Salvatore – *Italien*, em Heinrich Nagel/Ena-Marlis Bajons, *Beweis – Preuve – Evidence/Grundzüge des zivilprozessualen Beweisrechts in Europa* (2003), 267-296.

Paula, Luiza Checchia Suart Cunha de – *Surrectio e suppressio: natureza, efeitos, aplicabilidade e análise comparativa com figuras jurídicas correlatas*, 2014.

Paulo – D. 17.1.1.4 = *Corpus Iuris Civilis*, ed. bilingue Okko Behrends e outros, 1999.

Paulus, Cristoph G. – *Zivilprozessrecht*, 3.ª ed., 2004.

Pawlik, Michael – *Der rechtsfertigende Notstand/Zugleich ein Beigtrag zum Problem strafrechtlicher Solidaritätspflichten*, 2002;
– *Der rechtsfertigende Defensivenotstand*, Jura 2002, 26-31.

Pawlowski, Hans-Martin – *Die gewillkürte Stellvertretung*, JZ 1996, 125-132.

Pereira, Maria de Lurdes – *Os estados de espírito na representação voluntária em especial o conhecimento ou desconhecimento juridicamente relevante*, RFDUL 1998, 135-192.

Peres, Tatiana Bonatti – *Solidariedade e abuso do direito*, 2016.

Pernice, Alfred – *Marcus Antistius Labeo/Das römische Privatrecht im ersten Jahrhundert der Kaiserzeit*, II/1, 2.ª ed., 1895.

Pessoa, Walton – *A incidência da boa-fé objetiva e do venire contra factum proprium nas relações de trabalho*, 2016.

Peters, Frank – *Die Verpflichtungsermächtigung*, AcP 171 (1971), 234-249;
– no *Staudingers Kommentar*, 13.ª ed., 1995;
– no *Staudingers Kommentar* I, §§ 164-240, ed. 2004;
– *Die Verjährung im Familien- und Erbrecht*, AcP 208 (2008), 37-68.

Peters, Frank/Zimmermann, Reinhard – *Verjährungsfristen/Der Einfluss von Fristen auf Schuldverhältnisse: Möglichkeiten der Vereinheitlichung von Verjährungsfristen*, nos *Gutachten und Vorschläge zur Überarbeitung des Schuldrechts*, publicados pelo Ministro Federal da Justiça, vol. I (1981), 77-373.

Petersen, Jens – *Bestand und Umfang der Vertretungsmacht*, Jura 2003, 310-315;
– *Unmittelbare und mittelbare Stellvertretung*, Jura 2003, 744-748;
– *vide* Medicus, Dieter.

Pinheiro, Rosalice Fidalgo – *O abuso do direito e as relações contratuais*, 2002.

Pinto, Carlos Mota – *Teoria geral da relação jurídica*, 4.ª ed. por António Pinto Monteiro e Paulo Mota Pinto, 2005.

Pinto, Paulo Mota – *Aparência de poderes de representação e tutela de terceiros/Reflexão a propósito do artigo 23.º do Decreto-Lei n.º 178/86, de 3 de Julho*, BFD 69 (1993), 587-645;
– *Sobre a proibição do comportamento contaditório (venire contra factum proprium) no Direito civil*, BFD/Volume Comemorativo (2003), 269-322.

Plagianakos, Georgios J. – *Die Entstehung des griechischen Zivilgesetzbuches*, 1963.

Planck – *Kommentar zum BGB* I, 4.ª ed., § 242, 1913.

Planiol, Marcel – Anot. Douai, 7-Mai.-1902, D 1903, 2, 329-330;
– *Traité Élémentaire de Droit Civil*, I, 3.ª ed., 1904; II, 2.ª ed., 1903.

Pompónio – nos *Digesta*, Mommsen/Kruger, 16.ª ed., 1954.

Pothier, Joseph-Raymond – *Traité du contrat de mandat* em *Oeuvres*, publ. M. Siffrein, VI vol., 1821 ;
– *Traité de la procedure civile*, em *Oeuvres*, por Dupin Ainé, 6.º vol., 1832;
– *Tratado das obrigações pessoaes e reciprocas*, trad. port. Corrêa Telles, tomo II, 1835.

594   *Tratado de Direito civil*

Pototzky, Walter – *Die Verwirkung im Patentrecht*, 1933.

Prölss, Jürgen – *Der Einwand der "unclean hand" im Bürgerlichen Recht*, ZHR 132 (1969), 35-85;
- *Vertretung ohne Vertretungsmacht*, JuS 1985, 577-586;
- *Haftung bei der Vertretung ohne Vertretungsmacht (falsus procurator) beim Vertragsabschluss*, JuS 1988, L-17–L-20.

Protokolle der Komission für die zweite Lesung des Bürgerlichen Gesetzbuchs (1897), 1, 239-240.

Provera, Giuseppe – *Mandato (storia)*, ED XXV (1975), 310-321.

Prütting, Hanns – *Gegenwartsprobleme der Beweilast*, 1983.

Pugliese, Giuseppe – *La prescrizione nel diritto civile*, 2.º vol., 3.ª ed., 1914.

Quadrato, Renato – *Rappresentanza (diritto romano)*, ED XXXVIII (1987), 417-437.

Raape, Leo – *Zustimmung und Verfügung*, AcP 121 (1923), 257-296;
- *Verfügungsvollmacht*, AcP 123 (1925), 194-202.

Raiser, L. – Anot. a BGH 14-Jun.-1951, JZ 1951, 718-719.

Ramdohr, Hermann – *Rechtsmissbrauch*, Gruchot 46 (1902), 577-600 e 806-839.

Rauscher, Thomas – *vide* Hein, Jan von.

Regelsberger, Ferdinand – *Pandekten* 1, 1893.

Reggi, Robberto – *Presunzione (diritto romano)*, ED XXXV (1986), 255-261.

Rehbein – *BGB* (1903), §§ 241-292.

Rei, Maria Raquel – *A justa causa para a revogação do mandato*, 1994, inédito;
- *As prescrições presuntivas*, em Francisco Salgado Zenha, *Liber amicorum* (2003), 611-633.

Reichel, Hans – *Zur Behandlung formnichtiger Verpflichtungsgeschäfte*, AcP 104 (1909), 1-150.

Reinicke, Dietrich – *Rechtsfolgen formwidrig abgeschlossener Verträge*, 1969.

Reis, José Alberto dos – *Caducidade e caso julgado na acção de investigação de paternidade ilegítima*, RLJ 76, 1943;
- *Comentário ao Código de Processo Civil*, vol. 2.º, 1945;
- *Código de Processo Civil Anotado*, 1, 3.ª ed., 1948; 3, 1950 e 4, 1951.

Repgen, Tilman – no *Staudingers Kommentar*, I, §§ 164-240, 2004 e 2009.

Rescigno, Pietro – *Legittimazione (diritto sostanziale)*, NssDI IX (1963), 716-721.

Rescigno, Pietro e outros – *Codice Civile*, 2, 5.ª ed., 2003.

Rewolt, Max – *Das Verbot der Chicane*, Gruchot 24 (1880), 677-702.

Ribeiro, Joaquim de Sousa – *Prescrições presuntivas: sua compatibilidade com a não impugnação dos factos articulados pelo autor*, RDE V, 2 (1979), 390-411.

Riccobono, Salvatore – *La teoria dell'abuso di diritto nella dottrina romana*, BIDR 46 (1939), 1-48.

Riesenfeld, Stephan Albrecht – *vide* Serick, Rolf.

Riezler, Erwin – *Venire contra factum proprium/Studien im römischen, englischen und deutschen Zivilrecht*, 1912;
- *Berufung auf eigenes Unrecht*, JhJb 89 (1941), 177-276;
- *vide* Staudinger Julius von;
- *vide* Titze, Heinrich.

Índice bibliográfico

Ripert, Georges – *La règle morale dans les obligations civiles*, 4.ª ed., 1949.

Rocha, M. A. Coelho da – *Instituições de Direito Civil Portuguez*, 8.ª ed., 1917, correspondente à 2.ª ed., 1848.

Rocha, Maria Luiza do Valle – *O conhecimento oficioso do abuso do direito*, RDC 2017, 189-228.

Rodovalho, Thiago – *Abuso de direito e direitos subjetivos*, 2011.

Rodrigues Júnior, Manuel – *A posse*, 1.ª ed., 1924.

Rogeli, Federico – em *La prescrizione*, org. Paolo Vitucci, 2, 1999.

Romano, Santi – *Frammenti di un dizionario giuridico*, 1948

Rosa, Manuel Cortes – *Die Funktion der Abgrenzung von Unrecht und Schuld im Strafrechtsystem*, em *Bausteine des europäischen Strafrechts/Coimbra – Symposium für Claus Roxin* (1993), 183-211.

Rosenberg, Leo – *Stellvertretung im Prozess auf der Grundlage und unter eingehender, vergleichender Darstellung der Stellvertretungslehre des bürgerlichen Rechts nebst einer Geschichte der prozessualischen Stellvertretung*, 1908.

Rosenberg, Leo/Schwab, Karl Heinz/Gottwald, Peter – *Zivilprozessrecht*, 16.ª ed., 2004.

Rosenberg, Reinhard – *Verjährung und gesetzliche Befristung nach dem bürgerlichen Recht des deutschen Reichs*, 1904.

Rosenthal, Alfred – *Vorschläge zum Problem der Verwirkung des Klagerechts*, LZ 1932, 581-586.

Roth, Günther H. – no *Münchener Kommentar 2 a*, 4.ª ed. (2003), § 242.

Rouast, André – *Déchéances protectrices et déchéances répressives dans le droit des successions*, RTDC 1952, 1-16.

Roubier, Paul – *Droits subjectifs et situations juridiques*, 1963.

Rüdy, Hermann – *Der Rechtsmissbrauch*, 1934,

Rundstein, S. – *Der Widerspruch mit dem eigenen Verhalten in der Theorie des französischen Privatrechts*, AbürgR 43 (1919), 319-379.

Ruppert, Reinhard – *Die tödliche Abwehr des Angriffs auf menschliches Leben*, JZ 1973, 263-267.

Rüschmeyer, Dietrich – *vide* Parsons, Talcott.

Rutz, Ottmar – *Die Wesenverschiedenheit von Verjährung und gesetzlicher Befristung*, AcP 101 (1907), 435-457.

Sá, Fernando Cunha de – *Caducidade do contrato de arrendamento*, 1, 1968; – *Abuso do Direito*, 1973, reimp. 1997.

Sabatini, Giuseppe – *Prova (diritto processuale penale e diritto processuale penale militare)*, NssDI XIV (1968), 300-322.

Salzmann, Andreas – *Die zivilrechtliche Verwirkung durch Nichtausübung*, 2015.

Sanches, J. Formosinho – *vide* Castro, Anselmo de.

Santos Júnior, Eduardo dos – *Da responsabilidade civil de terceiro por lesão do direito de crédito*, s/d, mas 2001.

Santos, António Marques dos – *Direito internacional privado/Colectânea de textos legislativos de fonte interna e internacional*, 1999.

Santos, Lourenço Leiria de Mendonça Noronha dos – *A posição jurídica do prejudicado no abuso do direito*, RDC 2016, 205-248.

596 *Tratado de Direito civil*

Santos, Pedro Rui Lopes dos – *Das consequências do abuso do Direito*, RDC 2015, 199-241.

Sattelmacher, Paul – *Über die Gültigkeit und Bedeutung der gemeinrechtlichen Prozessregel: affirmanti non neganti incumbit probatio*, 1902.

Savigny, Friedrich Carl von – *System des heutigen römischen Rechts*, 2, 1840; 3, 1840; 4, 1841; 8, 1849, reimp. 1981;
– *Das Obligationenrecht als Theil des heutigen Römischen Rechts*, 2, 1853.

Schäfer, Julia – *Teilweiser Vertretungsmangel/Haftung des Vertretenen und des Vertreters unter Einschluss der Missbraucsfälle*, 1997.

Scalese, Giancarlo – *Diritti dei trattati e dovere de coerenze nella condotta/Nemo potest venire contra factum proprium*, 2000.

Schilken, Eberhard – no *Staudingers Kommentar zum BGB*, I, §§ 164-240 (2004), prenot. §§ 164 ss..

Schindler, Dierk – *Die Kollision von Grundfreiheiten und Gemeinschaftsgrundrechten/ Entwurf eines Kollisionsmodells unter Zusammenführung der Schutzpflichten- und der Drittwirkungslehre*, 2001.

Schlosser, Peter F. – *EU-Zivilprozessrecht*, 2003.

Schlossmann, Siegmund – *Die Lehre von der Stellvertretung insbesondere bei obligatorichen Verträg*, II – *Versuch einer wissenschaftlichen Grundlegung*, 1902.

Schmidt, Alpmann – *Express: Reform des Schuldrechts/Das neue BGB*, 2.ª ed., 2002.

Schmidt, Helmut – *Die Rechtsnatur der Verwirkung/Eine kritische Untersuchung zur Lehre missbräuchlicher Rechtsausübung nach heutigem Recht*, 1938.

Schmidt, Jürgen – no *Staudinger Kommentar*, II, §§ 241-243, 13.ª ed. 1995;
– *vide* Merton.

Schmidt, Karsten – *Offene Stellvertretung – Der "Offenkundigkeitsgrundsatz" als Teil der allgemeinen Rechtsgeschäftslehre*, JuS 1987, 425-433;
– *Beeseitigung der schwebenden Unwirksamkeit durch Verweigerung einer Genehmigung*, AcP 189 (1989), 1-18;
– *Falsus-procurator-Haftung und Anscheinvollmacht*, FS Gernhuber (1993), 435-460;
– *Vertragsnichtigkeit durch Genemigungsverweigerung*, JuS 1995, 102-105.
– *Handelsrecht/Unternehmensrecht* 1, 6.ª ed., 2014.

Schmidt, Rudolf – *Bürgerliches Recht*, 1927.

Schmitz, Peter – *Persönlichkeitsschutz als Bürgerliche Freiheit im englischen Recht/unter besonderer Berücksichtigung der Kollision mit der Pressfreiheit*, 1996.

Schmoeckel, Mathias, no *Historisch-kritischer Kommentar zum BGB*, I, 2003

Schneider, Konrad – *Treu und Glauben im Rechte der Schuldverhältnisse*, 1902.

Schreiber, Franz Josef – *Die Beurteilung der Notwehr in der Christlichen Literatur zwischen dem 4. und 12. Jh.*, 1966.

Schreiber, Klaus – *Die Rechtsfertigungsgründe des BGB*, Jura 1997, 29-36;
– *Vertretungsrecht: Offenkundigkeit und Vertretungsmacht*, Jura 1998, 606-609.

Schubert, Claudia – no *Münchener Kommentar zum BGB*, 1, 7.ª ed., 2015.

Schulte-Nölke, Hans – *vide* Bydlinski, Peter;
– *vide* Eidenmüller, Horst.

Schulze, Reiner – *vide* Bydlinski, Peter;
– *vide* Eidenmüller, Horst.

Índice bibliográfico 597

Schwab, Karl Heinz – *vide* Rosenberg, Leo.

Schwab, Martin – *Das neue Schuldrecht im Überblick*, JuS 2002, 1-8.

Schwark, Eberhard – *Rechtsprobleme der mittelbaren Stellvertretung*, JuS 1980, 777-782.

Schwerdtner, Peter – *Rechtsgeschäftlicher Handel in Vertretung eines anderen (Vertretungsrecht)*, Jura 1979, 51-52, 107-108, 163-164 e 219-220.

Schwonke, Martina – *Portugal*, em Heinrich Nagel/Ena-Marlis Bajons, *Beweis – Preuve – Evidence/Grundzüge des zivilprozessualen Beweisrechts in Europa* (2003), 505-518.

Scialoja, Vittorio – *Sopra alcune limitazioni dell'esercizio della proprietà e di nuovo sull'emulazione*, 1878;
– *Aemulatio* (1892) = *Studi giuridici* III – *Diritto privato* (1932), 216-259;
– *Degli atti d'emulazione nell'esercizio dei diritti* (1878) = *Studi giuridici* III – *Diritto privato* (1932), 194-206.

Scuto, Edoardo – *Presunzione Muciana*, NssDI XIII (1968), 762-765.

Seco, Sousa – *vide* Andrade, Manuel de.

Seeler, W. von – *Vollmacht und Scheinvollmacht*, AbürglR 28 (1906), 1-52.

Seiler, Hans Hermann – *vide* Behrends, Okko;
– *vide* Celso.

Sequeira, Elsa Vaz de – *Dos pressupostos da colisão de direitos no Direito civil*, 2004.

Serick, Rolf/Mezger, Ernst/Riesenfeld, Stephan Albrecht – *Kollision zwischen der dinglichen Sicherung von Lieferantenkredit und Bankkredit*, 1964.

Serra, Adriano Vaz – *Os actos emulativos no Direito romano*, BFD 10 (1929), 529-553;
– *A revisão geral do Código Civil/Alguns factos e comentários*, BMJ 2 (1947), 24-76;
– *Impossibilidade superveniente por causa não imputável ao devedor e desaparecimento do interesse do credor*, BMJ 46 (1955) 5-152;
– *Causas justificativas do facto danoso*, BMJ 85 (1959), 13-113;
– *Responsabilidade civil*, 1959;
– *Abuso do direito (em matéria de responsabilidade civil)*, BMJ 85 (1959), 243-343;
– *Responsabilidade de terceiros no não-cumprimento de obrigações*, BMJ 85 (1959), 345-360;
– *Direito das Obrigações (parte resumida)*, BMJ 101 (1960), 15-408;
– *Prescrição extintiva e caducidade*, sep. do BMJ (1961), 601-602;
– *Provas (Direito probatório material)*, BMJ 110 (1961), 61-256;
– anot. a STJ 2-Mar.-1978 (Octávio Dias Garcia), RLJ 111 (1979), 295-297.

Siebenhaar, Hermann – *Vertreter des Vertreters?*, AcP 162 (1963), 354-383.

Siebert, Wolfgang – *Verwirkung und Unzulässigkeit der Rechtsausübung/Eine rechtsvergleichender Beitrag zur Lehre von den Schranken der privaten Rechte und zur exceptio doli (§§ 226, 242, 826 BGB), unter besonderer Berücksichtigung des gewerblichen Rechtsschutzes (§ 1 UWG)*, 1934;
– *vide* Soergel.

Siehr, Kurt – *Verjährung der Vindikationsklage?*, ZRP 2001, 346-347.

Sieveking, Friedrich – *Bedeutung und Gültigkeit des Satzes negantis nulla probatio*, 1889.

Silbermann, Eduard – *Die exceptio doli generalis und das Bürgerliche Gesetzbuch*, BayR 1 (1905), 35-38.

Silva, João Calvão da – *Anotação a RLx 9-Jul.-1998 e a RPt 28-Jun.-1999*, RLJ 132 (1999), 138-160.

598   *Tratado de Direito civil*

Silva, Luís Felipe – *Oponibilidade do abuso de direito à Administração Pública, sob a perspectiva comparativa entre os ordenamentos jurídicos português e brasileiro*, RDC 2016, 497-524.

Silveira, Luís – *vide* Mendes, João de Castro.

Simler, Philippe – *vide* Terré, François.

Sirp, Wilhelm – *vide* Ermann, Walter.

Sitzia, Francisco – *Curatela (diritto romano)*, NssDI XIX (1973), 918-919.

Soares, Renata Domingues Balbino Munhoz – *A boa-fé objetiva e o inadimplemento do contrato/Doutrina e jurisprudência*, 2008.

Soares, Torquato de Sousa – *vide* Barros, Henrique da Gama.

Soergel/Siebert/Knopp – *BGB*, 10.ª ed., § 242, 1967.

Soergel/Teichmann – *BGB*, 12.ª ed., § 242, 1990.

Solazzi, Siro – *Tutela (diritto romano)*, NssDI XIX (1973), 912-918.

Sonnenberger, Hans Jürgen – *vide* Ferid, Murad.

Sousa, Luís Filipe Pires de – *O valor probatório do documento eletrónico no processo civil*, 2.ª ed., 2017.

Sousa, Miguel Teixeira de – *Sobre a legitimidade processual*, BMJ 331 (1983), 37-59;
   – *As partes, o objecto e a prova na acção declarativa*, 1995;
   – *Linhas gerais do Regulamento (CE) n.º 1206/2001 relativo à obtenção de provas em matéria civil e comercial*, CDP 8 (2004), 34-43.

Souza, Wagner Mota Alves de – *Teoria dos atos próprios/Da proibição de venire contra factum proprium*, 2009.

Spendel, Günter – *Der Gegensatz rechtlicher und sittlicher Wertung am Beispiel der Notwehr*, DRiZ 1978, 327-333.

Spiro, Karl – *Die Begrenzung privater Rechte durch Verjährung Verwirkungs- und Fatalfristen*, 2, 1975.

Spohr, Curt – *Die Beweisinteresse in Strafsachen (sog. Materielle Beweislast)*, 1984.

Sprau, Hartwig – no *Palandt Kommentar*, 76.ª ed., 2017.

Staub's – *Komm. zum HGB*, 9.ª ed., § 346, 1913.

Staudinger, Julius von/Riezler – *BGB*, 3.ª e 4.ª ed., § 123, 1907.

Staudinger/Engelmann – BGB, 3.ª e 4.ª ed., § 826, 1908.

Staudinger/Wittmann – *BGB*, 13.ª ed., Prenot. §§ 662-676, 1995.

Stefanopoulos, Kostant Georg – *Das neue griechische Obligationenrecht*, JhJb 86 (1936/37), 87-144.

Störmer, Herbert – *Die sog. exceptio doli generalis gegenüber der Berufung auf Formnichtigkeit*, 1936.

Stryk, Samuel – *De jure privilegiati contra privilegiatum*, 1684;
   – *De impugnatione facti proprii*, 1688.

Tavares, José – *Os princípios fundamentais do Direito civil*, II, 1928.

Tedeschi, Vittorio – *Lineamenti della distinzione tra prescrizione estintiva e decadenza*, 1948;
   – *Decadenza (diritto e procedura civile)*, ED XI (1962), 770-792.

Teichmann – *vide* Soergel.

Índice bibliográfico

Teles, Miguel Galvão – *Espaços marítimos, delimitação e colisão de direitos*, em *Estudos em Homenagem ao Prof. Doutor Armando Marques Guedes* (2004), 617-647.

Telles, Inocêncio Galvão – *Dos contratos em geral/Lições proferidas no ano lectivo de 1945-1946*, 1947;
– *Contratos civis*, RFDUL X (1954), 161-245 = BMJ 83 (1959), 114-283;
– *Manual dos contratos em geral*, 3.ª ed., 1965, e 4.ª ed., refundida e actualizada, 2002.

Telles, J. H. Corrêa – *Digesto Portuguez*, tomo III, 1909, correspondente à ed. de 1845;
– *vide* Pothier, M.

Terré, François/Simler, Philippe/Lequette, Yves – *Droit civil/Les obligations*, 11.ª ed., 2013.

Teubner, Gunther – *Gegenseitige Vertragsuntreue/Rechtsprechung und Dogmatik zum Ausschluss von Rechten nach eigenem Vertragsbruch* (1975), 1;
– *Alternativer Kommentar zum BGB* I (1980), § 242, Nr. 31.

Thibaut, Anton Friedrich Justus – *System des Pandekten-Rechts*, 1, 1805;
– *Versuche über einzelne Theile der Theorie des Rechts*, 2.° vol., 2.ª ed., 1817.

Thiele, Wolfgang – *Die Zustimmung in der Lehre vom Rechtsgeschäft*, 1966.

Tissier, Albert – *vide* Baudry-Lacantinerie, G..

Titze, Heinrich – rec. a Erwin Riezler, *Venire contra factum proprium/Studien im römischen, englischen und deutschen Zivilrecht*, 1912, ZHR 77 (1915), 233-242;
– *Die Notstandsrechte im Deutsche Bürgerlichen Gesetzbuche und ihre geschichtliche Entwicklung*, 1987.

Tobeñas – *Derecho civil español*, 12.ª ed. (1978), 1, 2.

Tourneau, Philippe le/Cadiet, Loïc – *Droit de la responsabilité*, 1996.

Triola, Roberto – *Codice Civile annotato con la giurisprudenza*, 3.ª ed., 2003

Troplong, M. – *Le Droit civil expliqué suivant l'ordre des articles du Code depuis et y compris le titre de la vente/De la prescription ou commentaire des titre XX du livre III du Code Civil*, 3.ª ed., 1838.

Troplong, Raymond-Théodore/Delebecque, A. – *Commentaire du mandat*, 1847.

Trüeb, Hans – *Der Rechtsmissbrauch (Schikane) im modernen Recht/unter besonderer Berücksichtigung von Art. 2, 2 des schweiz. Zivilgesetzbuchs*, 1909.

Tschischgale, Max – *Die Rechtsnatur der Verwirkung*, 1937.

Tuhr, Andreas von – *Der Notstand im Civilrecht*, 1888;
– *Der Allgemeine Teil des Deutschen Bürgerlichen Rechts* 2/2, 1918;
– *Zum Begriff der Verfügung nach BGB*, AcP 117 (1919), 193-206.

Ulpiano, nos *Digesta*, Mommsen/Kruger, 16.ª ed. I, 1954.

Valdágua, Maria da Conceição Santana – *Aspectos da legítima defesa no Código Penal e no Código Civil*, em *Jornadas de Homenagem ao Professor Doutor Cavaleiro de Ferreira* (1995), 235-285.

Vangerow, Karl Adolph von – *Lerbuch der Pandekten*, 7.ª ed., 1863.

Varela, João Antunes – Anot. a STJ 26-Mar.-1980 (Octávio Dias Garcia), RLJ 114 (1981), 40-41 e 72-79;
– *Das obrigações em geral* 1, 10.ª ed., 2000;
– *vide* Lima, Pires.

600 *Tratado de Direito civil*

Vasconcelos, Pedro Leitão Pais de – *A procuração irrevogável*, 2002 e 2.ª ed., 2016;
— *A autorização*, 2013;
— *A preposição/Representação comercial*, 2017.
Vasseur, Michel – *Délais préfix, délais de prescription, délais de procédure*, RTDC 1950, 439-472.
Velha, Ricardo da – *vide* Andrade, Manuel de.
Veloso, José António – *Concurso e conflito de normas*, DJ XVII (2003, mas Março 2004), 205-272.
Ventura, Raúl – *História do Direito romano*, II – *Direito das coisas*, 1968, polic..
Verde, Giovanni – *Prova (teoria generale e diritto processuale civile)*, ED XXVII (1988), 579-647.
Vitucci, Paulo – *La prescrizione*, tomo I, *Artt. 2934-2940*, 1990 e tomo II, *Artt. 2941-2963* (org.), 1999;
— *vide* Iannaccone, Attilio;
— *vide* Minervini, Enrico;
— *vide* Rogeli, Federico.
Voglis, Eleftherios G. – *Kreditkündung und Kreditverweigerung der Banken im Lichte von Treu und Glauben*, 2001.

Wach, Adolf – *Die Beweislast nach dem Bürgerlichen Gesetzbuch*, 1901.
Wächter, Carl Georg – *Pandekten*, 1, 1880.
Wacker, Andreas – *Dolo facit, qui petit quod (statim) redditurus est*, JA 1982, 477-479;
— *Notwehr und Notstand bei der aquilischen Haftung/Dogmengeschichtliches über Selbstverteidigung und Aufopferung*, SZRom 106 (1989), 469-501.
Waldeck, João Pedro – *vide* Heineccius.
Waldeck/Heineccius – *Institutiones Juris Civilis*, Coimbra, 1814, ed. 1887.
Walker, Wolf-Dietrich – *vide* Brox, Hans.
Waltermann, Raimund – *Zur Wissenszurechnung – am Beispiel der juristischen Personen des privaten und öffentlichen Rechts*, AcP 192 (1992), 181-226.
Weber, Wilhelm – *Treu und Glauben no Staudingers Kommentar*, 11.ª ed., 1961.
Weimar, Wilhelm – *Verjährung und Verwirkung im Mietrecht*, WuM 1974 249.
Weissler, Adolf – *Rechtsprechung in Urkundsachen*, ZNotV 1909, 70-118.
Wellspacher, Moritz – *Das Vertrauen auf äussere Tatbestände im bürgerlichen Rechte*, 1906.
Wendt, Otto – *Die exceptio doli generalis im heutigen Recht oder Treu und Glauben im Recht der Schuldverhältnisse*, AcP 100 (1906), 1-417.
Werenberg, W. – *Ueber die Collision der Rechte verschiedener Grundeigenthümer*, JhJb 6 (1863), 1-80.
Werner, Olaf – no *Staudinger Kommentar* I, §§ 164-240, § 227, 2001.
Wertenbruch, Johannes – *BGB Allgemeiner Teil*, 4.ª ed., 2017.
Westphalen, Graf von – *vide* Bereska, Christian;
— *vide* Henssler, Martin.
Wetzel, Thomas – *Das Schuldrechtsmodernisierungsgesetz – der grosse Wurf zum 0.01.2002?*, ZRP 2001, 117-126.

Índice bibliográfico

Wieacker, Franz – *Zur rechtstheoretischen Präzisierung des § 242 BGB*, 1965;
– *vide* Hespanha, A..

Wieling, Hans – recensão a Hans Walter Dette, *Venire contra factum proprium nulli conceditur/Zur Konkretisierung eines Rechtssprichtworts* (1985), AcP 187 (1987), 95-102.

Wieling, Josef – *Venire contra factum proprium und Verschulden gegen sich selbst*, AcP 176 (1976), 334-355.

Wieser, Eberhard – *Eine Revolution des Schuldrechts*, NJW 2001, 121-124.

Wilburg, Walter – *Entwicklung eines beweglichen Systems im bürgerlichen Recht*, 1950.

Windscheid, Bernhard/Kipp, Theodor – *Lehrbuch des Pandektenrechts*, 1, 9.ª ed., 1906, reimp. 1984.

Wippermann, Hans – *Die Verwirkung, ein neuer Rechtsbegriff*, 1934.

Witt, Carl-Heinz – *Schuldrechtsmodernisierung 2001/2002 – Das neue Verjährungsrecht*, JuS 2002, 105-113.

Wittmann, Frank – *Grundlinien und Grenzen der Notwehr in Europa*, 1997;
– *vide* Staudinger.

Wohlers, Wolfgang – *Einschränkungen des Notwehrrechts innerhalb sozialer Näheverhältnisse*, JZ 1999, 434-442.

Wolf, Christian – *Institutiones iuris naturae et gentium* (1761), §§ 380-381.

Wolf, Manfred – *vide* Larenz, Karl.

Wolf, Manfred/Neuner, Jörg – *Allgemeiner Teil des Bürgerlichen Rechts*, 11.ª ed., 2016.

Wussow, Hansjoachim – *Genehmigungsfähigkeit von Handlungen, die der Wahrung gesetzlicher Fristen dienen*, NJW 1963, 1756-1761.

Zachmann, Nico – *Die Kollision von Forderungsrechten*, 1976

Zelenka, Herbert – *Die Beweislast bezüglich des Eigentums bei der Mobiliarvindikation (zu betrachten nach gemeinem Recht und dem Recht des BGB)*, 1902.

Zepos, Pan J. – *Der Einfluss des schweizerischen Privatrechts auf das griechische Zivilgesetzbuch von 1946*, SchwJZ 56 (1960), 358-361;
– *Quinze années d'application du Code civil hellénique*, RIDC 14 (1962), 281-308.

Zimmermann, Reinhard – *Die Verjährung*, JuS 1984, 409-422;
– *vide* Peters, Frank.

Zimmermann, Reinhard/Leenen, Detlef/Mansel, Hans-Peter/Ernst, Wolfgang – *Finis Litium? Zum Verjährungsrecht nach dem Regierungsentwurf eines Schuldrechtsmodernisierungsgesetzes*, JZ 2001, 684-699.

Zitelmann, Ernst – *Ausschluss der Widerrechtlichkeit*, AcP 99 (1906), 1-130.

Zweigert, Konrad/Kötz, Hein – *Einführung in die Rechtsvergleichung auf dem Gebiete des Privatrechts*, 3.ª ed., 1996.

ÍNDICE IDEOGRÁFICO

abus de droit, 283
abuso do direito, 271
 – âmbito, 405
 – casos típicos, 297
 – Ciência do Direito, 274
 – Código Civil grego, 272, 288, 292-293
 – conhecimento oficioso, 411
 – consequências, 411
 – desenvolvimentos   luso-brasileiros, 420
 – doutrina brasileira, 418
 – doutrinas, 390
 – e boa-fé, 410
 – fases de implantação judicial, 275
 – literatura lusófona, 420
 – no Direito alemão, 286
 – no Direito francês, 282
 – no Direito romano, 281
 – no projeto Vaz Serra, 289
 – posição adotada, 406
 – posturas mental e metodológica, 279
 – previsão legal, 271
 – receção em Portugal, 289
 – teorias externas, 404
 – teorias internas, 391
 – *vide* desequilíbrio do direito, *exceptio doli*, inalegabilidades formais, *suppressio, surrectio, tu quoque* e *venire contra factum proprium*
ação direta, 491
 – evolução, 491
 – excesso, 495
 – fundamento, 498
 – jurisprudência, 495
 – natureza, 498

 – pressupostos, 493
 – putativa, 495
 – regime, 495
accessio temporis, 207
actio, 175
 – *de dolo*, 298, 299, 301
 – *mandati*, 95
 – *negociorum gestorum*, 39, 44
actiones adjecticiae qualitatis, 67
actiones temporales, 246
advertências, 5
aemulatio, 281, 282, 286
affirmanti non neganti incumbit probatio, 513
agressão, 459
 – atual, 461
 – culposa, 462
alteri stipulari nemo potest, 69
analogia82, 83, 118, 122, 135, 206, 254, 321, 324, 342, 343, 437
animus defendendi, 465, 472
aprovação, 38, 45, 49, 59-60, 106, 107, 120, 151
armas de fogo, 477
autorização, 25, 29, 32-37, 47-54, 56-59, 63, 64, 119
 – previsões civis de, 58-59
 – sentidos, 56-57
axiologismo formal, 395

boa-fé
 – do terceiro na representação, 139, 142
 – e o abuso de representação, 153
 – na colisão de direitos, 432
 – na confissão, 534

604 *Tratado de Direito civil*

– na doutrina brasileira, 418, 420
– na legítima defesa, 471
– na legitimação, 84
– na prescrição, 194
– na usucapião, 175
– no mandato aparente, 73
– *vide* abuso do direito e suas modalidades
bons costumes, 273, 292, 304
bonus pater familias, 105, 474, 498

caducidade, 242
– conhecimento oficioso, 261
– convencional, 256, 258, 260
– decurso do prazo, 259
– disponível, 256, 260
– e prescrição, 263
– efeitos, 264
– estrita, 244
– evolução em Portugal, 250
– indisponível, 256, 261
– início, 257
– natureza, 264
– – do prazo, 254
– noções ampla e restrita, 242
– origem, 246
– punitiva, 244, 245
– regime, 254
– simples, 244, 245, 249
– suspensão, 257
calendário gregoriano, 166, 167, 168, 170
chicana, 286-287, 290, 384
clean hands, 365
Código Civil, 24, 28, 93, 99, 109, 122, 128, 219, 258, 271
Código Civil brasileiro, 25, 77, 213, 249, 272
colisão de direitos, 423
– aparente, 429
– critérios de decisão, 432
– direitos diferentes, 433
– direitos iguais, 436
– evolução, 423
– – no século XX, 428
– experiência lusófona, 426

– jurisprudência, 437
– no Código de Seabra, 427-428
– no Código Vaz Serra, 428
– sindicância do sistema, 432
– tendências gerais, 442
confiança, 76, 81, 98, 110, 134, 135, 142, 145, 273, 310, 317-323, 339
– legítima, 64
– pressupostos da tutela, 325-326, 339
confirmação, 34, 37, 38, 44, 46-50, 53, 54, 60-64
confissão, 24, 531
– eficácia, 533
– fundamento, 534
– modalidades, 532
– natureza, 534
– noção, 531
– pressupostos, 531
conflitos de sobreposição, 430
conflitos hierárquicos, 430
consentimento do lesado, 500
– justificação, 502
– natureza, 502
– pressupostos, 501
contemplatio domini, 80, 81, 83, 86, 112, 116, 117, 121, 147
convalescença, 60
culpa in contrahendo, 181, 299, 336

defesa necessária, 463
desequilíbrio no exercício, 379
desproporção, 384
– evoluções, 382
documentos, 535
– autênticos, 537
– disposições especiais, 542
– eletrónicos, 542
– força probatória, 533, 536, 539, 542
– modalidades, 535
– papel, 535
– particulares, 540
dolo agit, 379, 382, 384

estado de necessidade, 481
– evolução, 481

Índice ideográfico

– fundamento, 488
– indemnização, 482, 487
– natureza, 488
– pressupostos, 485
– proporcionalidade, 485
– regime, 487
estoppel, 309
Evangelhos, 454
exceptio doli, 297-306
 – e invalidades formais, 332-333
 – e *suppressio*, 355
 – e *tu quoque*, 371
 – *generalis*, 291, 299-305
 – na tradição alemã, 286
 – no século XX, 297
 – – insuficiências, 301
 – *specialis*, 298, 299, 303
exercício danoso inútil, 379
exercício jurídico, 21
 – Código Civil, 29
 – delimitações, 22
 – modalidades, 22
 – ordenação, 26

factos legitimadores, 32
função do direito subjetivo, 393
 – social e pessoal, 393

inalegabilidades formais, 333
 – dificuldades, 341
 – e a confiança, 339
 – evolução, 331
 – jurisprudência, 343
 – o problema, 333
 – requisitos, 348
 – teorias, 341
iura novit curia, 516

justificação da legítima defesa, 452

legítima defesa, 452
 – defesa necessária, 463
 – e armas de fogo, 477
 – e boa-fé, 471

– excesso, 473
– jurisprudência, 475
– justificação, 452
– natureza, 479-480
– necessidade, 463
– neo-hegelianos, 456
– no momento atual, 457
– no pensamento cristão, 454
– papel, 457
– pressupostos, 459
– proporcionalidade, 456, 466
– putativa, 473
– regime, 471
– revogação pelo Código Penal, 469
legitimação, 37
 – modalidades, 56
 – natureza, 63
legitimidade, 27
 – afins, 30, 32
 – aplicações legais, 27
 – BGB, 51
 – Código Napoleão, 46
 – construção dogmática, 34
 – Direito intermédio, 43
 – modalidades, 30
 – origens, 27
 – papel, 34
 – regime, 33
longi temporis praescriptio, 174

mandante, 108
mandatário, 104
mandato, 95
 – antecedentes, 88
 – aparente, 73
 – – na doutrina francesa, 73
 – caracterização, 113
 – cessação, 109
 – com representação, 111
 – modalidades, 111
 – no Código de Seabra, 100, 102, 103
 – no Código Vaz Serra, 100
 – no sistema alemão, 74
 – no sistema napoleónico, 71
 – sem representação, 112

606   *Tratado de Direito civil*

materialidade subjacente, 21, 332, 373, 375, 386, 388, 406, 409, 411, 415, 417, 471, 472
não-uso, 266
negantis nulla probatio, 513
negócio consigo mesmo, 124
negócio-base – *vide* procuração
nemo turpitudinem quam allegans auditur, 369
nomine alieno, 59, 84, 116, 118, 122
normas plenas, 254, 343

Ordenações, 88, 97, 192-194, 199
– contagem de prazos, 166
– mandato, 97, 98
– representação, 88
– prescrição, 191-194

pena de morte, 477
perdão, 60
possessio, 173-174
praescriptio – *vide longi temporis*
praesumptio hominis, 522, 524, 529, 530
prazos, 161
– civis, 161, 163
– contagem, 165
– no Código de Seabra, 166
– processuais, 162
– regras vigentes, 163
– – transitórias, 170
– rigidez, 200
preposto, 147
prescrição, 173
– autonomia privada, 189, 197
– beneficiários, 202
– e serviços públicos essenciais, 237
– efeitos, 209
– especial, 236
– evolução histórica, 173
– fundamento, 197
– início, 204
– interrupção, 231
– – pelo titular, 232
– – por reconhecimento, 234
– invocação, 202

– na experiência portuguesa, 191
– – Código de Seabra, 193
– – Código Vaz Serra, 195
– – pré-codificação, 191
– nas codificações, 176
– no BGB (antes de 2002), 178
– no BGB (reforma de 2001/2002), 184
– ordinária, 212
– prazos, 212
– – cinco anos, 213
– – seis meses, 216, 221, 223, 237
– – dois anos, 216, 219
– presuntiva, 217
– – fundamentos, 219
– – natureza aberta, 221
– – origem, 217
– regime vigente, 197
– reinício, 235
– renúncia, 201
– suspensão, 224
– – causas, 226
– – regime, 229
presunções, 522
– civis, 525
– *hominis*, 522
– ilidíveis, 524
– inilidíveis, 524
– *iuris*, 522
– muciana, 523
– natureza, 529
procuração, 128
– cessação, 134
– aparente, 141, 142, 144
– forma, 128
– institucional, 143, 146, 150
– irrevogável, 136, 148, 147
– modificações, 139
– poderes gerais e especiais, 130
– *post mortem*, 148
– relevância do negócio-base, 131
– revogação, 134
– tolerada, 140-144
– tutela de terceiros, 138
procurador, 132
– substituição, 133

Índice ideográfico

– – com reserva, 133
prova, 505
 – civil, 505
 – convenções, 515
 – do Direito estrangeiro, 516
 – livre apreciação, 539, 542, 544, 547
 – meios, 520
 – no processo, 520
 – ónus, 511
 – – inversão, 515
 – – regras especiais, 516
 – pericial, 544
 – por inspeção, 544
 – princípios, 520
 – testemunhal, 545
 – tipos, 519
 – *vide* confissão, documentos, presunções
provocação, 471

qui suo iure utitur, 289, 308

ratificação, 22, 25, 34, 36, 37, 44, 45, 46, 47, 51, 52, 53, 59-60, 63, 120, 146, 152-153
ratihabitio, 37-59
redução teleológica, 198, 254, 343
reductio, 60
repercussão do tempo, 155
 – condicionalismos histórico-culturais, 157
 – taxatividade, 268
representação, 65
 – abstração, 84
 – abuso, 153
 – efeitos, 122
 – elementos subjetivos, 123
 – figuras semelhantes, 119
 – modalidades, 81, 118
 – natureza, 86
 – no Direito comum, 69
 – no Direito romano, 67
 – no sistema napoleónico, 71
 – no sistema lusófono, 88
 – – Código Comercial, 91, 92

– – Código de Seabra, 89
 – – Código Vaz Serra, 93
 – – pré-codificação, 88
 – – receção do pandectismo, 90
 – regime, 122
 – relações internacionais, 125
 – requisitos, 115
 – sem poderes, 150
 – teorias, 78
"representação" legal, 83
"representação" orgânica, 81

sanação, 61-63
suppressio, 268, 349
 – doutrinas, 354
 – jurisprudência, 361
 – origem, 349
 – regime clássico, 358
 – – insuficiências, 358
 – requisitos, 360
 – terminologia, 349
surrectio, 144, 277, 289, 349, 361, 388, 403

temeritas, 281
teoria da ação, 407
tu quoque, 365
 – a fórmula, 365
 – doutrinas, 368
 – jurisprudência, 378
 – natureza, 373
 – no Código Civil, 365-366
tutela privada, 445
 – sistemática do Código, 445
tutor, 33, 59, 118, 225
tutor, 68, 83, 118

usus, 173
usus modernus, 193, 424, 482

validação, 60
venire contra factum proprium, 276-278, 289, 291, 294, 307-332
 – configuração, 311
 – doutrinas, 315
 – e inalegabilidades, 333, 340, 342

608   *Tratado de Direito civil*

– e *suppressio*, 349, 356, 357, 359, 360, 362
– e *tu quoque*, 371, 375, 382
– fundamentação, 315
– jurisprudência, 327

– modalidades, 311
– negativo, 313
– origem, 308
– positivo, 313
– pressupostos, 325